労働事件における慰謝料

― 労働判例からみる慰謝料の相場 ―

東京弁護士会労働法制特別委員会【編著】

経営書院

はしがき

　本書は，2003年～2013年の10年間に雑誌「労働判例」（産労総合研究所）に掲載された労働事件裁判例の「慰謝料請求」を事件類型に整理し，裁判所の労働事件における慰謝料請求の取扱いを分析したものです。

　事案を，内定取消，解雇，懲戒処分，ハラスメント，労働災害，不当労働行為等の14類型に分け，一件ごとに，事案の概要，慰謝料算定の理由もしくは棄却の理由，請求額・認容額等をコンパクトに解説しております。とりあえず，どこかページを開いてリサーチ表をご覧ください。情報の豊富さと丁寧なコメントに驚かれるはずです。掲載判例数は全440件です。

　労働事件の慰謝料分析は，これまでブラックボックスにあり，系統立てた調査や資料の分析は行われてきませんでした。そのため，若手弁護士からは，労働相談で慰謝料を質問され相場感がわからず適当に答えてしまったというような赤裸々すぎるエピソードが語られることもありました。また，最近は，悪質な残業代不払いや過労死事案等，不正な企業体質が顕現した事案において，高額の慰謝料が認容される例も出てきております。

　そこで，当委員会では，本年度，総力を上げて「労働事件における慰謝料」の分析に取り組みました。本書は，100名を超える当委員会の人海戦術の賜物であり，女性委員の緻密な分析と男性委員の力技が合体した自信作です。これにより，裁判所における慰謝料請求の基本的な取扱い，必要な要件事実，高額認容される事件の要素等がおおよそ明らかになりました。適正な事件解決に大きな力を発揮するものと思いますので，本書を実務の参考書として，蔵書の一つにお加えいただければ幸いです。

　なお，本書の出版にあたっては，経営書院担当者様名位に大変なご尽力を戴きました。末筆になりますが，心からお礼申し上げます。

2015年2月

　　　　　　　　　　　　　　　　　　　　　　　　労働法制特別委員会
　　　　　　　　　　　　　　　　　　　　　　　　委員長　光前　幸一

本書の読み方

　本書は，平成15年１月から同25年12月までの間に刊行された定期刊行誌「労働判例」（株式会社　産労総合研究所）に掲載された裁判例のうち，労働者または労働組合が使用者等に対して慰謝料請求を行った事案（ただし，判例ダイジェストまたは命令ダイジェストにのみ掲載されたものを除く。）を調査対象として，労働事件における慰謝料請求の傾向を分析したものである。本書においては，労働事件を14類型に分類して章立てし，各章は，裁判例の詳細を記したリサーチ表と慰謝料請求の傾向を分析した考察から構成されている。

　各章においては，下記のルールに従って表記及び分析を行った。

1　リサーチ表
【請求（訴訟物）】
・本書の調査対象は慰謝料請求のみであるが，事案としては，慰謝料請求以外の請求も併せて行っているものがあるため，当該事案において行われた請求の全てを訴訟物として記載した。
・当事者が複数である事案で，それぞれ訴訟物が異なる事案においては，いずれの者からいずれの者に対する請求であるか区別した（例：【X1→ Y1】【X2→ Y1～ Y2】等）。
・本訴請求と反訴請求がなされている事案において，使用者が労働者に対し反訴請求を行った場合について，当該反訴請求が慰謝料請求と直接関係するものでない限り，原則として記載を省略した。

【慰謝料】
・慰謝料請求が複数の原因を根拠としてなされた事案で，原因毎に慰謝料額を区別して認定されている事案においては，認容額欄には，慰謝料総額を記載した上で，その下に内訳を記載した。
・相続人が当事者となって訴訟を追行した事案においては，被相続人の請求を基準と

して慰謝料額を記載した（例えば，被相続人の慰謝料として300万円が認められた結果，X1（配偶者），X2（子），X3（子）のそれぞれの相続割合に応じてX1につき150万円，X2・X3につき各75万円と認容された場合においても，慰謝料額は300万円と記載した）。
・相続人が，被相続人の慰謝料請求以外に，相続人固有の慰謝料を請求した事案においては，両請求を区別して記載した（例：【A 本人】【X1固有】【X2固有】）。
・認容額欄が「0円」と示された事案には，慰謝料請求を含む請求全部が棄却された事案と慰謝料請求以外の請求は認容された，あるいは慰謝料請求の根拠となる事実自体は認められたものの慰謝料請求までは認められなかった事案とが含まれている。

【労働者の属性・使用者の属性】
・「X」：労働者及び労働組合の表記であり，当事者が複数である事案では「X1」「X2」と表記した。
・「Y」：使用者の表記であり，当事者が複数である事案では「Y1」「Y2」と表記した。
・XY以外：訴訟外の第三者の表記であり，たとえば，相続人が当事者となって訴訟を追行した事案の被相続人（労働者），使用者が訴訟外の第三者と事業譲渡等を行った場合の相手会社等を表記した。

【審級関係】
・下級審，上級審のいずれも調査対象となった「労働判例」に掲載がある裁判例については，上級審の事案のみ，分析の対象として記載した。
・上級審の判断がなされた事案であっても，調査対象となった「労働判例」に掲載のない上級審については，【審級関係】の記載は省略されているので留意されたい。

2　考察
　(1)　事案番号
　　　考察で【　】により引用された事案番号は，リサーチ表において各裁判例に付された番号に対応している。

(2) 慰謝料請求が認容された割合

　慰謝料請求が認容された割合における件数は，各事案を1単位としてカウントした。

(3) 認容額の分析と傾向

　認容額の分布における件数は，慰謝料請求が認容された事案の労働者の人数を1単位としてカウントした。

　なお，当事者が多数にのぼる事案においては，各章毎にカウント方法を注記しているので留意されたい。

目　次

はしがき……………………………………………………………………… i
本書の読み方………………………………………………………………… ii

第1章　内定取消

判例紹介

【1】　B金融公庫（B型肝炎ウイルス感染検査）事件………………… 2
【2】　コーセーアールイー（第2）事件………………………………… 2
【3】　宣伝会議事件…………………………………………………………… 4
【4】　パソナ（ヨドバシカメラ）事件…………………………………… 4
【5】　オプトエレクトロニクス事件………………………………………… 4
【6】　インターネット総合研究所事件……………………………………… 4

解説

1　慰謝料請求が認容された割合…………………………………………… 6
2　慰謝料請求が認容された事例・認容されなかった事例の分析……… 6
3　認容額の分析と傾向……………………………………………………… 8
4　聴き取りのポイント……………………………………………………… 9

第2章　配転

判例紹介

【1】　宮崎刑務所職員（損害賠償）事件……………………………………12
【2】　渡島信用金庫（降格・降職・配転）事件……………………………12
【3】　尼崎市立尼崎東高校事件………………………………………………12
【4】　NTT東日本（配転請求等）事件……………………………………12
【5】　名古屋港水族館事件……………………………………………………14
【6】　鳥取県・米子市（中学校教諭）事件…………………………………14
【7】　プロクター・アンド・ギャンブル・ファー・イースト・インク（本訴）

v

	事件……………………………………………………………………14
【8】	藤田観光（ホテル従業員配転）事件……………………………………16
【9】	日本レストランシステム事件……………………………………………16
【10】	トナミ運輸事件……………………………………………………………16
【11】	太平洋セメント・クレオ事件……………………………………………16
【12】	マニュライフ生命保険事件………………………………………………16
【13】	精電舎電子工業事件………………………………………………………18
【14】	神奈川県厚生農業協同組合連合会事件…………………………………18
【15】	いずみ福祉会事件…………………………………………………………18
【16】	トキワ工業事件……………………………………………………………20
【17】	アットホームほか（従業員持株会解散）事件…………………………20
【18】	オリエンタルモーター（賃金減額）事件………………………………20
【19】	ノース・ウエスト航空（FA配転）事件………………………………22
【20】	NTT東日本（首都圏配転）事件………………………………………22
【21】	みなと医療生活協同組合（協立総合病院）事件………………………22
【22】	田中興業エンタープライズ事件…………………………………………22
【23】	NTT西日本（大阪・名古屋配転）事件………………………………24
【24】	ＮＴＴ東日本（北海道・配転）事件……………………………………24
【25】	ライジングサンセキュリティーサービス事件…………………………24
【26】	三井記念病院（諭旨解雇等）事件………………………………………24
【27】	GEヘルスケア・ジャパン事件…………………………………………26
【28】	学校法人兵庫医科大学事件………………………………………………26
【29】	オリンパス事件……………………………………………………………26
【30】	C株式会社事件……………………………………………………………28
【31】	新和産業事件………………………………………………………………28

解説

1	慰謝料請求が認容された割合………………………………………………28
2	慰謝料請求が認容された事例・認容されなかった事例の分析…………29
3	認容額の分析…………………………………………………………………33

	4　聴き取りのポイント……………………………………………………………………	36

第3章　出向・転籍

判例紹介

【1】	A鉄道（B工場C工場）事件………………………………………………	38
【2】	JR東海中津川運輸区（出向・本訴）事件………………………………	38
【3】	日本レストランシステム事件……………………………………………	38
【4】	日本レストランシステム（人事考課）事件……………………………	40
【5】	兵庫県商工会連合会事件…………………………………………………	40

解説

1	慰謝料請求が認容された割合………………………………………………	42
2	慰謝料請求が認容された事例・認容されなかった事例の分析…………	42
3	認容額の分析と傾向…………………………………………………………	45
4	聴き取りのポイント…………………………………………………………	46

第4章　降格・降職

判例紹介

【1】	渡島信用金庫（降格・降職・配転）事件………………………………	48
【2】	プロクター・アンド・ギャンブル・ファー・イースト・インク（本訴）事件……………………………………………………………………	48
【3】	ハネウェルジャパン事件…………………………………………………	50
【4】	日本レストランシステム事件……………………………………………	50
【5】	マニュライフ生命保険事件………………………………………………	50
【6】	空知土地改良区事件………………………………………………………	50
【7】	スリムビューティハウス事件……………………………………………	52
【8】	学校法人聖望学園ほか事件………………………………………………	52
【9】	骨髄移植推進財団事件……………………………………………………	52
【10】	東京都自動車整備振興会事件……………………………………………	52
【11】	日野市（病院副院長・降格）事件………………………………………	52

【12】	三井記念病院（諭旨解雇等）事件	54
【13】	新聞輸送事件	54
【14】	萬世閣（顧問契約解除）事件	54
【15】	技術翻訳事件	56
【16】	コナミデジタルエンタテインメント事件	56

解説

1 慰謝料請求が認容された割合 ………………………………………………56
2 慰謝料が認容された事例・認容されなかった事例の分析 …………56
3 認容額の分析 …………………………………………………………………60
4 聞き取りのポイント …………………………………………………………61

第5章 懲戒処分

判例紹介

【1】	日本生命保険（戒告処分）事件	64
【2】	都教委（八王子市立中学校・国歌斉唱不起立）事件	64
【3】	エヌ・ティ・ティ・ネオメイトなど事件	66
【4】	学校法人V大学事件	66
【5】	全国建設工事業国民健康保険組合北海道東支部事件	68
【6】	JR西日本（可部鉄道部・日勤教育）事件	68
【7】	相生市農協（参事・損害賠償）事件	68
【8】	学校法人大谷学園事件	70
【9】	日本ベリサイン事件	70
【10】	東起業事件	70
【11】	JR東海（新幹線運転士・酒気帯び）事件	72
【12】	トキワ工業事件	72
【13】	ノースアジア大学（本訴）事件	74
【14】	学校法人昭和薬科大学事件	74
【15】	パワーテクノロジー（出勤停止処分）事件	74
【16】	海外漁業協力財団事件	74

【17】	A大学（懲戒処分・停止措置）事件	76
【18】	全国一般労働組合長崎地本・支部（光仁会・組合旗）事件	76
【19】	学校法人関西大学（高校教諭・停職処分）事件	76
【20】	R大学（ハラスメント）事件	76
【21】	Q大学（懲戒処分）事件	78
【22】	長崎県公立大学法人事件	78

解説

1 慰謝料請求が認容された割合 ……………………………………… 78
2 慰謝料請求が認容された事例・認容されなかった事例の傾向 …… 78
3 認容額の傾向 ……………………………………………………… 83
4 聴き取りのポイント ……………………………………………… 84

第6章　パワーハラスメント

判例紹介

【1】	国際信販事件	86
【2】	奈良県立医科大学事件	86
【3】	ＮＴＴ東日本（配転請求等）事件	86
【4】	JR西日本吹田工場（踏切確認作業）事件	88
【5】	JR東日本大宮支社事件	88
【6】	日本郵便逓送（下車勤務等）事件	88
【7】	誠昇会北本共済病院事件	88
【8】	A保険会社上司（損害賠償）事件	90
【9】	U福祉会事件	90
【10】	ヨドバシカメラほか事件	90
【11】	文化学園ほか事件	92
【12】	消費者金融会社（セクハラ等）事件	92
【13】	昭和観光事件	92
【14】	PE&HR事件	92
【15】	天むす・すえひろ事件	92

【16】	美研事件	94
【17】	日本土建事件	94
【18】	A病院（医師・解雇）事件	94
【19】	前田道路事件	94
【20】	三洋電機コンシューマエレクトロニクス事件	96
【21】	アクサ生命保険ほか事件	96
【22】	医療法人財団健和会事件	96
【23】	富国生命保険ほか事件	98
【24】	東京都ほか（警視庁海技職員）事件	98
【25】	S工業事件	98
【26】	藍澤證券事件	98
【27】	日本ファンド（パワハラ）事件	100
【28】	国（護衛艦たちかぜ〔海上自衛隊暴行・恐喝〕）事件	100
【29】	日本通運（休職命令・退職）事件	100
【30】	モリクロ（懲戒解雇等）事件	102
【31】	オリンパス事件	102
【32】	テイケイ事件	102
【33】	デーバー加工サービス事件	102
【34】	クレディ・スイス証券（休職命令）事件	104
【35】	日能研関西ほか事件	104
【36】	医療法人健進会事件	104
【37】	南淡漁業協同組合事件	106
【38】	U銀行（パワハラ）事件	106
【39】	エヌ・ティ・ティ・ネオメイトなど事件	106
【40】	学校法人明泉学園（S高校）事件	108
【41】	スカイマークほか2社事件	108
【42】	C社事件	110
【43】	第一興商（本訴）事件	110
【44】	全国建設厚生年金基金事件	110

| 【45】 | ザ・ウィンザー・ホテルズインターナショナル（自然退職）事件 | 112 |

解説

1 慰謝料請求が認容された割合 ································· 112
2 慰謝料請求が認容された事例・認容されなかった事例の傾向 ············· 112
3 認容額の傾向 ······································· 115
4 聴き取りのポイント ··································· 117

第7章　セクシュアルハラスメント

判例紹介

【1】	岡山セクハラ（リサイクルショップA社）事件	120
【2】	N市（大学セクハラ）事件	120
【3】	東京セクハラ（破産出版会社D社）事件	120
【4】	A市職員（セクハラ損害賠償）事件	122
【5】	下関セクハラ（食品会社営業所）事件	122
【6】	青森セクハラ（バス運送業）事件	122
【7】	S社（派遣添乗員）事件	124
【8】	日本郵政公社（近畿郵政局）事件	124
【9】	A社（総合警備保障業）事件	124
【10】	社団法人K事件	124
【11】	独立行政法人L事件	126
【12】	消費者金融会社（セクハラ等）事件	126
【13】	アットホームほか（従業員持株会解散）事件	126
【14】	広島セクハラ（生命保険会社）事件	126
【15】	東京セクハラ（T菓子店）事件	128
【16】	S工業事件	128
【17】	東レリサーチセンターほか事件	128
【18】	デーバー加工サービス事件	130
【19】	M社（セクハラ）事件	130
【20】	C社事件	130

解説

1　慰謝料請求が認容された割合……………………………………………………132
2　慰謝料請求が認容された事例・認容されなかった事例の傾向……………132
3　認容額の傾向……………………………………………………………………135
4　聴き取りのポイント……………………………………………………………136

第8章　退職勧奨

判例紹介

【1】　東京都（警察学校・警察病院 HIV 検査）事件……………………………138
【2】　東京女子医科大学（退職強要）事件………………………………………138
【3】　箱根登山鉄道事件……………………………………………………………140
【4】　日本曹達（退職勧奨）事件…………………………………………………140
【5】　東光パッケージ（退職勧奨）事件…………………………………………140
【6】　武富士（降格・減給等）事件………………………………………………140
【7】　学校法人実務学園ほか事件…………………………………………………142
【8】　UBS セキュリティーズ・ジャパン事件……………………………………142
【9】　日野市（病院副院長・降格）事件…………………………………………142
【10】　東京都ほか（警視庁海技職員）事件………………………………………144
【11】　国際興業大阪事件……………………………………………………………144
【12】　クレディ・スイス証券事件…………………………………………………144
【13】　日本航空（雇止め）事件……………………………………………………146
【14】　クレディ・スイス証券（休職命令）事件…………………………………146
【15】　兵庫県商工会連合会事件……………………………………………………146
【16】　アールエフ事件………………………………………………………………146

解説

1　慰謝料請求が認容された割合……………………………………………………148
2　慰謝料請求が認容された事例・認容されなかった事例の傾向……………148
3　認容額の傾向……………………………………………………………………151
4　聞き取りのポイント……………………………………………………………152

第9章　解雇
判例紹介

- 【1】 S社（派遣添乗員）事件 …………………………………………………… 154
- 【2】 O法律事務所（事務員解雇）事件 ………………………………………… 154
- 【3】 ジャパンタイムズ事件 ……………………………………………………… 154
- 【4】 ニュース証券事件 …………………………………………………………… 154
- 【5】 オオシマニットほか事件 …………………………………………………… 156
- 【6】 佐賀ゴルフガーデンほか事件 ……………………………………………… 156
- 【7】 医療法人大生会事件 ………………………………………………………… 156
- 【8】 学校法人関西学園事件 ……………………………………………………… 158
- 【9】 萬世閣（顧問契約解除）事件 ……………………………………………… 158
- 【10】 エコスタッフ（エムズワーカース）事件 ………………………………… 158
- 【11】 ジェイ・ウォルター・トンプソン・ジャパン事件 ……………………… 160
- 【12】 三菱電機ほか（派遣労働者・解雇）事件 ………………………………… 160
- 【13】 アールエフ事件 ……………………………………………………………… 160
- 【14】 愛徳姉妹会（本採用拒否）事件 …………………………………………… 162
- 【15】 モーブッサンジャパン（マーケティング・コンサルタント）事件 …… 162
- 【16】 カテリーナビルディング（日本ハウズイング）事件 …………………… 162
- 【17】 ジップベイツ事件 …………………………………………………………… 162
- 【18】 サン石油（視力障害者解雇）事件 ………………………………………… 164
- 【19】 明治ドレスナー・アセットマネジメント事件 …………………………… 164
- 【20】 スリムビューティハウス事件 ……………………………………………… 164
- 【21】 医療法人財団健和会事件 …………………………………………………… 164
- 【22】 社団法人キャリアセンター中国事件 ……………………………………… 164
- 【23】 J学園（うつ病・解雇）事件 ……………………………………………… 166
- 【24】 日鯨商事事件 ………………………………………………………………… 166
- 【25】 フィット産業事件 …………………………………………………………… 166
- 【26】 テイケイ事件 ………………………………………………………………… 168
- 【27】 三枝商事事件 ………………………………………………………………… 168

【28】	学校法人尚美学園事件	168
【29】	ライトスタッフ事件	168
【30】	学校法人専修大学事件	170
【31】	三郡福祉会（虹ヶ丘学園・損害賠償）事件	170
【32】	カジマ・リノベイト事件	170
【33】	日建設計事件	172
【34】	英光電設ほか事件	172
【35】	鉄道建設・運輸施設整備支援機構事件	172
【36】	トムの庭事件	174
【37】	A病院（医師・解雇）事件	174
【38】	アクサ生命保険ほか事件	174
【39】	ソクハイ事件	174
【40】	公認会計士A事務所事件	176
【41】	建設技術研究所事件	176
【42】	NEXX事件	176
【43】	いすゞ自動車（雇止め）事件	176
【44】	南淡漁業協同組合事件	178
【45】	国際信販事件	178
【46】	タイカン事件	178
【47】	安川電機八幡工場（パート解雇・本訴）事件	180
【48】	ジョナサンほか1社事件	180
【49】	東京自転車健康保険組合事件	180
【50】	ネスレコンフェクショナリー関西支店事件	180
【51】	ホクエツ福井事件	182
【52】	社会福祉法人仁風会事件	182
【53】	インフォーマテック事件	182
【54】	千年の杜ほか事件	182
【55】	アウトソーシング事件	182
【56】	ジョブアクセスほか事件	184

【57】	クレディ・スイス証券事件	184
【58】	C株式会社事件	184
【59】	ジャストリース事件	186
【60】	厚木プラスチック関東工場事件	186
【61】	JT乳業事件	186
【62】	第一交通産業ほか（佐野第一交通）事件	188
【63】	ワイケーサービス（九州定温輸送）事件	188
【64】	勝英自動車（大船自動車興業）事件	188
【65】	大森陸運ほか2社事件	188
【66】	静岡フジカラーほか2社事件	190
【67】	南海大阪ゴルフクラブほか事件	190
【68】	エスエイピー・ジャパン事件	190
【69】	大阪いずみ市民生協事件	192
【70】	N興業事件	192
【71】	第一化成事件	192
【72】	京電工事件	192
【73】	骨髄移植推進財団事件	194
【74】	旭東広告社事件	194
【75】	学校法人純真学園事件	194
【76】	通販新聞社事件	194
【77】	福島県福祉事業協会事件	196
【78】	レイズ事件	196
【79】	京阪バス事件	196
【80】	静岡第一テレビ（損害賠償）事件	196
【81】	伊藤忠テクノサイエンス事件	196
【82】	東京エムケイ事件	198
【83】	三井記念病院（諭旨解雇等）事件	198
【84】	モリクロ（懲戒解雇等）事件	198
【85】	霞アカウンティング事件	198

【86】	ブランドダイアログ事件	200
【87】	全国建設厚生年金基金事件	200
【88】	学校法人A大学（医師・諭旨退職処分）事件	200
【89】	ヒューマントラスト（懲戒解雇）事件	202

解説

1	慰謝料請求が認容された割合	202
2	慰謝料請求が認容された事例・認容されなかった事例の傾向	202
3	認容額の傾向	205
4	聴き取りのポイント	207

第10章　雇止め

判例紹介

【1】	日本ヒルトンホテル（本訴）事件	210
【2】	岡山セクハラ（リサイクルショップA社）事件	210
【3】	桜花学園名古屋短大事件	212
【4】	安川電機八幡工場（パート解雇・本訴）事件	212
【5】	日欧産業協力センター事件	212
【6】	ネスレコンフェクショナリー関西支店事件	212
【7】	社団法人K事件	214
【8】	昭和町（嘱託職員不再任）事件	214
【9】	情報・システム研究機構（国情研）事件	214
【10】	大阪府住宅供給公社事件	216
【11】	中野区（非常勤保育士）事件	216
【12】	アデコ（雇止め）事件	216
【13】	日立製作所（帰化嘱託従業員・雇止め）事件	216
【14】	伊予銀行・いよぎんスタッフサービス事件	216
【15】	パナソニックプラズマディスプレイ（パスコ）事件	218
【16】	豊中市・とよなか男女共同参画推進財団事件	218
【17】	河合塾（非常勤講師・出講契約）事件	220

【18】	積水ハウスほか（派遣労働）事件	220
【19】	日本トムソン事件	220
【20】	日本航空（雇止め）事件	220
【21】	いすゞ自動車（雇止め）事件	222
【22】	パナソニックエコシステムズ（派遣労働）事件	222
【23】	NTT東日本-北海道ほか1社事件	224
【24】	ノースアジア大学（本訴）事件	224
【25】	医療法人清恵会事件	226
【26】	ダイキン工業事件	226
【27】	東芝ライテック事件	226

解説

1	慰謝料請求が認容された割合	228
2	慰謝料請求が認容された事例・認容されなかった事例の傾向	228
3	認容額の傾向	231
4	聴き取りのポイント	233

第11章 差別的取扱い

判例紹介

【1】	倉敷紡績（思想差別）事件	236
【2】	イセキ開発工機（賃金減額）事件	236
【3】	竹中工務店（賃金等差別）事件	236
【4】	名糖健康保険組合（男女差別）事件	238
【5】	岡谷鋼機〔男女差別〕事件	238
【6】	住友金属工業（男女差別）事件	238
【7】	愛知学院（愛知高校）事件	240
【8】	日本曹達（退職勧奨）事件	240
【9】	日本オートマチックマシン事件	240
【10】	昭和シェル石油（賃金差別）事件	240
【11】	兼松（男女差別）事件	242

【12】	阪急交通社（男女差別）事件	242
【13】	昭和シェル石油（男女差別）事件	242
【14】	京都市女性協会事件	244
【15】	大阪府板金工業組合事件	244
【16】	コナミデジタルエンタテインメント事件	244

解説

1	慰謝料請求が認容された割合	246
2	慰謝料請求が認容された事例・認容されなかった事例の傾向	246
3	認容額の傾向	248
4	その他	251
5	聴き取りのポイント	251

第12章　不当労働行為

判例紹介

【1】	杉本石油ガス（退職金）事件	254
【2】	渡島信用金庫（降格・降職・配転）事件	254
【3】	京王電鉄（新労組賃金等請求）事件	254
【4】	静岡フジカラーほか2社事件	256
【5】	愛集学園愛集幼稚園事件	256
【6】	恵和会宮の森病院〔降格〕事件	256
【7】	東京日新学園事件	256
【8】	板山運送事件	258
【9】	ウィシュ・神戸すくすく保育園事件	258
【10】	神奈川県厚生農業協同組合連合会事件	258
【11】	JR西日本（可部鉄道部・日勤教育）事件	260
【12】	トキワ工業事件	260
【13】	オリエンタルモーター（賃金減額）事件	262
【14】	第一交通産業ほか（佐野第一交通）事件	262
【15】	田中興業エンタープライズほか1社事件	262

【16】	奥道後温泉（配車差別等）事件	264
【17】	鉄道建設・運輸施設整備支援機構事件	264
【18】	南海大阪ゴルフクラブほか事件	264
【19】	日本メール・オーダー事件	266
【20】	JR西日本（森ノ宮電車区・日勤教育等）事件	266
【21】	ワイケーサービス（九州定温輸送）事件	268
【22】	オオシマニットほか事件	268
【23】	東京都自動車整備振興会事件	268
【24】	ライジングサンセキュリティーサービス事件	270
【25】	全国一般労働組合長崎地本・支部（光仁会・組合旗）事件	270
【26】	佐賀ゴルフガーデンほか事件	270
【27】	ソクハイ事件	270
【28】	日光産業ほか1社事件	272
【29】	大阪京阪タクシー事件	272
【30】	学校法人森教育学園事件	272
【31】	エコスタッフ（エムズワーカース）事件	274
【32】	学校法人明泉学園（S高校）事件	274
【33】	北港観光バス（賃金減額）事件	276
【34】	オリエンタルモーター（第二次賃金差別事件）	276

解説

1	慰謝料請求が認容された割合	276
2	慰謝料請求が認容された事例・認容されなかった事例の傾向	278
3	認容額の傾向	279
4	聴き取りのポイント	283

第13章—1　労災（死亡事案）

判例紹介

【1】	川崎市水道局（いじめ自殺）事件	286
【2】	日赤益田赤十字病院事件	286

【3】	三洋電機サービス事件	286
【4】	南大阪マイホームサービス（急性心臓死損害賠償）事件	288
【5】	榎並工務店（脳梗塞死損害賠償）事件	288
【6】	御船運輸事件	288
【7】	Aサプライ（知的障害者死亡事故）事件	288
【8】	関西医科大学研修医（過労死損害賠償）事件	288
【9】	ジェイ・シー・エム（アルバイト過労死）事件	288
【10】	喜楽鉱業（有機溶剤中毒死）事件	290
【11】	エージーフーズ事件	290
【12】	中の島（ホテル料理長）事件	290
【13】	関西保温工業事件	290
【14】	社会保険庁（うつ病自殺）事件	292
【15】	富士電機Ｅ＆Ｃ事件	292
【16】	ＫＹＯＷＡ（心臓性突然死）事件	292
【17】	国・陸上自衛隊（和歌山駐屯地）事件	292
【18】	スズキ（うつ病自殺）事件	292
【19】	ギオン（日本流通企画）事件	294
【20】	協和エンタープライズほか事件	294
【21】	ＪＲ西日本尼崎電車区事件	294
【22】	ボーダフォン（ジェイフォン）事件	294
【23】	おかざき事件	294
【24】	積善会（十全総合病院）事件	296
【25】	Ｏ技術（労災損害賠償）事件	296
【26】	テクノアシスト相模（大和製罐）事件	296
【27】	山田製作所（うつ病自殺）事件	296
【28】	ハヤシ（くも膜下出血死）事件	298
【29】	みずほトラストシステムズ（うつ病自殺）事件	298
【30】	スギヤマ薬品事件	298
【31】	札幌国際観光（石綿曝露）事件	298

【32】	大阪府立病院（医師・急性心不全死）事件	300
【33】	NTT東日本北海道支店（差戻審）事件	300
【34】	ヤマトロジスティックス事件	300
【35】	JFEスチール（JFEシステムズ）事件	300
【36】	日本土建事件	300
【37】	アテスト（ニコン熊谷製作所）事件	302
【38】	オーク建設（ホームテック）事件	302
【39】	前田道路事件	302
【40】	音更町農業協同組合事件	302
【41】	三井倉庫（石綿曝露）事件	304
【42】	鳥取大学附属病院事件	304
【43】	九電工事件	304
【44】	グルメ杵屋事件	304
【45】	国（じん肺・北海道）事件	304
【46】	TOTO事件	306
【47】	国（護衛艦たちかぜ〔海上自衛隊員暴行・恐喝〕）事件	306
【48】	メディスコーポレーション事件	306
【49】	マツダ（うつ病自殺）事件	306
【50】	大庄ほか事件	308
【51】	サノヤス・ヒシノ明昌事件	308
【52】	フォーカスシステムズ事件	308
【53】	中部電力ほか（浜岡原発）事件	310
【54】	萬屋建設事件	310
【55】	日本赤十字社（山梨赤十字病院）事件	310
【56】	ニューメディア総研事件	312
【57】	O社事件	312

解説

| 1 | 慰謝料請求が認容された割合 | 312 |
| 2 | 労災死亡事案の類型 | 312 |

	3	慰謝料請求が認容された事例・認容されなかった事例の傾向…………314
	4	認容額の傾向………………………………………………………………316
	5	その他………………………………………………………………………317
	6	聴き取りのポイント………………………………………………………318

第13章—2　労災（死亡以外事案）

(1) 後遺障害が認定された事案

判例紹介

- 【1】 大阪市シルバー人材センター事件……………………………………………320
- 【2】 綾瀬市シルバー人材センター（IT工業所）事件……………………………320
- 【3】 中島興業・中島スチール事件…………………………………………………320
- 【4】 和歌の海運送事件………………………………………………………………322
- 【5】 ■第一事件　筑豊炭田（じん肺・国）事件
      ■第二事件　筑豊炭田（じん肺・日鉄鉱業）事件……………………………322
- 【6】 日本メール・オーダー事件……………………………………………………322
- 【7】 ジャムコ立川工場事件…………………………………………………………322
- 【8】 Y興業（アルバイト労災）事件………………………………………………324
- 【9】 ヤマト運輸事件…………………………………………………………………324
- 【10】 おおぎんビジネスサービス事件………………………………………………324
- 【11】 日本海員掖協会（化学物質過敏症）事件……………………………………326
- 【12】 矢崎部品ほか1社事件…………………………………………………………326
- 【13】 ミヤショウプロダクツ事件……………………………………………………326
- 【14】 信濃輸送事件……………………………………………………………………326
- 【15】 中野運送（トラック運転手・脳出血）事件…………………………………328
- 【16】 ホテル日航大阪（脳出血）事件………………………………………………328
- 【17】 名神タクシーほか事件…………………………………………………………328
- 【18】 H工務店（大工負傷）事件……………………………………………………328
- 【19】 渡辺工業（住友重機横須賀工場）事件………………………………………328
- 【20】 岩瀬プレス工業事件……………………………………………………………330

【21】	エム・テックほか事件	330
【22】	川島コーポレーション事件	330
【23】	康正産業事件	330
【24】	国（じん肺・北海道）事件	332
【25】	渡辺工業（石綿曝露等）事件	332
【26】	天辻鋼球製作所（小脳出血等）事件	332
【27】	新明和工業事件	334
【28】	DNPメディアテクノ関西事件	334
【29】	リゾートソリューション（高松工場・石綿）事件	334
【30】	ナルコ事件	334
【31】	住友重機械工業（じん肺）事件	336
【32】	医療法人こうかん会（日本鋼管病院）事件	336
【33】	山陽断熱ほか1社事件	336

(2) 後遺障害が認定されなかった事案

【1】	アジア航測事件	338
【2】	オンテックス事件	338
【3】	A鉄道（B工場C工場）事件	338
【4】	U福祉会事件	340
【5】	高橋塗装工業所事件	340
【6】	神奈中ハイヤー（受動喫煙）事件	340
【7】	ファーストリテイリングほか（ユニクロ店舗）事件	340
【8】	英光電設ほか事件	342
【9】	富士通四国システムズ（FTSE）事件	342
【10】	デンソー（トヨタ自動車）事件	342
【11】	郵便事業（連続「深夜勤」勤務）事件	342
【12】	J学園（うつ病・解雇）事件	344
【13】	フィット産業事件	344
【14】	本田技研工業（SF中部・石綿曝露）事件	344

【15】東芝（うつ病・解雇）事件……………………………………346
【16】佃運輸事件……………………………………………………346
【17】ココロプロジェクト事件…………………………………………346
【18】九九プラス事件………………………………………………346
【19】建設技術研究所事件…………………………………………348
【20】医療法人健進会事件…………………………………………348
【21】エーディーディー事件…………………………………………348
【22】岩手県（職員・化学物質過敏症等）事件………………………350
【23】慶応義塾（シックハウス）事件…………………………………350
【24】アイフル（旧ライフ）事件………………………………………352
【25】ザ・ウィンザーホテルズインターナショナル（自然退職）事件……352

解説
1　慰謝料請求が認容された割合……………………………………352
2　慰謝料請求が認容された事例・認容されなかった事例の傾向………353
3　認容額の傾向……………………………………………………355
4　その他……………………………………………………………359
5　聴き取りのポイント………………………………………………360

第14章　その他

判例紹介
【1】建設省中部地方建設局（準職員）事件…………………………362
【2】渡島信用金庫（降格・降職・配転）事件………………………362
【3】上野製薬事件…………………………………………………364
【4】日本郵政公社（深夜勤等）事件………………………………364
【5】東急バス（チェック・オフ停止等）事件………………………364
【6】相生市農協（参事・損害賠償）事件…………………………366
【7】JR西日本（森ノ宮電車区・日勤教育等）事件…………………366
【8】パナソニックプラズマディスプレイ（パスコ）事件………………368
【9】東京シーエスピー事件…………………………………………368

【10】	新富自動車事件	368
【11】	三洋貿易事件	370
【12】	東武スポーツ（宮の森カントリー倶楽部・労働条件変更）事件	370
【13】	宮古島市社会福祉協議会事件	370
【14】	アルプス電気事件	372
【15】	技術翻訳事件	372
【16】	東京都（警察学校・警察病院HIV検査）事件	372
【17】	B金融公庫（B型肝炎ウイルス感染検査）事件	374
【18】	JR東海大阪第一車両所事件	374
【19】	新日本交通ほか事件	374
【20】	JAL労組ほか（プライバシー侵害）事件	376
【21】	HSBCサービシーズ・ジャパン・リミテッド（賃金等請求）事件	376
【22】	東起業事件	376
【23】	京都簡易保険事務センター（嫌煙権）事件	378
【24】	江戸川区（受動喫煙損害賠償）事件	378
【25】	JR西日本（受動喫煙）事件	378
【26】	ライトスタッフ事件	380
【27】	桜花学園名古屋短大事件	380
【28】	東京女子医科大学（退職強要）事件	380
【29】	労働政策研究・研修機構事件	382
【30】	A保険会社上司（損害賠償）事件	382
【31】	学校法人A大学（医師・諭旨退職処分）事件	382
【32】	エス・エー・ディー情報システムズ事件	384
【33】	山口工業事件	384
【34】	名古屋自動車学校事件	384
【35】	学校法人尚美学園事件	384
【36】	ニューロング事件	386
【37】	山九（起訴休職）事件	386
【38】	国立感染症研究所事件	388

- 【39】三井住友海上火災保険（エリア総合職考課）事件……………388
- 【40】NTT 西日本（D 評価査定）事件………………………………388
- 【41】損害保険ジャパンほか（人事考課）事件………………………388
- 【42】日本レストランシステム（人事考課）事件……………………388
- 【43】互光建物管理事件…………………………………………………390
- 【44】クアトロ（ガソリンスタンド）事件……………………………390
- 【45】ブレックス・ブレッディ事件……………………………………390
- 【46】日本マクドナルド事件……………………………………………392
- 【47】プラスパアパレル協同組合（外国人研修生）事件……………392
- 【48】シーディーシー事件………………………………………………392
- 【49】東栄衣料破産管財人ほか事件……………………………………392
- 【50】ドワンゴ事件………………………………………………………394
- 【51】杉本商事事件………………………………………………………394
- 【52】京都市（教員・勤務管理義務違反）事件………………………394
- 【53】東京コムウェル事件………………………………………………396
- 【54】御山通商ほか1社事件……………………………………………396
- 【55】コンドル馬込交通事件……………………………………………396
- 【56】不二タクシー事件…………………………………………………396
- 【57】豊國工業事件………………………………………………………398
- 【58】テックジャパン事件………………………………………………398
- 【59】広島県ほか（教員・時季変更権）事件…………………………398
- 【60】八千代交通事件……………………………………………………398
- 【61】日本体育会事件……………………………………………………400
- 【62】キヤノンソフト情報システム事件………………………………400
- 【63】学校法人専修大学事件……………………………………………400
- 【64】日欧産業協力センター事件………………………………………400
- 【65】マンナ運輸事件……………………………………………………402
- 【66】東京都・都労委（教員・再雇用制度等）事件…………………402
- 【67】日本ニューホランド（再雇用拒否）事件………………………402

【68】	学校法人大谷学園事件	402
【69】	ユタカ精工事件	404
【70】	日本ポラロイド（サイニングボーナス等）事件	404
【71】	富士通（退職金特別加算金）事件	404
【72】	EMI ミュージック・ジャパン事件	406
【73】	東亜交通事件	406
【74】	TOTO 事件	406
【75】	日本アイ・ビー・エム（会社分割）事件	408
【76】	大誠電機工業事件	408
【77】	日本化薬事件	408
【78】	国（神戸刑務所・管理栄養士）事件	410
【79】	日本精工（外国人派遣労働者）事件	410
【80】	マツダ防府工場事件	410
【81】	全日本建設運輸連帯労組近畿地本（支部役員統制処分等）事件	410
【82】	エヌ・ティ・ティ労働組合（組合脱退妨害）事件	412
【83】	全日通労働組合事件	412
【84】	全日本海員組合（組合長選挙無効確認）事件	412
【85】	株式会社Ｔ（引受債務請求等）事件	414
【86】	郵便事業（身だしなみ基準）事件	414
【87】	医療法人大生会事件	414
【88】	ヒューマントラスト（懲戒解雇）事件	416
【89】	霞アカウンティング事件	416
【90】	アデコ（雇止め）事件	416
【91】	農林漁業金融公庫事件	418
【92】	日本言語研究所ほか事件	418
【93】	神奈川都市交通事件	418
【94】	福岡地労委（労働者委員任命取消等請求）事件	418
【95】	中央労基署長（大島町診療所）事件	420

解説

1 業務命令（【1】～【9】）…………………………………………………… 420
 (1) 慰謝料請求が認容された割合………………………………………… 420
 (2) 慰謝料請求が認容された事例・認容されなかった事例の傾向…… 420
 (3) 認容額の傾向…………………………………………………………… 421
 (4) 聴き取りのポイント…………………………………………………… 422

2 労働条件の不利益変更（【4】【10】～【15】）………………………… 423
 (1) 慰謝料請求が認容された割合………………………………………… 423
 (2) 慰謝料請求が認容された事例・認容されなかった事例の傾向…… 423
 (3) 認容額の傾向…………………………………………………………… 425
 (4) 聴き取りのポイント…………………………………………………… 425

3 プライバシー侵害（【16】～【22】【29】）……………………………… 425
 (1) 慰謝料請求が認容された割合………………………………………… 425
 (2) 慰謝料請求が認容された事例・認容されなかった事例の傾向…… 426
 (3) 認容額の傾向…………………………………………………………… 429
 (4) 聴き取りのポイント…………………………………………………… 432

4 受動喫煙（【23】～【26】）……………………………………………… 433
 (1) 慰謝料請求が認容された割合………………………………………… 433
 (2) 慰謝料請求が認容された事例・認容されなかった事例の傾向…… 433
 (3) 聴き取りのポイント…………………………………………………… 436

5 名誉毀損（【3】【27】～【36】）………………………………………… 437
 (1) 慰謝料請求が認容された割合………………………………………… 437
 (2) 慰謝料請求が認容された事例・認容されなかった事例の傾向…… 437
 (3) 認容額の傾向…………………………………………………………… 443
 (4) 聴き取りのポイント…………………………………………………… 446

6 その他………………………………………………………………………… 446
 (1) 休職処分（【37】），厳重注意（【38】）…………………………… 446
 (2) 人事評価（【39】～【42】）………………………………………… 447
 (3) 劣悪，過酷な労働環境（長時間労働，休憩時間の不付与等）

　　　　（【43】～【49】）……………………………………… 447
　(4) サービス残業（【50】～【52】）……………………………… 448
　(5) 賃金，退職金の不払い（【53】～【56】）…………………… 449
　(6) 社会保険への未加入（【57】【58】）………………………… 449
　(7) 年休権侵害（【58】～【60】）………………………………… 449
　(8) 復職に伴う配慮（【61】～【63】）…………………………… 450
　(9) 申請の拒否（【64】【65】）…………………………………… 450
　(10) 再雇用拒否（【66】～【68】）………………………………… 451
　(11) 説明義務違反，虚偽説明等（【69】～【75】）……………… 451
　(12) 偽装請負，労働者派遣（【76】～【80】）…………………… 452
　(13) 労働組合関係（【81】～【84】）……………………………… 452
　(14) 労働者に対する犯罪行為や嫌がらせ行為（【85】～【89】）………… 455
　(15) 労働基準監督署の調査懈怠（【95】）………………………… 456

あとがき………………………………………………………………… 457

東京弁護士会労働法制特別委員会　執筆者・編集者・監修者一覧

執筆・編集総括

　堀川　裕美　　日比谷見附法律事務所
　平木　憲明　　あぽろ法律事務所
　加藤　由美　　アレグレット法律事務所

執筆・編集

　王子　裕林　　弁護士法人裕後法律事務所
　坂元　夏子　　大原法律事務所
　鈴木　みなみ　ロア・ユナイテッド法律事務所
　須長　駿太郎　東京渋谷法律事務所
　萩原　怜奈　　林・園部法律事務所
　林　　正裕　　錦華通り法律事務所
　正木　順子　　銀座プライム法律事務所
　三好　啓允　　ソフィア法律事務所
　中野　真　　　第一法律事務所

執筆

　安部　史郎　　馬場・澤田法律事務所
　安部　康広　　やまぶき法律事務所
　安藤　啓一郎　須田総合法律事務所
　伊関　祐　　　法学館法律事務所
　梅本　寛人　　梅本・栗原・上田法律事務所
　江村　祥子　　髙橋修平法律事務所
　大谷　耕　　　セコム株式会社法務部
　大野　俊介　　堀川法律事務所
　大原　武彦　　大原法律事務所

小木　惇	中島経営法律事務所
荻野　聡之	アンダーソン毛利・友常法律事務所
小田　竜太郎	スカイ総合法律事務所
樫村　ありさ	東京第一法律事務所
片岡　勇	弁護士法人パートナーズ法律事務所
經田　晃久	功記総合法律事務所
坂井　陽一	原口総合法律事務所
塩瀬　篤範	西川茂法律事務所
柴田　大輔	松尾千代田法律事務所
清水　徹	弁護士法人アディーレ法律事務所
鈴木　信作	森法律事務所
太宰　未桜	旭化成ファーマ株式会社総務部
田辺　敏晃	川合晋太郎法律事務所
田村　祐一	荒井総合法律事務所
中西　洋平	弁護士法人廣澤法律事務所
西出　恭子	矢吹法律事務所
平山　諒	高瀬・佐藤法律事務所
古田　幸大	宇多法律事務所
前原　浩明	齋藤法律事務所
室木　隆宏	木島綜合法律事務所
森　直美	福間智人法律事務所
山口　雄	山口国際総合法律事務所
山本　理輝	助川法律事務所
余吾　哲哉	余吾法律事務所
吉岡　剛	奥野総合法律事務所・外国法共同事業

監修

德住　堅治	旬報法律事務所
岩出　誠	ロア・ユナイテッド法律事務所

| 藤井　康　広 | 藤井康広法律事務所 |
| 古　椎　庸　文 | 八戸法律事務所 |

第1章 内定取消

<判例紹介>

No	事件名 裁判所 判決年月日 出典 審級関係	事案の概要	請求 (訴訟物)	慰謝料 請求額	慰謝料 認容額
【1】	B金融公庫（B型肝炎ウイルス感染検査）事件 東京地裁 H15.6.20 労判854-5	Yに雇用されるため採用選考に応募したXが、Yに対し、(1)Yによる不採用の通知は、XがB型肝炎ウイルスに感染していることのみを理由とする不合理な内定取消又は内々定取消であり、これにより雇用契約上の権利又は雇用される期待権を侵害され精神的苦痛を被ったとして不法行為に基づく損害賠償（1000万円）、(2)YがXに無断でB型肝炎ウイルス感染を判定する検査を受けさせた行為により精神的苦痛を被ったとして不法行為に基づく損害賠償（250万円）、及び、(3)YがXに無断でB型肝炎ウイルス感染を判定させる等の精密検査を受けさせたことにより精神的苦痛を被ったとして不法行為に基づく損害賠償（250万円）の支払をそれぞれ求めた事案。	損害賠償請求	1500万円 （内訳） ・内定取消：1000万円 ・ウイルス検査：250万円 ・精密検査：250万円	150万円 （内訳） ・内定取消：0円 ・ウイルス検査：100万円 ・精密検査：50万円
【2】	コーセーアールイー（第2）事件 福岡地裁 H22.6.2 労判1008-5	Xは、平成21年3月に大学を卒業する予定であり、Yから採用についての内々定を得ていたが、内定通知授与（平成20年10月2日）の直前である同年9月29日付けで、Yから内々定取消を受けたことから、同取消は違法であるとして、債務不履行又は不法行為に基づいて、Yに対し損害賠償を請求した事案。	損害賠償請求	100万円	100万円

第1章　内定取消

労働者等の属性（性別・ポジション・収入等）	使用者等の属性（会社規模等）	算定の理由
・男性 ・大学生	金融機関	【内定取消】 ・6月1日の段階では、YはXに内定の予告をしたものの、実質的な採用選考として健康診断が残されていたこと、6月2日以降においても、再検査、再々検査、精密検査を受検させており、雇用契約の成立（採用内定）の期待が高まったとは評価できないから、6月2日以降においても、雇用契約の成立が確実であると相互に期待すべき段階に至ったということはできないことから、Yが、7月29日、Xに不採用を告げ、9月30日にもその旨告げたこと（本件不採用）は、不法行為には該当しない。 【ウイルス検査】 ・金融機関たるYの業務では、応募者の能力や適正を判断するためにB型肝炎ウイルス感染の有無を検査する必要性は乏しく、B型肝炎ウイルスについて調査すべき特段の事情はなく、Xの同意も得られていない以上、本件ウイルス検査は、Xのプライバシー権を侵害する。 ・ただし、Xは、採用内定（雇用契約締結）に向けての合理的な期待が生じたともいえないこと、XはB型肝炎ウイルスのキャリアであることのみを理由として不採用となったとは認めることはできないことを総合考慮し、慰謝料としては、100万円が相当。 【精密検査】 ・調査の目的や必要性について何らの説明もなく、本人の同意も得ることなく、YがXにウイルス感染、ウイルス量、感染力等についての精密検査を受検させた行為は、本人の同意なくB型肝炎ウイルスに関する病状を調査するものであるから、Xのプライバシー権を侵害するものとして違法である。 ・他方、Y職員に対する本件精密検査の結果の説明は、Xの同意を得て行われていること、Xは採用内定していたとはいえず、また、採用内定（雇用契約締結）についての合理的な期待が生じていたとはいえないことを総合考慮し、慰謝料としては、50万円が相当。
・女性 ・大学生	不動産売買、賃貸、斡旋、仲介及び管理等を行う株式会社	・Xの採用を行うという一貫したYの態度により、Xが、Yから採用内定を得られること、ひいてはYに就労できることについて強い期待を抱き、特に、採用内定通知書交付の日程が定まり、そのわずか数日前に至った段階では、YとXとの間で労働契約が確実に締結されるであろうとのXの期待は、法的保護に十分に値する程度に高まっていたこと、YはXに対して本件内定取消の具体的理由の説明を行わないなど、誠実な態度で対応したとは到底いい難いこと、Yは、建築基準法改正やサブプライムローン問題等により経済状況がさらに悪化するという一般的な危惧感のみから、Xへの現実的な影響を十分考慮することなく、採用内定となる直前に急いで本件内々定取消を行ったものと評価せざるを得ないことから、本件内々定取消は、労働契約締結過程における信義則に

	事件名	事案概要	請求内容	請求額	認容額
【3】	宣伝会議事件 東京地裁 H17.1.28 労判890-5	・採用内定を受けていた大学院博士課程在籍中のXが，違法に内定を取り消されたとして，債務不履行に基づき損害賠償を請求した事案。 ・入社予定日の4日前に内定を取消された。 ・内定取消の約1か月後に再就職した。	損害賠償請求	200万円	50万円
【4】	パソナ（ヨドバシカメラ）事件 大阪地裁 H16.6.9 労判878-20	Xが労働者派遣業等を業とするY1に対し，主位的にはY1との間で労働契約を締結したとして，予備的には仮にY1との労働契約が成立しておらず又は前記解雇が有効であったとしてもXの就労を確保すべき信義則上の義務に違反したとして（Y1に対する請求），また，写真機及び写真機材の販売等を業とするY2に対し，主位的にはY2がY1との間で業務委託契約を締結したことによりXとY2との間に労働契約が成立していたが前記業務委託契約を破棄することによりXを違法に解雇したとし，予備的には仮に労働契約がY2との間で成立していなかったとしても，Y2がXの就労を確保すべき信義則上の義務に違反したとして（Y2に対する請求），Y1らに対し，不法行為ないし債務不履行に基づく損害賠償を求めた事案。	■第1事件 損害賠償請求 ■第2事件 損害賠償請求	■第1事件 50万円 ■第2事件 50万円	■第1事件 20万円 ■第2事件 0円
【5】	オプトエレクトロニクス事件 東京地裁 H16.6.23 労判877-13	・Yの入社試験を受け，採用内定の通知を受けたXが，その約1か月後に採用内定を取り消したYに対し，採用内定取消は客観的に合理的と認められ社会通念上相当として是認できる事由を欠いて無効であり，労働契約は成立していたと主張して，再就職までの未払給与の支払を求めるとともに，採用内定取消により精神的損害等を被ったと主張して慰謝料等の支払を求めた事案。 ・Yは，Xに対し採用内定通知を出しながら，Xに対する悪い噂があることから一旦は採用内定を留保し，調査，再面接までして再度Xの採用内定を決定したにもかかわらず，採用内定を取り消した。	①未払賃金請求 ②損害賠償請求	300万円	100万円
【6】	インターネット総合研究所事件 東京地裁 H20.6.27 労判971-46	Xが，Yから熱心に転職を勧誘され，採用内定に至ったため，勤務先に辞職を申し出たところ，その後，Yから，一方的に，しかも合理的な理由もなく労働契約を解約されたため，勤務先に対し辞職の取消しを申し出て復職したものの，同社における今後のキャリアにおいて取り返しのつかない損害を被ったと主張して慰謝料の支払を求めた事案。	・主位的請求 損害賠償請求 （民415） ・予備的請求 損害賠償請求 （民1）	1000万円	300万円

第1章　内定取消

			反し，Xの上記期待利益を侵害するものとして不法行為を構成する。 ・本件内々定から本件内々定取消に到る経緯，特に，本件内々定取消の時期及び方法，その後のYの説明及び対応状況，Xの就職活動の状況及び現在も就職先が決まっていないことなど，本件に現れた一切の事情を総合考慮した。
・内定時大学院博士課程に在籍 ・入社後の予定賃金は月額19万6000円	雑誌の出版及び広告宣伝の教育指導等を目的とする株式会社		XはYが実施した採用内定者に対する研修に参加する必要はなく，Xが研修に参加しなかったからといって，Yが内定取消その他の不利益を課すことは許されないにもかかわらず，Yが論文審査をいつ終了させるかというXの自律的決定事項に干渉しながら，中途採用試験の再度受験という不利益を背景として直前研修に参加することを求め，これによってXが論文審査終了日の日程を変更し直前研修へ参加することを強いられ，3日間の拘束を受けたこと，内定取消は違法であることが考慮された。
・女性 ・1日6時間時給1000円 ・週3，4日勤務 ・販売スタッフに応募した者	■第一事件 【Y1】 労働者派遣事業を業とする会社 ■第二事件 【Y2】 写真機及び写真機材の販売等を業とする会社		■第1事件 Y1がXに対し，Y2との業務委託契約が不成立となりY2店舗での就労が不能となる可能性の存在を告知してそれでも労働契約の締結に応じるか否かXに選択する機会を与えるべき信義則上の義務を負っていたとし，同義務の違反により，XはY1との労働契約を締結するか否かを自由に決定する機会を喪失したとして，慰謝料20万円を相当とした。 ■第2事件 Y2に対する請求については，Y2との間に直接の契約関係は認められないとして，慰謝料の前提事実を欠くとした。
・年収700万円予定 ・営業職	コンピュータの周辺機器の設計・開発・製造及び販売等を行う会社		Xが，Yが本件採用内定通知を発したために，他の就職内定先や就職活動先を断り，また，前勤務先に退職届を提出し身辺整理をしてYに出社する日を心待ちにしていたこと，Yの客観的に合理的で社会通念上相当として是認できる事由がない本件採用内定取消により，Yに就労することができず，この間，Yとの対応に追われ，精神的苦痛を負ったこと，Yの本件採用内定取消に伴い，再度の就職活動を余儀なくされ，再就職先が決定するまでの2か月間，不安定な立場に置かれ心痛を味わったこと，本件採用内定取消に基づく地位確認，損害賠償請求事件の提起を弁護士に依頼し，弁護士に対し金員を支払うことを余儀なくされたこと等を総合考慮の上，算定した。
・J証券勤務（マーケティングリーダーとして課長クラスの役職にあった） ・Y転職後の年俸は1500万円＋αで合意	情報処理事業及び情報処理技術に関するコンサルティング業務等を行う株式会社		XがJ証券に対して口頭で辞職を申し出たこと，J証券から慰留され，支店長ポストに近いとされる新たなポストを提示されたがこれを断り，退職することを前提に人事部付に異動していたところ，Yから雇用の件が役員会で承認されないとの連絡を受けたため，急遽辞職の撤回を申し出て受理されたこと，上記経緯後人材育成部に配属されて現在に至っていること，役職から外されたため年収は大幅に下がったこと，借り上げ社宅について解約の取消をしたが間に合わず退去を余儀なくされ，急遽住居の手当をせざるを得ず，それに伴い子供も転校せざるを得なかったこと，J証券にとどまることができたにせよ，J証券社内における経歴に傷が付いたことは否定できず，これを回復するには相当の年月を要することが推認されること等を考慮。

<解説>

1 慰謝料請求が認容された割合

　本調査の対象となった平成15年1月から平成25年12月までの間の労判において，内定取消に関連して慰謝料請求がなされた事例は，別紙一覧表のとおり6件である。このうち，内々定取消に関する事例は2件で（【1】，【2】），慰謝料請求が認容されたのは1件である（【2】）。一方，内定取消に関する事例は4件で（【3】【4】【5】【6】），全ての事例で慰謝料請求が認容されている。

2 慰謝料請求が認容された事例・認容されなかった事例の分析

(1) 内々定取消に関する事例（【1】【2】）

　　内々定取消に関する事例は，いずれも新卒者が当事者となった事例である。
　　両事例とも，内々定によって当事者間に始期付解約権留保付労働契約が成立することを否定したが，内々定取消が，労働者の採用内定に対する期待を侵害し，使用者が合理的な理由なく内定通知をしない場合には不法行為を構成する場合があるとして，各事例における内々定取消の適否を判断している。
　　事例【1】では，実質的な採用選考として健康診断が残されており，この結果によって採否の予定が変更される可能性があることを労働者が了知していたこと，使用者が労働者に対して他社の採用選考を辞退するような働きかけをしていないこと等からすれば，労働者が他社を選ぶ可能性を否定し得ない状況であったことから，未だ労働者の採用内定に対する期待は法的保護に値する段階には至っていないとして，請求を棄却した。一方，事例【2】では，内々定決定後，使用者が労働者に対して入社承諾書を提出させたこと，これを受けて労働者が就職活動を終了し，他の内々定を受けていた企業や最終面接を受けていた企業に断りの連絡を入れたこと，使用者が労働者に対し内定への期待を高める発言をしたこと，内定通知書交付の日程調整を行い同日程を決定したこと，内定通知書交付日の直前になって内々定を取り消したことから，労働者の採用内定に対する期待は法的保護に値する段階に至っており，内々定取消が不法行為を構成するとして，慰謝

料全額（100万円）を認容した。

　上記からすると，内々定取消事例における慰謝料認定の分水嶺は，労働者の採用内定に対する期待が法的保護に値する段階に至っていたか否かにあるということになる。そして，労働者の採用内定に対する期待が法的保護に値する段階に至っていたか否かは，使用者が予定していた採用選考全過程における内々定の位置付け，内々定取消の時期（内定予定日のどのくらい前に内々定が取消されたのか），使用者の採用内定に対する態度（使用者が労働者に採用内定を期待させるような態度を示していたか），内々定取消の必要性の程度，内々定による労働者の就職活動への影響等が考慮され判断されているものと考えられる。

(2) 内定取消に関する事例（【3】【4】【5】【6】）

　ア　労働契約の成立

　　労働契約（内定）は，一般的に，使用者による募集（労働契約申込みの誘引）に労働者が応募し（労働契約の申込み），これに対して使用者が採用内定通知を発する（労働契約の承諾）ことによって成立する。新卒者に関する事例では（【3】），使用者から労働者に対し採用内定通知がなされており，この時点をもって労働契約が成立したと認めている。一方，中途採用者の場合は，必ずしも採用内定通知がなされていなくとも，勤務内容や賃金等の労働条件，勤務開始日といった要素が決定されていれば，労働契約の成立が認められることもある。

　イ　新卒者に関する事例（【3】）

　　新卒者が当事者となった事例では，慰謝料請求が認容されている。

　ウ　中途採用者に関する事例（【4】【5】【6】）

　　中途採用者が当事者となった事例についても，いずれも慰謝料請求が認容されている。

　エ　以上からすると，労働者が新卒者，中途採用者のいずれであろうとも，当事者間に労働契約が成立していれば，内定取消に違法性が認められる限り，慰謝料請求は認容されるということになる。

3 認容額の分析と傾向

(1) 認容額の分布

ア 内々定取消に関する事例(【2】)

【2】において認容された慰謝料額は100万円であった。同事例は,採用内定通知授与日の3日前に内々定が取り消された事例で,内々定取消から内定までの日数のほか,使用者の採用選考過程における態度や内々定取消後の不誠実な対応実態,原告の就職活動の状況や就業の有無等が慰謝料額決定に際して考慮されている。

イ 内定取消に関する事例

(ア) 新卒者に関する事例(【3】)

【3】は,大学院の博士課程に在籍していた労働者が,入社予定日の4日前に内定を取り消されたという事例で,認容された慰謝料額は50万円であった。当該事例では,労働者が中途採用試験の再度受験という不利益を背景として,使用者から参加義務のない直前研修への参加を強制されこれによって拘束を受けたこと,内定取消には客観的合理の理由がなく違法であること等が慰謝料額決定に際して考慮されている。

(イ) 中途採用者に関する事例(【4】【5】【6】)

中途採用者に関する事例のうち,【5】及び【6】はいわゆる正規社員の内定取消に関する事例である一方,【4】は非正規社員の内定取消に関する事例である。

【5】は,前職を退職して入社待機をしていた労働者が,使用者から一度は採用内定通知を受けたがこれを留保され,再度面接して採用内定が決定したにもかかわらず結局内定を取消され,内定取消の2か月後に他社に再就職するに至ったという事例で,認容された慰謝料額は100万円であった。当該事例では,労働者が他の内定先等を断り,前職も退職して入社待機をしていたこと,使用者との対応に追われ精神的苦痛を負ったこと,再就職までの間不安定な立場に置かれたこと等が慰謝料額決定に際して考慮されている。

【6】は,使用者から熱心に転職を勧誘され採用内定に至ったことから勤

務先に退職を申し出た労働者が、使用者から一方的に内定を取り消されたため、退職を取り消し勤務先に復職したものの、今後のキャリアにおいて取り返しのつかない損害を被ったという事例で、認容された慰謝料額は300万円であった。労働者は、退職を申し出る前、勤務先で課長クラスの役職にあり、年収は1500万円程度であった。当該事例では、労働者が復職した勤務先で役職を外された上、配置転換され、傷ついた経歴を回復するには相当の年月を要すること、役職から外されたことによって年収が大幅に下がったこと等が慰謝料額決定に際して考慮されている。

　【4】は、人材派遣元から採用内定を受けた労働者が、人材派遣元と人材派遣先との間で業務委託契約が成立しなかったために、人材派遣元から内定を取り消されたという事例で、人材派遣元との関係で認容された慰謝料額は20万円であった。当該事例では、人材派遣元が労働者に対し、人材派遣先との間の業務委託契約が不成立となった場合には派遣先での就労が不能となる可能性があることを告知しなかったことが慰謝料額決定に際して考慮されている一方で、人材派遣元から労働者に対してお詫び金が支払われたことも考慮されている。

(単位：万円)

認容額	10以下	10超〜50	50超〜100	100超〜200	200超
件数	0	2	2	0	1

(2) 認容額の傾向

　内々定取消及び内定取消に関する事例は、上記のとおり、そもそも調査対象となる事例が少数であるため、認容額の傾向を見出すことは難しい。しかしながら、中途採用者の内定取消事例に限っていえば、正規社員として内定を受けた労働者の内定取消の方が、非正規社員として内定を受けた労働者の内定取消に比べて、慰謝料認容額が高額化する可能性はあると考えられる（【4】【5】【6】）。

4 聴き取りのポイント

(1) 内々定取消か内定取消か
(2) 新卒者か中途採用者か

(3) 内々定取消の場合
- 採用選考の全過程
- 内々定取消の時期（内定のどのくらい前に内々定を取り消したか）
- 誓約書の提出の有無・経緯
- 使用者の内定に対する態度（労働者に内定を期待させるような態度を示していたか）及び内々定取消後の対応（使用者の対応が不誠実なものであったか）
- 内々定取消の必要性の程度に関する事情
- 内々定による就職活動への影響（就職活動を終了したか，他の内々定先を断ったか等）
- 内々定取消後，他所への就職の有無と就職までの期間

(4) 内定取消の場合
　ア　中途採用の場合
- 採用後に予定されていた地位，年収
- 前職の退職の有無
- 前職を退職した場合，前職における地位，年収，退職の経緯
- 再就職の有無，再就職までの期間
- 前職を退職していない場合，復職後の不利益の有無（地位，年収等に及ぼした影響）
- 使用者の採用内定取消後の労働者に対する対応

　イ　新卒者の場合
　　内々定取消の場合を参照

第2章
配転

<判例紹介>

No	事件名 裁判所 判決年月日 出典 審級関係	事案の概要	請求 (訴訟物)	慰謝料 請求額	慰謝料 認容額
【1】	宮崎刑務所職員（損害賠償）事件 宮崎地裁 H14.4.18 労判840-79	刑務所職員であったXが、公務災害の後遺障害等により膝の具合が悪かったにもかかわらず、膝への負担の大きい部署に配属され、かつ、他の刑務所職員らから困難な業務に従事するよう強要されるなど肉体的精神的ないやがらせを受けて退職することを余儀なくされたと主張して、Yに対し、不法行為及び債務不履行（安全配慮義務違反）に基づき、損害賠償の支払いを求めた事案。	損害賠償請求	1000万円	100万円
【2】	渡島信用金庫（降格・降職・配転）事件 函館地裁 H14.9.26 労判841-58	Y1に勤務するXが、Y1から降格、配置換え、減給等の処遇（以下「本件処遇」という。）を受けたものの、同処遇は人事権行使の濫用だから無効であるなどと主張して、Y1に対し、本件処遇前における人事上の各地位を有することの確認を求めるとともに、従前賃金との差額（未払賃金）の支払を求め、さらに本件処遇それ自体及びその際のY1の対応はその代表者であるY2及びY3によりなされた違法行為であり、Xはこれにより精神的な苦痛を受けたとして、Yらに対し、不法行為に基づく慰謝料の支払を求めた事案。	【X→Y1】 ①地位確認 ②賃金請求 ③損害賠償請求 【X→Y1～Y3】 損害賠償請求	【Y1～Y3】 連帯して200万円	【Y1～Y3】 連帯して20万円 （内訳） ・降格・降職：0円 ・配転：0円 ・不当労働行為：0円 ・業務命令権・労務指揮権の濫用：20万円
【3】	尼崎市立尼崎東高校事件 神戸地裁 H14.9.10 労判841-73	Y1がXらに対して転任処分をしたのに対し、Xらが、本件転任処分は地方公務員法49条にいう「不利益な処分」に当たるところ、これらはXらによる尼崎東高校におけるセクハラ事件の追及活動に対する報復目的で行われたものであり、Y1の裁量権の範囲を逸脱した違法な処分であるなどと主張して、Y1に対し、同法に基づき、本件転任処分の取消しを求めるとともに、Y2に対し、国家賠償法に基づき、損害賠償を求めた事案。	【Xら→Y1】 転任処分取消 【Xら→Y2】 損害賠償請求	【Xら→Y2】 につき各100万円	【Xら→Y2】 につき各100万円
【4】	NTT東日本	Yに勤務するXが、Yに対し、①Xを	①配置転換請	700万円	0円

第2章 配転

労働者等の属性（性別・ポジション・収入等）	使用者等の属性（会社規模等）	算定の理由
刑務所職員	国	・配置転換については国に裁量権があるところ，当初の配置転換に裁量権の逸脱濫用はない，とした。 ・Xが立位仕事・長時間立位・階段昇降は避けることが望ましいとの診断書を提出して以降，安全配慮義務の履行として，ひざへの負担が軽い業務へ再度配置転換をしなかったことは，Xが業務に従事することにより疾患が今後増悪する蓋然性が高いことをYが認識していたか，少なくとも容易に認識できる状態にあったことから，違法。
・信用金庫職員 ・組合員	【Y1】 信用金庫 【Y2】 代表理事（理事長） 【Y3】 代表理事（常務理事）	・本件降格，本件降職には人事権の濫用はなく有効。 ・XをN支店に配転した行為は，Y1による不当労働行為であると推認するのが相当であり，無効。 ・配転については無効であると確認され，経済的な填補がなされる以上，慰謝料の算定にあたって考慮しない。 ・Xが，客観的には比較的些細な出来事について叱責されたこと，Y2・Y3の指示に基づき，通常業務から外され，就業規則やその他諸規程を読む作業に専念するよう余儀なくされたこと，その間，Y1において，Xに対する指導教育上の措置，配慮があったことを窺えないこと，Y2・Y3から身元引受人に対し連絡を取るよう指示があったこと，Xの記した反省事項等について職員の面前で逐一確認されたこと等の事実経過が認められるところ，これらの経過はXに対し暗に退職を強要しているものと推認されてもやむを得ない状況であると思料され，仮にそうでなくとも，Y1のXに対する措置は，Xにことさら屈辱感を与えるものであり，これを正当付けるに足りる客観的かつ合理的な理由があるものとは認め難いことから，上記指示等は業務命令権ないし労務指揮権の濫用として違法。 ・上記一連の経過により被ったXの精神的苦痛を慰謝すべき賠償額は，Xが通常業務より外された期間等に鑑みると，20万円をもって相当。
【X1〜X6】 尼崎市立尼崎東高校の教諭	【Y1】 尼崎市教育委員会教育長 【Y2】 尼崎市	・X1〜X4に対する本件転任処分は，本件セクハラ行為が問題となっていた尼崎東高校からX1らを放逐することにより上記抗議活動を封じ込めて，事態を収拾する目的で行われたものであり，かつ，これに連動してX5及びX6に対する本件転任処分が行われたものと推認するのが相当であるから，本件転任処分はいずれも不当な目的で行われたものであり，社会通念上著しく妥当性を欠き，Y1の裁量権の範囲を逸脱するものであって違法。 ・Xらが，不当な目的で行われた本件転任処分によって精神的苦痛を受けたものと認められ，これを慰謝するために要する金額は，転任処分に至る経緯，その他一切の事情を考慮すると100万円を下らない。
・Yでの勤続年数30年	・通信事業者	・Xを還流人事（人材の育成がある程度進んだ配置転換後3

13

	（配転請求等）事件 福島地裁郡山支部 H14.11.7 労判844-45	Y会津若松支店に転勤させる約束があったとして，同支店に転勤させるよう求めるとともに，②平成3年3月1日にYに営業譲渡される前の日本電信電話株式会社会津若松ネットワークセンタから宮城県仙台市内の同社東北ネットワークセンタへの転勤を命じられ，同地に単身で赴任して以来，単身赴任の早期解消を求めてきたにもかかわらず，7年1か月という長期にわたって単身赴任を強いられたなどとして慰謝料等を請求した事案。	求 ②損害賠償請求		
【5】	名古屋港水族館事件 名古屋地裁 H15.6.20 労判865-69	水族館の職員であるXが，(1)職務を変更する2度の業務命令（第一業務命令は，Xを飼育展示部飼育展示課副長とし，専門調査担当を命ずる旨の業務命令。第二業務命令は，Xを管理部業務課副長とし，社会教育普及担当を命ずる旨の業務命令。）の無効を主張して，Y1に対し，各業務命令に基づく就労義務の不存在の確認を，(2)上記各業務命令及びその他の行為に基づく人格権，労働権侵害を主張してY1及びY2に損害賠償を求めた事案。	【X→Y1】 業務命令に基づく就労義務の不存在確認 【X→Y1・Y2】 損害賠償請求	【Y1・Y2】 500万円	【Y1・Y2】 0円
【6】	鳥取県・米子市（中学校教諭）事件 鳥取地裁 H16.3.30 労判877-74	Xは，配転当時，精神疾患，精神障害が完治しておらず，当時の勤務状況を続けるべきであったにもかかわらず，配転を受け，精神的，肉体的苦痛を被ったものであるとして，Y1及びY2に対し慰謝料請求した事案。	【X→Y1・Y2】 国家賠償請求	【X→Y1・Y2】 各100万円	【X→Y1・Y2】 各30万円
【7】	プロクター・アンド・ギャンブル・ファー・イースト・インク(本訴)事件 神戸地裁 H16.8.31 労判880号52頁 神戸地裁 H15.3.12決定 労判853-57	Xは，Y1において，市場調査業務等を担当していたところ，Y1から退職を勧奨され，これを拒否すると，自主的に退職するよう追い込む目的で，仕事を与えずに降格することなどを内容とするスペシャル・アサインメント（特別任務）を通告されるなどの嫌がらせを受け，さらにその後，単純な事務作業を担当する部署に異動させ，降格することを内容とする配転命令を受け，これに従うことを拒否すると賃金の支払を停止されたが，いずれも違法，無効であると主張して，配転命令に従う義務がないことの確認と，Y1に対して賃金の支払を求めるとともに，Y1及び一連の行為を主導したY2に対し，労働契約上の配慮義務違反ないし不法行為責任に基づき損害賠償を請求した事案。	【X→Y1】 ①地位確認 ②賃金請求 ③損害賠償請求 【X→Y2】 損害賠償請求	【X→Y1・Y2】 連帯して300万円	【X→Y1・Y2】 連帯して100万円

第2章 配転

以上 ・自宅は会津若松 ・仙台への配転で，妻子と離れ約7年1か月間の単身赴任後，郡山への配転で単身赴任解消		年を過ぎた時点で，基本的に新たに修得した知識，技術を生かして，希望任地で新たな業務に従事できるようにする人事政策で，研修プログラムを用意し，研修を受け終わった者については，希望任地に配置転換するという方針で行ってきた）から外す工作をYが行ったとは認められない。 ・YがXに対し営業関係の研修への参加を求めたのは，会社の人事上の措置としては合理的な裁量の範囲内のことであって，相当性を欠くものではない。 ・Xが郡山勤務となったのは，YにおいてXの家庭の事情等も配慮してのことと推察でき，これにより単身赴任が解消されているのであるから，合理的な人事権の範囲内で行ったものである。 ・二重生活による生活費の負担増や，精神的負担についても，単身赴任手当，帰郷実費等の支給，社宅の提供等の福利厚生の施策が実施されていた。
飼育展示課主査	【Y1】 名古屋港水族館を運営する財団法人 【Y2】 Y1の専務理事，名古屋港水族館長	第一業務命令について，Xの労働条件等につき従前と大きく異なる不利益を与えるものではないなどとして権利濫用には当たらないとした。 第二業務命令について，労働条件等に関しXに不利益を課すことを認めつつ，第一業務命令後のXの勤務状況が全く不適切なものであり，問題行動も起こして，他の職員らとの間に深刻な対立を生じさせていたことなどから，その必要性を認め，Yの権利濫用には当たらないとした。
中学校教諭	【Y1】 鳥取県 【Y2】 米子市	・校長はXが鬱の治療中であることを知りながら，本人の意思を十分に確認しないまま，専門家の意見を改めて聴取することもなく，本件配転を命じたものであり，その結果，Xの病状の悪化を招き，それゆえ，本件配転はXに通常甘受すべき程度を著しく超える不利益を負わせるものであり，かつ，校長はそのことについて過失があったというべきであるから，本件配転は，裁量を逸脱したもので違法。 ・本件配転は，突然，Xの勤務環境を大幅に変更して，うつ状態にあったXに精神的負担を与え，実際にXの症状は一時悪化した。 ・一方で，その後のXの長期病休及び休職についての本件配転との因果関係は否定。 ・本件配転の違法性の程度，これに対する校長の認識，本件配転の際のXの精神的負担，本件配転を原因とするXの病状の悪化及びその程度等本件に表れた一切の事情を考慮すると，慰謝料は30万円が相当。
・55歳男性 ・勤続16年 ・市場調査を担当 ・組合加入	【Y1】 洗濯洗浄製品などの研究開発，販売，輸出等を事業目的とする外国法人 【Y2】 Xと同じ部署の上司	・本件スペシャル・アサインメントは，職種の変更を伴う配転命令であるが，ひたすら社内公募制度による異動先探しをさせることは，不安感，屈辱感を与える恣意的で合理性に欠ける命令であって，他にXの職務を確保するための真摯な努力を図ったかも疑問である等の事情から，業務上の必要性を欠き，Xを退職に追い込もうとする不当な動機・目的によるものと推認でき，昇給の可能性がなくなる不利益があり，実力を発揮して正当な評価を受ける機会を奪うものであるから，通常甘受すべき不利益を超えて違法。 ・本件配転命令は，バンド職位を低下させることの必要性が乏しく，Xの一連の行動を嫌悪してなされた蓋然性が大きく，Xの被る不利益が大きいため違法。 ・Y1はXに対し，違法無効なスペシャル・アサインメントをなし，かつ，これに従うことを強要してXを通常の業務に就かせず，Y2の言動も相俟って，Xに能力を発揮して正当な評価を受ける機会を与えないばかりか，退職に追い込むべく不安をあおり，屈辱感を与え，精神的圧力をかけた上に，人事権を濫用して本件配転命令をなした上，これに従わないことを理由に賃金の支払いを停止し，仮処分手続を採ることを余儀なくさせ，社内ネットワークから排除したものであるから，Xを適切に就労させ，不当な処遇をして人格の尊厳を傷つけないよう配慮すべき義務の不履行があり，損害賠償義務を負う。 ・不安感や屈辱感，精神的圧力等を味わったことによる精神的苦痛に対する慰謝料として100万円が相当。

【8】	藤田観光（ホテル従業員配転）事件 東京地裁 H16.11.15 労判886-30	ホテルのレストラン課のバーテンダーが，客室サービス課のスーパーバイザーに配置転換されたことは職種限定の合意違反または権利の濫用ないし信義則違反にあたるから無効であり，配置転換に先立って行われた早期退職者等募集時に配置転換の可能性を告げなかったことは信義則違反にあたるなどと主張して，雇用契約上の債務不履行に基づく損害賠償を請求した事案。	損害賠償請求	100万円	0円
【9】	日本レストランシステム事件 大阪高裁 H17.1.25 労判890-27 大阪地裁 H16.1.23 労判873-59	降格処分，配転命令及び出向命令がいずれも無効であるとして，降格処分前の地位にあること及び配転先及び出向先における就労義務がないことの確認並びに格処分以降の賃金差額及び慰謝料の各支払を請求した事案。	①地位確認 ②配転先における就業義務不存在確認 ③出向先における就業義務不存在確認 ④未払賃金請求 ⑤損害賠償請求	200万円	100万円
【10】	トナミ運輸事件 富山地裁 H17.2.23 労判891-12	Xは，Yが他の同業者との間で認可運賃枠内での最高運賃収受や荷主移動（顧客争奪）の禁止を内容とするヤミカルテルを締結しているなどと内部告発したところ，Yがこれを理由として長期間の不昇格及び不当な異動による個室隔離・雑務従事等，Xに対して不利益な取り扱いをしたため平等取扱義務等に違反するとして，債務不履行又は不法行為に基づく損害賠償等の支払い及び謝罪文の手交を求めた事案。	①損害賠償請求 ②謝罪文の手交請求	1000万円	200万円
【11】	太平洋セメント・クレオ事件 東京地裁 H17.2.25 労判895-76	Y1の管理職であるXが，出向先のY2において，アルバイトでもできるような単純肉体労働を担当する部署に配置転換されたのは，退職勧奨や他社への出向に同意しなかったことに対する嫌がらせであるとして，Y2に対し，当該配転命令の無効確認と同命令に従う義務がないことの確認を求めるとともに，Yらは共謀して違法な配転を命じたとして，Yらに対し，共同不法行為に基づく慰謝料を請求した事案。	【X→Y2】 配転命令無効確認 【X→Y1・Y2】 損害賠償請求	連帯して300万円	0円
【12】	マニュライフ生命保険事件 東京高裁 H18.1.25 労判911-17 東京地裁 H17.6.24 労判898-5	・Yの法人代理店営業担当等の業務に従事していたXが，Yの組織再編の中で人材開発室に配転され（第1次配転命令），その後，総務部印刷発送室に配転され（第2次配転命令），内勤事務職員に与えられる7段階のタイトル（職位）の下から2番目であるジュニアアソシエイトのタイトルを付与されたことの，無効確認等を求め，上記各配転命令によりXの被った財産的・精神的損害について損害の賠償を求めた事案。 ・第一次配転命令は，人材開発室が人員	①配転命令等の無効確認 ②地位確認 ③損害賠償請求	2000万円 ※内訳 第一次配転により1000万円，第二次配転により1000万円	0円

第2章　配転

・男性正社員 ・調酒，飲食物の提供等を行うバーテンダーの業務に従事	ホテル，旅館業，飲食店業等を主たる業とする株式会社	・なお，慰謝料のほか，通常の業務に就くことができず，能力を発揮して昇給の機会を得ることができなかった無形の損害を50万円と認定。 募集方法や従来の配転事例等から，XY間でバーテンダーに職種を限定する合意があったとはいえず，権利濫用に当たる事情も認められない。
・男性調理師 ・降格前はマネージャー職 ・営業に配転された後出向 ・降格後の月給30万円	・飲食店経営等を主たる目的とする株式会社 ・洋麺屋五右衛門をはじめとする約25のブランド名の店舗を全国的に展開	【降格について】 部下の無銭飲食について監督責任があることから，降格処分は有効とされた。 【配転命令について】 職種限定，勤務地限定の黙示の合意が成立しており，また合意が成立していないとしても，難病の子どもがいたこと等から，労働者の不利益が大きいため無効とした。 【出向命令について】 研修目的の出向でありながら，研修の実態に乏しいこと，Xのキャリアを無視した単純作業であること等から無効とした。 【慰謝料額の根拠】 Xの精神的な苦痛の内容，程度は著しいと認められる一方で，Xには社内ルール遵守の点で問題があり，各命令を許す要因を与えていること，慰謝料の対象の一つとしてあげていた降格処分については違法とまでは認められないこと，仮処分命令により配転命令の効力が停止されていること，判決により各命令がいずれも無効であると確認されること自体によっても相当程度の慰謝が図られるとも見得ることが考慮された。
・50代後半 ・勤続36年 ・会社の教育研修所に勤務 ・主任補（管理職ではない） ・労働組合所属	・貨物自動車運送事業等を営む株式会社 ・従業員5812名 ・路線事業所117か所	・平成4年1月29日以前の差別的処遇（債務不履行）に基づく損害賠償請求権は時効により消滅した。 ・同日以後の差別的処遇は，それ以前の昭和50年10月から長期間に渡って一貫してなされた処遇と基本的に同質のものであり，同日以後の差別的処遇に基づく精神的損害の評価にあたってもこのような事情を考慮するのが相当であり，同日以後に生じた精神的苦痛は一層多大なものであったこと，一方で，平成4年6月のXの勤務態度は配置，異動，人事考課，昇格等の処遇において不利益に扱われる原因となってもやむを得ず，精神的損害の算定の減額要素になることを総合考慮した。
・53歳男性 ・正社員 ・勤続13年 ・平成11年，ISO担当マネージャーからY2の教育事業部・通信教育担当に異動 ・資格認定試験の受験指導に関する事務作業に従事	【Y1】 セメント製造等を目的とした株式会社 【Y2】 ・土木建築関連業等を目的とする会社 ・Y1の100％子会社	本件配転は，Xの業務量が過重にならないよう配慮してされたものであり，Xに対し，通常甘受すべき程度を著しく超える不利益を負わせるものではなく，本件配転には業務上の必要性があり，有効であるから，その余の点について判断するまでもなく，Yらは本件配転命令について不法行為責任を負わない。
・50代女性 ・昭和50年4月にYの前身の生命保険会社に入社，平成11年4月Yに転籍 ・年収約620万円	生命保険業などを目的とする生命保険会社	・第1次配転命令は，業務上の必要に基づくやむを得ない措置であり，権利濫用はなく，手続も配転命令を無効とするまでの瑕疵は認められない。 ・第2次配転については，業務上の必要性を認め，発送室での業務が過酷な肉体労働であること，同室でセクシャルハラスメントが横行していたこと，職場環境が劣悪であることのいずれも否定，Xへのタイトル付与にも問題なしと認定。

		削減を目的とした部署であり、Xの成績に照らし同部署に配置する合理性なく、報復という不当な動機、目的であると主張。 ・第二次配転命令は、低位タイトルの付与、減給10万円以上、過酷な肉体労働を伴うもので、Xにともなう報復、嫌がらせとしてなされた違法無効なものであると主張。			
【13】	精電舎電子工業事件 東京地裁 H18.7.14 労判922-34	Yの製造部長の地位にあったX1と、製造部部購買グループ次長の地位にあったX2がYによりこれらの職を解かれ、営業部部長付への移動を発令されたが、YのXらに対する各職位からの解任及び配置転換は無効であると主張して、今後営業部長として勤務する義務のないことの確認と、配転前の職務上の地位及びこれに応じた職務手当の支払いを受ける権利の確認、口頭弁論終結時までの職務手当の差額と遅延損害金及び慰謝料各300万円等を請求した事案。 ・X1につき、月給40万円、住宅手当2万9000円、家族手当4万円、職務手当8万円、精勤手当1万円の給与が、配転により、職務手当3万円減額。 ・X2につき、月給31万円、住宅手当2万9000円、家族手当3万円、職務手当6万円、精勤手当7750円の給与が、配転により、職務手当2万円減額。	【X1・X2→Y】 ①配転前の職務上の地位確認 ②職務手当請求 ③職務手当の支払いを受ける地位の確認 ④損害賠償請求	【X1・X2→Y】 各300万円	【X1・X2→Y】 各100万円
【14】	神奈川県厚生農業協同組合連合会事件 横浜地裁 H18.9.21 労判926-30	X1組合が、Y1が組合員の給与からチェック・オフした組合費をX1に引き渡す義務があるにもかかわらず、チェック・オフした組合費910万円をプールした上、脱退組合員に引き渡したことによる損害金、YらがX1組合に対し脱退煽動の攻撃を行い、組合員数を約100名にまで減少させ、組合費6090万円が納入されなくしたことによる損害金、これらの不法行為により組織的打撃を被り、名誉と信用が傷つけられたとして慰謝料を請求し、X2はYらの誹謗中傷によって名誉と信用を著しく傷つけられたとして、X3は薬剤師としての主要な業務を奪われた上、病院運営から遮断され、一人職場に隔離されたことにより名誉と信用が著しく傷つけられたとして、それぞれYらに対し慰謝料を請求した事案。	【X1～X3→Y1・Y2】 損害賠償請求	【X1→Y1・Y2】 連帯して1000万円 【X2→Y1・Y2】 連帯して350万円 【X3→Y1・Y2】 連帯して500万円	【X1→Y1】 600万円（Y2と300万円の範囲で連帯） 配転については0円 【X1→Y2】 連帯して300万円 【X2→Y1・Y2】 0円 【X3→Y1・Y2】 0円
【15】	いずみ福祉会事件 最高裁三小 H18.3.28 労判933-12 熊本地裁八代支部 H14.3.5 労判933-30 福岡高裁	Xは、昭和48年からYに雇用され、保母として保育業務に従事していたが、平成10年10月31日、清掃整備業務に配置転換された。保育業務従事中は、特殊業務当および特別給与改善手当を受けていたが、11年1月以降打ち切られ、同年3月以降は、本俸および期末手当を減額された。さらに同年4月1日に用務員に配置転換され、同年5月15日、勤務態度不良等を理由に通常解雇する旨の意思表示を受けた。そこで、Xが、解雇は権利の濫用であり無効であるとして、地位確認、減額給料等、慰謝料、未支給の手当等、60歳までの賃金の毎月支払を請求した事案。	①地位確認 ②賃金請求 ③損害賠償請求	500万円	100万円

第2章　配転

X	Y		判旨
【X1】 ・中途採用 ・製造部長に任命 ・上記職を解かれ，営業部長付（管理職待遇）へ異動 【X2】 ・中途採用 ・製造購買グループ次長 ・上記職を解かれ，営業部長付（管理職待遇）へ異動	・超音波，高周波及びレーザー等を用いた溶着溶断装置，電源及び発振器等の電子応用装置の製造販売及び修理等を目的とする株式会社 ・年間売上約30億円 ・従業員約140人		・本件配転が，Yの経営改善の方策の変更に伴って，Xらの雇用を継続することが不要となり，かえって，新たな方針の下では会社組織の障害となりえることから，Xらを退職に追い込む意図をもってしたものと推認され，配転命令権の濫用に該当すると認定。 ・配転に至る経緯（指導・勧告や意向の聴取なしに，突然決定事項として配転を申し渡す等）をはじめとする諸般の事情を考慮。
【X1】 ・Y1の2つの病院に対応する病院職員労働組合 ・平成11年当時は組合員950名，その後100名に減少 【X2】 ・X1書記次長（専従者） 【X3】 ・X1執行委員 ・Y1の薬剤師	【Y1】 ・医療，保健，老人の福祉に関する事業等を営む農業協同組合連合会 ・2つの病院等を開設 ・従業員約1200名 【Y2】 ・Y1の代表理事		【X1】 ・診療費不正請求問題とこれが神奈川県当局に知られたことに起因する病院の経営危機問題はX1組合に責任がある旨の院長，Y2，事務長らの発言，X1組合が病院をつぶそうとしている，億単位の和解金を要求している旨の婦長及び副看護部長の発言は，確たる根拠なくX1組合の名誉と信用を傷つけたものであり，院長らのこの発言が組合員減少の一因となり，現在では少数派の労働組合となったことにより，X1組合は相当程度の無形の損害を受けたものと認めることができ，これら諸事情とその他本件の一切の事情を考慮。 ・Y2が，Y1と連帯して支払義務を負う慰謝料については300万円が相当。 【X2】 Y2らの発言は，不当な発言であったにせよ，X2の社会的評価や信用を低下させるとはいえない，被告の業務の執行につきなされたものとはいえない，あるいは，X1組合に対する不法行為に加えてX2に対する不法行為をも構成するものと評価することはできない。 【X3】 配転については，業務上の必要性があり，人選にも合理性が認められ，X2が組合員であることやX2の組合活動を抑圧・制限することを決定的な動機として行われたものとは認められない。
・女性 ・長年従事した保育業務から清掃整備業務に配置転換 ・解雇時55歳 ・配転命令前の月収約24万円	社会福祉法人		・YのXに対する業務変更命令等は，Xを自主退職に導くことを意図してなされたもので，業務命令権を濫用するものであって，これらは不法行為に該当するので，Yにはこれによって被ったXの精神的損害を慰謝する責任がある。 ・Xが正当な理由なく突然清掃美化業務に変更され，休息場所も主に物置として使われてた2階に変更され，各種行事への参加も要請されず，ついには清掃美化業務に従事することも中止されたことに鑑みると，Xの被った精神的苦痛は小さくない。 ・他方では，Xの勤務態度にも問題があり，それらが上記Yの各行為の遠因となっていること，その他，本件に顕れた一切に事情を考慮すると，100万円をもって相当額と認める。

	H15.3.26 労判933-20				
【16】	トキワ工業事件 大阪地裁 H18.10.6 労判933-42	Yの営業所長であったXの受けた①解雇通告（後に組合の要求により撤回），②降格処分に伴う所長手当の不支給，③営業社員への配置転換，④営業会議でYから受けた理不尽な個人攻撃，⑤夏季・冬季一時金の不支給について，それぞれの賃金（②⑤）ないしは慰謝料（①②③）を請求した事案。	①賃金請求 ②損害賠償請求	100万円	100万円
【17】	アットホームほか（従業員持株会解散）事件 東京地裁 H18.6.26 労判934-83	Yの従業員であるXが，Yの従業員で構成する従業員持株会の解散が無効であるとして，Yに対し，従業員持ち株会解散決議の不存在確認を求めたほか，従業員持株会の解散に同意しなかったことから配転換され，さらに配転先でセクシュアルハラスメントを受けたとして，Yに対し損害賠償を請求した事案。	①従業員持株会解散決議不存在確認 ②損害賠償請求	100万年 （内訳） ・配置転換について50万円 ・セクハラについて50万円	70万円 （内訳） ・配置転換について50万円 ・セクハラについて20万円
【18】	オリエンタルモーター（賃金減額）事件 東京高裁 H19.4.26 労判940-33 東京地裁 H18.1.20 労判911-44	Yに勤務するXが，Yに対し不当に業務換えを受け，それに伴い不当な賃金減額を一方的に受けたと主張して，支給されるべき賃金と支給を受けた賃金との差額を求め，また，長期間にわたって仕事をさせず，「給料泥棒」などと罵声を浴びせ，Xの長年の経験を無視して清掃業務への従事を命じるなど精神的苦痛を与えたとして慰謝料を請求した事案。	①賃金請求 ②損害賠償請求	300万円	150万円

第2章 配転

・男性 ・平成12年4月，大阪営業所の新規スタッフとして雇用 ・平成13年4月，大阪営業所長に昇格 ・基本給27万円 ・解雇後労働組合加入 ・労働組合を通じての解雇の撤回要求により解雇撤回	・紙の加工・販売を目的とする会社 ・本社のほかに東京営業所，九州営業所及び大阪営業所を有している	・降格処分についてはそもそも理由がなく，不当。 ・解雇は客観的に合理的な理由欠き不当。 ・配転は業務上の必要性を欠き，Yの方針に経営上の合理性を見出し難く，Yの措置に従わないXを追いやる目的でなされたものと推認でき，不当。 ・営業会議でのXに対するYの言動は，組合加入を契機とした嫌がらせに他ならず，不当。 ・Xは，Yから，不当な解雇を受け，従業員としての地位を失う危険にさらされたこと，また不当な降格処分により賃金カットを受け，経済的不利益を被ったこと，Xの組合加入を嫌悪するYから本件配転や本件営業会議での不当な扱いを受けたことが認められ，Xが精神的苦痛を被ったことが推測される。 ・Yは，本件解雇を撤回したのち，本件解雇と類似した事案で降格処分を行い，これに理由がない旨団体交渉で追及を受けるや，これを嫌悪して配転命令を行い，営業会議でXを非難するなどの行為に及んでおり，かかる一連の行為は報復的で悪質であるその他一切の事情を総合考慮。 ・他方，本件解雇は団体交渉を受けて約2週間後に撤回されており，降格処分に基づく損害は賃金カット分のバックペイを求めることで解消される性質のものである。そのほか一切の事情を総合考慮すれば，100万円が相当である。
・女性 ・23年間Yに勤務（提訴時） ・従業員持株会の会員であった者	・不動産業界向け物件情報提供サービス，雑誌発行等を行う株式会社 ・従業員約1000名 ・閉鎖会社	【配置転換について】 ・配置転換は，Xが従業員持株会の解散に強く反対したことをその理由とするものであったと推認することができ，配置転換命令は違法である。 ・Xは，従業員持株会の解散に対し反対の意思表示をすること自体は何ら不利益を課されるべき事柄ではないにもかかわらず，これを理由に配置転換されたものであり，多大な精神的苦痛を受けたと認められ，その慰謝料額は50万円と評価するのが相当である。 【セクハラについて】 ・Xが配置転換を受けた部署において，Yで働く男性が性的な発言を繰り返し，それに対し，Xが苦情を申し立てたところ，その男性が，かつてXにつきまとい行為を行っていた者の名前を挙げ，あたかもその者に連絡を取るかのような発言をしたことは，Xの平穏な職場環境で働く利益を違法に侵害するものである。 ・これら発言はいずれも，Yで働く男性によって勤務時間中になされたものであり，Yは，Xに生じた損害を賠償する責任を負うというべきであり，Xはこれによって多大な精神的苦痛を受けたと認められ，その慰謝料額は20万円と評価するのが相当である。
・男性 ・Y社組合の幹部 ・モーター部品の加工等の業務に従事していたが網膜の病気後，事業所清掃の仕事に変更	・精密小型モーターの製造・販売を目的とする株式会社 ・従業員2000名	・本件業務換え及び本件賃金減額の内容を見ると，Xが行っている清掃業務は入社以来30年以上も精密小型モーターの部品の加工等に従事してきたXの技能・経験を生かした業務といえないようなものであり，賃金減額幅もあまりにも大きく（基本給43％減），これまでの職歴業績昇級の経過を一切無視するもので，代替業務への就労に対する調整努力も怠っており，病気のために従前通りの仕事ができなくなったXを仕事を失うかもしれない不安な状態に追い込み，これを受け入れざるを得ない状況に追い込んだYの対応には，組合員を嫌悪し組合員を不利益に扱おうとする動機が伺われ，業務換え及び減額に対する合意は，公序良俗に反し無効。 ・本件業務換え及び本件賃金減額の合意に至るまでの期間，Xは，仕事が与えられないことや将来の就労や生活に対する不安のほか，上司によるいやがらせともいうべき言動により精神的苦痛を被ったと認めることができる。 ・上記合意により，従来の知識，経験及び技能を生かすことのできない清掃業務に就くことを余儀なくされ，経済的な困窮を来し，長女に留学を途中であきらめさせざるを得なくなるなどの事態が生じている。 ・このようなYの対応は，Xに対する関係で，組合員の不利益取扱いの不当労働行為及びXの人格権侵害の不法行為を構成する。

	事件名・裁判所・年月日	事案の概要	請求	請求額	認容額
【19】	ノース・ウエスト航空（FA配転）事件 東京高裁 H20.3.27 労判959-18 千葉地裁 H18.4.27 労判921-57	航空会社であるYの従業員としてフライト・アテンダント（FA）の業務に従事していたXらが、それぞれ平成15年3月1日付けで地上職である成田旅客サービス部に配転を命じられたため、①雇用契約上、X1らの職種をFAに限定する旨の合意がある、②X1らが所属する組合とYとの間で締結された労使確認書において、X1らの職種をFAに限定する旨の合意がある、③そうでないとしても、本件配転命令は配転命令権の濫用である、④そうでないとしても、本件配転命令が不当労働行為に当たる、として本件配転命令が違法になされたことによる無効を主張し、X1らがYのFAの地位にあることの確認をそれぞれ求めるとともに、不法行為に基づき、本件配転命令によって被った精神的苦痛に対する慰謝料100万円の支払をそれぞれ請求した事案。	【X1～X5→Y】 ①地位確認 ②損害賠償請求	【X1～X5】 各100万円	【X1・X3・X5】 各80万円 【X2・X4】 各100万円
【20】	NTT東日本（首都圏配転）事件 東京高裁 H20.3.26 労判959-48 東京地裁 H19.3.29 労判937-22	Xらが、本件各配転は、①労働契約による勤務場所及び職種の限定に反する、②配転命令権を濫用して行われたものである、③ILO条約その他の法令や労働契約上の付随義務に反する、④不当労働行為に該当する等と主張して、Y1に対し、原審口頭弁論終結時における勤務先で勤務する労働契約上の義務がないことの確認を求めるとともに、不法行為に基づく慰謝料として各300万円を請求した事案（X9に限り、Y1、Y2に対し、300万円を連帯して支払うよう請求）。	【X1～X9→Y1】 配転先に勤務すべき労働契約上の義務がないことの確認 【X1～X8→Y1】 損害賠償請求 【X9→Y1・Y2】 損害賠償請求	【X1～X8→Y1】 各自300万円 【X9→Y1・Y2】 連帯して300万円	【X1～X8→Y1】 0円 【X9→Y1・Y2】 0円
【21】	みなと医療生活協同組合（協立総合病院）事件 名古屋地裁 H20.2.20 労判966-65	Yの職員としてYの運営する病院で看護師の職務に従事していたXが、①債務不履行又は不法行為による損害賠償として、Yが行った違法な師長解任、正社員からパートへの勤務形態の変更、内科外来勤務から病棟勤務への異動命令、深夜業制限請求の拒否、自宅待機命令、病棟へ職場復帰させたこと、以上の行為により受けた精神的苦痛に対する慰謝料1000万円のうち500万円、師長解任による減給分663万4000円のうち500万円の合計1000万円の支払を、②異動命令が無効であるとして病棟に勤務する義務がないことの確認を、上記①のうち減給分に関する予備的請求として賃金663万4000円のうち500万円をそれぞれ請求した事案。	①損害賠償請求（主位的請求） ②賃金請求（予備的請求） ③配転先で勤務する雇用契約上の義務がないことの確認	500万円	0円
【22】	田中興業エンタープライズ事件 東京地裁 H20.9.22 労判976-48	Y1の従業員であり、同社が運送契約を締結していたY2の工場に所在する車庫の車庫所長として就労し、X3分会長であったX1が、Y1による上記車庫所長を解任するとの配転命令（以下、「本件配転命令」という。）は無効であるとして、(1)Y1に対し、不法行為に基づく損害賠償等の支払いを求め、(2)X1が、Y2の工場長兼取締役であるAにより組合からの脱退勧奨を受けたとして、Y2に対し、使用者責任による不法行為に基づく損害賠償等の支払いを求め、(3)Y1の従業員で、組合の副分会長であるX2が、Aにより組合からの脱退勧奨を受けたとして、使用者責任による不法行為に基づく損害賠償等の支払いを求め、X3が、(4)Y1によ	【X1→Y1】 損害賠償請求 【X1→Y2】 損害賠償請求 【X2→Y2】 損害賠償請求 【X3→Y1】 損害賠償請求 【X3→Y2】 損害賠償請求	【X1→Y1】 （配転・不当労働行為） 100万円 【X1→Y2】 （団結権侵害の不当労働行為） 30万円 【X2→Y2】 （団結権侵害の不当労働行為） 40万円	【X1→Y1】 （配転・不当労働行為） 20万円 【X1→Y2】 （団結権侵害の不当労働行為） 0円 【X2→Y2】 （団結権侵害の不当労働行為） 0円

第 2 章　配転

【X1～X5】 ・正社員 ・日本地区で構成される唯一の労働組合員 ・配転前，フライト・アテンダント（東京） ・配転後，地上職（成田旅客サービス部）	アメリカに本店を置く航空会社	【X1・X3・X5】 不法行為の性質（Yが行った本件配転命令は，不当労働行為には該当しないものの，権利の濫用に当たり無効であること，Yは，配転決定の約10ヶ月前に組合との間でフライト・アテンダント職位確保努力義務・説明努力義務・誠意協議義務等を定めた労使確認書を取り交わしたが，配転を控える方向でこれを考慮していなかったこと，Yは，配転命令の決定，実施にあたり，労使確認書のフライト・アテンダント職位確保努力義務を考慮せず，当該確認書及び信義則に違反したこと等），Xらが受けた損害の性質，程度，その他の事情から，X1，X3，X5の慰謝料は，各80万円とするのが相当。 【X2・X4】 X2及びX4は平成13年8月20日にフライト・アテンダントから地上職への配転を命じられ，上記労使確認書によって平成14年10月3日にフライト・アテンダントに復帰したにもかかわらず，約5ヶ月後である平成15年3月1日付けで再度の地上職への配転を命じられたため，X1，X3，X5に比して精神的苦痛が大きいことから，X2及びX4の慰謝料は，各100万円とするのが相当。
【X1～X9】 ・52～57歳 ・正社員 ・少数組合組合員 ・地方圏勤務から配転により首都圏勤務（X9はY2に出向） ・配転により単身赴任・転居あるいは遠距離通勤	【Y1】 電気通信業務 （東日本地域） 【Y2】 ・Y1の100%子会社 ・IT・電気通信・情報通信に関する事業及び電気通信工事等各種工事の請負・施工等	本件配転について，業務上の必要性が認められ，不当な動機・目的は認められず，X1らに生じた不利益も通常甘受すべき程度にとどまるとして，配転は不法行為ではないとして，棄却。
・女性看護師 ・産前休業前は師長（産前休業中に師長を解任） ・内科外来勤務（日勤が中心）から配転により病棟勤務（日勤，準夜勤，夜勤の3交代制）	・消費生活協同組合法に基づき設立された医療生活協同組合 ・本件病院のほか診療所等を運営	師長解任，正社員からパートへの変更，内科外来勤務から病棟勤務への異動命令，深夜業制限請求の拒否，自宅待機命令，病棟へ職場復帰させたことはいずれも債務不履行及び不法行為に当たるものではない。
【X1】 ・Y1従業員 ・Y2のT工場に所在する車庫の車庫所長 ・X3分会長 【X2】 ・Y1従業員 ・X3副分会長 【X3】 建設・運送業の産業別労働組合	【Y1】 一般貨物自動車運送等を業とする株式会社 【Y2】 ・生コンの製造販売等を業とする株式会社。 ・Y1と運送契約を締結	・Y1は，X1が組合の構成員であることを重視して，そのことの故をもって本件配転命令を発したと推認でき，本件配転命令は労組法7条1号，3号に該当する不当労働行為と認められるから無効であるとされ，不法行為上も違法とされ，X1のY1に対する慰謝料請求が一部認容された。 ・慰謝料額算定に当たっては，労働者が飲酒運転で帰宅したことがある等の車庫所長としての適格性に疑問を抱く事情があることが考慮された。 ・X1及びX2のY2に対する請求は，Aが脱退勧奨をした事実が認定できないとして棄却された。

		るX1への配転命令は不当労働行為に該当し無効であり団結権を侵害するとして，(5)AによるX1及びX2への脱退勧奨につき，それぞれ不法行為に基づく損害賠償（無形の損害）を請求した事案。			
【23】	ＮＴＴ西日本（大阪・名古屋配転）事件 大阪高裁 H21.1.15 労判977-5 大阪地判 H19.3.28 労判946-130	Yの構造改革に伴う雇用形態の変更（本件計画）において，当該雇用形態の選択を行わず「60歳満了型」を選択したものとみなされたX1～X23に対して行われた，X1～X4に対する勤務地変更を伴う配転（配転命令1），X5～X23（うち控訴していないX17，X21を除く）異職種への配転（配転命令2），その後のX5～X23（X17，X21を除く）の遠隔地（新幹線通勤又は単身赴任を要する）への配転（配転命令3）の，各配転命令が権利濫用であることを理由とする損害賠償請求をした事案。	【X1～X23（X17及びX21を除く）→Y】 損害賠償請求	各300万円	【X1～X4】 0円 【X5】 120万円 【X6】 80万円 【X18】 120万円 【X22】 60万円 【X7～X16・X19・X20・X23】 各40万円
【24】	ＮＴＴ東日本（北海道・配転）事件 札幌高裁 H21.3.26 労判982-44 札幌地裁 H18.9.29 労判928-37	X1らに対する配転命令（いずれも転居を伴う）は違法で無効であるとして，不法行為に基づく損害賠償請求として各配転命令によって生じた精神的苦痛に対する慰謝料を請求した事案。	【X1～X5→Y】 損害賠償請求	【X1～X5】 各300万円	【X1～X4】 0円 【X5】 150万円
【25】	ライジングサンセキュリティーサービス事件 東京地裁 H21.9.15 労判996-42	Yの従業員であるXらが，Yに対し，労働契約に基づき，割増賃金の支払を求め，また，Xらの羽田空港から他の場所への勤務場所の変更を命じる異動命令は，Xらが労働組合を結成したことを理由とするもので，不法行為であるとして，主位的には異動の前後における賃金差額相当分を基礎とした損害賠償請求を，予備的には精神的苦痛ならびに団結権侵害に対する慰謝料の支払を求めた事案。	【X1・X2→Y】 ①未払賃金請求 ②損害賠償請求	【X1・X2】 相当額	【X1・X2】 各50万円
【26】	三井記念病院（諭旨解雇等）事件 東京地裁 H22.2.9 労判1005-47	Yの設置する特別養護老人ホームにおいて介護・相談系列担当の副施設長をしていたXが，Xを退職に追い込もうと企図したYのA施設長らによって，暴言や嫌がらせや恫喝（パワハラ）を重ねられたあげくに，同系列から外されて教育研修センター長に配置転換され，さらに同センター職員に降格され，しかも不当に諭旨解雇されたなどと主張して，Yに対し，①雇用契約上の権利を有する地位にあることの確認，②賃金の支払い，③賞与の支払い，④不法行為（必要性のない配置転換や降格，不当な諭旨解雇）	①地位確認 ②賃金請求 ③賞与請求 ④損害賠償請求	300万円	0円

第 2 章　配転

【X1〜X23】 （X17及びX21は控訴せず） NTTグループの労働者で組織される通信産業労働組合の組合員	NTT西日本		・配転命令1，配転命令2については業務上の必要性を認め，他方，配転命令3については，長時間の新幹線通勤や単身赴任という負担を負わせてまで配転を行わなければならないほどの業務上の必要性はないとして配転命令権の濫用を認めた。 ・本件計画の経営上の必要性と合理性を認めた上で，配転命令3により，Xらが被った共通の損害として，同人らが長距離通勤や単身赴任によって肉体的精神的ストレスを受けたことが，その年齢とも相俟って，軽視できないものがあることを考慮。 ・個別に考慮すべき事情として，X5につき実父の介護及び実母の世話の必要性，X6につき糖尿病の食事療法及び運動療法への制約，X18につき肺がん手術後の妻の援助の必要性を認め，X22につき妻の両親の介護への差支えを認め，損害額を上乗せ。
【X1〜X5】 期間の定めなく採用された従業員及び元従業員	地域電気通信業務等を業とする会社（NTT東日本）		【X1〜X4】 ・従前の配属先から他の業務に配置せざるを得ない状況にあったなどとして，原審で否定された配転の業務上の必要性を肯定。 ・生じた不利益も通常甘受すべき程度を著しく超えるとは言えず配転命令は権利濫用に当たらない。 【X5】 ・本件配転命令は苫小牧から東京への転居を伴うもので，それによりX5が高齢で身体に障害をもった両親の介護を満足することができなくなり，X5の妻及び妹が両親の介護を不十分なまま補うに止まることになったことなど，X5本人のみならず両親及び近親者に多大な犠牲を強いたことを考慮。 ・その他X5の単身赴任期間及び態様等の諸事情も総合考慮。
【X1・X2】 ・羽田空港で保安検査の警備業務に従事していたが，東京税関へ異動 ・異動命令の直前に，労働組合を設立 ・X1が執行委員長 ・X2が執行委員	・警備業務等の請負を業とする株式会社		・本件異動は異動の必要性が皆無ではないが，従業員に対する経済的影響も少なくない以上，相応の必要性が必要であると解されるところ，Yが組合員であることを理由として異動の打診をしたと推認できることからすると，Yが組合をつぶすために，Xらに対して本件異動命令をしたというべきで，本件異動命令は不法行為となる。 ・Yではシフトごとに賃金が決められており，従業員の希望も踏まえて，Yがシフトを決定していたことから，本件異動命令がなかったとしても，本件異動命令前と同額の賃金が確実に支給されたであろうとはいえず，また，実労働時間が減ったことにより，長時間勤務が解消され，他でアルバイトもできる状況になったこと等から，Xらの損害は，賃料差額相当分としては認められず，組合つぶしという目的による本件異動命令により受けた精神的損害に対する慰謝料として評価するのが相当としたうえで，本件異動命令の経緯等本件に現れた一切の事情を勘案。
・50代女性 ・特別養護老人ホームの介護・相談系列担当の副施設長から教育研修センター職員に降格 ・月給約50万円（降格後は約47万円）	三井記念病院のほか，特別養護老人ホームを設置する社会福祉法人		・センター長への配転は，不当なものではない。 ・センター職員への降格は，教育研修センターには他の職員が配置されておらず，センター長であっても同職員であっても業務内容等は同じであるはずであり，YがXの給与の月額を約3万円減額したことなどからすると，不当なものといわざるを得ない。 ・本件諭旨解雇については，XとA施設長の意見等の対立を背景とする特命事項違反の結果を，解雇という形でXに負わせるのは相当でないから，無効。 ・A施設長らがXを業務上のメーリングリストから外すなど，Xに不愉快と感じられる言動をしたことが認められるが，そのほかに，同施設長らが，Xを退職に追い込もうと企図し，暴言や嫌がらせや恫喝（パワハラ）を重ねたなどと認

25

	事件名	事案	請求		
		に基づく損害賠償300万円の支払いを求めた事案。			
【27】	GEヘルスケア・ジャパン事件 東京地裁 H22.5.25 労判1017-68	外資系医療機器メーカーであるYの製造本部EHS（環境・安全衛生）室長であったXが、物品等の受入検査部門（現在は、製造本部・製造部内に設置されたクオリティチーム内のトランザクションチーム）へ職務内容の変更を伴う配転命令を受けたことにつき、その無効確認と、慰謝料の支払いを求めた事案。	①配転命令無効確認 ②損害賠償請求	300万円	0円
【28】	学校法人兵庫医科大学事件 大阪高裁 H22.12.17 労判1024-37 神戸地裁 H21.12.3 労判1024-45	Xが、上司にあたるY2から不当に専門グループに所属させず、外来患者を担当させず、入院手術もほとんどさせないなどの処遇を受け人格権が侵害された等として、Y2に対しては709条に基づき、Y1に対しては715条に基づき損害賠償を求めた事案。	【X→Y1・Y2】 損害賠償請求	【Y1・Y2】 連帯して1500万円	【Y1・Y2】 連帯して200万円
【29】	オリンパス事件 東京高裁 H23.8.31 労判1035-42 東京地裁 H22.1.15 労判1035-70	Xに対する第1配転命令は、XがY2やY3らによる取引先企業の従業員の雇入れについてY1のコンプライアンス室に通報したことなどに対する報復としてされたもので無効であるなどと主張して、Xが配転先のY1 IMS企画営業部部付として勤務する雇用契約上の義務がないことを確認することを求め、また、違法な第1配転命令と、その後の上司による業務上の嫌がらせ（パワハラ）等によりXの人格的利益が傷付けられたなどと主張して、Yらに対し、民法709条、715条、719条に基づく損害賠償請求として、賞与の減額分、慰謝料及び弁護士費用の各連帯支払を求めた事案。第一審は、Xの請求をいずれも棄却した。Y1が、原審口頭弁論終結後の平成22年1月1日付けでライフ・産業システムカンパニー統括本部品質保証部部長付への異動を命じ（以下「第2配転命令」という。）、さらに、控訴審係属中の同年10月1日付けで、同品質保証部システム品質グループへの異動を命じた（以下「第3配転命令」という。）ため、Xは、控訴審において、第2配転命令、第3配転命令の無効を確認する内容に、順次訴えを変	【X→Y1】 地位確認（配転無効） 【X→Y1～Y3】 損害賠償請求	【Y1～Y3】 連帯して876万0900円	【Y1・Y2】 連帯して176万0900円 【Y3】 0円

第2章　配転

			めることもできないから，Yに不法行為は成立しない。
・男性 メーカー製造本部 EHS（環境・安全衛生） 室長	外資系医療機器メーカー		・本件配転には，Xが管理職としての適性を欠いており業務上の必要性がある。 ・Yは，Xの労働組合加入通知前に，本件配転の意思決定をしており，Xの労働組合加入の事実を知ったうえで，労働組合の抗議を受けない形でXを閑職に追い込み，自ら音を上げて退職すると言い出すように仕向けすることを画策したという余地はなく，不当な動機・目的はない。 ・Xの資格区分や給与の額は，本件配転の前後を通じて変更されていないから，本件配転を人事降格ということができず，Xの職務の責任範囲や指揮命令の及ぶ範囲が大幅に縮小されたとは認められない。 ・本件配転後，祝日出勤を義務付けられるなど，労働条件が低下しているとしても，通常甘受すべき程度を著しく超える不利益を負わせるものでもない。 ・以上から，本件配転は，権利濫用によって無効とならず，不法行為も成立しない。
大学病院の耳鼻咽喉科の医師	【Y1】 病院を設置している大学 【Y2】 大学病院の耳鼻咽喉科教授		・Y1らが，Xに対する具体的な改善指導を行わず，期限の定めのないままXを臨床担当から外し，臨床等の機会を全く与えない状態で雇用を継続したことは，およそ正常な雇用的形態ということはできず，差別的な意図に基づく処遇であり，Y2が約10年間という長期にわたり，Xに臨床や教育を担当させず，関連病院への外部派遣も中止したことは，Y2の合理的な裁量の範囲を逸脱した違法な差別的処遇である。 ・臨床担当の機会を与えられなければ，医療技術の維持向上及び医学的知識の経験的取得を行うことは極めて困難で，そのような期間が長期化するほど，臨床経験の不足等から，昇進や他所への転出機会が失われることは容易に推測され，本件処遇が10年以上という長期に及んだことからすると精神的苦痛は相当に大きい。 ・もっとも，教授選に，上司であるY2に相談なく独自に立候補するような行為が人事的に一定の不利益を生じさせる可能性のあったことは，Xにも容易に認識しえた。 ・Yらは，Xに他病院等への転出を進め，転出先病院を具体的に紹介したが，Xが応じなかった。 ・さらに，平成6年～10年にかけて，外部派遣先病院からXの勤務態度に複数のクレームが寄せられ，平成16年8月にY大学病院で臨床担当に一部復帰した以降，他の医師・職員から不満が出るなど，Xは自己の考え方に固執し優先させる余り，組織の一員として配慮を欠くような行動傾向があり，そのために軋轢をかなり生じさせたことは否定できない。
・昭和60年1月入社 ・IMS事業部IMS国内販売部NDTシステムグループ営業チームリーダー	【Y1】 デジカメ，医療用内視鏡，顕微鏡等の製造販売を主たる業とする株式会社 【Y2】 Y1のIMS事業部事業部長 【Y3】 ・Y1のIMS事業部IMS国内販売部部長 ・Xの直属の上司		・第1配転命令及び第2配転命令は，業務上の必要性もなく，Y2が人事権を濫用したものであり，第3配転命令もその影響下で行われたもので，これによりXの昇格・昇給の機会を失わせ，人格的評価を貶めるという不利益を課したことから，人事権の濫用であり，不法行為法上も違法。 ・Y2の意向を受け，部下がXに対し，理由なく社外接触禁止という業務命令を行い，達成が著しく困難な業務目標を設定し達成できないことを理由に低い評価をし，Xを「オマエ」と呼ぶなど侮蔑的表現による発言をしたこと，対面で仕事をしているにもかかわらず，質問はメールによらなければ受け付けないと述べたこと，第2配転後に，基礎的知識がない顕微鏡の規格の和文英訳を担当させられ，達成できないと新人同様の勉強をさせてテストを受けさせる状態に終始させられたことなどパワハラについても不法行為法上違法と判断。 【Y1】 Y2の行為に対して使用者責任 【Y3】 上司であるY2の方針に従ったことで不法行為法上違法とはいえない。

27

		更した。			
【30】	C株式会社事件 大阪地裁 H23.12.16 労判1043-15	YがXに対して整理解雇を行ったのに対し、Xは、平成21年6月22日に解雇無効を理由として地位保全、賃金仮払いの仮処分を申し立てたところ、同年12月18日、本件解雇について、整理解雇を行うほどの人員整理の必要性があったと認めるのは困難であり、解雇権濫用に当たるとして賃金仮払いの部分を一部容認する旨の決定を得た。Yは、平成22年2月22日に至り、解雇を撤回し、同年3月1日より名古屋営業所への配転を命じる辞令を発した。 本件は、①YがXに対してしたYの名古屋営業所への配転命令が無効であるとして、XがYに対し、配転先である同営業所における雇用契約上の義務を負わないことの確認を求めるとともに、②同命令及びそれに至るYの行為（Xに対する解雇の意思表示行為）が不法行為に該当するとして、損害賠償（慰謝料）の支払を求めた事案。	①配転命令無効確認 ②損害賠償請求	300万円	50万円 （内訳） ・解雇：0円 ・配転命令：50万円
【31】	新和産業事件 大阪高裁 H25.4.25 労判1076-19 大阪地裁 H24.11.29 労判1067-90	Yから、大阪営業部から大阪倉庫への配転命令（以下「本件配転命令」）を受けるとともに、課長の職を解く降格命令を受け、これに伴い賃金が減額された従業員であるXが、Yに対し、①上記配転命令が無効であると主張して、大阪倉庫において就労する義務がないことの確認、②上記配転命令及び上記降格命令に伴う賃金の減額は無効であると主張して、従前の賃金との差額賃金請求、③上記配転命令及び上記降格命令がなければ、従前と同額の賞与の支給を受けることができたと主張して、従前の賞与との差額賞与請求、④上記配転命令は違法であると主張して、不法行為に基づく損害賠償請求をした事案。 ・Xは、控訴審において、③の賞与請求が認められない場合の予備的請求として、本件配転命令により賞与請求権又は賞与の支払を受ける期待権が侵害されたと主張し、不法行為に基づく損害賠償請求として、上記③の請求に係る賞与額と同額の損害賠償請求を追加。	・主位的請求 ①義務不存在確認 ②差額賃金請求 ③差額賞与請求 ④損害賠償請求（民709） ・予備的請求 ⑤損害賠償請求（民709）	100万円	50万円

<解説>

1 慰謝料請求が認容された割合

　本調査の対象となった平成15年1月～平成25年12月の労判において、配転命令に関連して慰謝料請求がなされた事例は別紙一覧表のとおり、31件であり、そのうち20件の事例において慰謝料請求が認容されている。

・平成18年11月Y入社,平成21年4月16日,整理解雇として解雇予告通知 ・平成21年4月17日,労働組合加入 ・平成22年2月22日の解雇撤回後,大阪営業所営業担当から名古屋営業所輸出入カスタマーサービススタッフへ配転	・陸・海・空にわたる運送業務等を営む株式会社 ・スイスに本社を,世界各国に支社・営業所等を置くR社100パーセント出資にかかる日本法人 ・本社のほか,大阪,名古屋に支店,広島に営業所	【解雇】 人員削減の必要性に疑義はあるが,世界展開するR社の100%子会社で,世界的に形成されている企業グループに組み込まれ海外資本の強い影響下で経営を行うYが親会社の指示に反することは困難で,R社の判断に従い人員整理に踏み切らざるを得なかった状況があること,不当な目的があったとは認められないこと,本件解雇が整理解雇で人員整理計画に関しては高度の経営判断が要求されるところ,整理解雇の有効要件を十分認識していたと推認でき,判断が明白重大な誤りとはいえないこと,仮処分決定後解雇の意思表示を撤回していることなどから,損害賠償請求を発生させる程の違法性はない。 【配転命令】 ・本件配転命令は必要性及び合理性に欠け,無効。 ・解雇撤回後Xを元の職場に復帰させずになされていること,元の職場が受入れ不可能な状況でなかったことから,不当な動機目的でなされたと推認でき,違法性を有し不法行為に該当。 ・Xとは勤務地限定合意がなく,就業規則等に転居を伴う異動があり得ることが規定されていること,社内規定では認められていない新大阪名古屋間の新幹線利用に係る通勤費をYが全額負担する配慮をしていること,Xの帰宅時間が従前と著しく異ならないことなどから,Xの生活上の不利益はさほど大きいとは認められず50万円が相当。
・平成12年4月3日に正社員としてYに入社 ・大阪営業部に所属 ・賃金は入社時30万から約35万に昇給	・医薬品や染料,色材,油脂,プラスチック等の化学工業製品を中心に扱う商社 ・資本金1億円 ・従業員39名	・Yは,業務上の必要性が乏しいにもかかわらず,Xが退職勧奨を拒否したため,Xを退職に追い込み,又は合理性に乏しい賃金の大幅な減額を正当化するという業務上の必要性とは別個の不当な動機及び目的の下で本件配転命令をしたことが認められる。そうすると,本件配転命令は,社会的相当性を逸脱した嫌がらせであり,Xの人格権を侵害するものであり,不法行為を構成する。 ・Xは,上記不法行為により精神的苦痛を受けたことが認められるところ,これによる損害は,本件配転命令が無効となることにより回復される経済的利益によって填補されない損害といえる。 ・本件配転命令の経緯,本件配転命令後のXの処遇その他本件に現れた諸事情を考慮。

2 慰謝料請求が認容された事例・認容されなかった事例の分析

(1) 慰謝料請求が認容された事例(【1】【3】【6】【7】【9】【10】【13】【15】【16】【17】【18】【19】【22】【23】【24】【25】【28】【29】【30】【31】)

　本調査で対象となった裁判例の中で,配転につき慰謝料請求が認容された事例では,いずれも配転命令が違法無効と判断されていた(ただし,後述のとおり,【1】は配転命令の効力そのものが争われた事案ではない。)。

　配転命令が適法有効とされるためには,①使用者に配転命令権が存在し,②配

転命令が権利の濫用とならないことが必要であり，②については，判例（東亜ペイント事件・最二小判昭和61年７月14日労判477号６頁）において判断枠組みが提示されている。具体的には，配転命令が以下のいずれも満す場合には当該配転命令は有効となる。

① 就業規則等，配転命令権の根拠があり，勤務地限定契約等が存在しないこと
② 配転命令につき，（ａ）業務上の必要性が存し，かつ，（ｂ１）他の不当な動機・目的等をもってなされたものでないこと，もしくは（ｂ２）労働者に対し通常甘受すべき程度を著しく超える不利益を負わせるものでないこと

以下，配転命令権の根拠を「要件①」，業務の必要性に関する点を「要件②ａ」，不当な動機・目的に関する点を「要件②ｂ１」，労働者の著しい不利益に関する点を「要件②ｂ２」として，配転命令が違法無効と判断された理由毎に，慰謝料請求が認容された事例を検討する。

慰謝料請求が認容されるのは，地位確認によって慰謝されない精神的損害がある場合のみである。

ア　配転命令権の根拠（要件①）が欠けると判断された事案（【９】）

【９】では，就業規則上，配転に関する定めがあるものの，採用の経緯や労働者の子どもが難病を抱えていることを使用者に告げていたこと等の経緯から，黙示の勤務地限定契約が成立していたとして，そもそも配転命令権を行使することができないとした（なお，【９】では，配転命令権の濫用性判断（要件②（ｂ２））についても検討されている。）。

イ　配転の必要性（要件②ａ）が欠けると判断された事例（【10】【29】【30】）

【10】は，労働者がヤミカルテルの告発をしたことに対する報復として，17年の長期間にわたって個室に置いて他の職員との接触を妨げ,それまで営業の第一線で働いていた労働者を雑務のみに従事させたとして,そもそもそのような異動は業務上の必要性に欠けると判断した。

【29】は，３回にわたる配転命令の効力が争われた事案であるが，第１配転命令，第２配転命令については，労働者が行った内部告発に対する報復であるとして，必要性が否定された。

【30】では，労働者が解雇無効を主張して地位保全，賃金仮払いの仮処分を申し立てたところ，賃金仮払いの部分を一部認容する決定がなされたため，使用者が解雇を撤回し，配転を命じたとして，必要性が否定された。

ウ　不当な動機・目的（要件②ｂ１）の存在が肯定された事例（【３】【７】【13】【15】【16】【17】【22】【25】【31】）

【７】【13】【15】【31】では，配転が労働者を退職に追い込む目的で行われたことが，不当な動機・目的として認定された。なお，【７】【31】では，業務上の必要性も否定されている。

【16】【22】【25】では，配転が組合嫌悪や不当労働行為の一環としてなされたことが認定された。なお，【16】では，業務上の必要性も否定されている。

【３】では，労働者がセクハラを問題視して抗議活動を行っていたところ，同抗議活動を封じ込めて自体を収拾する目的で配転がなされたことが認定された。

【17】では，労働者が従業員持株会解散反対という，会社の方針に強く反対したことを理由として配転がなされたことが認定された。

エ　労働者の著しい不利益（要件②ｂ２）の存在が肯定された事例（【６】【９】【23】【24】）

【６】【23】では，配転による本人の健康上の負担が労働者の著しい不利益として考慮された。すなわち，【６】については精神疾患，【23】のＸ６については糖尿病を患っていたことが考慮された。

【９】【23】【24】では，同居の家族に病気や介護の必要性があることが不利益として考慮された。すなわち，【９】では，労働者の子供が難病であり，看護の必要性があったことが考慮された。【23】では，Ｘ５について両親の介護が必要で介護休職を取得していた経緯があること，Ｘ18について，肺がん手術直後の妻を援助する必要があったこと，Ｘ22について，妻の両親を介護する必要があったことが考慮された。【24】では，身体に障害を持った両親の介護が必要であったことが考慮された。

【23】では長時間の新幹線通勤や単身赴任となること，【24】は苫小牧から東京へ転居となること等の過大な通勤の負担や，転居の必要性及びこれに伴う家

族及び本人の負担の増大等が，不利益として考慮された。

オ　その他特殊な例（【1】【18】【19】【28】）

【1】は，当初行われた配転命令自体は有効とされた上で，配転先がひざの負担が大きい部署であり，配転後，労働者のひざの疾患が憎悪したとして立位仕事・長時間立位・階段昇降は避けることが望ましいと記載された診断書を提出したにもかかわらず，配転先から再度配転を検討しなかったことが安全配慮義務違反として（配転の不作為の違法性）認められた事案である。

【18】は，配転に労働者の合意があったと主張する事例であるところ，配転命令を違法無効とするのではなく，配転についての合意を，組合員を憎悪して組合員を不利益に扱おうとする使用者の動機に基づき，労働者が受け入れざるを得ない状況に追い込んで取り付けたものであって公序良俗に反し無効と判断するものである。

【19】は，配転の前に労使間において，配転をできるだけしないことを確認した確認書を取り交わしていたにもかかわらず，使用者が配転の回避義務を十分果たさなかったことが信義則違反であるとして，配転命令が違法とされた点で判断枠組みがやや特殊である。

【28】は，大学病院に勤務する医師が，10年以上にわたって医学部の教育担当及び大学病院の臨床担当から外されるという処遇を受けたと主張する事案で，教育担当を外したことは著しく不合理とは言えないが，具体的な業務指導もなく医師としての資質に欠けるとして臨床担当を外したことは，合理的な裁量の範囲を逸脱したものであると判断した。大学病院の医師に対する処遇であることから，通常の配転命令における判断とはやや異なる判断枠組みがなされた点が特殊である。

(2) 慰謝料請求が認容されなかった事例（【2】【4】【5】【8】【11】【12】【14】【20】【21】【26】【27】）

本調査で対象となった裁判例の中で，配転につき慰謝料請求が認容されなかった事例には，①配転命令が有効であると判断された事例（【4】【5】【8】【11】【12】【14】【20】【21】【26】【27】）と，②配転命令が無効とされた事例（【2】）がある。

【2】は，配転命令について，組合嫌悪による不当労働行為として無効としながら，労働者の地位確認請求及び賃金請求が認められた以上，経済的な填補はなされているとして，慰謝料請求については認容しなかった（ただし，違法な業務命令に対する慰謝料としては20万円を認容している。）。

配転命令が無効とされた事例では，慰謝料請求が認容されたものが多数であるものの，配転命令が違法無効と判断されれば直ちに慰謝料請求が認められるのではなく，慰謝料請求が認められるためには，さらに，地位確認請求及び賃金請求の認容によっては慰謝されない精神的損害の存在が認められなければならないことに注意が必要である。

3　認容額の分析

(1)　認容額の分布

慰謝料請求が認容された事例における認容額の最低額は20万円，最高額は200万円であった。分布は以下の分布表記載のとおりであり，100万円以下の金額が認容されている例が多い。なお，50万円以下の金額が認容された事例の件数が20件と多くなっているが，これは，同20件の中に，同一の配転命令を受けた従業員13名が13件として算入されているためである（【23】）。

(単位：万円)

認容額	50以下	50超～100以下	100超～150以下	150超
件数	20	20	4	3

(2)　高額事案の分析

100万円を超える慰謝料が認められた事案としては，【10】（認容額：200万円），【18】（認容額：150万円），【23】（認容額：X5につき120万円・X18につき120万円），【24】（認容額：X5につき150万円），【28】（認容額200万円），【29】（認容額：176万0900円）がある。

これらの事案では，以下のように，違法な配転命令が繰り返されたこと（【29】），配転によって，大幅な賃金減額や転居により家族の介護等に大きな支障をきたすなど，労働者やその家族の被る不利益が大きいこと（【18】【23】【24】），使用者に違法な配転命令に加え，不当労働行為やパワハラ等の違法行為も重ねて認められ

ること，(【18】【29】)が考慮され，慰謝料額が高額となっているものと考えられる。

【10】では，異動によって17年も長期にわたり個室に置き，ほとんど雑務に従事させたこと及び昇給が止まっていたことにより，労働者が深刻な精神的打撃を受け，無力感，屈辱感等多大な精神的苦痛を受けたことが考慮された。また，賃金格差を理由とする債務不履行に基づく損害賠償請求権は一部時効にかかっているものの，精神的損害の評価に当たっては，時効消滅前の事情も考慮された。一方で，労働者がもう今更現場復帰の意欲は起こらないなどとしてその後の異動命令を断ったことなどは，新しい業務に就く意欲に欠け，処遇等において不利益に取り扱われる原因となってもやむを得ないものと評価され，慰謝料200万が認容された。

【18】では，配転先の業務がこれまでのキャリアを生かすことのできない清掃業務であり，配転に伴う給与減(43％減)によって，子どもの留学をあきらめざるを得なかったことが認定されている。また，配転について組合嫌悪による不当労働行為として認定されていることも高額の理由となったものと考えられる。

【23】では，Ｘ５につきパーキンソン病及び脳梗塞後遺症の実父の介護及び認知症の症状が出ていた実母の世話をすることが必要であり，介護休職まで取得する必要があったことが考慮され，X18につき肺がんの手術後の妻に対する援助や見舞いが必要であったことが考慮され，同一の配転命令を受けた他の労働者よりも高額の慰謝料が認定されている(他の労働者は，40万円～80万円であるところ，Ｘ５・X18は120万円。)。

【24】では，配転が苫小牧から東京という遠距離で転居を伴うものであったこと，単身赴任を余儀なくされることにより，Ｘ５につき高齢で身体に障害を持った両親の介護が困難になったこと及びＸ５の妻や妹にも両親の介護の多大な負担が生じたことが考慮された。

【28】では，医師として臨床担当の機会を与えられなければ，医療技術の維持向上及び医学的知識の経験的取得は極めて困難であり，そのような期間が長期化するほど，昇進や他所への転出機会が失われることは容易に推測されることから，10年以上にわたって臨床担当を外されたことによって受けた先進的苦痛は相当に

大きいと評価され，慰謝料200万円が容認された。

【29】では，配転命令について，労働者が内部通報をしたことに対する報復であり，業務上の必要性がなくその動機においても不当なもので人事権の濫用としたうえで，労働者に対し，著しく達成困難な業務目標を設定し労働者が達成できないことを理由として著しい低評価をしたこと，「オマエ」と呼ぶなどの侮辱的表現を行っていたこと，対面で仕事をしているにも関わらず質問はメールでしか受け付けない取扱いをしていたことが考慮された。また，第2配転については，労働者のキャリアと無関係の部署に配転し，時間内に達成することが不可能な基礎知識がない顕微鏡の和文英訳を担当させられたうえ毎月末に確認テストを受けさせられるという状態に置かれていたこと等のパワハラが行われていたことが考慮されている。

(3) 低額事案の分析

慰謝料が低額となる事例では，配転命令が労働者に通常甘受するべき程度を著しく超えた不利益を負わせるものではあるが，不当な動機・目的があるとはいえないことや，労働者側の落ち度があったこと，使用者が配転に際し労働者の不利益に対し一定程度配慮していたこと等が，考慮されている。

具体的には，【6】（容認額：30万円）では，配転命令により労働者のうつ病が悪化することにつき，使用者に故意や重過失までは認められないこと，【22】（容認額：20万円）では，労働者に飲酒運転で帰宅したことがある等の車庫所長としての適格性に疑問を抱く事情のあること，【30】（容認額：50万円）では，会社側が社内規則上認めていない新幹線利用に係る通勤費を負担し労働者の帰宅時間が従前と著しく異ならないことが考慮されている。

なお，【9】は，慰謝料100万円が容認されたため低額事案とはいえないが（配転命令の違法に加えて出向命令の違法も認められたために低額とならなかったものと推測される。），労働者側に一定程度落ち度があったこと及び配転命令の無効が確認されたこと自体によって慰謝が図られることが，慰謝料の減額理由として明記されている。

4　聴き取りのポイント

　配転事案に関して法律相談を受けた際の聴き取りのポイントは，以下のとおりである。

(1)　配転命令の有効性判断

　ア　配転命令権の根拠及び勤務地限定契約の有無（要件①）
　　・就業規則，労働協約，労働契約等における配転の根拠の有無
　　・勤務地限定契約の有無

　イ　業務上の必要性の有無（要件②a）
　　・配転を行う業務上の必要性の根拠

　ウ　不当な動機・目的の有無（要件②b1）
　　・配転に先立つ退職勧奨の有無
　　・労働者について組合加入の有無及び使用者の組合嫌悪に基づく行為の有無
　　・内部告発や使用者の方針に反対する等，使用者が報復を試みるような事情の有無

　エ　労働者の著しい不利益の有無（要件②b2）
　　・配転による通勤時間の増加や転居の必要性
　　・本人の健康面や家族への看護・介護の必要性

　オ　その他
　　　配転に関し，配転をなるべく回避する旨の労使の合意等の有無

(2)　慰謝料の増減額事由

　ア　増額事由
　　・配転後の業務内容が従前行っていた業務の知識・経験をまったく無視するような業務であるか否か
　　・配転が繰り返されているか
　　・不当労働行為性の有無やパワハラ等，配転に付随して起こった使用者側の不法行為等の有無及び内容

　イ　減額事由
　　・配転により生じる不利益に対する使用者側の配慮の有無

・労働者側の落ち度

第3章 出向・転籍

<判例紹介>

No	事件名 裁判所 判決年月日 出典 審級関係	事案の概要	請求 (訴訟物)	慰謝料 請求額	慰謝料 認容額
【1】	A鉄道（B工場C工場）事件 広島地裁 H16.3.9 労判875-50	・Y1に在職していたXが、Yらに対し、XがY2のC工場に出向して勤務したことによって心因性反応、精神分裂病等の精神疾患を発病し、これはYらの安全配慮義務違反ないし不法行為(※)によるものであるとして損害賠償を請求している事案。 ・平成8年12月17日以降、心因性反応等の精神疾患の治療を継続。 ・平成8年12月14日まで、1日3時間程度の残業、月1日程度の休日で勤務。 ※Y2に対しては、使用者として、労働者の精神疾患の発生・進行を防止する義務があるところ、①十分な指導援助を行わなかった安全配慮義務違反、②Xの精神的変調に気付いて適切な対応をとるべき安全配慮義務違反を主張。 Y1に対しては、使用者としてY2と同様の義務を負うべきところ、①就労条件の告知義務違反、②出向の取り止め、休暇取得や医師の受診の勧奨、Y2との協議等の措置をとるべき安全配慮義務違反を主張。	【X→Y1・2】 損害賠償請求	【X→Y1・2】 連帯して2000万円	【X→Y1・2】 0円
【2】	JR東海中津川運輸区(出向・本訴)事件 名古屋地裁 H16.12.15 労判888-76	Yの主任運転士であり、組合の執行委員長でもあったX1が、手萠止め粉砕事故を起こしたことを発端として受けた関連会社への出向命令が無効かつ違法であり、これにより精神的損害を被ったとして、Yに対し、出向先において就労すべき義務がないことの確認及び不法行為に基づく損害賠償の支払を求め、X2ないしX4が原告の出向により組合活動に重大な支障をきたし無形的損害を被ったとして損害賠償の支払を求めた事案。	【X1→Y】 ①出向先における就労義務がないことの確認 ②損害賠償請求 【X2～X4→Y】 損害賠償請求	500万円	0円
【3】	日本レストランシステム事件 大阪高裁 H17.1.25	降格処分、配転命令及び出向命令がいずれも無効であるとして、降格処分前の地位にあること及び配転先及び出向先における就労義務がないことの確認並びに格処分以降の賃金差額及び慰謝料の各支払を請求した事案。	①地位確認 ②配転先における就業義務不存在確認 ③出向先における就業義務	200万円	100万円

第3章 出向・転籍

労働者等の属性（性別・ポジション・収入等）	使用者等の属性（会社規模等）	算定の理由
・約10年間Y1に勤務。平成8年2月より現在まで車両技術主任を担当。 ・Y1の指示でY2のC工場に出向（平成8年11月～平成9年3月）。	【Y1】 鉄道株式会社 【Y2】 工業株式会社	【Y2】 Y2でのXに対する指示・Xの残業は，通常の労働者の心身の健康を損なう程度のものではなく，Y2の指示内容等に安全配慮義務違反は認められない。 また，平成8年12月14日まで，C工場においてXの精神的異常に気付くことができたといえる事情もなく，Y2がXの精神疾患の発生・進行を予見しこれを防止する義務に違反したともいえない。 【Y1】 Y1はY2での就労条件をXに十分説明をしており，Y2における残業を拒否しにくいとの実情についても，Y1が十分伝えていたとしてXが出向を辞退したとか心理的負荷が軽減したとかは認められず，就労条件の不告知と損害に因果関係はない。 また，平成8年12月15日以前においてXが極度の疲労状態にあったとか，精神的な異常を来していたといったことを示す言動をとった事情はなく，Y1がXの精神疾患の発生・進行を予見・防止する義務に違反したとはいえない。
【X1】 ・54歳 ・中津川運輸区主任運転士 ・X3執行委員 【X2】 ・JR東海労働組合 【X3】 JR東海労働組合名古屋地方本部 【X4】 ・JR東海労働組合名古屋地方本部中津川運輸区分会	・旅客鉄道輸送等を業とする株式会社 ・社員総数2万0700人，中津川運輸区の社員は約150人 ・Yの定年規程上，55歳以降も在籍する者には，54歳に達した日以降原則として出向を命じる規定あり	・Yが事故を理由にX1を運転業務から外し，再教育を実施した後審査を実施した結果，X1に対して運転業務を命じることができないと判断した経緯はいずれもYとX1間の労働契約に基づきYが有する労務指揮権に基づくものということができ，労務指揮権に基づいて出向命令を発したにすぎない。 ・YはX1に対して管理部人事課主任運転士を命じておりX1の電車運転士という資格を剥奪したわけではない。 ・出向命令は定年規程及び定年協定に基づいているのであって，労働契約上あるいは労働協約上の根拠を有するものということができる。
・男性 ・調理師免許取得 ・マネージャーB職から店長A職に降格，配転となり，その後，関連会社に出向となっ	・飲食店経営等を主たる目的とする株式会社 ・洋麺屋五右衛門をはじめとする約25のブランド名の店舗を全国的に展開	【降格について】 部下の無銭飲食について監督責任があることから，降格処分は有効とされた。 【配転命令について】 職種限定，勤務地限定の黙示の合意が成立しており，また合

事件	事案の概要	請求	認容額	慰謝料等
労判890-27 大阪地裁 H16.1.23判決 労判873-59		不存在確認 ④未払賃金請求 ⑤損害賠償請求		
【4】日本レストランシステム（人事考課）事件 大阪地裁 H21.10.8 労判999-69	Yにおいて，マネージャーA職から同B職に降格された後，さらに，店長A職に降格される（本件降格処分）とともに，営業4部（東京）に配転され（本件配転命令），その後，大阪デリバリー部門への出向を命じられたX が（本件出向命令），本件降格処分，本件配転命令・出向命令の無効を争い，そのうち配転命令・出向命令を無効とし（本件降格処分は有効），慰謝料100万円の支払を命じた前件高裁判決（上告不受理決定により確定）後も，Yの飲食店S店への異動を命じられ，退職を余儀なくされたことから，Yに対し，①Yが適正な人事権の行使をせず，Xに対して差別的人事を行って，あり得べき賃金額よりも低額の賃金しか支払わなかった，あるいは合理的期間内に元のマネージャーB職に復職（昇格）できるというXの期待権を侵害したとして，雇用契約上の賃金請求権又は不法行為に基づく損害賠償請求権に基づき，復職（昇格）後の賃金と現実に支給された賃金との差額の支払を求めるとともに，②(ア)前件高裁判決が出された後も最高裁の上告不受理決定がなされるまでYが出向命令を継続したこと，(イ)出向期間中の人事考課において異常に低い評価をされ続け，また，営業部門に復帰後も業績不良店舗に配属し，最終的にX を退職に追い込んだことが違法であるとして不法行為に基づく損害賠償金の各支払を求めた事案。	・選択的請求 ①-1賃金請求 ①-2損害賠償請求 ②損害賠償請求	1504万1420円 （内訳） ・高裁判決後の出向命令の継続：365万円 ・人事考課における低評価等：1139万1420円	500万円 （内訳） ・高裁判決後の出向命令の継続：200万円 ・人事考課における低評価等：300万円
【5】兵庫県商工会連合会事件 神戸地裁姫路支部 H24.10.29 労判1066-28	Y1に勤務するXが，Y1とその専務理事であったY2ら（Yら）に対し，Yらから執拗な退職勧奨を受け，これに応じなかったところ，必要性のない転籍，出向を命ぜられた上で，給料の減額措置や管理職手当の不支給等の経済的不利益を被るとともに，誹謗中傷としか評価できない侮辱的な言動や恣意的な低査定を受けたため，精神的な苦痛や経済的不利益を被ったとして，Y2につき民法709条，その使用者であるY1につき同法709条又は同法715条に基づく，損害賠償の支払を求めた事案。	【X→Y1・Y2】 損害賠償請求	【Y1・Y2】連帯して200万円	【Y1・Y2】連帯して100万円

第3章 出向・転籍

た ・降格により、月給は34万円から30万円に減額			意が成立していないとしても、難病の子どもがいたこと等から、労働者の不利益が大きいとした。 【出向命令について】 研修目的の出向でありながら、研修の実態に乏しいこと、Xのキャリアを無視した単純作業であること等から無効とした。 【慰謝料額の根拠】 Xの精神的な苦痛の内容、程度は著しいと認められる一方で、Xには社内ルール遵守の点で問題があり、各命令を許す要因を与えていること、慰謝料の対象の一つとしてあげていた降格処分については違法とまでは認められないこと、仮処分命令により配転命令の効力が停止されていること、判決により各命令がいずれも無効であると確認されること自体によっても相当程度の慰謝が図られるとも見得ることが考慮された。
・男性 ・マネージャーから店長に降格後、業績不良店舗に出向		・飲食店経営等を主たる業務とする株式会社 ・全国に約380店舗を展開	【前件高裁判決（出向【3】事件）後における出向命令の継続】 認定した事実及び前件高裁判決の認容額等本件口頭弁論に顕れた一切の事情を考慮。 【人事考課における低評価等】 出向期間中にXに対して行われた異常に低い評価は、Yの意に沿わない言動を行ったXに対する嫌がらせないし見せしめの目的をもってなされたものと認められるとしたうえで、認定した事実に加え、Yが人事権を甚だしく濫用した人事考課を行っていた期間は、Xの出向期間中の全期間にわたる概ね4年間にわたること、Yの人事システムのもとにおいては、正当な人事考課がなされなかった場合、昇格の機会すら与えられないことになり、このことによりXは強い不遇感、焦燥感を感じたであろうことは想像に難くないこと、正当な人事考課がなされなかったことにより、Xは賞与額においても不利益を被った可能性が高いこと等本件口頭弁論に顕れた一切の事情を考慮。
・男性 ・勤続33年 ・市商工会に出向中 ・減給後の月額給与35万7200円、ただし管理職手当月額3万5700円は不支給		【Y1】 県商工会連合会 【Y2】 Y1の専務理事	・Xは、本件退職勧奨、本件転籍命令、本件出向命令及びY2の言動の各不法行為により、名誉感情を害される、精神的圧迫を受ける、長距離通勤を余儀なくされる等様々な不利益を被って精神的苦痛を味わわされたものと認められ、かかる行為の反復継続（4年間に渡って8回）及び程度を斟酌して慰謝料額を算定。 ・Xの自律神経失調症がYらの一連の不法行為により発症したものであることは本件全証拠によっても認めるに足りないから、この点は慰謝料の判断に当たって考慮しない。

<解説>

1 慰謝料請求が認容された割合

　本調査の対象となった平成15年１月～平成25年12月の労判において，出向に関連して慰謝料請求がなされた事例は，別紙一覧表のとおり５件であった。そのうち，３件で慰謝料請求が認容されている。但し，【４】は，【３】と労働者使用者ともに同一の事件であるところ，【３】の高裁判決後合理的期間経過後も出向命令を会社が継続したことに対して慰謝料を請求したものであり，【３】と同一の出向命令に関する事例である。

　転籍については，上記期間の対象事例のうち慰謝料請求がなされた事例は，【５】の１件のみである。

　なお，出向とは，労働者が自己の雇用先の企業に在籍のまま，他の企業の従業員となって相当長期間にわたって，当該他企業の業務に従事することをいうのに対し，転籍とは，労働者が自己の雇用先企業から他の企業へ籍を移して当該他企業の業務に従事することをいう（菅野「労働法（第10版）」518頁）。

2 慰謝料請求が認容された事例・認容されなかった事例の分析

　本調査の対象となった裁判例においては，出向命令が有効とされれば慰謝料は認められず，出向命令が無効とされれば慰謝料が認められる，という関係が認められた。

　他分野の分析を踏まえると，出向についても，出向命令が無効とされながらも，出向に関する地位確認や賃金請求が認容されたことによって労働者の損害は填補され，慰謝料は認められない，と判断されることはあり得るところである。しかし，少なくとも，本調査の対象とした裁判例においては，出向命令を違法としながらも慰謝料請求を認めなかったものは存在しなかった。

　以下では，出向命令の適法性判断の要件に沿いながら，認容された事例及び認容されなかった事例を検討する。

　なお，出向命令の適法性判断においては，

①出向命令について、就業規則、労働協約、労働契約等に根拠があるかどうか（＝出向命令権の根拠）、

②根拠があるとして、当該出向命令がその必要性、対象労働者の選定にかかる事情、労働者が出向命令によって被る生活上の不利益等その他の事情に照らして権利濫用に該当するか（＝濫用性判断）

を検討することになる（労働契約法14条）ため、以下、出向命令権の根拠に関する点を「要件①」、濫用性判断の点を「要件②」と記す。

また、転籍の適法性について、基本的には就業規則などの包括的規定を根拠に転籍を命じることはできず、労働者のその都度の個別同意が必要であり、仮に、個別同意が認められても、権利の濫用がある場合には、無効となる。

(1) 慰謝料請求が認容された事例

　ア　前述のとおり、出向・転籍に関連して慰謝料を請求した事例は比較的少ないものの、これらの事例に限っていえば、出向命令・転籍命令（以下「出向命令等」という。）が違法とされた事例（【3】【4】【5】）において、慰謝料請求が認容されている。

　イ　【3】は、飲食店に勤務していた労働者が、大阪でのマネージャー職から店長職に降格され、東京に配転され、当該降格や配転について効力停止を求めて仮処分決定が出たところ、大阪デリバリーへ出向を命じられたという事案である。この出向命令について、就業規則等に出向命令権の具体的な定めもなく、対象労働者との個別的合意もなかったことに加え、そもそも職種限定契約があったとして、出向命令はその法的根拠自体を欠き違法（無効）とされた。そのうえで、裁判所は、研修名目として行われた出向命令について、そもそも研修の実態が伴わないこと、出向先の職務（物流部門の食材の配送作業等）と従前の職務（レストラン部門の調理、営業又はその管理）の関連性が全くなく出向により労働者に生じる不利益は大きくなるおそれがあるにも関わらず、出向命令に際し、会社側から、出向先の労働条件、処遇、出向期間、復帰条件等について説明がなかったこと等を踏まえて、出向命令を違法とした。

　　　これは、要件①がそもそも欠けており、かつ労働者の被る不利益に鑑みて要件②も欠く、と判断されたものである。

ウ 【5】は、県の商工会連合会に在籍していた労働者が、執拗な退職勧奨に応じなかったところ、必要性のない転籍、出向を命ぜられた事例である。裁判所は、転籍命令について、労働者の同意はあるものの、転籍の前後に労働者に対する嫌がらせとしかいいようがない言動がなされていることからすれば、退職勧奨に応じない労働者に対し、単身赴任手当不支給という経済的不利益を与えるという違法・不当な動機・目的をもってなされたものであるというべきとして、権利の濫用として違法とし、出向命令についても、労働者の同意はあるものの、片道約2時間半の通勤時間を要する遠方の市の商工会へ5年間の出向を強いるものであって労働者の被る不利益の程度が大きいこと、出向に伴って手当（月額3万5700円）が不支給になることについて説明がなかったこと、動機も労働者を退職に追い込もうとした違法・不当なものであったとして、権利の濫用として違法とした。これは、要件①は存在するものの、要件②の必要性において、労働者の被る不利益や不当な動機・目的が考慮され、濫用に当たると判断されたものである。

エ なお、裁判例では、出向命令等が違法であることから直ちに慰謝料請求が認容されているのではなく、慰謝料請求の認定にあたっては、労働者が被った精神的苦痛の内容・程度について具体的に判示されている。

　【3】は、労働者が地位確認請求を合わせて請求しているところ、裁判所は、慰謝料額の判断において、「本判決により上記各命令がいずれも無効であると確認されること自体によっても相当程度の慰謝が図られるとも見得ること」と判示していることから、本件については、地位確認では慰謝されない損害があったことを前提としているものと解される。その上で、問題の出向命令は、一定の職場での地位、資格を有していた労働者を系列会社に出向させ、研修の名目で、（採用時に職種限定合意が成立していた）本来の職種と全く関係なく、研修の実態も全くないような態様で、単純作業を長期にわたり担当させるものであって、これによって労働者が強い屈辱感を覚え、かつ、見せしめのため他の従業員から隔離されたと受け止めるのもやむを得ない内容のものであったことを考慮している。

　【4】は、【3】の高裁判決の後、会社側が上告し、上告不受理決定が出され

第3章　出向・転籍

るまでの1年9ヶ月の間，違法とされた出向命令を継続したことについて，損害賠償請求のみがなされた事案である。裁判所は，慰謝料請求を認める上で，「前件訴訟の口頭弁論期日終結時までに生じていた本件出向命令による精神的苦痛と相まって，前件高裁判決以降，原告は，それまで以上に強い精神的苦痛を甘受せざるを得ない状況に置かれ」たことを考慮した。

【5】は，損害賠償請求のみが問題となった事案であるが，慰謝料請求を認めるにあたって，労働者が名誉感情を害される，精神的圧迫を受ける，長距離通勤を余儀なくされる等様々な不利益により精神的苦痛を味わったこと，かかる行為の反復継続及び程度を考慮した。

(2) 慰謝料請求が認容されなかった事例

慰謝料請求が認容されなかった事例（【1】【2】）は，いずれも問題とされた出向命令が適法とされたものである。

上述のとおり，理論的には，出向命令が違法とされながらも，地位確認や賃金請求の認容を理由に，労働者の損害が填補されたものとして慰謝料請求が認められないということは考えられるが，本調査の対象となった裁判例の中ではそのようなものは存在しなかった。

3　認容額の分析と傾向

(1) 認容額の分布

出向について慰謝料請求を認めた事例（【3】【4】【5】）における慰謝料の認容額は，以下のとおりである。なお，具体的には，【3】【5】が100万円，【4】が200万円であった。

(単位：万円)

認容額	50以下	100万円	200万円
件数	0件	2件	1件

これらの事例のうち，【3】【5】は，出向とともに，配転命令，退職勧奨，転籍命令等の違法に関し，慰謝料が一括して認容された事件であって，純粋に，違法な出向命令のみに対する慰謝料の額を明示した例は，【4】の1件に留まる。ただし，【4】は，【3】の判決によって違法とされた出向命令をその後も継続した

行為に対する慰謝料を認めたものであり、やや特殊な事例である（なお、【4】の慰謝料は、【3】の口頭弁論終結後の出向命令が継続されたことによる精神的損害のみに対するものであって、【3】で認容された慰謝料を包含しない。）。

　本来であれば、出向の要件①及び②の観点から、慰謝料の多寡を検討すべきものと考えるが、サンプル数が少ないため、今後の検討課題としたい。

(2) 認容額の傾向

　ア　参考例も少なく、認容額の振れ幅も小さいため、出向・転籍に対する慰謝料の認容額につき一般的な傾向を見出すことは難しいが、各事例の示した慰謝料額の考慮要素としては次のものが挙げられる。

　イ　【3】は、調理師資格を持つマネージャーである労働者に対し、単純作業を長期にさせるものであって研修の実態がなく、見せしめであったとして、労働者の精神的な苦痛の内容、程度が著しいと認めた。一方、労働者の側にも社内ルール遵守に問題があったこと及び出向命令が無効と認められることによって相当程度の慰謝が図られるとも見得ることが減額事由として考慮された。

　ウ　【4】は、上記のとおり、同一当事者間による同一出向命令が対象とされているところ、【3】の判決により出向命令が違法と判断されたにもかかわらず、会社がその後、上告不受理決定が出るまでの約1年9か月間も同じ出向命令を継続した点を重視し、【3】の認容額を考慮したうえで、あえて【3】より高額な200万円という慰謝料を認めた。

　エ　【5】は、通勤時間が片道2時間半になるという出向そのものによる不利益に加え、転籍・出向命令が労働者を退職に追い込む意図でなされたことが慰謝料額にも考慮されているものと考えられる。ただし、退職勧奨、転籍命令、出向命令のいずれも違法とされた事例であり、慰謝料額はこれら全てにより労働者が受けた精神的苦痛を考慮するものである。

4　聴き取りのポイント

(1) 出向

　ア　出向命令権の根拠について（要件①）

　　・出向命令権についての就業規則等の規定の有無

・職種限定，勤務期限定の合意があったかどうか
イ　濫用性判断について（要件②）
・出向の業務上の必要性や労働者選定の合理性
・出向前後の労働条件，勤務地の遠さ
・出向に伴う労働者の職務上または私生活上の不利益の程度・出向期間
・出向後の職務と出向前の職務との関連性
・出向先の労働条件の説明がない等手続きにおける不備等
・退職勧奨等の違法・不当な動機・目的
ウ　その他慰謝料の多寡にかかわる事情
・労働者側の落ち度

(2)　転籍

　要件①において労働者の同意の有無が加わるが，基本的には，出向と同じポイントが妥当するものと考えられる。

第4章 降格・降職

<=判例紹介>

No	事件名 裁判所 判決年月日 出典 審級関係	事案の概要	請求 (訴訟物)	慰謝料 請求額	慰謝料 認容額
【1】	渡島信用金庫（降格・降職・配転）事件 函館地裁 H14.9.26 労判841-58	Y1に勤務するXが，Y1から降格，配置換え，減給等の処遇（以下「本件処遇」という。）を受けたものの，同処遇は人事権行使の濫用だから無効であるなどと主張して，Y1に対し，本件処遇前における人事上の各地位を有することの確認を求めるとともに，従前賃金との差額（未払賃金）の支払を求め，さらに本件処遇それ自体及びその際のY1の対応はその代表者であるY2及びY3によりなされた違法行為であり，Xはこれにより精神的な苦痛を受けたとして，Yらに対し，不法行為に基づく慰謝料の支払を求めた事案。	【X→Y1】 ①地位確認 ②賃金支払請求 ③損害賠償請求 【X→Y1～Y3】 損害賠償請求	【Y1～Y3】 連帯して200万円	【Y1～Y3】 連帯して20万円 (内訳) ・降格・降職：0円 ・配転：0円 ・不当労働行為：0円 ・業務命令権・労務指揮権の濫用：20万円
【2】	プロクター・アンド・ギャンブル・ファー・イースト・インク（本訴）事件 神戸地裁 H16.8.31 労判880-52 神戸地裁 H15.3.12決定 労判853-57	Xは，Y1において，市場調査業務等を担当していたところ，Y1から退職を勧奨され，これを拒否すると，自主的に退職するよう追い込む目的で，仕事を与えずに降格することなどを内容とするスペシャル・アサインメント（特別任務）を通告されるなどの嫌がらせを受け，さらにその後，単純な事務作業を担当する部署に異動させ，降格することなどを内容とする配転命令を受け，これに従うことを拒否すると賃金の支払を停止されたが，いずれも違法，無効であると主張して，配転命令に従う義務がないことの確認，Y1に対して賃金の支払を求めるとともに，Y1及び一連の行為を主導したY2に対し，労働契約上の配慮義務違反ないし不法行為責任に基づき損害賠償を請求した事案。	【X→Y1】 ①地位確認 ②賃金請求 ③損害賠償請求 【X→Y2】 損害賠償請求	【X→Y1・Y2】 連帯して300万円	【X→Y1・Y2】 連帯して100万円

48

第4章　降格・降職

労働者等の属性（性別・ポジション・収入等）	使用者等の属性（会社規模等）	算定の理由
・信用金庫職員 ・組合員	【Y1】 信用金庫 【Y2】 代表理事（理事長） 【Y3】 代表理事（常務理事）	・本件降格，本件降職には人事権の濫用はなく有効。 ・XをN支店に配転した行為は，Y1による不当労働行為であると推認するのが相当であり，無効。 ・配転については無効であると認定され，経済的な填補がなされる以上，慰謝料の算定にあたって考慮しない。 ・Xが，客観的には比較的些細な出来事について叱責されたこと，Y2・Y3の指示に基づき，通常業務から外され，就業規則やその他諸規程を読む作業に専念するよう余儀なくされたこと，その間，Y1において，Xに対する指導教育上の措置，配慮があったことを窺えないこと，Y2・Y3から身元引受人に対し連絡を取るよう指示があったこと，Xの記した反省事項等について職員の面前で逐一確認されたこと等の事実経過が認められるところ，これらの経過はXに対し暗に退職を強要しているものと推認されてもやむを得ない状況であると思料され，仮にそうでなくとも，Y1のXに対する措置は，Xにことさら屈辱感を与えるものであり，これを正当付けるに足りる客観的かつ合理的な理由があるものとは認め難いことから，上記指示等は業務命令権ないし労務指揮権の濫用として違法。 ・上記一連の経過により被ったXの精神的苦痛を慰謝すべき賠償額は，Xが通常業務より外された期間等に鑑みると，20万円をもって相当。
・55歳男性 ・勤続16年 ・市場調査を担当 ・組合加入	【Y1】 洗濯洗浄製品などの研究開発，販売，輸出入等を事業目的とする外国法人 【Y2】 Xと同じ部署の上司	・本件スペシャル・アサインメントは，職種の変更を伴う配転命令であるが，ひたすら社内公募制度による異動先探しをさせることは，Xに不安感，屈辱感を与える恣意的で合理性にかける命令であって，他にXの職務を確保するための真摯な努力を図ったかも疑問であること，業務上の必要性を欠き，Xを退職に追い込もうとする不当な動機・目的によるものと推認でき，昇給の可能性がなくなる不利益があり，実力を発揮して正当な評価を受ける機会を奪うものであるから，通常甘受すべき不利益を超えて違法。 ・本件配転命令は，バンド職位を低下させることの必要性が乏しく，Xの一連の行動を嫌悪してなされた蓋然性が大きく，Xの被る不利益が大きいため違法。 ・Y1はXに対し，違法無効なスペシャル・アサインメントをなし，かつ，これに従うことを強要してXを通常の業務に就かせず，Y2らの言動も相俟って，Xに能力を発揮して正当な評価を受ける機会を与えないばかりか，退職に追い込むべく不安をあおり，屈辱感を与え，精神的圧力をかけた上に，人事権を濫用して本件配転命令をなした上，これに従わないことを理由に賃金の支払いを停止し，仮処分手続を採ることを余儀なくさせ，社内ネットワークから排除したものであるから，Xを適切に就労させ，不当な処遇をして人格の尊厳を傷つけないよう配慮すべき義務の不履行があり，損害賠償義務を負う。 ・不安感や屈辱感，精神的圧力等を味わったことによる精神

49

	事件名	事案概要	請求	請求額	認容額
【3】	ハネウェルジャパン事件 東京高裁 H17.1.19 労判889-12 東京地裁 H16.6.30判決 労判879-37	降格処分及びこれに伴う減給処分が人事権の濫用にあたり，合理性を欠く就業規則の不利益変更等に基づき行われたものであり無効であるなどとして，減給前の給与，賞与額と実際の支給額との差額の支払を求めるとともに，降格処分及び減給処分等は違法であると主張して，不法行為に基づき損害賠償を請求した事案。	①未払賃金請求 ②損害賠償請求	100万円	100万円
【4】	日本レストランシステム事件 大阪高裁 H17.1.25 労判890-27 大阪地裁 H16.1.23判決 労判873-59	降格処分，配転命令及び出向命令がいずれも無効であるとして，降格処分前の地位にあること及び配転先及び出向先における就労義務がないことの確認並びに格処分以降の賃金差額及び慰謝料の各支払を請求した事案。	①地位確認 ②配転先における就業義務不存在確認 ③出向先における就業義務不存在確認 ④未払賃金請求 ⑤損害賠償請求	200万円	100万円
【5】	マニュライフ生命保険事件 東京高裁 H18.1.25 労判911-17 東京地裁 H17.6.24 労判898-5	・Yの法人代理店営業担当等の業務に従事していたXが，Yの組織再編の中で人材開発室に配転され（第1次配転命令），その後，総務部印刷発送室内に配転され（第2次配転命令），内勤事務職員に与えられる7段階のタイトル（職位）の下から2番目であるジュニアアソシエイトのタイトルを付与されたことの，無効確認等を求め，上記各配転命令によりXの被った財産的・精神的損害について損害の賠償を求めた事案。 ・第一次配転命令は，人材開発室が人員削減を目的とした部署であり，Xの成績に照らし同部署に配置する合理性なく，報復という不当な動機，目的であると主張。 ・第二次配転命令は，低位タイトルの付与，減給10万円以上，過酷な肉体労働を伴うもので，Xにともなう報復，嫌がらせとしてなされた違法無効なものであると主張。	①配転命令等の無効確認 ②地位確認 ③損害賠償請求	2000万円 ※内訳 第一次配転により1000万円，第二次配転により1000万円	0円
【6】	空知土地改良区事件 札幌高裁 H19.1.19 労判937-156 札幌地裁滝川支	Xが，違法な降職処分を受けて給与が減額された上に精神的苦痛を負ったほか，同時期に不合理な退職給与規程の改正をされて将来支給を受けるべき退職手当が減額される不利益を受けたと主張し，Yに対し，現在も総務部長及び出納責任者の地位にあることの確認，減額分の給与の支払，精神的苦痛に対する慰謝料の支払等を求めた事案。	①地位確認 ②賃金請求 ③損害賠償請求	600万円	0円

第 4 章　降格・降職

			的苦痛に対する慰謝料として100万円が相当。 ・慰謝料のほか，通常の業務に就くことができず，能力を発揮して昇給の機会を得ることができなかった無形の損害を50万円と認定。
・男性 ・複数回にわたり降格処分及び減給処分を受けた	・内燃機関に関する機械器具の輸出入，製造，組立，販売及びサービス等を目的とする株式会社 ・資本金2億4000万円 ・米国A社の100％子会社		（原審における算定の理由） 違法な降格処分（※営業担当取締役から，営業担当部長，営業課長職，営業専門職へと順次降格され，満56歳で定年年齢に達すると現業職に降格された），減給処分（※年俸1417万円から，1200万円，1000万円，643万2000円，月給48万6000円と順次減給された）の結果，Xが体調を崩し，精神科で投薬，カウンセリングの治療を受けることを余儀なくされていること，Xは営業職としてYに入社したにもかかわらず現業職に配置され，重量物を移動する作業にも従事しているところ，右膝及び腰椎を痛め1週間の休業，安静，通院加療を余儀なくされる等の損害を被ったことを考慮した。
・男性 ・調理師免許取得 ・マネージャーB職から店長A職に降格，配転となり，その後，関連会社に出向となった ・降格により，月給は34万円から30万円に減額	・飲食店経営等を主たる目的とする株式会社 ・洋麺屋五右衛門をはじめとする約25のブランド名の店舗を全国的に展開		【降格について】 部下の無銭飲食について監督責任があることから，降格処分は有効とされた。 【配転命令について】 職種限定，勤務地限定の黙示の合意が成立しており，また合意が成立していないとしても，難病の子どもがいたこと等から，労働者の不利益が大きいとした。 【出向命令について】 研修目的の出向でありながら，研修の実態に乏しいこと，Xのキャリアを無視した単純作業であること等から無効とした。 【慰謝料額の根拠】 Xの精神的な苦痛の内容，程度は著しいと認められる一方で，Xには社内ルール遵守の点で問題があり，各命令を許す要因を与えていること，慰謝料の対象の一つとしてあげていた降格処分については違法とまでは認められないこと，仮処分命令により配転命令の効力が停止されていること，判決により各命令がいずれも無効であると確認されること自体によっても相当程度の慰謝が図られるとも見得ることが考慮された。
・50代女性 ・昭和50年4月にYの前身の生命保険会社に入社，平成11年4月Yに転籍 ・年収約620万円	生命保険業などを目的とする生命保険会社		・第1次配転命令は，業務上の必要に基づくやむを得ない措置であり，権利濫用はなく，手続も配転命令を無効とするまでの瑕疵は認められない。 ・第2次配転については，業務上の必要性を認め，発送室での業務が過酷な肉体労働であること，同室でセクシャルハラスメントが横行していたこと，職場環境が劣悪であることのいずれも否定，Xへのタイトル付与にも問題なしと認定。
・男性 ・降職前：総務部長及び出納責任者，基本給47万4千円，管理職手当4万7400円 ・降職後：管理係長（4階級降職），基本給45万1100円に減額，管理職手当4万7400円の支	・組合員から徴収する賦課金や国又は地方公共団体から交付される補助金等により土地改良事業を行う公共組合 ・職員13名		本件降職処分は適法かつ相当な処分であるから，慰謝料請求は理由がない。

51

	事件名	事案の概要	請求内容	請求額	認容額
	部 H18.3.29 労判937-165				
【7】	スリムビューティハウス事件 東京地裁 H20.2.29 労判968-124	Yのマネージャー（部長職）として稼働していたXが、部長1級であるエリアマネージャー職から次長1級である通常の店舗勤務への降格、さらにブロック長1級である子会社への出向命令、及びそれに伴う660万円の減給をされた上、その後も嫌がらせ、出向の強要、事実無根又はXの従業員としての地位を失わせるべき事情とは言えないスタッフらの苦情等を理由に不当な解雇をされたとして、降格前の地位の確認や慰謝料等を請求した事案。	①地位確認 ②賃金請求 ③損害賠償請求	100万円	0円
【8】	学校法人聖望学園ほか事件 東京地裁 H21.4.27 労判986-28	学校長であったXが、その地位を否定されたことを争い、Y1に対して、①学校長として稼働する地位及び学校長たる給与の支払を受ける地位にあることの確認、②現在、Xが、Y1から給付されている賃金と学校長としての賃金との差額の支払を求めるとともに、Xの学校長たる地位を否定したことが違法であるとして、Y1及びY2に対し、不法行為に基づく損害賠償請求をした事案。	【X→Y1】 ①地位確認 ②賃金請求 【X→Y1・Y2】 損害賠償請求	500万円	0円
【9】	骨髄移植推進財団事件 東京地裁 H21.6.12 労判991-64	Yの総務部長の地位にあったXが、Yの常務理事兼事務局長Hに、パワハラやセクハラに該当すると思われる不適切な行為があるとして理事長に報告文書を提出したところ、総務部長職を解かれ、移植調整部参事（システム更新担当）へ異動、その後、広報渉外部参事へ配置換えされるなど不当に降格配転され、さらに具体的根拠もなく、合理性を欠いた不当な懲戒処分としての諭旨解雇をされたとして、Yに対して、その労働契約上の権利を有する地位にあることの確認を求めるとともに、未払の賃金・賞与や慰謝料1000万円の支払いを求めた事案。	①地位確認 ②賃金請求 ③賞与請求 ④損害賠償請求	1000万円	50万円
【10】	東京都自動車整備振興会事件 東京高裁 H21.11.4 労判996-13 東京地裁 H21.1.19 労判996-25	Yから、Y足立支所業務課副課長から同業務課長に任ずるとの命令を受けたXが、本件降格処分は不当労働行為であって無効であるなどと主張して、本件降格処分の無効確認、Y足立支所業務課課長たる雇用契約上の地位にあることの確認、本件降格処分により減額された役職手当の差額の支払、不法行為による損害賠償として慰謝料の支払を求めた事案。	①降格処分無効確認 ②地位確認 ③差額賃金請求 ④損害賠償請求	300万円	0円
【11】	日野市（病院副院長・降格）事件 東京地裁	Yの設置するY病院の参事副院長であったXが、不当な退職勧奨を拒否したことに対する報復人事として、Y市長（処分者）により参事に降格させられる不利益処分を受け、市民健康相談室勤務	①（降格）処分取消請求 ②損害賠償請求	500万円	0円

52

第4章 降格・降職

給停止			
・女性 ・降格前：西日本担当のエリアマネージャー職（職位は部長1級），年俸額1150万円 ・最終降格後：子会社への出向（職位はブロック長1級），年俸額約490万円	・エステティックサロンの経営，化粧品・健康食品の販売等の事業を営む会社		・部長1級から次長1級への降格処分については，人事権の裁量権の範囲内であり有効であるが，本件降格に伴う賃金減額については，合理性が認められない。 ・ブロック長への降格及びそれに伴う減給については，合理性がない。 ・本件解雇はブロック長への降格及びさらなる減給に続くあまりにも性急にすぎる不当な対応であり無効であり，賃金については降格時点から支払うべきと判断しつつ，次長1級への降格自体は有効であること，配転後のYの嫌がらせや差別行為は証拠上認定できないこと，賃金減額，ブロック長への降格・減額，本件解雇は無効であるものの，不利益については賃金差額の支給等で回復を図ることができること等から，慰謝料を認める必要までは認められないと判断。
・男性 ・学校長に再任されず教員となった ・学校長時の月給は，基本給約48万円，各種手当12万円であったが，不再任後は毎年減額され，平成20年度以降は，基本給約39万円，各種手当約7万円までとなった	【Y1】 中学校・高等学校を設置する学校法人 【Y2】 Y1理事長		・役職，職位である学校長の地位から降格させて教員にしたこと自体，その有する人事権に基づく裁量に委ねられた権限の行使として，違法と評価するだけの根拠はない。 ・降格に伴う給与減額をしたことについては，Yの就業規則，給与規程には，給与号俸の降格の根拠となる規定は存しないのであるから，降格によって本俸及びそれを前提とする業務手当の額を減額したのは，根拠を伴わない違法なものになる。もっとも，従前のXの給与のうち，管理職手当は，職位に伴って支給されるものだから，職位の降格が適法である以上，Xに支給する根拠が失われたことになり，これを支給しないことは適法である。 ・給与減額という意味での降格については，差額賃金の支払請求権が認められるから，相当因果関係のある損害が認められない。
・50代男性 ・中途採用（正社員） ・総務部から移植調整部参事へ異動，さらに広報渉外部参事へ配置換えされ論旨解雇 ・月給53万7574円	・骨髄移植を推進するために設立許可を受けた財団（いわゆる「骨髄バンク」） ・年間予算約14億円で，収入財源の約6割を公的な助成金が占める		本件解雇の無効を認めて，Xが労働契約上の権利を有する地位にあることを確認し，未就労の期間の賃金・賞与の支払いを命ずることで，Xの精神的苦痛が慰藉される面があること，Xが情報管理義務に違反した結果，セクハラ被害等の情報も含まれる本件報告書の内容が流出して，本件各報道に至り，Xの社会的信用も毀損される事態をも生じたこと，Xは，職員人事に関して，いわば外圧による解決を図ろうと行動した面もあること，その他の本件諸般の事情を総合考慮。
・支所の副課長（支所長に次ぐ管理職ポストで窓口の責任者的立場） ・個人加盟の労働組合の副中央執行委員長	・国土交通省関東運輸局管轄の公益社団法人 ・会員（自動車分解整備事業者）に事業運営改善相談，技術向上の研修・講習会，整備士の養成・技能登録試験等を実施		会員の会費によって活動がまかなわれ，会員に対するサービスを業務とするYにとっては，Xの窓口対応，電話対応の悪さに対する会員の不満，苦情に対処して何らかの対応措置をとるべき業務上の必要性が大きいこと，足立支所のナンバー2で，他の職員を指導しており，仕事の上で模範になるべきポストに会員から苦情が続出している者を就けておくことが組織上の観点からふさわしくない。また，Xは，副課長（窓口対応の責任者）であり，他の職員を指導したり，他の職員の模範になるべき立場にある）としての能力・適性に欠けると判断したことが，合理性を欠く判断であるとはいえないこと，本件降格処分は，副課長から1ランク下の係長に降格するだけのもので，役職手当上の不利益もわずか本給額の1％の違いにすぎないこと等を総合すると，本件降格処分に裁量権の逸脱又は濫用があるとは認め難い。なお，上記に照らすと，本件降格処分に十分な根拠があると認められるから，本件降格処分が，Xの組合活動を嫌悪して，不当労働行為意思からされたものであるとは認め難い。
・男性（50代後半） ・Y病院の参事副院長であったが，Y病院付属市民健康相談室勤務を命じられた	・地方公共団体（日野市） ・日野市内にY病院を設置		（退職勧奨） ・Yが平成17年12月ころからXに対し，繰り返し退職勧奨をした目的は，市長が本件病院の約27億円の累積赤字を問題視して，経営責任者の人心一新を図るところにあると認められるのであり，これをただちに不当なものということはできな

	H21.11.16 労判998-47	の閑職に追いやられて多大な精神的苦痛を被ったなどと主張して，Yに対し，この処分の取消しと，国家賠償法1条1項に基づき損害賠償の支払いを求めた事案。			
【12】	三井記念病院（諭旨解雇等）事件 東京地裁 H22.2.9 労判1005-47	Yの設置する特別養護老人ホームにおいて介護・相談系列担当の副施設長をしていたXが，Xを退職に追い込もうと企図したYのA施設長らによって，暴言や嫌がらせや恫喝（パワハラ）を重ねられたあげくに，同系列から外されて教育研修センター長に配置転換され，さらに同センター職員に降格され，しかも不当に諭旨解雇されたなどと主張して，Yに対し，①雇用契約上の権利を有する地位にあることの確認，②賃金の支払い，③賞与の支払い，④不法行為（必要性のない配置転換や降格，不当な諭旨解雇）に基づく損害賠償300万円の支払いを求めた事案。	①地位確認 ②賃金請求 ③賞与請求 ④損害賠償請求	300万円	0円
【13】	新聞輸送事件 東京地裁 H22.10.29 労判1018-18	Yと雇用契約を締結して労務を提供しているX1及びX2が，それぞれ降格処分の無効を主張して，主位的に降格前の地位に，予備的に降格前に相当する地位にあることの確認を求めるとともに，賃金支払請求権に基づいて，降格前後の差額賃金の支払いを求め，また，不法行為による損害賠償請求権に基づいて，違法な降格処分によって被った精神的苦痛に対する慰謝料の支払い等を求めた事案	【X1・X2→Y】 ①地位確認 ②損害賠償請求	【X1】 300万円 【X2】 150万円	0円
【14】	萬世閣（顧問契約解除）事件 札幌地裁 H23.4.25 労判1032-52	Xは昭和45年にY1に調理職として採用され，調理長を経て，平成8年2月頃，Y1の取締役に就任するとともに「総調理部長」となったが，平成14年2月には，取締役を解任され，常務執行役員となり，平成18年9月10日頃には，執行役員を解任され，調理部顧問に配属された。Xが他の顧問とともにY1における長時間労働や時間外手当の不支給等を労基署に申告し，労基署がY1に立入検査を行ったので，Y2がXについて顧問契約を解除する書面を送達し，Xの就労を拒んだため，XがY1に対し，顧問契約の解除が解雇権濫用であり無効であるとして①労働契約上の地位確認，②未払賃金等を請求，Y2に対し，不当な降格及び解雇によって労働契約上の地位・権利および人格権を侵害されたとして慰	【X→Y1】 ①地位確認請求 ②賃金支払請求 【X→Y2】 損害賠償請求	【Y2】 300万円	【Y2】 40万円 （内訳） 降格処分：20万円 解雇：20万円

第4章 降格・降職

・処分前後において，特殊勤務手当が減少し，月額約20万円減となった		い。 （降格処分） Yは，あからさまな報復とまではいえないとしても，Xを副院長から外し，本件病院から排除する目的で本件処分をしたと認めるのが相当である。本件処分がYの裁量権の範囲内のものと認めることはできない（処分の取消しについて認容）。 ・YのXに対する退職勧奨は，ただちに不当なものということができないし，Xは，しばしば本件病院の関係者や患者等の信頼を損なう言動をしており，そのため職員の信頼を失っていることを理由に退職勧奨をされている（平成18年3月）。そうすると，YがXを副院長に置くべき法律上の義務を負っていたと認めることはできない。また，Xは，本件処分の取消しにより，参事副院長の職務に戻るのであるから，それ以上の損害賠償の必要性は認められない。
・50代女性 ・特別養護老人ホームの介護・相談系列担当の副施設長から，教育研修センター職員に降格 ・給与月額約50万円（降格後は約47万円）	三井記念病院のほか，特別養護老人ホームを設置する社会福祉法人	・センター長への配転は，不当なものではない。 ・センター職員への降格は，教育研修センターには他の職員が配置されておらず，センター長であっても同職員であっても業務内容等は同じであるから，Yが Xの給与の月額を約3万円減額したことからすると，不当なものといわざるを得ない。 ・本件諭旨解雇については，XとA施設長の意見等の対立を背景とする特命事項違反の結果を，解雇という形でXに負わせるのは相当でないから，無効。 ・A施設長らがXを業務上のメーリングリストから外すなど，Xに不愉快と感じられる言動をしたことが認められるが，そのほかに，同施設長らが，Xを退職に追い込もうと企図し，暴言や嫌がらせや恫喝（パワハラ）を重ねたなどと認めることもできないから，Yに不法行為は成立しない。
【X1】 ・男性 ・セクハラ行為を行った ・営業所副所長兼管制室長（セクハラ行為時は，営業所次長）から，営業第1部次長代理に降格（セクハラ行為時基準で1階級降格） 【X2】 ・男性 ・総務部副部長兼経理部経理課課長，経理部経理課課長兼総務部員に降格	新聞輸送専門会社	【X1】 ・X1は，派遣社員であった女性に対し，セクハラ行為に該当する被害申告事実（タクシー内で下着が見えるほどスカートを腰まで引き上げた）を行い，当該女性が退職し，Y代表者が女性に謝罪をする等の事態に至っているのであって，X1降格処分には合理的理由がある。 ・X1の本件行為時から降格処分までの間に，被害申告事実が発覚していればなされなかったであろう昇格措置がとられていたことを考慮すると，本件行為時の次長職を基準に1階級引下げ次長代理とした降格処分は，被害申告事実の内容及びその結果に照らして重すぎるものとも認められない。 ・したがって，X1降格処分はYの人事権の裁量の範囲内の措置として有効。 【X2】 X2は，本件被害申告当時，Yの総務部副部長の地位にあり，本件被害申告に対し適切に処理すべき職責を負っていたにもかかわらず，その職責にふさわしい責任を全うしなかったことは明らかであって，降格処分には合理的理由があり，Yの人事権の裁量の範囲内の措置として有効。
・男性 ・Y1に約40年勤務 ・調理部顧問	【Y1】 温泉旅館業を営む株式会社 【Y2】 Y1の代表取締役	（降格処分） Yの長男をY2の後継者とするためにXを執行役員から解任するという動機は，正当な理由とはいえないから，かかる人事上の不利益処分は，故意にXの名誉ないし社会的評価を傷つけた違法なものとして不法行為を構成する。 ・Xが執行役員から解任され，洞爺湖萬世閣調理部顧問に配属された不当降格でXが味わった精神的苦痛は，Aがその際に特段の不服を申し立てていないことを考慮すると，20万円が相当。 （不当解雇） ・Y2は，客観的に合理的な理由が欠けているのに，あえてXに解雇の意思表示をして，その就労を拒んだものであるから，違法にその労働契約上の地位を侵害したものというべき。 ・解雇自体は無効とされることを考慮すれば20万円をもって慰藉するのが相当。

【15】	技術翻訳事件東京地裁H23.5.17労判1033-42	XがYに対し，①賃金減額無効として減額分の賃金支払い，②Xの退職は会社都合退職であるとして自己都合退職金との差額支払い，③Yが平成21年6月以降の賃金を一方的に切り下げ，さらに同年9月以降は更に労働条件を切り下げることを通告してて退職を余儀なくさせたことは不法行為であるとして慰謝料支払いを請求した事案。	①賃金請求②退職金請求③損害賠償請求	200万円	0円
【16】	コナミデジタルエンタテインメント事件東京高裁H23.12.27労判1042-15東京地裁H23.3.17労判1027-27	産休，育児休業後に復職したところ，担当業務を変更された上，減給されるなどの不当な不利益を受けたとして，Yに対し，Yの一連の人事措置は妊娠・出産をして育児休業等を取得した女性に対する差別ないし偏見に基づくもので人事権の濫用に当たるほか，女性差別撤廃条約，憲法，労基法，育児・介護休業法，雇用機会均等法，民法90条に違反する無効なものであるとして，①雇用契約に基づく賃金請求として，降格・減給後の給与額と降格・減給前の給与額との差額，②不法行為に基づく損害賠償，③Xの人格権に基づく侵害回復措置としてのYの謝罪及び④育児・介護休業法の趣旨等に基づくYの就業規則の改訂を求めた事案。	①賃金請求（降格・減給前後の差額）②損害賠償請求③謝罪④就業規則の改訂	3000万円	30万円

<解説>

1　慰謝料請求が認容された割合

　本調査の対象となった平成15年1月～平成25年12月の労判において，降格・降職に関連して慰謝料請求がなされた事例は，別紙一覧表のとおり，16件であり，このうち降格・降職に関して慰謝料請求が認容されたのは5件である。

2　慰謝料が認容された事例・認容されなかった事例の分析

　本調査の対象となった裁判例の中で，降格・降職が有効とされたが，慰謝料請求が認容された事例は存在しなかった（降格・降職が有効とされ，慰謝料請求が認容されなかった事例は【1】【4】【5】【6】【8】【10】【13】【15】。なお，【4】は，ともに争われた配転命令や出向命令の違法から慰謝料請求が認容された事案であ

第4章　降格・降職

・男性 ・Yの制作部で翻訳物の手配，編集等を担当	翻訳，印刷及びその企画，制作等を行う株式会社	・YからXに交付されたXの労働条件を不利益に変更する内容の労働条件通知書は，そこで示された労働条件のいずれにも同意しないという選択を労働者に許容しないようにも読めるという点において，いささか穏当を欠く点もないではないが，詐欺的あるいは脅迫的な言辞は格別見当たらず，労働条件切り下げの申入れの方法，態様において社会通念を逸脱したものとまでは認められない。 ・実際，Xは，自ら労働法に関する知識を習得することによって，本件雇用条件通告において示された契約内容の変更に同意しなければならない義務は必ずしも存しないことを明確に理解した上で，当該雇用条件の変更に承諾できない旨をYに回答している。 ・本件雇用条件通告による労働条件変更の申込みの方法，態様が，不法行為を構成するとまでは認められない。
・女性 ・平成20年7月16日から産休，育休取得 ・平成21年4月16日復職 ・復職後の担当業務が従前の海外ライセンス業務から国内ライセンス業務に変更 ・担当業務の変更に伴う年俸額の変化 役割報酬550万円，成果報酬90万円，調整報酬0円の合計640万円 →役割報酬500万円，成果報酬0円，調整報酬20万円の合計520万円 ・平成22年2月退職	・コナミ株式会社から営業部門の事業全てを譲り受けて設立された ・電子応用機器関連のソフトウェア，ハードウェア及び電子部品の研究，制作，製造並びに販売等を目的とする会社	・Yが，Xの復職後の役割グレードを引き下げ，それに伴い役割報酬を年額50万円減額したこと，成果報酬0円と査定したことは，人事権の濫用であり無効。 ・役割報酬は変更がないものとし賃金支払請求権に基づき差額の支払請求が認められる。成果報酬は，金額が具体的に決定されておらず，賃金支払請求権として具体化していないから差額の支払請求は認められず，慰謝料で斟酌するのが相当。 ・Xの前年度における海外ライセンス業務に係る勤務評価の点数（平均値3に対し3.1），妊娠判明後も海外出張してライセンス取得交渉をしたこと，当初は約2か月早い復職を希望していたこと，復職に際しベビーシッターを確保し業務に支障が出ないように伝えていたことなど，育児短時間制度の適用を申請したとはいえ，仕事への熱意や意欲は十分あり復職後一定の成果を上げるものと考えられること，平成20年度のXの成果報酬はBクラスの平均値の1.5倍であったことなどから，復職後のXの成果報酬は，Bクラスの平均値60万円を下回るものではないと評価するのが相当。ここからYが支給するとしていた調整報酬20万円を控除した40万円とすべきだが，Xは年度途中に退職し，成果報酬が支給されたと考えられる期間が8.5か月間であること等を考慮し，30万円。

り，降格そのものは有効とされ，慰謝料の考慮対象とはなっていない。）。

そこで，以下では，降格・降職が違法無効とされた事例について，慰謝料請求が認容された事例と認容されなかった事例とに分けてその傾向を分析する。

(1)　慰謝料請求が認容された事例（【2】【3】【9】【14】【16】）

降格・降職には，①役職・職位を引き下げるもの，②職能資格制度上の資格を引下げるもの，③職務・役割等級制度上の等級を引下げるものがある。①については，就業規則等に根拠規定がなくても，人事権の行使としてなしうるが，②及び③については，労働者との合意がない限り，就業規則等の労働契約上の明確な根拠がなければなしえないとするのが現在の裁判例の趨勢である（【16】）。したがって，降格・降職の有効性判断においては，①では，降格・降職が人事権の濫用といえるか否かについてのみが争われ，②及び③では，降格・降職の法的根拠（就業規則，個別の同意等）の有無及び降格・降職が人事権の濫用といえるか否かが争われることになる（なお，本調査の対象となった事例のうち，降格・降職

57

が無効とされたものの中で,降格・降職の法的根拠が存在しないと判断された事例は【16】のみであり,そのほかの事例(【2】【3】【9】【14】)は,もっぱら人事権の濫用とされた事例であった。)。

また,降格・降職が無効であると判断されれば,労働契約上の地位が確認され,賃金差額につき賃金請求が認められるから,これらによって慰謝されない精神的損害がある場合にのみ慰謝料請求が認容されることになる。

(なお,降格・降職に伴い賃金の引下げが伴わなかった事例は【2】のみであり(ただし,今後の昇給等の不利益は考慮された。),そのほかの事例(【3】【9】【14】【16】)については,賃金の引下げを伴う降格・降職であった。)。

以下では,職位の性質に基づく類型ごとに事例を取り上げる。

ア　役職・職位の引下げとしての降格・降職が無効とされた事例(【3】【9】【14】)

【3】では,会社が,営業担当部長だった労働者を4回にわたって降格させ,最終的に役職の無い現業職とした事案について,降格はいずれも合理的根拠がなく,人事権を濫用した無効なものであるとし,降格処分及び減給処分の結果,労働者に精神疾患を発症させるなどしたことを理由に慰謝料請求が認容されている。

【9】では,財団の総務部長であった労働者が,常務理事のパワハラ・セクハラ行為を理事長に報告したところ,パワハラ・セクハラ問題は事実無根であるかのような対応をされ,労働者を総務部長職から降格させられた事案について,財団としては当該報告を真摯に取り上げて,内部調査等を実施した上で,常務理事に対する適切な指導や処分を講ずるべきであったのに,これをせず,降格人事を行い,そして,無効な解雇をするに至ったものであり,このような一連の経緯を考慮して慰謝料請求が認容された。

【14】では,旅館を営む会社の常務執行役員兼総調理部長であった労働者が,執行役員を解任され,調理部顧問に降格させられた事案について,代表者の長男を後継者とするために執行役員を解任された上,影響力の行使を封じられて調理部顧問に配属されたものであって正当な理由によるものではないとし,また,これまで常務執行役員として経営陣に名を連ね,各調理部門の調理部長や調理長に指示を下すべき立場にあった労働者が,降格後は調理部長や調理長か

らシフトに組み込まれて、一介の調理人同然に補助業務をすることとなり、その他雑務も指示されていたというのであって、このような降格は、故意に労働者の名誉ないし社会的評価を傷付けた違法なものであるとして慰謝料請求が認容された。

イ 職能資格制度上の資格の引下げとしての降格・降職が無効とされた事例（【16】）

【16】は、産休、育児休業後に復帰した労働者が、担当職務を変更されかつ役割グレードを引き下げられた事案で、本件役割グレードにつき、職能資格制度の下で考えられている一種の階層的な要素も含まれているものと理解する余地があるとされたものである。同事案では、会社が、就業規則等の根拠もなく、個別の同意もないまま役割グレードを引き下げたこと、役割グレードの引下げに伴い役割報酬を減額変更したこと及び成果報酬額について機械的に0円と査定したことはいずれも人事権の濫用として違法であるとされ、金額が具体的に決定されておらず、賃金支払請求権として具体化していないことから差額の賃金支払請求が認められない成果報酬相当額について、慰謝料請求が認容された。

ウ 職務・役割等級制度における等級の引下げが無効とされた事例（【2】）

【2】は、職務等級制度が導入されていると考えられる会社において、降格（職位の引下げ）を伴う配転なされた事案である。この事案では、労働者に対して退職勧奨を行い、これを拒否されると、自主的に退職に追い込もうとする動機・目的で、通常の業務に就かせずに降格（職位の引下げ）することを内容とする無効な特別任務を発令してこれに従うことを強要し、さらにその後、降格させる無効な配転命令をなした上、これに従わないことを理由に労働者に対する賃金の支払を停止し、労働者に仮処分手続をとることを余儀なくさせ、また社内のネットワークから排除するなどし、労働者に不安感、屈辱感、精神的圧力等を与えたことを理由に、慰謝料請求が認容された。

(2) 慰謝料請求が認容されなかった事例（【7】【11】【12】）

降格・降職について違法無効としつつ、慰謝料請求が認容されなかった事例では、慰謝料請求を棄却した理由として、降格・降職が無効とされることによって従前の地位の回復が認められること（【11】）や、賃金差額の支払いがなされるこ

とによって労働者の損害は填補されること（【7】【12】）が挙げられている。

3 認容額の分析

(1) 認容額の分布

降格・降職について慰謝料が認容された事例5件における認容額の分布は以下のとおりであり、認容額の最低額は20万円、最高額は100万円であった。

（単位：万円）

認容額	50未満	50以上100未満	100以上
件数	2件	1件	2件

(2) 高額事案の分析

ア 事例が少ないため、一般化は難しいものの、降格・降職によって健康被害が生じている場合（【3】）や、降格・降職とともに嫌がらせ等、他の違法行為が認められる場合（【2】）について、高額の慰謝料が認容される傾向が見られた。

イ 健康被害が生じている事案

【3】では、営業担当部長だった労働者が、4回にわたって降格させられ、最終的に役職の無い現業職とされた事案について、労働者が、降格処分、減給処分の結果、体調を崩し精神科において投薬、カウンセリングの治療を受けることを余儀なくされていること、営業職として入社したのに現業職に配置され重量物を移動する作業に従事しているところ、右ひざ及び腰椎を痛め1週間の休業、安静、通院加療を余儀なくされたことが考慮され、100万円という高額な慰謝料が認められている。

ウ 降格・降職に伴い他の違法行為が認められる事案

【2】では、降格（職位の引下げ）を伴う配転命令がなされた事案において、労働者に対し、組織再編等によって担当していた業務がなくなる旨を告げて退職勧奨を行い、これを拒否されると、自主的に退職に追い込もうとする動機・目的で、通常の業務に就かせずに降格（職位の引下げ）することを内容とする無効な特別任務を発令してこれに従うことを強要し、さらにその後、降格させる無効な配転命令をなした上、これに従わないことを理由に労働者に対する賃金の支払を停止し、労働者に仮処分手続をとることを余儀なくさせ、また社内

のネットワークから排除するなどし、労働者が不安感、屈辱感、精神的圧力等を味わったことを考慮し、100万円という高額な慰謝料が認められた。

(3) 低額事案の分析

【9】では、財団の総務部長であった労働者が、常務理事のパワハラ・セクハラ行為を理事長に報告したところ、パワハラ・セクハラ問題は事実無根であるかのような対応をされ、労働者を総務部長職から降格させられた事案について、労働契約上の権利を有する地位にあることを確認し、未就労の期間の賃金・賞与の支払いを命ずることで、労働者の精神的苦痛が慰謝される面があることのほか、労働者が情報管理義務に違反した結果、セクハラ被害等の情報も含まれる報告書の内容が流出し、新聞報道に至り、財団の社会的信用も毀損される事態も生じたこと、労働者が、職員人事に関して、外圧による解決を図ろうと行動した面もあることを考慮して、解雇も含めて慰謝料額を50万円としている。

【14】では、旅館を営む会社の常務執行役員兼総調理部長であった労働者が、執行役員を解任され、調理部顧問に降格させられた事案について、労働者が降格の際に特段の不服を申し立てていないことを考慮して、慰謝料額を20万円としている。

【16】では、降格も差別的取扱いもなければ労働者が受け取れるはずであった成果報酬相当額につき慰謝料請求を認容したが、労働者が年度途中で退職しており、成果報酬が支給されたであろうと考えられる期間は8.5か月間であったことを考慮して、慰謝料額を40万円としている。

4 聞き取りのポイント

(1) 降格処分・降職処分の違法性判断
 ・降格・降職の法的根拠(人事制度の具体的内容及び就業規則等)
 ・降格・降職の具体的内容(役職・職位の引下げか、職能資格の引下げかなど)
 ・賃金その他降格・降職によって被る労働者の不利益の具体的内容
 ・降格・降職の経緯、降格・降職の理由となった具体的事実
 ・使用者側の意図(退職に追い込む等、不当な動機・目的でなされたものかなど)

(2) 慰謝料の増減額事情

・降格・降職処分以外の使用者の行為の違法性
・降格・降職によって労働者が被った不利益の内容・程度（賃金等の減額以外に不利益を被ったか，降格・降職によって労働者が（精神的なものを含め）疾病等に罹患したかなど）

第5章
懲戒処分

<判例紹介>

No	事件名 裁判所 判決年月日 出典 審級関係	事案の概要	請求 （訴訟物）	慰謝料 請求額	慰謝料 認容額
【1】	日本生命保険（戒告処分）事件 大阪地裁 H17.5.20 労判900-45	・Y1の従業員であるXが，(1)Y2，Y3及びY4が共同して不法行為を行い，それにより，XはY1から身に覚えのない違法な戒告処分を受けた，(2)Y5，Y6及びY7は，共同して，懲戒処分の取消しを求めるXの訴えを抑圧する不法行為をした，(3)Y1は，Xに対して適正な手続により懲戒処分を行うよう配慮する義務に違反するとともに，懲戒処分を知ったXからの取消要請に対して誠実に対応する義務に違反する不法行為を行ったとして，上記(1)及び(2)については，Y2ないしY7に対して709条，719条に基づき，Y1に対して715条に基づき，上記(3)については，Y1に対して709条に基づき損害賠償を請求した事案。 ・Xは，新契約取扱疎漏として，Y1から懲戒処分の一つである戒告処分を受けたが後に取り消された。	【X→Y1～Y7】 損害賠償請求 【X→Y1】 謝罪文掲載請求	連帯して600万円	0円
【2】	都教委（八王子市立中学校・国歌斉唱不起立）事件 東京地裁 H24.4.19 労判1056-58	■第1事件 Xは，本件中学校夜間学級の平成18年度，平成19年度，平成20年度及び平成21年度の各卒業式において，中学校長から，事前に，国歌斉唱時に起立して国歌を斉唱することを命ずる職務命令を受けていたにもかかわらず，国歌斉唱時に起立しなかったことが地方公務員法（以下「地公法」という。）に違反するとして，都教委により，地公法に基づき，平成18年度においては平成19年3月30日付けで戒告（本件第1処分），平成19年度においては平成20年3月31日付けで減給10分の	■第1事件 ①処分取消 ②損害賠償請求 ■第2事件 ①処分取消 ②損害賠償請求	■第1事件 50万円 ■第2事件 50万円	■第1事件 0円 ■第2事件 0円

64

第5章　懲戒処分

労働者等の属性（性別・ポジション・収入等）	使用者等の属性（会社規模等）	算定の理由
・女性 ・保険外交員 ・戒告処分を受けた当時は新入社員 ・当初，上本町支社緑橋東営業部に配属，その後，南大阪支社緑橋東営業部に配属	【Y1】 生命保険会社 【Y2】 緑橋東営業部でXを指導したトレーニングリーダー 【Y3】 緑橋東営業部の営業部長 【Y4】 上本町支社の教育部長 【Y5】 南大阪支社の支社長 【Y6】 南大阪支社の法人部長 【Y7】 南大阪支社の教育部長	【Y1】 Y2ないしY7の行為はいずれもXに対する不法行為を構成しないから，Y1が民法715条の責任を負うことはない。Y1が懲戒手続が適正に行われるような体制を整えていなかったとはいえず，Xに誠実に対応しなかった，対応が不当に遅延したともいえないので，民法709条に基づく請求には理由がない。 【Y2】 事情書はその書式上，契約の取扱者が書くべきものであり，その取扱者はXであったのであるから，Y2が事情書の名義をX名義とした又はY2が事情書についてXに記載内容の確認をとることなく提出したことが，不当に自己の責任を原告に押しつけたものであるとは認められず，不法行為を構成するほどの違法性はない。 【Y3】 Y3は，Y2に対し，Xとよく相談して事情書に記載するよう指示をしたのであり，トレーニングリーダーであるY2が，X名義の書面で，その押印までされた事情書を提出してきた以上，それ以上その書面がXの意思に無関係に作成されたとは考えなくとも無理からぬところで不法行為を構成しない。 【Y4】 Y4が中身のある研修をXに対して行わなかったことは，Y1に対して職務怠慢を構成することがあるとしても，特段の事情のない限りXに対して不法行為を構成しない。 【Y5ないしY7】 種々の手続を経て実施されたはずの懲戒処分を取り消すには事実の確認が先決であり，Xが考えるように軽々に取り消すことができるものではないと考えるのはいわば当然のことであり，処分の取消しを性急に求めるXに対して，その勢いを抑える言動をしたとしても，それがおよそ申出を放棄させるとか，再調査を拒否するというものでない限り，違法ではない。
・男性 ・昭和52年4月に教員の職に就き，平成16年4月から本件中学校で勤務 ・平成22年3月31日退職	東京都 （処分行政庁：都教委）	・本件第2ないし第4処分については，処分の選択が重きに失し，懲戒権者としての裁量権の範囲を超えるものとして違法であり，取り消されるべきである。 ・本件第2ないし第4処分は違法であるが，これらの前提となった各通達及び各職務命令が違法とはいえないこと，都教委は，本件処分量定方針に従って本件第2ないし第4処分をしたものであるところ，処分量定の加重を定めた上記方針自体が不当なものとはいえないことなどから，各処分時において，都教委が各処分を選択したことについて，職務上尽くすべき注意義務を怠ったものと評価することは相当ではなく，この点について都教委に国賠法上の過失があったとは認められない。 ・事案の性質上，Xの精神的苦痛は，各処分が取り消される

65

		１　１月（本件第２処分），平成20年度においては平成21年３月31日付けで減給10分の１　６月（本件第３処分），平成21年度においては平成22年３月30日付けで停職１月（本件第４処分）の各処分を受けた。本件は，Xが，Y（処分行政庁：都教委）に対し，本件第１ないし本件第３処分が憲法，教育基本法，市民的及び政治的権利に関する国際規約，児童の権利に関する条約に違反するなどとして，これらの処分の取消しを求めるとともに，Y（代表者：都知事）に対し，違法な本件第１ないし第３処分により精神的な苦痛を被ったとして，国家賠償法１条１項に基づき，慰謝料及び弁護士費用の支払を求めた事案。 ■第２事件 Xが，Y（処分行政庁：都教委）に対し，本件第４処分が上記同旨の理由により違法であるとして，本件第４処分の取消しを求めるとともに，Y（代表者：都知事）に対し，慰謝料及び弁護士費用の支払を求めた事案。			
【3】	エヌ・ティ・ティ・ネオメイトなど事件 大阪地裁 H24.5.25 労判1057-78	Y１に雇用され，その後関連会社であるY２に出向していたXが，Y１による譴責処分の無効を主張して処分に基づき減額された賃金等の支払を求めるとともに，Y１，Y２らの従業員（Y３，Y４）から暴力行為を受けたとして，同従業員らに対し不法行為に基づく損害賠償等を，その使用者であるY１，Y２に対し使用者責任に基づき損害賠償等を求めるとともに，Y１に対しては譴責処分について慰謝料の支払を，Y２に対しては欠勤処分・出勤停止処分・減給処分・Y２の他の従業員によるパワハラについて慰謝料の支払を請求した事案。	【X→Y１・Y３】 損害賠償請求（暴行） 【X→Y１】 損害賠償請求（譴責処分） 【X→Y２】 ①賃金請求 ②損害賠償請求（欠勤処分，出勤停止処分，減給処分，パワハラ） 【X→Y２・Y４】 損害賠償請求（暴行）	【Y１・Y３】 連帯して50万円（暴行） 【Y１】 10万円（譴責処分） 【Y２】 535万円（内訳） ・欠勤処分：5万円 ・出勤停止処分：20万円 ・減給処分：10万円 ・パワハラ：500万円 【Y２・Y４】 連帯して200万円（暴行）	【Y１・Y３】 0円 【Y１】 0円 【Y２】 0円 【Y２・Y４】 連帯して5万円
【4】	学校法人V大学事件 東京地裁 H24.5.31 労判1051-5	■第１事件 Y１が，Xについて，必修科目の講義の担当を外し，研修室に卒業研究生・大学院生を配属しない等の措置をとったが，Y１の懲戒権を濫用し又は人事権の裁量を逸脱するものであり，Y１の講義を担当する権利等を侵害し，違法・無効であると主張して，Y１に対し，必修科目の講義を担当する地位のあることの確認及びその妨害排除等を求めるとともに，Y１が上記措置をとったのは，Y２がY１の教授会等に正当な理由のない提案をしたことが原因であり，Y１及びY２の共同不法行為が成立するとして，減額された大学院手当及び慰謝料の支払を求めた事案。 ■第２事件 Y３がXに対して発令した研究室移転の業務命令が，人事権の裁量を逸脱した違法なものであり，当該業務命令違反を	■第１事件 【X→Y１】 ①必修科目の講義を担当する地位確認 ②妨害排除請求 【X→Y１・Y３】 損害賠償請求 ■第２事件 【X→Y１】 懲戒処分無効確認 【X→Y１・Y３】 損害賠償請求	【Y１・Y２】 連帯して300万円 【Y１・Y３】 連帯して300万円	【Y１・Y２】 0円 【Y１・Y３】 0円

第5章　懲戒処分

			ことによって慰謝される。
・Y1の従業員 ・Y1に再雇用された後，Y2へ出向	【Y1】 電気等通信設備に関わる調査・設計・保守コンサルタント等を行う株式会社（出向元） 【Y2】 電気通信設備に関わる設備提案，設計等を行う株式会社（出向先） 【Y3】 ・Y1の従業員 ・Xの直属の上司（課長職） 【Y4】 ・Y2の従業員 ・Y1を定年退職した後Y2に契約社員として再雇用された		【Y1・Y3】 Y3がXの腕を取ってXを自席に戻るよう誘導した行為については，Xの上司として仲裁をしたにすぎず，違法性は認められない。 【Y1】 Y1によるXに対する譴責処分，Y2によるXに対する減給処分はいずれも有効であり，これら処分が無効であることを理由とするXの請求には理由が無い。 【Y2】 ・Y2が平成19年7月5日についてXが2時間欠勤したとして処理したことは正当な理由があり，何ら不法行為を構成するものではない。 ・Y2による出勤停止処分は合理的理由があり，同処分が無効であることを前提とするXの請求には理由がない。 ・Y2の他の従業員によるXに対するパワハラ行為の存在は認めることができない。 【Y2・Y4】 ・Y4がXに対し，椅子を足蹴にしてXの右足付近に当てた行為及びXの胸ぐらをつかんで前後に揺さぶった行為については，その内容に鑑みれば，精神的苦痛を慰謝するには，金5万円が相当。 ・Y2には使用者責任が成立する。
・男性 ・V大学A学部第二部B学科の准教授	【Y1】 V大学を設置した学校法人 【Y2】 A学部第二部B学科学科主任 【Y3】 A学部に係る業務執行の担当理事		【Y1・Y2】 Y1による本件措置が給料の減額を伴う不利益処分であるからといって直ちに懲戒処分と解すべき理由はなく，Y1の人事権・業務命令権としての人事上の措置であるということを前提に，本件措置はいずれも有効であるから，その違法・無効を前提とする不法行為の主張は認められないと考えるのが相当。 【Y1・Y3】 ・本件懲戒処分は1回限りの業務命令違反を理由になされたもので，懲戒規程の要件も欠き，権利の濫用として無効。 ・Y3がした本件業務命令は適法であり，Xにはこれに従う義務があったから，懲戒事由に該当する非違行為はあったというべきであること，懲戒処分が最も軽い戒告にとどまるものであること，本件懲戒処分を発発するに当たり，Y1の調査委員会でXの弁解を聴取している等といった本件懲戒処分に至る経緯に鑑み，本件懲戒処分を受けたことによる精神的損害は本件懲戒処分の無効が確認されることをもって慰謝されると解するのが相当。

		理由とする戒告の懲戒処分（以下「本件懲戒処分」という。）が懲戒権の濫用として無効であると主張して、Y1に対し、本件懲戒処分の無効確認を求めるとともに、本件懲戒処分についてY1及びY3の共同不法行為が成立すると主張して、Y1及びY3に対し、慰謝料の支払を求めた事案。			
【5】	全国建設工事業国民健康保険組合北海道東支部事件 札幌地裁 H17.5.26 労判929-66	YがXらに対して行った数次にわたる降任処分及び減給処分（就業時間内に私的な連絡、上司等に対する批判等を内容とするメール交信、正当な理由なく会議をボイコットしたこと、私的文書のプリントアウト及び外部送信を行ったこと等を理由とする処分）について、Yの行った本件各処分は処分事由が不存在ないし懲戒権の濫用であり無効であるとして、本件各処分の無効確認のほか、X1は、処分前の課長の地位にあることの確認、減給された賃金控除分の支払、処分前の課長手当と処分後の係長手当の差額分の支払及び慰謝料の支払を請求し、X2は、減給された賃金控除分の支払及び慰謝料の支払を請求した事案。	【X1→Y】 ①懲戒処分無効確認 ②地位確認 ③未払賃金請求 ④損害賠償請求 【X2→Y】 ①懲戒処分無効確認 ②未払賃金請求 ③損害賠償請求	【X1】 100万円 【X2】 50万円	【X1】 0円 【X2】 0円
【6】	JR西日本（可部鉄道部・日勤教育）事件 広島高裁 H18.10.11 労判932-63	Y3が、X1運転の列車に運行中添乗し、X1の落ち度を指導した際、X1が反抗的態度をとったとY1に報告し、これを前提事実として、Y1がX1を平均賃金の2分の1減給懲戒処分にし、69日間の日勤教育に付したところ、X1からY1に対して、懲戒処分は懲戒権の濫用として違法であるとして、懲戒処分の無効確認を求めた。また、Y1～Y3に対して、懲戒処分及び日勤教育、日勤教育期間中にY2がX1に対しX2やX3から脱退するよう働きかけたことが労組法7条3号の支配介入であるとして慰謝料を請求し、X2やX3もY1～Y3に対して、Yらの不当労働行為に対応するため、多大な労力の負担を強いられ、X2の団結、活動の障害等による無形の損害を被ったとして慰謝料を請求した事案。	【X1→Y1】 懲戒処分無効確認請求 【X1～X3→Y1～Y3】 損害賠償請求	【X1～X3→Y1～Y3】 連帯して各500万円	【X1→Y1・Y2】 連帯して20万円 （内訳） 懲戒処分：0円 不当労働行為：20万円 【X2・X3→Y1・Y2】 連帯して各10万円 【X1～X3→Y3】 0円
【7】	相生市農協（参事・損害賠償）事件 神戸地裁姫路支部 H20.11.27 労判979-26	融資先への貸付金の回収が不能になったことや、Yが経営する社会福祉法人JAあいおい福祉会が開設準備していた特別養護老人ホームの開設責任者たるXが開設を遅滞させた等の事由として、YがXに対し、減給処分・参事からの降格処分を行い、かつ降格処分に伴って役付手当を支給されなくなり、また賞与も一切支給されなくなったことについ	①地位確認 ②賃金等請求 ③損害賠償請求	400万円 （内訳） ・懲戒処分：200万円 ・業務命令：200万円	200万円 （内訳） ・懲戒処分：100万円 ・業務命令：100万円

第5章　懲戒処分

【X1】 ・女性 ・Yの業務2課課長。のち係長に降任 ・基本給32万4千円 ・労働組合委員長 【X2】 ・女性 ・業務2課課員 ・基本給23万8千円 ・労働組合書記長	全国の建設工事業に従事する労働者の国民健康保険に関する事務処理を目的とし設立認可された組合の支部		・Yが行った本件各処分は無効であると判断した。 ・減給分の賃金相当額の支払も認めた。 ・もっとも、本件処分は事実上及び法律上の根拠を明らかに欠いたものとまではいえないばかりか、本件各処分によってXらが被った不利益は本件各処分が無効と判断され、Xらが請求していた減給分の賃金相当額の支払が認められることにより、経済的不利益の救済がなされることによって、一応の回復がはかられたとみることができ、それを超えて更に慰謝料の支払をなすべき特段の事情はないとして、慰謝料請求は排斥した。
【X1】 ・運転士 ・X3の組合員 【X2】 西日本旅客鉄道労働組合に所属していた組合員らが脱退し、新たに結成した労働組合 【X3】 X2の地方支部	【Y1】 鉄道会社 【Y2】 ・鉄道部部長 ・非組合員 【Y3】 ・運輸科長 ・西日本旅客鉄道労働組合の組合員		【X1→Y1,Y2】 ・X1がY3の指示に従わず反発・反抗した非違行為は、就業規則の懲戒事由に該当し、所定の手続に従ってなされたから適法である。 ・Y3による個々の支配介入行為は、不当労働行為に該当すると同時に業務命令権を逸脱濫用するものであり、X1の人格権を侵害するものとして不法行為が成立する。 ・平成14年2月7日以後の時期におけるY3及びY1による日勤教育の再開継続もまた、不当労働行為に該当すると同時に業務命令権を逸脱濫用するものであり、X1に対する不利益取扱いであってX1の人格権を侵害すると共に経済的不利益を与えるものとして不法行為が成立する。 ・業務命令権を逸脱濫用した不利益取扱いの不当労働行為によって1か月近くにわたり日勤教育の継続を余儀なくされ、その間不安な日々を過ごした。 ・部長面談の場において現場長であるY2から平然かつ露骨に組合からの脱退慫慂等が繰り返され、不安、焦燥などの精神状態となり、高血圧傾向を示すなど体調にも影響が出た。 ・日勤教育により減額となった手当分の経済的損害の回復は別途認められていること、本件事件の発端はX1の職制を無視した反抗的言動にあったことなどその他諸般の事情を総合考慮。 【X2・X3→Y1・Y2】 組合員であるX1が自ら招いたことであるとはいえ、X1に対するX2からの脱退慫慂が繰り返された上、X1の日勤教育が再開継続されるなどY2及びY1広島支社による業務権限を逸脱した不当労働行為によって団結権等が侵害される危険が生じたこと、本件日勤教育での部長面談等の様子を録音したテープの反訳などの煩雑な作業を行わざるを得なかったことなど諸般の事情を考慮。 【X1～A3→Y3】 X1を陥れる不法行為があったとは認められず、また、不当労働行為が成立するとも認められない。
Yの理事、参事であった者	農業協同組合		【懲戒処分】 ・本件減給処分は労基法及びYの就業規則に明白に反し、それ自体の違法性の程度が重いが、本件賞与不支給措置についても、Xは主として給与によって生計を立てている労働者であると認められるところ、従前年額200万円を超える賞与を受給していたXについて、これを4年に亘って一切支給されなかったという打撃の程度を考慮すれば、この点に関する違法性の程度も重大であって、Xには、単に減給にかかる給与及び賞与の支払を支容されるのみでは償うことのでき

		て，上記各処分等は，懲戒事由がないのになされた実体的に無効な処分であり，また労働基準法等の法令やYの就業規則に反してなされた手続的にも無効な処分である等と主張するXが，Yにおける参事の職にあること及び役付手当の支給を受ける地位にあることの確認を求めるとともに，得べかりし給与・賞与・役付手当の支払を求め，さらに，YのXに対する上記各処分や業務命令（窓ふき，掃除，ゴミ焼却の補助等）が違法であり不法行為に該当すると主張して，慰謝料の支払を求めた事案。			
【8】	学校法人大谷学園事件 横浜地裁 H22.10.28 労判1019-24	■第1事件 X1の生徒に対する不適切な言動を理由としてなされたYによる懲戒減給処分（就業規則の「懲戒を受けたにもかかわらず改悛の見込みのないとき」に該当）が違法，無効であるとして，X1がYに対し，賃金請求権に基づく減給相当額の支払と，不法行為による損害賠償を求めるとともに，X2とX3がYの団体交渉拒否及び組合否認行為は違法であるとして，不法行為による損害賠償を請求した事案。 ■第2事件 定年退職後の再雇用の申し出を拒否されたX1が，Yが導入した継続雇用制度が高齢者等の雇用の安定等に関する法律5条2項等に反し違法，無効であるとして，Yに対し，主位的に，雇用契約に基づき，定年退職後の雇用契約上の権利を有する地位にあることの確認を求めるとともに，賃金の支払を求め，予備的に，違法，無効な前記制度に基づく再雇用拒否によって損害を被ったとして，債務不履行ないし不法行為に基づく損害賠償を請求した事案。	■第1事件 【X1→Y】 ①賃金請求 ②損害賠償請求 【X2→Y】 損害賠償請求 【X3→Y】 損害賠償請求 ■第2事件 【X1→Y】 ・主位的請求 ①地位確認 ②賃金請求 ・予備的請求 ①損害賠償請求	■第1事件 【X1】 100万円 ■第2事件 【X1】 300万円	■第1事件 【X1】 0円 ■第2事件 【X1】 0円
【9】	日本ベリサイン事件 東京高裁 H24.3.26 労判1065-74 東京地裁 H22.12.27 労判1031-62	XがYに対し，Yが行った減給処分（平成21年1月分給与を3万6585円減額）は懲戒事由（業務命令違反，報告義務違反，業務上の不法行為，越権行為）がないのにされた違法な懲戒処分であるとして，差額賃金及び慰謝料等の損害賠償の支払を求め，また，Xの同意がないにもかかわらず月例給与が減額されたとして，差額賃金の支払を求めるとともに，YのXに対する解雇の意思表示が解雇権の濫用にあたり無効であるとして，雇用契約に基づき，雇用契約上の権利を有する地位にあることの確認，ならびに未払賃金の支払をそれぞれ求めた事案。	①差額賃金請求 ②損害賠償請求 ③地位確認 ④賃金請求	300万円	0円
【10】	東起業事件 東京地裁 H24.5.31 労判1056-19	XがYに対し，①預託金返還請求権に基づき，預託した約6284万円の支払を求めるとともに，②(ア)XがA社千葉支店の経理担当部長にY内部の会議の議事録を見せたことなどを懲戒事由とする平成18年6月28日付け月額3万円の減給の	①預託金返還請求 ②損害賠償請求 ③賃金・賞与・手当・退	1000万円 （内訳） ・懲戒（減給）処分：300万円	10万円 （内訳） ・懲戒（減給）処分：0円 ・居場所確

第5章　懲戒処分

			ない精神的苦痛が生じたと明らかに認められ，Yの上記各処分ないし措置を不法行為として慰謝料の支払いを命じるのが相当である。 ・上記のような違法性の程度，Xの受けた打撃の程度その他諸般の事情を総合考慮すると，慰謝料としては100万円を下らない。 【業務命令】 ・本件業務命令にかかる職務のうち，経済課に配属されたXのなすべき業務は，1項の生産・生活購買品の配達，6項の農作業補助というべきであり，それ以外の事項は，そもそもXの業務といい難いか，これをあえて書面をもって命じるような内容のものとはいい難く，その内容自体が，業務の客観的性質にかかわらず，Xをして屈辱的感情を催すことを余儀なくさせるものであることは明らかであり，本件事案の全体像も併せ考慮すると，本件職務命令は，Xに対して屈辱感を与え，Yから不当に排除し，退職を余儀なくさせようとの主観的意図の下になされたことが容易に推認され，それ自体職務命令権の濫用として，違法であり，不法行為を構成する。 ・本件職務命令を命じられたことによるXの精神的苦痛を慰謝するためには，懲戒処分にかかる慰謝料とは別個に100万円を下回らない。
【X1】 ・Yの教職員 ・X2に加入 【X2】 K県を中心とした中小企業の労働者が加入する労働組合 【X3】 X2のY支部	高等学校，中学校，幼稚園，専門学校を設置する学校法人		■第1事件 ・X1は，いじめを理由に30日間の停学処分を受けている担任生徒が「自分たちを辞めさせたいんでしょう」と聞いたのに対し，「おお，よくわかったな」と答えた。 ・上記発言は，教職員としてあるまじき発言であり，当該生徒及び保護者に不信感を与える発言というべきであり，本件では最終的に神奈川県に苦情を申し出られるという事態にまで発展した。 ・X1は過去に生徒に対する体罰を理由として譴責処分を受けていることからすれば，本件発言は，就業規則所定の懲戒事由のうち「懲戒を受けたにもかかわらず改悛の見込みのないとき」に該当する。 ・減給処分の内容及び程度は，わずか9365円の減給1か月という比較的軽微なものにとどまり，処分は有効。 ■第2事件 高年齢者雇用安定法9条1項の規定自体からも，同条の全体構造からも，X1が主張するような同項の私法的強行性を肯定する解釈は成立せず，同条項違反を理由とする各請求は認められない。
・男性 ・中途採用（正社員） ・Yの内部監査室長 ・平成21年2月まで賃金月額150万円，同年3月から月額約92万円に減給（賞与も含めた想定年収は1300万円）	情報通信ネットワークにおける暗号技術を用いた当事者の登録，確認（認証）業務ならびに通信情報の確認（認証）業務等を目的とする株式会社		Xには，懲戒事由に該当する業務命令違反または内部監査室長としての報告義務違反があったと認めることができ，本件懲戒処分は適法に行われたもので，これが違法であることを前提とするXの損害賠償請求には理由がない。
・男性 ・Y千葉支店長（定年退職済）	土木建築その他工事の調査，測量，企画，設計，施工，監理，技術指導の請負及び受託等を目的とする株式会社		【懲戒（減給）処分】 ・本件減給処分は有効。 ・本件減給処分の解除時期を検討するために，Xの反省の程度を示す反省文の提出を求めることは，もとより正当。 【カメラによる監視，居場所確認，行動予定の入力指示】 ・Y千葉支店の周囲の状況や職員構成から事務所内にカメラ

		懲戒処分並びにその前後にY代表者C及びY取締役BがXに対して執拗に謝罪文の提出を要求したことが不法行為を構成するとして慰謝料，(イ)嫌がらせ目的でXの勤務場所であるY千葉支店の事務室内に監視カメラを設置し，業務用にXに貸与した携帯電話を強引にナビ機能に接続させ，休日，早朝，深夜を問わずXの居場所を確認し，パソコンに行動予定を詳細に入力するように指示するなどしたC又はBの一連の行為がXのプライバシーの侵害又はXに対するパワーハラスメントであり不法行為を構成するとして慰謝料，③XY間の労働契約に基づき，(ア)②の不当な懲戒処分によって減額された給与合計60万円，(イ)不当な懲戒処分によって減額された賞与合計約211万円，(ウ)未払の資格手当及び役付手当の合計約242万円，(エ)未払退職金約2016万円の合計約2530万円，④立替金返還請求権に基づき，Xが立て替えた業務費用約5万円，⑤YのXに対する貸付金への弁済金から約定利率以上の利率の利息を控除したとして，不当利得返還請求権に基づき約330万円の支払を求めた事案．	職金請求 ④立替金返還請求 ⑤不当利得返還請求	・カメラによる監視，居場所確認，行動予定の入力指示：700万円	認：10万円
【11】	JR東海（新幹線運転士・酒気帯び）事件 東京地裁 H25.1.23 労判1069-5	Xが，乗務点呼時に助役から酒臭を指摘された上，呼気中アルコール濃度測定の測定方式によるアルコール検査の結果，一定の各測定値（「本件数値」）が検知されたこと等に基づき，Yにより酒気帯び状態と認定されて乗務不可とされ，平成23年2月16日付けで，平均賃金1日分の半額に相当する9409円の減給処分を受けたことにつき（「本件減給処分」），Yに対し，(1)本件数値が乗務不可とされる基準値1を下回っていたのであるから，酒気帯び状態には当たらず，懲戒事由はないというべきであるし，(2)Yが組合嫌悪の意図の下，Xに弁明の機会を付与することなく，他の処分例と比較して過重な本件減給処分をすることは，懲戒権の濫用に当たると主張して，本件減給処分の無効確認を求めるとともに，未払賃金9409円の支払を求め，本件減給処分及びその前後のYの一連の行為が不法行為を構成すると主張して，慰謝料の支払を求めた事案．	①懲戒処分無効確認 ②未払賃金請求 ③損害賠償請求	150万円	0円
【12】	トキワ工業事件 大阪地裁 H18.10.6 労判933-42	Yの営業所長であったXの受けた①解雇通告（後に組合の要求により撤回），②降格処分に伴う所長手当の不支給，③営業社員への配置転換，④営業会議でYから受けた理不尽な個人攻撃，⑤夏季・冬季一時金の不支給について，それぞれの賃金（②⑤）ないしは慰謝料（①②③④）を請求した事案．	①賃金請求 ②損害賠償請求	100万円 （解雇，懲戒処分としての降格処分，配置転換，個人攻撃を合わせて）	100万円 （解雇，懲戒処分としての降格処分，配置転換，個人攻撃を合わせて）

		を設置する防犯上の必要性・合理性があったこと，事務所内のカメラは事務所内全体を俯瞰するもので X の座席のみを撮影するものでないことからプライバシー侵害にはならない。 ・本件ナビシステムによる居場所確認は，X 以外の複数の従業員についても使用されていることに照らせば，その勤務状況を把握し，緊急連絡や事故時の対応のために居場所を確認するためという Y 主張の目的が認められ，その目的には相応の合理性もあり，X の労務提供が義務付けられる勤務時間帯及びその前後の時間帯において，X の勤務状況を確認することは違法ではないが，それ以外の時間帯，期間において居場所を確認することは違法である。 ・行動予定をシステム管理するためにパソコンに入力するように指示することは正当であるし，X のみならず関係従業員すべてに対する指示であるから，その回数が多数回にわたったからといって，そのことのみから直ちに違法となるものではない。 ・B の行動態様，本件ナビシステムの使用回数（早朝，深夜の時間帯に 4 回，休日に 4 回，及び退職後に 9 回にわたり，X の居場所確認をしている。）等本件に現れた全事情を総合考慮して慰謝料を算定。
・男性 ・国鉄時代から勤務。Y には勤続 24 年 ・新幹線運転士・車掌 ・JR 東海労働組合東京運輸所分会書記長	東海旅客鉄道株式会社	・新幹線乗務員という立場にある X が，微量ではあるが酒気を帯びて業務に就いたことは事実であって，懲戒事由に該当する行為が存在したことは明らかである上，本件減給処分の無効が，判決という形で公権的に確定されることで，X の昇格や昇進，退職金，再雇用に係る不利益は回避され，ひいては X の名誉も回復されることになるのであるから，Y が重きに失する本件減給処分を行ったことに対して，別個に慰謝料の支払を命ずるまでの必要はない。 ・実際に，X の勤務中の酒気帯び状態という問題事例が存在していたのであるから，Y が事業場において本件掲示物を掲示し，本件ビデオを上映して再発防止を図ること（いずれにおいても，X の非違行為が具体的に指摘されていたわけではない。）は，何ら違法とはいえない。 ・X に対する酒気帯び認定，乗務不可とした扱いや本件減給処分が，組合活動に対する嫌悪という不当な動機に基づいてされたとはいえない。
・男性 ・大阪営業所の新規スタッフとして雇用された 1 年後，大阪営業所長に昇格 ・解雇後労働組合加入	紙の加工・販売会社	・降格処分についてはそもそも理由がなく，不当。 ・解雇は客観的に合理的な理由欠き不当。 ・配転は業務上の必要性を欠き，Y の方針に経営上の合理性を見出し難く，Y の措置に従わない X を追いやる目的でなされたものと推認でき，不当。 ・営業会議での X に対する Y の言動は，組合加入を契機とした嫌がらせに他ならず，不当。 ・X は，Y から，不当な解雇を受け，従業員としての地位を失う危険にさらされたこと，また不当な降格処分により賃金カットを受け，経済的不利益を被ったこと，X の組合加入を嫌悪する Y から本件配転や本件営業会議での不当な扱いを受けたことが認められ，X が精神的苦痛を被ったことが推測される。 ・Y は，本件解雇を撤回したのち，本件解雇と類似した事案で降格処分を行い，これに理由がない旨団体交渉で追及を受けるや，これを嫌悪して配転命令を行い，営業会議で X を非難するなどの行為に及んでおり，かかる一連の行為は報復的で悪質であることその他一切の事情を総合考慮。 ・他方，本件解雇は団体交渉を受けて約 2 週間後に撤回されており，降格処分に基づく損害は賃金カット分のバックペイ

	事件名	事案の概要	請求内容	請求額	認容額
【13】	ノースアジア大学（本訴）事件 秋田地裁 H24.10.12 労判1066-48	Yの講師，助教授及び准教授として，平成15年4月から平成19年3月までは期間の定めなく，同年4月以降は任期付の教員として雇用されていたXが，平成21年11月1日付けで基本給を20%減額され，同月10日付けで懲戒処分を受け，准教授から講師に降格となった上，基本給を減額され，平成22年3月31日の任期満了後雇用契約の更新（再任用）がなされなかったところ（「本件不再任」），基本給20%減額の根拠がなく無効である，上記懲戒処分は不当であり無効である，本件不再任は不当であり無効であるなどとして，准教授としての雇用契約上の地位の確認，未払賃金の支払，慰謝料の支払を求めて労働審判を申し立て，労働審判についてYが異議を申し立てたため訴訟に移行した事案。 ・その後，Xは，未払賃金の支払請求期間を拡張した上，将来の賃金請求を追加し，慰謝料額を増額して，請求を拡張した（なお，賞与及び賞与に相当する逸失利益についても請求を拡張したが，その後取下げ，Yがこれに同意した）。	①地位確認（不再任及び降格前の地位） ②賃金請求 ③損害賠償請求	200万円	20万円
【14】	学校法人昭和薬科大学事件 東京地裁 H25.1.29 労判1071-5	Xらが所属する研究室では，平成18年ころ，国庫補助金の支給を受けて光散乱光度計という機器を購入した。ところが，同光度計購入に当たって，当該年度になる前に当該光度計の納入を受けるという会計年度を跨った処理を行ったなどとして学内で問題となり，Xらは，懲戒処分として，X1は副学長，X2は寮生アドバイザーの職につき解職処分を受けることとなった。そこで，Xらが，同懲戒解職処分には事実誤認等の違法があるなどと主張して，X両名について同懲戒解職処分が無効であることの確認，X2については寮生アドバイザーの地位にあることの確認を求めるとともに，Yに対し，同懲戒解職処分により減額された賃金（手当）の支払を請求し，かつ，同懲戒解職処分を行ったことがXらに対する不法行為に当たるとして，不法行為に基づく損害賠償を請求した事案。	【X1→Y】 ①懲戒解職処分の無効確認 ②賃金請求 ③損害賠償請求 【X2→Y】 ①懲戒解職処分の無効確認 ②地位確認 ③賃金請求 ④損害賠償請求	【X1】 150万円 【X2】 150万円	【X1】 10万円 【X2】 10万円
【15】	パワーテクノロジー（出勤停止処分）事件 東京地裁 H15.7.25 労判862-58	顧客の元において情報系データベース構築業務に従事（客先常駐派遣）するよう業務命令を受け作業に従事していたところ，作業環境のため体調が悪いとしてY代表者らに無断で，顧客に作業を終了したい旨伝えた行為が業務命令違反に当たるとして出勤停止処分（7日間）を受けたXが，出勤停止処分が無効であるとして出勤停止中の賃金及び慰謝料の支払を求めた事案。	①未払賃金請求 ②損害賠償請求	55万円	0円
【16】	海外漁業協力財団事件 東京高裁 H16.10.14 労判885-26 東京地裁 H16.5.14判決 労判878-49	・XがYの非常勤理事ら宛に，Yらの常勤理事らが不当かつ違法な行為を行ったなどと記載した文書を送付した行為に対し，XがYの名誉と信用を傷つけたとしてなされた懲戒処分（3日間の停職）につき，Xが当該処分の無効確認等を求めた事案。 ・控訴審において，Xが謝罪文の掲示請求を追加した。	①懲戒処分無効確認 ②未払賃金請求 ③地位確認 ④名誉毀損確認 ⑤損害賠償請求 ⑥謝罪文掲示請求	100万円	0円

第 5 章　懲戒処分

・大学教員（准教授から講師に降格） ・1年の任期付教員。1回更新 ・降格・降給前の月額給与34万5000円，降格後の月額給与27万8000円	私立大学を設置運営している学校法人	を求めることで解消される性質のものであること，そのほか一切の事情を総合考慮すれば，100万円が相当である。 ・本件不再任により，Xは，30代後半から40代にかけてのキャリア形成上重要な時期であるにもかかわらず，事実上大学教員としての地位を失って，論文発表等研究成果を公表する機会を事実上奪われており，大学教員の研究者及び教育者としてのキャリア形成につき不利益を受けた。 ・本件不再任の態様及びその経緯，その他本件に顕れた一切の事情を総合して慰謝料額を算定。
【X1】 ・男性 ・副学長・研究室の主任教授 【X2】 ・女性 ・専任講師・寮生アドバイザー	学校法人昭和薬科大学	・Xらは事情聴取や本件各懲戒解職処分を受けたことにより，精神的苦痛を受けたと認められるところ，不正行為防止委員会は数か月間，都合17回に及び，この間，心理的な負担は継続したと考えられること，本件各懲戒解職処分を受けたことによりXらの学内における名誉，信用は少なからず低下したであろうことを考えると，Xらの精神的苦痛にはかなりのものがあった。 ・他方，(1)Xらの行為について，解職に値するとはいえないものの懲戒事由に該当することは否めず，事情聴取を受けたことはやむを得ない面もあるといえること，(2)Xらが証拠隠滅と疑われても仕方のない行動をとっており，それが問題を混迷させたことは否定できないこと，(3)本判決において，本件各懲戒解職処分が無効である旨の判断がされ，X2についてはYの寮生アドバイザーとしての雇用契約上の地位にあることが確認されることにより，損なわれたXらの名誉，信用が回復される側面もあること，(4)遅延損害金を含めて職務手当の支払請求が認められることにより，Xらの経済的損失については回復されたといえることなどの事情も認められる。
・男性 ・事業推進部部長だったがいったん解雇，当該解雇無効判決を受けて職場復帰し，ソフト開発業務に従事 ・本人訴訟	コンピューターソフトの設計，開発等を業とする会社	XがY代表者らに無断で仕事を終了したい旨を顧客の社員に伝えた行為について就業規則の定める懲戒事由該当性を認め，上記行為に，Yは顧客から代替者の配置を突然要請され対応することを余儀なくされ，対応できなかったため，残り5ヶ月程度の期間継続が予定されていた顧客との契約を終了せざるを得なくなるなどXの行為によりYが受けた経済的損害・信用毀損の程度が軽くないこと，Xの業務命令違反行為が過誤に基づくものではないこと，Xが管理職についていることなどを考慮し，処分の相当性を認めた。
・男性 ・企画課長代理 ・労働組合結成時執行部を務めていた	海外における水産業の開発等に資する経済協力又は技術協力を実施すること等を目的とする財団法人	・懲戒処分は有効であるから，被控訴人の懲戒処分無効確認請求は理由がない。 ・被控訴人のその余の請求（控訴審で追加された分を含む。）は，懲戒処分が無効であることを前提とするものであるから，いずれもその前提を欠くことになり，その余の点について判断するまでもなく失当である。

【17】	A大学（懲戒処分・停止措置）事件　東京地裁　H17.6.27　労判910-72	Xは，その担当するゼミの科目等履修生と平成11年5月18日飲食をし，その後同人をタクシーで自宅まで送り届けるまでの間に，同人に対し，性的な発言をしたり，身体に触ったり，キスをするなどのセクハラ行為をしたとして，Yから，平成13年2月8日付で停職3か月の懲戒処分（「懲戒処分」という。）を受けた。また，Yは，Xに対し，懲戒処分執行後も，約3年間にわたり，教育活動の停止及び教授会への出席など大学運営への参加を停止する措置（「停止措置」という。）をとった。Xは，平成13年3月26日付で，人事院総裁に対し，本件懲戒処分の審査請求を行ったが，人事院は同15年6月26日付で本件懲戒処分を承認すると判定をしたため，Xは，懲戒処分の取消しを求めるとともに，違法な懲戒処分及び停止措置による慰謝料の支払を求めた事案。	①懲戒処分取消請求　②損害賠償請求	1000万円（懲戒処分及び停止措置を合わせて）	100万円（内訳）・懲戒処分：0円・停止措置：100万円
【18】	全国一般労働組合長崎地本・支部（光仁会・組合旗）事件　福岡高裁　H20.6.25　労判1004-134　長崎地裁　H18.11.16　労判932-24	労働組合Nの下部組織であるX1の，さらに下部組織であるX2ら組合員が，平成16年度夏季一時金に関する労使交渉に際して組合旗を病院施設に設置したので，YがX2を停職3か月の懲戒処分に付した。(1) Yは，上記組合旗の設置とこれを継続した行為は違法行為であると主張して，N及びXらに対し，不法行為に基づく損害賠償として，602万5000円を連帯して支払うよう求め（第1事件，第3事件）。(2) X2は，上記懲戒処分は不当労働行為等により違法・無効なものであると主張して，Yを相手に，懲戒処分の無効確認，停職期間中の賃金91万9425円の支払，不法行為に基づく損害賠償として，慰謝料50万円の支払を求め，さらに，X1組合は，X2と同様の主張をして，Yに対し，不法行為に基づく損害賠償として，団結権を侵害したことによる慰謝料100万円の支払を求めた（第2事件），という事案。	■第2事件【X2→Y】①懲戒処分無効確認②賃金請求③損害賠償請求【X1→Y】損害賠償請求	【X2】50万円【X1】100万円	【X2】30万円【X1】20万円
【19】	学校法人関西大学（高校教諭・停職処分）事件　大阪高裁　H20.11.14　労判987-79　大阪地裁　H19.11.29　労判956-29	Yが設置する高等学校の教諭であるXが，Yから受けた停職3か月の懲戒処分が無効であるとして，懲戒処分の無効確認，懲戒処分により支給が停止された給与，年末手当の支払及び懲戒処分が不法行為であるとして慰謝料の支払を求めた事案。	①懲戒処分無効確認②賃金請求③損害賠償請求	100万円	0円
【20】	R大学（ハラスメント）事件　金沢地裁　H23.1.25　労判1026-116	Xが，学生に対してハラスメント行為をしたなどとして，6か月の出勤停止処分に付されたことにつき，懲戒事由の不存在等を主張し，Yに対し，本件処分が無効であることの確認及び雇用契約に基づき出勤停止期間中の未払賃金及び賞与等の支払を求めるとともに，Yが本件処分をしたこと自体及びびこれを報道機関に発表したことにより精神的苦痛や研究室からの私物の搬出入の費用の支出を余儀なくされる被害を被ったとして，不法行為に基づく損害賠償（慰謝料等）の支払を求めた事案。	①懲戒処分無効確認②賃金請求③損害賠償請求	1500万円	0円

第 5 章　懲戒処分

・懲戒処分時49歳の男性 ・Y大学院教授	国立大学	・懲戒処分には，手続的にも，実体的にも違法な点は存在しない。 ・停止措置については，Xが教育課程に復帰するための準備期間としては，懲戒処分の執行が終了し，かつ，人事院の審理が終了し約1年を経過した後の新学期開始前日の平成15年3月31日までで十分であり，Y大学評議会が，停止措置を解除することなく，当該措置を漫然と放置したことは，Xの教授の権利ないし教授等大学運営に参加する権利を不当に制約するもので，本件セクハラ行為を理由に懲戒処分・停止措置のいわば二重処分をしたことにほかならず，平成15年4月1日以降の停止措置は，裁量権の逸脱があり違法。 ・平成15年4月1日以降停止措置が解除されるまでの期間，Xが教育者として学生に対し教育活動をすることができず，教授会にも出席を許されなかったために被った不利益は多大。
【N】 労働組合（長崎地方本部） 【X1】 Nの一構成単位労働組合 【X2】 ・X1の下部組織であるY病院分会の分会長 ・Yの看護助手	【Y】 精神科を主な診療科とする光仁会病院を設置運営する医療法人	・本件懲戒処分は裁量権を濫用したものであるから，無効かつ違法というべきであるが，さらに，本件懲戒処分は不当労働行為意思に基づくものであって，労組法7条3号に該当するということができるから，X1は本件懲戒処分により団結権を侵害されたというべきである。 ・認定した諸事情（※X1は，正当な組合活動とはいえない組合旗設置行為に及び，Yから撤去を求められた後も設置を継続したもので，その情状は決して軽くはないもの，他方で，X1が組合旗を設置したのはYのX1に対する敵対的行動等に反発したことに起因したものであり，また，Yは十分な検討をすることなく，ただ，組合旗の設置期間が108日間であったから3か月の停職にするという薄弱な理由で本件懲戒処分を決定していること，本件懲戒処分はYのX1やその組合活動に対する敵意の発現であったとも考えられること等）その他諸般の事情を斟酌すると，X2及びX1に対する慰謝料は，X2につき30万円，X1につき20万円をもって相当。
・懲戒処分時42歳の男性 ・高校及び中学の英語教諭	・学校法人 ・大学，高校，中学校，幼稚園を設置	・懲戒処分は相当性を欠くとして，Xに対する懲戒処分は無効であるが，停職処分が取り消された以上，更に慰謝料請求を認容するに足りる程度にまで違法であったとは認められないとして損害賠償請求は棄却。 ・Xの行為は十分に懲戒事由に該当。 ・停職処分がXを貶めることを目的としたものであると認めることはできない。 ・停職処分は適正な手続きを経ていないとも言えない。
・女性 ・Y大学医薬保健学域保健学系准教授 ・懲戒処分前4ヶ月の平均賃金は48万2742円	国立大学法人	・Xは，学生Aに対し「このような事態を招いたのは，リーダーであるあなたの責任」等の発言をしたり，うつ状態ないし軽症のうつの可能性がある旨の診断書を提出し休みたいと申し出た学生Bに対し，さほど間をおくことなく卒業研究に関する指示のメールを送る等しており，大学職員懲戒規程に定められた懲戒事由が認められる。 ・しかし，これら事実の存在を前提とし懲戒手続の際にXがハラスメントの事実を否定したり弁明したりする対応をしていたことを考慮しても，6か月の出勤停止処分は，なお重きに失し，Yの懲戒権に関する裁量を逸脱している。 ・一般に，懲戒処分された従業員が被る精神的苦痛は，当該懲戒処分が無効であることを確認され，懲戒処分中の賃金が支払われることにより慰謝されるのが通常であり，これによってもなお償えない特段の精神的苦痛を生じた事実が認めら

【21】	Q大学（懲戒処分）事件 大阪地裁 H23.9.15 労判1039-73	Yの准教授であるXが，Yに対し，Yが平成22年3月17日付けでXに対して行った停職6か月の懲戒処分は違法であると主張して，同処分が無効であることの確認を求めるとともに，雇用契約上の賃金請求権に基づき停職期間中の賃金の支払を求め，さらに，違法な懲戒処分とその公表により精神的苦痛を受けたと主張して，慰謝料の支払を求めた事案。	①懲戒処分無効確認 ②賃金請求 ③損害賠償請求	200万円	0円
【22】	長崎県公立大学法人事件 長崎地裁 H23.11.30 労判1044-39	兼業禁止の規定に違反し，無断欠勤したなどとして，YがXに対して行った停職6月の懲戒処分が無効であるとして，停職処分の付着しない労働契約上の権利を有することの確認，未払賃金請求，研究費の減額が本件懲戒処分によるものであるとして減額分相当の損害賠償と本件懲戒処分が不法行為を構成するとして慰謝料等を請求をした事案。	①懲戒処分無効確認 ②未払賃金請求 ③損害賠償請求	1000万円	200万円

<解説>

1　慰謝料請求が認容された割合

本調査の対象となった平成15年1月～平成25年12月の労判において，懲戒処分に関連して慰謝料請求がなされた例は，別紙一覧表のとおり22件であった。うち，懲戒処分の違法を直接の理由として慰謝料請求が認容された事例は6件である。

2　慰謝料請求が認容された事例・認容されなかった事例の傾向

(1) 戒告・譴責処分

戒告・譴責処分が問題となった事例は4件存在したが，慰謝料請求が認容された事例はなかった。

(ア)　戒告・譴責処分自体が有効と判断された事例

戒告・譴責処分自体が有効と判断された事例では，いずれも慰謝料請求が否定された（【1】【2】【3】。但し，【1】においては，既に懲戒処分が取り消されていたため，懲戒処分の有効無効は直接判断されていない。）。

(イ)　戒告・譴責処分自体が無効と判断された事例

第5章　懲戒処分

・男性 ・Y大学准教授	国立大学法人	れるときにはじめて慰謝料請求が認められると解するのが相当。 ・Xには懲戒事由該当事実が存在することをあわせ考慮すれば，本件について，このような特段の事実は認められない。 ・停職3か月程度に留めるのが相当であり，6か月とした本件懲戒処分は相当性を欠き，Yの裁量を逸脱した違法があり無効ではあるが，処分に至る経緯としてYの調査及び手続は適切に行われたものと評価することができ，本件処分を行うにつきYに故意又は過失があったとは認められない。 ・Yの行った懲戒処分の公表については，Xの氏名を特定して行ったものではないこと，公表の内容は，処分事由を要約して行ったに過ぎないものであるから，Xとの関係で不法行為に当たる余地はない。
・男性 ・Y大学教授 ・懲戒処分時勤続10年 ・産学官連携の事業として大学発ベンチャーB社を設立し代表取締役に就任	N県からY大学を承継し，Xの使用者たる地位も承継した独立行政法人	・Yは，Xが勤務時間内にB社と兼業していることについて知りながら何らの注意・警告をしなかったことから，Xに対し，大学教員としての本来の職務に支障を生じさせない限度で，XがYの勤務時間内にB社業務に従事することについて継続的に黙示の承認をしていたと認められること，Xの兼業が大学教員としての本来の職務遂行に支障を与えたことはなかったことなどから，本件懲戒処分は権利の濫用として無効。 ・Yが故意又は過失によりXに無効な懲戒処分をしたことで，Xの教育研究をする権利，名誉等の権利が侵害されたといえ，本件懲戒処分は不法行為を構成する。 ・Xの上記権利が侵害されたなど諸般の事情を考慮。

【4（第2事件）】は，1回限りの業務命令違反を理由になされた戒告処分が懲戒規程の要件を欠いており，かつ，権利濫用にあたるとして，戒告処分自体は無効であると判断した。しかしながら，慰謝料の認定においては，戒告処分が軽微であることに加え，戒告処分が無効であることが確認されることによって労働者の被った精神的苦痛は慰謝されているとして，慰謝料請求は否定された。

(ウ)　小括

以上の裁判例からは，戒告・譴責処分は，仮に処分が無効であると判断されたとしても，軽微な処分であるとして，慰謝料は認められにくい傾向にあるように思われる。

(2) 減給処分

減給処分が問題となった事例は10件存在したが，慰謝料請求が認容された事例はうち1件であった。

ア　認容された事例

【7】は，減給処分につき，そもそも懲戒事由自体が存在しないことに加え，減給処分が労基法及び就業規則に明白に反し違法性が重いことを理由として，減給処分を無効と判断し，慰謝料額の認定においてもこの点を重視している。

また，本事例においては，賞与の不支給処分も問題となったが，労働者には賞与の不支給処分を受ける原因となる懲戒事由自体が存在せず，仮に懲戒事由が存在したとしても，当該懲戒事由が考課対象となった期間を経過した後もなお賞与の不支給を継続したことは，賞与決定上の裁量権の逸脱であるとして，不支給期間の長さ（4年間）を慰謝料額の認定に際して重視している。

イ　認容されなかった事例
　(ア)　減給処分自体が有効と判断された事例
　　　減給処分自体が有効であると判断され慰謝料請求が認容されなかった事例は6件であった（【3】【4】【6】【8】【9】【10】）。
　(イ)　減給処分自体が無効と判断された事例
　　　減給処分自体が無効であると判断されながらも慰謝料請求が認容されなかった事例は3件であった（【2】【5】【11】）。いずれも，各処分によって労働者が被った不利益は，当該各処分が無効と判断され，経済的不利益の救済がなされることによって回復されたことが考慮されている。

ウ　小括
　　上記のとおり，減給処分が問題となる場合は，一般的に，判決により懲戒処分が無効となれば，経済的不利益の救済がなされることから，慰謝料請求は認容されない傾向にある。

(3)　降格処分
　降格処分が問題となった事例は4件存在したが，慰謝料請求が認容された事例はうち3件であった。

ア　認容された事例
　　【12】においては，そもそも降格処分には理由がなく不当であるとしたほか，当該事例で問題となった解雇，配置転換及び使用者の従業員による労働者に対する個人攻撃の全てについて不当であるとして慰謝料請求を認容した（しかしながら，降格処分に基づく損害については賃金カット分のバックペイを求めることで解消される性質のものであると言及されている点に留意を要する。）。
　　【13】においては，手続の適正及び処分の相当性を欠くことから降格処分が無効であり，労働者がキャリア形成において不利益を受けたことを重視し，不

第5章　懲戒処分

再任の態様及びその経緯その他一切の事情を考慮して，降格処分及び本件不再任によって精神的損害を受けたとして慰謝料請求を認容した。

【14】は，解職（役職・職位を解く懲戒処分）には値しない懲戒事由の存在自体は認めつつも，懲戒事由の調査のための事情聴取を行っていた期間が長期で回数も十数回にわたる事情を考慮して解職処分が無効であるとし，慰謝料請求を認容した。

イ　認容されなかった事例

【5】においては，当該降格処分は無効であると判断されたが，経済的不利益の救済がなされることによって一応の回復がはかられており，それを超えて更に慰謝料を認めるべき特段の事情はないとされた。

(4) 出勤停止処分（停職）

出勤停止処分（停職）が問題となった事例は10件存在したが，慰謝料請求が認容された事例はうち2件であった。

ア　認容された事例

慰謝料請求を認容した2件の事例（【18】【22】）では，いずれも停職処分を選択すること自体が無効であると判断され，【18】では懲戒処分が不当労働行為意思に基づくものであって労組法7条3号の不当労働行為に該当することを，【22】では原告の兼業を黙認していたと認定できる状況において何ら注意・警告せずに懲戒した経緯を考慮している。

イ　認容されなかった事例

㋐　出勤停止（停職）処分自体が有効と判断された事例

出勤停止処分自体が有効と判断され慰謝料請求が認容されなかった事例は4件存在した（【3】【15】【16】【17】）。これらの事例においては，主として出勤停止期間が短期（【3】は5日間，【15】は7日間，【16】は3日間）のものがほとんどであった。（【17】は，3か月間と長期だが，セクハラ行為を認定し，国家公務員法99条に該当する非行が存在するとして懲戒処分は有効と判断した事例であり，国家公務員という特殊事例である。また，当該事例においては，懲戒処分に引き続いて3年間の教育活動の停止等の措置が取られたが，この措置には裁量権の逸脱・濫用があるとして違法性を認め，慰謝料

請求を認容した点にも留意を要する)。

(イ) 出勤停止(停職)処分自体が無効と判断された事例

出勤停止処分自体が無効と判断されながらも慰謝料請求が認容されなかった事例は4件存在した(【2】【19】【20】【21】)。このうち,出勤停止処分の選択自体が無効であるとされた事例は【2】【20】であり,出勤停止処分の選択自体は有効であるものの,出勤停止期間が著しく重きに失し,無効であるとされた事例は【19】(3か月),【21】(6か月)である。しかし,いずれも,処分の経緯,手続が適正であることから処分に故意過失が認められず違法性はないとして,慰謝料請求を否定している。

なお,【20】は,一般論として,「懲戒処分された従業員が被る精神的苦痛は,当該懲戒処分が無効であることを確認され,懲戒処分中の賃金が支払われることにより慰謝されるのが通常であり,これによってもなお償えない特段の精神的苦痛を生じた事実が認められるときにはじめて慰謝料請求が認められると解するのが相当である」と述べており,他の停職処分自体が無効とされた事例においても,同様の考慮がなされている。

ウ 小括

出勤停止期間が短期(2週間以内)である場合には,出勤停止処分自体が有効と判断されやすく,長期(1か月以上)にわたる場合には,出勤停止処分自体が相当性を欠き又は裁量を逸脱するとしても,処分の経緯,手続きが適正になされているかを考慮し,使用者の違法性を判断して慰謝料を認めるのが妥当かを判断する傾向にある。

(5) 懲戒解雇

懲戒解雇は,懲戒処分の最たるものであるが,「解雇」の章において取り上げるので,そちらを参照されたい。

(6) まとめ

懲戒処分が有効であれば,当該処分自体についての不法行為は成立しないが,懲戒処分が無効であっても,当該処分が無効と判断され経済的救済がなされることにより精神的苦痛も慰謝されると判断されている事例が多くみられる。

このため,懲戒処分の無効を争う以外に慰謝料請求を行うにあたっては,懲戒

処分が無効と判断されるだけでは慰謝されない特段の事情や，使用者側の違法の程度（内容の重大性や期間が長期にわたるか否か等）が高いことが考慮されてくるものと思われる。

また，懲戒処分には，譴責という軽い処分から懲戒解雇という重い処分まで存在し，これらの処分により労働者の受ける不利益の程度も大きく異なるうえ，事例により労働者が受ける不利益の程度や使用者側の違法性の程度も大きく異なること，懲戒処分がなされている場合，1つではなく複数の懲戒処分がなされている事例が多く，裁判例も単体の処分毎に判断せず複数の懲戒処分を併せて判断する事例もあることに留意を要する。

3　認容額の傾向

(1)　認容額の分布

慰謝料請求が認容された事例における認容額の最低額は10万円（ただし，懲戒処分に関連した暴行を原因とした認容額の最低は5万円），最高額は200万円であった。認容額の分布は以下のとおりであり，比較的軽微な懲戒処分では慰謝料額が50万円以下の範囲で認容され，長期にわたって重大な不利益を課す処分においては100万円～200万円程度が認容されている例が多い。

（単位：万円）

認容額	10以下	10超～50	50超～100	100超～200	200超
件数	1	2	2	1	0

(2)　高額事例の傾向

使用者側の法違反の態度や労働者を排除しようとする悪意がある事例（【22】），労働者側の不利益の重大性や不利益が長期に及んでいるなどの事情がある事例（【7】）では，比較的高額な慰謝料が認められている。

例えば，【7】では，労働者に課した減給処分が，労基法や就業規則に明白に反しておりそれ自体の違法性が高いこと，減給及び賞与不支給措置が4年間にわたって続いたこと及び職務命令には当該労働者に退職を余儀なくさせようとの主観的意図があったことが考慮され，100万円という比較的高額な慰謝料が認められていると考えられる。

(3) 低額事例の傾向

　労働者側に落ち度が認められる事例（【18】）や非違行為があったと推認できる事例（【14】）では，慰謝料が低額となる傾向にあった。

　【18】では，懲戒処分が労組法7条3号の不当労働行為に該当するとしつつも，組合側の組合旗設置も正当な組合活動とはいえず，その情状も決して軽くはないことが考慮されている。【14】では，懲戒事由の調査のための事情聴取を行っていた期間が長期で回数も十数回にわたる事情が考慮されつつも，他方で労働者の行為が証拠隠滅と疑われるものであった事情が考慮されている。

4　聴き取りのポイント

・懲戒処分の根拠となる就業規則の有無（記載の有無）

・懲戒処分の種類・内容

・懲戒処分に至った経緯

・懲戒処分の他，使用者側が行った行為の有無・内容（労働者が懲戒処分として認識していない場合もあることから。）

・当該懲戒処分によって労働者が具体的に被った不利益の内容や程度

・減給処分が無効と判断され賃金が支払われたとしても慰謝されない精神的苦痛の有無及びその内容

・使用者側の法違反の態度や労働者を排除しようとする悪意行為の有無

・会社内でこれまで行われた懲戒処分例

・告知聴聞・弁明手続の有無

第6章 パワーハラスメント

＜判例紹介＞

No	事件名 裁判所 判決年月日 出典 審級関係	事案の概要	請求 (訴訟物)	慰謝料 請求額	慰謝料 認容額
【1】	国際信販事件 東京地裁 H14.7.9 労判836-104	Y1に勤務していたXがY1から解雇(整理解雇)の意思表示を受けたところ、その効力を争い、Y1に対し、その後自ら退職するまでの間における雇用契約上の地位確認及び解雇から退職までの間の賃金の支払を求めるとともに、在職中にY1内で従業員などから執拗に嫌がらせを受けたことを理由とする不法行為または債務不履行に基づく損害賠償を求めた事案。	【X→Y1】 ①地位確認 ②賃金請求 【X→Y1～Y3】 損害賠償請求	【Y1～Y3】 連帯して500万円	【Y1～Y3】 連帯して150万円
【2】	奈良県立医科大学事件 最一小決 H14.10.10 労判839-5 大阪高裁 H14.1.29 労判839-9 大阪地裁 H12.10.11 労判799-23	Xが、Y1から、平成5年9月から平成10年3月まで、数々の嫌がらせを受け、その人格的利益を侵害されたとして、同人に対し、不法行為に基づき、また同人は公権力の行使にあたる職員であり、その職務を行うについて、故意にXの人格的利益を侵害して損害を与えたとして、Y2に対し、国家賠償法1条に基づき、それぞれXの精神的損害及び弁護士費用の損害賠償を請求するとともに、さらにY2は、Xの雇用者として、働きやすい職場環境を提供すべき雇用契約上の義務があるにもかかわらずこれを尽くさなかったとして、Y2に対し、債務不履行に基づき、精神的損害及び弁護士費用の賠償請求をする事案。	【X→Y1・Y2】 損害賠償請求	【Y1・Y2】 連帯して500万円	【Y1】 0円 【Y2】 10万円
【3】	NTT東日本(配転請求等)事件 福島地裁郡山支部 H14.11.7 労判844-45	Yに勤務するXが、Yに対し、①XをY会津若松支店に転勤させる約束があったとして、同支店に転勤させるよう求めるとともに、②平成3年3月1日にYに営業譲渡される前の日本電信電話株式会社会津若松ネットワークセンタから宮城県仙台市内の同社東北ネットワークセンタへの転勤を命じられ、同地に単身で赴任して以来、単身赴任の早期解消を求めてきたにもかかわらず、7年1か月という長期にわたって単身赴任を強いられたなどとして慰謝料等を請求した事案。	①配置転換請求 ②損害賠償請求	700万円	0円

第6章　パワーハラスメント

労働者等の属性（性別・ポジション・収入等）	使用者等の属性（会社規模等）	算定の理由
・女性 ・旅行事業部のアルバイト時給社員 ・時給1200円，平均額は月額約28万円	【Y1】 割賦販売あっせん，旅行業などを目的とする株式会社 【Y2】 Y1代表取締役 【Y3】 Y1取締役	Xは，再び内勤業務となった平成11年6月から食欲不振や不眠を訴えるようになったこと，精神的ストレスから同年7月8日に全身にじんましんが出たこと，その後も食欲不振や不眠の症状は改善せず，同年9月22日に医師に受診したところ，「うつ病」との診断を受けたこと，その後も数か月にわたり医師によるカウンセリングを受けたこと，本件解雇により事実上退職を余儀なくされたことが認められる。これらの事情及び本件に現れた諸般の事情（性的関係に関するうわさの流布，うわさを否定し人間関係を調整しなかったこと，差別的取扱い，仕事の剥奪，職場内でのいじめ（ホワイトボードに「永久に欠勤」と書かれた，ホワイトボードから名前を消された，不合理な座席の移動を命じられたなど）の放置，不当解雇）を考慮すると，Xの受けた精神的苦痛に対する慰謝料は，150万円が相当である。
・女性 ・県立医科大学助手	【Y1】 県立医科大学教授 【Y2】 奈良県	公務員たる地位を有するXに対し，休暇届，出張届，職務専念義務の厳格な励行を求めるY1とそれを良しとしないXとの間の継続的な対立や，非常勤講師兼業妨害について，Y1の兼業申請押印拒否の経過及び影響，これに至るまでのXの対応を考慮。 【Y1】 ・Y1が公権力の行使として行った行為に基づく責任は，公共団体であるY2が賠償責任を負担し，Y1個人において責任を負担するものでない。 ・H教授との車の貸し借りを巡る紛争についてのY1の行為は，私的行為と見るのが相当であるが，当該紛争において調整役となったY1の調整案がXに不利であったとしてもそのことだけで違法とまではいえない。
・Yでの勤続年数30年以上 ・自宅は会津若松 ・仙台への配転で，妻子と離れ約7年1か月間の単身赴任後，郡山への配転で単身赴任解消	通信事業者	・Xを還流人事（人材の育成がある程度進んだ配置転換後3年を過ぎた時点で，基本的に新たに修得した知識，技術を生かして，希望任地で新たな業務に従事できるようにする人事政策で，研修プログラムを用意し，研修を受け終わった者については，希望任地に配置転換するという方針で行ってきた）から外す工作をYが行ったとは認められない。 ・Xに対し営業関係の研修への参加を求めたのは，会社の人事上の措置としては合理的な裁量の範囲内のことであって，相当性を欠くものではない。 ・Xが郡山勤務となったのは，YにおいてXの家庭の事情等も配慮してのことと推察され，これにより単身赴任が解消されているのであるから，合理的な人事権の範囲内で行ったものである。 ・二重生活による生活費の負担増や，精神的負担についても，単身赴任手当，帰郷実費等の支給，社宅の提供等の福利厚生の施策が実施されていた。

	事件名	事案の概要	請求内容	請求額	認容額
【4】	JR西日本吹田工場(踏切確認作業)事件 大阪高裁 H15.3.27 労判858-154 大阪地裁 H13.12.26/労判858-163	Y1の吹田工場で勤務するXらが、同工場の総務科長Y2から、違法な作業指示を受けたこと、X1については事務所に連れて行かれる際にY2がXの腕をつかむなどしたことにより擦過傷を負ったことを理由として、Yらに対し、不法行為による損害賠償請求権に基づく慰謝料等の支払を求め、X1が、Y1に対し、X1がY1から受けた訓告処分に関し、Y1が処分理由とした事実は、就業規則上の処理理由に該当せず、また処分としての相当性を欠くとして、同処分の無効確認を求めた事案。	【X1・X2→Y1・Y2】損害賠償請求 【X1→Y1】懲戒処分の無効確認	不明	【X1→Y1・Y2】連帯して20万円 (内訳) ・暴行行為：5万円 ・違法な作業命令：15万円 【X2→Y1・Y2】連帯して20万円
【5】	JR東日本大宮支社事件 東京地裁 H15.12.1 労判868-36	Yの大宮支社O駅で営業係「出札」の業務(駅構内の出札窓口で乗車券の発売、払戻し、自動券売機の管理等を担当する業務)に従事していたXが、同業務から外されたので、Yに対し、同業務に従事する地位にあることの確認を求め、金銭紛失事故について駅長から辞任を強要されたなどと主張して不法行為(使用者責任)に基づく損害賠償を求め、就業制限の効力を争い、当該期間中における未払給与の支払を求めた事案。	①地位確認 ②賃金請求 ③損害賠償請求	300万円	0円
【6】	日本郵便逓送(下車勤務等)事件 京都地裁 H16.7.15 労判880-112	XがYに対し、(1)Yから会議室において「反省しろ」という以外には長期間にわたり何の業務指示も与えられない状態を継続されたなどを理由に不法行為に基づく損害賠償請求を、(2)理由なく平成15年4月30日付で減給処分を受けたとしてその無効確認を(以上(1)及び(2)につき第1事件)、(3)理由なく同年6月1日付けで減給処分を受けたとしてその無効確認を、(4)理由なく降職処分を受けたとしてその無効確認を(以上(3)及び(4)につき第2事件)、それぞれ求めた事案。	■第1事件 ①損害賠償請求 ②懲戒処分の無効確認 ■第2事件 ①懲戒処分の無効確認(減給) ②懲戒処分の無効確認(降職)	300万円	80万円
【7】	誠昇会北本共済病院事件 さいたま地裁 H16.9.24 労判883-38	AがY1らのいじめを理由に自殺したとして、Xらが、Y1に対し、いじめによる不法行為責任に基づき、Y2に対し、雇用契約上の安全配慮義務違反による債務不履行責任に基づき、損害賠償を請求した事案。	【X1・X2→Y1・Y2】損害賠償請求	【X1・X2→Y1・Y2】連帯して3600万円 (内訳) 【A本人】 ・いじめに対する慰謝料：1000万円 ・死亡慰謝料：2600万円	【X1・X2→Y1】1000万円 【X1・X2→Y2】500万円 (Y1とY2は500万円の範囲で不真正連帯)

第6章　パワーハラスメント

【X1・X2】 ・国労組合員 ・車両の保守点検作業員	【Y1】 鉄道会社 【Y2】 ・吹田工場総務科総務科長 ・Xらの上司		【X1】 （暴行） X1に対する暴行については，X1の「あんた」という上司に対しては不相当な発言にY2が憤激したことから発生したこと，本件傷害は全治5日の擦過傷であり傷害の程度は比較的軽いこと，Y2は，事情聴取の際に，X1に対し傷害を負わせたことを謝罪していることなどを総合考慮。 （違法な業務命令） 真夏の炎天下で，日除けのない約1メートル四方の白線枠内に立って，終日，踏切横断者の指差確認状況を監視，注意するという肉体的，精神的に極めて過酷で合理性を欠く業務に従事させたこと及びその期間を踏まえて算定。 【X2】 （違法な業務命令） X1の上記理由に加え，X1よりも1日多く本件作業に従事していることなどを総合考慮。
・営業係 ・平成11年1月以降「出札」の業務に従事	旅客鉄道事業等を業とする会社		・Xは自動券売機の操作手順についてオペレーションデータと矛盾する供述を行ったうえ，Yの担当者からその矛盾を指摘されると，再三にわたり供述を変遷させ，なおYの担当者から不自然・不合理な点を指摘されると，説明を続けることができなくなり，金銭着服の事実を自白しており，Yの担当者がXに自白を強要した事実は認められない。 ・YはXがテープレコーダーでYの担当社員の発言を録音したり，携帯電話で労働組合の関係者と連絡を採ることを許容していたから，YがXに対し事情説明を強要するような状況にあったとは認められない。 ・Yが本件就業制限をした当時，Xに対し現金を窃取したものと強い嫌疑を抱いたことは合理的根拠に基づくものと認めることができる。そして，YがXに対し引き続き現金を取り扱う出札業務に従事させると，職場秩序の維持の観点から問題がある上，証拠隠滅のおそれもあることは否定できない。本件就業制限は，職務管理上やむを得ない措置であると認められ，Xの名誉，人格権等を侵害する違法な行為に当たるといえない。 ・本件就業制限を解除した後も，Xは事情聴取を拒否し，ことさら供述を回避しようとする非協力的な態度であり，現金を取り扱う出札業務からXを外すことは合理的な措置ということができる。旅客の案内は営業係の職務に含まれるものであり，Xに対する案内への業務指定は，所属長である駅長の裁量の範囲を逸脱した違法な業務命令とは認められない。 以上によれば，Xに自認を強要したり，YがXに事情説明を強要した事実は認められず，本件就業制限及び案内への業務指定は，いずれも不法行為には当たらないと判断。
・勤続39年 ・正社員 ・運転手	郵便物及び通信事業に関連する物品の運送事業等を目的とする会社		YがXに下車勤務を命じた経緯（Xが物品の運送における遅延事故を起こしたことがきっかけであったこと等），下車勤務の態様（Xは業務を与えられないまま，会議室の机に座り，出勤時，昼食時及び退勤時以外は他の従業員に会うことなく1人で勤務時間を過ごしていたこと，YがXに対し「進退伺」の書式例を示していたこと等），下車勤務の期間（約3か月間），Xの疾病（不安神経症，不眠症に罹患）等を考慮。
【A】 ・男性（21歳・職場では最年少） ・准看護師 ・勤続3年 【X1】 Aの父 【X2】 Aの母	【Y1】 ・男性（27歳） ・准看護師 ・勤続9年 【Y2】 病院（ベッド数99床，医師数名，女性看護師約30名，男性看護師5名，その他職員数名が所属）を設置・運営する医療法人		【Y1】 Y1が長期間にわたり執拗にいじめを行っていたことやいじめの態様（残業や休日勤務を強制する，家の掃除等の家事をさせる，飲料代約9万円を負担させる，事務職の女性と性的な行為をさせてそれを撮影させようとする，「死ねよ」と発言したり「殺す」とメールで送信したり，Aが21歳の若さで自殺に追い込まれたことを考慮した一方で，Xが自殺を選択したのは内心的要因による面も否定できないこと，Xが実際に自殺することまでYが予見していたとは認められないこと等を考慮。 【Y2】 Y2が，Y1らの行ったいじめの内容やその深刻さを具体的

89

【8】	A保険会社上司（損害賠償）事件 東京高裁 H17.4.20 労判914-82 東京地裁 H16.12.1 労判914-86	Xが、Yが、「意欲がない、やる気がないなら、会社を辞めるべきだと思います」などと記載された電子メールをXとその職場の同僚に送信したことが、名誉毀損又はパワハラで不法行為を構成すると主張して、損害賠償を求めた事案。	損害賠償請求	100万円	5万円
【9】	U福祉会事件 名古屋地裁 H17.4.27 労判895-24	・Y1の職員であるXがXの職場である施設で開催された職員会議において、Y2～Y6を中心とする職員らにより、組織ぐるみで誹謗・非難された結果、心因反応に罹患した上、いわゆるPTSDを発症し、精神的損害を被るとともに、判決現在までの約2年半の間休職を余儀なくされたとして、Yらに対し損害賠償を求めた事案。 ・労災申請あり（認定）	【X→Y1～Y6】 損害賠償請求	【Y1～Y6】 連帯して1000万円	【Y1～Y6】 連帯して500万円
【10】	ヨドバシカメラほか事件 東京地裁 H17.10.4 労判904-5	・X1が、Y1店舗内でY2の携帯電話の販売業務に従事中、Y3、Y4の従業員Y6～Y8から暴行や謝罪の強制を受けたとして、損害賠償を求めた事案。 ・第4暴行及び謝罪強制は、X5宅において X2の前で行われ、X2も急性ストレス反応等により入通院（入院9日間、通院1年9か月）したとして、執筆不能や入通院による慰謝料を請求。 ・「第1暴行」：Y8が、会話練習の際、X1に対し怒号を発し、机越しに（合計1メートル強幅）、販促用ポスターを丸めた紙筒様の物で頭部を強く約30回殴打後、机上クリップボードの表面及び側面の両方で、さらに頭部を約20回殴打。 ・「第2暴行」：X1が、Y1内部取決めに反して顧客からの電話による購入予約を受け付けた上にその後の措置を怠ったため、他の顧客に販売されて同商品の在庫がなくなったことにY5が激昂、X1の右横からX1の大腿の外側膝付近を3回にわたり強く蹴る。 ・「第3暴行」：Y7がX1に対し、合計約30回に及び左頬を手拳で殴打、右大腿部を膝蹴り、頭部を肘や拳骨で殴打。 ・「第4暴行」「謝罪強制」：Y7がX1をソファー上に四つん這いの状態にさせ、約30回にわたり手拳や肘で殴打、足や膝で蹴るという暴行後、謝罪を強く促し、Y2の従業員らに謝罪させた。 ・第4暴行によりX1は骨折、聴力障害等の傷害。	【X1→Y1～Y8】 損害賠償請求 【X2→Y1～Y3・Y7】 損害賠償請求	【X1→Y1～Y3・Y8】 （第1暴行について） 連帯して100万円 【X1→Y1・Y2・Y5】 （第2暴行について） 連帯して100万円 【X1→Y1・Y2・Y4・Y6・Y7】 （第3暴行について） 連帯して200万円 【X1→Y1・Y2・Y4・Y6・Y7】 （第4暴行及び謝罪強制について） 連帯して300万円 【X2→Y1・Y2・Y4・Y6・Y7】 （第4暴行について）	【X1→Y3・Y8】 （第1暴行について） 連帯して20万円 【X1→Y1・Y5】 （第2暴行について） 連帯して10万円 【X1→Y4・Y6・Y7】 （第3暴行について） 連帯して30万円 【X1→Y4・Y7】 （第4暴行及び謝罪強制について） 連帯して100万円 【X2→Y4・Y7】 連帯して105万円 ※ただし、素因減額により

第6章　パワーハラスメント

・男性 ・エリア総合職 ・A保険会社の課長代理（損保サービスセンター3番目の席次） ・給与総額973万8000円	・A保険会社のサービスセンター所長 ・Xの第一次人事考査定者		・本件メールは、労働者が地位に見合った処理件数を達成できるよう叱咤督促するために送信されたものであり、その送信の目的は是認でき、パワハラの意図があったとまではいえないが、本件メール中には、退職勧告とも、会社にとって不必要な人間であるともうけ取られるおそれのある表現が盛り込まれており、これが本人のみならず同じ職場の従業員十数名にも送信されている。この表現は、人の気持ちを逆撫でする侮辱的言辞と受け取られても仕方のない記載などの他の部分ともあいまって、Xの名誉感情をいたずらに毀損するものであることは明らかであり、上記送信目的が正当であったとしても、その表現において許容限度を超え、著しく相当性を欠く。 ・本件メール送信の目的、表現方法、送信範囲等を総合考慮。
・女性看護師 ・正社員 ・利用者に対する配薬、健康管理等および利用者の保護者等からの医療に関する相談業務を担当 ・労働組合に加入有	【Y1】 ・知的障害者更生施設を営む社会福祉法人 ・職員300人 【Y2】 Y1施設長 【Y3】 Y1副施設長 【Y4】 労働組合副執行委員長 【Y5・Y6】 労働組合執行委員		・Y2〜Y6の不法行為の態様（Xを非難、糾弾する発言をしたばかりか、Xを非難、糾弾する発言をするよう、職員会議に参加した職員らを誘導し、扇動し、その結果、本件施設の職員の多くが、Xを非難する内容の発言をした）、Y1及び労働組合の同不法行為のかかわり方、Xが休職を余儀なくされた期間、慰謝料算定の上で、逸失利益の点も考慮するのが相当であること、（PTSDに罹患したとまでは認められないが）Xの現在の症状に照らせば、Y1への復職は困難であり、他の職場への復職についてもこれが直ちに可能と断ずることができない状況にあること等の一切の事情を考慮。
【X1】 ・派遣社員（25歳位） ・Y3に雇用され、Y3休眠後はY4に雇用され、Y1店舗で就労 【X2】 ・X1の親（55歳位） ・小説やエッセイ等の著述を業とする作家	【Y1】 ヨドバシカメラ 【Y2】 PHSを利用した通信サービスを提供する会社 【Y3】 ・労働者派遣事業等を行う会社 ・平成14年休眠状態 【Y4】 ・労働者派遣事業等を行う会社 ・Y3休眠に伴いY3従業員により設立 【Y5】 ・Y1従業員 ・担当売場の販売に関する業務を統括 【Y6】 ・Y3従業員 ・Y4を設立 【Y7・Y8】 ・Y3・Y4従業員 ・営業や派遣社員の教育等を担当		・第1〜第4暴行、謝罪強制行為につき、不法行為の成立を認定。 【X1】 ・「第1暴行」は同じ部屋にY3の従業員数人のいる状態で行われ、他方、X1はその後もY3の派遣社員として就労を続けていること等を考慮。 ・「第2暴行」はY1の営業中の店舗内で行われたが、一方できっかけがX1の落ち度にあり、それによりY1の従業員及びY1も一定の迷惑を被ったこと等の事情を考慮。 ・「第3暴行」は、その態様を考慮。 ・「第4暴行」は傷害の程度（骨折、聴力障害等）を考慮。 【X2】 ・執筆不能については別に逸失利益の賠償が認められたこと等を考慮して否定。 ・入通院慰謝料については、入院9日間、通院1年9か月の間に35日間を考慮して105万円を相当とした上で、3割を素因減額。

				連帯して605万円 （内訳） ・執筆不能による精神的損害：500万円 ・入通院慰謝料：105万円	30％減額 （内訳） ・執筆不能による精神的損害：0円 ・入通院慰謝料：105万円
【11】	文化学園ほか事件 東京地裁 H18.1.25 労判911-24	Y1の職員であったXが、Y1からY2に出向していた期間（平成元年から同15年3月まで）において、①平成8～10年度に昇給を停止され、②平成8年から退職するまでの8年間の間に、昇給停止や仕事はずし、懇親会・勉強会に参加させないなどの嫌がらせを受け、③時効になった年休の請求権日数を長期療養に引き当てる制度をXに適用せず、無給の休職扱いにするなどの不当な取り扱いを受けたとして、Y1及びY2に対し、債務不履行または不法行為に基づき損害賠償を請求した事案。	【X→Y1・Y2】 損害賠償請求	1200万円	0円
【12】	消費者金融会社（セクハラ等）事件 京都地裁 H18.4.27 労判920-66	・Xが、上司であったY2からセクハラを受け、それを抗議したところ報復を受け、退職を強要された（パワハラ）として、Y2に対し、不法行為に基づく損害賠償を、Y1に対し、債務不履行又は不法行為に基づく損害賠償を請求した事案。 ・Y2が、食事会の際、Xの隣に割り込むように座り、股や太ももあたりを撫で回し、自分の足をXの足に乗せようとしたりし、その際、「単身赴任は寂しいものよ。」「家で待っている愛人がほしい」などといった。 ・別の食事会の際、原告の股や太ももあたりを触った。 ・Y2がXに対し、「君の悪い噂がぽっぽっぽっと出てるぞ。ここにいられなくなるぞ。」などと圧力をかけ、Xをして退職を迫られたように受け止める言動を行った。	【X→Y1・Y2】 損害賠償請求 【X→Y2】 未払賃金請求	【Y1・Y2】 連帯して300万円	【Y1・Y2】 連帯して100万円
【13】	昭和観光事件 大阪地裁 H18.10.6 労判930-43	Yの経営するラブホテルの従業員であったXらが、Yに対して割増賃金（時間外手当等）の支払いを請求し、X8は、これに加えて、Yの従業員（マネージャー）のX8に対する暴言を理由に、Yに対し使用者責任に基づく慰謝料の支払を請求をした事案。	【X1～X8→Y】 賃金（時間外手当等）請求 【X8→Y】 損害賠償請求	100万円	10万円
【14】	PE&HR事件 東京地裁 H18.11.10 労判931-65	Yに従業員として雇われたとするXが、勤務期間中の時間外賃金、過重労働とワンマン代表者の暴言により体調不良となったことによる治療費・慰謝料等を請求した事案。	①賃金請求 ②損害賠償請求	10万円	0円
【15】	天むす・すえひ	・Yを退職したXがYに対し、①Xが	①移籍料支払	200万円	150万円

第6章　パワーハラスメント

・Y1の職員 ・昭和46年Y1に入社（経理業務） ・平成元年7月から同15年3月末までY2に出向 ・平成16年11月退職	【Y1】 学校法人 【Y2】 厚生大臣の認可を受けて設立された健康保険組合		・各年の昇給停止処分（①）は，人事考課，成績査定の権限を濫用・逸脱したものとはいえない。 ・嫌がらせ行為（②）は認められず，嫌がらせを原因とする不法行為に基づく損害賠償請求は，3年の時効が成立。 ・積立年休制度の適用（③）は，適用に当たりY1に裁量あり。当該職員に勤務継続意思があり，Y1としても雇用継続を希望する場合において，当該職員および扶養家族等の生活を救済する必要がある場合に適用するといった運用には一応の合理性が認められるところ，Y1がXの勤務継続意思に疑問を感じ，また雇用継続を希望しなかったことにはそれなりの理由があり，Xに扶養家族がいないこと等を考慮すれば，制度の不適用は違法とはいえない。
・女性（当時39歳位） ・時給1020円，平均月額賃金17万2506円 ・電話による債権回収業務に従事	【Y1】 消費者金融株式会社 【Y2】 Xの配属されたコンタクトセンターのカウンセリング九州地区課長		・Y2のセクハラ・パワハラ行為により，Xは一時期は人と電話で話すこともできない症状に陥り，平成16年12月から平成18年1月末まで休業したとして，同症状の発生及び同期間の休業とセクハラ・パワハラ行為の因果関係を認定。 ・これら精神的身体的症状の発生，程度，その期間をふまえると損害額は100万円とするのが相当。
【X1～X7】 ・Yにてフロント業務，ルームメイク業務を担当 ・退職済み 【X8】 ・Yにてフロント業務，一般事務，リーダー業務を担当 ・退職済み	・ラブホテルを経営する株式会社 ・客室数39室		・XらがYに対して割増賃金を請求する趣旨の通知書を送付したところ，Yのマネージャー（A）が，X8に対して，その面前で「えらいことやってくれたな」「会社をやめてからするもんやろう」「会社に世話になったんやろう」「こんなやつよう雇ったなぁ」「まだおんのか」「この百姓が」ときつい口調で罵った事実，AがX8に聞こえるように，別の支配人に対して「あんなやつら，早く辞めてもらったらどうや。あんたの采配で2日分ぐらいの給料は何とかなるやろう。給料全部出してやって，あしたから来てもらうな」と述べた事実，この言葉を聞いて，X8は翌日から出勤しなくなった事実を認定。 ・上記事実からX8が精神的苦痛を受けたと評価しつつ，X8がすでに近いうちに退職することを決めていた事実も考慮し，慰謝料額は10万円を相当とした。
・女性 ・管理部門として経理・労務担当，営業部門としてオフィス担当 ・給与28万円 ・パートナー職 ・部下なし	・ベンチャー企業に対する投資，経営コンサルタント業，有料職業紹介事業 ・人員は10人以下		・Y代表者から厳しい言葉なり態度で臨まれてからXの退職まで一月以内であること。 ・Y代表者の言動は，Xの就業状況に何らの問題がない中での謂れのない指摘である等，私的因縁や嫌がらせといった類の文脈での言動でもなく，会社の利潤追求目的なり組織の在り方とXの現状の業務処理状況との落差から取った表現態度であることは明らかで，Y代表者の言動はXの人格権をいたずらに侵害したりすることさらに精神的打撃を加えることを意図したものではなく，業務遂行態度，考え方の改善を促すために行ったもので，不法行為を構成するほどの違法性があるものとまでは評価しにくい。
・女性	おむすびの製造及び販		・Y社長はXに対し，Xの能力を質量ともに超える業務に従

	ろ事件 大阪地裁 H20.9.11 労判973-41	Yに雇用される際，移籍料として1000万円の支払いを合意したとして，移籍料の支払いを求めた。②在職中，Y社長から職務に関して違法な言動をされ，著しい精神的苦痛を被ったなどとして，不法行為または労働契約上の債務不履行（職場環境保持義務違反）に基づき慰謝料の支払いを求めた事案。 ・XはYに対し「不安（恐怖）抑うつ状態」「現在の症状・状態にあっては就労は不可能であり，同日から1か月間の自宅療養を必要とする」と記載された診断書を提出している。	い合意に基づく移籍料請求 ②損害賠償請求		
【16】	美研事件 東京地裁 H20.11.11 労判982-81	・Y1に雇用されていたXは，消費者から多数の苦情が寄せられていたY1の主力商品のセールストーク等に疑問を抱き，Y3・Y4に質問をした等したところ，不平分子とみなされ，Y3・Y4からいじめを受けるようになり，さらにテレフォンアポインター職への異動を命令され，Xがこれを拒否すると，その日のうちに私物を持って会社から出て行くように命じられた。 ・Xは，上記のように罵倒，いじめを受けたことにより，うつ病に陥り，また重い荷物を持ってY1を出て行かされたことで腰痛等の傷害を負ったと主張し，さらにY1の優越的地位を利用してY1の商品を売りつけられたとして，不法行為に基づき損害賠償を請求し，併せて未払賃金及び時間外手当の請求を行った事案。	【X→Y1〜Y4】 損害賠償請求 【X→Y1】 賃金請求	【Y1〜Y4】 連帯して500万円	【Y1・Y3・Y4】 連帯して80万円 【Y2】 0円
【17】	日本土建事件 津地裁 H21.2.19 労判982-66	・違法な時間外労働及び上司からのパワハラを受けたA（なお，Aは，終業後に上司らと飲酒した後，上司らを自宅へ送り届ける際に起こした交通事故により，入社約1年9か月後に死亡している。）が被った肉体的精神的苦痛に対する慰謝料請求として，Yに対し，X1とX2が，YとAとの雇用契約上の付随義務として信義則に基づく勤務管理義務及びパワハラ防止義務としての安全配慮義務違反による請求，または不法行為に基づく請求を行った事案。 ・X1は，YとX1との準委任契約の付随義務として信義則に基づく勤務管理義務及びパワハラ防止義務としての安全配慮義務違反による慰謝料請求も行っている。 ・Aは，養成社員（Yの関連子会社（個人企業）の建設業者の子を一定期間預かってYの社員として就労させ，関連子会社の事業承継者としての技術的・経営的ノウハウを身につけさせ，それが完了した時点で雇用契約を解消し，預り元に戻す制度）としてYに入社していた。	【X1・X2→Y】 損害賠償請求	【A本人】 200万円 （3000万円の一部請求） 【X1固有】 100万円 （3000万円の一部請求）	【A本人】 150万円（労災部分については0円） 【X1固有】 0円
【18】	A病院（医師・解雇）事件 福井地裁 H21.4.22 労判985-23	勤務成績，勤務態度不良等により普通解雇されたXが，解雇は無効であるとして，雇用契約上の地位確認及び賃金請求を行い，また，Yの行為のうち，Xの受け持ち患者数を減少させた措置，勤務経験年数の浅い医師との序列を逆転させたこと，執拗な退職勧奨及びいじめ，監視，並びに本件解雇自体がパワハラ行為に当たるとして，不法行為・債務不履行に基づき損害賠償請求等を行った事案。	①地位確認 ②雇用契約に基づき就労させること ③賃金賞与請求 ④パワハラ防止措置請求 ⑤損害賠償請求	300万円	0円
【19】	前田道路事件	・Yの従業員であったAが自殺したのは，上司から，社会通念上正当と認めら	【X1・X2→Y】	3300万円	0円

第6章　パワーハラスメント

・Yの社長にスカウトされ入社 ・取締役統括部長として勤務した後、Yを退職 ・賃金50万円 ・勤続期間5か月弱	売等を目的とする有限会社	事するよう指示しながら適切な指導・援助等を行わなかった上、業務上の指示内容を突然変更する、Xの仕事振りについて一方的に非難する、不快感を露わにする等の不適切な対応をしたこと、Xは、Yでの就労により肉体的疲労、精神的ストレスを蓄積させ、これが要因となって精神疾患になり、心療内科の医師から、就労不能であり、1か月の自宅療養を要すると診断されたこと、Y社長は、診断書を受け取った後、Xに対し、しばらく休養することを認めながら、他方で業務上の指示をFAX等で行うなどしたと認定。 ・上記の不法行為の態様、これによるXの精神的苦痛の内容及び程度、Xが退職するに至った経緯などを考慮。
・テレフォンアポインター（パートまたはアルバイト）として約3か月を経て美容カウンセラー（正社員）として採用 ・正社員となって1年後に解雇	【Y1】 化粧品の販売、美容マッサージ、医薬品の販売等を業とする会社 【Y2】 代表取締役 【Y3】 部長職にあった女性 【Y4】 課長職にあった女性	【Y1・Y3・Y4】 ・Y3及びY4は直接の実行行為者として、Y1はY3及びY4の使用者として責任を負う。 ・Xを常時監視するような状態に置き、新人カウンセラーをXに近づかせないようにしたり、挨拶をされても返さず、Xを呼びつけ「嘘つきだ」と強く申し向けるなど、Y3・Y4によるXに対する人格を否定するような罵倒やいじめが行われていたことを考慮。 ・Y1がXにテレフォンアポインター職に移るよう命じたことについては、退職させるための正社員からの降格とXがとらえたのも無理はなく、このこともXに精神的苦痛を与えたと認定。 ・なお、慰謝料と別に、Xが負った傷害によりXは当面働くことのできない状態になり、少なくとも1年は就労することができなかったものと認められるとして、基本給の1年分225万6000円を逸失利益として認容。 【Y2】 Y2については、専ら対外的業務を担当しており、Y1の内部事務に関与していないため、責任を負わない。
【A】 男性（死亡時22歳） 【X1】 ・Yの下請会社の社長 ・Aの父 【X2】 Aの母	土木建築工事請負及び設計施工等の総合建設業を営む株式会社	【A本人】 ・Aは入社2か月足らずから長時間に及ぶ時間外労働や休日出勤を強いられ、体重を十数キロも激減させ、絶えず睡眠不足の状態になりながら仕事に専念してきた一方、Yは時間外労働の上限50時間を超える残業に対しては何ら賃金を支払わず、それどころかAがどれほど残業をしていたか把握することさえ怠っていたことを考慮。 ・関連子会社の代表の息子であることについて嫌味を言われたり、終わっていない仕事を押し付けられたり、物を投げつけられて足をぶつけられるなど、上司からさまざまな嫌がらせを受け、肉体的にも精神的にも追いつめられていた中で本件交通事故が発生しており、違法性が高い。 ・ただし飲酒運転による交通事故自体については、Aが上司らとの飲食や飲酒後の送迎を、先輩後輩の関係から断りきれなかったもので、職務の一環とはいえ、Yに責任はないと認定。 【X1固有】 YはX1との間で準委任契約を締結したとは認められない。
A病院において内科医長として主に透析患者の診療を行っていた医師	内科・泌尿器科・皮膚科を有し、ベッド数約50床、常勤医師7名、非常勤医師6名のA病院等を経営する財団医療法人	・診療開始時刻の不順守、患者とのトラブル、不必要な検査の実施、処方の無断変更等のY主張の解雇事由のうち11項目が認められ、解雇権の濫用には当たらないと認定。 ・Yは、勤務医師にどのように患者を受け持たせるかという決定や、人事上の評価につき裁量権がある。 ・受け持ち患者数の減少及び序列逆転の措置につきYの裁量権の逸脱濫用とはいえず、その他の行為もパワハラには当たらない。
【A】 ・男性（死亡時43歳）	土木建築工事の請負等を業とする会社	Aの上司らがAに対して行った指導や叱責は、社会通念上許容される業務上の指導の範囲を超えた過剰なノルマ達成の

	高松高裁 H21.4.23 労判990-134 松山地裁 H20.7.1 労判968-37	れる職務上の業務命令の限界を著しく超えた過剰なノルマ達成の強要や執拗な叱責を受けたことなどにより，心理的負荷を受けうつ病を発症し又は増悪させたからであるなどとして，Aの相続人であるX1・X2が，Yに対し，主位的に不法行為に基づき，予備的に債務不履行（安全配慮義務違反）に基づき，慰謝料等の支払いを請求した事案。 ・労災申請あり（認定）。	・主位的請求 損害賠償請求 （民709） ・予備的請求 損害賠償請求 （民415）	（内訳） 【A本人】 2800万円 【X1固有】 300万円 【X2固有】 200万円	
【20】	三洋電機コンシューマエレクトロニクス事件 広島高裁松江支部 H21.5.22 労判987-29 鳥取地裁 H20.3.31 労判987-47	・Xは，①Y2及びY3による下記行為はXに対する不法行為を構成するとしY1については民法715条1項前段に基づく使用者責任，Y2及びY3については民法709条に基づく不法行為責任として，連帯して慰謝料の支払いを，また，②平成17年4月から平成18年3月まで，Xの給与を少なくとも3万6000円減額させられたとし，Y1に対し，損害賠償として，上記減額分の支払いを，③Y1が平成17年1月から平成19年3月まで毎月100円を「政治活動」名目で給与から強制的に控除したことで2700円の損害を被ったとし，Y1に対し，損害賠償をそれぞれ請求した事案。 ・平成18年6月16日，XはY2から，Y1の人事課会議室において，Xの行動について大声で罵倒された。 ・平成18年6月21日に労働契約書を取り交わす際，Y1はXに対し「即時解雇もあり得る。」との覚書に署名押印を求めた。 ・同年7月3日，XはY3から，自己研鑽と称してY1の社内規程を精読するよう指示された。 ・XはY3から，同年7月11日，清掃会社に出向し，清掃業務に従事するように指示された。	【X→Y1～Y3】 損害賠償請求	【Y1～Y3】 連帯して 800万円	【Y1・Y2】 連帯して 10万円 【Y3】 0円
【21】	アクサ生命保険ほか事件 東京地裁 H21.8.31 労判995-80	Yに中途採用されたが，試用期間中に経歴詐称が発覚して解雇（本採用拒否）されたXが，解雇（本採用拒否）の無効を主張して，Y1に対し，労働契約上の権利を有する地位にあることの確認並びに解雇後の賃金（月額47万3000円）の支払，不法行為に基づく損害賠償（慰謝料，未払時間外手当相当分）の支払を求める（第1事件）とともに，Y2とY3に対し，様々な嫌がらせやプライバシー侵害をしたこと等を理由として慰謝料の支払を求めたほか，Y4に対し，Y4がXの属していた社内の労働組合の書記長としての職務を適正に遂行しなかったことを理由として慰謝料の支払を求めた（第2事件），という事案。	■第1事件 【X→Y1】 ①地位確認 ②賃金請求 ③損害賠償請求 ■第2事件 【X→Y2】 損害賠償請求 （民709） 【X→Y3】 損害賠償請求 （民709） 【X→Y4】 損害賠償請求 （民415）	【Y1】 300万円 【Y2】 30万円 【Y3】 30万円 【Y4】 20万円	【Y1】 0円 【Y2】 0円 【Y3】 0円 【Y4】 0円
【22】	医療法人財団健和会事件 東京地裁 H21.10.15 労判999-54	Yの経営する病院の健康管理室に事務総合職として採用されたXが，試用期間中に採用を取り消されたところ，同採用取消しは無効であるとして，①雇用契約上の権利を有する地位にあることの確認，②採用取消後の賃金の支払を求めるとともに，③Xが職場でパワハラ及びいじめ（Xに必要な指導・教育を行わないまま職務に就かせ，業務上の間違いを誘発したにもかかわらず，Xの責任として叱責し，その後，Xを無視して職場で孤立させた）を受け，さらに違法な退職強要及び採用取消しを受けたために精神	①地位確認 ②賃金請求 ③損害賠償請求	1000万円	0円

第6章　パワーハラスメント

・年収約1000万円 ・Yの四国支店東予営業所長 【X1】 Aの妻 【X2】 Aの子			強要や執拗な叱責に該当するとは認められず，Aの上司らの行為は不法行為に当たらないというべきであること，架空出来高の計上の解消を求めることによりAが強度の心理的負荷を受け，精神的疾患を発症するなどして自殺に至るということについては，Aの上司らに予見可能性はなかったこと等を考慮。
・準社員 ・女性 ・昭和51年にYに入社し昭和58年に出産のため退社したが約1年後「準社員」として再入社	【Y1】 電気製品の製造会社 【Y2】 Y1の経営企画ユニット管理部人事課長 【Y3】 Xの担当部の部長		【Y1】 ・Y2がXを大声で罵倒したことについては，Y2欄に記載の通りであり，Y1についても慰謝料支払義務を肯定。 ・Y1がXに対し覚書への署名押印を求めたことは，就業規則に照らして不当とは言えず，裁量の範囲内であり，不法行為を構成しない。 ・Y1がXに対し，社内規定の精読を指示したこと，清掃業務への従事を指示したことについては，Y3欄に記載の通り不法行為を構成しない。 【Y2】 Y2が面談の際に大きな声を出し，Xの人間性を否定するような不相当な表現を用いて叱責した点は，会社の人事担当者が面談に際して取る行動として不適切で不法行為を認めるが，Y2が大きな声を出したのは，Xがふて腐れ，不遜な態度をとり続けたことに多分に起因していることを考慮。 【Y3】 ・Y3がXに対し社内規程の精読を求めたことは，Xの問題行動に対する指導の一環として，出向直前の待機期間に行われたものであり，社会通念に照らして相当であり，不法行為を構成しない。 ・Y3がXに対し清掃会社への出向を命じたことは，Xの就労先確保のための行為で，企業の人事政策の範囲内であり，不法行為を構成しない。
・女性（解雇当時37歳） ・正社員として中途採用（試用期間中） ・肩書はアシスタント・マネージャー（係長相当職） ・基本給47万3000円	【Y1】 外資系生命保険会社 【Y2】 Xの直属の上司（所属長） 【Y3】 Y1の人事部長 【Y4】 ・Y1従業員 ・労働組合書記長		【Y1～Y3】 Xの主張する不法行為（Y2による職場での嫌がらせ，不当な解雇，プライバシーの侵害，Y2による名誉毀損，虚偽の労働条件を提示した募集，残業代一部支払拒否）につき，いずれも否定。 【Y4】 Y4は，Xから本件組合の書記長としての対応を求められたのであって，個人としては，Xとの間で何らの契約上の法的義務を負う立場にないとして，XのY4に対する債務不履行に基づく損害賠償請求（慰謝料請求）を否定。
・女性（30代） ・病院の総合事務職（常勤） ・試用期間中 ・中途採用	病院，介護老人保健施設及び診療所の経営を目的とする財団法人		・Yには，安全配慮義務違反及び不法行為を構成するようなパワハラ及びいじめ並びに違法な退職強要の事実は，いずれもこれを認めることができない。 ・本件解雇は無効ではあるけれども，Yにおいて，解雇事由が存在しないことを知りながらあえて解約権を行使したとの事実は特段認められないし，また，解約権行使の相当性の判断において明白かつ重大な誤りがあるとまではいえないことからすれば，本件解雇が相当性を欠くことから無効であるとの評価を超えて，Xに対する不法行為を構成するほどの違法性を有するものとまで認めることは困難。

		疾患に罹患したとして，債務不履行（安全配慮義務違反）及び不法行為（民法709条）による損害賠償請求権に基づき，治療費，診断書作成料，通院交通費，慰謝料及び弁護士費用等の支払いを求めた事案。			
【23】	富国生命保険ほか事件 鳥取地裁米子支部 H21.10.21 労判996-28	Y１に勤務していたXが，上司のY２及びY３から，他の社員の前で保険加入の際の健康状態告知義務違反を誘導したのではないかと疑われたうえ，叱責されたり，Xの承諾なくXの所属班を分離されたり，マネージャー失格であるかのような叱責をされるなど逆恨みによる嫌がらせを受けたため，9409万2488円の損害を被ったとして，Y１に対しては民法715条，同法709条ないしは同法415条，その余のY２・Y３に対しては同法709条に基づき，連帯して，上記損害のうち5000万円の損害賠償を求めた事案（一部請求）。	【X→Y１～Y３】 損害賠償請求	【Y１～Y３】 連帯して1500万円 ※ただし，一部請求	【Y１～Y３】 連帯して300万円
【24】	東京都ほか（警視庁海技職員）事件 東京高裁 H22.1.21 労判1001-5 東京地裁 H20.11.26 労判981-91	警視庁東京水上警察署で勤務するXが，Y２～Y11（以下「Yら」という。）は職場においてXに退職を強要する意図で日常的に暴行や脅迫を含む嫌がらせ等（①退職強要・暴行による負傷等，②退職強要等，③試み出勤に伴う誓約書の作成強要等，④ポスター掲示による名誉棄損・侮辱，⑤⑥Xに対しシンナーを用いた嫌がらせ等，⑦週刊誌に嫌がらせ記事を載せる等の脅迫等，⑧有機溶剤の散布等，⑨腕をつねる行為による受傷等，⑩誓約書作成等の強要等，⑪冬季勤務時の劣悪な職場環境の放置等，⑫拡声器を用いた名誉棄損・侮辱，⑬唾の吐き掛け，⑭火のついた煙草を当てる行為，⑮警備艇の乱暴な操縦による受傷等，⑯いすを足にぶつける行為等，⑰退職強要・名誉棄損等，⑱暴行・拡声器を用いた名誉棄損行為の是認等）をしたと主張し，Y１については国家賠償法１条１項又は民法715条に基づく損害賠償請求として，Y２らについては民法709条に基づく損害賠償請求として，Yらに対し，連帯して300万円の支払を求め，Y１～Y５に対しては，上記金員のほかに，連帯して8007770円の支払を求めた事案。	【X→Y１～Y11】 損害賠償請求	【Y１～Y５】 連帯して1000万円 （うち200万円についてはY６～Y11と連帯して） ※訴え変更により，Y１のみ請求が減縮された。 【Y６～Y11】 連帯して200万円 （Y１～Y５と連帯して）	【Y１】 150万円 【Y２～Y11】 0円
【25】	S工業事件 東京地裁 H22.2.16 労判1007-54	Xが，Y１に対して，採用時に合意した賃金額が一方的に減額変更され，また，退職金規則の新設に伴う賃金体系が不利益に変更されたとして，債務不履行または使用者責任に基づき①賃金額相当の損害賠償の支払いと，②変更前の給与体系に基づく退職金の支払いを，Y２に対して，Xの賃金差額請求を断念させた行為につき，不法行為に基づき賃金差額相当額の損害賠償の支払いを，Y１及びY２に対して，Y２によるXの平成13年夏季の賞与を減額するという嫌がらせ行為，頻繁なメールの送信等のセクハラ行為につき，連帯して，不法行為または使用者責任に基づく慰謝料の支払いを求めた事案。	【X→Y１】 ①損害賠償請求 ②退職金請求 【X→Y２】 損害賠償請求 【X→Y１・Y２】 損害賠償請求	【Y１・Y２】 連帯して750万円 （内訳） ・精神的慰謝料：500万円 ・身体的（傷害）慰謝料：250万円	【Y１・Y２】 0円
【26】	藍澤證券事件	Xが，Yに対し，第2契約満了日をもっ	①地位確認	200万円	0円

第6章　パワーハラスメント

・女性（退職時50歳） ・Y1鳥取支社米子営業所の営業職員（班長に相当するマネージャー） ・うつ病に罹患し、欠勤、休職後、自動退職	【Y1】 生命保険会社 【Y2】 Y1鳥取支社長 【Y3】 Y1米子営業所長		本件不法行為の内容（Y2が、他の社員のいる中で、Xに不告知教唆の有無を問いただしたこと、Xの承諾なくしてX班の分離を実施したこと、Y2やY3が、Xに、「マネージャーが務まると思っているのか。」「マネージャーをいつ降りてもらっても構わない」等の言葉を使って叱責を与えたこと）のほか、本件不法行為は、Xのストレス性うつ病の発症の原因となったものであり、Xは、そのために一定の治療費や通院交通費の負担を余儀なくされたこと、これまでの罹患歴に照らすと、精神的ストレスによる変調を来しやすく、診療録の記載からは、本件以外のストレスも、上記発症に寄与している可能性を否定できないこと、その他本件に顕れた一切の事情を斟酌。
警視庁海技職職員	【Y1】 東京都 【Y2～Y11】 Xの上司・同僚		【Y1】 各不法行為（④ポスター掲示による名誉棄損・侮辱、⑤⑥Xに対しシンナーを用いた嫌がらせ等　⑦週刊誌に嫌がらせ記事を載せる等の脅迫等、⑪冬季勤務時の劣悪な職場環境の放置等、⑫拡声器を用いた名誉棄損・侮辱、⑬唾の吐き掛け、⑭火のついた煙草を当てる行為、⑮警備艇の乱暴な操縦による受傷等の一部）の内容及び上記行為が約2年間に渡って複数回行われたことを考慮。 【Y2～Y11】 本件においては、Y1が国家賠償法1条1項に基づきXに対して損害賠償責任を負う以上、Y2らは、個人として損害賠償責任を負わないというべきであるから、XのY2らに対する各請求にはいずれも理由がない。
・女性（退職時40代前半） ・正社員 ・オペレーター ・入社当時、幼い娘を抱えて離婚したばかりだった	【Y1】 建築資材の設計、製造販売等を目的とする株式会社 【Y2】 Y1の取締役 （人事管理等を担当）		・仮にY2のXに対する平成13年夏季の賞与の評価が主観的・恣意的なものであったとしても、同年冬季の賞与が増額されたことや同年から平成16年ころの年収額にそれほどの増減が見られないことなどを考慮すると、上記評価がうつ病の原因となるほどの重大な嫌がらせ（不法行為）であったとは認められない。 ・Y2がXに送信したメール（中には恋愛感情の表現というべきものがある。）や経済的支援を含む様々な働きかけは、会社の取締役（上司）と部下の関係を逸脱した、Xの私生活に対する執拗かつ過度な干渉というべきであり、外形的にはセクハラに当たるということもできるが、Xは、Y2から2年足らずの間に、合計300万円くらいの経済的支援を受けており、その後、Y2が、メールに返信がないと支援を打ち切るなどと言い出し、これを避けたいXが返信等に応じると、態度を変えて支援を続けるなどといった応酬が、何度か繰り返されたことからすると、経済的支援を得ることを優先して、過剰な干渉を受けながらも条件付きで定期的に食事等をするという不自然な状態を、自発的に解消しようとはしなかったものということができ、このような事情等を全体的に観察すれば、Y2の一連の行為が不法行為に当たるとまでは認められない。
・男性（49歳位）	・総合証券業を主たる		Yの従業員であるBのXに対するハラスメントについては、

	東京高裁 H22.5.27 労判1011-20 東京地裁 H21.9.28 労判1011-27	て雇用契約関係を終了し雇用契約を更新しない旨のYの意思表示（本件雇止め）は無効であるとして、雇用契約上の権利を有する地位にあることの確認と、本件雇止め後の賃金の支払を求めるとともに、Y在籍中に同僚Bから、Xに責任のない事項をXの責任として擦りつけ上司に報告されたり、暴言を吐かれるなどの嫌がらせを受けて精神的苦痛を被ったとして、債務不履行又は不法行為を理由とする損害賠償請求権に基づいて慰謝料の支払を求めた事案。	②賃金請求 ③損害賠償請求		
【27】	日本ファンド（パワハラ）事件 東京地裁 H22.7.27 労判1016-35	Y1の従業員であるX1、X2及びX3が、Xらの上司であるY2から暴行や暴言を受けたと主張して、Yらに対し、不法行為又は債務不履行による損害賠償請求権に基づき、慰謝料等の支払いを求めた事案。	【X1～X3→Y1・Y2】損害賠償請求	【X1→Y1・Y2】連帯して300万円 【X2→Y1・Y2】連帯して200万円 【X3→Y1・Y2】連帯して200万円	【X1→Y1・Y2】連帯して60万円 【X2→Y1・Y2】連帯して40万円 【X3→Y1・Y2】連帯して10万円
【28】	国（護衛艦たちかぜ〔海上自衛隊員暴行・恐喝〕）事件 横浜地裁 H23.1.26 労判1023-5	海上自衛隊員として護衛艦たちかぜに配属され、自殺をした亡Aの相続人であるXらが、Aの自殺の原因は、同隊の先輩隊員であったY2のAに対する暴行及び恐喝であったと主張して、Y2に対しては、民法709条に基づき、Y1に対しては、国家賠償法1条1項又は同法2条1項に基づき、損害賠償を求めた事案。	【X1・X2→Y1・Y2】損害賠償請求	【A本人】連帯して5000万円 【X1・X2固有】連帯して1000万円	【A本人】連帯して400万円 （労災部分については0円） 【X1・X2固有】0円
【29】	日本通運（休職命令・退職）事件 東京地裁 H23.2.25 労判1028-56	Xが、Y1が就労可能なXに対し休職命令を発令して、その休職期間満了により、Xを退職扱いをしたのは違法などと主張し、Y1に対し、雇用契約上の地位確認及び賃金の支払いを求めるとともに、Xの直属の上司であったY2がXに対し、不当な金銭要求や割増賃金の受給妨害等の違法行為を重ねたなどと主張して、Yらに対し、不法行為に基づき損害賠償請求を求めた事案。	【X→Y1】 ①地位確認 ②賃金請求 【X→Y1・Y2】損害賠償請求	【Y1・Y2】連帯して200万円	【Y1・Y2】0円

第6章　パワーハラスメント

・契約社員（第1契約（雇用期間約5か月）終了後，第2契約（同5か月）を締結） ・総務人事部（郵便物の仕分けや社内各部署への配達，名刺作成等の業務に従事） ・Y の障害者雇用として採用（うつ病罹患により障害等級3級）	業とする株式会社 ・本社所属の従業員数約200名 ・障害者雇用として一般事務を職種とする正社員（賃金月額19万0800円～24万2000円）の求人を出していた	その事実が存在しないか，存在するとしてもハラスメントであるという評価をすることができないものである。
【X1】 平成15年9月入社 【X2】 平成17年2月入社 【X3】 平成15年12月入社	消費者金融を営む会社 【Y2】 Y1の部長職にあった者	【X1→Y2】 ・Y2は喫煙者であるX1に対する嫌がらせの目的をもって，約6か月間の長期間にわたり執拗に扇風機の風を当てた。 ・Y2は「今後，このようなことがあった場合には，どのような処分を受けても一切異議はございません」という内容の始末書を提出させたり，X1の業務改善方法の発言に対し，「お前はやる気がない。なんでここでこんなことを言うんだ。明日から来なくていい。」などと怒鳴る等過重な叱責をした。 ・これら不法行為の態様，X1がそれに起因して通院及び休職を余儀なくされたこと等を総合考慮。 【X2→Y2】 ・Y2は喫煙者であるX2に対する嫌がらせの目的をもって，約4か月間の長期間にわたり執拗に扇風機の風を当てた。 ・Y2は「馬鹿野郎」「給料泥棒」などX2及びその上司を叱責し，「給料をもらっていながら仕事をしていませんでした」との文言の入った念書の提出を強制した。 【X3→Y2】 Y2から2回にわたって殴打されるとともに，X3とX3の配偶者で昼食をとっていた際，「よくこんな奴と結婚したな。もの好きもいるもんだな。」と侮辱的な中傷をした。 【X1～X3→Y1】 Y2のXらに対する不法行為は，Y1の事業の執行に際して行われたものと認められ，Y1は，Y2のXに対する不法行為について，使用者責任を負う。
【A】 ・男性（死亡時21歳） ・海上自衛隊の1等海士 ・たちかぜの船務科電測員 【X1】 Aの父 ※訴訟提起後に死亡し，X2とAの姉が訴訟承継 【X2】 Aの母親で相続人	【Y1】 国 【Y2】 ・男性（Aより13歳年上） ・海上自衛隊の2等海曹 ・たちかぜの船務科電測員	・Aが自殺に至るまでの間に少なくともY2の前で自殺の危険をうかがわせる兆候を見せたとは認められず，Y2において，暴行等により，Aが自殺することまで予見することができたとまでは認められないから，Aの死亡によって発生した損害については，Y2の不法行為との間に相当因果関係があるとは認められない。 ・Y2のXに対する暴行（平成16年2月ないし3月頃から遅くとも9月ころまで，10回程度以上，平手で頭を殴打したり，足蹴にする，同年春頃から8月頃まで，数回以上にわたり，エアガン等を用いてBB弾を打つ）及び恐喝（同年9月頃，2回にわたり，アダルトビデオの販売名下に合計8万円ないし9万円の支払を要求し受領，同年10月頃，虚偽の事実を述べて5000円の支払を要求し受領）の態様，その他本件において認められる諸般の事情を考慮。 ・Y1は，国賠法1条1項の責任に基づき，Y2がAに対して暴行，恐喝などを加えたことによる慰謝料の賠償義務を負う。
・男性 ・Yの従業員であった者 ・Yから疾病による休職命令を受け，その後休職期間満了退職と扱われた	物流事業全般を営む株式会社 【Y2】 ・Y1西東京警送事業所長 ・平成13年3月以降，Xの上司	・Y2がXに強いて金銭を交付させた事実を認めることができず，慰謝料の請求は失当。 ・Y2が出勤表に真実と異なる労働時間を記入するなど，不適切な取扱いをしたことが原因で，Y1事業所における労働時間管理に不備があったことは認められるが，Y1は，消滅時効期間を考慮して，平成15年7月分から平成17年6月分までの2年分についてX主張どおりの時間外労働を認め，労働時間管理に不備があったことを謝罪した。平成19年1月，Xに対し，割増賃金約222万円を支払った。 ・Y1は，それ以前に，Xから時間外手当の請求を受けた形跡がない。そうすると，Y2の不適切な取扱い（不法行為）に基づく，XのYらに対する割増賃金相当の損害賠償債権（平成15年6月分以前のもの）が発生したとしても，これは時効により消滅したことが明らかであり，割増賃金相当額の

【30】	モリクロ（懲戒解雇等）事件 大阪地裁 H23.3.4 労判1030-46	XらがYに対し、①諭旨解雇処分・懲戒解雇処分の無効確認、②同処分が無効であることを前提とした退職金の支払、並びに③未払賃金及び時間外賃金の支払、④不当違法な解雇及び嫌がらせやパワハラを理由とする損害賠償請求を求めた事案。	【X1～X6→Y】 ①諭旨解雇処分・懲戒解雇処分無効確認 ②退職金請求 ③未払賃金請求 ④損害賠償請求	【X1～X6】 各100万円	【X1～X6】 0円
【31】	オリンパス事件 東京高裁 H23.8.31 労判1035-42 東京地裁 H22.1.15 労判1035-70	Xに対する第1配転命令は、XがY2やY3らによる取引先企業の従業員の雇入れについてY1のコンプライアンス室に通報したことなどに対する報復としてされたもので無効であるなどと主張して、Xが配転先のY1IMS企画営業部部長付として勤務する雇用契約上の義務がないことを確認することを求め、また、違法な第1配転命令と、その後の上司による業務上の嫌がらせ（パワハラ）等によりXの人格的利益が傷付けられたなどと主張して、Yらに対し、民法709条、715条、719条に基づく損害賠償請求として、賞与の減額分、慰謝料及び弁護士費用の各連帯支払を求めた事案。第一審は、Xの請求をいずれも棄却した。Y1が、原審口頭弁論終結後の平成22年1月1日付けでライフ・産業システムカンパニー統括本部品質保証部部長付への異動を命じ（以下「第2配転命令」という。）、さらに、控訴審係属中の同年10月1日付けで、同品質保証部システム品質グループへの異動を命じた（以下「第3配転命令」という。）ため、Xは、控訴審において、第2配転命令、第3配転命令の無効を確認する内容に、順次訴えを変更した。	【X→Y1】 地位確認（配転無効） 【X→Y1～Y3】 損害賠償請求	【X→Y1～Y3】 連帯して876万0900円	【Y1・Y2】 連帯して176万0900円 【Y3】 0円
【32】	テイケイ事件 東京地裁 H23.11.18 労判1044-55	Yに雇用されていたXが、①平成19年6月22日付け解雇（普通解雇。以下「本件解雇」という。）が違法であるとして、不法行為に基づく損害賠償として、同年7月22日から平成21年7月31日までの間の逸失利益、②本件解雇及び勤務中のYからの度重なる差別的な勤務数減少その他の言動により精神的苦痛を受けたとして、不法行為に基づく損害賠償として慰謝料の支払を、それぞれ求めた事案。	損害賠償請求	140万円	0円 （内訳） ・解雇：0円 ・パワハラ：0円
【33】	デーバー加工サービス事件 東京地裁 H23.12.6 労判1044-21	Xらが、Yに対し、①YからXらに支払われた研修手当及び賃金の額が日本人従業員の賃金額よりも著しく低廉であるのは労基法3条に違反する等と主張し、日本人従業員の初任給との差額賃金の支払（予備的に不法行為に基づく同額の損害賠償）等を求めるとともに、上記差額賃金のうち時間外労働等に対する割増賃金部分につき同額の付加金の支払を求め、②XらはYの寮に居住しており、技能実習期間中、YはXらの賃金から住宅費・水道光熱費を控除してきたとこ	【X1～X5→Y】 ①-1 未払賃金請求（主位的請求） ①-2 損害賠償請求（予備的請求） ②-1 未払賃金請求（主位的請求、労基法24条1項違	【X1～X5】 各200万円	【X1～X4】 各40万円 【X5】 45万円 上記金額には弁護士費用も含まれるが内訳については示されていない

第6章 パワーハラスメント

【X1～X6】 ・Yの従業員であった男性 ・勤続11年2月～17年2月 ・労働組合加入	各種めっき加工及び金属表面処理業を主たる業務とする会社	請求は失当。 ・解雇処分自体は無効だが、Xらは、結果的であるとはいえ、Yと同業他社であるI理研に就職していること、Xらは、組合を通じた交渉過程の中で、同業他社への競業避止義務の免除を要求していたことからすると、YがXらに対し、I理研と相通じて集団退職及び集団転職を画策したと疑いを持ったとしてもやむを得ないという面もうかがわれるから、解雇処分が無効であるはいうものの、さらに同処分が損害賠償請求権を発生させるだけの違法性を有していたと評価することはできない。 ・Xらの供述を裏付ける客観的な証拠は見出し難いことからすると、XらのYに対する嫌がらせやパワハラを理由とする損害賠償請求については理由がない。
・昭和60年1月入社 ・IMS事業部IMS国内販売部NDTシステムグループ営業チームリーダー	【Y1】 デジカメ、医療用内視鏡、顕微鏡等の製造販売を主たる業とする株式会社 【Y2】 Y1のIMS事業部事業部長 【Y3】 ・Y1のIMS事業部IMS国内販売部部長 ・Xの直属の上司	・第1配転命令及び第2配転命令は、業務上の必要性もなく、Y2が人事権を濫用したものであり、第3配転命令もその影響下で行われたもので、これによりXの昇格・昇給の機会を失わせ、人格的評価を貶めるという不利益を課したことから、人事権の濫用であり、不法行為法上も違法。 ・Y2の意向を受け、部下がXに対し、理由なく社外接触禁止という業務命令を行い、達成が著しく困難な業務目標を設定し達成できないことを理由に低い評価をし、Xを「オマエ」と呼ぶなど侮蔑的表現による発言をしたこと、対面で仕事をしているにもかかわらず、質問はメールによらなければ受け付けないと述べたこと、第2配転後に、基礎的知識がない顕微鏡の規格の和文英訳を担当させられ、達成できないと新人同様の勉強をしテストを受ける状態に終始させられたことなどパワハラについても不法行為法上違法と判断。 【Y1】 Y2の行為に対して使用者責任 【Y3】 上司であるY2の方針に従ったことで不法行為法上違法とはいえない。
・Yに警備員として勤務 ・解雇時勤続16年 ・解雇前3か月間の週平均賃金額は5万2648円	・警備会社 ・従業員数は約5000人	・本件解雇は無効。 ・XがYに対して繰り返し勤務日数ないし勤務時間数について苦情等の訴えや改善要求をしていた一方で、与えられた勤務自体は継続し、その際勤務上の指示にも従っていたなどの解雇に至る経緯にかんがみれば本件解雇は、それ自体権利濫用で不法行為に該当する。 ・本件解雇前3か月間の週平均賃金額の34週分（Xが逸失利益算定の始期として主張する平成19年7月22日から平成20年3月17日までの期間分を考慮した合計179万0032円）を逸失利益と認め、慰謝については、逸失利益の認容額その他一切の事情に照らして考えると、本件解雇後の逸失利益の損害賠償が肯定される本件において、更に精神的苦痛に係る損害賠償を認めるのは相当ではないとし否定。 ・Yの度重なる差別的勤務数減少その他の言動については不法行為の成立を否定。
【X1～X5】 ・中国国籍の男性 ・外国人研修・技能実習制度に基づき来日 ・Yの埼玉県内の東松山工場で鉄筋加工の業務に従事	・鋼材の加工及び販売を主たる目的とする株式会社 ・東京都千代田区の本社のほか、埼玉、群馬、千葉県内に事業所を有する	【X1～X5】 ・パスポートや通帳の保管によって、外国人であるXらが移動の自由に多大な制約を受けたことは想像に難くなく、不法行為を構成する。 ・お辞儀の強制については、全体として見れば、Xら外国人研修生・技能実習生に対する礼儀ないしマナーとしてのお辞儀の指導という範疇を超えるものではない。 【X5】 ・Yの従業員がX5の性器を強調した漫画を描いて、業務中にX5に手渡したこと、当該従業員がXらの上司に当たる立場にあったこと、X5に手渡す前にX1～X4に対しても当該漫画を示したことは、Xらを侮辱し、不快感を与える

		ろ，主位的に，賃金控除についての労使協定が存在しないから上記控除は労基法24条1項に反し無効であると主張して，控除額全額に相当する賃金支払を求めるとともに，予備的に，上記控除額が，同じ寮に住む日本人従業員よりも高額であるのは，労基法3条等に違反すると主張し，日本人従業員との差額分の賃金支払（更に予備的に不法行為に基づく同額の損害賠償）を求め，さらに，Yは，Xらの意思に反してパスポート及び通帳を取り上げ，人種差別的言動をする等の不法行為をしたと主張（X5については，これに加え，上司がX5の性器を強調した漫画を描いて，業務中にX5に手渡したことについても不法行為に該当すると主張）し，慰謝料及び弁護士費用相当額の損害賠償を求めた事案。	反） ②-2賃金請求（予備的請求，労基法3条違反） ②-3損害賠償請求（予備的請求） ③損害賠償請求（慰謝料等）		
【34】	クレディ・スイス証券（休職命令）事件 東京地裁 H24.1.23 労判1047-74	Xが，平成21年5月11日に成績不振を理由とする業務改善命令を受けたが改善しなかったとして退職を示唆された後，平成21年12月4日に3か月間の休職命令を受け，平成22年3月1日にこれを3か月間延長する旨の命令を受け，同年6月3日付けで普通解雇されたことにつき，①休職命令とその延長処分の無効確認，②労働契約上の地位確認を求めるとともに，③上記休職命令発令以降の賃金の支払，④業務の問題点や解雇に言及した警告書交付，面談強要，担当業務の取上げ，無期限自宅待機命令，同僚への解雇発表などの上司の言動や退職強要行為により，Xの名誉権が侵害され，身体的な変調を来し，精神的苦痛を被ったことを理由とする不法行為に基づく慰謝料の支払，⑤平成21年度の賞与を不支給としたことに対する債務不履行又は不法行為に基づく損害賠償の支払を求めた事案。	①休職命令無効確認 ②地位確認 ③賃金請求 ④損害賠償請求（慰謝料） ⑤損害賠償請求（賞与不支給）	200万円	100万円
【35】	日能研関西ほか事件 大阪高裁 H24.4.6 労判1055-28 神戸地裁 H23.10.6 労判1055-43	XがY2がXの有給休暇の取得を妨害したり，嫌がらせを行い，また，Y3及びY4がXの名誉を侵害する発言を行ったとして，Y2，Y3，及びY4に対し，民法709条に基づき，Y1に対し，Y2及びY3の行為につき民法715条に基づき，Y4の行為につき代表取締役の行為に関する責任（会社法350条）に基づき，連帯して，慰謝料を支払うことを求めるとともに，Y1がXの人事考課を極端に低くし賞与を不当に減額したとして，慰謝料を支払うことを求めた事案。	【X→Y1～Y4】 損害賠償請求	【X→Y1】 250万円（うち100万円はY2と，うち50万円はY3と，うち50万円はY4と連帯） 【X→Y2】 100万円 【X→Y3】 50万円 【X→Y4】 50万円	【X→Y1】 120万円（うち60万円はY2と，うち20万円はY3と，うち20万円はY4と連帯） 【X→Y2】 60万円 【X→Y3】 20万円 【X→Y4】 20万円
【36】	医療法人健進会事件 大阪地裁	・Yに雇用されていたXが，休職期間満了による自然退職の効力を争い，労働契約上の権利を有する地位の確認と，Xが職場の上司及び同僚からハラスメント	①地位確認 ②損害賠償請求	300万円	150万円

第6章　パワーハラスメント

			ものであることは明らかであり，Yは使用者責任を負う。 ・事後に上司の謝罪があったとしても，損害額の算定に当たり考慮する事は格別，不法行為に当たらなくなるというものではない。
・男性 ・中途採用 ・重要顧客である機関投資家4つなどの営業責任者 ・職位はディレクター（上から2番目） ・解雇前年（平成21年）の基本年収約2200万円，賞与約1560万円	・証券・投資銀行業務を行う株式会社 ・チューリッヒに本拠を置き550カ国以上に拠点を有する銀行の日本拠点		・業務改善プロセスに則って交付された警告書は，文面も恫喝まがいな点はなく，内容手続とも適法。 ・上司との面談も業務改善プロセスに則ったもの，または業績が判明した際の注意・指導を目的としたもので，職位が高く高給であるのに業績不振のXに対して叱咤の要素を一定程度含むのは自明で，常軌を逸した面談とはいえず違法性はない。 ・Xが業務改善プロセスの目標未達成とはいえ成績改善中であるのに仕事を取上げたことは性急で，Xとしてはどうすれば解雇を含む処分が回避できるか困惑したことは想像に難くなく，その限度で違法。 ・無期限自宅待機命令の発出の事実は認められない。 ・メールアドレス抹消や同僚への解雇発表も，代理人弁護士を立てて復職交渉中であったのだから，もう少し穏便な対処可能でその限度で違法。 ・以上の事情や，Xの地位確認請求が容認されることによる種々の被害回復等，諸般の事情を考慮。
・教務部算数課に所属し，算数の教材作成や各教室における授業を担当 ・平成13年2月の設立以来，Y1の労働者及びその関連会社の労働者で組織される労働組合の執行委員を，平成20年からは書記長を務めている	【Y1】 ・進学教室の経営等を業とする株式会社 ・関西を中心に小学生を対象とする中学受験のための複数の進学教室を開設して運営 【Y2】 ・Y1の教務部算数課課長 ・Xの勤務成績を評価する立場にあった 【Y3】 Y1の総務部部長 【Y4】 Y1の代表者		【X→Y2】 Xの有休申請を撤回させたこと，有休希望日に，合理的理由なく，自己の担当する予定だった業務をXに割り当てたのは，Xが有休申請をしたことへの嫌がらせであり，Xの人格権を侵害するものであること，これによりXがうつ病に罹患したことを考慮。 【X→Y3】 Y1に，Xの有休申請を拒絶できる合理的理由がないことを認識しながら，室長会議にてXには有休申請に問題があるかのような発言をしたことはXの名誉感情を侵害するものであること，これによりXがうつ病に罹患したことを考慮。 【X→Y4】 Xの有休申請に対するY2の対応がパワハラである旨のXの主張が不当であるかのような発言を社員集会で行い，それがXの名誉感情を侵害する意図の下に行われたことを考慮。 【X→Y1】 ・Y2及びY3の不法行為について使用者責任，Y4の不法行為については会社法350条の責任。 ・その他，有休を取得する権利を侵害するY2の発言は違法性の高い不法行為であるにもかかわらず，団体交渉においてY3がY2を擁護する発言を行うなど，Y1には職場環境整備義務違反があった。
・就業場所をBセンターとして，Yに入社 ・B1労組（Bセンター職員の3分の2が加	・大阪府A市に主たる事務所を置く医療法人 ・Bセンター等の医療		・XがB1労組の活動に反する行動を取り，B1労組を脱退したことに対してB1労組の執行委員長Oを中心に行われた説得活動は，OはXが勤務するBセンターの従業員であったこと，いずれの説得活動もBセンター内で就業時間中かそ

	H24.4.13 労判1053-24	を受けたことによりうつ病に罹患（通院日数は不明）し，休業を余儀なくされたなどとして不法行為（使用者責任）又は安全配慮義務違反に基づき損害の賠償を求めた事案。 ・労災申請あり（不支給）			
【37】	南淡漁業協同組合事件 大阪高裁 H24.4.18 労判1053-5 神戸地裁洲本支部 H23.9.8 労判1053-16	YによるXの普通解雇は解雇権を濫用したもので無効であると主張して，①XがYに対し労働契約上の権利を有する地位にあることの確認，②労働契約に基づく未払給与及び賞与の支払，③労働契約に基づく将来分の給与の支払，及び④上記解雇が不法行為に当たり，また，本件解雇処分の前からも意図的な嫌がらせを受け続けてきたと主張して，慰謝料及び弁護士費用の支払を求めた事案。 Xは，控訴審において，未払及び将来分の賞与，未払及び将来分の自販機他管理手当の支払を求める請求を追加した。	①地位確認 ②賃金・賞与請求 ③将来賃金請求 ④損害賠償請求	100万円	0円
【38】	U銀行（パワハラ）事件 岡山地裁 H24.4.19 労判1051-28	・Y1の従業員であったXが，上司のパワハラにより退職を余儀なくされたとして，Y2ないしY4に対し不法行為に基づく損害賠償を請求するとともに，Y1に対しても，Y2ないしY4についての使用者責任を追及し，さらに，Y1が，雇用する労働者の業務の管理を適切に行い，心身の健康を損なうことがないよう注意する義務を負っているにもかかわらず，その注意義務を怠ったとして，不法行為に基づく損害賠償を請求した事案。 ・Xは，平成19年11月16日に身体障害者等級4級と認定され，平成20年12月5日から21年3月13日までの間，不安抑うつ状態により4回通院，平成21年2月，上記不安抑うつ状態とインフルエンザにより欠勤し，同年3月31日付で選択定年退職している。	【X→Y1～Y4】 損害賠償請求	【Y1】 1000万円 【Y2】 300万円 【Y3】 200万円 【Y4】 400万円	【Y1・Y2】 連帯して100円 【Y3】 0円 【Y4】 0円
【39】	エヌ・ティ・ティ・ネオメイトなど事件 大阪地裁 H24.5.25 労判1057-78	Y1に雇用され，その後関連会社であるY2に出向していたXが，Y1による譴責処分，Y2による懲戒処分の無効を主張して処分に基づき減額された賃金等の支払を求めるとともに，Y1，Y2らの従業員（Y3，Y4）から暴力行為を受けたとして，同従業員らに対し不法行為に基づく損害賠償等を，その使用者であるY1，Y2に対し使用者責任に基づく損害賠償等を求めるとともに，Y1に対しては譴責処分について慰謝料の	【X→Y1・Y3】 損害賠償請求（暴行） 【X→Y1】 損害賠償請求（譴責処分） 【X→Y2】 ①賃金請求	【Y1・Y3】 連帯して50万円（暴行） 【Y1】 10万円（譴責処分） 【Y2】 535万円 （内訳）	【Y1・Y3】 0円 【Y1】 0円 【Y2】 0円 【Y2・Y4】 連帯して5万

第6章 パワーハラスメント

入）の方針と相反する行動，最終的にはB1を脱退，I合同労組に加入。	施設等を開設	れに近接する時間内に行われていること，Yの理事長，理事らもB1労組に加入しており，説得活動の場に理事も出席していたことから，説得活動に業務関連性が認められる。 ・Xに対する説得活動は，連日にわたり約45分から約2時間にわたって，X1人に対して複数の人数で行われており，Yの理事会とB1労組が実質的に一体で，Yの経営は実質的にはB1労組が行っているかのような発言がされていることから，XがB1労組から脱退し，I合同労組に加入した状態を続けた場合にはBセンターで就業し続けることが困難となる可能性も示唆され，職場での進退を迫られる状況であったといえ，不法行為に該当。 ・上記不法行為の内容，Xのうつ病が治癒したことを示す証拠が提出されていないこと，本件不法行為は労働組合内部の紛争という側面も有していることなどを考慮し150万円が相当。
・解雇時点でYに勤続21年以上 ・信用業務に関しては「営業店長」と呼称されていた	・漁業協同組合 ・兵庫県信用漁業協同組合連合会から，貯金の入出金，貸付業務の取次等の業務を受託	・Xには，実父F1から義兄F2名義の口座に入金された役員積立返還金をF1名義の口座に振り返るよう依頼され，それまでにもF2の指示がないのに同様の振替を行ったことがあったため，F2の承諾を得ることなく34万余円F2の口座からF1の口座に振り替えた。Xは，当時，F1とF2に諍いが生じていたことを認識していた。 ・Xの行為にはYの職員としての重大な規律違反行為が認められ，これによってYの行う信用業務についての組合員らの信頼を損ねたこと，日常的に他の職員との間で業務上の必要な連絡や連携を拒むことによってYの業務に少なからぬ支障を生じさせており，Y代表者の再三にわたる注意に対しても反発を強めるばかりで一向に改善の見込みがなかったこと等から本件解雇は有効。 ・本件解雇処分の違法・無効を前提とする慰謝料請求は認められない。 ・Yの職員によるXへのいじめも認められない。
・男性（昭和30年生） ・大学卒業後，複数の信用金庫等を経て平成14年7月Y1に入行 ・平成18年4月から約2か月半脊髄空洞症等で入院，同年9月に職場復帰 ・平成21年3月13日Y1に辞表を提出，同月31日付けで選択定年退職	【Y1】 昭和6年11月9日に設立された銀行 【Y2】 Xの平成18年10月1日から平成19年4月30日までの上司 【Y3】 Xの平成19年5月1日から平成19年9月30日までの上司 【Y4】 Xの平成19年12月14日から平成21年3月31日までの上司	【Y1】 Y2の行為について使用者責任が認められる。 【Y2】 ミスをしたXに対し，厳しい口調で，辞めてしまえ，（他人と比較して）以下だ，あほなどといった表現を用いて，頻繁に行った叱責は，健常者であっても精神的にかなりの負担を負うものである。 ・脊髄空洞症による療養復帰直後であり，かつ，同症状の後遺症等が存するXにとっては，さらに精神的に厳しいものであると考えられること，それについてY2が無配慮であったこと。 ・上記事情から，Xが通常に比して仕事が遅く，役席に期待される水準の仕事ができていなかったことを踏まえても，パワハラに該当し，100万円相当。 【Y3】 Xがパワハラに該当すると主張した事実のうち，居眠りを注意したことや書類を貸せと言って取り上げたことについては，勤務時間内や期限内に仕事を終わらせるようにすることも上司として必要で，立場上，多少口調がきつくなったとしても無理からぬとしてパワハラを否定。 【Y4】 Y4の行動は，注意，指導の限度を超えたものということはできないとしてパワハラを否定。
・Y1の従業員 ・Y1に再雇用された後，Y2へ出向	【Y1】 電気等通信設備に関わる調査・設計・保守コンサルタント等を行う株式会社（出向元） 【Y2】 電気通信設備に関わる設備提案，設計等を行う株式会社（出向先）	【Y1・Y3】 Y3がXの腕を取ってXを自席に戻るよう誘導した行為については，Xの上司として仲裁をしたにすぎず，違法性は認められない。 【Y1】 Y1によるXに対する譴責処分，Y2によるXに対する減給処分はいずれも有効であり，これら処分が無効であることを理由とするXの請求には理由が無い。 【Y2】

		支払を，Y2に対しては欠勤処分・出勤停止処分・減給処分，Y2の他の従業員によるパワハラについて慰謝料の支払を請求した事案。	②損害賠償請求（欠勤処分，出勤停止処分，減給処分，パワハラ） 【X→Y2・Y4】 損害賠償請求（暴行）	・欠勤処分：5万円 ・出勤停止処分：20万円 ・減給処分：10万円 ・パワハラ：500万円 【Y2・Y4】連帯して200万円（暴行）	円
[40]	学校法人明泉学園（S高校）事件 東京地裁立川支部 H24.10.3 労判1071-63	学校法人Y1が開設する高等学校の教員ないし元教員であるXらが，Y1ないしY1理事長Y2による立ち番の指示は，指揮命令権の違法な行使ないし濫用であり，Xらの人格権及び団結権を侵害する共同不法行為であると主張し，Yらに対して慰謝料等の支払を求めた事案。	【X1～X10→Y1・Y2】 損害賠償請求	【X1→Y1・Y2】連帯して242万3333円 【X2→Y1・Y2】連帯して270万4999円 【X3→Y1・Y2】連帯して220万7500円 【X4→Y1・Y2】連帯して241万3333円 【X5→Y1・Y2】連帯して248万1665円 【X6→Y1・Y2】連帯して205万2499円 【X7→Y1・Y2】連帯して218万1665円 【X8→Y1・Y2】連帯して236万0833円 【X9→Y1・Y2】連帯して232万3333円 【X10→Y1・Y2】連帯して103万円	【X1→Y1・Y2】連帯して120万円 【X2→Y1・Y2】連帯して150万円 【X3→Y1・Y2】連帯して120万円 【X4→Y1・Y2】連帯して120万円 【X5→Y1・Y2】連帯して120万円 【X6→Y1・Y2】連帯して120万円 【X7→Y1・Y2】連帯して120万円 【X8→Y1・Y2】連帯して120万円 【X9→Y1・Y2】連帯して120万円 【X10→Y1・Y2】連帯して25万円
[41]	スカイマークほか2社事件 東京地裁 H24.11.14	航空機パイロットであるXが，出向労働契約（「本件出向労働契約」）を締結した航空会社であるY1に対し，主位的にY1による解雇が無効であるとして基本給，手当および労働契約の期間満了時	（本訴請求1） 【X→Y1】 ・主位的請求 ①地位確認	（本訴請求2） 【X→Y1・Y2】連帯して200	（本訴請求2） 【X→Y1・Y2】連帯して10万

第6章　パワーハラスメント

	【Y3】 ・Y1の従業員 ・Xの直属の上司（課長職） 【Y4】 ・Y2の従業員 ・Y1を定年退職した後Y2に契約社員として再雇用された	・Y2がXの平成19年7月5日について2時間の欠勤として処理したことは正当な理由があり，何らの不法行為を構成するものではない。 ・Y2による出勤停止処分は合理的理由があり，同処分が無効であることを前提とするXの請求には理由がない。 ・Y2の他の従業員によるXに対するパワハラ行為の存在は認めることができない。 【Y2・Y4】 ・Y4がXに対し，椅子を足蹴にしてXの右足付近に当てた行為及びXの胸ぐらをつかんで前後に揺さぶった行為については，その内容に鑑みれば，精神的苦痛を慰謝するには，金5万円が相当。 ・Y2は使用者責任。	
【X1～X10】 ・教員ないし元教員 ・いずれも労組の組合員	【Y1】 高校，幼稚園，専門学校，短期大学を設置する学校法人 【Y2】 Y1の理事長	・登下校の際のマナー指導及び安全指導の限度を超えて本件立ち番を実施すべき必要性や合理性が乏しく，その指示が不公平なものであったこと，本件立ち番の内容及び態様，Xらが被った肉体的負担及び精神的苦痛，本件立ち番の指示が不当労働行為を構成するものであること，本件立ち番の指示の拒否は訓告など懲戒処分の対象とされ，Xらは昇給等において不利益な取扱いを受けていること，Y2は，本件訴え係属後もXらに対する敵意を隠そうとしなかったことなどを総合すると，Yらの共同不法行為の違法性の程度は著しいものというべき。 ・各Xが違法な本件立ち番の指示により余儀なくされた立ち番の従事回数ないし時間，クラス担任，部活動顧問等などに係るXらについての処遇その他一切の事情を考慮し，Xらの慰謝料額を算定。 ・X2については交通立ち番の回数が最も多いほか退職後まで訓告書を送りつけているという事情があり，X10については交通立番の担当がなく行事立番の時間ももっとも少なかったことのほか他の原告のように手当支給のある業務から外されていないことという事情がある。	
・豪国籍男性（50代） ・米国，豪州，台湾，香港において30年間にわたって航空機のパイロットとして稼働し，	【Y1】 航空運送事業等を目的とする株式会社 【Y2】	（本訴請求2について） Y2は，本件航空機に向かうバスの中において，Xの左上腕部を強くつかんで体ごと引っ張り上げるなどの暴行を加え，1週間の自宅安静が必要な左上腕皮下血腫及び筋肉挫傷の傷害を負わせたところ，Y2は相当強い力でXの腕をつかんだ	

	事件名	事案概要	請求内容	請求額	認容額
	労判1066-5	ボーナス等の支払いを，予備的にY1との労働契約が存在しないとしても，Y1がパイロット等の派遣を目的とする外国会社であるY4との間の有期雇用契約とXとY1間の本件出向労働契約が有効であることを前提として，Y1がY4との間の出向受入契約を合意解除し，Y4にXを解雇させて，Xの賃金等請求権を侵害したことが不法行為であるとして，損害賠償等の支払いを請求した事案（「本訴請求1」）。Y1およびY1の代表取締役であるY2に対し，Y2のXに対する暴行等の不法行為に基づく（Y1については会社法350条に基づく）損害賠償等の連帯支払いを求めた事案（「本訴請求2」）。Y1およびY3に対し，それらの各従業員がXの住居に不法に侵入したとして，使用者責任に基づく損害賠償等の連帯支払いを求めた事案（「本訴請求3」）。Y4との間の雇用契約が職安法44条および労基法6条に違反すると主張して，上記契約が無効であることの確認を求めた事案（「本訴請求4」）。	②賃金請求・予備的請求③損害賠償請求（本訴請求2）【X→Y1・Y2】損害賠償請求（本訴請求3）【X→Y1・Y3】損害賠償請求（本訴請求4）【X→Y4】雇用契約無効確認	万円（本訴請求3）【X→Y1・Y3】連帯して50万円	円（本訴請求3）【X→Y1・Y3】0円
【42】	C社事件 大阪地裁 H24.11.29 労判1068-59	Xが，(1)Y1の代表者であるY2からパワハラを，(2)Y1の従業員であるY3からセクハラを，それぞれ受けたとして，不法行為に基づき，Y1及びY2，そしてY1及びY3に対し，それぞれ連帯して慰謝料の支払（なお，Y1に対しては，いずれも債務不履行に基づく請求を選択的に併合），(3)⑦Y1から不当に解雇されたとして，不法行為に基づき損害賠償，⑷労働契約に基づき，平成22年1月から平成23年6月までの法定時間外等労働の割増賃金請求の各支払を求めた事案。	【X→Y1・Y2】損害賠償請求【X→Y1・Y3】損害賠償請求【X→Y1】①損害賠償請求②時間外割増賃金請求	【X→Y1・Y2】連帯して100万円【X→Y1・Y3】連帯して100万円	【Y1・Y2】連帯して30万円【Y1・Y3】連帯して30万円
【43】	第一興商(本訴)事件 東京地裁 H24.12.25 労判1068-5	Xは，Yの正社員として勤務していたところ，上司らから仕事を与えられず，嫌がらせを受けたり暴言を浴びせられるなどした上，精神的に追い詰まれて視覚障害を発症し，休職に追い込まれた結果，休職期間満了により自動退職という扱いになったと主張して，Yに対し，雇用契約上の地位確認並びに不当に低い評価を受けていた期間中の差額賃金及び上記自動退職後の賃金の支払を求めるとともに，Yにはその従業員らによる不法行為を漫然と放置した等の安全配慮義務違反とし，不法行為があるとして，Yに対し，損害賠償を請求した事案。	①地位確認②差額賃金請求③賃金請求④損害賠償請求	2000万円	0円
【44】	全国建設厚生年金基金事件 東京地裁 H25.1.25 労判1070-72	Y1に雇用されていたXが，Y1から通勤手当の不正受給を理由に諭旨退職処分を受けたため，諭旨退職処分が無効であるとして，Y1に対し，地位確認，未払賃金を請求するとともに，Y1の専務理事であるY2及び同常務理事であるY3において，諭旨退職処分に至る経緯その他のXに対する言動が不法行為を構成するとして，Y2及びY3に対しては不法行為（民法709条）に基づき，また，Y1に対しては使用者責任（同法715条）に基づき，損害賠償を請求した事案。	【X→Y1】①地位確認②賃金請求③損害賠償請求【X→Y1～Y3】損害賠償請求	【X→Y1】連帯して200万円	【Y1～Y3】0円（内訳）・諭旨退職：0円・パワハラ：0円

第6章　パワーハラスメント

機長としても豊富な経験あり	Y1の代表取締役【Y3】航空機の乗組員，整備士等人材の派遣等の航空機産業向け支援サービスの開発・営業等を目的とする株式会社【Y4】パイロット等の派遣を目的とする外国会社		ことが推認されるし，Xの部下らの同乗するバスの中で，正当な理由なく，Xを罵倒してその腕をつかんで座席から引きずり出すという行為態様は，機長としてのXの誇りを傷つけるものである。他方，Xの受けた暴行は1回限りのものであり，受傷の程度も軽く，受診回数も1回にとどまったこと，Y1において勤務を継続すれば得られたであろう本件賃金等については，Y1に対して別途支払を命じていること等を考慮。 (本訴請求3について) Y1・Y2の従業員が，Xと全く連絡がとれない中，Xの居住の有無を確認しようとしたものであり，その目的自体が不当とはいえず，態様も玄関内に半歩ほど立ち入ったが，Xの警告を受けたため，居室から退去したという程度のものであり，立ち入りによるXの占有権侵害の程度は僅かなものであり，Xには格別の実害も生じていないため，違法性はない。
・女性（Y2とは高校の同級生） ・平成21年のY1設立時から基本給月額23万円で正社員として雇用 ・平成22年7月から同年9月まで同月額20万円に減額	【Y1】 ・不動産の売買，賃貸，管理及び媒介等を業とする株式会社 ・役員Y2・Y3含め3名，営業担当者5～10名，事務職X含め3名 【Y2】 Y1代表取締役 【Y3】 Y1専務取締役		【Y1・Y2】 ・Y2から「アホ」「カス」「死ね」「鬱であろうが，何であろうが，お前のことは追いこんでやる」などの暴言を受けたとのXの主張は主要な点について認めることができるとした上，違法なパワハラであるとし，慰謝料額については，その態様など諸般の事情を考慮して算定。 ・Xは，パワハラ行為によって円形脱毛症になったと主張し，裏付けとして診断書を提出するが，直ちに相当因果関係を認めるには足りない。 【Y1・Y3】 Y3から解雇を持ち出されて交際を迫られたなどのXの主張を認めることができるとした上，違法なセクハラであるとし，慰謝料額については，その態様など諸般の事情を考慮して算定。
・男性（昭和49年生） ・平成11年，総合職としてYに採用 ・平成14年，総務部法務室に異動 ・平成17年，特販営業部営業二課に異動 ・平成19年，DSサービス部管理課に異動	・業務用カラオケ機器賃貸・販売業並びに「ビッグエコー」というカラオケルームを運営するJASDAQ上場会社 ・従業員数約1580名		Yの従業員（上司等）から継続的に暴言を浴びせられたり，嫌がらせを受けた旨のXの供述については信用することができず，他に，Xの主張を認めるに足りる的確な証拠は存しないとして，X主張にかかるYの従業員（上司ら）による不法行為の事実を否定。
・勤続期間20年超 ・元々課長補佐だったが，係員に降格	【Y1】 ・建設業に従事する者を加入対象者とする厚生年金基金 ・従業員数は約20名 【Y2，Y3】 Y1の理事		【諭旨退職処分について】 諭旨退職処分を受けるに至るまでにはXにも相応の帰責事由があるのであって，少なくとも，本件処分につき，これが無効であることによりその後の不就労期間の賃金が填補されることとなることを前提として，さらに慰謝料等の請求を認めるべき程の不法行為法上の違法性があるとまでは認められない。 【パワハラ】 (離席に関する指摘について) Xの離席についてY2が注意をした事実は認められるが，不法行為を構成するほどの態様でXを非難し続けた事実は認められない。 (喫煙時間の記載指示について) Xだけではなく他の者も記載しているとして，Xに対する嫌がらせ目的はない。

【45】	ザ・ウィンザー・ホテルズインターナショナル（自然退職）事件 東京高裁 H25.2.27 労判1072-5 東京地裁 H24.3.9 労判1050-68	・本件は，Y1から休職期間満了による自然退職扱いとされたXが，Y2から飲酒強要等のパワハラを受けたことにより精神疾患等を発症し，その結果，治療費の支出，休業による損害のほか多大な精神的苦痛を受けたと主張して，Yらに対し，不法行為（Y1については更に労働契約上の職場環境調整義務違反）に基づく損害賠償金の連帯支払を求めるとともに，上記精神疾患等は業務上の疾病に該当するなどとして，休職命令及びその後の自然退職扱いは無効である旨主張して，Y1に対し，労働契約上の権利を有する地位にあることの確認及び上記自然退職後の賃金の支払を求めた事案。 ・Xは控訴審において，Y1に対し，予備的請求として，安全配慮義務違反により賃金請求権を喪失したことによる損害賠償請求を追加した。	【X→Y1】 ・主位的請求 ①地位確認 ②賃金請求 ・予備的請求 損害賠償請求 【X→Y2】 損害賠償請求	【Y1・Y2】 不明 （治療費，休業損害を含めて総額で477万1996円）	【Y1・Y2】 連帯して150万円

<解説>

1 慰謝料請求が認容された割合

　本調査の対象となった平成15年1月～平成25年12月の労判において，パワーハラスメント（以下，「パワハラ」という。）に関連して慰謝料請求がなされた事例は，別紙一覧表のとおり，45件であった。そのうち，慰謝料請求が認容された事例は28件である。

2 慰謝料請求が認容された事例・認容されなかった事例の傾向

　パワハラとは，同じ職場で働く者に対して，職務上の地位や人間関係などの職場内の優位性を背景に，業務の適正な範囲を超えて，精神的・身体的苦痛を与える又は職場環境を悪化させる行為をいい，上司から部下に行われるものだけでなく，先輩・後輩間や同僚間，さらには部下から上司に対して様々な優位性を背景に行われるものも含まれるとされる（厚生労働省「職場のいじめ・嫌がらせ問題に関する円卓会議ワーキング・グループ報告」平成24年1月30日公表）。

　パワハラの加害者に対する慰謝料請求が認容されるためには，まず，①被害者の主張するパワハラ行為の存在が認められ，②当該行為が違法性を有し不法行為に該

第6章 パワーハラスメント

		（人事上の取扱いについて） Xに対してのみ行ったものではないとして不法行為が成立するほどの違法性はない。 （診断書の提出要求について） 仮病の可能性を考慮した上で，病状確認のため提出を求めることは一定の合理性がある。
・平成20年3月，Y1との間で，期間の定めのない雇用契約締結（年俸500万円，月額賃金35万7200円） ・結婚式等の営業務担当 ・アルコール飲用は禁忌であると診断されている	【Y1】 ・洞爺湖に所在するホテルの運営会社 ・資本金1億6500万円 ・従業員数約300名 【Y2】 営業部次長でXの上司	・飲酒強要行為は，Xが仕事上の失敗もあり上司であるY2からの飲酒要求を拒絶し難いこと，Xが酒に弱いことを知りながら飲酒を強要したものであって，これによって，Xは多大な不快感及び体調の悪化をもたらされ，Xの受けた肉体的・精神的苦痛は軽視することができない。また，Xの本件長期欠勤に間接的な影響を与えた可能性もある。 ・体調の悪いXに短時間とはいえ自動車運転を強要したことは，社会通念上も許される行為ではない。 ・「私，怒りました。明日，本部長のところへ，私，辞表を出しますんで」等の怒りをあらわにした留守電への録音行為は，深夜にXを不安に駆り立てる目的で行ったものといわざるを得ず，これによってXは大きな不安にさいなまれた。もっとも，Y2は，その後，この件につきXに謝罪しており，この点を慰謝料額において斟酌。 ・「ぶっ殺すぞ」との留守電への録音行為は，社会的相当性の範囲を大きく逸脱しており，これによってXに生じさせた精神的苦痛は大きい。さらに，留守電後，Y1において，XとY2の指揮命令関係を解消させたものの，両名を隔席のまま数か月にわたり放置し，Xに精神的苦痛を増大させた。

当すると評価される必要がある。

　使用者に対する慰謝料請求が認容されるには，上記①及び②が認められるほかに，パワハラ行為に対する職場環境配慮義務違反（債務不履行・民法415条）や使用者責任（不法行為・民法715条），またはパワハラの発生を防止しなかったことに対する使用者固有の不法行為責任（民法709条）が認められる必要がある。

(1) 認容された事例

　ア　加害者本人

　　パワハラ事案の場合は，加害者である上司の部下に対する業務上の指導，叱咤激励等の目的であると主張される場合が多く，他の従業員の面前で行われることが多い（この点で，セクハラ事案の場合と異なる。）。そのため，パワハラが問題となる事案では，上記①の行為の存否よりも，②の当該行為が違法性を有し不法行為と評価できるか否かが問題となることが多い。

　　本調査の対象とした裁判例にも，行為の存在自体にはさほど争いはなく，当該行為が違法となるかどうかが争点となった事例が多く存在した（【4】【6】【9】【20】【28】【34】など）。

　　当該行為が違法性を有し不法行為と評価されるか否かについては，海上自衛隊佐世保地方総監部（隊員自殺）事件（福岡高判平成20年8月25日判時2032号52頁）が，他人に心理的負荷を過度に蓄積させるような行為は，原則として違

法であるというべきであり，例外的に，その行為が合理的理由に基づいて，一般的に妥当な方法と程度で行われた場合には，正当な職務行為として，違法性が阻却される場合があるとしており参考になる。判断要素としては，行為の態様，行為者の職務上の地位や年齢，当事者の関係性，行為が行われた場所，行為の反復・継続性，被害者の対応等に加え，職務内容や能力なども考慮されることになると思われる。

具体的には，殴打，蹴り，胸ぐらをつかむ等の暴行の事実が認められた事例は違法性が認められ，慰謝料請求が認容されている（【10】【27】【28】【39】【41】など）。

また，暴行を伴わなくても，「こんなやつよう雇ったなぁ」「まだおんのか」「この百姓が」（【13】），「嘘つきだ」と強く申し向ける（【16】），「辞めてしまえ」「アホ」（【38】），「カス」「死ね」（【42】）など，罵倒・暴言の事実が認められた事例についても違法性が認められ，慰謝料請求が認容されているものが多数見受けられる。さらに，執拗な嫌がらせやいじめの事実が認められた事例（【1】【2】【7】【28】）や，過酷な業務を行わせた事例（【4】【15】【17】【40】）についても慰謝料請求が認められた事例が散見される。

その他にも，業務指示を与えない（【6】），退職の強要（【12】），外国人労働者からパスポートを取り上げる（【33】），有給休暇の申請を撤回させる（【35】），飲酒の強要（【45】）など，パワハラに対する慰謝料請求が認容された事例は多岐にわたる。

イ　使用者

本調査の対象とした裁判例においても，加害者と使用者を共同被告とした事例では，ほとんどの事例で使用者責任（民法715条）が認められている。

【17】では，雇用契約上の付随義務として信義則に基づく勤務管理義務及びパワハラ防止義務としての安全配慮義務違反による慰謝料請求，または，民法709条の不法行為に基づく慰謝料請求が認められ，使用者責任ではなく使用者固有の責任が認められている。もっとも，上記【17】については，原告が使用者責任を主張していないという事情がある。

(2) 認容されなかった事例

慰謝料請求が認容されなかった事例においては，①被害者の主張するパワハラの事実が認められなかった事例（【5】【21】【22】【26】【29】【30】【37】【43】など）と，②事実の存在は認められても，加害者とされる者の言動に一定の合理性が認められ，不法行為を構成するほどの違法性が認められないとされた事例（【3】【11】【14】【18】【19】【25】【32】【38】【44】など）とに大別される。

①の類型では，被害者と加害者の供述が対立し，供述と客観的証拠との整合性や供述の一貫性，供述の変遷の合理的理由の有無，供述内容の合理性・具体性などから，被害者供述と加害者供述のどちらの信用性が優るかが判断された結果，被害者供述の信用性が否定され，または被害者供述の信用性を否定まではしていないものの被害者における事実の立証が不十分とされた結果，パワハラ行為の存在が否定されている。

②の類型では，前記(1)アの判断要素などを総合的に考慮し，いずれも違法性を有するものとはいえないと判断されているが，特にパワハラの事例の場合は，部下に能力不足や反抗的態度があったなどの事情が認められることもあり，どの程度であれば適切な指導，叱咤激励といえるかが問題となっている。

(3) 小括

パワハラ事案については，上記のとおり，セクハラ事案に比べ，行為の存否よりも行為の不法行為該当性が問題となる場合が多い。この場合，他人に心理的負荷を過度に蓄積させるような行為は原則として違法であるが，例外的に，その行為が合理的理由に基づいて，一般的に妥当な方法と程度で行われた場合には，正当な職務行為として違法性が阻却される場合があるとされ，業務の適正な範囲を超えているかどうかが問題となる。この点，暴行，暴言，執拗な嫌がらせ等，社会通念上許容される態様を超えていれば，指導の範囲を超えるといえ，慰謝料請求が認容されている。一方で，被害者が主張する事実のうち，一部ないしは全部が存在しないとされた事例も散見されるところ，このような事例では，被害者の供述以外の証拠による裏付けが特に重要となる。

3 認容額の傾向

(1) 認容額の分布

慰謝料請求が認容された事例における認容額の最低額は5万円（【39】）であり，最高額は1000万円（【7】）であった。分布は以下のとおりであり，10万円超～50万円以下及び100万円超～150万円以下の件数が多くなっているが，10万円超～50万円以下については，使用者が，外国人研修・技能実習制度に基づき来日していた外国人のパスポートや通帳を保管し，移動の自由に多大な制約を加えたという事例（【33】）において，5人の労働者が含まれており，また，100万円超～150万円以下については，高校の教員ないし元教員が立ち番指示について慰謝料を請求した事例（【40】）で，原告10人中9人の請求がこの範囲で認容されていることが件数に影響している点にご留意いただきたい。

（単位：万円）

認容額	10以下	10超50以下	50超100以下	100超150以下	150超200以下	200超
件数	7	12	7	17	1	4

(2) 高額事案の傾向

ア 最高額の1000万円が認められた【7】は，いじめにより自殺をした事案である。被告において自殺することまで予見できなかったとして，死亡慰謝料は否定されたものの，その結果につながる長期間にわたる執拗ないじめや，21歳の若さで自殺に追い込まれたことを考慮の上，高額な慰謝料が認容されている。

　【28】では，先輩自衛官による複数回にわたる暴行・恐喝が自殺の原因になったとして（自殺との相当因果関係は否定）400万円が認容されているところ，本調査の対象外であるため前記分布表には含まれていないが，控訴審（東京高判平成26年4月23日労判1096号19頁）においては，第一審を取り消し，加害者及び上司職員らは被害者の自殺を予見することが可能であったと認めるのが相当と判示し，被害者本人の慰謝料として2000万円，被害者の両親固有の慰謝料として各100万円が認容されている。

イ 500万円が認められた【9】は，被害者が約2年半の休職を余儀なくされたことなどのほか，被害者が逸失利益について慰謝料とは別の損害として明示的な主張をしていなかったことから，慰謝料算定の上で逸失利益の存在が考慮されたなどの特殊な事情もあり，高額な慰謝料が認容されている。

第6章　パワーハラスメント

ウ　300万円が認容された【23】では、パワハラ行為によりストレス性うつ病を発症した事情がある。

その他、精神疾患となり医師から1か月の自宅療養を要する状態と診断された【15】で150万円が認容されている。また、うつ病との診断を受け数か月にわたり医師によるカウンセリングを受けた【1】でも150万円が認容されているが、この【1】の150万円には不当解雇に対する慰謝料も含まれている。

エ　以上のとおり、自殺に追い込まれるほどパワハラの程度が重い事案や、パワハラ行為が原因で精神疾患等を発症した事案では、比較的高額な慰謝料が認容される傾向が見られ、また明示的に主張がなされていない逸失利益を考慮したことで慰謝料が高額になった場合も見られた。

(3) **低額事案の傾向**

暴行・暴言等があった場合であっても、その継続性を欠き、負傷の程度や精神的損害も軽い事案（【4】【13】【39】【41】等）では、認容額は5万円〜20万円など低額にとどまる傾向がある。

また、2(2)記載のとおり、パワハラ事例の場合は、部下に能力不足や反抗的態度があったなどの事情が認められることがあるところ、指導・叱責等が社会通念上の許容範囲を超えパワハラには該当するものの、被害者側の態度等にも問題があったと認められる場合にも、認容額が低額にとどまる傾向が見られる（【2】【4】【8】【20】等）。

なお、上記(2)のとおり、逸失利益が明示的に主張されていなかった点を考慮して慰謝料が高額になった事案（【9】）がある一方、逸失利益の賠償が認められたこと等が考慮され、精神的損害については否定された事例もあった（【10】）。

4　聴き取りのポイント

(1) **パワハラ行為の概要について**
・暴力、暴言、いやがらせ等の加害行為の態様及びその内容
・パワハラが行われていた期間、回数
・加害者・被害者の地位・関係・年齢
・加害行為が行われた場所

・加害者がパワハラに至った事情（業務上の指導との関連性・合理性の有無，被害者側に非がないか等の被害者の対応等）
(2) **パワハラ行為の存否**について
　　パワハラを裏付ける証拠の有無（録音・録画，継続的に記載してある日記・手帳，当事者間のメール，目撃者等の第三者など）
(3) **被害者に生じた事情**について
　・パワハラによる傷害や精神疾患，受診の有無・内容，通院期間
　・勤務への影響（休職，退職に至ったか）
　・被害者の職務内容や能力
(4) **使用者責任**について
　・勤務先のパワハラ予防のための環境整備（研修，被害対応部署の有無等）
　・勤務先の被害対応（事実調査の有無・内容，加害者の処分，再発防止策等）

第7章
セクシュアルハラスメント

<判例紹介>

No	事件名 裁判所 判決年月日 出典 審級関係	事案の概要	請求 （訴訟物）	慰謝料 請求額	慰謝料 認容額
【1】	岡山セクハラ（リサイクルショップA社）事件 岡山地裁 H14.11.6 労判845-73	Y3が経営するブランドバッグや洋品等のリサイクルショップである岡山市A町所在のA町店（以下「A町店」という。）に勤めていたXが、Y1から、いわゆるセクシュアルハラスメント行為（以下「セクハラ行為」という。）を受けて深刻な心身症となり、Y2からも、セクハラ行為を受け、外傷後ストレス障害（以下「PTSD」という。）になり、更にY3から不当に解雇されたことによって精神的苦痛を被ったとして、Y1及びY2に対し、不法行為に基づいて、Y3に対し、Y1及びY2の行為についての使用者責任ないし債務不履行及び不法行為に基づいて、それぞれ損害の賠償を求めた事案。	【X→Y1～Y3】 損害賠償請求	【X→Y1～Y3】 （セクハラに対して） 連帯して1000万円 【X→Y3】 （雇止めに対して） 100万円	【X→Y1・Y3】 （セクハラに対して） 連帯して50万円 【X→Y2】 （セクハラに対して） 100万円 【X→Y3】 （雇止めに対して） 0円
【2】	N市（大学セクハラ）事件 名古屋地裁 H15.1.29 労判860-74	（本訴事件） Xが、調査旅行の際、ホテルのY1の部屋で、性的関係を望むような言動を行うことによるセクハラ行為があったと主張して、Y1Y2に対し損害賠償を請求した事案。 （反訴事件） XがY1のセクハラ行為を告発する内容の文書送付とマスコミ報道等に関し、Y1が名誉毀損を主張して、Xに損害賠償を請求した事案。	（本訴請求） 【X→Y1・Y2】 損害賠償請求 （反訴請求） 【Y1→X】 損害賠償請求	【Y1,Y2】 連帯して400万円	【X→Y1】 0円 【X→Y2】 100万円
【3】	東京セクハラ（破産出版会社D社）事件	Xが勤務していた破産会社において、Xの上司であったY2によるセクハラ行為があったこと及びXがY2の行為につ	【X→Y1】 ①破産債権確定請求	【X→Y1・Y2】 各300万円	【X→Y1・Y2】 各100万円

120

第7章　セクシュアルハラスメント

労働者等の属性（性別・ポジション・収入等）	使用者等の属性（会社規模等）	算定の理由
【X】 ・女性 ・32歳で採用 ・8か月間の有期雇用契約 ・Y3の経営するリサイクルショップA町店において、初めは副店長、約1か月経過後店長として勤務	【Y1】 A町店の管理運営の総括責任者 【Y2】 A町店を含むY3の新規事業4業種の総括をしていた新規事業推進部部長 【Y3】 コンピューターゲームソフト等のフランチャイズチェーンショップの運営、育成、玩具の販売等を業とする株式会社	【Y1】 ・腰に手を回す、膝の上に座る、Xの飲みかけのジュースを飲む、「好きもの」などと発言する、自分の下着を見せる等のセクハラ行為を行った。 ・Y1の行為がA町店という女性であるXのみ又はXと訴外Bしかいない小さな店内又は店の奥の従業員用の部屋で、勤務時間中、反復継続して、Xの抗議や回避行動にもかかわらず何度も行われたことからすれば、その態様、反復性、行為の状況、XとY1の職務上の関係等に照らし、客観的に社会通念上許容される限度を超えた性的不快感を与える行為である。 ・Xが、毎日ないし1日おきに、体の不調を訴えて通院していたことから主観的にもY1の行為を不快なものと感じていたと認められる。 ・行為の態様、回数、継続された期間、その後のXの態様等を考慮。 【Y2】 ・体調のすぐれないXとともに飲酒した後、Xのマンションの部屋に入り、後ろから抱きつき、Xが、止めてください、と言って抵抗したにもかかわらず、Xにキスをし、同人を押し倒して抵抗する同人を押さえつけて体を触り、スカートを膝の上までまくり上げて下着の中に手を入れ、同人の膣内に指を挿入したこと。 ・Xは、Y2の行為によるPTSDとの診断を受けた。 ・行為の態様、その後のXの態様等を考慮。 【Y3】 ・Y2の行為はY2の個人的な行動であり、職務を行うにつきなされたとはいえず使用者責任を負わない。 ・Xの雇用契約が更新されたとは認められず、Y3の再雇用の拒絶を労働基準法19条に違反する解雇と認めることはできないため、Y3は、再雇用の拒絶につき、不法行為責任を負わない。
・Y1の海外調査旅行のための秘書兼雑用係	【Y1】 市立大学の教授（男性） 【Y2】 市	Y1がXをホテルの部屋に招き入れ、鍵をかけようとしたことや、バイアグラを事前に服用していたこと、性的関係を望む言動を繰り返したこと、XはY1の秘書として雇用されることについて、期待権を侵害されたこと等を考慮して算定。ただし、国家賠償法が適用される場合であるから、Y2のほかにY1が個人責任を負うものではない。 一方で、Y2独自の責任としての予防義務等については違反がないとした。 反訴については、Xによる文書送付やマスコミ発表は、被害の申告という正当な目的によって行われた以上、事実無根の誹謗中傷とは言えないとされ、棄却された。
・女性 ・退社済	【Y1】 一般書籍の出版を業とする出版社が破産した	Y2がXについて「ストーカーじゃないか」等と発言し、また、Xの試用期間終了間際において、Xの評価の低下を意図する内容の発言を繰り返したため、Xの名誉感情、プライバ

121

	事件名	事案の概要	請求内容	請求額	認容額
	東京地裁 H15.7.7 労判860-64	いて会社に対し善処を求めたにもかかわらず、会社はこれを放置したことを理由として、Y2に対して、損害賠償を請求し、名誉毀損の回復手段として謝罪文の交付を請求するとともに、Y1に対して、損害賠償請求権を有することの確定を求めた事案。また、Xは、会社に対し、入社時に身元保証人が差し入れた身元保証書の返還もあわせて請求した。	②身元保証書の返還請求 【X→Y2】 ①損害賠償請求 ②謝罪文請求		
【4】	A市職員（セクハラ損害賠償）事件 横浜地裁 H16.7.8 労判880-123	Yの公務員であるXが、同じくYの公務員である上司の係長から違法なセクハラに当たる行為をされ、当該行為に関するXの苦情申出に対する担当者である職員課長や市長が適切に対応せず、その対応に違法な義務違反があり、Xはこれらの違法行為によって重大な精神的損害を被ったと主張して、Yに対し、損害賠償を請求した事案。	損害賠償請求	330万円	200万円
【5】	下関セクハラ（食品会社営業所）事件 広島高裁 H16.9.2 労判881-29 山口地裁下関支部 H16.2.24 労判881-34	職場内で上司からセクハラを受けたとして、被害女性が、夫とともに、上司及び使用者に対し、不法行為（民法709条）に基づく損害賠償として、慰謝料及び弁護士費用を請求した事案。	【X1・X2→Y1】 損害賠償請求 【X1・X2→Y2】 損害賠償請求	【X1・X2→Y1】 各150万円 【X1・X2→Y2】 各50万円	【X1→Y1】 130万円 【X1→Y2】 50万円 【X2→Y1・Y2】 いずれも0円
【6】	青森セクハラ（バス運送業）事件 青森地裁 H16.12.24	・Xが上司の立場にあったY1からセクハラ行為を執拗かつ継続的に受けていたにもかかわらず、Y2ではXからセクハラ行為によって被害を受けている旨の申告を受けながら何ら防止策や抑止策を講じず、Y1の行為を野放しにしたためXは退職することを余儀なくされたもので	【X→Y1】 損害賠償請求 【X→Y2】 損害賠償請求	【Y1・Y2】 連帯して1000万円	【Y1・Y2】 連帯して200万円

第7章　セクシュアルハラスメント

X	Y		判旨
	ことに伴い就任した破産管財人 【Y2】 ・東京編集長 ・Xの上司		シー権その他の人格権を侵害したものであり，その態様，違法性の程度から算定された。 なお，謝罪文請求については金銭によって慰謝されているため棄却され，身元保証書の返還請求は認められた。
・女性 ・常勤職員 ・勤続3年 ・総務部所属		市	Xの上司の係長がXに対し，懇親会の席で「早く結婚しろ。」，「子供を産め。」，「結婚しなくてもいいから子供を産め。」などと発言したり，記念撮影を行った際，「ここ座れ，早く座れ。」と言って自分の膝の間を空いた手で指して笑い，Xを引き倒すようにして座らせ，Xの両手首をつかんで自分の方へ引き寄せ，「不倫しよう。」と言ったなどの一連の行為により，Xが著しい精神的苦痛を被ったこと，苦情・相談窓口の責任者らの違法行為（適切な対応をしない不作為）も加わって，精神的に追い詰められて孤立した状態になったこと，Xが激しい屈辱感と悲しみにおそわれ続け，対人関係にも支障を来し，身体的にも何日も腹痛が続き，係長の声が聞こえたり近くを通ったりするだけで頭がのぼせ吐気がこみ上げてくるような状態にまで至ったこと，Xが被った精神的損害は，日々勤務する職場において本来Xを保護指導すべき立場の職員からXの個人としての尊厳を踏みにじられるという重大なものであったこと等を考慮した。
【X1】 ・平成6年11月Y2に雇用，平成13年7月31日退職 ・女性（43歳） ・準社員（契約社員） ・一般事務 【X2】 X1の夫	【Y1】 ・平成10年10月から平成13年5月31日まで北九州地域及び中国四国地方の支店及び営業所等を統括する職 ・X1の上司 【Y2】 ・食品製造会社 ・X1の他に女性従業員なし		【X1→Y1】 ・十数回にわたり卑猥なメールを送信し，一部は自身の性器に関する露骨な描写を含むものであったこと，勤務時間中，職務内で，他の従業員の不在に乗じ，X1に抱き付き胸を触るなどした上，度々ホテルに誘い，X1がやむなく了承し性交渉を持ったこと，自身の性器を露出して見せ，逃げようとするX1に抱き付き業務机に押し倒すなどしたことが不法行為に該当する。 ・上記行為の内容，程度に鑑み，悪質かつ執拗で権利侵害の度合いは相当高い。 【X1→Y2】 良好な職場環境を整備すべきであったのに行わなかった不作為の程度や内容（Yは公的機関から具体的指摘を受けてセクハラ防止策を講じたが不十分でその後もセクハラがあったこと，最終的にはY1を懲戒処分としているが，指摘があった時点で社内に相談窓口を設置したり，セクハラの加害者には懲戒処分もあることを告示するなどする適切な措置を講じていれば本件のような事態にはならなかったと推認されることなど），Y1のセクハラの内容，Y1の地位，Y2による事後的対応等を考慮。 【X2】 ・セクハラは，性的領域における自己決定権を侵害するが故に違法との評価を受ける性質上，被害を受けた特定個人を救済の対象とすべき筋合いといえ，仮に配偶者が当該行為により不快の念を抱いたとしても，それ自体をもって不法行為上の被侵害利益に当たるとは解されず，その慰藉は被害者自身の権利救済を通じて実現すべき。 ・Y2に対し不貞の第三者として慰謝料支払いを求める趣旨としても，最も保護されるべきセクハラの被害者が，加害者と共同不法行為の関係に立つことを是認するような法解釈が正当とは解し難く，本件で，配偶者が第三者と不倫関係を結んだ事案と同一視すべきではなく，婚姻共同生活の平和の維持という権利又は法的保護に値する利益の侵害が生じたものとは認められない。
・既婚女性（昭和27年生） ・会計係として入社後，業務部，営業部等を経て，平成14年12月20日付で満50歳で退職	【Y1】 ・既婚男性（昭和25年生） ・Y2のNo.3 【Y2】 ・乗合旅客自動車運送，		Y1の行為（ラブレターといって手紙を渡した，呼び出しては「好きだ。好きだ。」と連発した，出張先でXの部屋に押し入り，Xを押し倒して無理矢理上半身の下着を剥ぎ取り力ずくで乳房を触ったり，抱擁したりした，労働組合からセクハラ行為をやめるよう注意をしても，週に1回位，すくなくとも月2から3回の割合でセクハラ行為を続けたなど）が自己中心的な行為として強い非難に値するものであること，平成

	事件名	事案の概要	請求内容	請求額	認容額
	労判889-19	あり，人格権や快適な職場環境の中で就労する権利を侵害されたとして，Y1に対しては不法行為責任を，Y2に対しては不法行為責任又は債務不履行責任を主張し，損害賠償を請求した事案。 ・Xは配置転換され，主任の肩書を外され平社員にされた後，Y2を退職した。			
【7】	S社(派遣添乗員)事件 東京地裁 H17.1.25 労判890-42	旅行ツアーの派遣添乗員であったXが，派遣先会社(A社)の社員であるY1に対しセクハラ等(キスをされた，乳房を直接触られた，右耳をなめられ尻を触られた，強引にホテルに連れ込まれた，口淫させられたなど)による不法行為に基づく損害賠償を求めるとともに，派遣元会社であるY2に対し職場環境配慮義務違反及び不当解雇不法行為に基づく損害賠償を求めた一方で，Y1がXに対し，不当訴訟等による不法行為に基づく損害賠償を求めた事案。	(本訴請求) 【X→Y1】 損害賠償請求 【X→Y2】 損害賠償請求 (反訴請求) 【Y1→X】 損害賠償請求	(本訴請求) 【X→Y1】 500万円 【X→Y2】 100万円 (反訴請求) 500万円	(本訴請求) 【X→Y1】 0円 【X→Y2】 15万円 (反訴請求) 0円
【8】	日本郵政公社(近畿郵政局)事件 大阪高裁 H17.6.7 労判908-72 大阪地裁 H16.9.3 労判884-56	・Xは，本件郵便局内において，本件郵便局総務課課長代理の42歳のY1から，セクハラ(パトロール中ノックせずに浴室の扉を2度にわたり開けた)を受けたこと，Xが本件郵便局及び近畿郵政局に対してしたY1のセクハラ行為に関する申し立てに対し，本件郵便局及び近畿郵政局の職員が適切な対応をしなかったことから，これらの行為により，外傷性ストレス障害(PTSD)ないし適応障害の症状を発症したとして，Xが，Y1に対しては不法行為に基づき，Y2に対しては国家賠償法1条1項又は雇用契約上の義務違反を原因とする債務不履行に基づき損害賠償を求めた事案。 ・第一審は，XのPTSD又は適応障害罹患は認めないものの，上記違法行為により精神的損害を被ったとして慰謝料10万円を認め，その余の請求を棄却したため，Y1が原判決のうちXのY1に対する請求を一部認容した部分を不服として控訴。	【X→Y1・Y2】 損害賠償請求	【X→Y1・Y2】 連帯して 1000万円	【X→Y1】 0円 【X→Y2】 0円
【9】	A社(総合警備保障業)事件 神戸地裁尼崎支部 H17.9.22 労判906-25	(本訴) 期間の定めのある労働契約の期間の経過により労働契約が終了した旨を主張するYがXに対しXがYの従業員たる地位を有しないことの確認を求めた事案。 (反訴) 期間の経過によってはXとYとの労働契約が終了していない旨を主張するXがYに対しYの従業員たる地位を有することの確認を求めるとともに，労働契約が法定更新されていることを前提とした未払賃金を請求し，Yが職場内のセクハラ行為の是正を行わなかったこと等による慰謝料を請求した事案。	(本訴請求) 【Y→X】 地位不存在確認 (反訴請求) 【X→Y】 ①地位確認 ②賃金請求 ③損害賠償請求	300万円	0円
【10】	社団法人K事件 神戸地裁 H17.9.28 労判915-170	Xが，雇用契約の解除は解雇権の濫用にあたるし，契約期間中に検査員からセクハラ(無断でロッカーを開ける，不必要に接近して髪をさわる，襟元やペンダントをさわろうとする，個人的な電話の通話相手に執拗に関心を示す，路上で配布されたわいせつなチラシを見せる)を受けたとして，①雇用契約上の権利を有する地位にあることの確認や②損害賠償を求めた事案。	①地位確認 ②損害賠償請求	1000万円 (内訳) ・不当解雇 500万円 ・セクハラ 500万円	0円

124

第7章　セクシュアルハラスメント

	団体旅客自動車運送並びに観光事業、地方鉄道業等を目的とする会社 ・年商約8億円 ・正社員数160名（運転手130名、バスガイド7名、残りは事務職員）	6年ごろから同14年ごろまでほぼ継続したこと、強姦未遂や強制わいせつ行為の類であるといわれかねない酷い態様の行為もあったこと、Xに退職を余儀なくさせ、その後の生活設計にも影響を及ぼしたこと、Y2と同程度の条件の再就職先を見つけることは困難であること等が考慮された。
・既婚女性 ・旅行ツアー派遣添乗員 ・Y2との間で派遣基本契約を締結 ・平成13年ころから株式会社A社が企画するツアーの添乗員として派遣されるようになった ・セクハラ事件後Y2から解雇	【Y1】 ・既婚男性 ・株式会社A社の社員 ・Xに対するセクハラにより懲戒処分を受け配置転換された 【Y2】 旅行ツアーの添乗員の派遣を業とする株式会社	（本訴請求） 【X→Y1】 セクハラ行為の事実は認められない。 【X→Y2】 解雇の理由としてY2が主張してきた内容や、その大半が事実に基づくものとは認められないこと、原告が従事した添乗業務の回数・内容、勤続年数等諸般の事情を考慮した。 （反訴請求） XがY1に対する積極的な害意または重大な過失によって本訴請求を提起したとまでは認められず、不法行為は成立しない。
【X】 ・男性（47歳） 郵政事業庁の職員として本件郵便局の郵便課に勤務 ・郵便課主任として郵便物を配達する郵便外務事務に従事	【Y1】 ・女性 ・Y2の職員 ・Xと同じ郵便局の総務課に勤務 【Y2】 日本郵政公社	【Y1】 公権力の行使に当たる国の公務員が、その職務を行うについて、故意又は過失によって違法に他人に損害を与えた場合には、国がその被害者に対して賠償の責に任ずるのであって、公務員個人は責任を負わない。 【Y2】 ・XのY1によるセクハラ行為を裏付ける証拠は、X本人の供述とXがセクハラ行為を申し立てるため作成した文書のみであるところ、その内容や、Y1の主張内容に沿った各証拠との比較対照、前後の事情との整合性、その他を検討した結果、Xの供述やXが作成した証拠の記載内容は、不自然であり、採用できない。 ・Y1は、課長代理として、防犯パトロールの一環として本件浴室の状況を確認するにあたり、浴室内に人がいるとは考えずノックなしに開けたにすぎず、2回目に扉を開けた際も、服務管理（執務時間中の入浴か否かの確認）の観点から、再度浴室の状況を確認しようとしたものであり、目的も正当、かつ必要な範囲である。 ・XからY1のセクハラ行為に関する申立てを受けた職員が、Xの申立を真摯に受け止めず、事件解決のための迅速・適切な措置を取らなかったとは認められない。
・女性 ・Yの従業員	総合警備保障業務等を業とする株式会社	・XがYの他の従業員からX主張のセクハラ的言動を受けた事実の存否が不明、その不利益は立証責任を負っているXが負うべき。 ・Yは労働組合との間にセクハラの防止及び対応に関する協定書が結ばれており、従業員に対してもセクハラ防止のために十分な各種公法活動がとられているので、Yがセクハラ予防義務に違反したとすることはできない。
嘱託社員として、17年間雇用されていた女性	船舶の登録、検査及び満載吃水線の指定等を目的とする社団法人	・XY間の雇用契約は、契約内容に変更はあったものの、1年間の期間の定めのある雇用契約として繰り返し更新されており、このように期間の定めのある雇用契約が反復更新された場合には、Xにおいて期間満了後も雇用関係が継続するものと期待する合理性が認められ、雇用契約関係は、実質的に期間の定めのない契約と変わりがないというべきであり、平成16年1月9日になされた本件契約解除は、実質的には、同年3月31日をもってXを解雇する旨の解雇予告と見るべきである。 ・Xは、Yにおける重要業務のファイリングを適切に行っていなかったこと、これは同業務に対するXの姿勢、勤務態度

【11】	独立行政法人L事件　東京高裁　H18.3.20　労判916-53　横浜地裁　H17.7.8　労判916-56　川崎簡裁　H16.4.21　労判916-62	Xは，数年間にわたり，Yと二人きりになったときに，下ネタの話をされたり，「不倫しよう」と言われ，性的関係を迫られたりするなどのセクハラを受け，退職を余儀なくされたとして，損害賠償を求めた事案。	①地位確認　②損害賠償請求	150万円	0円
【12】	消費者金融会社（セクハラ等）事件　京都地裁　H18.4.27　労判920-66	・Xが，上司であったY2からセクハラを受け，それを抗議したところ報復を受け，退職を強要された（パワハラ）として，Y2に対し，不法行為に基づく損害賠償を，Y1に対し，債務不履行又は不法行為に基づく損害賠償を請求した事案。　・Y2が，食事会の際，Xの隣に割り込むように座り，股や太ももあたりを撫で回し，自分の足をXの足に乗せようとしたりし，その際，「単身赴任は寂しいものよ。」「家で待っている愛人がほしい」などといった。　・別の食事会の際，原告の股や太ももあたりを触った。　・Y2がXに対し，「君の悪い噂がぽっぽっぽっと出てるぞ。ここにいられなくなるぞ」などと圧力をかけ，Xをして退職を迫られたように受け止める言動を行った。	【X→Y1・Y2】損害賠償請求　【X→Y2】未払賃金請求	【Y1・Y2】連帯して300万円	【Y1・Y2】連帯して100万円
【13】	アットホームほか（従業員持株会解散）事件　東京地裁　H18.6.26　労判934-83	Yの従業員であるXが，Yの従業員で構成する従業員持株会の解散が無効であるとして，Yに対し，従業員持ち株会解散決議の不存在確認を求めたほか，従業員持株会の解散に同意しなかったことから配置転換され，さらに配転先でセクシュアルハラスメントを受けたとして，Yに対し損害賠償を請求した事案。	①従業員持株会解散決議不存在確認　②損害賠償請求	100万円　（内訳）　・配置転換について50万円　・セクハラについて50万円	70万円　（内訳）　・配置転換について50万円　・セクハラについて20万円
【14】	広島セクハラ（生命保険会社）事件　広島地裁	Xらが，同人らの上司であるY2〜Y4が，Xらに対し，宴会の席でセクハラ行為をしたとして，Y2〜Y4に対して民法709条に基づき，Y1に対し715条に基づき損害賠償請求をし，また，この件に	【X1〜X7→Y1〜Y4】損害賠償請求	（Y1〜Y4が連帯して）【X1】1554万3396円	（Y1〜Y4が連帯して）【X1】250万円

第7章　セクシュアルハラスメント

・独立行政法人の従業員 ・女性	・Xが異動先として希望していた部署の課長 ・男性	・に原因があること，XはYでの新たな業務に対応できる十分な語学力を有しているとはいえないこと，勤務時間中にY事務所のパソコンで私的な文書を大量に作成するなど従業員としての基本的な資質，態度の面でも問題があることが顕著になったことからすれば，本件雇用契約の解除には理由がある。 ・検査員がセクハラ行為を行ったとは認められない。 ・食事の際に，Yが非常に多忙であった時の一つのエピソードとして「あのころは忙しさのピークで，家に帰ってもチンポが立たなくってな。女房がにじり寄ってくるんだけど駄目なんだ。」という発言があったことは認められ，同発言は女性に対する配慮を欠く軽率で不適切なものであったというべきであるが，同発言の経緯，同発言又は類似の発言が繰り返されたものとは認められないことからすると，違法性及び損害の点において，典型的なセクハラと同一に評価することは困難。 ・上記発言が不法行為に該当するとしても，消滅時効が経過している。 ・「不倫しようか」という発言その他これに類似する発言をした事実は認められない。
・女性（当時39歳位） ・時給1020円，平均月額賃金17万2506円 ・電話による債権回収業務に従事	【Y1】 消費者金融株式会社 【Y2】 Xの配属されたコンタクトセンターのカウンセリング九州地区課長	・Y2のセクハラ・パワハラ行為により，Xは一時期は人と電話で話すこともできない症状に陥り，平成16年12月から平成18年1月末まで休業したとして，同症状の発生とセクハラ・パワハラ行為の因果関係を認定。 ・これら精神的身体的症状の発生，程度，その期間をふまえると損害額は100万円とするのが相当。
・女性 ・23年間Yに勤務（提訴時） ・従業員持株会の会員であった者	・不動産業界向けの物件情報提供サービス，雑誌発行等を行っている株式会社 ・従業員約1000名 ・いわゆる閉鎖会社	【配置転換について】 ・配置転換は，Xが従業員持株会の解散に強く反対したことをその理由とするものであったと推認することができ，配置転換命令は違法である。 ・Xは，従業員持株会の解散に対し反対の意思表示をすること自体は何ら不利益を課されるべき事柄ではないにもかかわらず，これを理由に配置転換されたものであり，多大な精神的苦痛を受けたと認められ，その慰謝料額は50万円と評価するのが相当である。 【セクハラについて】 ・Xが配置転換を受けた部署において，Yで働く男性が性的な発言を繰り返し，それに対し，Xが苦情を申し立てたところ，その男性が，かつてXにつきまとい行為を行っていた者の名前を挙げ，あたかもその者に連絡を取るかのような発言をしたことは，Xの平穏な職場環境で働く利益を違法に侵害するものである。 ・これら発言はいずれも，Yで働く男性によって勤務時間中になされたものであるから，Yは，Xに生じた損害を賠償する責任を負うというべきであり，Xはこれによって多大な精神的苦痛を受けたと認められ，その慰謝料額は20万円と評価するのが相当である。
【X1～X7】 ・Y1三次営業所の保険外交員 ・女性	【Y1】 生命保険業を業とする相互会社 【Y2】	・Y2～Y4が，Xらに抱きつくなどした行為態様は，身体の自由，性的自由及び人格権を強く侵害するものであること。 ・Xらの本件忘年会後の苛々感や男性に対する恐怖感，嫌悪感等の精神症状が一定の限度でY2～Y4のセクハラ行為に起因すること，Xらの上記精神症状が比較的長期にわたって

127

	H19.3.13 労判943-52	関しXらからの訴えに対応したY1の従業員がXらに不誠実な対応等を行い、Xらを職場から孤立させるような状況に追い込み精神的苦痛を与えたとしてY1に対し損害賠償請求をした事案。		【X2】605万円 【X3】1100万円 【X4】440万円 【X5】330万円 【X6】1671万4464円 【X7】797万8718円	【X2】80万円 【X3】150万円 【X4】80万円 【X5】80万円 【X6】250万円 【X7】80万円 ただし、過失相殺により20％減額
【15】	東京セクハラ（T菓子店）事件 東京高裁 H20.9.10 労判969-5 東京地裁 H20.3.26 労判969-13	Yの経営する菓子店B店で稼働していたXが、同店舗の店長であったAから継続反復して、「処女にみえるけど、処女じゃないんでしょ？」「純粋そうに見えて何でも知っているんだろう？」「仕事ができるとプライベートは良くないと思われがちなんだよ。」「秋葉原で働いたほうがいい。」「殴るよ。」等のセクハラや暴言、暴行等を受けたことによって、性的自由、性的自己決定権等の人格権及び良好な職場環境で働く利益を害されたとして、慰謝料や6か月間の休業損害等を請求した事案。	損害賠償請求	500万円	50万円
【16】	S工業事件 東京地裁 H22.2.16 労判1007-54	Xが、Y1に対して、採用時に合意した賃金額が一方的に減額変更され、また、退職金規則の新設に伴う賃金体系が不利益に変更されたとして、債務不履行または使用者責任に基づき①賃金差額相当額の損害賠償の支払いと、②変更前の給与体系に基づく退職金の支払いを、Y2に対しXの賃金差額請求を断念させた行為につき、不法行為に基づき賃金差額相当額の損害賠償の支払いを、Y1及びY2に対し、Y2によるXの平成13年夏季の賞与を減額するという嫌がらせ行為、頻繁なメールの送信等のセクハラ行為につき、連帯して、不法行為または使用者責任に基づく慰謝料の支払いを求めた事案。	【X→Y1】①損害賠償請求②退職金請求 【X→Y2】損害賠償請求 【X→Y1・Y2】損害賠償請求	【Y1・Y2】連帯して750万円 （内訳） ・精神的慰謝料：500万円 ・身体的（傷害）慰謝料：250万円	【Y1・Y2】0円
【17】	東レリサーチセンターほか事件 大津地裁 H22.2.25 労判1008-73	Xが、(1)派遣元とされていたAは形式的かつ名目的な存在であり、Xと、派遣先とされていたY1との間には黙示の雇用契約が成立していると主張して、Y1との間で、Xが雇用契約上の権利を有する地位にあることの確認を求め、併せて、Y1に対し、同契約に基づき、未払賃金の支払を求め、(2)Y1で勤務中、Y2からY1に出向していた社員Eにより、プライベートな事柄に関する度重なる質問、待ち伏せ・付きまといなどのセクハラを受け、Xが苦痛を被ったところ、Y1に救済を求めてもしかるべき対応をと	【X→Y1】①地位確認②（未払）賃金請求 【X→Y1・Y2】損害賠償請求	【Y1・Y2】連帯して300万円	【Y1・Y2】0円

第7章　セクシュアルハラスメント

【X1】 当時41歳位 【X2】 当時46歳位 【X3】 当時53歳位 【X4】 当時41歳位 【X5】 当時28歳位 【X6】 当時46歳位 【X7】 当時36歳位	Y1三次営業所署長 【Y3】 Y1三次営業所組織長 【Y4】 Y1福山支社副支社長		存続したこと等を考慮。 ・Xらがｙ2～Y4の行為を特に咎めることなく、むしろ嬌声を上げて騒ぎ立てるなど、Xらの態度がY2～Y4の感情を高ぶらせ、セクハラ行為をあおる結果となったことは容易に推認されるが、宴会の雰囲気を壊してはならないという思いや上司への遠慮からだったという側面も否定できないことを併せ考え2割の過失相殺を認めた。
・女性（19歳） ・契約社員 　高校卒業直後よりY店舗に勤務	・和洋菓子の製造販売を業とする会社 ・セクハラを行ったとされる店長Aは被告とはなっておらず、補助参加人として訴訟に参加		・店長Aが行った「頭がおかしいんじゃないの。」、「昨夜遊びすぎたんじゃないの。」、「エイズ検査を受けた方がいいんじゃないか。」、「秋葉原で働いた方がいい。」、「処女にみえるけど処女じゃないでしょう。」等の発言、シャドウボクシングの真似事等の言動について、全体として、Xの人格をおとしめ、X を本件店舗において就業しづらくする強圧的ないし性的な言動といえ、職場における上司の指導、教育上の言動として正当化しうるものでもないと認定。 ・上記言動により、菓子作りが好きで高校卒業後の職場として選んだXがYの店舗における勤務を断念することとなったと認定。
・女性（退職時40代前半） ・正社員 ・オペレーター ・入社当時、幼い娘を抱えて離婚したばかりだった	【Y1】 建築資材の設計、製造販売等を目的とする株式会社 【Y2】 Y1の取締役 （人事管理等を担当）		・仮にY2のXに対する平成13年夏季の賞与の評価が主観的・恣意的なものであったとしても、同年冬季の賞与が増額されたことや同年から平成16年ころまでの年収額にそれほどの増減が見られないことなどを考慮すると、上記評価がうつ病の原因となるほどの重大な嫌がらせ（不法行為）であったとは認められない。 ・Y2がXに送信したメール（中には恋愛感情の表現というべきものがある。）や経済的支援を含む様々な働きかけは、会社の取締役（上司）と部下の関係を逸脱した、Xの私生活に対する執拗かつ過度な干渉というべきであり、外形的にはセクハラに当たることもできるが、Xは、Y2から2年足らずの間に、合計300万円くらいの経済的支援を受けており、その間、Y2が、メールに返信がないと支援を打ち切るなどと言い出し、これを避けたいXが返信等に応じると、態度を変えて支援を続けるなどといった応酬が、何度か繰り返されたことからすると、Xは、経済的支援を得ることを優先して、過剰な干渉を受けながらも条件付きで定期的に食事をするという不自然な状態を、自発的に解消しようとはしなかったものということができ、このような事情等を全体的に観察すれば、Y2の一連の行為が不法行為に当たるとまでは認められない。
・女性 ・派遣労働者 ・Aと派遣労働契約を締結 ・地域合同労組に加入	【Y1】 ・産業の諸技術に関する調査、研究、分析評価の受託等を業とする株式会社（Xの派遣先） ・Y2の100％子会社 【Y2】 合成繊維及びその他の繊維の製造、販売等を業とする株式会社 【A】		【Y1】 XとY1との間でEの異動、Y1の責任者による謝罪等を内容とする和解が成立しており、金銭的な賠償や一切の責任を追及しないということが当事者間で確認されていることから、和解が成立するまでのEによるセクハラ及びこれに対するY1の対応について、和解の効果として、XはY1に対し、損害賠償請求をすることができない。また、上記和解の成立後については、Eによるセクハラがあったことを認めるに足りる十分な証拠はなく、上記和解成立後のY1の対応について、Xが損害賠償請求権を有すると認めることはできない。 【Y2】

事件名	事案の概要	請求	認容額	備考
[18] デーバー加工サービス事件 東京地裁 H23.12.6 労判1044-21	らず、かえってXを解雇するなど不当な扱いをしたなどと主張して、Y1及びY2に対し、使用者責任（民法715条）又は職場環境配慮義務違反に基づく債務不履行若しくは不法行為（同法709条）に基づき、連帯して慰謝料の支払を求めた事案。 Xらが、①Yより×らに支払われた研修手当及び賃金の額がYが日本人従業員の賃金額よりも著しく低廉であるのは労基法3条に違反する等と主張し、日本人従業員の初任給との差額賃金の支払（予備的に不法行為に基づく同額の損害賠償）等を求めるとともに、上記差額賃金のうち時間外労働等に対する割増賃金部分につき同額の付加金の支払を求め、②Xらはyの寮に居住しており、技能実習期間中、Yの寮に住む日本人従業員よりも高額であるのは、労基法3条等に違反すると主張し、日本人従業員との差額分の賃金支払（更に予備的に不法行為に基づく同額の損害賠償）を求め、さらに、③Yは、Xらの意思に反してパスポート及び通帳を取り上げ、人種差別的言動をする等の不法行為をしたと主張（X5については、これに加え、上司がX5の性器を強調した漫画を描いて、業務中にX5に手渡したことについても不法行為に該当すると主張）し、慰謝料及び弁護士費用相当額の損害賠償を求めた事案。	【X1～X5→Y】 ①-1未払賃金請求（主位的請求） ①-2損害賠償請求（予備的請求） ②-1未払賃金請求（主位的請求、労基法24条1項違反） ②-2賃金支払請求（予備的請求、労基法3条違反） ②-3損害賠償請求（予備的請求） ③損害賠償請求（慰謝料等）	【X1～X5→Y】 各200万円	【X1～X4】 各40万円 【X5】 45万円 上記金額には弁護士費用も含まれるが内訳については示されていない
[19] M社（セクハラ）事件 東京高裁 H24.8.29 労判1060-22 東京地裁 H24.1.31 労判1060-30	Y1に勤務し、その後退職したXが、在職当時のY1の代表取締役Y2及び店長Y3らから性行為を強要され、肉体的精神的苦痛を受けたなどとして、Y2・Y3に対しては民法709条に基づき、Y1に対しては、民法709条及び民法715条に基づき、損害賠償を請求した事案。	【X→Y1～Y3】 損害賠償請求	【Y1・Y2】 連帯して1000万円	【Y1・Y2】 連帯して300万円 【Y3】 0円
[20] C社事件 大阪地裁 H24.11.29 労判1068-59	Xが、(1)Y1の代表者であるY2からパワハラを、(2)Y1の従業員であるY3からセクハラを、それぞれ受けたとして、不法行為に基づき、Y1及びY2、そしてY1及びY3に対し、それぞれ連帯して慰謝料の支払（なお、Y1に対しては、いずれも債務不履行に基づく請求を選択的に併合）、(3)⑦不当に解雇されたとして、不法行為に基づく損害賠償、④労働契約に基づき、平成22年1月から平成23年6月までの法定時間外等労働の割増賃金請求の各支払を求めた事案。	【X→Y1・Y2】 損害賠償請求 【X→Y1・Y3】 損害賠償請求 【X→Y1】 ①損害賠償請求 ②時間外割増	【Y1・Y2】 連帯して100万円 【Y1・Y3】 連帯して100万円	【Y1・Y2】 連帯して30万円 【Y1・Y3】 連帯して30万円

第7章　セクシュアルハラスメント

	・Xの派遣元会社 ・Y2の100％子会社	Y2はEに対する指揮命令権を有していないことが明らかであり，実質的な指揮命令権を有していたと認めるに足りる証拠もないから，Y2は，EによるXに対するセクハラについて，使用者責任を負うということはいえない。また，Y2がXに対し職場環境配慮義務を負っていたということはできない。
【X1～X5】 ・中国国籍の男性 ・外国人研修・技能実習制度に基づき来日 ・Yの埼玉県内の東松山工場で鉄筋加工の業務に従事	・鋼材の加工及び販売を主たる目的とする株式会社 ・東京都千代田区の本社のほか，埼玉，群馬，千葉県内に事業所を有する	【X1～X5】 ・パスポートや通帳の保管によって，外国人であるXらが移動の自由に多大な制約を受けたことは想像に難くなく，不法行為を構成する。 ・お辞儀の強制については，全体として見れば，Xら外国人研修生・技能実習生に対する礼儀ないしマナーとしてのお辞儀の指導という範疇を超えるものではなかった。 【X5】 ・Yの従業員がX5の性器を強調した漫画を描いて，業務中にX5に手渡したこと，当該従業員がXらの上司に当たる立場にあったこと，X5に手渡す前に他のXらに対しても当該漫画を示したことは，Xらを侮辱し，不快感を与えるものであることは明らかであり，Yは使用者責任を負う。 ・事後に上司の謝罪があったとしても，損害額の算定に当たり考慮する事は格別，不法行為に当たらなくなるというものではない。
・女性（昭和59年10月生） ・事件当時大学在学中にY1に内定しており，大学卒業前からアルバイトとして，Y1の店舗で稼動していた	【Y1】 質屋業等を目的として設立された株式会社 【Y2】 ・既婚男性（昭和52年5月生） ・事件当時Y1代表取締役 【Y3】 ・独身男性（昭和54年5月生） ・Y1の従業員，事件当時Xが勤務する店舗の店長	【Y2】 ・Y2は，XがY1に勤務していた当時，Y1の代表取締役の立場にありながら，深夜Xの自宅を訪ね，性行為を強要した。 ・Xは，翌年4月にY1に入社することが内定した大学4年生で，翌年入社予定のアルバイトとしてY1に勤務していたのに対し，Y2はXに対して人事権を有するY1の代表取締役であったのだから，XがY2が訪問することを受け入れ，Y2の要求に応じて性行為を受け入れたことについては，それがXの望んだことではないことは明らかであり，Xの自由な意思に基づく同意があったと認めることはできない。 ・Y2の不法行為の態様，その後の経緯等の諸事情を総合して勘案して慰謝料額を算定。 ・Y2と性交渉をもったことと「うつ病」「外傷後ストレス障害」の症状との間に相当因果関係があるとは認め難い。 【Y3】 Xは，平成19年12月中旬から平成20年2月までの間，Y3と極めて親密な関係にあったと認められ，Xは，自由な意思に基づいて，Y3と性交渉を持ったものと認められる。
・女性（Y2とは高校の同級生） ・平成21年のY1設立時から基本給月額23万円で正社員として雇用 ・平成22年7月から同年9月まで同月額20万円に減額	【Y1】 ・不動産の売買，賃貸，管理及び媒介等を業とする株式会社 ・役員Y2・Y3含め3名，営業担当者5～10名，事務職X含め3名 【Y2】 Y1代表取締役	【Y1・Y2】 ・Y2から「アホ」「カス」「死ね」「鬱であろうが，何であろうが，お前のことは追いこんでやる」などの暴言を受けたとのXの主張は主要な点について認めることができるとした上，違法なパワハラであるとし，慰謝料額については，その態様など諸般の事情を考慮して算定。 ・Xは，パワハラ行為によって円形脱毛症になったと主張し，裏付けとして診断書を提出するが，直ちに相当因果関係を認めるには足りない。 【Y1・Y3】 Y3から解雇を持ち出されて交際を迫られたなどのXの主張

131

			賃金請求		

＜解説＞

1 慰謝料請求が認容された割合

　本調査の対象となった平成15年1月～平成25年12月の労判において，セクシュアルハラスメント（以下，「セクハラ」という。）に関連して慰謝料請求がなされた事例は，別紙一覧表のとおり，20件であった。うち，セクハラ関連の慰謝料請求が認容された事例は13件である。

2 慰謝料請求が認容された事例・認容されなかった事例の傾向

　セクハラとは，相手方の意に反する性的言動をいう。

　セクハラの加害者に対する慰謝料請求が認容されるには，まず，①被害者が主張するセクハラ行為の存在が認められ，次に，②当該行為が違法性を有し不法行為に該当すると評価される必要がある。

　使用者に対する慰謝料請求が認容されるには，上記①及び②が認められるほかに，セクハラ行為に対する職場環境配慮義務違反（債務不履行・民法415条）や使用者責任（不法行為・民法715条），またはセクハラの発生を防止しなかったことに対する使用者固有の不法行為責任（民法709条）が認められる必要がある。

(1) 認容された事例

　ア　加害者本人

　　　上記①のセクハラ行為の存在の認定にあたっては，セクハラ行為が加害者と被害者しかいない状況で行われ，証拠が加害者供述と被害者供述のみとなることも多いため，当事者の証言の信用性が重要な争点となることが多い。本調査の対象とした裁判例にも，被害者と加害者の供述が対立した事例は多く，このような場合，供述内容と客観的証拠との整合性や供述の一貫性，供述の変遷の合理的理由の有無，供述内容の合理性・具体性などからどちらの供述の信用性が優るかが判断され，セクハラ行為の存否が認定される（【1】【6】【12】【19】

【Y3】 Y1専務取締役	を認めることができるとした上，違法なセクハラであるとし，慰謝料額については，その態様など諸般の事情を考慮して算定。

等)。

また，上記②の当該行為が不法行為にあたるかどうかの判断においては，その行為の態様（行動，発言，身体的接触の有無，接触した部位）をベースに，当該行為が性的な意図をもって行われたか，当該行為が行われた場所・期間，行為者との関係等の要素を勘案したものが多く見られた（【1】【4】等）。特に，【1】では，「それだけでは違法性を有するとは認められない行為もあるが，これらの行為がA町店という女性であるXのみ又はXと訴外Bしかいない小さな店内又は店の奥の従業員用の部屋で，勤務時間中，反復継続して行われ，Xが，これらY1の行為に対して抗議をしたり回避の行動をとったりしているにもかかわらず，何度も行われたことからすれば，その態様，反復性，行為の状況，XとY1の職務上の関係等に照らし，客観的に社会通念上許容される限度を超えた性的不快感を与える行為であると認められる。」として，行為のほか行為が行われた場所，時間帯，期間などを考慮して不法行為に該当すると評価している。

イ　使用者

使用者に対する請求については，勤務時間中に行われた事例（【13】）や勤務時間外でも上司と部下の関係に基づく事例（【4】【14】【15】）などで広く使用者責任（民法715条）が認められている。

また，使用者責任ではなく，使用者に固有の責任を認めた事例は少なかったが，使用者が公的機関からセクハラについての具体的な指摘を受けたにもかかわらず，適切な措置をとらず，その後もセクハラ行為が発生した事例について，使用者固有の不法行為責任を認めた裁判例がある（【5】）。もっとも，上記【5】については，被害者が使用者責任を主張せず，使用者固有の不法行為責任（民法709条）のみを主張しているという事情がある。

(2) 認容されなかった事例

ア　加害者本人

慰謝料請求が認容されなかった事例には，①セクハラと主張された事実の存

在が認められなかった場合（【7】【9】【10】【17】【19】）と、②事実の存在が認められても不法行為とまでは評価できないとされた場合（【8】【11】【16】）とに大別できる。なお、【11】については、上司の性的な発言が不法行為と評価できるとしても時効が成立しているとされた。

①の類型では、上記(1)アのような考慮要素にかんがみ、被害者供述の信用性が否定されたり、被害者供述の信用性を明確に否定まではしていないものの被害者における事実の立証が不十分とされた結果、セクハラ行為の存在が認められないとの結論に達している。

②の類型では、上記(1)アのような判断要素を踏まえ不法行為にあたるようなセクハラ行為があったとは認定されなかったとの結論に達している。やや特殊な事案として、【16】では、被害者の主張する行為を「会社の取締役（上司）と部下の関係を逸脱した、Ｘの私生活に対する執拗かつ過剰な干渉というべきである。・・・Ｙ２の行為は、外形的にはセクシャルハラスメントに当たるということもできる。」と認定しながら、「Ｘは、２年足らずの間に、合計300万円くらいの経済的支援を受けている。・・・Ｘは、経済的支援を受けることを優先して、過剰な干渉を受けながらも条件付で定期的に食事等をするという不自然な状態を、自発的に解消しようとはしなかった」という事情を考慮し、上司の一連の行為が不法行為に当たるとまでは認められないと判示している。

なお、加害者が公務員である場合には、国家賠償請求が行われるところ（【2】【4】【8】）、この場合は、国賠法１条１項により、職務につきなされた行為については公務員の個人責任が否定されるため、加害者である公務員個人に対して責任を追及しても請求は棄却されることになる。

イ　使用者

使用者に対する請求では、被害者が上司２名（Ｙ１・Ｙ２）からセクハラ行為を受けたと主張し損害賠償を求めた事例で、そのうちの１名（Ｙ２）については、「Ｙ１のセクハラ行為についてＸが相談をした勤務後の食事及び更に別の店での飲酒の後、帰宅することになってＸのマンションにタクシーで移動した後に行われたもので、もはや実質的に職場の延長線上のものとは認められず、また、ＸがＹ２が自分のマンションの前まで来ることを許したのはＹ２

に対する感謝の気持ちもあったことによると認められるから，Ｙ２がＸの上司としての立場にあることを利用した事情もうかがえず，同行為は，Ｙ２の個人的な行動であって，職務を行うにつきなされたとはいえない。」とし，業務執行性を欠くことを理由に，使用者責任（民法715条）を否定した事例（【１】）がある。

(3) 小括

以上のように，セクハラ事案では，セクハラ行為の存否自体が問題となる場合が多く，これらの事実認定においては，当事者の供述をもとに事実認定する場合が多いことから，その信用性評価に関わる供述と客観的証拠との整合性が非常に重要になってくる。

3 認容額の傾向

(1) 認容額の分布

慰謝料請求が認容された事例における認容額の最低額は20万円（【13】）であり，最高額は300万円（【19】）であった。分布は以下のとおりであり，50万円超〜100万円以下が最も多く認容されているが，【14】で７人中４人につき各80万円が認容された件を４件と数えている影響がある。

なお，【18】は，上司が被害者の性器を強調した漫画を描いて業務中に被害者に手渡したという事例で，セクハラ行為以外にパワハラ行為についての不法行為による損害と合わせて慰謝料45万円が認容されている。判決にセクハラに対する慰謝料とパワハラに対する慰謝料の内訳は明示されていないが，同様のパワハラ行為を受けていた共同原告らの慰謝料認容額が40万円であることからすると，本件では，差額である５万円がセクハラ行為に対する慰謝料とされたとも考えられる。

（単位：万円）

認容額	20以下	20超 50以下	50超 100以下	100超 150以下	150超 200以下	200超
件数	1	5	8	2	2	3

(2) 高額事案の傾向

行為態様として，セクハラ行為が身体接触を伴い，特に強姦や強姦未遂，強制

わいせつに該当するような悪質性の高い事案については，100万円（【1】），130万円（【5】），200万円（【6】），250万円（【14】），300万円（【19】）など高額な慰謝料が認められる傾向にある。

また，【6】は，約8年間ほぼ継続してセクハラ行為があった事例で，200万円の慰謝料が認められているが，このように，セクハラ行為が多数回，長期間にわたるような事案についても，比較的高額な慰謝料が認定されている。

その他，結果の重大性として，被害者にPTSDなど心身不調を来している場合（【1】【12】（ただし，【12】についてはパワハラについての慰謝料も含まれている））にも，比較的慰謝料は高額化する傾向にある。セクハラ行為と心身不調の相当因果関係までは認められない場合でも，一定限度での関連を認めて慰謝料額算定に際しては考慮要素に加え，うつ状態などと医師の診断を受けた被害者3人に150万円または250万円という高額慰謝料を認容した事例（【14】）もある。

同じく結果の重大性として，セクハラに関連して退職に至った事例（【6】）や休職に追い込まれた事例（【12】ただし，パワハラについての慰謝料も含まれている），雇用に対する期待権が侵害された事例（【2】）のように，労働契約上の地位が侵害された事例は慰謝料が高額化する傾向があると思われる。

(3) 低額事案の傾向

身体的接触を伴わず不適切な言動がなされたにすぎない事例では，慰謝料は20万円（【13】）や30万円（【20】）と低額にとどまっている。前記【18】のように，性器を強調した漫画を1回描いたなど，身体的接触を伴わず，言動が一回性のものにすぎない場合には，認められる慰謝料の額はさらに低額となることが推測できる。

4 聴き取りのポイント

(1) セクハラ行為の概要について
・セクハラ行為の態様（身体的接触の有無・内容，発言内容，抵抗状況等）
・セクハラ行為の期間，回数
・加害者・被害者の地位，関係，年齢

(2) セクハラ行為の存否について

セクハラ行為の態様等に関する裏付け資料，整合する客観的証拠（録音・録画，継続的に記載してある日記・手帳，当事者間のメール，目撃者等の第三者など）

(3) **被害者に生じた事情について**
・セクハラによる精神疾患・受診の有無・内容，通院期間
・勤務への影響（休職，退職に至ったか）

(4) **使用者責任について**
・勤務先のセクハラ予防のための環境整備（研修，被害対応部署の有無等）
・勤務先の被害対応（事実調査の有無・内容，加害者の処分，再発防止策等）

第8章
退職勧奨

<判例紹介>

No	事件名 裁判所 判決年月日 出典 審級関係	事案の概要	請求 (訴訟物)	慰謝料 請求額	慰謝料 認容額
【1】	東京都(警察学校・警察病院HIV検査)事件 東京地裁 H15.5.28 労判852-11	警視庁警察官採用試験に合格し,警視庁警察学校への入校手続を終了して警視庁警察官に任用されたXが,Y1に対し,同警察学校が任用後Xに無断でHIV抗体検査を行い,この検査結果が陽性であったXに事実上辞職を強要した等の行為が違法であるとして,主位的には国家賠償法1条1項に基づき,予備的には民法709条,710条に基づき,1177万円(慰謝料1000万円,弁護士費用177万円)の損害賠償を求めるとともに,警察学校から依頼を受けてHIV抗体検査を実施した東京警察病院を運営するY2に対し,検査が本人の意思に基づくことを確認せず,本人の同意を得ずに検査結果を警察学校に通知した等の行為が違法であるとして,民法709条,710条に基づき,上記と同額の損害賠償を求めた事案。	【X→Y1】 ・主位的請求 損害賠償請求 (国賠1条1項) ・予備的請求 損害賠償請求 (民709・710) 【X→Y2】 損害賠償請求	【Y1】 1000万円 【Y2】 1000万円	【Y1】 300万円 【Y2】 100万円
【2】	東京女子医科大学(退職強要)事件 東京地裁 H15.7.15 労判865-57	25年間にわたってY1医学部の助教授であったXが,Y1及びY2に対して,Y1の歴代の主任教授ら(Y2は平成10年以降の主任教授)による退職強要行為に退職を余儀なくされたと主張し,債務不履行(職場整備義務違反)または不法行為に基づく損害賠償請求を,並びにY1に対して,不当な差別意思により教授昇格を阻んだと主張して,不法行為又は債務不履行に基づく損害賠償請求を行った事案。	【X→Y1・Y2】 損害賠償請求	【Y1・Y2】 連帯して3000万円 (名誉毀損,退職強要) 【Y1】 1000万円 (教授昇格差別)	【Y1・Y2】 連帯して400万円 (名誉毀損・退職勧奨) 【Y1】 0円(教授昇格差別)

第8章　退職勧奨

労働者等の属性（性別・ポジション・収入等）	使用者等の属性（会社規模等）	算定の理由
・警視庁警察官 ・採用試験に合格し警察学校への入校手続を完了して警察官に採用された	【Y1】 東京都 【Y2】 東京警察病院を運営する財団法人自警会	【Y1】 ・警察学校がXに対し2回にわたって実施した本件HIV抗体検査は，本人の同意なしに行われたというにとどまらず，その合理的必要性も認められないのであって，Xのプライバシーを侵害する違法な行為といわざるを得ない。 ・A本部長らのXに対する辞職勧奨行為は，そもそもXに対し行われたHIV抗体検査が違法であることと相まって，違法な公権力の行使というべきである。 【Y2】 ・警察病院は，本件HIV抗体検査を行うにあたり，実施及び結果通知に関し，本人の同意の有無の確認等を一切行わず，上記医療機関に求められるべき留意事項に顧慮することもなく，警視庁から依頼されるまま，漫然と検査を実施し，その結果を伝えたものであるから，この警察病院職員の行為は，故意または少なくとも重大な過失により，Xのプライバシーを侵害する違法な行為として，不法行為に該当する。 ・Yらの各違法行為によりXが多大な精神的苦痛を被ったことは容易に想像することができる。とりわけ，Y1においては，Xらの採用にあたってHIV抗体検査を行う客観的かつ合理的な必要性も存しないのに，かつ本人の同意も得ずに検査を実施し，Xのプライバシー権を侵害したうえ，Xに退職を余儀なくさせたという点でその責任は重大であり，Xの損害を填補する慰謝料の額としては，Y1について300万円，Y2について100万円をもって相当。
医学部助教授	【Y1】 大学 【Y2】 医学部主任教授	【名誉毀損，退職強要】 ・Y2による，研究費を集めることができる人等の要件に該当しないスタッフは，定年までとどまる必要はなく，退職をすべきであると記載した文書の配布，スタッフの中には，学会にも出席せず，研究もせず，手術症例もほとんどないお荷物的存在がいること，死に体でこれ以上教室に残り生き恥をさらすより，自分にふさわしい場を見つけて生きていただくことの方が良いのか，英断を願うというような侮辱的な表現を用いた退職勧奨文書の配布及び脳神経外科関係者の前で同内容の挨拶，医局メンバー等衆人環視の下で，Xに対し，勤務ぶりをなじったり，23年間も助教授をして教授にもなれないのはだめであるという趣旨の発言をして早期に辞職すべきであるという趣旨の発言をした行為は，古くからの知己も含む衆人環視の下で，誰にでも認識できるような状況下で，ことさらに侮辱的な表現を用いてXの名誉を毀損する態様の行為であって，退職勧奨として許容される限度を逸脱し，また，Xの医師としての，又は教育者としての評価を下げ得るものであって，多大な損害を与え得る違法性の高い行為である。 Y2の行為によるXの精神的苦痛を慰謝する損害賠償額は，少なくとも400万円を下らない。 ・24年間にわたる歴代の主任教授によるXの退職強要を目的

【3】	箱根登山鉄道事件 東京高裁 H17.9.29 労判903-17頁 横浜地裁小田原支部 H16.12.21 労判903-22	Y1でバス運転士として勤務していたX1～X3が、Y1の導入した会社再建計画のため退職を余儀なくされたが、同計画を定めた労働協約は合理性及び必要性なき労働条件の不利益変更であるから規範的効力はなく、X1～X3との関係において無効となるべきものであり、X1～X3の退職の意思表示は、無効の同計画を有効であると信じたためになされたもので、錯誤により無効であると主張して、Y1に対して労働者としての地位の確認並びに過去及び将来にわたる賃金の支払を求めるとともに、このようなY1による無効な再建計画に基づくX1～X3に対する退職の強要について、Y2は当時のY1の代表取締役としてその権限を適切に行使し、Y1がこのような違法行為を行わないよう注意すべき義務があるのにこれを怠ったものであり、Y1・Y2には共同不法行為が成立するとして、Y1・Y2に対し、慰謝料の支払を求めた事案。	【X1～X3→Y1】 ①地位確認 ②賃金請求 【X1～X3→Y1,Y2】 損害賠償請求	【Y1・Y2】連帯して各300万円	0円 (原審も0円)
【4】	日本曹達（退職勧奨）事件 東京地裁 H18.4.25 労判924-112	Xが、Yから、合理的な理由もなく、障害者であることのみを理由に差別的な取扱いをされた上、違法な退職勧奨により退職を強要されたとして、損害賠償を請求した事案。	損害賠償請求	500万円	0円
【5】	東光パッケージ（退職勧奨）事件 大阪地裁 H18.7.27 労判924-59	Y従業員であるXらの結婚を契機として、Yがなした業績悪化を理由（X1は結婚が理由と主張）とする退職勧奨（第1次退職勧奨）、続いてデザイン室を閉鎖すると共にX1、X2に対してなされた退職勧奨（第2次退職勧奨）に対し、それを不服として争い、休職していた期間にかかる未払賞与、未払給与、および退職勧奨による心理的圧迫が原因のうつ病ないし適応障害への罹患に対する慰謝料、さらに謝罪文の提示を求めた事案。（Xらは第2次退職勧奨から約4か月後解雇されたが、後にXらが地位確認等を求める仮処分を申立て、和解により復職）。	【X1，X2→Y】 ①賃金（給与・賞与）請求 ②損害賠償請求 ③謝罪文掲載請求	【X1】 100万円 【X2】 200万円	【X1】 50万円 【X2】 80万円
【6】	武富士（降格・減給等）事件 東京地裁 H19.2.26 労判943-63	Yに雇用されていたXらが、Yに対し、Yによってされた減給や降格が無効であるとして未払賃金（ただし、X8を除く。）を、また、X1らは違法な退職強要を受けたとしてその損害賠償を求めた事案。	（本訴事件） 【X1～X7→Y】 ①賃金請求 【X1～X8→Y】 ②損害賠償請求	【X1～X8】各200万円	0円

| | | | とする行為が行われたという事実を認めることはできない。
【教授昇格差別】
・教授就任について、単に年齢のみで昇格するという規範意識がY1内に存在しているとは到底考え難い。
・昭和51年当時の主任教授との対立関係から、約24年の長きにわたるY1の一貫した意思により、ことさらに不当な動機による教授昇格差別をしたことを窺わせる客観的証拠は存在しない。
・Xが選に漏れた選考委員会における教授の選考過程に、Y1の裁量権の濫用、逸脱を認めさせる事情は存しない。 |
|---|---|---|---|
| 【X1～X3】
・バス運転士
・労働組合員 | 【Y1】
・鉄道会社

【Y2】
・Y1の代表取締役 | | 労働契約の変更を無効ということはできず、X1～X3に錯誤なく、退職の意思表示が強要に基づくものと認めるに足りる証拠なしとして不法行為の成立を否定。 |
| ・男性
・身体障害等級で肢体不自由4級の認定を受けた者
・6ヶ月間の嘱託契約期間後、正社員となった者
・障害者枠での採用
・退職済み | 塩素製品や農業用薬品等の各種化学工業製品の製造、加工、販売を目的とする株式会社 | | ・Yの採用する障害者枠制度には合理性があり、障害者であることのみを理由に障害者を差別的に取り扱うものとは認められない。
・課長らが、Xに対し、障害者枠制度の趣旨を説明し、その退職を思いとどまらせるために話し合いを続けていたものと認められるのであって、Xに対する差別的発言によって退職を勧奨ないし強要したとみるには疑問が残る。 |
| 【X1】
・男性
・デザイナー
・Yの勧誘により入社
【X2】
・女性
・デザイナー
・X1の勧誘により入社
・X1とX2は入社後に結婚。 | ・各種印刷等を目的とする株式会社。
・従業員約40名。
・社内に「デザイン室」があったがX1が入社する前は空席となっており、デザイナーを募集していた。 | | ・第1次退職勧奨はデザイン室合理化の必要性もあり、直ちに不法行為を構成するとまではいえない。
・第2次退職勧奨は、勧奨といいながらデザイン室を閉鎖し、他への配転を検討することもなく、退職強要ともいうべき行為であり、その手段自体が著しく不相当で、不法行為を構成する。
・解雇については、直ちにデザイン室を閉鎖する必要性は認められず、存続に向けた努力も認められず、結婚後にXらが同じデザイン室で勤務することをYが嫌悪していた事情も窺われる。
・疾病については、他に原因が見当たらない以上、不法行為に起因することも否定できないが、必ずしもその程度は明らかでなく、相当因果関係のある治療費の額も不明。ゆえに、診断を受けたという限度において、慰謝料額の算定の事情として考慮する。 |
| 【X1～X8】
Yの検査室（不正行為の防止、発見のための検査業務を行う社内部署）に所属していた元従業員 | 消費者金融業を営む上場会社 | | 【X1～X7】
【退職強要】
Yの違法な退職強要によってXらが退職を余儀なくされたと認めることはできないから、違法な退職強要による慰謝料請求は認められない。
【降格及び減給】
・X1～X7は、違法な本件降格及び本件減給による慰謝料についても請求しているところ、これらは無効である。
・これに伴って生じた賃金差額分の請求を認容するのみでは賄いきれないほどの精神的苦痛が生じたと認めるに足る証拠はない。
【X8】 |

	事件名	事案の概要	請求内容	請求額	認容額
【7】	学校法人実務学園ほか事件 千葉地裁 H20.5.21 労判967-19	平成15年3月以前はY2に在籍し，同年4月にY1に転籍したXが，平成13年4月以降，就業規則違反又は就業規則の不利益変更により大幅な賃金引下げを強行されたと主張して，①Y1に対し，Y1から月額47万1400円の賃金を得る地位にあることの確認，②平成15年4月から平成20年2月までの間にXに対して支払われるべきであった賃金と実際に支払われた賃金との差額合計1290万7326円の支払，③Y2に対し，平成13年4月から平成15年3月までの間にXに対して支払われるべきであった賃金と実際に支払われた賃金との差額144万7360円の支払を求めるとともに，④Yらの退職強要等（Y1，Y2のコンサルタント業務を引き受けているK社の従業員Aが退職勧奨を実施）により精神的苦痛を被ったとして，不法行為に基づき，Y1及びY2に対し，連帯して慰謝料300万円の支払を請求した事案。	【X→Y1】 ①不利益変更前の賃金を得る地位にあることの確認 ②賃金請求 【X→Y2】 賃金請求 【X→Y1・Y2】 損害賠償請求	【Y1・Y2】 連帯して300万円	【Y1】 30万円 【Y2】 0円
【8】	UBSセキュリティーズ・ジャパン事件 東京地裁 H21.11.4 労判1001-48	Yの元従業員で，平成19年9月21日に，Yから退職勧奨を受け，自宅待機となった後，平成21年2月に解雇されたXが，Yから，平成19年度の賞与が支払われなかったことから，主位的に，賞与1億1620万円（平成18年度までの過去5年間に支払われた賞与額の平均額相当額）の支払を，予備的に，賞与の支給に対する期待権が侵害されたとして，不法行為に基づく損害賠償として1億1620万円（前同）の支払を求め，また，Yから，上記退職勧奨をされた後，退職手続を迫られ，自席に私物を取りに戻ることも許さないままその場で退社させられ，同日以降，Xに無断で，X宛に送られたメールに対して，「ただいま不在です。」との自動返信がされるよう設定され，顧客や取引先に対する状況説明に必要な名刺やメールリストを入手しようとしたXのオフィス入室を理由なく拒否され，自宅待機を命じられるなどの違法な退職勧奨及び自宅待機命令を受けたとして，不法行為に基づく損害賠償として，慰謝料200万円の支払を求めた事案。	・主位的請求（未払）賞与請求 ・予備的請求損害賠償請求	200万円	0円
【9】	日野市（病院副院長・降格）事件 東京地裁 H21.11.16 労判998-47	Yの設置するY病院の参事副院長であったXが，不当な退職勧奨を拒否したことに対する報復人事として，Y市長（処分者）により参事に降格させられる不利益処分を受け，市民健康相談室勤務の閑職に追いやられて多大な精神的苦痛を被ったなどと主張して，Yに対し，この処分の取消しと，国家賠償法1条1項に基づき損害賠償の支払を求めた事案。	①（降格）処分取消請求 ②損害賠償請求	500万円	0円

第8章　退職勧奨

			上司の言動によってX8が退職に追い込まれたと認めるにはなお疑問が残る。
・教員 ・昭和58年3月，Y1に入社 ・平成9年4月，Y2千葉校に転籍 ・平成15年4月，Y1東京校に再度転籍	【Y1】 ・学校法人 ・建築士の受験資格認定校を東京校の他2校運営 【Y2】 ・学校法人 ・千葉校を運営		【Y1】 賞与の返還や翌年度の雇用契約の辞退という本来Xに義務なき事項まで誓約させる不当な内容の誓約書の作成をXの意思に反して強要したこと，Y1が平成16年に支給したXの賞与が予定された額（年俸の15分の3）の2分の1に留まったこと，コンサルタントであるAが，Xに上記誓約書を手書きさせることによって，Xに屈辱感を与えるとともに，平成16年度におけるXの年収をさらに減額させることを意図し，かつこれを通じてXに自主退職を余儀なくされる状況を作り出すことも意図したものと推認され，Xの人格権を侵害していること等の諸事情を勘案すると，Xの精神的苦痛に対する慰謝料の額は，30万円が相当。 【Y2】 Xが当時在籍していたのはY1であるから，Aの行為はY2の事業執行とは関係がなく，したがって，Y2の責任は認められない。
・男性 ・日本国債部長マネージングディレクター ・年俸2100万円＋賞与	ケイマン諸島会社法を準拠法として設立された証券会社（日本支店あり）		本件退職勧奨及びその後のYの対応並びに本件自宅待機命令が違法であるとは認められない。
・男性（50代後半） ・Y病院の参事副院長であったが，Y病院付属市民健康相談室勤務を命じられた ・処分前後において，特殊勤務手当が減少し，月額約20万円減となった	・地方公共団体（日野市） ・日野市内にY病院を設置		【退職勧奨】 Yが，平成17年12月ころからXに対し繰り返し退職勧奨をした目的は，市長が本件病院の約27億円の累積赤字を問題視して，経営責任者の人心一新を図るところにあると認められるのであり，これをただちに不当なものということはできない。 【降格処分】 ・Yは，あからさまな報復とまではいえないとしても，Xを副院長から外し，本件病院から排除する目的で本件処分をしたと認めるのが相当である。本件処分がYの裁量権の範囲内のものと認めることはできない（処分の取消しについて認容）。 ・YのXに対する退職勧奨は，ただちに不当なものということができないし，Xは，しばしば本件病院の関係者や患者等の信頼を損なう言動をしており，そのため職員の信頼を失っていることを理由に退職勧奨をされている（平成18年3月）。そうすると，YがXを副院長に置くべき法律上の義務を負っていたと認めることはできない。また，Xは，本件処分の取消しにより，参事副院長の職務に戻るのであるから，それ以上の損害賠償の必要性は認められない。

【10】	東京都ほか（警視庁海技職員）事件 東京高裁 H22.1.21 労判1001-5頁 東京地裁 H20.11.26 労判981-91	警視庁東京水上警察署で勤務するXが，Y2～Y11（以下「Yら」という。）は職場においてXに退職を強要する意図で日常的に暴行や脅迫を含む嫌がらせ等　①退職強要・暴行による負傷等，②退職強要等，③試み出勤に伴う誓約書の作成強要等，④ポスター掲示による名誉毀損・侮辱，⑤⑥Xに対しシンナーを用いた嫌がらせ等，⑦週刊誌に嫌がらせ記事を載せる等の脅迫等，⑧有機溶剤の散布等，⑨腕をつねる行為による受傷等，⑩誓約書作成等の強要等，⑪冬季勤務時の劣悪な職場環境の放置等，⑫拡声器を用いた名誉毀損・侮辱，⑬唾の吐き掛け，⑭火のついた煙草を当てる行為，⑮警備艇の乱暴な操縦による受傷等，⑯いすを足にぶつける行為等，⑰退職強要・名誉毀損等，⑱暴行・拡声器を用いた名誉毀損行為の是認等）をしたと主張し，Y1については国家賠償法1条1項又は民法715条に基づく損害賠償請求として，Y2については民法709条に基づく損害賠償請求として，Yらに対し，連帯して300万円の支払を求め，Y1～Y5に対しては，上記金員のほかに，連帯して800万7770円の支払を求めた事案。	【X→Y1～Y11】 損害賠償請求	【Y1～Y5】 連帯して1000万円 （うち200万円についてはY6～Y11と連帯して） ※訴え変更により，Y1のみ請求が減縮された。 【Y6～Y11】 連帯して200万円 （Y1～Y5とも連帯して）	【Y1】 150万円 【Y2～Y11】 0円
【11】	国際興業大阪事件 大阪地裁 H23.1.28 労判1027-79	Yの従業員であったXが，平成21年7月7日，Yの求めに応じ退職願を提出した後に，Yに対し，自らの退職は自己都合によるものであるとして，Y退職金規程に基づく退職金の支払，人事賞罰委員会の決定に基づく減給処分は労働基準法24条に違反するとして減額された賃金の支払，乗客のクレジットカードによる料金支払について，カード使用手数料の一部（2％）を給与から控除することは違法であるとして控除された賃金の支払及びYによる不当な退職強要行為によって精神的損害を被ったことを理由とする損害賠償の支払を求めた事案。	①退職金請求 ②賃金請求 ③損害賠償請求	147万530円	0円
【12】	クレディ・スイス証券事件 東京地裁 H23.3.18 労判1031-48	■甲事件 XがY1及び上司であったY2に対し，退職勧奨後不支給とされたインセンティブ・パフォーマンス・コンペンセイション・アワード（IPC）の支払，IPC不払及び退職強要による慰謝料を請求した事案。 ■乙事件 Xが使用者であったY1に対して，業務廃止に伴って整理解雇されたことにつき，(1)整理解雇が無効であり労働契約上の権利を有する地位にあることの確認，(2)解雇期間中の賃金支払，(3)慰謝料を請求した事案。	■甲事件 【X→Y1・Y2】 損害賠償請求 ■乙事件 【X→Y1】 ①地位確認 ②賃金請求 ③損害賠償請求	■甲事件 【Y1・Y2】 連帯して500万円 ■乙事件 【Y1】 500万円	■甲事件 【Y1・Y2】 0円 ■乙事件 【Y1】 0円

第8章　退職勧奨

・男性 ・警視庁海技職職員	【Y1】 東京都 【Y2～Y11】 Xの上司・同僚		【Y1】 各不法行為（※④ポスター掲示による名誉棄損・侮辱，⑤⑥Xに対しシンナーを用いた嫌がらせ等，⑦週刊誌に嫌がらせ記事を載せる等の脅迫等，⑪冬季勤務時の劣悪な職場環境の放置等，⑫拡声器を用いた名誉棄損・侮辱，⑬唾の吐き掛け，⑭火のついた煙草を当てる行為，⑮警備艇の乱暴な操縦による受傷等の一部。）の内容及び上記行為が約2年間に渡って複数回行われたことを考慮。 【Y2～Y11】 本件においては，Y1が国家賠償法1条1項に基づきXに対して損害賠償責任を負う以上，Y2らは，個人として損害賠償責任を負わないというべきであるから，XのY2らに対する各請求にはいずれも理由がない。
・男性 ・タクシー運転手 ・入社以降，退職直前までに交通事故13件，退職直前に信号無視（検挙），接触事故	一般乗用旅客自動車等による運送事業等を目的とする法人		・XはYから次に事故を惹起したら懲戒解雇処分とすると言い渡されていた。 ・その後，無理なUターンにより接触事故を起こし，Yに対しY及び相手方が被った損害をすべてXが支払うという誓約書を提出。 ・Yは，Xが頻繁に交通事故を発生させることから，Xとの雇用契約を終了させることとし，Xを懲戒解雇とすることも考えていたものの，懲戒解雇になると他社に入社できないことから，Xに対し，退職願を提出するよう伝えた。 ・以上のような退職願提出に至る事実関係にかんがみると，Xに退職の意思がなかったとは認め難く，他方，YがXに対し退職を強要等したことや無理矢理退職願を提出させられたと認めるに足りる的確な証拠は見出し難い。
・男性 ・Yで証券会社向けの商品開発・営業業務を担当	【Y1】 証券会社 【Y2】 Xの上司		■甲事件 ・IPC不支給及び退職強要による慰謝料については，本件退職勧奨において，Xは退職勧奨を明確に拒否しており，その他，任意性を損なう事情はうかがわれない。 ・Xが担当していたビジネスからY1が事実上撤退したこと，Y1は，Xが著しく協調性を欠き同僚や上司との間で深刻な人間関係上の問題を生じさせていたとの認識であったことから，Y1やY1従業員に故意過失が認められず，退職勧奨は不法行為を構成しない。 ・Y1は抽象的に自宅待機と述べるだけでXの行動を具体的に制約することは全く述べていないこと，Y1はXに対し，複数の異動先候補を紹介したこと，Xに解雇期間中の相当高額な賃金が認められることから，自宅待機を命じたこと等について，慰謝料を認めるに足る損害が発生したとはいえない。 ■乙事件 ・Yは，Xが集中して取り扱っていたビジネスから事実上撤退しており，解雇の業務上の必要性は肯定されるが，YはXへの自宅待機命令から1年以上経過した後Xを解雇していることから業務上の必要性の程度は高度とはいえない。 ・Xの解雇直後従業員の年棒を昇給させたり4名の新規採用を行ったことからすると，業務上の必要性に比較して，Yの解雇回避努力は明らかに不十分で，解雇は，権利の濫用で無効。 ・整理解雇が無効であったとしても，業務上の必要性は一応肯定されることなどを考慮すれば，解雇が違法であり，しかも，被告らに故意過失があるとは直ちに認められず，不法行為は構成しない。

	事件名・裁判所・判決	事案の概要	請求内容	請求額	認容額
【13】	日本航空（雇止め）事件 東京地裁 H23.10.31 労判1041-20頁 東京高裁 H24.11.29 労判1074-88 ＊ダイジェスト	Y1と雇用契約を締結したXが、(1)Y1から同契約の雇止め（更新拒絶）を通告されたが、この雇止めは無効であると主張して、Y1に対し、①雇用契約上の権利を有する地位にあることの確認、②賃金及び一時金の支払を求め、また、(2)Y1におけるXの上司であったY2が、Xに対して、Y1からの退職を強要するなどして、Xの人格権を侵害したと主張して、Y2に対しては不法行為に基づき、Y1に対しては不法行為（使用者責任）及び債務不履行責任（職場環境調整義務違反等）に基づいて、慰謝料を求めた事案。	【X→Y1】 ①地位確認 ②賃金・一時金請求 【X→Y1・Y2】 損害賠償請求	【Y1・Y2】 各500万円	【Y1・Y2】 各20万円 （内訳） ・退職勧奨：20万円 ・雇止め：0円
【14】	クレディ・スイス証券（休職命令）事件 東京地裁 H24.1.23 労判1047-74	Xが、平成21年5月11日に成績不振を理由とする業務改善命令を受けたが改善しなかったとして退職を示唆された後、平成21年12月4日に3か月間の休職命令を受け、平成22年3月1日にこれを3か月間延長する旨の命令を受け、同年6月3日付けで普通解雇されたことにつき、①休職命令とその延長処分の無効確認、②労働契約上の地位確認を求めるとともに、③上記休職命令発令以降の賃金の支払、④業務の問題点や解雇に言及した警告書交付、面談強要、担当業務の取上げ、無期限自宅待機命令、同僚への解雇発表などの上司の言動や退職強要行為により、Xの名誉権が侵害され、身体的変調を来し、精神的苦痛を被ったことを理由とする不法行為に基づく慰謝料の支払に対する債務不履行又は不法行為に基づく損害賠償の支払を求めた事案。	①休職命令無効確認 ②地位確認 ③賃金請求 ④損害賠償請求（慰謝料） ⑤損害賠償請求（賞与不支給）	200万円	100万円
【15】	兵庫県商工会連合会事件 神戸地裁姫路支部 H24.10.29 労判1066-28	Y1に勤務するXが、Y1とその専務理事であったY2ら（Yら）に対し、Yらから執拗な退職勧奨を受け、これに応じなかったところ、必要性のない転籍、出向を命ぜられた上で、給料の減額措置や管理職手当の不支給等の経済的不利益を被るとともに、誹謗中傷としか評価できない侮辱的な言動や恣意的な低査定を受けたため、精神的苦痛や経済的不利益を被ったとして、Y2につき民法709条、その使用者であるY1につき同法709条又は同法715条に基づき、損害賠償の支払を求めた事案。	【X→Y1・Y2】 損害賠償請求	【Y1・Y2】 連帯して200万円	【Y1・Y2】 連帯して100万円
【16】	アールエフ事件 長野地裁 H24.12.21 労判1071-26	Yは、社長ミーティングで社長の意に沿わない発言を行ったX1及びX1を擁護する言動を行ったX2に対し、大阪店ショールームからYの長野本社への配転命令を行った。その後、最終的にX1については解雇、X2については休職期間満了による退職となった。 そこで、Xらが、Yに対し、本件配転命令後、YがXらを退職に追い込むため種々の精神的圧迫を加えたこと及びY	■第1事件 【X1→Y】 ①労働契約上の義務がないことの確認 ②損害賠償請求 ③賃金請求 【X2→Y】	■第1事件 【X1→Y】 340万円 【X2→Y】 340万円 ■第2事件 【X1→Y】 550万円	■第1事件 【X1→Y】 220万円 【X2→Y】 220万円 ■第2事件 【X1→Y】 110万円

第8章　退職勧奨

・客室乗務員 ・1年契約の契約社員（更新回数1回） ・平成22年4月30日で雇止め ・時給1233円	【Y1】 ・航空会社 ・平成22年1月19日に会社更生手続開始決定，平成23年3月28日に終結決定 【Y2】 Xの直属の上司	【Y2】 ・Xの業務適性を理由とする本件雇止めは無効，違法とは認められない。 ・Y2がXに対し，概ね適切に指導育成を行っていたことから，Y2が，Xが客室乗務員として業務適性に欠ける点があるとして雇止め，そのことを踏まえて退職勧奨したとしても，そのこと自体違法なことというよりは，むしろXの雇用契約において正常な処遇を受ける権利を侵害したことになるものではない。 ・Y2のXに対する表現に一部適切さを欠くものもないではないが，長期間にわたる指導の際の出来事であり，態様が威迫的とも認められないこと，Y2の退職勧奨の示唆に対してXがこれを検討している経過もうかがえることから，Y2の言動について未だ社会的相当性を逸脱するものとまではいえない。 ・Xが明確に自主退職しない意思を示した後の2日間の面談については，強くかつ直接的な表現を用い（「いつまでしがみつくつもりなのかなっていうところ。」，「辞めていただくのが筋です。」など），懲戒免職の可能性も示唆して退職を求め，長時間に及んでいると考えられることから，違法な退職勧奨と認められる。 ・上記不法行為の態様等諸般の事情を考慮。 【Y1】 使用者責任を負う。
・男性 ・中途採用 ・重要顧客である機関投資家4つなどの営業責任者 ・職位はディレクター（上から2番目） ・解雇前年（平成21年）の基本年収約2200万円，賞与約1560万円	・証券・投資銀行業務を行う株式会社 ・チューリッヒに本拠を置き550カ国以上に拠点を有する銀行の日本拠点	・業務改善プロセスに則って交付された警告書は，文面も恫喝まがいな点はなく，内容手続とも適法。 ・上司との面談も業務改善プロセスに則ったもの，または業績が判明していた注意・指導を目的としたもので，職位が高く高給であるのに業績不振のXに対して叱咤の要素を一定程度含むのは自明で，常軌を逸した面談とはいえず違法性はない。 ・Xが業務改善プロセスの目標未達成とはいえ成績改善中であるのに仕事を取上げたことは性急で，Xとしてはどうすれば解雇を含む処分が回避できるか困惑したことは想像に難くなく，その限度で違法。 ・無期限自宅待機命令の発令の事実は認められない。 ・メールアドレス抹消や同僚への解雇発表も，代理人弁護士を立てて復職交渉中であったのだから，もう少し穏便な対処可能でその限度で違法。 ・以上の事情や，Xの地位確認請求が認容されることによる種々の被害回復等，諸般の事情を考慮。
・男性 ・勤続33年 ・市商工会に出向中 ・減給後の月額給与35万7200円，ただし管理職手当月額3万5700円は不支給	【Y1】 県商工会連合会 【Y2】 Y1の専務理事	・Xは，本件退職勧奨，本件転籍命令，本件出向命令及びY2の言動の各不法行為により，名誉感情を害される，精神的圧迫を受ける，長距離通勤を余儀なくされる等様々な不利益を被って精神的苦痛を味わわされたものであり，かかる行為の反復継続（4年間に渡って8回）及び程度を斟酌して慰謝料額を算定。 ・Xの自律神経失調症がYらの一連の不法行為により発症したものであることは本件全証拠によっても認めるに足りないから，この点は慰謝料の判断に当たって考慮しない。
【X1】 大阪支店・営業担当・販売業務 【X2】 大阪支店・営業担当・接客業務	ビデオカメラの開発・製造・販売・輸出入，医療機器類の開発・製造・販売・賃貸・輸出入等を目的とする会社	【退職強要】 YがXらを退職に追い込むため，執拗に隔離及び監視し，嫌がらせ的な業務内容を指示し，威迫的な圧迫を加え，Xらに見せるための専用社内規を作成したりするなどの差別的扱い，具体的な事由を示すことなく賞与を払わない差別的扱いを行っており，これらは不法行為に該当するところ，特に退職に追い込むための精神的圧迫は極めて執拗かつ陰湿で不当なものであり(約3か月間で複数かつ多様な退職強要がなされた)，これらによってXらが受けた精神的苦痛は非常に大きい。

147

| | | Xらとの間の仮処分命令申立事件において成立した和解の和解条項に反する行為をYがXらにし続けていることが不法行為であるとして，不法行為に基づく慰謝料の支払を求め，Xらの給与のうち平成21年3月分の給与から「評価給」名目の賃金が支払われなくなったことから，労働契約に基づく未払給与の支払を求め，原告に対して支払われていない時間外手当等及び付加金の支払を求め，労働契約に基づく夏期賞与の支払を求めるとともに，X1が，Yに対し，本件配転命令が無効であるとして，長野本社において勤務する労働契約上の義務がないことの確認を求め，さらに，本件解雇が無効であるとして，労働契約上の権利を有する地位にあることの確認を求め，上記労働契約上の権利を有する地位にあることを前提として，本件解雇後の給与の支払，本件解雇及び本件解雇時の被告の対応が違法な行為であるとして，不法行為に基づく慰謝料の支払を求めた事案。 | ①損害賠償請求
②賃金請求
■第2事件
【X1→Y】
①地位確認
②賃金請求
③損害賠償請求 | |

<解説>

1　慰謝料請求が認容された割合

　本調査の対象となった平成15年1月～平成25年12月の労判において，退職勧奨に関連して慰謝料請求がなされた事例は，別紙一覧表のとおり16件であった。うち，慰謝料が認容された事例は9件である。

2　慰謝料請求が認容された事例・認容されなかった事例の傾向

　本調査の対象とした裁判例の中で，退職勧奨が違法とされたが，慰謝料請求は認容されなかったという事例はなかった。反対に，退職勧奨が違法ではないとされたが，慰謝料請求は認容されたという事例もなかった。

　したがって，本調査の対象とした裁判例では，退職勧奨が違法とされた事例はすべて慰謝料請求が認容されており，違法とされなかった事例はすべて慰謝料請求が認容されなかったということになる。

　以下では，慰謝料請求が認容された事例（退職勧奨が違法とされた事例）と認容されなかった事例（退職勧奨が違法とされなかった事例）に分けてその傾向を分析する。

(1)　認容された事例

			【解雇】 本件解雇は、社長が自分の意に沿わない従業員であると考えたX1を退職に追い込むための様々な精神的圧迫を加え、それでも退職しないX1をYから排除するために行ったものであるが、退職強要行為としては、別途不法行為として評価されていることを考慮して慰謝料額を算定。

ア　慰謝料請求が認容されるか否かの分岐点は、退職勧奨が違法なものといえるかどうかにある。

　そもそも、退職勧奨を行うことそれ自体は、不当労働行為に該当する場合や不当な差別に該当する場合等を除き、労働者の任意の意思を尊重する態様で行われる限り、原則として使用者の自由であり、不法行為を構成するものではない（下関商業高校事件（最一小判昭和55年7月10日労判345号20頁））。

　しかし、本調査の対象とした裁判例からすると、退職勧奨が社会的相当性を逸脱する態様で行われた場合には、退職勧奨が違法と判断されることになる。

イ　退職勧奨が社会的相当性を逸脱する態様で行われたと判断された事例では、

　①　退職を迫った行為の態様や表現方法（【1】【2】【7】【10】【13】【15】【16】）
　②　使用者の意図（【5】【7】【14】【16】）
　③　使用者の行為の頻度や期間（【7】【10】【13】【15】【16】）
　④　労働者が退職を余儀なくされた理由が専ら使用者の行為にあるかどうか（【1】【2】【5】【15】【16】）

等が重視されている。

　例えば、①退職を迫った行為の態様や表現方法に関しては、プライバシー侵害を伴うものであったかどうか（【1】）、侮辱的な表現、脅迫的な表現であったかどうか（【2】【10】）などの事情が検討されている。なお、【13】の控訴審（東京高判平成24年11月29日労判1074号88頁）はダイジェストで本調査の対象外の

裁判例ではあるが，自主退職拒絶後の2日間に行われた「懲戒解雇とかになったほうがいいんですか？」等の強めの職制の発言等が退職勧奨として社会通念上相当と認められる範囲を逸脱しているとされ，この判断が確定したこと（最三小決平成25年10月22日労経速2194号12頁）も参考になる。

　また，②使用者の意図に関しては，嫌悪の情に基づくものかどうか（【5】【16】），経営の合理化・業務上の必要性に基づくものかどうか（【14】）という観点から検討されている。

　③使用者の行為の頻度や期間に関しては，頻繁になされていたり，期間が長期にわたっていれば，社会的相当性を逸脱するものと認定される方向に傾き（【10】は約2年間にわたって複数回），慰謝料も高額になる傾向にある（【15】は約4年間にわたって8回，【16】は約3か月間で複数かつ多様な退職強要がなされた）。

　④労働者が退職を余儀なくされた理由が専ら使用者の行為にあるかどうかについては，使用者が労働者に対し不正確な情報を提供するなどし労働者に退職を決意させたかどうか（【1】）などが検討されている。

ウ　そのほかには，労働者が使用者の退職を迫る行為によって疾病に罹患し退職するに至ったこと（【5】），労働者が自主退職しない意思を明確にしていたこと（【13】）等の要素も考慮されている。

エ　なお，慰謝料請求が認容された9件の事例のうち7件は，退職勧奨だけでなくプライバシー侵害行為やパワハラ行為などの他の類型の行為も同時に問題となった事例であった。認容額との相関関係については後述のとおりである。

(2)　認容されなかった事例

　慰謝料請求が認容されなかった事例には，退職勧奨の事実が否定され慰謝料請求が認容されなかった事例と，退職勧奨の事実は肯定されたものの，その態様には社会的相当性があるとして慰謝料請求が認容されなかった事例とがあった。

ア　退職勧奨の事実が否定された事例（【4】）

　【4】は，障害者枠で採用された労働者が使用者から違法な退職勧奨を受けたとして慰謝料を請求した事例であるが，当該事例においては，退職勧奨の事実自体が否定され，慰謝料請求は認容されなかった。

第8章　退職勧奨

イ　退職勧奨の事実は肯定されたが，社会的相当性があるとされた事例（【3】【6】【8】【9】【11】【12】）

退職勧奨に社会的相当性が認められると判断された事例においては，

① 労働者と使用者の面談や話し合いの内容・経緯（【6】【8】）
② 退職を迫った理由の相当性（【9】）
③ 使用者側に故意・過失がないこと（【12】）
④ 労働者による退職の意思表示が真意に基づくものであること（【3】【11】）

等が重視されている。

①の労働者と使用者の面談や話し合いの内容・経緯については，使用者が継続的に労働者と話し合いを行っていたかどうか（【8】），退職した場合の利害得失を説明していたかどうか（【6】）といった事情が検討されている。

3　認容額の傾向

(1)　認容額の分布

慰謝料が認容された事例における認容額の最低額は20万円，最高額は400万円であった。認容額の分布は以下のとおりであり，100万円以下の低額事案と200万円以上の高額事案に二極化しているようにみえる。

（単位：万円）

認容額	50以下	50超〜100	100超〜150	150超〜200	200超以上
件数	3	3	1	0	4

(2)　高額事案の傾向

ア　使用者が行った退職勧奨（強要）行為の程度が過大である事案（【1】【2】【10】【16】）では，150万円以上の慰謝料が認められる傾向にあった。

【1】では，労働者に無断でＨＩＶ抗体検査を行い，その結果をもとに退職勧奨を行っておりプライバシー侵害があったことなども考慮されている。

【2】では，侮辱的な表現を用いて労働者の名誉を毀損した行為が，退職勧奨として許容される限度を逸脱したことが重視されている。

【10】では，暴力を伴う行為を始め，退職勧奨にあたるとされた行為が多岐にわたっていたことが重視されている。

【16】においても，労働者を退職に追い込むためになされた嫌がらせ的行為（社員集会において退職強要を行う，従業員に嫌がらせや無視，あら探し，隔離して監視するよう指示する，従業員に威圧的・脅迫的な圧迫を行わせるなどの行為）が執拗かつ陰湿で不当なものであったことが重視されている。

このように，退職を迫った行為の態様や表現方法（前記2(1)イ①）は重要な要素であり，その社会的相当性の逸脱の程度が慰謝料額に影響していると捉えることができる。

イ　また，慰謝料請求が認容されたこれらの事例はいずれも，退職勧奨だけでなく他の類型の行為も同時に問題となった事例であり，そのような事例では，認容額も高額になる傾向が認められた。

(3) **低額事案の傾向**

ア　既に述べたとおり，慰謝料請求が認容されるためには，違法な退職勧奨であること，すなわち退職勧奨が社会的相当性を逸脱する態様でなされたことが必要となる。

そのため，違法な退職勧奨である（退職勧奨が社会的相当性を逸脱する）と認められた事案は，そもそも違法の程度が過大なものであることが多く，慰謝料は高額化する傾向にある。

もっとも，違法な退職勧奨であると認められた事案においても，その程度が過大とまではいい難い場合（【13】では，使用者側の行為全てが違法と判断されたのではなく，一部の行為のみが違法と判断された。）や行為の目的が会社の経営等のためであって不当とまではいえない等の事情が存在する場合（【5】【7】【14】）には，これらの事情が斟酌され，慰謝料が低額になる傾向にある。

イ　また，慰謝料請求が認容された事例のうち，退職勧奨だけが問題になった事例では，認容額は低額になる傾向が認められた（【5】【7】）。

4　聞き取りのポイント

(1) 退職を迫った行為の態様や表現方法
- 労働者の権利（プライバシー，人格権等）を侵害するような態様・表現か
- 書面の配布等（他の従業員や外部の者に知らしめるような行為）の有無

(2) 退職を迫る行為の頻度・期間
(3) 労働者に退職する意思があるかどうか（退職を決断する要因が他にあるか）
(4) 労働者が退職しない意思を使用者に対して表明したか
(5) 労働者と使用者の面談や話し合いの内容・経緯
　・　労働者から話し合いを求めたか，使用者がその求めに応じたか
　・　継続的に行われたかどうか
　・　労働者の利害得失について十分な説明がなされたか
(6) 使用者側の意図・相当性
　・　嫌悪の情に基づくものか
　・　経営の合理化・業務上の必要性に基づくものか
(7) 使用者側の経営状況
(8) 退職勧奨行為によって労働者が被った不利益（疾病等）

第9章
解雇

<＜判例紹介＞>

No	事件名 裁判所 判決年月日 出典 審級関係	事案の概要	請求 (訴訟物)	慰謝料 請求額	慰謝料 認容額
【1】	S社（派遣添乗員）事件 東京地裁 H17.1.25 労判890-42	旅行ツアーの派遣添乗員であったXが、派遣先会社（A社）の社員であるY1に対しセクハラ等（キスをされた、乳房を直接触られた、右耳をなめられ尻を触られた、強引にホテルに連れ込まれた、口淫させられたなど）による不法行為に基づく損害賠償を求めるとともに、派遣元会社であるY2に対し職場環境配慮義務違反及び不当解雇による不法行為に基づく損害賠償を求めた一方で、Y1がXに対し、不当訴訟等による不法行為に基づく損害賠償を求めた事案。	（本訴請求） 【X→Y1】 損害賠償請求 【X→Y2】 損害賠償請求 （反訴請求） 【Y1→X】 損害賠償請求	（本訴請求） 【X→Y1】 500万円 【X→Y2】 100万円 （反訴請求） 500万円	（本訴請求） 【X→Y1】 0円 【X→Y2】 15万円 （反訴請求） 0円
【2】	O法律事務所（事務員解雇）事件 名古屋高裁 H17.2.23 労判909-67	・Yが開設する法律事務所に雇用されていたXが、Y事務所と相対立する他の法律事務所の弁護士と結婚することを告げたところ解雇されたが、本件解雇は解雇理由も明示されず、合理的理由もないものであるなど違法なものであって、不法行為に該当するとして、Yに対し、不法行為に基づく損害賠償を求めた事案。 ・第一審は、XとY間の雇用契約は、合意解約に基づき終了したというYの主張を認め、Xの主張する本件解雇は認められないとして、Xの本件請求を棄却したため、Xが控訴。	損害賠償請求	300万円	30万円
【3】	ジャパンタイムズ事件 東京地裁 H17.3.29 労判897-81	Xが、Yに対し、解雇が無効であるなどと主張して、雇用契約上の地位確認、未払賃金、不法行為に基づく慰謝料及び謝罪広告の新聞掲載を求めた事案。	①地位確認 ②賃金請求 ③損害賠償請求 ④謝罪広告掲載請求	1000万円	20万円
【4】	ニュース証券事件 東京地裁	Yに営業職として中途採用されたXに対する試用期間中の解雇が無効であるとして、労働契約上の地位確認、解雇期間中の賃金、慰謝料及び未払いの賞与の支払	①地位確認 ②賃金請求 ③損害賠償請求	250万円	150万円

154

第9章　解雇

労働者等の属性（性別・ポジション・収入等）	使用者等の属性（会社規模等）	算定の理由
・既婚女性 ・旅行ツアー派遣添乗員 ・Y2との間で派遣基本契約を締結 ・平成13年ころから株式会社A社が企画するツアーの添乗員として派遣されるようになった ・セクハラ事件後Y2から解雇	【Y1】 ・既婚男性 ・株式会社A社の社員 ・Xに対するセクハラにより懲戒処分を受け配置転換された 【Y2】 旅行ツアーの添乗員の派遣を業とする株式会社	（本訴請求） 【X→Y1】 セクハラ行為の事実は認められない。 【X→Y2】 解雇の理由としてY2が主張してきた内容や，その大半が事実に基づくものとは認められないこと，原告が従事した添乗業務の回数・内容，勤続年数等諸般の事情を考慮した。 （反訴請求） XがY1に対する積極的な害意または重大な過失によって本訴請求を提起したとまでは認められず，不法行為は成立しない。
・37歳女性 ・Yの法律事務所開設時から10年以上勤務 ・名古屋弁護士会所属弁護士と結婚	・名古屋弁護士会所属弁護士 ・名古屋市内に法律事務所を開設	・XY間の雇用契約の解約合意は認められない。 ・本件解雇が単に結婚を理由とする解雇，若しくは既婚者を排除する意図による解雇であるとは認められない。 ・結婚による情報の漏洩等の危険性を完全に否定することができないといって，事務員の雇用契約上の秘密保持義務，名古屋市内で業務を行っている弁護士数（900名超）に鑑み，実際に秘密保持ないし依頼者の保護に対する危険等はいまだ抽象的であり，仮に利害対立が実際に生じたとしても実際には，何らかの措置を講じることによって弊害の生じる危険性を回避し，依頼者に不信感を与えることを防止することは十分に可能。 ・夫婦共働きが既に一般的なものになっている今日，抽象的危険をもって，解雇権行使の正当な理由になるとすることは，社会的に見ても相当性を欠き，Xは，本件解雇によって自らの意思に反してその職を奪われ，精神的な損害を被ったことを考慮。
・非常勤嘱託（1年契約）の外国人記者 ・契約期間途中に解雇 ・解雇当時の地位は運動部長 ・月給57万3900円	日刊英字新聞ジャパンタイムズ紙を発行する会社	・XにはそもそもYの主張する本件特集の編集方針を知る機会がなかったというべきであり，これに沿わない記事を書いたからといって，Xに対して直ちに債務不履行責任を問うことはできない。また，本件記事は，Xが20年ほど前にソウルを訪問した際に売春婦から声をかけられた体験談を交えながら，現在のソウルが当時と比べていかに変貌を遂げ近代化したかについて述べたものであって，韓国や韓国の女性を侮辱したり不当に刺激したりする趣旨の文章でないことは明らかであるから，本件解雇は解雇権の濫用にあたり違法・無効であり，これを行ったYの行為は不法行為を構成する。 ・慰謝料の算定においては，YにおけるXの勤続年数，Xの地位，経済的損失については未払賃金及び遅延損害金の支払いによって填補されること等諸般の事情を考慮した。
・男性 ・営業社員 ・月給65万円，賞与（6月・12月）各105万円	証券会社	・6カ月の試用期間中，わずか3カ月強の期間の手数料収入のみをもって解雇したことについて，Xの資質・性格・能力等がY従業員として適格性を有しているとは到底認めることができないとしても，本件解雇に至るYの対応は性急にすぎ，

155

	H21.1.30 労判980-18 東京高裁 H21.9.15 労判991-153	いを求め、また、時間外、深夜、休日勤務手当及び付加金の支払いを求めた事案。			
【5】	オオシマニットほか事件 和歌山地裁田辺支部 H21.7.17 労判991-29	本訴として、(1)Y各社に就労していたXらがそれぞれ、(ア)Y各社に対し、(a)その各就労期間中の時間外、休日、深夜労働の手当や賃金の一部（以下「本件時間外手当等」という。）が支払われていないとして、未払の本件時間外手当等、(b)Y各社がXらから「管理費」を違法に徴収したとして、不法行為に基づく損害賠償金を請求し、(イ)Y1、Y3、Y5の各代表取締役（以上3名を総称して「Y2ら」という。）に対し、前記(ア)のY各社の本件時間外手当等の未払や「管理費」の徴収は、いずれも、Y2らが、代表取締役としての職務執行上、故意又は重大な過失に基づき行ったものであるとして、旧有限会社法30条の3第1項ないし旧商法266条の3第1項又は民法709条に基づく損害賠償金を請求し、(2)X3、X7〜X10（以下併せて「2年生Xら」という。）が、(ア)Y各社に対し、Y各社との間で締結されていた有期雇用契約を更新せず、違法に解除されたとして（以下「本件各解除」という。）、不法行為による損害賠償金を請求し、(イ)Y2らに対し、旧有限会社法30条の3ないし旧商法266条の3又は民法709条に基づく損害賠償金を請求し、反訴として、Y各社がそれぞれ、(3)Xらに対し、Xらが所定時間外の作業量を不当に水増しして残業手当を受け取ったとして、不当利得に基づく不当利得金を請求し、(4)2年生Xらに対し、Y各社に対する背信行為により、Y各社は本件各解除を余儀なくされ、この解除により労働力を失って縫製業等ができず、得べかりし利益を失い損害を被ったとして、不法行為による損害賠償金を請求した事案。	（本訴請求） 【X1〜X3→Y1・Y2】 ①（未払）賃金請求 ②損害賠償請求 【X4〜X9→Y3・Y4】 ①（未払）賃金請求 ②損害賠償請求 【X10→Y5・Y6】 ①（未払）賃金請求 ②損害賠償請求	【X3→Y1・Y2】 連帯して50万円 【X7〜X9→Y3・Y4】 連帯して各50万円 【X10→Y5・Y6】 連帯して50万円	【X3→Y1・Y2】 連帯して20万円 【X7〜X9→Y3・Y4】 連帯して各20万円 【X10→Y5・Y6】 連帯して20万円
【6】	佐賀ゴルフガーデンほか事件 佐賀地裁 H22.3.26 労判1005-31	Y1に雇用され、取締役を兼任していたXが、Y1及びY3に対し、した、不正会計処理、横領・背任を理由としたXに対する普通解雇は、解雇理由が存在せず、かつ、不当労働行為に該当するから無効であり、さらに、法人格否認の法理により、Y1だけでなく、Y3も雇用者としての責任を負うと主張して、①労働契約上の権利を有する地位にあることの確認を求めるとともに、②雇用契約に基づき、上記解雇後の賃金の支払を求め、(2)Yらに対し、上記解雇は、Y1及びY3、Y3の役員であるY4及びY5、Y2の共同不法行為（民法719条前段）であると主張して、連帯して、賃金相当額の損害金の支払を求め（Y1及びY3に対しては、上記(1)2の請求との予備的な主張）、上記共同不法行為に基づき、連帯して、Xが違法な解雇によって被った精神的苦痛に対する慰謝料の支払を、それぞれ請求した事案。	【X→Y1・Y3】 ①地位確認 ②賃金請求 【X→Y1〜Y5】 損害賠償請求 ※このうち、Y1、Y3に対する賃金相当額の損害金の請求は、②との関係で予備的請求	【Y1〜Y5】 連帯して100万円	【Y1〜Y5】 連帯して30万円
【7】	医療法人大生会事件	Yと雇用関係にあったXが、Yに対し、①未払の基本給及び時間外労働の割増賃金、②解雇予告手当、並びに、③理由の	①賃金請求 ②解雇予告手当請求	50万5476円	40万円 （内訳）

第9章　解雇

			・本件解雇は無効かつ違法なものであるといわざるを得ないと認定。 ・Xは突然の解雇により顧客の信頼も少なからず損なったものと認められることを考慮。
【X1〜X10】 ・中国人女性 ・外国人研修・技能実習生 （研修期間1年と1年毎の有期雇用契約締結により合わせて最長3年） ・X1，X2，X4〜X6は，上記制度により3年間勤務した3年生，X3，X7〜X10は，3年目の雇用契約を締結した2年生 ・労働組合加入 ・賃金：月額13万円	【Y1・Y3・Y5】 ・縫製受託加工，布帛製品の製造・販売，婦人服の製造，加工及び販売を行う会社 ・外国人研修・技能実習制度の下で，Xらと有期雇用契約を締結した 【Y2・Y4・Y6】 Y1・Y3・Y5の各代表者		・Y1・Y3・Y5各社は，平成17年2月15日にユニオン執行部から，Xらが，分会を結成した旨通告されるとともに，未払時間外手当等の支払や労働時間等の労働環境改善を要求され，Xがその2日後から午後7時以降の残業をしないかつY各社の設定するノルマを達成できない状況にあったこと，Y各社がXらに解雇の意思表示をしたのは，上記通告を受けて1か月後，団体交渉でY4がXらとの団体交渉を断固拒否してからわずか10日後ほどのことであったことからすると，Y各社は，Xらの要求や組合活動としての就労態度が正当なものであったにもかかわらず，これを嫌って不当労働行為意思が決定的動機となって本件各解除をしたと認めるべき。 ・Y各社は，不当労働行為として，Xらに解除の意思表示をし，2年生Xらの就労の機会を失わせ，賃金を得る機会を失わせるという不利益を課したのであるから，本件各解除は不当労働行為として違法。 ・2年生Xらは，本件各解除により，中国に帰国せざるを得ない状況に追い込まれたもので，2年生Xらは，得べかりし利益を失ったほかに本件各解除により技能を習得できず，しかるべき収入を得て中国に帰国する夢が絶たれたものというべきであり，2年生Xらにはそれぞれ相当の精神的苦痛があったと認めるべきであり，他方で，2年生Xらにおいても，Y各社の指示の不順守といった落ち度があったこと等を考慮。
・Y1の経営するゴルフ練習場の経理・フロント業務を担当 ・取締役 ・労働組合（建交労）加入	【Y1】 ゴルフ練習場経営会社 【Y2】 Y1代表取締役 【Y3】 Y1設立会社 【Y4】 Y3代表取締役，Y1取締役 【Y5】 Y3専務取締役，Y1取締役		・Xが不適切な経理処理を行っていたことは，それ自体解雇理由とするに十分であるとしながらも，本件解雇処分は，もっぱら，Xの建交労への加入や団体交渉等の組合活動に対する嫌悪の意図に基づいて行われたものであるから，不当労働行為に該当し無効であり，不法行為を構成する。 ・Y2〜Y5も，本件解雇処分について決定ないし関与していたとして，共同不法行為責任を認めた。 ・Xは，Yらによる建交労の組織や組合活動に打撃を与えるという違法な目的によって解雇され，就労の機会を奪われたものであり，Xが被った精神的苦痛は相当なものと認められるが，その精神的苦痛は，労働契約上の地位確認及び未払賃金の支払請求の認容によって，相当程度に慰謝されると考えられること，不適切な経理処理という解雇理由となるべき事実が認められること，その他本件に顕れた一切の事情を総合考慮。
・男性 ・正社員 ・病院の総務経理事務	病院の経営を業とする医療法人		【解雇】 YによるXの解雇は，権利の濫用に当たり，解雇予告を行うに際して何ら解雇理由についての説明をせず，その後にお

157

	事件名	事案の概要	請求	請求額	認容額
	大阪地裁 H22.7.15 労判1014-35	ない解雇、タイムカードの取り上げ及びタイムカードの引渡し拒絶の不法行為に基づく損害賠償の支払を求めた事案。	③損害賠償請求		・解雇：30万円 ・タイムカードの取り上げ及び引き渡し拒絶：10万円
【8】	学校法人関西学園事件 岡山地裁 H23.1.21 労判1025-47	Yが、Xに対し、辞令交付を受けた日から3日以内に赴任する義務があるのに応じなかったことから、職場放棄に近い行為があったとして休職処分を行い、更に、Xの生徒に対する暴力行為や保護者とのトラブル、喫茶店での勤務、休暇中の仲裁センターへの和解あっせん申立などを理由に、職場放棄の疑いがあり、教職員としての資質に著しく欠けるとして解雇したことにつき、Xがいずれも合理的な理由がないから無効である等と主張して、休職処分についてはその無効確認、解雇処分についてはXのYに対する労働契約上の地位の確認、未払い賃金の支払、及び、不法行為に基づく慰謝料の支払を求めた事案。	①休職処分無効確認 ②地位確認 ③賃金請求 ④損害賠償請求	500万円	100万円
【9】	萬世閣（顧問契約解除）事件 札幌地裁 H23.4.25 労判1032-52	Xは昭和45年にY1に調理職として採用され、調理長を経て、平成8年2月頃、Y1の取締役に就任するとともに「総調理部長」となったが、平成14年2月には、取締役を解任され、常務執行役員となり、平成18年9月10日頃には、執行役員を解任され、調理部顧問に配属された。Xが他の顧問とともにY1における長時間労働や時間外手当の不支給等を労基署に申告し、労基署がY1に立入検査を行ったので、Y2がXについて顧問契約を解除する書面を送達し、Xの就労を拒んだため、XがY1に対し、顧問契約の解除が解雇権濫用であり無効であるとして①労働契約上の地位の確認、②未払賃金等を請求し、Y2に対し、不当な降格及び解雇によって労働契約上の地位・権利および人格権を侵害されたとして慰謝料を請求した事案。	【X→Y1】 ①地位確認請求 ②賃金請求 【X→Y2】 損害賠償請求	【Y2】 300万円	【Y2】 40万円 （内訳） 降格処分：20万円 解雇：20万円
【10】	エコスタッフ（エムズワーカース）事件 東京地裁 H23.5.30	■第一事件 公社のプラントで産業廃棄物分別業務等を請け負っていたY1を唯一の取引先とするY3が、公社とY1社との業務委託契約が終了する見通しとなったため、委託契約の終了に合わせてY3の全従業員	■第一事件 【X1～X7】 損害賠償請求 【X8→Y1】	■第一事件 【X1～X7】 連帯して各50万円 【X8→Y1】	■第一事件 0円 ■第二事件 【X1・X4～X7→Y4】

第9章　解雇

を担当 ・基本給月額18万円			ても業務命令違反と称して基本給の半分に当たる金員を一方的に給与から控除するなどの嫌がらせを行うなどしたというYの態様に照らすと，Yの行った解雇は，Xの雇用契約上の権利を不当に奪い，精神的苦痛を与えたものとして，不法行為法上も違法性を有し，YはXに対して慰謝料の支払義務を負う。 【タイムカードの取り上げ及び引き渡し拒絶】 ・使用者は，労働契約の付随義務として，信義則上，労働者にタイムカード等の打刻を適正に行わせる義務を負っているだけでなく，労働者からタイムカード等の開示を求められた場合には，その開示要求が濫用にわたると認められるなど特段の事情のない限り，保存しているタイムカード等を開示すべき義務を負う。 ・使用者が上記義務に違反して，タイムカード等の機械的手段によって労働時間の管理をしているのに，正当な理由なく労働者にタイムカード等の打刻をさせなかったり，特段の事情なくタイムカード等の開示を拒絶したときは，その行為は，違法性を有し不法行為を構成する。 ・Xは，タイムカードの打刻ができなかった期間については，客観的データのないまま割増賃金請求せざるを得なかったこと，Xは所持していた一部のデータをもとに一部の期間の割増賃金の請求を行う形で本訴を提起したものの，本訴提起後にYからタイハカードの開示を受けるまでは請求内容を確定させることができなかったことからすれば，Yのタイムカード取り上げ行為及びタイムカード開示拒絶行為により，一定の精神的苦痛を受けたと認められる。
・男性 ・Yに寮監職として採用された後，高校教諭を勤め，その後，中学校勤務となり，主として寮監職を勤め，剣道の講師をしていた。	高校，中学校を設置する学校法人		・Yが休職処分の前提として主張する配置替えについて辞令が交付された事実がなく，本件休職処分は，Y代表者が，Xの仲裁センターへの和解あっせん申立を嫌悪して行ったものと認定するのが相当であり，正当事由を欠く無効なものである。 ・Yの主張する解雇事由は，いずれもXが教職員としての資質に欠けることの根拠たりえず，Y自身平成17年12月12日，剣道において優れた技能を持つXを表彰していることを勘案すると，解雇処分は，合理的な理由，社会的相当性を欠き無効。 ・本件休職処分及び本件解雇処分は無効であり，Xは，一定の精神的苦痛を被ったと認められるが，本件判決において他に認容したYからの金銭支払により，相当程度回復することを考慮。
・男性 ・Y1に約40年勤務 ・調理部顧問	【Y1】 温泉旅館業を営む株式会社 【Y2】 Y1の代表取締役		【降格処分】 ・Y2の長男をY2の後継者とするためにXを執行役員から解任するという動機は，正当な理由とはいえないから，かかる人事上の不利益処分は，故意にXの名誉ないし社会的評価を傷つけた違法なものとして不法行為を構成する。 ・Xが執行役員から解任され，洞爺湖萬世閣調理部顧問に配属された不当降格でXが味わった精神的苦痛は，Xがその際に特段の不服を申し立てていないことを考慮すると，20万円が相当。 【不当解雇】 ・Y2は，客観的に合理的な理由が欠けているのに，あえてXに解雇の意思表示をして，その就労を拒んだのであるから，違法にその労働契約上の地位を侵害したものというべき。 ・解雇自体は無効とされることを考慮すれば20万円をもって慰藉するのが相当。
【X1～X7】 ・Y3に雇用されていた者 ・X3は，X8の分科長	【Y1】 産業廃棄物及び一般廃棄物の分別作業業務の元請株式会社（清算手続中）		■第一事件 ・組合つぶしのためにあえて公社と再契約を締結せずX1～X7を解雇したという話は推測の域を出ないもので，解雇は不当労働行為にはあたらない。 ・Y1とY3の関係が，互いに唯一の業務委託関係にあり，一種の協業企業関係にあったとみることができる程度を超え

	事件名	事案の概要	請求	請求額	認容額
	労判1033-5	を解雇する旨をX1らを含む全従業員と、X8、X9に通知し、その団体交渉を拒否して、従業員を解雇したところ、X1〜X7、X8、X9が、①Y1に対しては民法709条、②Y2に対しては会社法429条により、Y1はY3と一体であり、Y1の法人格は否認されるべきであるから、Y3が解雇回避努力義務を怠り、突然解雇して賃金を払わず、さらには本件仮処分の申立てに至らしめたこと、③X8及びX9に対しては、組合の存在を嫌悪、否認して分科長を不利益取扱いしたり、団体交渉等を拒否し、本件救済命令の申立てに至らしめたことに対する慰謝料を請求した事案。 ■第二事件 X1及びX3ないしX7が、①Y1とY3に対して、解雇無効であるとして賃金支払いと②Y4に対して、会社法429条に基づき損害賠償を請求した事案。	・Y2】 損害賠償請求 【X9→Y1・Y3】 損害賠償請求 ■第二事件 【X1・X3〜X7→Y1・Y3】 賃金支払請求 【X1・X3〜X7→Y4】 損害賠償請求	・Y2】 連帯して100万円 【X9→Y1・Y2】 連帯して50万円 ■第二事件 【X1・X3〜X7→Y4】 各50万円	各20万円 【X3→Y4】 40万円
【11】	ジェイ・ウォルター・トンプソン・ジャパン事件 東京地裁 H23.9.21 労判1038-39	・Xが、Yから退職勧奨の末、解雇通知を受けたことから、解雇が無効であるとして、①雇用契約上の地位の確認、②雇用契約に基づき解雇後の賃金支払、③雇用契約に基づき解雇後の賞与の支払、及び④Yによる退職強要や就労拒否等の行為によって、Xが精神的苦痛を被ったとして、慰謝料の支払を求めた事案。 なお、Yが、本件以前に、業績悪化及びXの勤務成績不良を理由として退職勧奨をし、Xを仕事から外したのに対し、XがYを相手方として、雇用契約上の地位確認、賃金・賞与の支払、慰謝料の支払を求めて提起した訴訟(以下「前件訴訟」)において、Yのほぼ全部敗訴(慰謝料のみ一部棄却)の判決が確定していた。 ・普通解雇か整理解雇かで争いあり	①地位確認 ②賃金請求 ③賞与請求 ④損害賠償請求	30万円	30万円
【12】	三菱電機ほか(派遣労働者・解雇)事件 名古屋地裁 H23.11.2 労判1040-5 名古屋高裁 H25.1.25 労判1084-63	派遣会社(Y2〜Y4)からY1に派遣労働者として派遣される形式で就業していたX1〜X3(以下「X1ら」)が、それぞれ派遣会社から解雇(普通解雇)されたが、派遣会社は名目的雇用主にすぎず、実質的な雇用主はY1であって、X1らとY1との間に黙示の雇用契約が成立していたものであり、各派遣会社による解雇も実質的にY1が主導して行ったものところ、X1らの解雇は解雇権の濫用にあたるとして、Y1に対し、雇用契約上の権利を有する地位にあることの確認及び賃金の支払を求めるとともに、X1らを解雇したことは、X1らの雇用契約上の地位を不当に侵害するものであり、Y1とY2〜Y4との共同不法行為に当たるとして、慰謝料を請求している事案。 なお、X2・X3については、後に偽装請負で事業停止命令、事業改善命令を受けY1の事業から撤退した訴外E社から、それぞれY3・Y2へ移籍した。	【X1→Y1】 ①地位確認 ②賃金請求 【X1→Y1・Y4】 損害賠償請求 【X2→Y1】 ①地位確認 ②賃金請求 【X2→Y1・Y3】 損害賠償請求 【X3→Y1】 ①地位確認 ②賃金請求 【X3→Y1・Y2】 損害賠償請求	【X1→Y1・Y4】 連帯して600万円 【X2→Y1・Y3】 連帯して600万円 【X3→Y1・Y2】 連帯して600万円	【X1→Y1】 50万円 【X2→Y1】 30万円 【X3→Y1・Y2】 50万円
【13】	アールエフ事件	Yは、社長ミーティングで社長の意に沿わない発言を行ったX1及びX1を擁護	■第1事件 【X1→Y】	■第1事件 【X1→Y】	■第1事件 【X1→Y】

第9章　解雇

【X8】 X1～X7の所属組合の支部 【X9】 X1～X7の所属組合の分科会	【Y2】 Y1代表取締役 【Y3】 産業廃棄物分別作業委託元会社 【Y4】 ・元Y1業務部長 ・出資してY3を設立し，代表取締役	て，Y3の法人格の形骸化や，Y1によるY3の法人格の濫用を認めるに足りず，両者の一体性を認めるに足りない。 ■第二事件 ・Y4は，代表者としてY3が不当労働行為に及ばないよう注意すべき義務に反して，X1及びX3ないしX7に損害を生ぜしめたものというべきであるから，団体交渉不応諾型の不当労働行為を，本件解雇に至る経緯の違法性と捉え，X1及びX3ないしX7に対する不法行為と構成することはできない。 ・本件解雇には実体的に見てやむを得ないと思われる事情（唯一の取引先との間の契約が打ち切られ，事業の継続が困難となったこと）も認められること，解雇回避努力を十全に果たすことは困難であったと認められることに加え，団体交渉不応諾型の不当労働行為救済命令の過料決定に関する傾向に照らして，X1及びX4ないしX7それぞれに20万円。 ・分科長であったX3には受診同意書を提出して指定医の診察を受けるまでは就労させず賃金も一切支払わないという事情も認められるから，40万円。
・男性 ・クリエイティブ部門において，クリエイターを統括するチームリーダー ・年収1421万1680円	アメリカ合衆国を本拠とし，世界的に広告事業を展開するJWTワールドワイドの日本法人	・Yは，前件訴訟により，Xに関する雇用契約上の地位確認等についてほぼ全部敗訴の判決が確定したにもかかわらず，その後も2年間にわたってXの出勤を許さず，再び退職勧奨し，無効というべき解雇に及んだことから不法行為を構成する。 ・Xは，専業主婦の妻と幼い双子の児童（うち1人には障害がある）を抱えており，Yの行為によって著しい精神的苦痛を被ったことを考慮し，Xの地位その他一切の事情を考慮。
【X1～X3】 ・各々Y4，Y3，Y2の派遣労働者としてY1で就業 ・有期雇用契約の更新を繰り返し，契約期間満了前の平成21年1月から2月に解雇 ・6か月間の平均賃金19万～21万円程度	【Y1】 各種電気機械器具，産業機械器具等の製造並びに販売などを目的とする株式会社 【Y2～Y4】 一般労働者派遣事業等を目的とする株式会社	【Y1】 ・リーマンショックの影響で全国的に雇用情勢が厳しくなっている状況の下，ただでさえ年の瀬を迎え，急な求職活動や住居探しには非常に困難を伴う時期に突然の派遣打ち切りが決定され，Y2～Y4に対し，突然中途解約の意向を伝えたこと，労働者派遣法による規制をないがしろにしながら，派遣労働者の新たな就業機会確保の努力もしていないことから，派遣先として信義則違反の不法行為が成立。 ・X2については，Y1・Y3間の労働者派遣個別契約が中途解約の通告時点で厳密には中途解約というより更新拒絶ともいえるものであった点を考慮。 ・なお，控訴審では，X2及びX3のY1に対する請求は棄却されている。 【Y2】 ・Y1から簡単な説明を受けただけでこれを漫然と受け入れ，X3ら派遣労働者に，派遣契約の中途解約の通告があった事情を簡単に説明したのみで解雇を通告し，解雇がやむを得ない事由によるとの具体的説明もせず，契約期間中の雇用継続に向けた努力，就業機会確保に向けた努力や配慮もしなかったのであり，雇用主として契約責任を果たすための真摯な努力を怠った責任は重く，不法行為が成立。 ・Y1の行為と少なくとも強い客観的関連共同性が認められる。 【Y3・Y4】 派遣元としてできる限りのことをしているとして不法行為の成立を否定。
【X1】 大阪支店・営業担当・	ビデオカメラの開発・製造・販売・輸出入，	【退職強要行為について】 YがXらを退職に追い込むため，執拗に隔離及び監視し，嫌

161

事件名	事案概要	請求内容	請求額	認容額
長野地裁 H24.12.21 労判1071-26	する言動を行ったX2に対し、大阪店ショールームからYの長野本社への配転命令を行った。その後、最終的にX1については解雇、X2については休職期間満了による退職となった。そこで、Xらが、Yに対し、本件配転命令後、Xらを退職に追い込むため種々の精神的圧迫を加えたこと及びYがXらとの間の仮処分命令申立事件において成立した和解の和解条項に反する行為をYがXらにし続けていることが不法行為であるとして、不法行為に基づく慰謝料の支払を求め、Xらの給与のうち平成21年3月分の給与から「評価給」名目の賃金が支払われなくなったことから、労働契約に基づく未払給与の支払を求め、原告らに対して支払われていない時間外手当等及び付加金の支払を求め、労働契約に基づく夏期賞与の支払を求めるとともに、X1が、Yに対し、本件配転命令が無効であるとして、長野本社において勤務する労働契約上の義務がないことの確認を求め、さらに、本件解雇が無効であるとして、労働契約上の権利を有する地位にあることの確認を求め、上記労働契約上の権利を有する地位にあることを前提として、本件解雇後の給与の支払、本件解雇及び本件解雇時の被告の対応が違法な行為であるとして、不法行為に基づく慰謝料の支払を求めた事案。	①労働契約上の義務がないことの確認 ②損害賠償請求 ③賃金請求 【X2→Y】 ①損害賠償請求 ②賃金請求 ■第2事件 【X1→Y】 ①地位確認 ②賃金請求 ③損害賠償請求	300万円 【X2→Y】 300万円 ■第2事件 【X1→Y】 500万円	200万円 【X2→Y】 200万円 ■第2事件 【X1→Y】 100万円
【14】愛徳姉妹会（本採用拒否）事件 大阪地裁 H15.4.25 労判850-27	Yが、Xとの労働契約（以下「本件労働契約」という。）には1年の雇用期間の定めがあり、平成14年3月20日に同契約が終了したとしているのに対し、Xが、同契約には期間の定めはないとして、Yに対し、同契約に基づき、同契約上の権利を有する地位の確認、同年3月21日以降の賃金、及び、不法行為に基づく損害賠償金400万円の各支払を請求している事案。	①地位確認請求 ②賃金請求 ③損害賠償請求	400万円	0円
【15】モーブッサンジャパン（マーケティング・コンサルタント）事件 東京地裁 H15.4.28 労判854-49	XがYに対し、契約上「マーケットコンサルタント」、「契約社外エグゼクティヴ」と定められているXはYとは指揮監督関係などにあり、Yとの間の使用従属関係を主張するとともに、同契約は労働契約であることからその解雇は無効であると主張して、①労働契約上の地位確認、②労働契約に基づく賃金の支払、③立替金の支払、④不当解雇（不法行為）に基づく損害賠償をそれぞれ求めた事案。	①地位確認 ②未払賃金請求 ③立替金請求 ④損害賠償請求	200万円	0円
【16】カテリーナビルディング（日本ハウズイング）事件 東京地裁 H15.7.7 労判862-78	無断外出を繰り返したこと、監査法人や日本証券協会に対し親会社の上場承認を妨害する目的で同社を誹謗中傷する発言をしたり文書を送付するなどしたことを理由に解雇（解雇の意思表示は3回）されたXが、解雇事由はなく、労働基準監督署に親会社の労基法違反の事実を申告したことに対する報復として解雇されたものであり、解雇は無効であるとして、地位確認、賃金と賞与の支払いを求めるとともに、違法な解雇により多大な精神的苦痛を被ったとして不法行為による損害賠償を求めた事案。	①地位確認 ②賃金・賞与請求 ③損害賠償請求	200万円	0円
【17】ジップベイツ事件 名古屋高裁 H16.10.28	・Y1によるXに対する労務提供義務違反、欠勤事由等報告義務違反及び傷害を理由とする解雇が権利濫用にあたるとして、XがY1に対し、労働契約上の地位の確認、未払賃金の支払を、Y1及びY	【X→Y1】 ①地位確認 ②未払賃金請求	【X→Y1・Y2】 連帯して500万円	0円

第9章　解雇

販売業務 【X2】 大阪支店・営業担当・接客業務	医療機器類の開発・製造・販売・賃貸・輸出入等を目的とする会社		がらせ的な業務内容を指示し，威迫的な圧迫を加える，Xらに見せるための専用社内報を作成するなどの差別的扱い，具体的な事由を示すことなく賞与を払わない差別的扱いを行っており，これらは不法行為に該当するところ，特に退職に追い込むための精神的圧迫は極めて執拗かつ陰湿で不当なものであり（約3か月間で複数かつ多様な退職強要がなされた），これらによってXらが受けた精神的苦痛は非常に大きい。 【解雇について】 本件解雇は，社長が自分の意に沿わない従業員であると考えたX1を退職に追い込むための様々な精神的圧迫を加え，それでも退職しないX1をYから排除するために行ったものであるが，退職強要行為としては，別途不法行為として評価されていることを考慮して慰謝料額を算定。
・男性 ・給料計算業務等担当 ・採用から1年後に解雇	・社会福祉法人 ・従業員100名		本件期間が試用期間であると認められる以上，Yによる労働契約の終了通知が欺罔行為を構成するとはいえないことは明らかであり，試用期間として成立しており存続期間ではなかったことを確定的に認識していた又はそのことを容易に認識すべきであったとまではいい難いのであるからはXの就労を拒否したことについてYの故意・過失を認めることはできず，Xの不法行為による損害賠償請求は理由がない。
フランス国籍のマーケティング・コンサルタント	宝石類の輸出入，卸売及び小売業（従業員10名）		・XとYの間には指揮監督関係が認められること，仕事の諾否の自由がなかったこと等から，XとYとの間の契約は労働契約としての性質を有するものと認められ，契約の終了は無効とされ，契約の残存期間の賃金支払いが認められた。 ・一方，契約の残存期間の賃金の支払を求めることができることから，特段の事情が認められない限り，これらの支払をもって経済的損害は填補されるところ，これとは別に金銭の支払いにより慰謝すべき損害の発生を認めるまでの特段の事情はないので，慰謝料請求は認められなかった。
・Yに採用された後，親会社に出向し，以後同社の建設部に所属 ・月給約30万円，賞与年2回各30万円	・建築請負工事，不動産売買，賃貸及び仲介，有料老人ホームの経営などを業とする会社（東証2部上場）の子会社 ・従業員はY含め1，2名		解雇された労働者が被る精神的苦痛は，解雇期間中の賃金が支払われることにより慰謝されるべきであり，本件において解雇の無効と賃金の支払を命じる以上，解雇によるXの精神的苦痛は填補されるとした。
・男性 ・営業部長 ・月給合計51万8625円	【Y1】 釣り具の販売を主な目的とする株式会社 【Y2】		解雇は，客観的に合理的な理由があるとはいえず，社会通念上相当であると認められないから，解雇権の濫用というべきであるが，解雇ないしはこれをめぐる一連の行為等が不法行為を構成するものとは認められない。

	労判886-38 名古屋地裁豊橋支部 H16.1.23判決 労判886-46	2に対し不法行為に基づく慰謝料の支払を請求した事案。 ・Y2に対する請求はXが控訴せず、確定した（Y2に対する請求は棄却）。	【X→Y1・Y2】 損害賠償請求		
【18】	サン石油（視力障害者解雇）事件 札幌高裁 H18.5.11 労判938-68	Yに雇用され、重機運転手として稼働していたXが、Yから採用面接時に視力障害があることを告げなかったことが、Yの就業規則の解雇事由「重要な経歴をいつわり、その他不正な方法を用いて任用されたことが判明したとき」に該当するとして普通解雇されたことから、当該解雇が無効であり、不法行為にも当たると主張して、雇用契約上の権利の確認ならびに給与及び賞与の支払い、慰謝料等の支払いを求めた事案。	①地位確認 ②賃金請求 ③損害賠償請求	200万円	0円
【19】	明治ドレスナー・アセットマネジメント事件 東京地裁 H18.9.29 労判930-56	XがYから退職勧奨を受けたのち自宅待機（16か月）を命じられ、その後給料を減額され、解雇されたことから、解雇無効による地位確認、解雇後の減額前の月例給与及び賞与の支払い、給与減額無効による減額後の差額の支払及び不当解雇などが不法行為を構成することによる損害賠償を請求した事案。	①地位確認 ②賃金請求 ③損害賠償請求	300万円	0円
【20】	スリムビューティハウス事件 東京地裁 H20.2.29 労判968-124	Yのマネージャー（部長職）として稼働していたXが、部長1級であるエリアマネージャー職から次長1級である通常の店舗勤務への降格、さらにブロック長1級である子会社への出向命令、及びこれに伴う660万円の減給をされた上、その後も嫌がらせ、差別行為、出向の強要、事実に基づかない人格の非難を受けた末に、事実無根又はXの従業員としての地位を失わせるべき事情とは言えないスタッフらの苦情等を理由に不当な解雇をされたとして、降格前の地位の確認や慰謝料等を請求した事案。	①地位確認 ②賃金請求 ③損害賠償請求	100万円	0円
【21】	医療法人財団健和会事件 東京地裁 H21.10.15 労判999-54	Yの経営する病院の健康管理室に事務総合職として採用されたXが、試用期間中に採用を取り消されたところ、同採用取消しは無効であるとして、①雇用契約上の権利を有する地位にあることの確認、②採用取消後の賃金の支払を求めるとともに、③Xが職場でパワハラ及びいじめ（Xに必要な指導・教育を行わないまま職務に就かせ、業務上の間違いを誘発したにもかかわらず、Xの責任として叱責し、その後、Xを無視して職場で孤立させた）を受け、さらに違法な退職強要及び採用取消しを受けたために精神疾患に罹患したとして、債務不履行（安全配慮義務違反）及び不法行為（民法709条）による損害賠償請求権に基づき、治療費、診断書作成料、通院交通費、慰謝料及び弁護士費用等の支払いを求めた事案。	①地位確認 ②賃金請求 ③損害賠償請求	1000万円	0円
【22】	社団法人キャリアセンター中国事件 広島地裁 H21.11.20	Yとの間で締結していた派遣労働契約の中途解約を受けたXが、派遣元であるYに対し、①上記中途解約が無効であることを前提とする上記契約に基づく当初の契約期間満了日までの未払賃金の支払、②Yによる中途解約行為は違法であ	①賃金請求 ②損害賠償請求	40万円	0円

第 9 章　解雇

	釣り具の製造・販売等を主な目的とする株式会社	
・男性 ・重機運転手 ・視力障害（右目1.2,左目0.03（矯正不能）） ・解雇時，勤続7年10月 ・基本給33万円	ガソリンスタンドの経営，土砂・火山灰・火山礫の採集および販売等を目的とする株式会社	・Xの視力障害は，総合的な健康状態の善し悪しには直接には関係せず，また持病とも直ちにはいい難いものである上，視力障害が具体的に重機運転手としての不適格性をもたらすとは認められないことにも照らすと，視力障害のあることを告げずにYに雇用されたことは解雇事由に該当せず，本件解雇は無効。 ・Xの視力障害は，客観的にはXの重機運転手としての適格性を疑わせる程度ではないものの，重機運転に危険性を孕ませる要因となり得ることは否定できず，本件解雇は事業者の判断としては強ち無理からぬところがあり，不法行為を構成するような故意又は過失をもってなされたとまではいえないし，Yの応訴態度等に違法な点があるともいえないとして不法行為の成立を否定。
・男性 ・中途採用（信託銀行出身） ・営業第二部部長 ・年棒1500万円	・投資顧問，投資信託委託等を業とする会社 ・従業員数125名 ・経営悪化傾向にあり，組織改編や人員削減等を進めていた。	・給与の減額及び解雇は無効と判断。もっとも慰謝料請求に関してはさらに慎重な検討が必要。 ・Xに退職勧奨をしたこと自体は，Yの経営状況（営業利益が減少傾向）からして責めることはできない。 ・交渉経過・交渉態度についても不当であるとはいえない。 ・給与減額についてもYの経営状況や他の退職勧奨者との均衡，そして，Xは差額賃金等の支給によってその不利益は救済される。 ・以上の点から，不法行為を構成するほどの悪質な対応がYにあったとはいえないとして慰謝料請求は排斥。
・女性 ・降格前：西日本担当のエリアマネージャー職（職位は部長1級），年俸額1150万円 ・最終降格後：子会社への出向（職位はブロック長1級），年俸額約490万円	エステティックサロンの経営，化粧品・健康食品の販売等の事業を営む会社	・部長1級から次長1級への降格処分については，人事権の裁量権の範囲内であり有効であるが，本件降格に伴う賃金減額については，合理性が認められない。 ・ブロック長への降格及びそれに伴う減給については，合理性がない。 ・本件解雇はブロック長への降格及びさらなる減給に続くあまりにも性急にすぎる不当な対応であり無効。ブロック長については降格前の賃金額を支払うべきと判断しつつ，次長1級への降格自体は有効であること，配転後のYの嫌がらせや差別行為は証拠上認定できないこと，賃金減額，ブロック長への降格・減給，本件解雇は無効であるものの，これらの不利益については賃金差額の支給等で回復を図ることができること等から，慰謝料を認める必要までは認められないと判断。
・女性（30代） ・病院の事務総合職（常勤） ・試用期間中 ・中途採用	病院，介護老人保健施設及び診療所の経営を目的とする財団法人	・Yには，安全配慮義務違反及び不法行為を構成するパワハラ及びいじめ並びに違法な退職強要の事実は，いずれもこれを認めることができない。 ・本件解雇は無効であるけれども，Yにおいて，解雇事由が存在しないことを知りながらあえて解約権を行使したとの事実は特段認められず，また，解約権行使の相当性の判断において明白かつ重大な誤りがあるとまではいえないとすれば，本件解雇が相当性を欠くことから無効であるとの評価を超えて，Xに対する不法行為を構成するほどの違法性を有するものとまで認めることは困難。
・女性（37歳） ・派遣労働者（登録型） ・Yからマツダに派遣され，通訳・翻訳業務に従事	・高齢者に対する無料の職業紹介事業および労働者派遣事業等を目的とする社団法人 ・マツダと労働者派遣基本契約を締結	・Yの本件解約通知による労働契約の終了は認められないとして，期間満了までに支給を受けられたはずの賃金について支払義務を認定。 ・上記賃金額の支払をしないことは本件労働契約上のYの債務不履行であるが，一般に金銭債務の不履行による損害賠償は遅延損害金をもってなされるものであり（民法419条），X

165

	労判998-35	って，これはXに対する上記契約上の債務不履行ないし不法行為を構成するとの主張を前提とする損害賠償（慰謝料及び弁護士費用）の支払を求めた事案．			
【23】	J学園（うつ病・解雇）事件 東京地裁 H22.3.24 労判1008-35	Xが，在職中にうつ病を発症して，心身の故障のため職務の遂行に支障があるなどの理由で普通解雇されたことについて，「Yは，①進学実績至上主義による硬直的な教育方針や人権侵害的な生徒指導を押し付けるなどして強度の心理的負荷を与え，Xにうつ病を発症させた．②Xがうつ病を発症したと知った後も，約3年間にわたりXに過酷な勤務を続けさせ，Xを休職に追い込んだ．③Xの休職中，Xのうつ病は業務上の傷害であるから，3年以内の休職が認められるべきであるにもかかわらず，1年しか休職できないという誤った通知をして，無理な復職を余儀なくさせたうえ，復職後も，Xの体調に配慮せずに業務を担当させた．そして，④Xが円滑に復職できないと判断するや否や，主治医の意見を聴取したり回復可能性を考慮したりせずに，退職勧奨をして，これに応じなかったXを解雇した．このようなYの一連の行為は雇用契約上の安全配慮義務又は不法行為に該当する．また，この解雇は，客観的に合理的な理由を欠き，社会通念上相当であると認められず無効である．」などと主張して，安全配慮義務違反又は不法行為に基づき，損害賠償（治療費，得べかりし賃金相当額，慰謝料等）を請求するとともに，解雇の無効に基づき，雇用契約上の権利を有する地位にあることの確認及び解雇後の賃金の支払いを求めた事案．	①地位確認 ②賃金請求 ③損害賠償請求	不明	0円
【24】	日鯨商事事件 東京地裁 H22.9.8 労判1025-64	Xが，Yに対し，Yの許可なくオマーンから帰国したこと等を理由に解雇されたところ，前記解雇が不法行為に該当するとして損害賠償，Yが賃金から不就労控除，食費控除をしたことに理由がないとして未払賃金，出張先のオマーンから帰国する際の航空運賃を立て替えて支払ったとして立替金，時間外労働及び休日労働をしたとして割増賃金，解雇予告手当の支払を求めた事案．	①損害賠償請求 ②賃金請求 ③立替金請求 ④解雇予告手当請求	100万円	0円
【25】	フィット産業事件 大阪地裁 H22.9.15 労判1020-50	・Yの従業員であるXが，うつ病に罹患したところ，それが業務上によるものであって，しかも，Yの安全配慮義務違反によって発症したものである等として，Yに対し，債務不履行ないし不法行為に基づく，①平成15年4月1日から20年3月までの休業損害，②休業・通院を強いられたこと，③違法不当な解雇を行ったことを理由とする慰謝料等の損害賠償の支払いを求めた事案． ・労災申請あり（認定）	損害賠償請求	500万円 （内訳） ・休業・通院慰謝料：300万円 ・違法不当な解雇による慰謝料：200万円	150万円 （内訳） ・休業・通院慰謝料：150万円 ※ただし，過失相殺により20%減額 ・違法不当な解雇による慰

第9章　解雇

		主張の精神的損害は，上記債務不履行と相当因果関係ある損害とまでは認められない（派遣元であるYが，派遣先であるマツダから派遣契約の解消を通告された以上，登録派遣労働者であるXに対して派遣労働契約の解消を申し入れることは，当時のYの立場としては無理からぬ面がある上，Yとしては，Xの再雇用のために一定の尽力をしていることも認められる。）。また，Yによる解約通知とその後の賃金分の不払いが，直ちにXに対する不法行為を構成するともいえない。
・40代女性 ・正社員 ・中途採用 ・国語科教員 ・賃金月額53万8490円（解雇当時）	都内有数の大学進学実績を有する中高一貫の女子校を経営する学校法人	・本件解雇は，やや性急なものであったといわざるを得ず，無効。 ・Yは，Xに対し，無理な復職を余儀なくさせたとか，解雇無効の判断に加えて損害賠償を要するほどの違法な解雇をしたとまでいうことはできず，Xの休職以降の問題について，Yの安全配慮義務違反等は認められない。
・男性 ・Y従業員 ・主にオマーンで業務に従事	生鮮魚介類の加工，売買等を目的とする株式会社	・Yが主張する解雇事由は，いずれも事実自体が認められないか，解雇事由に該当すると評価できないものといえ，本件解雇は，解雇権を濫用した著しく相当性を欠くもの。 ・Yには本件解雇に過失があり，本件解雇はXに対する不法行為を構成。 ・本件解雇により被った精神的苦痛については，判決で認定・判断した財産的損害の賠償により，慰謝される性質のものである。 ・Xは，Yが，東京紛争調整委員会のあっせんであれば応じると述べたので，あっせんの申請をしたが，Yはこれに応じなかったと主張するが，これを認めるに足りる客観的な証拠はなく，仮に，X主張の事実が認められたとしても，Yは，あっせん手続への出席を義務付けられるものではなく，また，あっせん案にも強制力はないこと，Xの主張によっても，Yがあっせんを拒否したことにより空費した時間は約1か月にすぎないことからすると，Yがあっせんを拒否したことに違法性はない。
・男性 ・システムエンジニア ・Yに雇用され大手電機メーカー工場内にあるシステム会社に派遣 ・JR東海から受注していた新幹線の運行制御システムの開発業務に従事 ・Yを退職扱いとなった1年9か月後に大学	コンピューターシステムの受託・開発等を業とする会社	【休業・通院について】 ・Yは，勤務日報等により，Xの長時間労働については十分に把握することができた。 ・Xが担当していた本件運行制御システムは，要件定義の確定と完成納期との間の期間が短く，同システムに係る作業は，主としてXが担当していたところ，Xに対するYの支援体制が確立していなかった。 ・Xは平成15年4月以降，うつ病治療のため，Yを休業し，通院治療を行っているが，焦燥感や抑うつ気分が軽快し，抗うつ材の投与量も減量され，平成17年4月以降，大学院に入学し，特任研究員としても稼働している。

					謝料：0円
[26]	テイケイ事件 東京地裁 H23.11.18 労判1044-55	Yに雇用されていたXが、①平成19年6月22日付け解雇（普通解雇。以下「本件解雇」という。）が違法であるとして、不法行為に基づく損害賠償として、同年7月22日から平成21年7月31日までの間の逸失利益、②本件解雇及び勤務中のYからの度重なる差別的な勤務数減少その他の言動により精神的な苦痛を受けたとして、不法行為に基づく損害賠償として慰謝料の支払を、それぞれ求めた事案。	損害賠償請求	140万円	0円 （内訳） ・解雇：0円 ・パワハラ：0円
[27]	三枝商事事件 東京地裁 H23.11.25 労判1045-39	Xの不動産営業担当社員としての仕事ぶりに問題があったことから、YがXに対して山梨の農業部門への配転打診を行ったところ、Xがこれを拒絶したため、YがXを解雇（普通解雇）し、Xが、Yに対し、①その代表取締役が行った不当解雇により著しい生活上の不利益を被ったとして不法行為に基づく損害賠償、②解雇予告手当及び③未払賃金の各支払を求めた事案。 なお、Yは解雇の事実を否定し、Xによる自主退職を主張。	①損害賠償請求 ②解雇予告手当 ③未払賃金請求	96万8000円 （5か月分の賃金相当額）	0円
[28]	学校法人尚美学園事件 東京地裁 H24.1.27 労判1047-5	Yは、Xが、Yに対し、以前の勤務先において、パワハラ及びセクハラを行ったとして問題にされたことを採用時に告知しなかったことなどを理由に解雇（普通解雇）し、その旨を記載した書面を学生の保護者宛に送付したため、Xが、Yに対し、本件解雇が無効であるとして、①労働契約上の権利を有する地位の確認及び②賃金・賞与の支払を求めるとともに、③不法行為に基づく損害賠償の支払、④名誉毀損における原状回復として、謝罪文の交付、掲示及び送付を求めた事案。	①地位確認 ②賃金・賞与請求 ③損害賠償請求 ④謝罪文	500万円	0円 （内訳） ・解雇：0円 ・名誉毀損：0円
[29]	ライトスタッフ事件	試用期間中にYを解雇（勤務成績不良、社員として不適格を理由とする普通解	①地位確認 ②賃金請求	150万円	0円

第9章　解雇

院後期課程に入学・休学し，特任研究員として勤務		・以上の諸般の事情を総合考慮。 【違法不当な解雇について】 ・YはXに対し，休業損害について賠償責任を負担。 ・Yは，Xに解雇の通知をしておらず，Xの退職取扱は就業規則に定める休職期間（最大3か月）を適用したもので，その当否はともかく，不法行為上違法であるとまでは言い難い。
・Yに警備員として勤務 ・解雇時勤続16年 ・解雇前3か月間の週平均賃金額は5万2648円	・警備会社 ・従業員数は約5000人	・本件解雇は無効。 ・XがYに対して繰り返し勤務日数ないし勤務時間数について苦情等の訴えや改善要求をしていた一方で，与えられた勤務自体は継続し，その際勤務上の指示にも従っていたなどの解雇に至る経緯にかんがみれば本件解雇は，それ自体権利濫用で不法行為に該当する。 ・本件解雇前3か月間の週平均賃金額の34週分（Xが逸失利益算定の始期として主張する平成19年7月22日から平成20年3月17日までの期間分を考慮した合計179万0032円）を逸失利益と認め，慰謝料については，逸失利益の認容額その他一切の事情に照らして考えると，本件解雇後の逸失利益の損害賠償が肯定される本件において，更に精神的苦痛に係る損害賠償を認めるのは相当ではないとして否定。 ・Yからの度重なる差別的勤務数減少その他の言動については不法行為の成立を否定。
・男性（解雇当時42歳） ・不動産営業担当社員 ・時給1100円 ・3か月の試用期間終了後1か月足らずで解雇 ・都内S区の自宅で妻子と居住	不動産業，自社ビル賃貸・売買，農業等を目的とする株式会社	・Xの仕事ぶりにも問題はあったが，試用期間終了後1か月も経過しないうちに全く職種の異なる他部門への配置換えを検討することは性急に過ぎる上，本件配転打診は，1割以上の減給だけでなく，別居・転勤を伴う配転命令の打診であって，Xに対して，通常甘受すべき程度を著しく超えうる不利益を負わせるおそれの強いものであったことから，Xが本件配転打診を拒絶したことは当然のことであり，また，直ちに解雇できるほどの解雇事由がないのに，何ら解雇を回避する方法・手段の有無が検討されないまま行われた本件解雇は，余りに性急かつ拙速な解雇といえ，著しい解雇権の濫用行為に当たり，不法行為に該当する。 ・本件解雇に伴う生活上の不利益とは，生命・身体等の人格的利益に関するものではなく，専ら得られたはずの賃金，すなわち財産的利益に関するものであることにかんがみると，解雇が違法，無効なものであったとしても，特段の事情がない限り，慰謝料請求権は発生しない。 ・もっとも，本件解雇による損害として，再就職に必要な期間として，賃金の概ね3か月分に相当する逸失利益（60万円）を認めた。
・男性（解雇当時59歳） ・Y大学の教授（専任教員）として期間の定めなく雇用された。 ・解雇当時は学科長	大学を設置する学校法人	【解雇】 ・告知すれば採用されないことが予測される事項を自発的に告知する法的義務までは認められず，Xの社会的評価の低下等は採用以前から存在した可能性が現実化したもので，採用段階で問題にするのは格別，採用時に看過し又は特に問題とせずに採用した以上，その後にこれから派生して問題が生じたとしても解雇事由には該当せず，解雇は無効。 ・解雇による精神的苦痛は，解雇無効が確認されその間の賃金が支払われることで慰謝されるのが通常であり，これによっても償えない特段の精神的苦痛を生じた事実があったときに初めて慰謝料請求が認められる。Xの行為に批判されるべき点がないとはいえないこと，大学の関係者は多数に上り，Yとしては，この問題の対処につき強硬な意見も含め様々な意見・要望が出ることを慮らざるを得ない状態にあったこと，手続が不公正，処分が恣意的ということもできないこと，その他本件に現れた一切の事情を総合勘案すると，賃金の支払以上に慰謝料の支払を相当とする特段の事情はない。 【名誉毀損】 ・保護者宛の説明文書送付については，Yに説明責任があり，インターネットにXの氏名が挙げられ，問い合わせなどで業務執行が混乱するリスクがあったこと，文書にはXがセクハラ等を行ったとの記載がないこと，懲戒解雇でないことを明確にして記載していることから，名誉毀損の意図はなく，不法行為に当たらない。
・男性（解雇当時33歳） ・正社員（中途採用）	・生命保険の募集に関する業務及び損害保険	【分煙義務違反】 Yの事務室はそれなりの広さがある上，天井の2か所に換気

169

	東京地裁 H24.8.23 労判1061-28	雇）されたXが、当該解雇は無効であるとして、雇用契約に基づき、Yに対し、①地位確認、②未払賃金等の支払いを求めたほか、③受動喫煙に関する安全配慮義務に基づき、Y社内を禁煙又は分煙にすることを求め、あわせて、④Yが受動喫煙を放置し続けた結果、Xは受動喫煙による急性症状に苦しむようになり、「タバコ不耐症」との診断を受け、多額の治療費の出費を余儀なくされたばかりか、多大な肉体的・精神的苦痛を受けたとして、安全配慮義務違反（分煙義務違反）に基づき、賠償金の一部として100万円の支払い、及びYが職場の受動喫煙状況に苦しむXに対して、突然、退職勧奨、無給の休業命令、本件解雇を断行したことにより、Xは生活の手段を奪われ、本件解雇は不法行為にあたるとして、不法行為に基づき、Xの精神的損害及び弁護士費用について、賠償金の一部として50万円の支払いを求めた事案。	③禁煙・分煙 措置請求 ④損害賠償請求	（内訳） ・分煙義務違反：100万円 ・解雇：50万円（弁護士費用含む）	
【30】	学校法人専修大学事件 東京地裁 H24.9.28 労判1062-5 東京高裁 H25.7.10 労判1076-93	Yが業務上疾病（頸肩腕症候群）により療養のため休業中で労災保険給付（療養補償給付、休業補償給付）を受けているXに対し、その休業期間満了後、Yの災害補償規程に基づき労基法81条所定の打切補償を支払って行った解雇が解雇権の濫用に当たらず有効であるとして、地位不存在確認を求めて本訴を提起した（本訴）のに対し、Xにおいて、①Xは労基法81条所定の「第75条の規定によって補償を受ける労働者」に該当せず、本件解雇は同法19条1項本文に違反し無効であるとして、地位確認を求めるとともに、②(1)Yが、Xの求めたリハビリ就労を拒否したこと、(2)本件解雇、及び(3)Yが本件解雇について労基署から是正勧告を受けるや本訴提起したことは、不法行為を構成するとして、損害賠償の支払いを求めた（反訴）事案（なお、本訴は取り下げられた。）。	（反訴請求） 【X→Y】 ①地位確認 ②損害賠償請求	200万円 （内訳不明）	0円 （内訳） ・リハビリ就労拒否：0円 ・解雇：0円 ・訴訟提起：0円
【31】	三郡福祉会（虹ヶ丘学園・損害賠償）事件 福岡地裁飯塚支部 H25.3.27 労判1074-18	本件学園で勤務していたXらが、本件学園を経営していた社会福祉法人Aの理事長であったY1、同理事であったY2～Y4、本件学園の保護者会会長であったY5に対し、同人らが、もっぱらXらを解雇するために、本件学園の利用者らに虚偽の説明をして、本件学園と次年度の契約を締結しない旨の署名を徴収し、本件学園を廃園として、Xらを解雇したことが、解雇権の濫用に該当すると主張し、かかる事情を承知しつつ適切な指導を行わず、Xらの解雇を助長したY6県も同様に責任を負うとして、不法行為による損害賠償を請求した事案。	【X1→Y1～Y6】 損害賠償請求 【X2→Y1～Y6】 損害賠償請求 【X3→Y1～Y6】 損害賠償請求	【X1→Y1～Y6】 連帯して500万円 【X2→Y1～Y6】 連帯して500万円 【X3→Y1～Y6】 連帯して500万円	【X1→Y1～Y6】 0円 【X2→Y1～Y6】 0円 【X3→Y1～Y6】 0円
【32】	カジマ・リノベイト事件	Yの従業員であったXが、Yのした解雇の効力を争い、労働契約上の権利を有する地位にあることの確認及びこれに伴	①地位確認 ②賃金請求 ③損害賠償請	100万円	0円

第9章　解雇

・保険営業マン ・試用期間中に解雇 ・月給20万円	の代理業等を業とする株式会社 ・資本金1160万円	扇が付設され、室内の3か所に空気清浄機が設置されていたこと、XとY代表者は就業時間中常に一緒にY事務室にいたわけではなく、同室している時間はそれほど多くはなかったと推認されること、またYにおいてもXの体調不良を受け、できるだけ喫煙はベランダに出て行うようにするなど一定の範囲で分煙の意識が生じていたこと、Xは保険営業マンであって、勤務場所以外においても受動喫煙の危険に曝されている可能性があると考えられることなどからすると、Xの体調不良とY事務室内における受動喫煙との間には一定の関連性があることは否定し難いものの、その関連の程度、態様等のほか、Xが訴える体調不良の内容等を併せ考慮すると、Xに対して分煙措置の徹底を図らなかったことをもって、Yは、Xの生命及び健康を受動喫煙の危険性から保護するよう配慮すべき法的義務に違反したとまではいい難い。 【解雇】 拙速な解約権の行使を招来した原因の一つとしてXの対応の拙さを挙げることができ、その意味で、本件解約権行使の違法性を判断するにあたっては、Yの落ち度ばかりを強調するのは適当ではなく、Xの本件対応の拙さについてもこれを十分に斟酌する必要がある。そうだとすると、本件解約権行使は、その程度等は著しく社会的相当性に欠ける行為であったとまではいい難い。
・男性 ・新卒採用 ・教務部入試事務課に配属	・大学、短大等を経営する学校法人 ・専任教職員約900名	【リハビリ就労拒否】 Xが要求するリハビリ就労の内容は、職場復帰に向けた「訓練」としてのものであり、労務の提供それ自体を直接目的とする行為であるかは大いに疑問である上、その要求がされた時点では復職可能とする客観的な資料も提出されていなかったというのであるから、YがXの要求に応じるべき法的義務を負っていたものとは解されない。 【解雇】 ・労災保険法上の療養補償給付を受けている労働者は、打切補償の支払により解雇することができる労働者に該当せず、本件解雇は無効。 ・Yが本件解雇を断行した理由は、労基法81条の打切補償をめぐる法律問題に関する見解の相違に由来するものであるということに加え、療養補償給付を受けている労働者は労基法81条の打切補償の対象となるか否かは未だ定説がなく、本件解雇が労基法19条1項本文の解雇制限に違反するものであることを考慮しても、これをもって直ちに不法行為に当たるものと評価することはできない。 【本訴提起】 本件解雇に至るまでの経緯（平成15年3月に頚肩腕症候群と診断され、平成15年4月以降欠勤を繰り返し、15年6月から17年6月まで私傷病欠勤ないし私傷病休職、その後復職するが、18年1月から23年1月まで欠勤ないし業務災害休職、23年10月に解雇決定）等に照らすと、Yが提起した本訴は、不当訴訟に当たるといえるほどの違法性を帯びたものであるとはいい難い。
【X1～X3】 知的障害者通所授産施設（本件学園）を経営していた社会福祉法人Aの職員	【Y1】 社会福祉法人Aの理事長 【Y2～Y4】 社会福祉法人Aの理事 【Y5】 本件学園の保護者会会長 【Y6】 福岡県・監督官庁	本件解雇による財産的損害として、相当期間の未払賃金相当額が認められる本件において、さらに、精神的損害である慰謝料を認めるのは相当ではない。
・女性 ・見積書・注文書・請求書の作成・処理・チ	・土木建設構造物の補修・補強等を業とする大手ゼネコン子会社	解雇の理由として一つ一つは比較的些細なものが多いように思われるが、企業全体として統一的・継続的な事務処理が要求される事柄について上司の指示に従わなかったXの態度は

171

	東京高裁 H14.9.30 労判849-129 東京地裁 H13.12.25 労判824-36	未払賃金及び将来賃金の支払,解雇前の未払時間外手当及び付加金の支払並びに慰謝料の支払を求めた事案。	求		
【33】	日建設計事件 大阪高裁 H18.5.30 労判928-78 大阪地裁 H17.2.18 労判897-91	Xが,Yに雇用されており,仮にそうでないとしても,法人格否認の法理によりYが雇用契約上の責任を回避することはできないなどとして,YのXに対する解雇が解雇権の濫用により無効であると主張し,Xとの雇用契約の存在を争うYに対し,雇用契約上の権利を有する地位にあることの確認及び解雇後の毎月の賃金の支払を求めるとともに,不法行為による損害賠償請求として,違法解雇による慰謝料の支払を請求した事案。	①地位確認 ②賃金請求 ③損害賠償請求	1000万円	0円
【34】	英光電設ほか事件 大阪地裁 H19.7.26 労判953-57	Xが,①Xは,平成15年12月5日の事故(Xが,○○県警察学校の屋上の電気室において,動力制御盤を取り付けようとした際,腰を痛めた事故。これにより,Xは,「急性腰痛症・腰部椎間板障害」の診断を受けた。)がY2の過失によるものであり,通院治療を余儀なくされた結果,精神的苦痛を受けたとして,Y2に対しては民法709条により,Y1に対しては民法715条(使用者責任)により,慰謝料100万円の支払を求め,②Y1によるXの解雇(Y1は,事情聴取等の結果を踏まえ,Xを生駒営業所において調査業務に引き続き従事させることは困難であり,配置転換も困難であることを考え,解雇もやむなしと判断し,平成17年1月25日,Xに対し,解雇予告をするとともに,同年1月28日付の書面で,解雇を予告した。)が,解雇権を濫用する,違法,無効なものであるとして,Y1に対し,Y1との労働契約上の権利を有する地位の確認を求めるとともに,上記解雇後の賃金の支払を求め,③上記解雇及び解雇に至る経緯において,Y1に労働契約上の配慮義務違反があり,これにより,精神的苦痛を受けたとして,Y1に対し,慰謝料200万円の支払を求めた事案。 ・通院327日。 ・労災申請あり(認定)。	【X→Y1・Y2】 損害賠償請求 【X→Y1】 ①地位確認 ②賃金請求 ③損害賠償請求	【Y1・Y2】 連帯して100万円(通院慰謝料) 【Y1】 200万円	【Y1・Y2】 連帯して100万円(通院慰謝料) 【Y1】 0円
【35】	鉄道建設・運輸施設整備支援機構事件 東京高裁 H21.3.25 労判984-48 東京地裁 H17.9.15 労判903-36	国鉄分割民営化の過程において,国鉄労働組合(以下「国労」という)に所属するXらが,国鉄による不当労働行為があり,分割民営化後にJR各社により採用されず,清算事業団の職員となった後そこで解雇されるに至ったとして,国鉄がXらをJRの採用候補者名簿に記載しなかったのは国労を嫌悪した差別的取り扱いで不当労働行為にあたり解雇は無効であると主張して,主位的に,雇用関係存在確認,未払賃金請求,及び慰謝料請求等を,予備的に不法行為に基づく損害賠償を求めた事案。 ※本件訴訟の原告には,解雇された労働者自身が死亡しているため,その相続人が含まれるが,慰謝料調査との関係で,原告数は,相続人を含む原告数ではなく,解雇された労働者を基準に記載した。	【X1~X290→Y】 ・主位的請求 ①地位確認 ②賃金請求 ③損害賠償請求 ④謝罪文の交付請求 ⑤JR各社に対する採用要請 ・予備的請求 損害賠償請求	【X1~X290】 ・主位的請求(解雇) 各1000万円 ・予備的請求(不当労働行為) 【X1~X4】 各1000万円 【X5~X290】 各2000万円(採用後定年までの賃金,退職金,年金相当額,弁護士費用を含む)	【X1~X290】 ・主位的請求(解雇) 0円 ・予備的請求(不当労働行為) 【X1~X271】 各500万円 【X272~X277】 各250万円 【X278~X287】 0円 【X288~X290】 取下げ

第9章　解雇

・エック等の業務に従事 ・本件解雇直前に労組加入	・従業員20名		軽視できないもので，職場全体の秩序・人間関係に悪影響を及ぼすものであるから，本件解雇につき解雇権の濫用はない。
・当初，Yのアルバイトとして雇用 ・その後，派遣会社からの派遣社員としてYで就労 ・時給1200円	建築・土木に関する企画・設計等を業務とする会社		・XとYの雇用契約（当初のアルバイト契約）は，合意解約により終了し，同解約以降はXと訴外会社との間に派遣労働契約に基づく雇用契約が成立したと認定。 ・XとYとの間には新たな雇用契約関係は成立していないため，本件解雇当時，YがXを雇用したとはいえず，Xの主張には理由がないとした。
・電気工事士の資格を有する ・19歳でY1に入社 ・Y1から解雇された当時，生駒営業所に所属	【Y1】 電気設備工事の請負を業とする株式会社 【Y2】 ・Xより2年前にY1に入社 ・Y1入社以前，10年以上の電気工事のキャリア保有 ・X入社後，Xとペアを組みXを指導		【X→Y1・Y2】 ・Y2としては，動力制御盤の裏から配線を引き出すにあたり，制御盤を支持するX一人にその荷重がかからないよう，予め配線を十分に引き出しておくなどして，制御盤が寸切りから外れることのないようにすべきであったのに，これを怠り，制御盤を大きく傾けるよう指示した上，無造作に配線を引き出そうとしたため，制御盤を寸切りから外し，制御盤を支持していたXにその荷重をかけ，Xの腰に腰部椎間板変性症等の傷害を負わせたことが認められ，上記行為は不法行為に該当。 ・Y2の行為は，Y1の事業の執行につき，Xに損害を与えたというべきであり，特段の事情のない限り，Y1は，民法715条の使用者責任を負う。 ・Xは，本件事故により，平成15年12月8日から平成16年10月30日まで，通院治療を余儀なくされ，その間の精神的慰謝料は，100万円が相当。 【X→Y1】 解雇自体は有効であり，解雇に関する慰謝料請求は認められない。
【X1～X290】 ・元国鉄職員 ・国鉄労働組合所属 【X1～X271】 JR不採用 【X272～X277】 追加の広域採用で採用されながら辞退 【X278～X283】 国鉄時代，停職6か月以上の処分を受けた者5名，民営化当時57歳であった者1名 【X284～X287】 第一希望以外のJRに採用され辞退	国鉄，清算事業団，鉄建公団より順次権利義務を承継した法人		（解雇について） 本件解雇は，再就職促進法の執行に伴い，事業団就業規則に基づき行われたものであって，憲法，労働組合法，改革法，再就職促進法等に違反する点もなく有効。 （不当労働行為について） ・採用基準自体は，組合差別を目的，容認したものと認められず，合理的なものであり，同基準を適正かつ公平に適用する限りでは合理性あり。 ・各組合毎の採用比率の違いには，職員の成績だけではなく，国労所属の職員が不利益に扱われていたことが背景にあり，これもまた名簿記載者の選考に影響していたものと推認することができる。 【X1～X271】 採用候補者名簿作成に際し，勤務評定を恣意的に低く行われるという違法な不利益取扱いを受けたことで正当な評価を受けるという期待権（正当な評価の結果，JR各社の採用候補者名簿に記載される可能性があったとの期待も含む。）を侵害され，また，国労に加入していることによりかかる差別を受け精神的損害を被ったという違法行為の態様，被害の重大

173

【36】	トムの庭事件 東京地裁 H21.4.16 労判985-42	「勤務成績または効率が著しく不良で就業に適さない」との解雇事由に該当するとして普通解雇されたXが、当該解雇の無効を主張して雇用契約上の地位確認、未払賃金請求、勤務期間中の時間外手当の請求、慰謝料請求を行った事案。	①地位確認 ②賃金請求 ③損害賠償請求	100万円	0円
【37】	A病院（医師・解雇）事件 福井地裁 H21.4.22 労判985-23	勤務成績、勤務態度不良等により普通解雇されたXが、解雇は無効であるとして、雇用契約上の地位確認及び賃金請求を行い、また、Yの行為のうち、Xの受け持ち患者数を減少させた措置、勤務経験年数の浅い医師との序列を逆転させたこと、執拗な退職勧奨及びいじめ、監視、並びに本件解雇自体がパワハラ行為にあたるとして、不法行為・債務不履行に基づき損害賠償請求等を行った事案。	①地位確認 ②雇用契約に基づき就労させること ③賃金賞与請求 ④パワハラ防止措置請求 ⑤損害賠償請求	300万円	0円
【38】	アクサ生命保険ほか事件 東京地裁 H21.8.31 労判995-80	Yに中途採用されたが、試用期間中に経歴詐称が発覚して解雇（本採用拒否）されたXが、解雇（本採用拒否）の無効を主張して、Y1に対し、労働契約上の権利を有する地位にあることの確認並びに解雇後の賃金（月額47万3000円）の支払、不法行為に基づく損害賠償（慰謝料、未払時間外手当相当分）の支払を求める（第1事件）とともに、Y2とY3に対し、様々な嫌がらせやプライバシー侵害をしたこと等を理由として慰謝料の支払を求めたほか、Y4に対し、Y4がXの属していた社内の労働組合の書記長としての職務を適正に遂行しなかったことを理由として慰謝料の支払を求めた（第2事件）、という事案。	■第1事件 【X→Y1】 ①地位確認 ②賃金請求 ③損害賠償請求 ■第2事件 【X→Y2】 損害賠償請求（民709） 【X→Y3】 損害賠償請求（民709） 【X→Y4】 損害賠償請求（民415）	【Y1】 300万円 【Y2】 30万円 【Y3】 30万円 【Y4】 20万円	【Y1】 0円 【Y2】 0円 【Y3】 0円 【Y4】 0円
【39】	ソクハイ事件 東京地裁 H22.4.28 労判1010-25	Yと「運送請負契約」と題する契約を締結してバイシクルメッセンジャー（以下「メッセンジャー」という。）として稼働し、Yが設置する営業所の所長でもあったXが、Yに対し、Xは、労働基準法上の労働者に当たる者であり、YによるXの所長職の解任及びバイシクルメッセン	①地位確認 ②賃金請求 ③損害賠償請求	200万円（弁護士費用を含む）	0円

第9章　解雇

【X288〜X290】控訴審までに訴えを取下げた者			性等を総合考慮。 【X272〜X277】追加的広域採用に応募して採用されつつ辞退しており，いったん確保した地位を自ら放棄したことによる不利益を引き受けるべき側面があるが，採用候補者名簿に記載されなかったことから損害を回避するため追加的広域採用に応じたものであり，不正な選考に基づく採用候補者名簿不記載が背景にあるから，精神的損害が全くないとするのも相当でない。 【X278〜X283】採用基準自体を充たしていなかったのであるから，採用候補者名簿不記載とした国鉄の行為は相当。 【X284〜X287】第一希望以外のJR会社での採用でも応じる姿勢を示しながら，採用の段になって結局自らの意思で採用を断ったのであるから，不採用の不利益は自ら引き受けるのもやむを得ず，第一希望以外のJR会社に採用となったことが所属組合に着目した不利益取扱いであるとまで認められない。
・入社して3年9か月で店長になったが，2年後にテクニカルリーダー，4月後にアシスタントに順次降格し，その8か月後に解雇	美容院3店舗を経営する会社		・Xには，カットやパーマ等の施術の基礎が身についておらず自己流となっていたこと，遅刻が繰り返されていたこと，Yに対し虚偽の報告をしたり必要な報告を怠ったこと，だらしない服装や不適切な接客態度等の問題が多々あり，最後のチャンスとして与えられた3か月間においてほぼ毎日のように注意指導がなされたが一向に改まることがなく，客及びスタッフからのXに対する苦情が止まらなかったことからすれば，「勤務成績または効率が著しく不良で就業に適さない」との解雇事由が存在することは明らか。 ・Yは，Xの接客や技術の向上を図るべく土日に客数の多い店舗にXを勤務させ，その後Xを店長からテクニカルリーダー，アシスタントに順次降格し，段階的にXの処遇を図り，度重なる注意指導がされたにもかかわらず改善の意欲も成果もみられなかったことから，解雇はやむを得ないもので有効。
A病院において内科医長として主に透析患者の診療を行っていた医師	内科・泌尿器科・皮膚科を有し，ベッド数約50床，常勤医師7名，非常勤医師6名のA病院等を経営する財団医療法人		・診療開始時刻の不順守，患者とのトラブル，不必要な検査の実施，処方の無断変更，等のY主張の解雇事由のうち11項目が認められ，解雇権の濫用には当たらないと認定。 ・Yは，勤務医師にどのように患者を受け持たせるかという決定や，人事上の評価につき裁量権がある。 ・受け持ち患者数の減少及び序列逆転の措置につきYの裁量権の逸脱濫用とはいえず，その他の行為もパワハラには当たらない。
・女性（解雇当時37歳） ・正社員として中途採用（試用期間中） ・肩書きはアシスタント・マネージャー（係長相当職） ・基本給47万3000円	【Y1】外資系生命保険会社 【Y2】Xの直属の上司（所属長） 【Y3】Y1の人事部長 【Y4】・Y1従業員 ・労働組合書記長		【Y1〜Y3】Xの主張する不法行為（※①Y2による職場での嫌がらせ，②不当な解雇，③プライバシーの侵害，④Y2による名誉毀損，⑤虚偽の労働条件を提示した募集，⑥残業代一部支払拒否）につき，いずれも否定。 【Y4】Y4は，Xから本件組合の書記長としての対応を求められたのであって，個人としては，Xとの間で何らの契約法上の法的義務を負う立場にないとして，XのY4に対する債務不履行に基づく損害賠償請求（慰謝料請求）を否定。
・Yと「運送請負契約」を締結してバイシクルメッセンジャーとして稼働 ・Y営業所所長 ・労働組合委員長	自転車，自動二輪車及び軽四輪自動車により荷物等を配送する運送業務等を目的とする株式会社		Xに対する本件所属解任通告及び本件稼働停止通告が，メッセンジャーが労働組合を結成し，Xがその委員長に就任したことを理由によりされたことを認めるに足りる証拠はなく，これらが不法行為に当たるものとはいえない。

		ジャーにかかる解雇通知としての性質を有する無期限の稼動停止通告は、メッセンジャーが労働組合を結成し、Xがその委員長に就任したことを理由とするものであるから、権利の濫用として無効であると主張して、①労働契約上の地位確認等を求めるとともに、②所長職の解任による賃金の減収分及び稼動停止通告以降の賃金の支払を求め、③上記解任及び稼動停止通告が不法行為に該当するとして損害賠償の支払を求めた事案。			
【40】	公認会計士A事務所事件 東京地裁 H23.3.30 労判1027-5	Xが、Yから平成20年6月に、虚偽決算書作成やセクハラ等を理由に解雇されたが、当該解雇は無効であるとして、雇用契約上の権利を有する地位にあることの確認、賃金の支払、解雇が不法行為にあたるとして損害賠償を請求したところ、Yが平成22年8月12日付準備書面により、Xとの契約を解除する旨の意思表示を行った事案。	①地位確認 ②賃金請求 ③損害賠償請求	908万4416円	0円
【41】	建設技術研究所事件 大阪地裁 H24.2.15 労判1048-105	Yの従業員として勤務していたXが、遅くとも平成14年12月26日までに精神疾患を発症し（本件発症）、平成17年12月8日に無断欠勤を理由に普通解雇されたことについて、精神疾患は、Yの注意義務違反又は安全配慮義務違反により、長時間労働等の過重労働に従事するなどしたために発症したものであり、本件解雇は無効であって上記各義務違反によるものであると主張して、Yに対し、以下の請求をした事案。 ■甲事件 ①労働契約上の地位確認 ②解雇前無断欠勤扱いとされた平成17年8月分以降の未払賃金の支払 ③民法415条又は709条に基づく損害賠償金として、(1)本件発症による慰謝料、弁護士費用、(2)本件解雇による慰謝料、弁護士費用 ■乙事件 未払超過勤務手当 ・精神疾患（身体表現性障害） ・通院期間：平成14年12月27日〜平成17年12月（ただし、平成16年1月7日ころには寛解、平成17年1月には完治） ・自宅療養：平成15年4月2日〜同年5月1日、平成15年12月1日〜平成16年5月5日	■甲事件 ①地位確認 ②賃金請求 ③損害賠償請求 ■乙事件 賃金請求	600万円 (内訳) ・本件発症：400万円 ・解雇：200万円	400万円 (内訳) ・本件発症：400万円 ・解雇：0円
【42】	NEXX事件 東京地裁 H24.2.27 労判1048-72	Xが、Yから、平成18年6月29日に賃金を20％減額され、また、平成21年5月分の賃金の一部につき欠勤控除扱いとされ、さらに、同年7月6日に普通解雇されたことがいずれも違法・無効であると主張して、①復職に代わる不法行為に基づく損害賠償として逸失利益、慰謝料、弁護士費用の支払、②賃金20％減額分の合計の支払、③欠勤控除扱いとされた賃金の支払を求めた事案。	①損害賠償請求 ②賃金請求（減額分） ③賃金請求（欠勤控除分）	100万円	0円
【43】	いすゞ自動車（雇止め）事件	【X1〜X4】 ①主位的に雇止めが無効でYとの間で期間の定めある労働契約が継続していると	【X1〜X4→Y】 ①地位確認	【X1〜X12】各300万円（弁護士費用	【X1〜X12】0円

176

第 9 章　解雇

・男性 ・Y事務所事務員として稼働した後，税理士資格を取得しY事務所内でX税理士事務所開業 ・Y事務所とX事務所の業務を行う。	公認会計士事務所	・平成20年解除に合理的理由があると認めることは困難。 ・Xは，Y事務所の顧客会社の代表者に，Y事務所副所長の逮捕が近いという発言をし，同人の名誉を毀損し，Y事務所の顧客等に対し，Y事務所が破綻寸前であるなど述べ，Y事務所の信用を著しく毀損し，Xの所有するY顧客データの一部を無断で抜き出す等，Yとの労働契約上の信頼関係を著しく損なっており，平成22年解除には，客観的に合理的な理由と社会通念上の相当性があり，有効。 ・平成22年解除は有効であり，Xが平成20年解除以前から，Y事務所の顧客に対し，Y事務所副所長の逮捕が近いなど，Yとの信頼関係を破壊する発言をしていたことからすれば，平成20年解除は，Xの権利，利益を侵害するものとは認められず，不法行為に該当しない。
・大学院卒 ・平成13年，正社員としてYに入社 ・平成17年12月8日付解雇 ・基準内月額給与：約26万円	・建築関係の調査，計画，設計，監理等の建設コンサルタントを行う株式会社 ・東証1部上場 ・労使協定届出なしの時間外労働，長時間労働の恒常化で労基署から是正勧告	【本件発症】 平成14年に年間を通じて，頻繁な深夜残業及び朝までの残業を含めて，少なくとも年間3565.5時間という著しい長時間労働に従事させられたこと，それにより入社2年目にして精神疾患を発症し，平成15年4月に1か月間，同年12月からも各自宅療養を余儀なくされたほか，その後の会社員としての人生に非常に大きな影響を受けたことを考慮。 【解雇】 ・本件解雇は有効（完治後も4か月半にわたり出勤しなかったことは解雇事由に該当，解雇権濫用に非該当）。 ・平成17年1月ころにはXの精神疾患は完治しており，Xが出勤しなかった同年4月以降，Xは精神疾患にかかっていなかったことから，本件解雇に至るYのXに対する対応に注意義務違反又は安全配慮義務違反があるとはいえない。
・アルバイトとして採用され，平成17年に正社員に昇格。 ・製品マーケティングマネージャー ・減額前の月給は60万円	電子機器・システム開発及び販売，コンテンツ関連事業を業とする株式会社	日常的基本的な業務命令軽視や勤務態度不良などから本件解雇は「客観的に合理的な理由を欠き，社会通念上相当であると認められない場合」（労契法16条）に該当せず，有効。
【X1～X4】 ・請負先労働者・派遣労働者として勤務後，	主として自動車及び部品並びに産業用エンジンの製造，販売を事業	【X1～X7】 ・違法な雇止め又は解雇をしたとの事実はない。 ・派遣禁止業務について派遣労働者を受け入れ，また，派遣

177

	事件名・裁判所等	事案の概要	請求内容	認容額	
	東京地裁 H24.4.16 労判1054-5	して，予備的にYとの間で期間の定めのない労働契約が成立しているとして，地位確認を求めるとともに，②Yに対し，X1～X4に対し，平成21年1月以降各契約期間満了日まで休業としたことについて，民法536条2項による賃金（被告から支給された休業手当相当額を控除したもの），③①で確認された労働者たる地位に基づく賃金及び就業規則上の満期慰労金並びに④違法な雇止め等による不法行為に基づく慰謝料の支払を求めた事案。 【X5】 第1グループXら①，③及び④と同じ。 【X6・X7】 ①主位的に，Yとの間の合意解約が不存在又は無効であり期間の定めのある労働契約が継続しているとして，予備的に，Yとの間で期間の定めのない労働契約が成立しているとして，労働者たる地位の確認を求めるとともに，②①で確認された労働者たる地位に基づく賃金及び③違法な解雇等による不法行為に基づく慰謝料の支払を求めた事案。 【X8～X12】 Yが労働者派遣契約の違法な中途解除又は合意解約を行ったことにより職を失ったこと等による不法行為に基づく慰謝料の支払を求めた事案。	②賃金請求（休業期間分） ③賃金・満期慰労金請求 ④損害賠償請求 【X5～X7→Y】 ①地位確認 ②賃金請求 ③損害賠償請求 【X8～X12→Y】 損害賠償請求	も含む）	
【44】	南淡漁業協同組合事件 大阪高裁 H24.4.18 労判1053-5 神戸地裁洲本支部 H23.9.8 労判1053-16	YによるXの普通解雇は解雇権を濫用したもので無効であると主張して，①XがYに対し労働契約上の権利を有する地位にあることの確認，②労働契約に基づく未払給与及び賞与の支払，③労働契約に基づく将来分の給与の支払，及び④上記解雇が不法行為に当たり，また，本件解雇処分の前からも意図的な嫌がらせを受け続けてきたと主張して，慰謝料及び弁護士費用の支払を求めた事案。 Xは，控訴審において，未払及び将来分の賞与，未払及び将来分の自販機他管理手当の支払を求める請求を追加した。	①地位確認 ②賃金・賞与請求 ③将来賃金請求 ④損害賠償請求	100万円	0円
【45】	国際信販事件 東京地裁 H14.7.9 労判836-104	Y1に勤務していたXがY1から解雇（整理解雇）の意思表示を受けたところ，その効力を争い，Y1に対し，その後自ら退職するまでの間における雇用契約上の地位確認及び解雇から退職までの間の賃金の支払を求めるとともに，在職中にY1内で従業員などから執拗に嫌がらせを受けたことを理由とする不法行為または債務不履行に基づく損害賠償を求めた事案。	【X→Y1】 ①地位確認請求 ②賃金請求 【X→Y1～Y3】 損害賠償請求	【Y1～Y3】 連帯して500万円	【Y1～Y3】 連帯して150万円
【46】	タイカン事件 東京地裁 H15.12.19 労判873-73	Y1より解雇されたXが，当該解雇は，解雇権を濫用したもの，あるいは不当労働行為に該当するもので無効として，従業員としての地位の確認及び解雇期間中の賃金の支払いを求めるとともに，違法な解雇により精神的損害を被ったとして，Y1及びその取締役であるY	【X→Y1】 ①地位確認 ②賃金請求 【X→Y1～Y4】 損害賠償請求	【Y1～Y4】 連帯して350万円	【Y1・Y2・Y4】 連帯して20万円

第9章 解雇

Yに雇用された期間労働者 ・平成21年4月雇止め 【X5～X7】 請負先労働者又は派遣労働者として勤務後、Yに一旦期間労働者として雇用され、その後再び派遣労働者 【X8～X12】 派遣労働者	内容とする株式会社	可能期間を超えて派遣労働者を受け入れるという労働者派遣法違反事実から、直ちに不法行為上の違法があるとは解されない。 ・解雇予告通知を行ったこと自体に違法性があるとは認められない。 ・休業については、合理性を肯定できないが、一定期間の休業を命じる必要性はあったといえること、本件休業期間に係る未払賃金の支払請求が認められることから、不法行為を構成する違法性はない。 【X5～X12】（X5～X7については予備的請求） ・労働者派遣契約中途解約は、Yと各派遣会社間の各労働者派遣契約の中途解約手続に関する規定に従ってなされており契約違反の問題を生じない。 ・中途解約の理由（原油価格の高騰や流通出荷量の減少による国内完成車需要の冷え込み、世界的な金融不安に端を発する大きな経済環境の悪化から生産計画のみならず生産体制も抜本的に見直さざるを得ない状況にあること）も考慮すると、中途解約に不法行為を構成する違法性はない。
・解雇時点でYに勤続21年以上 ・信用業務に関しては「営業店長」と呼称されていた	・漁業協同組合 ・兵庫県信用漁業協同組合連合会から、貯金の入出金、貸付業務の取次等の業務を受託	・Xには、実父F1から義兄F2名義の口座に入金された役員積立返還金をF1名義の口座に振り返るよう依頼され、それまでにもF2の指示がないのに同様の振替を行ったことがあったため、F2の承諾を得ることなく34万余円をF2の口座からF1の口座に振り替えた。Xは、当時、F1とF2に諍いが生じていたことを認識していた。 ・Xの行為にはYの職員としての重大な規律違反行為が認められ、これによってYの行う信用業務についての組合員らの信頼を損ねたこと、日常的に他の職員との間で業務上の必要な連絡や連携を拒むことによってYの業務に少なからぬ支障を生じさせており、Y代表者の再三にわたる注意に対しても反発を強めるばかりで一向に改善の見込みがなかったこと等から本件解雇は有効。 ・本件解雇処分の違法・無効を前提とする慰謝料請求は認められない。 ・Yの職員によるXへのいじめも認められない。
・女性 ・旅行事業部のアルバイト時給社員 ・時給1200円、平均額は月額約28万円	【Y1】 割賦販売あっせん、旅行業などを目的とする株式会社 【Y2】 Y1代表取締役 【Y3】 Y1取締役	Xは、再び内勤業務となった平成11年6月から食欲不振や不眠を訴えるようになったこと、精神的ストレスから同年7月8日に全身にじんましんが出たこと、その後も食欲不振や不眠の症状は改善せず、同年9月22日に医師に受診したところ、「うつ病」との診断を受けたこと、その後も数か月にわたり医師によるカウンセリングを受けたこと、本件解雇により事実上退職を余儀なくされたことが認められる。これらの事情及び本件に現れた諸般の事情（性的関係に関するうわさの流布、うわさを否定し人間関係を調整しなかったこと、差別的取扱い、仕事の剥奪、職場内でのいじめ（ホワイトボードに「永久に欠勤」と書かれた、ホワイトボードから名前を消された、不合理な座席の移動を命じられたなど）の放置、不当解雇）を考慮すると、Xの受けた精神的苦痛に対する慰謝料は、150万円が相当である。
・Y1の元従業員（契約期間1年の契約社員） ・平成14年3月末日整理解雇 ・ユニオン加入	【Y1】 ・ゴルフ場等の経営及び会員権の販売等を目的とする資本金6000万円の株式会社 ・平成14年3月末日で事務所閉鎖	・本件解雇（整理解雇）には経営上の必要性もなく、Y1は本件解雇につきX・労組と誠実に協議も尽くさなかったものであるから、本件解雇は客観的に合理的な理由を欠き、解雇権濫用として無効。しかし、Xの雇用期間は平成14年9月10日までであり、同日の経過によりXはY1の労働契約上の権利を有する地位を失ったというべき。 ・本件解雇は、解雇権を濫用したものとして違法であり、本

		2～4に対し，不法行為（Y2～4については民法709条，Y1については旧民法44条）に基づき損害賠償を請求した事案。			
【47】	安川電機八幡工場（パート解雇・本訴）事件 福岡地裁小倉支部 H16.5.11 労判879-71	YがXらを含むパート従業員のうち31名を整理解雇するため，雇用期間の途中で，Xらに解雇予告の上，解雇の意思表示をしたところ，Xらが解雇は無効であり，かつ，雇用契約期間終了による雇止めも無効であると主張して，①労働契約上の権利を有する地位の確認，②賃金の支払い及び③不法行為に基づく損害賠償（慰謝料）を請求した事案。	【X1・X2→Y】 ①地位確認 ②賃金請求 ③損害賠償請求	【X1・X2】 各300万円	【X1・X2】 各50万円
【48】	ジョナサンほか1社事件 大阪地裁 H18.10.26 労判932-39	パチンコ，パチスロ店に勤務していたXらが，各店を経営していたYらに対し，店舗閉鎖により全従業員が解雇されたことにつき，本件解雇は，旧店舗の閉店を偽装したうえでされたものであるから無効であり，仮に退職合意があったとしても，詐欺取消もしくは錯誤無効であるとして，雇用契約上の地位の確認と解雇された月の翌月分からの賃金及び慰謝料等の支払を求めた事案。	【X1・X2→Y1】 ①地位確認請求 ②賃金請求 ③損害賠償請求 【X3→Y2】 ①地位確認請求 ②賃金請求 ③損害賠償請求	【X1・X2→Y1】 各100万円 【X3→Y2】 100万円	【X1→Y1】 50万円 【X2→Y2】 40万円 【X3→Y2】 30万円
【49】	東京自転車健康保険組合事件 東京地裁 H18.11.29 労判935-35	Yが従業員であるXを整理解雇したところ，Xは当該整理解雇は無効であると主張して，労働契約上の権利を有する地位にあることの確認及び解雇の意思表示後の賃金，賞与の支払を求めるとともに，当該整理解雇は違法であるとして不法行為に基づき損害賠償請求をした事案。	①地位確認請求 ②賃金請求 ③損害賠償請求	300万円	100万円
【50】	ネスレコンフェクショナリー関西支店事件 大阪地裁 H17.3.30 労判892-5	菓子類の販売促進業務（MD業務）に従事してきたX1～X5が，Yがした解雇又はその後の雇用契約の雇止めは解雇権濫用により無効であるとして，Yに対し，雇用契約上の権利を有する地位にあることの確認並びに解雇以降の賃金を求めるとともに，解雇又は雇止めが不法行為に当たるとして，慰謝料の支払を求めた事案。	【X1～X5→Y】 ①地位確認 ②賃金請求 ③損害賠償請求	【X1～X5】 各100万円 （解雇及び雇止めを合わせて）	【X1～X5】 0円

第9章　解雇

	【Y2・3】 Y1代表取締役 【Y4】 Y1取締役		件解雇を実質的に決定したY4，Y1の代表取締役として本件解雇を了解したY2については，少なくとも過失が認められるから，Xの精神的損害を賠償すべき義務を負う。また，本件解雇は，Y1取締役であるY2及びY4の職務として行われたものであるから，Y1もXの精神的損害を賠償すべき義務を負う。他方，Y3が本件解雇に関与した事実は認められないことから，Y3はXに対し賠償責任を負わない。 ・Xが本件解雇によって精神的損害を被ったことは認できるところ，本件の事情に照らすと，その精神的損害を慰謝するに相当な額は20万円とするのが相当である（「本件の事情」が具体的に何を要素としているのかは明示されていない）。
【X1・X2】 ・工場でパート勤務 ・3か月の有期契約をX1は14年，X2は17年反復更新		電気機械器具・装置及びシステムの製造並びに販売を主な事業目的とする株式会社	・Yによる整理解雇は，雇用契約期間途中の解雇であり，解雇にはやむを得ない事由が必要であるが，当該事由はなく整理解雇は無効。 ・雇用契約期間終了による雇止めについても，XらとYとの間の雇用関係は，実質的には期間の定めのない労働契約が締結されたと同視できるような状態になっていたものと認められ，解雇権濫用法理が適用。 ・Yには人員削減の必要性はあったものの，Xらを解雇対象者に選定した基準自体に合理性がない上，これを適用するに当たっても恣意的であったと言わざるを得ず，雇止めは無効。 【X1】 離婚して，整理解雇当時56歳で24歳の長女と2人で暮らし，日中はYで就労した後，夜間は焼き鳥屋で働いていたこと等の諸事情を斟酌。 【X2】 離婚して2人の子の親権者となり整理解雇当時46歳で高校に通う16歳の長女と2人で暮らしYからの収入と児童扶養手当（約4万円）で同女を養育していたこと等の諸事情を斟酌。
【X1】 ・Y1会計課長 ・月収約50万円 【X2】 ・Y1ホールマネージャー ・月収約40万円 【X3】 ・Y2カウンター班長 ・月収約29万円		【Y1・Y2】 ・パチンコ，パチスロ店を経営していた会社 ・代表者同じ	・本件解雇の方法は，新店舗の開店計画を秘したまま旧店舗の閉店を理由に，Xらを含む全従業員を解雇したものであり，その方法は長年就労してきた従業員に対し，虚偽の事実を告げて，一方的に解雇するという方法であり，解雇権の濫用の程度は悪質。 ・後日，Yによる新店舗の開店を知ったXらの驚きと憤懣は容易に想像でき，大きな精神的苦痛を被った。
・女性（解雇時妊娠中） ・保健師，看護師資格を有し総務課と健康相談室勤務 ・月給約27万円		健康保険組合	・Yにおいて，退職金規定の改訂，健康相談室廃止などの施策を実施しようとしたところ，これに反対するXが外部機関に相談すること等を快く思わないYが要件がないのにもかかわらず整理解雇を強行したこと。 ・Xが解雇当時妊娠中であり，Yがこれを知っていたこと。 ・XがYに対し本件整理解雇を撤回し，現職に復帰させるよう要求したが拒否されたこと。 ・以上によれば，Xは，本件整理解雇により，解雇期間中の賃金が支払われることでは償えない精神的苦痛が生じたと認めるのが相当。
【X1～X5】 ・スーパー等の店舗で販促業務に従事する女性 ・時給制，契約期間1年の契約社員 ・更新回数，勤続年数は1～11回，2～12年		菓子等の製造，輸入，輸出，販売等を業とする株式会社	・Yは，MD業務を重要な業務と自認し，教育・研修体制を整備するなどして，適性を欠くものでない限り，原則として継続雇用することを想定しており，X1～X4については3回から11回契約が更新され，契約書の作成が更新後になったこともあったこと，入社面接の際，担当者がMDで勤務しているものは長く勤務しているとの趣旨の発言をしたことなどの事情からすると，Xらには本件各契約が継続されるとの期待を抱くことに，合理的な理由があった。 ・解雇及び雇止めにつき，YのMD業務が自社努力では改善が不可能で外注化が不可避であったとまではいい難く，Yが早急に従業員の削減をしなければならないほどの客観的事情は認めるに足りないし，Xらを他の勤務場所に配転したり，別の職種の部署に配転することも可能であったが，YはXら

	事件名	事案の概要	請求内容	請求額	認容額
【51】	ホクエツ福井事件 名古屋高裁金沢支部 H18.5.31 労判920-33 福井地裁 H15.10.29 労判未掲載	YがXに対して行った解雇につき、整理解雇の要件を満たさない不当なものであるから、解雇権の濫用により無効であるとして、労働契約上の地位の確認、未払い賃金の支払い及び不法行為に基づく損害賠償を請求した事案。	①地位確認 ②賃金請求 ③損害賠償請求	500万円	0円
【52】	社会福祉法人仁風会事件 福岡地裁 H19.2.28 労判938-27	Yが経営する特別養護老人ホームに調理員として勤務していたX1、X2が調理部門の廃止を理由に解雇されたことにつき、本件解雇は、経営上の理由に基づく整理解雇であり、整理解雇に必要な4要件を満たさない無効な解雇であるとして、雇用契約上の地位確認と、解雇以降の毎月の給与、夏期、冬期の各未払賞与および精神的苦痛に対する慰謝料の支払いを求めた事案。	【X1・X2→Y】 ①地位確認 ②賃金請求 ③損害賠償請求	【X1・X2】各500万円	0円
【53】	インフォーマテック事件 東京地裁 H19.11.29 労判957-41 東京高裁 H20.6.26 労判978-93	Y1によって整理解雇されたXが、Y1は少人数の企業であるのに極めて多額の資金を保有している点、Y1が解雇回避努力をしていない点、Y1の整理解雇対象者の選定基準が不合理である点、Y1は事前の説明なく唐突に当該解雇を実施した点等を理由として、当該解雇は整理解雇の要件を満たさないものであり、権利の濫用に該当するとして、未払賃金、慰謝料、また、未払退職金を請求した事案。	①退職金請求 ②賃金請求 ③損害賠償請求	100万円	0円
【54】	千年の杜ほか事件 大阪地裁 H19.11.30 労判956-5	Y2を整理解雇されたXらが、①その整理解雇の無効を主張し、Y2及びその吸収分割承継会社である引受人会社Y1に対し、雇用契約上の権利を有する地位の確認並びに同雇用契約に基づく未払賃金及び将来賃金の支払を求め、②業績不良であったにもかかわらず当時のY代表者代表取締役であったY1がXらを同業他社へヘッドハンティングまでして雇用しながら、採用時の約定を守らず、一方的に賃金を引き下げ、不当解雇したとして、これら一連の行為につき、当時のY2代表者代表取締役であったY1、Y2及びY3に対し、不法行為に基づく損害賠償及び慰謝料を連帯して支払うよう求めた事案。	【X1・X2→Y2・Y3】 ①地位確認 ②賃金請求 【X1・X2→Y1～Y3】 損害賠償請求	【X1→Y1～Y3】連帯して400万円 【X2→Y1～Y3】連帯して400万円	【X1→Y1～Y3】0円 【X2→Y1～Y3】0円
【55】	アウトソーシング事件 津地裁 H22.11.5 労判1016-5	派遣労働者であったXが、派遣元で雇用主であるYから、雇用契約期間満了前に整理解雇されたが、解雇は無効であると主張して、XがYに対し、選択的に、①未払賃金及び未払賃金のうち未払賃金と請求権競合の関係にある休業手当に相当する部分に対する付加金、②休業手当及びこれに対する付加金、③賃金請求をし、これと併せて違法解雇を理由として不法行為に基づく損害賠償の支払を求めた	・選択的請求 ①-1 賃金請求と賃金請求のうち休業手当に相当する部分に対する付加金 ①-2 休業手当と付加金 ①-3 賃金	300万円	0円

第9章　解雇

			にそのような機会を与えたとは認められず，YはXらに対し，十分に事情を説明した上で協議すべきであったのにこれを経てもいないので，このような事情の下で行われた解雇ないし雇止めは，客観的に合理的な理由を欠き，社会通念上相当として是認することはできず，権利の濫用として無効。 ・X1～X5はYに対し，各賃金の請求権を有するところ，Xらに金員の支払をもって慰謝すべき精神的損害が生じたことを認めるに足りる証拠は存在しない。
・労働組合の分会書記長，本会執行委員長 ・解雇前年の平均賃金は37万円余り，賞与は夏季71万円，冬季77万4300円	・ヒューム管，コンクリート管の製造・販売等を目的とする株式会社 ・従業員数50名		整理解雇の必要性は一応肯定でき，被解雇者選定手続は相当であったが，整理解雇の必要性が高度といえない状況下において，十分な解雇回避措置がとられているとはいえず，解雇手続にも相当性を欠く部分があったとして，解雇を無効にした上で，慰謝料請求については，理由がないとした。
【X1・X2】 ・特別養護老人ホーム調理員（勤続6年） ・3か月の平均賃金は17万円程度 ・組合員	特別養護老人ホーム等を経営する社会福祉法人		Xらの解雇は無効であるが，本件解雇が有効であるか否かは，整理解雇の4要件を総合考慮して決定される微妙な判断であり，Yがこれらの要件をいずれも満たさないことを認識した上でXらを解雇したといった事情を認めるに足りる証拠はないから，YがXらを解雇したことが直ちに違法性を帯び，不法行為が成立するということはできない。
・正社員（解雇時勤続20年超） ・退職時の給与月額33万円	IT分野のマーケットリサーチ等を業とする株式会社		Xに対する解雇は違法であるとしても，Xは，自己責任の帰結として，Y1との間で自らの意思によって雇用契約関係を締結しているのであり，解雇後の相当期間の得べかりし利益の損害賠償が肯定される本件において，さらに精神的苦痛を損害賠償として認めるのは相当でない。
【X1・X2】 ・注文住宅メーカーS社に勤務していたが退社してY2に入社 ・年俸はX1が1500万円，X2が1000万円 ・入社の翌年に整理解雇	【Y1】 Y2代表取締役 【Y2】 住宅販売，建築工事等を業とする株式会社（大阪証券取引所2部上場） 【Y3】 ・Y2の住宅事業を吸収分割承継した会社 ・債務はY2と重畳的承継		本件では，判決により，雇用契約上の権利を有する地位が確認され，未払賃金などの金銭債務について支払が命じられるところ，これにより，特段の事情がない限り精神的苦痛も慰謝されるものと考えられ，本件において特段の事情を認めるに足りる証拠はないから，Xらの慰謝料請求は，いずれも理由がない。
・女性 ・派遣労働者（登録型派遣労働契約）	派遣会社		・本件整理解雇は，やむを得ない事由があるとは認められない。 ・Yは，Xに対し，未払賃金を支払う義務があると認められるが，賃金を支払わないことは派遣労働契約におけるYの債務不履行にとどまり，この債務不履行による損害賠償は遅延損害金をもってされるところ，この賃金の不払いが直ちに不法行為を構成するものとはいえない。 ・派遣元であるYが派遣先から派遣契約の解消を通告されたことから，派遣労働者に対して派遣労働契約の解消を申し入れることは，無理からぬ面がある上，Yも他の派遣先を紹介

		事案。	請求 ②損害賠償請求		
【56】	ジョブアクセスほか事件 東京高裁 H22.12.15 労判1019-5 東京地裁 H22.5.28 労判1013-69	Xは，Y1との間で平成18年6月1日「業務発注依頼書」を締結しY2の損害保険査定業務に従事していたが，Y1から，平成19年9月20日限りで業務発注を中止する旨の予告通知を受けたため，XとY1との法律関係は，偽装請負で実質的には常用型の派遣労働契約によりY1に雇用されていたが解雇されたと主張して，Y1に対して労働契約上の地位確認と未払賃金の支払を求め，かつ，解雇はY1及びY2の共同不法行為にあたると主張して慰謝料の支払を求めた事案。	【X→Y1】 ①地位確認 ②賃金請求 【X→Y1・Y2】 損害賠償請求	【Y1・Y2】 連帯して200万円	【Y1】 0円 【Y2】 却下
【57】	クレディ・スイス証券事件 東京地裁 H23.3.18 労判1031-48	■甲事件 XがY1及び上司であったY2に対し，退職勧奨後不支給とされたインセンティブ・パフォーマンス・コンペンセイション・アワード（IPC）の支払い，IPC不払及び退職強要による慰謝料を請求した事案。 ■乙事件 Xが使用者であったY1に対して，業務廃止に伴って整理解雇されたことにつき，①整理解雇が無効であり労働契約上の権利を有する地位にあることの確認，②解雇期間中の賃金支払い，③慰謝料を請求した事案。	■甲事件 【X→Y1・Y2】 損害賠償請求 ■乙事件 【X→Y1】 ①地位確認請求 ②賃金支払請求 ③損害賠償請求	■甲事件 【Y1・Y2】 連帯して500万円 ■乙事件 【Y1】 500万円	■甲事件 【Y1・Y2】 0円 ■乙事件 【Y1】 0円
【58】	C株式会社事件 大阪地裁 H23.12.16 労判1043-15	YがXに対して整理解雇を行ったのに対し，Xは，平成21年6月22日に解雇無効を理由として地位保全，賃金仮払いの仮処分を申し立てたところ，同年12月18日，本件解雇について，整理解雇を行うほどの人員整理の必要性があったと認めるのは困難であり，解雇権濫用に当たるとして賃金仮払いの部分を一部認容する旨の決定を得た。Yは，平成22年2月22日に至り，解雇を撤回し，同年3月1日より名古屋営業所への配転を命じる辞令を発した。 本件は，①YがXに対してしたYの名古	①配転命令無効 ②損害賠償請求	300万円	50万円 （内訳） ・解雇：0円 ・配転命令：50万円

第9章　解雇

・男性 ・Y1と業務発注依頼書を締結し、Y2の損害保険査定業務等に従事	【Y1】 保険金支払・損害額の調査・評価等及び人材派遣を業とする会社 【Y2】 共催事業を営む共済会（権利能力なき社団）	するなど十分とはいえないまでも一応の努力をしていることが認められ、反面、Xを欺いたり脅迫したりするなどして自主退職に陥れるなどの行為は認められず、不法行為を構成するものとは認められない。 【Y1】 ・Y1は、Xにつき整理解雇を主張するが、整理解雇の要件を欠く。 ・本件解雇がY1・Y2の代表者・従業員による故意・過失による不法行為に当たることを基礎づける事実関係を認めるに足りる証拠はない。 ・本件解雇によって、Xに、未払賃金の支払を受けてもなお慰藉されないような精神的損害が生じたことを認めるに足りる証拠もない。 ・Xは、セクハラの濡れ衣をきせられたと主張するが、Xと派遣先女性社員との関係に若干の行き違いが生じ、これにより当該女性が戸惑いを感じたことは事実であるから、この一連の経過を解雇の一事由として取り上げること自体が違法行為とはいえない。 ・また、不特定多数の者を対象とする名誉毀損行為がY1により実行されたものではなく、XとY1との間で解雇原因事実についての論争があったというにとどまり、精神的損害が発生したとはいえない。 【Y2】 ・権利能力なき社団であったY2は、平成20年12月31日の解散及び清算によって、当事者能力を喪失。 ・XのY2に対する訴えは、不適法であり却下。
・男性 ・Yで証券会社向けの商品開発・営業業務を担当	【Y1】 証券会社 【Y2】 Xの上司	■甲事件 ・IPC不支給及び退職強要による慰謝料については、本件退職勧奨は退職勧奨を明確に拒否しており、その他、任意性を損なう事情はうかがわれない。 ・Xが担当していたビジネスからY1が事実上撤退したこと、Y1は、Xが著しく協調性を欠き同僚や上司との間で深刻な人間関係上の問題を生じさせていたとの認識であったことから、Y1やY1従業員に故意過失が認められず、退職勧奨は不法行為を構成しない。 ・Y1は抽象的に自宅待機と述べるだけでXの行動を具体的に制約することは全く述べていないこと、Y1はXに対し、複数の異動先候補を紹介したこと、X に解雇期間中の相当高額な賃金が認められることから、自宅待機を命じたこと等について、慰謝料を認めるに足る損害が発生したとはいえない。 ■乙事件 ・Y1は、Xが集中して取り扱っていたビジネスから事実上撤退しており、解雇の業務上の必要性は肯定されるが、Y1のXへの自宅待機命令から1年以上経過した後Xを解雇していることから業務上の必要性の程度は高度とはいえない。 ・Xの解雇直後従業員の年棒を昇給させたり4名の新規採用を行ったことなどと比較すると、Yの業務上の必要性に比較して、Yの解雇回避努力は明らかに不十分で、解雇は、権利の濫用で無効。 ・整理解雇が無効であったとしても、業務上の必要性は一応肯定されることなどを考慮すれば、解雇が違法であり、しかも、被告らに故意過失があるとは直ちに認められず、不法行為は構成しない。
・平成18年11月Y人社、平成21年4月16日、整理解雇として解雇予告通知 ・平成21年4月17日、労働組合加入 ・平成22年2月22日の解雇撤回後、大阪営業所営業担当から名古屋営業所輸出入カスタマーサービススタッフへ配転	・陸・海・空にわたる運送業務等を営む株式会社 ・スイスに本社を、世界各国に支社・営業所等を置くR社の100パーセント出資にかかる日本法人 ・本社のほか、大阪、名古屋に支店、広島に営業所	【解雇】 人員削減の必要性に疑義はあるが、世界展開するR社の100％子会社で、世界的に形成された企業グループに組み込まれ海外資本の強い影響下で経営を行うYが親会社の指示に反することは困難で、R社の判断に従い人員整理に踏み切らざるを得なかった状況があること、本件解雇が整理解雇で人員整理に関しては高度の経営判断が要求されるところ、整理解雇の有効要件を十分認識していたと推認でき、判断が明白重大な誤りとはいえないこと、仮処分決定後解雇の意思表示を撤回していることなどから、損害賠償請求を発生させる程の違法性はない。 【配転命令】

		屋営業所への配転命令が無効であるとして，XがYに対し，配転先である同営業所における雇用契約上の義務を負わないことの確認を求めるとともに，②同命令及びそれに至るYの行為（Xに対する解雇の意思表示行為）が不法行為に該当するとして，損害賠償（慰謝料）の支払を求めた事案。			
【59】	ジャストリース事件 東京地裁 H24.5.25 労判1056-41	Yを解雇（普通解雇ないし整理解雇）されたXが，当該解雇は無効であるとしてYに対し，(1)①地位確認並びに②当該解雇後の翌日である平成23年4月1日から本判決確定の日の属する月までの各未払賃金の支払のほか，(2)不当解雇（不法行為）を理由とする損害賠償金の支払を求めた事案。	①地位確認 ②賃金請求 ③損害賠償請求	150万円	0円
【60】	厚木プラスチック関東工場事件 前橋地裁 H14.3.1 労判838-59	Yが半日パートとして採用されたXを，職種廃止によって解雇したことに対し，Xが主位的に解雇が無効であるとして労働契約上の地位確認及び賃金，慰謝料等，予備的に解雇予告手当等，その他の請求として有給休暇非付与による損害賠償等を求めた事案。	・主位的請求 ①地位確認 ②賃金請求 ③損害賠償請求 ④休業手当請求 ・予備的請求 ①解雇予告手当請求 ②解雇予告手当付加金請求 ③休業手当請求 ・その余の請求 ①休業手当 ②損害賠償請求 ③賞与請求	100万円	0円
【61】	JT乳業事件 名古屋高裁金沢支部 H17.5.18 労判905-52 金沢地裁 H15.10.6 労判867-61	牛乳等の製造販売業を営むJ社が，同社製造の牛乳を飲用した多数の児童を被害者とする食中毒事件後に解散し，従業員を解雇したことに関して，X1～X14が，食中毒事件はJ社の代表取締役であったBがクレームを受けて回収した牛乳を牛乳の原料とする違法な再利用を決定して指示するなどの代表取締役としての職務を行うにつき悪意又は重大な過失による任務懈怠があったために発生したのであり，その結果，J社が廃業を余儀なくされ，X1～X11・Aは解雇され損害を被ったと主張して，商法266条の3に基づき取締役であるBに対し損害賠償を求めた事案。第一審においては慰謝料請求が一人あたり300万円認められた。	【X1～X14 →Y1～Y4】 損害賠償請求	【X1～X14 →Y1～Y3】 各500万円	【X1～X14 →Y1～Y3】 各100万円

第9章　解雇

		・本件配転命令は必要性及び合理性に欠け、無効。 ・解雇撤回後Xを元の職場に復帰させずになされていること、元の職場が受入れ不可能な状況でなかったことから、不当な動機目的でなされたと推認でき、違法性を有し不法行為に該当。 ・Xとは勤務地限定合意がなく、就業規則等に転居を伴う異動があり得ることが規定されていること、社内規定では認められていない新大阪名古屋間の新幹線利用に係る通勤費をYが全額負担する配慮をしていること、Xの帰宅時間が従前と著しく異ならないことなどから、Xの生活上の不利益はさほど大きいとは認められず50万円が相当。
・Y解散時の代表取締役 ・代表退任後の平成22年3月1日、Yと「雇用契約書」を取り交わす。 ・平成23年3月31日解雇	・リース・割賦販売事業等を営む株式会社。 ・平成22年2月28日解散、同年4月30日特別清算開始	・本件解雇は客観的に合理的な理由がなく違法無効。 ・原告が主張する本件解雇に伴う不利益とは、生命・身体等の人格的利益に関するものではなく、専ら得られたはずの賃金、すなわち財産的利益に関するものであるところ、本件解雇は、違法、無効なものであったとしても、特段の事情がない限り、慰謝料請求権の発生を肯認しうる違法行為と評価することはできない。 ・Xは、Yに対し、本件雇用契約上の権利を有することが確認されるとともに、本件解雇時に遡って、月額125万円もの高額な賃金請求権を有することになるのであるから、Xの主張する各事情（Yが特別清算手続に至った原因がXにあるかのごとく濡れ衣を着せられた上、解雇された、YはXからの協議の呼びかけ、提案を無視し続けた、Yは財務状況に関しXに虚偽の説明を行い、解雇理由をねつ造した、YはXからの質問等を約2か月もの間放置し、回答せず、極度のストレスと恐怖心を感じた等）をもって、上記特段の事情にあたるということはできない。
・女性 ・パートタイマー ・時給650円	合成樹脂製品の製造、加工及び販売等を業とする株式会社	本件解雇は有効にその効力を生じたものであり違法な点は存しないから、その余の点を検討するまでもなく請求は理由がない。
【X1～X11・A】 ・J社元従業員 ・J社解散に伴い解雇 【Y12～Y14】 Aの相続人	【B】 J社元代表取締役（一審被告） 【Y1～Y3】 Bの相続人 【J社】 ・牛乳等の製造、販売業を営む会社 ・平成13年解散	・Bの重大な過失に基づく任務懈怠によりJ社が解散、廃業に追い込まれたことで、突然に就業先を失って、日々の生活の糧を得る途を失う事態に遭遇するに至り、これによりX1～X11・A及びその家族が将来に対する大きな不安を抱いたこと、自己と家族の生計を維持するために相当に困難な再就職活動を余儀なくされ、そのための努力を強いられたこと、再就職した者については、解雇前とは異なる職場環境で労働するほか、多くは解雇前の職種と異なる職種の労働に従事することになって、相当の苦労をしたこと、再就職できなかった者については、自己及び家族の生活上の将来への不安を一層募らせたこと、を勘案すると、控訴人の任務懈怠により被った精神的苦痛は相当に重大といえる。 ・雇用保険法に基づく基本手当及び再就職手当の受領の事実、退職金差額による逸失利益の存在可能性を減算事情として考慮。 ・なお、Xらについては、本件解雇後相当の再就職先を探すために必要な相当期間中の本件解雇前の賃金相当の逸失利益

187

[62]	第一交通産業ほか（佐野第一交通）事件 大阪高裁 H19.10.26 労判975-50 大阪地裁岸和田支部 H15.9.10決定 労判861-11 大阪地裁岸和田支部 H16.3.18決定 労判896-82 大阪高裁 H17.3.30決定 労判896-64 最高裁一小 H18.5.22決定 大阪地裁堺支部 H18.5.31	Aの従業員であったX1～X52が，Aの解散とそれを理由とするX1～X52の解雇は，同社の親会社であるY1が，X1～X52が加入していた労働組合X54を壊滅させる目的で行った不当労働行為であるなどと主張して，Y1に対し，主位的には労働契約上の地位確認及び未払賃金の支払等（予備的請求に賃金相当損害金の支払い）を求めるとともに，Y1および同社の代表取締役であるY2，Y3に対し，不法行為に基づく損害賠償（慰謝料）を求め，X53連合体及びX54組合も，Y1～Y3に対し不法行為に基づく損害賠償（非財産的損害）を求めた事案。	【X1～X52→Y1】 ・主位的請求 ①地位確認 ②賃金請求 ・予備的請求 損害賠償請求 【X1～X54→Y1～Y3】 損害賠償請求	【X1～X52→Y1～Y3】 連帯して各110万円	【X1～X52→Y1～Y3】 連帯して各60万円（ただし，Xのうち2名については30万円）
[63]	ワイケーサービス（九州定温輸送）事件 福岡地裁小倉支部 H21.6.11 労判989-20	Yの孫会社であるK社と雇用契約関係にあったX1～X5が，Yに対し，K社の解散及びこれに伴うX1～X5の解雇が無効であり，法人格否認の法理により，Yも雇用者としての責任を負っていると主張して，労働契約上の権利を有する地位にあることの確認及び解雇後の賃金の支払を請求するとともに，上記解雇は被告とK社の共同不法行為であると主張して，損害賠償を請求した事案。	【X1～X5→Y】 ①地位確認 ②賃金請求 ③損害賠償請求	【X1～X5】 各100万円	【X1～X5】 各100万円
[64]	勝英自動車（大船自動車興業）事件 横浜地裁 H15.12.16 労判871-108 東京高裁 H17.5.31 労判898-16	①O社従業員であったX1～X7が，O社から営業譲渡を受けたY1に対し，労働契約上の権利を有する地位にあることの確認（本件解雇は，労働条件切り下げ等を目的としたものであって，O社の解散は偽装解散であり，会社解散を理由とする解雇は無効であるため，O社とXの契約はY1に引き継がれる等といった主張）を， ②X1～X8，X9の相続人が，Y1に対し，未払賃金の支払いを， ③X1～X8，X9の相続人が，Y1の代表取締役であるY2において，X1～X9に対し労働契約上の権利を享受することを妨害したことにより，X1～X9が精神的苦痛を被ったとして，Y2に対し，商法266条の3第1項に基づく損害賠償を，請求した事案。	【X1～X7→Y1】 地位確認 【X1～X10→Y2】 ①賃金請求 ②損害賠償請求	【X1～X9→Y2】 各100万円	0円
[65]	大森陸運ほか2社事件	解散したY2の従業員であったXが，Y2のXに対する解雇の意思表示は無効で	【X→Y1～Y3】	【X→Y1～Y3】	0円

第9章 解雇

【X1～X52】 ・Aの元従業員 ・X54組合員 【X53】 大阪府下の自動車運輸に関係する労働組合の連合体 【X54】 ・Aの従業員らで組織される労働組合 ・X53に加盟	【Y1】 ・タクシー事業を営むAの親会社 ・創業以来，全国のタクシー会社を次々と買収して事業を拡大 【Y2，3】 Y1代表取締役		と，再就職先における賃金等の労働条件が本件解雇前のそれを下回る場合における賃金額の本件解雇前の賃金額との差額に相当する額の逸失利益も損害として認容されている。 ・Y1が，その支配するA及びBの法人格を利用し，新賃金体系の導入に反対している労働組合を排斥するという不当な目的を実現するために，BにAの事業とおおむね同一の事業を整えた上で，Aを偽装解散したもので，Y1は法人格を違法に濫用してXらの雇用機会を失わしめたものであり，これは不法行為に該当すると認定された（Y2，Y3の共同不法行為責任も認めた）。 ・基本的には60万円の慰謝料が認容されたが，解雇されたとはいえ現実にはほぼ間断なくAの関連会社Bのバス乗務員として勤務できた2名については30万円とされた。
【X1～X4】 Yの孫会社K社の元トラック運転手 【X5】 K社の事務員	・冷凍機付きトラックによる生鮮食品等の輸送・保管事業 ・YはN社の，N社はK社の全株式をそれぞれ保有（K社はYの孫会社）		・Yは，N社の全株式を，N社はK社の全株式をそれぞれ保有し，役員構成の共通するところも多く，K社の業務を完全に支配できる立場にあったから，Yが，分会所属の組合員であるXらに対する関係で労組法7条所定の使用者に該当し，支配介入等を禁止される立場にあった。 ・N社によるK社の解散決議はYの意思決定によることが明らかに推認でき，本件解散及び本件解雇の実質的主体はY。 ・Yは，K社の経営不振に，あえて業績改善措置をとらないまま放置し，経営不振に藉口してK社を解散し，分会を排除する意図であった。 ・Yは，組合の分会排除の意図でK社を解散させたものと認められ，本件解散及び本件解雇は不当労働行為に該当し，Xらに対する関係では故意による不法行為を構成するものとして，損害賠償責任を肯定。 ・Xらが，本件解散及び解雇によって労働者としての地位を喪失したことを考慮。
【X1～X8・A】 ・O社の元従業員 ・O社のY1に対する営業全部譲渡・解散に際しY1に雇用されず ・Aは訴訟係属中に死亡 【X9・X10】 Aの妻と子	【Y1】 ・自動車教習所の経営を目的とする会社 ・O社の営業全部を譲受（O社は同時に解散）。 【Y2】 Y1の代表取締役		・本件解雇は無効であり，XO社間の契約はY1に承継される。 ・未払賃金などの金銭債務については，判決によって支払を命じられることによって，特段の事情がない限り，精神的苦痛も慰謝されるものと考えられる。 ・労働契約上の権利を享受することが妨げられたからといっても，一般に，労働者が事業者に対して就労請求権を有するものと解することはできないから，同じく特段の事情がない限り，これによる損害賠償を求めることはできない。 ・本件では上記2点につき特段の事情を認めるに足りる証拠がない。
・労働組合組合員 ・Y2の正社員	【Y1】 倉庫業，通関業等を営		本件解散及び本件解雇はいずれも有効であるし，Y2及びY3との間で営業譲渡契約が成立したとはいえない以上，本件

事件名	事案	請求	第一審	控訴審
大阪高裁 H15.11.13 労判886-75 神戸地裁 H15.3.26 労判857-77	ある。Y2はY3に営業を譲渡しその従業員の労働契約もY3に承継された。Y1は労働組合を排除して使用者としての責任を回避するため形骸的な法人格にすぎないY2を解散しその資産と業務を承継させたのであるから、法人格否認の法理によりY1とX2との間の労働契約に基づく責任を負う。Y2は労働組合を排除することを目的として解散するとともに、営業譲渡に伴う労働契約の承継からXを排除するなどの不当労働行為を行い、これらの行為はXに対する共同不法行為に該当するなどとして、Yらに対し地位確認、未払賃金請求及び損害賠償請求をした事案。	①地位確認 ②未払賃金請求 ③損害賠償請求	連帯して300万円	
【66】静岡フジカラーほか2社事件 静岡地裁 H16.5.20 労判877-24	Y1が、経営不振を理由に営業の全部をY2に譲渡して解散したことに伴い、Y1に勤務していたX1～X15らを解雇したことから、X1～X15が、この解雇が不当労働行為または解雇権の濫用により無効であるとして、Y1、Y2に対し、労働契約上の地位確認及び未払賃金の支払いを請求し、親会社であるY3に対し、違法な営業譲渡契約を締結させたとして損害賠償を請求した事案。	■甲事件 【X1～X15→Y1】 ①地位確認請求 ②未払賃金請求 【X1～X15→Y3】 損害賠償請求 ■乙事件 【X1～15→Y2】 ①地位確認請求 ②未払賃金請求	【X1～X15→Y3】 各300万円	0円
【67】南海大阪ゴルフクラブほか事件 大阪地裁 H21.1.15 労判985-72	■第1事件 本件クラブからY1への事業譲渡後に、Y1に採用されなかったX1ら（なお、本件クラブは事業譲渡後に全従業員を解雇し解散している。）が、Y1による雇用関係の承継ないしY1と本件クラブの実質的一体性を前提に、X8組合の組合員たるX1らを嫌悪する意思で事業譲渡を通じて雇用を解消したことが解雇に該当するところ、同解雇が解雇権の濫用に当たり無効であるとして、X1～X7がY1に対して地位確認及び賃金請求をするとともに、違法なX1らの排除行為（解雇）に関与したY1らに対し、X1～X8組合が損害賠償請求等を請求した事案。 ■第2事件 本件クラブとY1を支配するY6が、X1らの使用者というべき立場で、組合員たるX1らを嫌悪して事業譲渡契約という手法を使って本件クラブないしY1からX1らを排除しようとしたものであって、不当労働行為に該当するとして、不法行為に基づいて慰謝料等の請求をした事案。	■第1事件 【X1～X7→Y1】 ①地位確認 ②賃金請求 【X1～X8→Y1～Y5】 損害賠償請求 ■第2事件 【X1～X8→Y6】	■第1事件 【X1～X7→Y1～Y5】 連帯して各100万円 ■第2事件 【X1～X7→Y6】 各100万円	■第1事件 【X1～X7→Y1～Y5】 0円 ■第2事件 【X1～X7→Y6】 0円
【68】エスエイピー・ジャパン事件 東京地裁 H14.9.3 労判839-33	Y1の従業員であったXらが、Y1の平成11年5月11日付け書面による同年4月30日付け懲戒解雇の意思表示は無効であると主張して、Yらの関係でその確認を求めたほか（これに対し、Yらは確認の利益なしとして却下を申立て）、Y1に対し未払賃金の支払い、Yらに対し共同不法行為による損害賠償（X1は逸失利	【X1・X2→Y1】 ①懲戒解雇無効確認 ②賃金請求 【X1・X2→Y1・Y2】	【X1・X2→Y1・Y2】 連帯して各400万円	【X1・X2→Y1・Y2】 連帯して各55万円

第9章　解雇

・海上コンテナトラック運転手 ・月給40万3673円	む会社 【Y2】 ・Y1の100％子会社 ・一般貨物運送事業，貨物運送取扱業を営む会社 ・平成12年6月30日解散 【Y3】 港湾運送事業等を営む会社	解散や営業譲渡に関して被告らの共同不法行為が成立する余地はない。
【X1～X15】 ・事業譲渡を理由に整理解雇されたY1従業員 ・労働組合の組合員	【Y1】 ・事業譲渡した会社 ・清算会社 【Y2】 事業の譲受会社 【Y3】 Y1，Y3の親会社	・Y1が減収となった以降，ストライキが行われるなど労使間の緊張が高まった時期があるものの，その間にY1が労働協約や労組法違反行為を繰り返したとはいえないし，緊張発生の原因も，組合敵視にあるのではなく，減収減益となって経費削減が必要であったために労働条件切下げ提案をY1が行い，組合が当然の権利としてこれに反対したことに原因があるのであって，それ以上に特別にY1が組合を嫌忌し敵視するような状況が発生していたとは認められず，かえって，基本協定締結以後は，会社再建のために労使がともに協力していたという状況を考えれば，個々の紛争を捉えて，会社が組合を嫌忌していたなどと断定することはできない。 ・会社解散，営業譲渡，解雇はY1がその経営判断として行ったものであると認められ，親会社であるY3が子会社であるY1，Y2への影響力を不当に行使して行ったものであるなどの事情は全く認めることができない。
【X1～X7】 ・法人格なき社団である大阪ゴルフクラブ（本件クラブ）の元従業員 ・X8の組合員 【X8】 キャディを除く本件クラブの従業員の労働組合	【Y1】 本件クラブより事業譲渡を受けた会社 【Y2～Y5】 本件クラブ解散時の理事等 【Y6】 100％出資でY1を設立した会社	■第1事件 Y1が本件クラブの雇用関係承継は認められず，本件クラブとY1は法的に一体のものととらえることもできず，Y1における不採用をもってXらの雇用契約の解消（解雇）と評価できない。 ■第2事件 Y6がXら従業員の労働条件，退職について現実的かつ具体的な支配力を有しておりそれを行使したとはいえないため，Y6に使用者性は認められない。 ■第1・第2事件共通 労使関係の経緯や事業譲渡に至った理由，キャディー職の採用状況に加え，承継内容が事業契約者の自由な意思に任されていることを総合すると，一連の行為が不当労働行為であったとは認められない。
【X1】 マーケティング本部長 【X2】 ソリューション・マーケティング担当ラインマネージャー	【Y1】 コンピュータソフトウェアの開発，販売並びに保守等を目的とする株式会社 【Y2】 Y1代表取締役	Yらが約1100名の全社員に懲戒解雇の事実を通知したこと，数十名の社員に不正確な事実を告げたこと，企業向け業務用ソフトウエアの業界が特殊で狭い業界であり，Xらがその中で名の知られた存在であることからすると，Xらの被った精神的苦痛は大であるということ，その原因がX自身にあり，それが重大な内容のものであることからするとその責任の大半はXらにおいて負担せざるを得ないこと，その他，Xらの Y1における地位，勤務期間，本件の経緯，Xらが懲戒解雇

		益と慰謝料，X2は慰謝料を請求），今後の名誉信用毀損行為の差し止め，謝罪広告を求め，Yらが，後にXらが請求を拡張したX1・X2両名の慰謝料のうち100万円とX1の逸失利益2000万円，謝罪広告につき訴え変更要件がないとして却下を申立てた事案。	①損害賠償請求 ②名誉信用毀損行為の禁止 ③謝罪広告		
【69】	大阪いずみ市民生協事件 大阪地裁堺支部 H15.6.18 労判855-22	A生活協同組合（以下「A生協」という。）に職員として勤務するXらが，A生協の副理事長であったY1及び専務理事であったY2によりA生協が私物化されているとの内容の内部告発を行ったところ，Yらにより，A生協を懲戒解雇されたり，不当に長期間自宅待機処分をされるなどの報復等の行為をされ，さらに名誉を侵害され，精神的損害を被ったと主張してYらに対して不法行為に基づき損害賠償を求めた事案	【X1～X3→Y1・Y2】 損害賠償請求	【X1→Y1・Y2】 連帯して500万円 【X2→Y1・Y2】 連帯して500万円 【X3→Y1・Y2】 連帯して300万円	【X1→Y1・Y2】 連帯して150万円 【X1→Y2】 30万円 【X2→Y1・Y2】 連帯して140万円 【X2→Y2】 30万円 【X3→Y1・Y2】 連帯して120万円 【X3→Y2】 30万円
【70】	N興業事件 東京地裁 H15.10.29 労判867-46	Xは，Yの取引先との間で請負代金に関する価格交渉，請求，回収業務等を行っていたところ，Yから，Xの不始末により（請求書提出の時期を逸したり，失念したりした），債権回収不能額が発生したとして，その額と退職金とで相殺するよう迫られた。Xは，かかるYからの要求を拒絶しこれに対し，退職届を出したところ，Yが懲戒解雇として退職金を不支給とした。そこで，Xが，退職したことを前提にYに対して退職金，未払賞与，未払給与，未精算金などの支払を求めるとともに，Yの違法行為により退職を余儀なくされたことなどにより精神的損害を被ったとして不法行為に基づき損害賠償の支払を求めた事案	①賃金請求 ②損害賠償請求	300万円	200万円
【71】	第一化成事件 東京地裁 H20.6.10 労判972-51	・Y（本訴原告）がX（本訴被告）に対し，同僚とのいさかいをめぐっていきなりYを相手に慰謝料請求訴訟を提起するなどし，Yが社内的解決を図ろうとして，調査のため顛末書の提出を求めたり事情聴取をしようとしたが，全くこれに応じず極めて非協力的であったXを懲戒解雇した（本件解雇）として，社宅の明け渡しを求めたのに対し（本訴），Xが解雇無効を主張して，地位確認，賃金の支払，慰謝料等の支払を求めた事案（反訴）。 ・本訴提起後，Yは，予備的にXの経歴詐称（最終学歴・学位・前職における役職・海外営業の経験の有無）を理由とする懲戒解雇（第2の解雇），資質・能力の欠如を理由とする普通解雇（第2の普通解雇）も主張。	（本訴請求） 【Y→X】 建物明渡請求 （反訴請求） 【X→Y】 ①地位確認 ②賃金請求 ③損害賠償請求	1500万円	20万円
【72】	京電工事件	Xが，Yに対し，①Yから自主退職の名目で懲戒解雇理由がないのに懲戒解雇同	①損害賠償請求	100万円	10万円

第9章　解雇

			前に再就職をしていたこと，Xらが本件を弁護士に委任して訴訟の提起追行を行ったことなど，一切の事情を考慮。
【X1】 A生協役員室室長 【X2】 同総務部次長 【X3】 同共同購入部次長	【Y1】 A生協元副理事長 【Y2】 同元専務理事		【X1→Y1・Y2】 ①職場内での待機，自宅待機及び懲戒解雇に対し，職業生活を奪われ，懲戒解雇中に収入を経たれるなど生活上の多大な苦難を被ったことについて150万円 【X2→Y1・Y2】 ②①と同様の理由により，140万円 【X3→Y1・Y2】 自宅待機と配転命令に対し，収入は得ていたものの，正常な職業生活を奪われ，同僚との接触の機会も大幅に奪われ，そのような状態がいつ終わるか判らないまま長期間耐えることを余儀なくされるなど，精神的に多大の苦痛を受けたことについて120万円 【Y2に対する請求】 ・X1，X2，X3それぞれ，Y2の文書配布及び発言により名誉権を侵害された分につき30万円 ・ただし，A生協との和解により名誉回復措置がとられていること，X1らがA生協の業務に復帰していることが窺われること，X1とX2はA生協が懲戒解雇を撤回した後，未払賃金の支給を受けていることなどを考慮。
・男性 ・営業職 ・勤続30年3ヵ月 ・本給月額34万4500円	・機械設備の設計・製作・施工を業とする会社 ・資本金1億円 ・従業員約230名		①Yは，懲戒解雇事由が存在しないのに，退職金の支払を免れるため，Xを懲戒解雇に処し，Xはこれにより精神的苦痛を味わったこと， ②YはXに対しXの意思を無視して退職金で債権回収が不能になった債権を弁済（相殺）するよう要求したこと（労働基準法違反） ③Xは狭心症に罹患し，YもXの主治医からXの病態からみてXに対しては狭心症として対応するのが現実的であるといわれたにもかかわらず，Xが出社するや，従前と同様の大量の官公庁向け各種船舶設備の見積書・仕様書・見積原稿等を短期間に作成するよう命じたこと， ④その結果，Xは，このままYに勤務していると自己の健康のみならず生命までもが侵害される虞れがあると考え，30年以上も勤務したYを退職することを余儀なくされ多大な精神的損害を被ったこと等が認められ，これらの事実に照らし，会社の従業員に対する前記各行為は違法と評価することができるとした上で， これを慰謝するためには，200万円の支払を命じるのが相当と判断。
・人材紹介会社の紹介でYに入社 ・営業課長 ・本件解雇時勤続9か月弱	合成樹脂加工製品の製造及び販売を業とする会社		・本件解雇については，事実関係に照らし，Xが社内での解決に頼ることができず裁判手続によるほかないと考えたことは無理からぬものといえ，そうであれば裁判外での解決を図ろうとする者にとって裁判外で相手方当事者から事情聴取を受けることは容認しがたく，社内的解決に対する非協力的な姿勢も無理からぬものであり，このような状況をYが理解せず，直ちに懲戒解雇を行ったことは，本件解雇理由が抽象的で不明確であることも加わって，相当な理由を欠くとされた。 ・第2の懲戒解雇及び第2の普通解雇については，経歴詐称は複数の点に渡っており，重大なものといえなくもないが，本件解雇時には主張されていなかった事実であり，解雇理由の付け加えは許されなく，Yの業務に何らかの悪影響を与えたとも認められないとして，無効とされた。 ・Xの慰謝料請求については，本件解雇によりXが精神的な苦痛を受け通院したこと，本件訴訟で勝訴することによって精神的苦痛が慰謝される面があること等が算定の理由とされている。
・電気通信設備工事に従事	・電気工事業・配管工事等を業とする会社		・Xには諭旨解雇処分の対象とされる合理的な理由があること。

	仙台地裁 H21.4.23 労判988-53	様の不利益処分を下されたとして，不法行為に基づく損害賠償，②残業代の支払，並びに③付加金の支払をそれぞれ求めた事案。	②賃金請求		
【73】	骨髄移植推進財団事件 東京地裁 H21.6.12 労判991-64	Yの総務部長の地位にあったXが，Yの常務理事兼事務局長Hに，パワハラやセクハラに該当すると思われる不適切な行為があるとして理事長に報告文書を提出したところ，総務部長職を解かれ，移植調整部参事（システム更新担当）へ異動，その後，広報渉外部参事へ配置換えされるなど不当に降格配転され，さらに具体的根拠もなく，合理性を欠いた不当な懲戒処分としての論旨解雇をされたとして，Yに対して，その労働契約上の権利を有する地位にあることの確認を求めるとともに，未払の賃金・賞与や慰謝料1000万円の支払いを求めた事案。	①地位確認 ②賃金請求 ③賞与請求 ④損害賠償請求	1000万円	50万円
【74】	旭東広告社事件 東京地裁 H21.6.16 労判991-55	満55歳となった際に保険会社から企業年金に基づく一時金を受け取ったが，Yの求めに応じて，その全額をYに預け，定年後に毎月分割で支払いを受けることとし，定年後もYに再雇用されて就労していたが，Yが支払を滞るようになったことからその支払をめぐってO専務と口論となり，右手拳でO専務の左頬を1回殴打したことによりYから懲戒解雇されたXが，当該懲戒解雇が無効であると主張し，Yに対し，雇用契約に基づいて，雇用契約上の権利を有する地位の確認並びに当該懲戒解雇後の賃金及び退職慰労金の支払を求めるとともに，民法709条，710条に基づく損害賠償請求権に基づいて，無効な懲戒解雇によって被った精神的損害に対する慰謝料の支払を求めた事案。	①地位確認 ②賃金請求 ③退職慰労金請求 ④損害賠償請求	100万円	60万円
【75】	学校法人純真学園事件 福岡地裁 H21.6.18 労判996-68	Xは，Yの経営するT大学の教員であったところ，Yから，①T大学における非常勤講師の講座開講に協力しないばかりか，Yが委嘱したE元教授に架電してその就任を積極的に妨害するなどしており，また調査委員会の調査およびY理事からの事情聴取においても，自己の正当性を主張するのみで無反省であったこと，②Yの学部改編計画を阻止しようとして，非公開であるT大学教授会の議事内容をマスコミにリーク（新聞記事に掲載）したことを理由として懲戒解雇とされたことから，Xが，その懲戒解雇は無効であると主張して，Yにおける地位確認を求めるとともに，懲戒解雇後の未払給与，賞与及び退職金の支払を求め，併せて，違法な懲戒解雇による慰謝料の支払を請求した事案。	①地位確認 ②賃金請求 ③賞与請求 ④退職金請求 ⑤損害賠償請求	800万円	100万円
【76】	通販新聞社事件 東京地裁 H22.6.29 労判1012-13	Yが発行する新聞の編集長を務めていたXが，Yが作成した図表等を，業務外で執筆した書籍に無断で使用した上，書籍の題名に「カラクリ」という表現を使ってYの信用を損なったという理由で懲戒解雇されたことについて，「本件懲戒解雇は，懲戒事由該当事実が存在せず，仮にこれが存在したとしても懲戒権の濫用であるから無効である。しかも，Yは，懲戒解雇が無効であるにもかかわらず，その事実をYが発行する新聞等に掲載して公表し，Xの名誉を毀損した」などと主張して，Yに対し，①雇用契約上の権利を有する地位にあることの確認，②賃	①地位確認 ②賃金請求 ③損害賠償請求 ④謝罪広告掲載請求	2000万円	200万円

第 9 章　解雇

・基本給24万8170円	・社員数46名		・処分の違法性は手続的違法（30日前の予告又は予告手当の支払い）にとどまること。
・50代男性 ・中途採用（正社員） ・総務部長から移植調整部参事へ異動、さらに広報渉外部参事へ配置換えされ諭旨解雇 ・月給53万7574円	・骨髄移植を推進するために設立許可を受けた財団（いわゆる「骨髄バンク」） ・年間予算約14億円で、収入財源の約6割を公的助成金が占める		本件解雇の無効を認めて、Xが労働契約上の権利を有する地位にあることを確認し、未払労の期間の賃金・賞与の支払いを命ずることで、Xの精神的苦痛が慰謝される面があること、Xが情報管理義務に違反した結果、セクハラ被害等の情報も含まれる本件報告書の内容が流出して、本件各報道に至り、Yの社会的信用も毀損される事態も生じたこと、Yは、職員人事に関して、いわば外圧による解決を図ろうと行動した面もあること、その他の本件諸般の事情を総合考慮。
・60歳男性 ・入社後、主に営業に従事し、定年（満59歳）後、再雇用（契約期間1年）された ・3か月間の手取給与の平均は29万6199円	新聞、雑誌、ラジオ、テレビ等の広告代理業務等を目的とする株式会社		・本件懲戒解雇は無効であり、また、賞罰委員会の手続を経ないままO専務が本件懲戒解雇を言い渡したことにつき、不法行為の成立を肯定。 ・当該不法行為の違法性の程度に加え、XとYとの間の再雇用契約が期間を1年とする雇用契約であるものの、その更新へのXの期待が法的保護に値するものであったこと、それにもかかわらず、Xは、本件懲戒解雇を受けたことにより、Yにおいて就労する意思を失った結果、1か月分の賃金請求が認められるにとどまること等本件に現れた一切の事情を考慮。
・T大学教授（環境デザイン工学科） ・組合委員長 ・月給56万1430円	・T大学ほか複数の短大、高校、中学を設置・運営する学校法人 ・T大学は工学部（3学科）のみの単科大学 ・平成19年度から新規の学生募集を停止		・本件懲戒解雇は、明らかな事実誤認と評価の誤りによるものであり無効。 Xは、本件解雇により、生活上及び研究活動上の不利益を著しく被ったとともに、Yからこのような処遇を受けたことで、著しい精神的苦痛を被り、心身を害することにより、研究者としての研究活動を継続することが困難な状態に追い込まれたこと、Xの収入を生計の基礎とされているXの家族の生活にも相応の影響があったこと、本件解雇により、XがTのその社会的信用を著しく害され、本件解雇が広く報道されたために、Xの信用及び名誉が回復が相当に困難な程度に毀損されたと考えられること、Xは、本件解雇後、職場復帰を希望したものの、本件訴訟中に定年退職時期を迎え、実際に復帰することなく退職を余儀なくされたこと等を考慮すれば、本件解雇によりXが被った損害は、相当なものがあり、本件解雇をしたYの判断の不合理性や不十分な手続、本件解雇後の不誠実な対応（※Yは、組合との団体交渉でも、本件解雇の理由やその具体的裏付けを明らかにしたり、関連資料を提示するなどしなかった）など本件解雇に関する一連の事情を勘案。
・女性（57歳位） ・通販新聞の編集長 ・月給45万円	通信販売業界新聞「週刊通販新聞」等を発行している株式会社		・本件懲戒解雇は、懲戒事由該当事実は存在しないから、無効であり、不法行為が成立。 ・Xの社会的評価を低下させる内容の本件社告等が通販業界をはじめとして広く公表されたことは明らかであるから、名誉毀損の不法行為も成立。 ・名誉毀損の違法性の重大さ、本件懲戒解雇自体の違法性の重大さ、Xは、Yに入社後約15年間、特に問題なく業務をこなし、執行役編集長の重責を担っていたが、突然、このような違法かつ無効な懲戒解雇によってそのキャリアを絶たれたうえ、そのことを通販業界内だけでなく、広く一般社会に公表されて、多大な精神的苦痛を被ったものと認められることからすると、Xが詫び状を作成してYに差し入れたこと、YがXに対し、著作権法違反による損害賠償請求をしないと約束したり、平成20年夏季賞与を支給したりしたことなどを考慮しても、

		金の支払い，③不法行為（不当な懲戒解雇ないし名誉毀損）に基づき，慰謝料2000万円の支払，④謝罪広告の掲載を求めた事案。			
【77】	福島県福祉事業協会事件 福島地裁 H22.6.29 労判1013-54	Yが経営する授産施設に栄養士又は調理師（調理員）の正規職員として勤務していたXらが，Yから，公共職業安定所の労働争議中であると伝えたり，労働組合の上部団体を通じて業務委託先会社での求人を妨害したことを理由に諭旨解雇されたことにつき，①解雇が無効であると主張して，Yに対し，雇用契約上の権利を有する地位にあることの確認及び②解雇後の賃金の支払を求めるとともに，③解雇により精神的苦痛を被ったと主張して，不法行為に基づき慰謝料を請求した事案。	【X1～X4→Y】 ①地位確認 ②賃金請求 ③損害賠償請求	【X1～X4】 各100万円	【X1～X4】 各30万円
【78】	レイズ事件 東京地裁 H22.10.27 労判1021-39	Yに対し，X1が①時間外労働及び休日労働，及び正当な理由なき減給措置（月額10万円の減額）による未払賃金等の支払，②YによるX1の解雇は解雇権の濫用であると主張して不法行為に基づく損害賠償，X2が時間外労働及び休日労働についての未払賃金を請求した事案。	【X1→Y】 ①賃金請求 ②損害賠償請求 【X2→Y】 賃金請求	【X1】 500万円	【X1】 30万円
【79】	京阪バス事件 京都地裁 H22.12.15 労判1020-35	Yにより解雇（酒気帯び運転の疑いによる諭旨解雇）されたXが，解雇権濫用による解雇無効を主張して，雇用契約上の地位確認を求めるとともに，解雇後の賃金及び賞与等の支払いを求めたほか，解雇が不法行為に該当する旨主張して，不法行為による損害賠償請求をした事案。	①地位確認 ②賃金請求 ③損害賠償請求	200万円	50万円
【80】	静岡第一テレビ（損害賠償）事件 静岡地裁 H17.1.18 労判893-135	・YのXに対する懲戒解雇が不法行為（Yが民放連から除名及びZテレビネットワーク協議会会員資格の無期限停止の措置を受けたのは，Xによる内部告発が原因であると疑い，内部告発者放逐の手段として行った懲戒解雇は違法である）に該当するとして，解雇時から復職時までの間の精神的苦痛に対する慰謝料を請求した事案。 ・懲戒解雇が権利濫用で無効であることは別訴で確定しているため，本件では懲戒解雇が権利の濫用としてその私法的効力が否定されているとしても，故意又は過失によって違法にXの権利を侵害したと言えるかが問題となった。	損害賠償請求	1000万円	0円
【81】	伊藤忠テクノサ	Xの行為（正式受注前の成約計上・成約	①解雇無効確	約425万円	0円

第9章　解雇

		慰謝料として200万円を支払うのが相当。
【X1】 ・栄養士 ・正規職員 【X2～X4】 ・調理師 ・正規職員	知的障害者施設等の事業所を経営する社会福祉法人	・Yによる解雇が全く理由のない諭旨解雇である。 ・XらとYとの間の団体交渉，仮処分決定，労働委員会の救済命令手続の経過に鑑みて，Yは，解雇をしない又はこれを撤回する等，違法行為を是正する機会を有していたにもかかわらず，Xらの要求を拒否し続け，紛争解決を不当に長期化させ，これを困難にしたものと評価せざるを得ない。 ・Xらの精神的苦痛は，単に賃金の支払を受けることによって慰謝されるものではない。
【X1】 ・男性 ・営業本部長 【X2】 ・男性 ・営業担当	不動産業を営む会社	・Yは，X1にX1を整理解雇すると説明したが，訴訟に至った段階で初めて懲戒解雇を主張した。 ・具体的理由を明らかにしないまま整理解雇の意思表示をし，その後になって，当該解雇が実は懲戒解雇であったなどと主張することは，解雇手続としての適正を著しく欠く。 ・Yにおける制裁としては，懲戒解雇以外もあるものの，他の選択肢を検討したことがうかがわれないことも踏まえると，本件解雇は，懲戒解雇として効力を有しない。 ・かかる事実経過にかんがみれば，本件解雇は社会通念上許容されるものではなく，それ自体不法行為を構成する。 ・X1は，本件解雇の約2か月後，株式会社を設立しており株式会社の設立には準備を要するのが一般的であるから，X1は設立からある程度遡った時期にはYでの就労意志を失っていた。 ・X1は，暫くの間，本件解雇を積極的に争う姿勢を明確にせず，株式会社を設立する直前になって本件解雇の具体的説明を求める書面を送付するなどして訴訟に至っている事情を総合考慮。
・男性 ・バス運転手 ・勤続17年超 ・月給29万5095円 ・同種事案で懲戒処分歴2回	バス会社	・Xが，X訴訟代理人を通じて慎重な検討を求めたのに対し，Yは，Y営業所所長が飲酒検査陽性反応に対する聞き取りファイル及び出庫点呼時に於ける飲酒チェック発覚についてと題する書面に改変を加えた資料をもとに賞罰委員会を開催し，資料の改変内容についてXに反論等を行う機会を与えることなく本件諭旨解雇を決定した。 ・諭旨解雇は，解雇権を濫用した無効なもの。 ・手続き経過は，通常の解雇手続で行われるべき手順を逸脱している。 ・諭旨解雇は，記録の改変等の一連の経過を総合考慮すれば，不法行為に該当する。 ・しかし，Xはアルコールチェッカーで「Low」の反応が出る程度の飲酒をしていたことが推認できること，エチケットマウスミントの使用が検査結果をうやむやにするためになされた疑いがあることを考慮すれば，Xの被った精神的苦痛を過大に評価することはできない。
・男性 ・勤続約20年 ・正社員 ・編成部ライブラリー室担当部長 ・解雇後2年半後に復職	テレビ局	内部告発者放逐の手段として解雇を行ったと認めることはできず故意による不法行為ということはできず，本件解雇の相当性の判断において明白かつ重大な誤りがあるとすることはできず，Yに過失を認めることもできない。
・47歳（勤続23年）	コンピュータ及び関	・Xの各行為は懲戒解雇事由に該当するが，これらの行為が

197

	イエンス事件 東京地裁 H17.11.22 労判910-46	取消の未処理，仲介取引における与信未設定・販売代金入金前の仕入代金支払い，不適切な追加原価処理・取引書類偽造）が懲戒事由に該当するとしてYがXを懲戒解雇を通告したところ，Xが，①懲戒解雇の無効確認，②懲戒解雇の通告前に自ら被告を退職する手続を行っていたとして退職金の支払い，③懲戒解雇が不法行為に該当するとして，慰謝料など損害賠償を求めた事案	認 ②退職金請求 ③損害賠償請求 ④積立金返還請求		
【82】	東京エムケイ事件 東京地裁 H20.9.30 労判975-12	・Yのタクシー乗務員として勤務していたXが，業務中の交通事故による後遺症が原因で普通自動車第二種免許を喪失したこと，及び就労の意志欠如を理由とする第一次解雇（普通解雇），並びに，その後の無断欠勤，職場放棄を理由とする第二次解雇（懲戒解雇）の無効を主張して，雇用契約上の地位確認及び賃金などの支払いを求め，また，Yから嫌がらせをされたとして不法行為に基づく損害賠償を求めた事案。 ・嫌がらせとしては，YがXを退職に追い込む行為（Xが書面による回答を求めたのに，話し合いをしようと求めるのみで書面による回答を一切しなかったこと），有給休暇の取得妨害，Y所長による嫌がらせ行為（Xの体調不良を認識していながら，それまでXに担当させていた社屋内の清掃業務を外し，冬季に水でタクシーの洗車やマット清掃を担当させることに固執した），それに続く解雇，さらには解雇後離職票を発行しないこと等が主張されている。	①地位確認 ②賃金請求 ③損害賠償請求	100万円	0円
【83】	三井記念病院（諭旨解雇等）事件 東京地裁 H22.2.9 労判1005-47	Yの設置する特別養護老人ホームにおいて介護・相談系列担当の副施設長をしていたXを，Xを退職に追い込もうと企図したYのA施設長らによって，暴言や嫌がらせや恫喝（パワハラ）を重ねられたあげくに，同系列から外されて教育研修センター長に配置転換され，さらに同センター職員に降格され，しかも不当に諭旨解雇されたなどと主張して，Yに対し，①雇用契約上の権利を有する地位にあることの確認，②賃金の支払い，③賞与の支払い，④不法行為（必要性のない配置転換や降格，不当な諭旨解雇）に基づく損害賠償300万円の支払いを求めた事案。	①地位確認 ②賃金請求 ③賞与請求 ④損害賠償請求	300万円	0円
【84】	モリクロ（懲戒解雇等）事件 大阪地裁 H23.3.4 労判1030-46	XらがYに対し，①諭旨解雇処分・懲戒解雇処分の無効確認，②同処分が無効であることを前提とした退職金の支払い，並びに③未払賃金及び時間外賃金の支払，④不当違法な解雇及び嫌がらせやパワハラを理由とする損害賠償を求めた事案。	【X1～X6→Y】 ①諭旨解雇処分・懲戒解雇処分無効確認 ②退職金請求 ③未払賃金請求 ④損害賠償請求	【X1～X6】各100万円	【X1～X6】0円
【85】	霞アカウンティング事件 東京地裁 H24.3.27 労判1053-64	Xが，YがXに対して行った，協調性に欠けた言動，Yの評価を貶める言動，女性職員に対するセクハラ，Yに対する種々の反抗的言動，労働基準監督署に対する虚偽の説明などを理由とする懲戒解雇は無効であるとして，雇用契約上の地位確認と解雇後の賃金を請求するととも	①地位確認 ②賃金請求 ③損害賠償請求	300万円	30万円 （内訳） ・懲戒解雇：0円 ・その他：30万円

第9章 解雇

・システム営業本部本部長代行兼経営戦略室室長代行・プロジェクト営業部部長	連機器の販売やソフトウェアの開発，販売などを目的とする株式会社	自己の利益を図ろうとしたものではなく全社あげての行為でありXの責任が重いとはいえ，Xを懲戒解雇することは公平の点で疑問である等の事情から懲戒解雇の相当性を欠き，解雇権の濫用で無効というべきものである。 ・本件解雇は相当性を欠き無効であるが，解雇事由該当性はあることから，解雇がXの精神的苦痛に対する損害賠償請求が認められるような不法行為に当たるとは認められない。
・男性 ・タクシー乗務員 ・交通事故の後遺症により普通自動車第二種免許を喪失	・タクシー会社 ・従業員500名前後	・Yの解雇の主張はいずれも理由がないとして地位確認請求及び賃金請求（一部）は認められた。 ・①XY間の対立は，双方が自己の立場に固執して譲らないことに帰因するもので，X主張の事由は不当解雇とはいえても不法行為と評価されるものではない。②また，Xの精神的損害は，復職が認められれば償われるようなもので，金銭による慰藉を要するものではない，として慰謝料請求は棄却された。
・50代女性 ・特別養護老人ホームの介護・相談系列担当の副施設長から教育研修センター職員に降格 ・月給約50万円（降格後は約47万円）	三井記念病院のほか，特別養護老人ホームを設置する社会福祉法人	・センター長への配転は，不当なものではない。 ・センター職員への降格は，教育研修センターには他の職員が配置されておらず，センター長であっても同職員であっても業務内容等は同じであるはずであるのに，YがXの給与の月額を約3万円減額したことなどからすると，不当なものといわざるを得ない。 ・本件論旨解雇については，XとA施設長の意見等の対立を背景とする特命事項違反の結果を，解雇という形でXに負わせるのは相当でないから，無効。 ・A施設長らがXを業務上のメーリングリストから外すなど，Xに不愉快と感じられる言動をしたことが認められるが，そのほかに，同施設長らが，Xを退職に追い込もうと企図し，暴言や嫌がらせや恫喝（パワハラ）を重ねたなどと認めることもできないから，Yに不法行為は成立しない。
【X1～X6】 ・Yの従業員であった男性 ・勤続11年2月～17年2月 ・労働組合加入	各種めっき加工及び金属表面処理業を主たる業務とする会社	・解雇処分自体は無効だが，Xらは，結果的であるとはいえ，Yと同業他社であるI理研に就職していること，Xらは，組合を通じた交渉過程の中で，同業他社への競業避止義務の免除を要求していたことからすると，YがXらに対し，I理研と相通じて集団退職及び集団転職を画策したと疑いを持ったとしてもやむを得ないという面もうかがわれるから，解雇処分が無効であるとはいうものの，さらに同処分が損害賠償請求権を発生させるだけの違法性を有していたと評価することはできない。 ・Xらの供述を裏付ける客観的な証拠は見出し難いことからすると，XらのYに対する嫌がらせやパワハラを理由とする損害賠償請求については理由がない。
・正社員（中途採用） ・業務第三課課長だったが課長職を解かれ第一課に異動。翌年懲戒解雇	経理事務代行業及びこれに附帯関連する一切の業務を目的とする会社	【懲戒解雇】 ・本件懲戒解雇は無効。 ・Yの代表者Bは，当初，Xのセクハラに関し相当程度の疑いを抱きつつも，表面化させることを回避してきたが，平成22年に入り，Xから時間外手当等を請求されたことに立腹し，この点を再度問題として採り上げたのみならず，適法行為であるXの時間外手当等請求を理由として，報復的に本件懲戒

		に，Xに対し理由のない懲戒解雇を行ったこと，及び，Yの代表者BのXに対する夜間の訪問等が不法行為にあたるとして，損害の賠償を請求した事案。			
【86】	ブランドダイアログ事件 東京地裁 H24.8.28 労判1060-63	Yの部長として雇用されたXが，顧客リストをメール送信したことを懲戒事由としてYから受けた懲戒解雇処分が無効であると主張し，Yに対し，雇用契約上の地位確認及び解雇後の賃金の支払いを求めるとともに，同懲戒解雇に先立ち受けた降格・降給処分が無効であるとして，Yに対し，部長の地位にあること及び降格・降給処分前の基本給の支払いを受ける地位にあることの確認並びに賃金の支払い等を求めた事案。	①地位確認 ②賃金請求 ③損害賠償請求	300万円	0円
【87】	全国建設厚生年金基金事件 東京地裁 H25.1.25 労判1070-72	Y1に雇用されていたXが，Y1から通勤手当の不正受給を理由に諭旨退職処分を受けたため，諭旨退職処分が無効であるとして，Y1に対し，地位確認，未払賃金を請求するとともに，Y1の専務理事であるY2及び同常務理事であるY3において，諭旨退職処分に至る経緯その他のXに対する言動が不法行為を構成するとして，Y2及びY3に対しては不法行為（民法709条）に基づき，また，Y1に対しては使用者責任（同法715条）に基づき，損害賠償を請求した事案。	【X→Y1】 ①地位確認 ②賃金請求 ③損害賠償請求 【X→Y1～Y3】 損害賠償請求	【Y1～Y3】 連帯して200万円	【Y1～Y3】 0円 （内訳） ・諭旨退職： 0円 ・パワハラ： 0円
【88】	学校法人A大学（医師・諭旨退職処分）事件 東京地裁 H22.8.24 労判1017-52	Xが，勤務先の研究所で発生した医療事故について，YらがXに過失があるという誤った調査報告を作成して公表したことにより，名誉を毀損され多大な精神的苦痛を被ったと主張して，Yらに対し，共同不法行為に基づき，連帯して慰謝料等の損害賠償5500万円等の支払いを求め，また，Xが上記の誤った調査報告等に基づき不当諭旨退職処分を受けたと主張して，Y1に対し，債務不履行または不法行為に基づき，①退職後の賃金相当額，慰謝料等の損害賠償1928万3550円等の支払い，②平成19年2月から本判決確定まで毎月25日限り，月額20万9700円の割合による賃金相当額等の損害賠償等の支払いを求めた事案。	【X→Y1・Y2】 損害賠償請求 【X→Y1】 ①賃金請求 ②損害賠償請求	【Y1・Y2】 連帯して5000万円 【Y1】 500万円	【Y1・Y2】 0円 【Y1】 0円

第9章 解雇

			解雇を行ったという経過に照らすと，Bは，本件懲戒解雇により違法にXの権利を侵害したといえるが，本件懲戒解雇は無効と認められ，解雇後の賃金請求権も認められているから，これによりXの経済的損失は填補されており，それ以上に，本件懲戒解雇を不法行為として認めなければならない特段の事情はない。 【その他】 本件懲戒解雇に至る過程で，Bは，2度にわたり，夜間，予告なくXの自宅を訪問したのみならず，予告なくXの実父を訪問するという常軌を逸した行為に出ているもので，これらがXの時間外手当等請求の阻止という目的に出た違法な行為であることは明らかであり，慰謝料としては30万円が相当。
・部長職として中途採用（期間の定めなし） ・給与月額48万円	インターネットによる情報サービス等を業とする会社		本件懲戒解雇は無効であるところ，Yが，本件懲戒解雇当時把握していた資料についてすら十分に検討することなく，Xに対する懲戒解雇を行ったことなどからすれば，Yの行為がXに対する関係で違法性を有することは否めないものの，本件懲戒解雇が無効と認められ，Xには同解雇後の賃金請求権が認められているのであるから，これによりその経済的損失は填補されているというべきであり，この点に加えて，Xの本件顧客データ送信が懲戒事由に該当する行為であって，Xにも責められるべき点があることは否定できないことにかんがみると，本件懲戒解雇に関しては，上記賃金相当額以上に，Yに対し損害賠償を命ずべき特段の事情はない。
・勤続期間20年超 ・元々課長補佐だったが，係員に降格	【Y1】 ・建設業に従事する者を加入対象者とする厚生年金基金 ・従業員数は約20名 【Y2・Y3】 Y1の理事		【諭旨退職処分について】 諭旨退職処分を受けるに至るまでにはXにも相応の帰責事由があるのであって，少なくとも，本件処分につき，それが無効であることによりその後の不就労期間の賃金が填補されることとなることを前提として，さらに慰謝料等の請求を認めるべき程の不法行為法上の違法性があるとまでは認められない。 【パワハラ】 （離席に関する指摘について） Xの離席についてY2が注意をした事実は認められるが，不法行為を構成するほどの態様でXを非難し続けた事実は認められない。 （喫煙時間の記載指示について） Xだけではなく他の者も記載しているとして，Xに対する嫌がらせ目的はない。 （人事上の取扱いについて） Xに対してのみ行ったものではないとして不法行為が成立するほどの違法性はない。 （診断書の提出要求について） 仮病の可能性を考慮した上で，病状確認のため提出を求めることは一定の合理性がある。
・男性 ・Y1の設置する大学附属研究所の勤務医（心臓外科医）	【Y1】 大学病院等を運営する学校法人 【Y2】 Y1大学が設置する病院の当時の副院長		【名誉毀損】 ・本件調査報告は，最も難易度の低い類型の手術において，Xの初歩的過失に起因して，被害者の死亡という重大な結果を招いたという事実を指摘するものであるから，Xの社会的評価を低下させるものである。 ・名誉毀損に基づく損害賠償債務は3年の経過により消滅時効が完成。 【諭旨退職】 ・医師が医療記録を事後的に改竄することは，どのような理由があっても正当化されるものではない。そのうえ，Xは，被害者が手術中に脳障害を発症した疑いがあったのに，被害者の遺族に対し，死因は心不全であったというごまかしの説明をする目的で，医療記録の一部改ざんに協力したのであるから，この理由だけでかなり重い処分を受けてもやむを得ない。 ・Xは，弁明の機会の行使として，弁護士を通して意見を付した回答をしたうえで退職願を提出したことによれば，退職意思を有していた。 ・改竄を主導した医師に対する処分が懲戒解雇であったこととのバランスを考慮すると，X1の諭旨退職をただちに違法ということはできない。

【89】	ヒューマントラスト（懲戒解雇）事件 東京地裁 H24.3.13 労判1050-48	■第1事件 XはY1から、無断で競業会社の情報システム構築等の支援を行い、Y1の機密情報等を不正に社外に持ち出したなどの理由で懲戒解雇処分を受けたため、懲戒事由不存在・懲戒権濫用・手続違反で懲戒解雇無効と主張して、①労働契約上の地位確認、②賃金、③不法行為（不当な懲戒解雇）に基づく慰謝料の支払を求めた事案。 ■第2事件 Y1の実質的経営者であるY2が、何の根拠もないのにXが横領をしたなどと疑い、Y1の社員らと共謀して、Xから携帯電話を取り上げるため肘打ちする暴行を加えたり、X自宅に不法侵入してパソコンを脅し取ったり、ファミレスにXを監禁したりしたなどと主張して、Y1・Y2に対し、不法行為に基づき、連帯して慰謝料等の支払を求めた事案。	■第1事件 【X→Y1】 ①地位確認 ②賃金請求 ③損害賠償請求 ■第2事件 【X→Y1・Y2】 損害賠償請求	■第1事件 【Y1】 100万円 ■第2事件 【Y1・Y2】 連帯して200万円	■第1事件 【Y1】 0円 ■第2事件 【Y1・Y2】 0円

＜解説＞

1 慰謝料請求が認容された割合

本調査の対象となった平成15年1月～平成25年12月の労判において、解雇に関連して慰謝料請求がなされた例は、別紙一覧表のとおり89件であった。うち、解雇に関して慰謝料が認容された事例は33件である。

2 慰謝料請求が認容された事例・認容されなかった事例の傾向

本調査の対象とした裁判例の中で、解雇自体が有効とされたが、慰謝料請求が認容された事例はなかった（解雇が有効とされ、慰謝料請求が認容されなかった事例は【32】【34】～【42】【44】【60】【65】～【67】【88】【89】）。

そこで、以下では、解雇が無効または違法とされた事例について、慰謝料請求が認容された事例と認容されなかった事例に分けてその傾向を分析する。

また、解雇はその法的性質から、普通解雇と懲戒解雇とに分類されることが一般的であるが、本稿では、解雇権濫用法理を適用するにあたってどのような要件または要素が考慮されているかという観点から、普通解雇（整理解雇・会社解散による解雇を除く）・整理解雇・会社解散による解雇・懲戒解雇の4類型に分類している。

(1) 普通解雇（整理解雇・会社解散による解雇を除く）

第9章　解雇

・男性（37歳） ・D社の取締役兼従業員だったが、解雇3か月前に従業員の籍をY1に転じた（D社取締役の任期も解雇前に満了） ・解雇前の月給130万円	【Y1】 ・人材派遣会社 ・持株会社（親会社）やD社とともに企業グループを形成 【Y2】 ・Y1営業本部長 ・Y1代表者の夫	■第1事件 Xは、Y1に無断で、半年間にわたって継続的に競業他社であるC社のシステム構築を支援していたのであり、Xが本件懲戒解雇の直前までグループ会社の取締役であったことも合わせ考えれば、その背信性は著しい。加えて、本件システムの導入及びシステム構築の支援により、Y1に多大な損害を与えた本件造反を容易にした本件造反を容易にしたこと、Y1による調査になかなか協力しようとせず、警察に複数回通報して妨害していること等にかんがみれば、Xが転籍間もなく、他に懲戒歴などもないこと等の事情を勘案しても、懲戒の手段として解雇を選択することもやむを得ず、本件懲戒解雇は有効。 ■第2事件 ・Y2がXに暴行をふるった、Y2の指示により社員らがXを監禁して脅迫したとの事実は認められない。 ・社員がX宅に入ったことが不法侵入と評価される理由はなく、Y1がパソコンを預かったのも、Xが任意に了承したためである。 ・不法行為は成立しない。

　ア　慰謝料請求が認容された事例

　　普通解雇が無効と判断された場合で、なおかつ慰謝料が認められているのは、解雇の違法性が強い場合である。客観的に合理的な理由が欠けているのに敢えて解雇に及んだ場合、使用者が解雇理由として主張する内容が事実に基づくものとは認められない場合や、明らかに不合理な場合（【1】【2】【9】【11】等）、解雇が労働組合に対する嫌悪等の不当な動機に基づく場合（【5】【6】等）などで慰謝料請求が認容されている。

　　また、解雇に至るまでの使用者の行為（業務命令と称する一方的な給与の半額の控除、無効な休職命令、退職強要行為等）も考慮した上で、慰謝料請求を認容した事例（【7】【8】【13】等）や、派遣打切りの態様に信義則違反があるとして、派遣元だけではなく派遣先にも不法行為責任を認めた事例（【12】）もある。

　イ　慰謝料請求が認容されなかった事例

　　解雇が無効と判断されながらも、慰謝料請求が認容されなかった事例は多く、その大半で、解雇期間中の賃金が支払われること等により、労働者の被った損害は填補されているとの判断がなされている（【15】【16】【20】【22】【24】【26】～【28】【31】等）。

　　また、使用者が解雇理由として主張する内容に一定の理由がある場合や、解雇権行使の態様等に特に不誠実あるいは強引と評価されるような点がない場

合，不法行為を構成するほどの違法性はないとして慰謝料請求を否定している事例も多い（【17】～【19】【21】【23】【30】等）。

(2) 整理解雇

　ア　慰謝料請求が認容された事例

　　長年就労してきた従業員に対し，虚偽の事実を告げて一方的に解雇した事案（【48】），要件をみたさないにも関わらず整理解雇を強行した事案（【49】）など解雇の態様の悪質さから，解雇期間中の賃金が支払われることでは償えない精神的損害が生じたと判断された事例のほか，労働者の生活状況や解雇の経緯を考慮した事例（【47】），被告代表者らの指示ないし了解のもとに労働者に対する嫌がらせが行われた結果，労働者がうつ病との診断を受けカウンセリングを受けたこと，解雇により事実上退職を余儀なくされたことなどを考慮し慰謝料請求が認容された事例（【45】）などがある。

　イ　慰謝料請求が認容されなかった事例

　　整理解雇が無効と判断された場合であっても，解雇期間中の賃金が支払われること等により，労働者の被った損害は填補されているとして慰謝料請求を否定した事例が大半である（【50】【53】【54】【56】【59】等）。また，整理解雇の要件充足の判断は微妙であること（【52】），派遣元である被告が派遣先から派遣契約の解消を通告されたことから，派遣労働者に対して派遣労働契約の解消を申し入れることは無理からぬ面がある上，被告も他の派遣先を紹介するなど十分とはいえないまでも一応の努力をしていること（【55】），整理解雇が無効であったとしても業務上の必要性は一応肯定されること等（【57】）を理由に，要件をみたさない整理解雇であっても不法行為を構成するとまでは認められないと判断された事例もある。

(3) 会社解散による解雇

　ア　慰謝料請求が認容された事例

　　労働組合を排除するという不当な目的を実現するために会社を偽装解散するという行為の悪質さから，慰謝料請求が認容された事例がある（【62】【63】）。また，解雇の有効性についての判断はされていないが，品質保持期限切れの牛乳を再利用し集団食中毒を発生させた会社が解散した結果，従業員が解雇され

た事例において,解散に至った理由が取締役の重大な任務懈怠に基づくとして,取締役に対する慰謝料請求が認容された事例(【61】)もある。

イ 慰謝料請求が認容されなかった事例

会社解散による解雇が無効と判断された場合でも,解散会社から営業を譲り受けた被告会社に雇用契約が承継されており,判決によって被告会社に未払賃金等の支払が命じられることによって,特段の事情がない限り,精神的苦痛も慰謝されるとして,慰謝料請求が否定された事例がある(【64】)。

(4) 懲戒解雇

ア 慰謝料請求が認容された事例

上記(1)普通解雇等で述べたところと同様であるが,懲戒解雇が無効と判断された場合で,慰謝料が認められているのは,懲戒解雇の違法性が強い場合である。①懲戒解雇事由がないのに敢えて懲戒解雇に及んだ場合や,明らかな事実誤認や評価の誤りによって懲戒解雇した場合(【73】【77】【78】等),②懲戒解雇が内部告発に対する報復や退職金の支払を免れるためといった不当な動機・目的に基づいて行われた場合(【69】【70】等)のほか,③懲戒解雇を行うために必要な手続が適正に行われていない場合などでも慰謝料請求が認容された事例がある(【74】【75】【79】等)。

イ 慰謝料請求が認容されなかった事例

懲戒解雇が結論として無効とされた場合でも,解雇理由は存在し,解雇の相当性が否定されたような事案においては,使用者の解雇の相当性判断に明白かつ重大な過失があったとはいえないとして慰謝料請求が否定された事例がある(【80】【81】【83】【84】等)。また,解雇期間中の賃金が支払われること等により,労働者の被った損害は填補されているとして慰謝料請求は否定された事例(【82】【85】~【87】等)がある。

3 認容額の傾向

(1) 認容額の分布

解雇の類型ごとの慰謝料認容額の分布は下記表のとおりである。なお,会社解散による解雇事例の2件(【61】【62】)については,被解雇者(労働者)が相当数

に上り，認容された慰謝料額もほぼ一律であるので，各事件を1件として計上している（なお，【62】は，原告（労働者）52名のうち50名につき各60万円が認容され，残りの2名については各30万円が認容されているが，集計上は前者のみを扱うこととし，51～100万円の範囲内の1件として計上した）。認容額の最低額は10万円（懲戒解雇事例の【72】），最高額は200万円（懲戒解雇事例の【70】【76】）であり，全体の件数としては50万円以下が認容されている例が最も多い。

(単位：万円)

認容額	50以下	50超～100以下	100超～150以下	150超～200以下
普通解雇（件数）	21	2	1	0
整理解雇（件数）	6	1	1	0
会社解散による解雇（件数）	0	7	0	0
懲戒解雇（件数）	9	4	2	2

(2) 高額事案の傾向

　解雇による労働者への影響が特に大きい事案では高額な慰謝料を認める傾向にある（証券会社の営業職であった労働者につき顧客の信頼を少なからず損なったとして150万円を認容した【4】，労働者が解雇当時妊娠中であった事例で100万円を認容した【49】，困難な再就職活動を強いられたことや異業種への転職の苦労も考慮し100万円を認容した【61】等）。また，解雇そのもののみならず退職に至るまでの一連の経緯や使用者側の対応も含め高額の慰謝料を認容している事例（差別的取扱いや仕事の剥奪を受けた末に解雇された事例で150万円を認容した【45】，不当な職場内または自宅待機を命じられた2名につき140万円，150万円をそれぞれ認容した【69】，労働者が狭心症に罹患していることを使用者が知りながら過大な業務を命じた事例で200万円を認容した【70】等）も見られた。【76】では，無効な懲戒解雇を公表したという解雇後の使用者の行為による名誉棄損も考慮して200万円という高額な慰謝料が認容されている。

　また，比較的件数の多い普通解雇（整理解雇及び会社解散による解雇を除く）と懲戒解雇を対比すると，懲戒解雇事例の方が普通解雇事例に比して慰謝料が高額になる傾向があると言える。これは，懲戒解雇の方が普通解雇に比して労働者

(3) 低額事案の傾向

　労働者側にも相当の落ち度や問題がある事案（【5】【6】【71】【72】等）では慰謝料が低額になる傾向が認められた。たとえば【5】では，解雇が不当労働行為にあたるため不法行為を構成するとしながら，労働者に会社の指示の不順守といった落ち度があったことも考慮して，20万円を認容している。また【72】では，労働者に対して諭旨解雇処分を行う合理的な理由があったとして，解雇の違法は懲戒処分の根拠規定と処分事由の不告知，解雇予告の不存在等の手続的違法にとどまることを理由に，10万円のみ認容している。

　なお解雇が違法と判断される場合，バックペイないし逸失利益の支払いを受けられることが低額事案の慰謝料額の算定においても影響しているものと思われる。その点を明示的に考慮している事例として【3】【6】等が存在する。

4　聴き取りのポイント

　解雇事案に関して法律相談を受けた際の聴き取りのポイントは，以下のとおりである。

(1)　まず，解雇について慰謝料を請求するためには，解雇が違法・無効であることが前提となるから，以下の点について聞き取りをした上で，解雇の有効・無効を判断する。

・解雇に至る経緯
・普通解雇（整理解雇や会社解散による解雇も含む）なのか，懲戒解雇なのか
・解雇の理由として使用者がどのような事実を主張しているか（この点を確認するために，労基法第22条に定める解雇（退職）理由証明書の交付は必ず受けるべきである。）
・使用者が解雇の理由として主張する事実が存在するか否か（反証するための証拠の有無及びその確保が出来るか否かについても確認する。反証に協力してくれる同僚・ＯＢ・関係者の有無等を確認することも重要である。）
・就業規則上の根拠はあるか（特に懲戒解雇の場合）
・使用者が過去に他の労働者を解雇した事例の有無・内容

- 使用者が解雇の理由として主張する事実が全部または一部存在するとして，それを理由に解雇することが客観的に合理的かつ社会通念上相当といえるか

(2) 解雇が無効とされ得る場合で，解雇そのものの違法性が強い場合，慰謝料が認められる可能性がある。その場合，特に以下の点に注意して聞き取りを行う。

- 解雇の理由として使用者が主張する事実が存在しなかったり，解雇の理由とするには明らかに不当なものであるなどの事情の有無
- 解雇が不当な動機・目的に基づくものか否か（労働組合活動に対する嫌悪や労働組合を壊滅させる意図，セクハラ被害を申告した社員や内部告発をした社員に対する報復，退職金の支払いを免れるための解雇など）
- 懲戒解雇であれば手続違反の有無，内容，程度
- 解雇そのものの態様や，解雇前後の使用者の不当な言動の有無（虚偽の事実を告げて一方的に解雇した，解雇した事実を他の社員や第三者に殊更に通知した，労働者を退職に追い込むために使用者が労働者に嫌がらせや過度な精神的圧迫を加えていたなど）
- 解雇されたことによる影響（収入が断たれ困窮した，精神疾患に罹患した，当該解雇により事実上退職を余儀なくされた，名誉信用を毀損されたなど）

第10章
雇止め

<判例紹介>

No	事件名 裁判所 判決年月日 出典 審級関係	事案の概要	請求 （訴訟物）	慰謝料 請求額	慰謝料 認容額
【1】	日本ヒルトンホテル（本訴）事件 東京高裁 H14.11.26 労判843-20 東京地裁 H14.3.11 労判825-13	Yの経営するホテル「ヒルトン東京」に配膳人として就労していたXらが、Yから一方的に労働条件の引下げを提示され、これに応じなかったことを理由として解雇されたが、同解雇は無効であると主張して、Yに対し、①雇用契約上の地位にあることの確認、②平成11年5月以降の賃金の支払、③不法行為に基づく損害賠償として慰謝料各200万円の支払を求めた事案。	【X1〜X4→Y】 ①地位確認請求 ②賃金請求 ③損害賠償請求	【X1〜X4】 各200万円	【X1〜X4】 0円
【2】	岡山セクハラ（リサイクルショップA社）事件 岡山地裁 H14.11.6 労判845-73	Y3が経営するブランドバッグや洋品等のリサイクルショップである岡山市A町所在のA町店（以下「A町店」という。）に勤めていたXが、Y1から、いわゆるセクシュアルハラスメント行為（以下「セクハラ行為」という。）を受けて深刻な心身症となり、Y2からも、セクハラ行為を受け、外傷後ストレス障害（以下「PTSD」という。）になり、更にY3から不当に解雇されたことによって精神的苦痛を被ったとして、Y1及びY2に対し、不法行為に基づいて、Y3に対し、Y1及びY2の行為についての使用者責任ないし債務不履行及び不法行為に基づいて、それぞれ損害の賠償を求めた事案。	【X→Y1〜Y3】 損害賠償請求	【X→Y1〜Y3】 （セクハラに対して） 連帯して1000万円 【X→Y3】 （雇止めに対して） 100万円	【X→Y1・Y3】 （セクハラに対して） 連帯して50万円 【X→Y2】 （セクハラに対して） 100万円 【X→Y3】 （雇止めに対して） 0円

210

第10章 雇止め

労働者等の属性（性別・ポジション・収入等）	使用者等の属性（会社規模等）	算定の理由
【X1～X4】 ・日々雇用の労働者 ・スチュワード（配膳人）の業務に従事	ホテル業を営む株式会社	常用的日々雇用労働者に該当するXらとYとの間の雇用関係においては、雇用関係のある程度の継続が期待されていたものであり、Xらの期待は法的保護に値し、雇止めについては解雇に関する法理が類推適用される。 ・本件労働条件変更には合理的理由があり、YはXらに合理的理由を繰り返し説明したこと、組合も同意していること、Xらは正社員となることを希望せずあえて日々雇用関係という身分に甘んじてきたこと、そのような雇用形態にあるXらの本件異議留保付き承諾の回答は、Yの変更後の条件による雇用契約更新の申込みを拒絶したものと言わざるを得ないこと、そのようなXらの期待権を保護するために日々雇用契約締結を義務付けるのは、経営合理化などを図ってゆかなければならないYにとって酷であること等の事情によれば、本件雇止めには社会通念上相当と認められる合理的理由が認められる。
【X】 ・女性 ・32歳で採用 ・8か月間の有期雇用契約 ・Y3の経営するリサイクルショップA町店において、初めは副店長、約1か月経過後店長として勤務	【Y1】 A町店の管理運営の総括責任者 【Y2】 A町店を含むY3の新規事業4業種の総括をしていた新規事業推進部部長 【Y3】 コンピューターゲームソフト等のフランチャイズチェーンショップの運営、育成、玩具の販売等を業とする株式会社	【Y1】 ・腰に手を回す、膝の上に座る、Xの飲みかけのジュースを飲む、「好きもの」などと発言する、自分の下着を見せる等のセクハラ行為を行った。 ・Y1の行為がA店という女性であるXのみ又はXと訴外Bしかいない小さな店内又は店の奥の従業員用の部屋で、勤務時間中、反復継続して、Xの抗議や回避行動にもかかわらず何度も行われたことからすれば、その態様、反復性、行為の状況、XとY1の職務上の関係等に照らし、客観的に社会通念上許容される限度を超えた性的不快感を与える行為である。 ・Xが、毎日ないし1日おきに、体の不調を訴えて通院していたことから主観的にもY1の行為を不快なものと感じていたと認められる。 ・行為の態様、回数、継続された期間、その後のXの態様等を考慮。 【Y2】 ・体調のすぐれないXとともに飲酒した後、Xのマンションの部屋に入り、後ろから抱きつき、Xか、止めてください、と言って抵抗したのにもかかわらず、Xにキスをし、同人を押し倒して抵抗する同人を押さえつけて体を触り、スカートを膝の上までまくり上げて下着の中に手を入れ、同人の膣内に指を挿入したこと。 ・Xは、Y2の行為によるPTSDとの診断を受けた。 ・行為の態様、その後のXの態様等を考慮。 【Y3】 ・Y2の行為はY2の個人的な行動であり、職務を行うにつきなされたとはいえ使用者責任を負わない。 ・Xの雇用契約が更新されたとは認められず、Y3の再雇用

【3】	桜花学園名古屋短大事件 名古屋地裁 H15.2.18 労判848-15	Y1経営の短期大学で非常勤講師として1年毎に契約を更新し勤務していたXらが，委嘱停止が無効であると主張して，Y1に対し，①労働契約上の地位の確認，②委嘱停止後の給与の支払，③同委嘱停止による不法行為に基づく損害賠償を請求し，Xらが，仮処分事件においてY2が作成し，疎明として提出した陳述書の「学生がX2から叩かれたとも述べたという記憶がある」旨の記載は虚偽であり，少なくとも真実を確かめなかった過失があり，X2の名誉を棄損すると主張して，Y2に対し損害賠償を求めた事案。	【X1～X3→Y1】 ①地位確認 ②委嘱停止後の給与請求 ③損害賠償請求 【X2→Y2】 損害賠償請求	【X1～X3→Y1】 各200万円 【X2→Y2】 10万円	【X1～X3→Y1】 0円 【X2→Y2】 0円
【4】	安川電機八幡工場（パート解雇・本訴）事件 福岡地裁小倉支部 H16.5.11 労判879-71	YがXらを含むパート従業員のうち31名を整理解雇するため，雇用期間の途中で，Xらに解雇予告の上，解雇の意思表示をしたところ，Xらが解雇は無効であり，かつ，雇用契約期間終了による雇止めも無効であると主張して，①労働契約上の権利を有する地位の確認，②賃金の支払い及び③不法行為に基づく損害賠償（慰謝料）を請求した事案。	【X1・X2→Y】 ①地位確認 ②賃金請求 ③損害賠償請求	【X1・X2】 各300万円	【X1・X2】 各50万円
【5】	日欧産業協力センター事件 東京高裁 H17.1.26 労判890-18 東京地裁 H15.10.31判決 労判862-24	Xが第3子の育児休業申請を行ったところ，Yがこれを拒絶し，その後，雇止め通知を受けたことから，Xが，Yに対し，Yによる雇止めが無効であるとして，①労働契約上の権利の確認，②解雇後の賃金及び遅延損害金の支払，③育児休業申請の拒絶及び違法な解雇ないし雇止めについてそれぞれ不法行為に基づく損害賠償を請求した事案。	①地位確認 ②未払賃金請求 ③損害賠償請求	600万円 （雇止め，育児休業付与拒否合わせて）	40万円 （内訳） ・雇止め：0 ・育児休業付与拒否：40万円
【6】	ネスレコンフェクショナリー関西支店事件 大阪地裁 H17.3.30 労判892-5	菓子類の販売促進業務（MD業務）に従事してきたX1～X5が，Yがした解雇又はその後の雇用契約の雇止めは解雇権濫用により無効であるとして，Yに対し，雇用契約上の権利を有する地位にあることの確認並びに解雇以降の賃金を求めるとともに，解雇又は雇止めが不法行為に当たるとして，慰謝料の支払を求めた事案。	【X1～X5→Y】 ①地位確認 ②賃金請求 ③損害賠償請求	【X1～X5】 各100万円 （解雇及び雇止めを合わせて）	【X1～X5】 0円

第10章　雇止め

		の拒絶を労働基準法19条に違反する解雇と認めることはできないため，Y3は，再雇用の拒絶につき，不法行為責任を負わない。
【X1～X3】 ・Y1保育科の音楽の非常勤講師（ピアノの実技指導） ・毎年契約を更新し，約20年間勤務	【Y1】 名古屋短大等を経営する学校法人 【Y2】 Y1保育科の教授	【X1～X3→Y1】 本件委嘱停止に解雇濫用法理の適用ないし類推適用があるとは認められず，狭義の解雇濫用と区別される一般的な権利濫用に該当するとは認められない。 【X2→Y2】 ・仮処分における疎明の内容が名誉棄損その他の不法行為を構成するといえるためには，その旨知りながら虚偽の事実を記載するなど，故意に当該行為に出たことを要すると解すべきであるところ，Y2は，本件陳述書には，その記憶のとおり，当時の聴取内容をありのまま記載したにすぎないと認められるから，本件記載をもって，直ちにY2が故意に虚偽の記載をしたと認めることはできない。 ・X2は，Y2に真実を確かめなかった過失があると主張するが，単なる過失だけで仮処分事件の疎明への記載が違法となると解するのは相当ではない。
【X1・X2】 ・工場でパート勤務 ・3か月の有期契約をX1は14年，X2は17年反復更新	電気機械器具・装置及びシステムの製造並びに販売を主な事業目的とする株式会社	・Yによる整理解雇は，雇用契約期間途中の解雇であり，解雇にはやむを得ない事由が必要であるが，当該事由はなく整理解雇は無効。 ・雇用契約期間終了による雇止めについても，XらとYとの間の雇用関係は，実質的には期間の定めのない労働契約が締結されたと同視できるような状態になっていたものと認められ，解雇権濫用法理が適用。 ・Yには人員削減の必要性はあったものの，Xらを解雇対象者に選定した基準自体に合理性がない上，これを適用するに当たっても恣意的であったと言わざるを得ず，雇止めは無効。 【X1】 離婚して，整理解雇当時56歳で24歳の長女と2人で暮らし，日中はYで就労した後，夜間は焼き鳥屋で働いていたこと等の諸事情を斟酌。 【X2】 離婚して2人の子の親権者となり整理解雇当時46歳で高校に通う16歳の長女と2人で暮らしYからの収入と児童扶養手当（約4万円）で童女を養育していたこと等の諸事情を斟酌。
・英国国籍女性 ・期間1年の有期雇用契約を締結し，その後約6年間，契約更新の手続は一切なし	財団法人貿易研修センターの付属機関として設立された権利能力なき社団	・Yは，Xとの5回の契約更新のいずれについても更新手続をしたことが，本件労働契約に期間の定めがあることを確認させる等の措置を講じたことが一切なく，Xは，雇止め通知の前年及び前々年には2年連続で昇給し，仕事の能力を高める意欲をもって自ら米国で研修を受けていること，雇止め通知がXからの育児休業の請求をYが拒絶したことに端を発するものであることに照らせば，雇止め通知の当時，Xが雇用期間終了後もYに雇用され続けると期待したことには合理性があり，Yの雇止めは無効。 ・雇止めによる精神的苦痛による損害は，賃金の支払及び労働契約上の権利を有する地位の確認によって補填，慰謝されると認められるから，雇止めによる慰謝料請求は理由がない。 ・Yによる育児休業付与の拒否により，生後2か月の子を預けて出勤せざるをえなかったこと，出勤しても仕事をほとんど与えられなかったこと等による精神的苦痛は，労働契約上の権利を有する地位の確認及び賃金の支払のみによっては補填されない。
【X1～X5】 ・スーパー等の店舗で販促業務に従事する女性 ・時給制，契約期間1年の契約社員 ・更新回数，勤続年数は1～11回，2～12年	菓子等の製造，輸入，輸出，販売等を業とする株式会社	・Yは，MD業務を重要な業務と自認し，教育・研修体制を整備するなどして，適性を欠くものでない限り，原則として継続雇用することを想定しており，X1～X4については3回から11回契約が更新され，契約書の作成が更新後になったこともあったこと，入社面接の際，担当者がMDとして勤務しているものは長く勤務しているとの趣旨の発言をしたなどの事情からすると，Xらには本件各契約が継続されるとの期待を抱くことについて，合理的な理由があった。 ・解雇及び雇止めにつき，YのMD業務が自社努力では改善不可能で外注化が不可避であるとまではいい難く，Yが早急に従業員の削減をしなければならないほどの客観的事情は認めるに足りないし，Xらを他の勤務場所に配転したり，

213

	事件名	事案の概要	請求内容	請求額	認容額
【7】	社団法人K事件 神戸地裁 H17.9.28 労判915-170	Xが、雇用契約の解除は解雇権の濫用にあたるし、契約期間中に検査員からセクハラ（無断でロッカーを開ける、不必要に接近して髪をさわる、襟元やペンダントをさわろうとする、個人的な電話の通話相手に執拗に関心を示す、路上で配布されたわいせつなチラシを見せる）を受けたとして、①雇用契約上の権利を有する地位にあることの確認や②損害賠償を求めた事案。	①地位確認 ②損害賠償請求	1000万円 （内訳） ・不当解雇 500万円 ・セクハラ 500万円	0円
【8】	昭和町（嘱託職員不再任）事件 東京高裁 H18.5.25 労判919-22 甲府地裁 H17.12.27 労判919-31	・町立温水プールにて嘱託職員として勤務していたX1、X2が、Y2が町長室、議会運営委員会及び議員協議会においてX1、X2に対する誹謗中傷を内容とする発言を行ってその名誉を棄損するとともに、町長としての権限を逸脱して教育委員会に働きかけ、合理的な理由なくX1、X2を嘱託職員として再任用しないこととする違法な行為を行ったとして、Y2とY1に対し、地位確認を求めるとともに、慰謝料を請求した事案。 ・Y2の町長室における、X1に対する、(1)「（町長の妻が）万引きをしたという噂を触れ回った、4月1日の辞令は書かないから3月末をもって辞めてもらう」との発言、及び、X2に対する、(2)「3月末をもって退職してもらう。理由は自分の胸に手を当てれば分かる。」といった発言、議員運営委員会及び全員協議会における(3)「（温水）プールの嘱託職員に金銭的不正があったので辞めてもらった。」「裁判になるから詳しいことは言えない。」などの答弁を名誉毀損行為であると主張。 ・原審で、Y2の行為は職務執行に関して行われたものであるとして、Y2に対する請求は棄却され、確定した。	【X1・X2→Y1】 ①地位確認 ②損害賠償請求 【X1・X2→Y2】 損害賠償請求	各200万円	各90万円 （内訳） ・名誉棄損：30万円 ・再任用拒否：60万円
【9】	情報・システム研究機構（国情研）事件 東京高裁 H18.12.13 労判931-38 東京地裁 H18.3.24 労判915-76	国立情報研究所（以下「国情研」という）がX1を雇用期間満了により再任用しなかったところ、X1が、Yに対し、(1)主位的に、X1と国情研との間の勤務関係には、有期雇用関係における雇止めが解雇権濫用と評価される場合にされるとする法理が適用されるから本件不再任用は無効であると主張して、①労働契約上の地位の確認、②未払賃金の支払いを求め、(2)予備的に、任用継続に対する期待権が侵害されたとして不法行為に基づく損害賠償を請求し、X2組合が、Yに対し、団体交渉権を侵害されたとして損害賠償を請求した事案。	【X1→Y】 ・主位的請求 ①地位確認請求 ②賃金請求 ・予備的請求 ③損害賠償請求 【X2→Y】 損害賠償請求	【X1】 200万円	0円

第10章　雇止め

		別の職種の部署に配転することも可能であったが、YはXらにそのような機会を与えたとは認められず、YはXらに対し、十分に事情を説明した上で協議すべきであったのにこれを経てもいないので、このような事情の下で行われた解雇ないし雇止めは、客観的に合理的な理由を欠き、社会通念上相当として是認することはできず、権利の濫用として無効。 ・X1～X5はYに対し、各賃金の請求権を有するところ、Xらに金員の支払をもって慰謝すべき精神的損害が生じたことを認めるに足りる証拠は存在しない。
嘱託社員として、17年間雇用されていた女性	船舶の登録、検査及び満載吃水線の指定等を目的とする社団法人	・XY間の雇用契約は、契約内容に変更はあったものの、1年間の期間の定めのある雇用契約として繰り返し更新されており、このように期間の定めのある雇用契約が反復更新された場合には、Xにおいて期間満了後も雇用関係が継続するものと期待する合理性が認められ、雇用契約関係は、実質的に期間の定めのない契約と変わりがないというべきであり、平成16年1月9日になされた本件契約解除は、実質的には、同年3月31日までにXを解雇する旨の解雇予告と見るべきである。 ・Xは、Yにおける重要業務のファイリングを適切に行っていなかったこと、これは同業務に対するXの姿勢、勤務態度に原因があること、XはYでの新たな業務に対応できる十分な語学力を有しているとはいえないこと、勤務時間中にY事務所のパソコンで私的な文書を大量に作成するなど従業員としての基本的な資質、態度の面でも問題があることが顕著になったことからすれば、本件雇用契約の解除には理由がある。 ・検査員がセクハラ行為を行ったとは認められない。
【X1・X2】 ・平成5年昭和町教育委員会に嘱託職員として採用 ・平成12年4月1日～平成15年3月31日まで、任用期間半年ごとの辞令発令を受けながら、温水プールにおいて勤務	【Y1】 昭和町 【Y2】 昭和町町長	【名誉毀損について】 ・町長室における発言((1)、(2))は両名の名誉を毀損しないが、議員運営委員会および全員協議会における発言(3)は、両名の名誉を毀損し、真実性は認められず、確実な資料や証拠に基づくものでもなく、かつ、目的の公益性も認められないため、名誉毀損に該当する。 【再任用しない辞令について】 ・当該地方公共団体において嘱託員を再任用しないことについて合理的な理由がない限り再任用をするという運用が行われていた場合には、当該嘱託員は、少なくとも合理的な理由なしに再任用について差別的な取扱を受けないという人格的利益を有し、再任用を希望していた嘱託員が合理的な理由なしに差別的な取扱により再任用を行わなかったときには、国賠法上違法であるとした上で、Xら両名に勤務上の問題行動や公務員としての不適格性が認められない一方で、名誉毀損に基づく損害賠償請求が認容されていることなどを考慮。
【X1】 ・女性 ・時間雇用の非常勤職員(事務補佐員) ・期間1年、更新13回 ・X2組合員 【X2】 X1らが結成した労働組合	国の設置した国立情報学研究所を含む4つの研究所が統合されて設立された法人	・学術情報センターの職員に任用された際、同センターが国の機関であり、時間雇用の非常勤職員として任用されることを認識していた上、雇用期間を明示した人事異動通知書及び勤務条件を明示した書面の交付を受けていたこと。 ・その後再任用された都度、雇用期間を明示した人事異動通知書及び勤務条件を明示した書面の交付を受けていたことにかんがみれば、13回にわたり再任用されたため、その後も再任用されるとの期待を抱いたとしても、その非常勤職員としての地位はその雇用期間が満了すれば当然に終了することを認識していたというべき。 ・以上からXの再任用への期待は主観的な事実上のものにすぎず、再任用への期待が無理からぬものと認められるような特別の事情も存在しない。

	事件名	事案概要	請求内容	請求額	認容額
【10】	大阪府住宅供給公社事件 大阪地裁 H18.7.13 労判933-57	財政悪化した大阪府の行財政計画の一環として，Yが公社賃貸住宅の専任管理人制度を廃止し，Xらに平成17年4月1日以降については雇用の更新を行わないものとしたことにつき，Xらが解雇（雇止め）は無効であるとして，①雇用契約上の地位の確認，②賃金の支払，③違法な解雇通知・交渉過程におけるYの対応により被った精神的損害に対する慰謝料の支払いを請求した事案。	【X1～X4→Y】 ①地位確認請求 ②損害賠償請求	【X1～X4】各100万円	【X1～X4】0円
【11】	中野区（非常勤保育士）事件 東京高裁 H19.11.28 労判951-47 東京地裁 H18.6.8 労判920-24	Xらが，平成16年3月31日まで，Yの非常勤保育士の業務に長年にわたり従事していたところ，Yが，非常勤保育士の廃止決定により，平成16年4月1日にXらの再任用拒否をしたことは，解雇権濫用法理の類推適用あるいは不当労働行為により正当な理由がなく無効であるなどとして，Yに対し，①非常勤職員としての地位の確認と各賃金の支払請求，②再任用に対する期待権侵害を理由として，国家賠償法1条1項に基づき慰謝料を請求した事案。	【X1～X4→Y】 ①地位確認 ②賃金請求 ③損害賠償請求	【X1～X4】各250万円	【X1・X3】各200万円 【X2】180万円 【X4】100万円
【12】	アデコ（雇止め）事件 大阪地裁 H19.6.29 労判962-70	労働者派遣事業を営むYに雇用されていたXが，Yが派遣先にXの経歴を偽って告げた結果，派遣先で高い業務遂行能力を要求され，精神的苦痛を被り，更に，Yにより不合理な解雇ないし雇止めをされたことにより精神的苦痛等を被ったとして，Yに対し，不法行為に基づく損害（慰謝料，治療費，弁護士費用）の賠償を求めるとともに，YによるXの解雇ないし雇止めは効力を有しない旨主張して，Yに対し，雇用契約上の権利を有する地位にあることの確認及び賃金の支払を請求した事案。	①損害賠償請求 ②地位確認 ③賃金請求	400万円（雇止め，虚偽記載を合わせて）	0円
【13】	日立製作所（帰化嘱託従業員・雇止め）事件 東京地裁 H20.6.17 労判969-46	Yに雇用され，Yのグループ戦略本部グローバル事業本部中国・アジア部で勤務していたXが，Xは正社員であるのに理由のない解雇をされたと主張して，①雇用契約上の地位の確認，②賃金の支払，③慰謝料の支払を求めた事案。	①地位確認 ②賃金請求 ③損害賠償請求	1000万円	0円
【14】	伊予銀行・いよぎんスタッフサービス事件 最高裁第二小法廷（決定）	昭和62年2月以降，派遣元事業主であるY2の派遣労働者として，派遣先であるY1の支店業務に携わっていたXが，Y2が，平成12年5月31日をもって，労働者派遣を終了したこと（雇止め）に関し，当該雇止めは権利濫用として許されず，	【X→Y1・Y2】 ①地位確認 ②賃金請求 ③損害賠償請求	【Y1】400万円（内訳） ・いじめ行為等：200万円 ・義務のない	【Y1】1万円（内訳） ・いじめ行為等：1万円 ・義務のない

第10章　雇止め

【X1〜X4】 ・Yの賃貸住宅の専任管理人として団地内の管理人事務所に住み込み管理業務に従事していた者 ・雇用期間1年，更新回数4回〜25回	大阪府全額出資で設立された住宅の建設，賃貸その他の管理および譲渡等の事業を行う公社		・Xらは，非常勤職員といっても，経済変動による雇用量調整の役割を果たすことが予定されておらず，いずれかから格別の意思表示がなければ，雇用契約は当然更新されるべき契約であったということができ，雇用の更新を行わない旨の意思表示は，実質上解雇の意思表示にあたり，その効力の判断にあたっては，解雇権濫用法理が適用される。 ・本件では，Xらを直ちに雇止めする必要があったとは認められず，また，Yにおいて，Xらを雇止めすることを回避するための真摯な努力をしたともいえないから，雇止めは無効。 ・本件各雇用契約は期間の定めのある契約であることに照らすと，本件雇止めは，結果として無効と解されることになったものの，雇止めをしたことのみによって，X1らに対して慰謝料を支払わなければならない程度の不法行為があったと認めることはできない。 ・その他の解雇過程における言辞，ビラの配布等についても違法性はない。
【X1〜X4】 ・非常勤保育士（地方公務員法3条3項3号に定められた特別職の非常勤職員） ・任用後，1年毎に再任用。 【X1，X2】 11回再任用 【X3】 10回再任用 【X4】 ・9回再任用 ・再任用拒否後，Yの臨時職員として1年間他の業務に従事	中野区		【X1〜X4】 ・行政処分の画一性・形式性を定めた現在の関係法令を適用する限りは，当事者双方の合理的意思解釈によってその内容を定めることが許されない行政処分に，現行法上，解雇権濫用法理を類推する余地はない。 ・Xらが，公法上の任用関係にあるため当然に再任用を請求できない旨，Yから説明を受けていなかったこと，採用担当者が長期の職務従事を期待するような言動を示していたこと，Xらの職務内容が常勤保育士と変わらないこと，当然のように多数回に及ぶ再任用が繰り返されていたことに照らすと，再任用に対する期待は法的保護に値する。 ・再任用拒否がXらの生活設計に大きな影響を及ぼすこと，Yが，解雇権濫用法理を類推適用すべき程度にまで，違法性の強い対応をしたこと（再任用拒否を回避したり，Xらの再就職確保のための努力を怠ったのみならず，再任用拒否について不誠実に協議し，平成16年3月末日の間近である同年2月24日に再任用拒否の告知をしたこと等），公法上の任用関係にあるXらが私法上の地位確認を求めることができないこと等を考慮し，Xらそれぞれにつき，報酬の1年分に相当する程度の慰謝料額を認めるのが相当。 【X4】 再任用拒否後，その臨時職員として1年間他の業務に従事していたことを考慮。
・有期雇用 ・派遣先で，スーパーバイザー（SV）職に従事したが，うまくこなせず就労中止となった	一般労働者派遣業，有料職業紹介業を業とする株式会社		・本件契約は期間満了により終了しており，Xの労働契約上の権利を有する地位はないのであるから，これがあることを前提とする解雇ないし雇止めに関する損害賠償請求は理由がない。 ・Xが派遣先におけるSV業務遂行中に精神的負荷ないしストレスを感じていたとしても，これは社会生活上受忍限度内のものであり，不法行為責任における損害はない。 ・また，仮に，Xが，社会生活上受忍限度を超える精神的負荷ないしストレスを負ったとしても，本件虚偽記載との因果関係は認められない。
・中国出身 ・帰化により日本国籍取得 ・期間1年の嘱託契約を13回更新	電気機械器具等の製造及び販売等を目的とする株式会社		・Xが正社員であるとの主張は理由がない（雇用期間1年の労働契約の更新が計13回に及んでおり，その雇用契約の解消に関してそれなりの保護が考えられないではないが，Xは雇止めが制限されるとの主張はしないと述べているため，その点については検討していない） ・Xとの話合いの末，平成16年3月22日に，平成16年5月1日以降1年間の契約，再度の更新をしない（11条）との契約をしており，一種の合意による契約の終了というべき。
・派遣労働者（常用型） ・契約期間：6か月（ただし，最初の契約期間は3か月半） ・通算勤続期間：約13年	【Y1】 伊予銀行（派遣先） 【Y2】 ・いよぎんスタッフサービス株式会社（派		・XとY1との間には労働契約は成立していない。 ・XとY2との間の雇用契約には，解雇権濫用法理の類推適用はなく，仮に類推適用される場合にあたるとしても，当該労働契約の前提たるY2とY1との派遣契約が期間満了により終了したとの事案は，雇用契約が終了となってもやむを得ないといえる合理的な理由にあたる。

217

	H21.3.27 労判991-14 高松高裁 H18.5.18 労判921-33 松山地裁 H15.5.22 労判856-45	また，XとY1との間にも黙示の労働契約が成立しているとして，Yらに対し，①労働契約上の権利を有することの確認及び②毎月の賃金の支払を求めるとともに，③上記雇止めに至る過程等において種々の違法行為（⑦Y1のC支店長代理，D支店長，G人事部長のしたXに対するいじめ行為等，④Y1による義務のない就労指示，プライバシー侵害）を受けたとして，Y1に対し，⑦について，不法行為責任（使用者責任）に基づき慰謝料合計200万円（Cの行為につき100万円，D及びGの行為につき各50万円），④について，労働者派遣契約における派遣先としての信義則上の責任に基づき，慰謝料200万円の支払いを，Y2に対し⑦について，Y2はXがいじめを受けているのを認識しながら誠実な対応をせず，また，派遣元事業者として派遣労働者への雇用責任を果たすべき義務を怠り，Y1の意向に追従してXを雇止めする違法行為をしたとして，労働契約上の債務不履行又は不法行為に基づき，慰謝料100万円，④について，労働契約上の付随義務違反があったとして，債務不履行に基づき慰謝料200万円の支払いをそれぞれ求めた事案。		就労指示等：200万円 【Y2】 300万円 （内訳） ・いじめ行為等：100万円 ・義務のない就労指示等：200万円	就労指示等：0円 【Y2】 0円
【15】	パナソニックプラズマディスプレイ（パスコ）事件 最高裁第二小法廷 H21.12.18 労判993-5 大阪高裁 H20.4.25 労判960-5 大阪地裁 H19.4.26 労判941-5	プラズマディスプレイパネル（PDP）を製造するYとの間で，雇用期間を有期（平成17年8月22日から平成18年1月31日），業務内容をPDPパネル製造－リペア作業及び準備作業などの諸業務とする雇用契約につき，雇用期間及び業務内容について異議をとどめて雇用契約書を作成したXが，Yに対して，①Xとの間で締結した雇用契約が期間の定めのない契約であり解雇は無効であると主張して，雇用契約上の権利を有することの確認を，②平成18年3月から毎月25日限り月額24万0773円の賃金の支払を，③PDPのリペア作業を命じられたことは，Xがそれまで従事していた封着工程からの配転命令であるとした上で，同命令が無効であるとしてリペア作業に就労する義務のないことの確認を，④(1)YがXを解雇，雇止めしたことが不法行為にあたるとして300万円の慰謝料の支払を，(2)Yからリペア作業を命じられたこと等が不法行為にあたるとして300万円の慰謝料の支払を，それぞれ求めた事案。	①地位確認 ②賃金請求 ③リペア作業従事義務不存在確認 ④損害賠償請求	600万円 （内訳） ・解雇又は雇止め：300万円 ・業務命令：300万円	90万円 （内訳） ・雇止め：45万円 ・業務命令：45万円
【16】	豊中市・とよなか男女共同参画推進財団事件 大阪高裁 H22.3.30 労判1006-20 大阪地裁 H19.9.12 労判1006-42	「すてっぷ」の館長として，Y2から期間を1年（当初のみ7か月）として雇用され，3度の雇用期間の更新を受けたものの，以後は組織変更後の館長に採用されることもなく，平成16年3月31日限り雇用契約が終了したものとされたXが，本件雇止めは，Xが「すてっぷ」において，その目的である男女共同参画社会の実現について活発に活動を続けていたことから，反動勢力（いわゆるバックラッシュ勢力）の不当な攻撃の対象となり，Yらがそれらの勢力に屈して，Xを疎外して「すてっぷ」の組織変更を行うなどしたためであって，本件雇止め及び新館長についての不採用は違法であると主張して，本件雇止め及び本件不採用をしたY2及びこれらを主導したY1に対し，雇用契約における債務不履行又は共同不	【X→Y1・Y2】 損害賠償請求	【Y1・Y2】 連帯して1000万円	【Y1・Y2】 連帯して100万円

	遣元） ・労働者派遣事業を業とする，Ｙ１の100％子会社	（いじめ行為等） 【Ｙ１】 ・慰労金明細書の裏に「不要では？」と書かれた付箋が付着していたのに，これをそのままＸに渡してしまったＤ支店長の行為についてのみ不法行為の成立（Ｙ１の使用者責任）を認めた。 ・不法行為の態様（Ｄ支店長は，意図的に付箋を貼付したものとは認められない。），Ｘが受けた精神的苦痛の程度，本件紛争の経緯，その他本件に現れた諸事情を総合考慮。 【Ｙ２】 ・Ｙ２は，誠実な対応を試みていたものと評価でき，また，Ｙ２による更新拒絶通知は違法とは認められないとして，債務不履行ないし不法行為責任を否定。 （義務のない就労指示） ・Ｙ１がＸを派遣対象業務以外の業務に従事させていたこと，Ｙ２がかかる実態を改善しなかったことは問題であるが，これによって，社会通念上，Ｘの人格的利益（労働者として適法に雇用管理を受ける権利）が侵害されたとか，精神的損害が生じたとまでは認め難いこと，また，Ｙ１がＸに自己申告書を提出させていたことにより，Ｘのプライバシーが侵害されたとまで認められないとして，Ｙらの債務不履行ないし不法行為責任を否定。	
・男性 ・訴外Ｐ社に有期雇用（２か月ごとに更新）され，Ｙの工場での作業に従事していたが，その後Ｙとの間で直接雇用契約を締結 ・時給1600円	【Ｙ】 パナソニックプラズマディスプレイ株式会社 【Ｐ】 ・家庭用電気機械器具の製造業務請負会社 ・取引先の要望に応じて，工場内下請け名目で人材を供給 ・Ｙと業務請負契約を締結	・ＸとＹとの間の雇用契約は一度も更新されていない上，雇用契約を拒絶する旨のＹの意図はその締結前からＸに対しても客観的に明らかにされていたということができ，期間の定めのない契約と実質的に異ならない状態で存在していたとはいえないことはもとより，Ｘにおいてもその期間満了後も雇用関係が継続されると期待することに合理性が認められる場合にも当たらず，ＸＹ間の雇用契約は，平成18年１月31日をもって終了した。 ・Ｙは平成14年３月以降は行っていなかったリペア作業をあえてＸのみに行わせたものであり，このことからすれば，大阪労働局への申告に対する報復等の動機によってＸにこれを命じたものと推認するのが相当である。 ・Ｘの雇止めに至るＹの行為も，上記申告以降の事態の推移を全体としてみれば上記申告に起因する不利益な取扱いと評価せざるを得ないから，上記行為がＸに対する不法行為に当たる。 ・これらによるＸの精神的苦痛に対する慰謝料は各45万円合計90万円をもって相当。	
【Ｘ】 ・東京都議会議員や大学教員を務めた女性 ・「すてっぷ」の館長 ・非常勤嘱託職員（期間１年の有期雇用），更新回数３回 ・報酬月額30万円	【Ｙ１】 ・地方公共団体（豊中市） ・「とよなか男女共同参画推進センターすてっぷ」を開設 【Ｙ２】 ・Ｙ１から「すてっぷ」の運営を委託された財団 ・Ｙ１が全額出資	・本件での雇用関係は地方公務員の特別職の職員の任免についての法理が準用され，解雇の法理は適用されず，また，新館長の選任は選任権者の自由な裁量によるのであり，Ｘが，当然に新館長に就任する権利を有していたとはいえないし，そのような期待をしていたとしてもそのこと自体について法的な権利を認めることはできないから，本件雇止め及び本件不採用については，雇用契約上の債務不履行または不法行為に該当しないが，本件雇止め及び本件不採用に至る経緯における，Ｙ２の事務局長及びＹ１の人権文化部長らがＸに説明のないままに常勤館長職体制への移行に向けて動き，Ｘの考えとは異なる事実を新館長候補者に伝えて候補者となることを承諾させた行為は，現館長の地位にあるＸの人格的利益を侵害するものとして，不法行為を構成する。 ・一部反対勢力の動きに屈して積極的に動いた上記違法行為の態様に，Ｘが「すてっぷ」の館長に雇用されるまでの経歴，専門的知見と雇用されるに至った経緯，その後の３年余にわたる館長としての実績などを合わせて斟酌。	

[17]	河合塾（非常勤講師・出講契約）事件 最高裁第三小法廷 H22.4.27 労判1009-5 福岡高裁 H21.5.19 労判989-39 福岡地裁 H20.5.15 労判989-50	Yとの間で期間1年間の出講契約を25年間にわたり更新してきたXが、契約条件が折り合わなかったために次年度の出講契約を締結できず、契約終了とされた件について、同契約が締結されなかったことは違法な雇止めとして無効であると主張して、Yに対し、雇用契約上の地位確認、賃金及び慰謝料の各支払い等を求めた事案。 法行為による損害賠償請求権に基づき、慰謝料の支払を求めた事案。	①地位確認 ②賃金請求 ③損害賠償請求	500万円	0円
[18]	積水ハウスほか（派遣労働）事件 大阪地裁 H23.1.26 労判1025-24	Xが、YらがXとY1との間の派遣労働契約及びY1・Y2間の労働者派遣契約に基づいてXをY2に派遣したことが偽装派遣であるとして、Y2に対し、XとY2との間で黙示の労働契約が成立していることを前提に、労働契約に基づいて①雇用契約上の権利を有する地位の確認請求とともに、②賃金の支払を求め、Y各自に対し、不法行為に基づいて損害賠償の支払を求めた事案。	【X→Y2】 ①地位確認 ②賃金請求 【X→Y1・Y2】 損害賠償請求	【Y1・Y2】 連帯して100万円	【Y1】 0円 【Y2】 30万円
[19]	日本トムソン事件 大阪高裁 H23.9.30 労判1039-20 神戸地裁姫路支部 H23.2.23 労判1039-35	Xらが、Yに対し、雇用契約締結前からXらとYとの間に黙示の雇用契約関係が成立している、仮に黙示の雇用契約が成立していなくても雇用契約を期間満了時に雇止めしたこと（更新を拒絶したこと）は違法無効であり、雇用契約が存続しているとして、①Xらのうち、X1、X2、X3及びX4が、雇用契約上の地位の確認と各平均賃金相当額の支払を求めるとともに、②Xらが、Yに対し、Yが(ｱ)偽装出向、偽装請負、派遣制限期間の超過という派遣会社を介在させた違法状態下でXらを就労させ続けたこと、(ｲ)恣意的に平成21年3月をもって解雇（雇止め）したこと、(ｳ)直接雇用下において何の理由もなしに手当の支給を打ち切ったこと、(ｴ)労働局に申告を行ったことの報復として、またXらが労働組合に加入したことを嫌悪して、直接雇用を一度も更新することなく雇止めにしたことによって、Xらが精神的な苦痛を受けたとして、慰謝料の支払を求めた事案。	【X1～X4→Y】 ①地位確認 ②賃金請求 【X1～X9→Y】 損害賠償請求	【X1～X9】 各300万円	【X1～X9】 0円
[20]	日本航空（雇止め）事件 東京地裁 H23.10.31	Y1と雇用契約を締結したXが、(1)Y1から同契約の雇止め（更新拒絶）を通告されたが、この雇止めは無効であると主張して、Y1に対し、①雇用契約上の権利を有する地位にあることの確認、②	【X→Y1】 ①地位確認 ②賃金・一時金請求	【Y1・Y2】 各500万円	【Y1・Y2】 各20万円 （内訳） ・退職勧奨：

第10章　雇止め

・大学受験予備校の非常勤講師 ・契約期間1年間 ・更新回数25回	大学受験予備校を経営する学校法人	・経営上の必要性から見て，Xの担当コマ数を削減するというYの判断はやむを得なかったというべきものである。 ・Yが従来どおりのコマ数確保等を求めるXの申入れに応じなかったことは，Xが兼業を禁止されておらず，実際にも過去に兼業をしていた時期があったことなども併せ考慮すれば，Xが長期間ほぼYからの収入により生活してきたことを勘案しても，不当とはいい難い。 ・合意に至らない部分につき労働審判を申し立てるとの条件で合意するとのXからの申入れに応じなかったことも，そのような合意をすれば全体の講義編成に影響が生じ得ることからみて，特段非難されるべきものとはいえない。 ・Yが，交渉過程で不適切な説明をしたり，不当な手段を用いたりした等の事情もうかがわれない。 ・以上のような事情の下では，Yの対応が不法行為に当たるとはいえない。
・Y1に派遣登録 ・Y2の正社員を募集する紹介予定派遣に応募したが採用されず，その後Y2の大阪南カスタマーズセンターにて派遣就労	【Y1】 人材派遣会社 【Y2】 建築工事の請負及び施工，建築物の設計及び工事監理等を事業内容とする会社	【Y1】 Y1が下記侵害行為をY2と関連共同して行ったことは認められない。 【Y2】 ・大阪南カスタマーズセンター（以下「センター」という）所長は，派遣労働者を受け入れるかどうかの最終的決定権はないものの，同受入れ現場の責任者としてその意見が尊重される等，センターの人事に関して一定の権限があったことが強く窺える。 ・所長は，Xに対し，一旦派遣契約は終了するものの3か月後に再び派遣労働者として就労することができるとの話をし，その言動を通して，Xに法的保護に値する期待を持たせたにもかかわらず，これを侵害した。 ・Xと所長との再就労に向けた話合いの経緯及びその内容，同行為によって，少なくともXの派遣就労が終了した平成20年8月31日から，B所長から再度就労させることができなくなった旨告げられた10月4日までの間，Xの就職活動が事実上妨げられた。 ・他方，Xは，平成20年8月以降もY1を通じて派遣労働に係るエントリーをしていたこと等，本件に顕れた諸般の事情を総合的に斟酌。
【X1〜X9】 ・派遣会社を通じてYの工場で就労を始めた者 ・期間雇用契約者 ・H21年9月30日雇止め	・軸受（ベアリング）等の製造，販売等を業とする株式会社 ・生産拠点として，姫路工場，岐阜製作所及び鎌倉工場を有する	・事案の概要②(イ)ないし(エ)が違法との主張については，いずれも理由がないと判断。 ・Yは，Xらの雇用契約の相手方であるプレミアラインとの間で，5年超にわたり派遣法違反による労働者派遣受入行為を継続していたが，派遣法は行政上の取締法規で，労働者派遣の許容業務の範囲や派遣可能期間等については，その時々の経済情勢や社会労働政策にかかわる行政上の問題である上，派遣法によって保護される利益は，基本的に派遣労働に関する雇用秩序であり，派遣労働者と派遣先企業との労働契約の成立を保障したり，派遣関係下で定められている労働条件を超え個々の派遣労働者の利益を保護するものではない上，少なくとも派遣法に反して労働者派遣を受け入れること自体について派遣法には罰則がない。また，労働者派遣は，企業にとって比較的有利な条件で労働力を得ることを可能にする反面，労働者に対し就労の場を提供する機能を果たしていることも軽視できないことから，非許容業務でないのに派遣労働者を受け入れ，許容期間を超えて派遣労働者を受け入れたという派遣法違反の事実があったからといって，直ちに不法行為上の違法があるとはいい難く，他に違法性を肯定するに足りる事情は認められない。
・客室乗務員 ・1年契約の契約社員（更新回数1回） ・平成22年4月30日で雇止め	【Y1】 ・航空会社 ・平成22年1月19日に会社更生手続開始決定，平成23年3月28日	【Y2】 ・Xの業務適性を理由とする本件雇止めは無効，違法とは認められない。 ・Y2らは，Xに対し，概ね適切に指導育成を行っていたことから，Y2が，Xが客室乗務員として業務適性に欠ける点

	事件名・裁判所	事案の概要	請求の種類	請求額	認容額
	労判1041-20	賃金及び一時金の支払を求め，また，(2) Y 1 における X の上司であった Y 2 が，X に対して，Y 1 からの退職を強要するなどして，X の人格権を侵害したと主張して，Y 2 に対しては不法行為に基づいて，Y 1 に対しては不法行為（使用者責任）及び債務不履行責任（職場環境調整義務違反等）に基づいて，慰謝料を求めた事案。	【X→Y 1 ・Y 2】損害賠償請求		20万円・雇止め：0円
[21]	いすゞ自動車（雇止め）事件 東京地裁 H24.4.16 労判1054-5	【X 1 ～ X 4】①主位的に雇止めが無効で Y との間で期間の定めある労働契約が継続しているとして，予備的に Y との間で期間の定めのない労働契約が成立しているとして，地位確認を求めるとともに，②Y が，X 1 ～ X 4 に対し，平成21年1月以降各契約期間満了日まで休業としたことについて，民法536条2項による賃金（Yから支給された休業手当相当額を控除したもの），③①で確認された労働者たる地位に基づき賃金及び就業規則上の満期慰労金並びに④違法な雇止め等による不法行為に基づく慰謝料の支払を求めた事案。【X 5】第1グループ X ら①，③及び④と同じ。【X 6・X 7】①主位的に，Y との間の合意解約が不存在又は無効であり期間の定めのある労働契約が継続しているとして，予備的に，Y との間で期間の定めのない労働契約が成立しているとして，労働者たる地位の確認を求めるとともに，②①で確認された労働者たる地位に基づき賃金及び③違法な解雇等による不法行為に基づく慰謝料の支払を求めた事案。【X 8 ～ X 12】Y が労働者派遣契約の違法な中途解除又は合意解約を行ったことにより職を失ったこと等による不法行為に基づく慰謝料の支払を求めた事案。	【X 1 ～ X 4 →Y】①地位確認②賃金請求（休業期間分）③賃金・満期慰労金請求④損害賠償請求 【X 5 ～ X 7 →Y】①地位確認②賃金請求③損害賠償請求 【X 8 ～ X 12 →Y】損害賠償請求	【X 1 ～ X 12】各300万円（弁護士費用も含む）	【X 1 ～ X 12】0円
[22]	パナソニックエコシステムズ（派遣労働）事件 名古屋高裁 H24.2.10 労判1054-76 名古屋地裁 H23.4.28 労判1032-19	派遣会社から Y に派遣労働者として派遣される形で就労していた X らが，実質的な雇用主は Y で，Y との間で黙示の労働契約が期間の定めのないものとして成立しており，雇止めの実質的主体も Y であるところ，Y による雇止め（解雇）は解雇権濫用で無効であるとして，Y に対し，X らについて雇用契約上の権利を有する地位にあることの確認及び賃金の支払を求めるとともに，Y は，自らが実質的雇用主であることを隠蔽し，偽装派遣の契約形態で就労させた上，X 1 については，労働者派遣法による派遣労働の制限期間を超過していることを知りながら，X 1	【X 1・X 2 →Y】①地位確認③損害賠償請求	【X 1】300万円 【X 2】300万円	【X 1】100万円 【X 2】30万円

第10章　雇止め

・時給1233円	に終結決定 【Y2】 Xの直属の上司		があるとして雇止めや，そのことを踏まえて退職勧奨したとしても，そのこと自体違法なことはいえず，それがXの雇用契約において正常な処遇を受ける権利を侵害したことになるものではない。 ・Y2のXに対する表現に一部適切さを欠くものもないではないが，長期間にわたる指導の際の出来事であり，態様が威迫的とも認められないこと，Y2の退職勧奨の示唆に対してXがこれを検討している経過もうかがえることなどから，Y2の言動について未だ社会的相当性を逸脱するものとまではいえない。 ・Xが明確に自主退職しない意思を示した後の2日間の面談については，強くかつ直接的な表現を用い（「いつまでしがみつくつもりなのかっていうところ。」，「辞めていただくのが筋です。」など），懲戒免職の可能性も示唆して退職を求め，長時間に及んでいると考えられることなどから，違法な退職勧奨と認められる。 ・上記不法行為の態様等諸般の事情を考慮。 【Y1】 使用者責任を負う。
【X1～X4】 ・請負先労働者・派遣労働者として勤務後，Yに雇用された期間労働者 ・平成21年4月雇止め 【X5～X7】 請負先労働者又は派遣労働者として勤務後，Yに一旦期間労働者として雇用され，その後再び派遣労働者 【X8～X12】 派遣労働者	主として自動車及び部品並びに産業用エンジンの製造，販売を事業内容とする株式会社		【X1～X7】 ・違法な雇止め又は解雇をしたとの事実はない。また，派遣可能期間を超えて派遣労働者を受け入れるという労働者派遣法違反事実から，直ちに不法行為上の違法があるとは解されない。 ・派遣禁止業務について派遣労働者を受け入れ，解雇予告通知を行ったこと自体に違法性があるとは認められない。 ・休業については，合理性を肯定できないが，一定期間の休業を命じる必要性はあったといえること，本件休業期間に係る未払賃金の支払請求が認められることから，不法行為を構成する違法性はない。 【X5～X12】（X5～X7については予備的請求） ・労働者派遣契約中途解約は，Yと各派遣会社間の各労働者派遣契約の中途解約手続に関する規定に従ってなされており契約違反の問題を生じない。 ・中途解約の理由（原油価格の高騰や流通出荷量の減少による国内完成車需要の冷え込み，世界的な金融不安に端を発する大きな経済環境の悪化から生産計画のみならず生産体制も抜本的に見直さざるを得ない状況にあること）も考慮すると，中途解約に不法行為を構成する違法性はない。
【X1】 ・派遣労働者 ・派遣元会社を通じて平成16年8月2日からYで就労，平成21年3月31日雇止め。 ・雇止め直前3か月の平均賃金月額31万0978円 【X2】 ・派遣労働者 ・派遣元会社を通じて平成19年11月19日から	空調機器，環境機器等の開発・製造・販売などを目的とする株式会社		【X1】 ・X1が複雑で高度に専門的な業務に習熟を重ね，代わりが務まる人材がいないまでに至っていた軽緯からし，派遣が近い将来に打切りになることは予想もしていなかったこと，期間雇用を含め直接雇用を検討してもおかしくないものであったこと，X1をあたかも騙すような形で，X1をしてYの正社員を代替人材として育成させ，代替人材が得られるや，X1に対する派遣料金の高さを理由に突然派遣切りをしたことは派遣先として信義則違反の不法行為が成立。 ・Yの不法行為により，派遣労働者としての勤労生活を著しく脅かされ，多大な精神的苦痛を被った。 【X2】 ・YのX2に対する仕打ちは，自らの落度によって生じた違

		に従事させる業務の種別が専門26業務にあたらないにもかかわらず，これにあたるように偽装して期間制限をはるかに超えて同一の業務に継続して従事させながら，さも適法な派遣労働の期間満了による終了であるかのように体裁を繕って名目上の派遣元を通じて契約更新を拒絶し，客観的合理的理由なく不当に解雇しながら，X1にそうした事実を認識させないようにするなど，X1に対して賃金支払ではまかなえない多大な精神的苦痛を与え，X2については，労働者派遣法による派遣労働の期間制限を潜脱するために，X2に従事させる業務について業務偽装し期間制限を超えて同一の業務に継続して従事させながら，さも適法な派遣労働の期間満了による終了であるかのように体裁を繕って名目上の派遣元を通じて契約更新を拒絶し，客観的合理的理由なく不当に解雇しながら，X2にそうした事実を認識させないようにするという悪質な行為により，X2に対して賃金支払ではまかなえない多大な精神的苦痛を与えたとして，それぞれ慰謝料を請求した事案。			
【23】	NTT東日本－北海道ほか1社事件 札幌地裁 H24.9.5 労判1061-5	Y1との間で期間の定めのある雇用契約を締結し，契約社員として複数回契約を更新していたXらが，Yらに対し，Y1による期間満了後の更新拒絶（雇止め）は許されないと主張し，さらに，Y1との間の雇用契約を合意解約してY2へ転籍する旨の意思表示は錯誤によるものであって無効である，又は，詐欺ないし強迫による意思表示であるから取り消すとして，Xら各自がY1との間で雇用契約上の地位を有することの確認を求めるとともに，Yらに対し，Y1がY2と共謀の上，Xらを雇止めすることができないことを知りながら，雇止めする旨告げて，XらにY2への転籍に応じさせ，Xらに精神的損害を与えたと主張し，債務不履行又は不法行為に基づき，Xら各自に対し，連帯して慰謝料を支払うよう求めた事案。	【X1～X3→Y1】地位確認 【X1～X3→Y1・Y2】損害賠償請求	【X1→Y1・Y2】連帯して100万円 【X2→Y1・Y2】連帯して100万円 【X3→Y1・Y2】連帯して100万円	【X1→Y1・Y2】0円 【X2→Y1・Y2】0円 【X3→Y1・Y2】0円
【24】	ノースアジア大学（本訴）事件 秋田地裁 H24.10.12 労判1066-48	Yの講師，助教授及び准教授として，平成15年4月から平成19年3月までは期間の定めなく，同年4月以降は任期付の教員として雇用されていたXが，平成21年11月1日付けで基本給を20％減額され，同月10日付けで懲戒処分を受けて，准教授から講師に降格となった上，基本給を減額され，平成22年3月31日の任期満了後雇用契約の更新（再任用）がなされなかったところ（「本件不再任」），基本給20％減額の根拠がなく無効である，上記懲戒処分は不当であり無効である，本件不再任は不当であり無効であるなどとして，准教授としての雇用契約上の地位の確認，未払賃金の支払，慰謝料の支払を求めて労働審判を申し立て，労働審判についてYが異議を申し立てたため訴訟に移行した事案。 ・その後，Xは，未払賃金の支払請求期間を拡張した上，将来の賃金請求を追加し，慰謝料額を増額して，請求を拡張し	①地位確認（不再任及び降格前の地位） ②賃金請求 ③損害賠償請求	200万円	20万円

第10章　雇止め

Yで就労，平成21年5月31日雇止め。 ・雇止め直前3か月の平均賃金月額23万9074円			法派遣状態を何らの落度もない派遣労働者に一方的に不利益を負わせることによって解消を図ろうとする恣意的なものであること，就労開始当初からの違法派遣状態の継続から突然の派遣切りという事態になったことについて何らの説明もせず，道義上の説明責任を何ら果たそうとしなかったことから派遣先としての信義則違反の不法行為が成立。 ・Yの不法行為により，派遣労働者としての勤労生活を脅かされ，精神的苦痛を被った。
【X1～X3】 ・Y1との間で有期労働契約を締結した契約社員	【Y1】 親会社であるNTT東日本等からの受託業務，電気通信事業等を目的とする株式会社 【Y2】 電気通信等各種媒体による受発信代行，一般労働者派遣事業等を目的とする株式会社		・X1とY1の間の雇用契約が，期間の定めのない契約と実質的に異ならない状態になっていたということはできず，また，雇用契約が更新されるものとの合理的な期待を抱いていたということもできないから，雇止めに解雇に関する法理が類推適用されない。 ・仮に解雇に関する法理が類推適用されるとした場合に，YがXらとの雇用契約を更新しないことを正当化する客観的で合理的な理由の有無についても，あえて検討するとY1による本件雇用替えの目的には一応の合理性が認められ，Xらを雇止めしてY2に転籍させる理由としても一応の合理性が認められること，Y1は，本件雇用替えに当たって，Xらを単に雇止めするのではなく，Y2への移籍という選択肢を提示しているところ，その選択肢は非合理とはいえないこと，本件雇用替えの実施に当たって適正な手続が執られていること，本件雇用替えの対象者の人選に不公平な点はみられないことからすれば，Xらとの間の雇用契約を更新しないことを正当化する客観的で合理的な理由があったというべき。 ・仮に解雇に関する法理が類推適用され，雇用契約を更新しないことを正当化する客観的で合理的な理由がないとしても，Xらの意思表示に錯誤，詐欺及び強迫が認められないことからすると，本件雇用替えがXらの意思に反していたということはできない。
・大学教員（准教授から講師に降格） ・1年の任期付教員。1回更新 ・降格・降給前の月額給与34万5000円，降格後の月額給与27万8000円	私立大学を設置運営している学校法人		・本件不再任により，Xは，30代後半から40代にかけてのキャリア形成上重要な時期であるにもかかわらず，事実上大学教員としての地位を失って，論文発表等研究成果を公表する機会を事実上奪われており，大学教員の研究者及び教育者としてのキャリア形成につき不利益を受けた。 ・本件不再任の態様及びその経緯，その他本件に顕れた一切の事情を総合して慰謝料額を算定。

		た（なお，賞与及び賞与に相当する逸失利益についても請求を拡張したが，その後取り下げ，Yがこれに同意した。）。			
【25】	医療法人清恵会事件 大阪地裁 H24.11.16 労判1068-72	Yの従業員（事務職員）であったXが，Yから解雇または雇止め（Yは，平成23年1月5日，Xに対し，「雇い止め通知書」を送付して，本件再雇用契約を更新しなかった。）をされたとして，Yに対し，雇用契約上の権利を有する地位の確認ならびに賞与，解雇または雇止め後の賃金および不法行為に基づく慰謝料等の支払いを求めた事案。	①地位確認 ②未払賞与請求 ③賃金請求 ④損害賠償請求	220万円	0円
【26】	ダイキン工業事件 大阪地裁 H24.11.1 労判1070-142	Yの従業員として就労していたXらが，労働契約の期間満了を理由として雇止めされたこと（以下「本件雇止め」という。）につき，労働契約における期間の定めは無効であり，仮に有効であるとしても本件雇止めは解雇権濫用法理の類推適用により無効であると主張し，労働契約上の地位確認及び未払賃金の支払を請求するとともに，Yが同法理潜脱の目的でXらに期間の定めのある労働契約の締結を事実上強制し，不安定な状態に置き続けた末に本件雇止めに及んだ一連の行為が不法行為に当たると主張して，精神的苦痛に対する慰謝料の支払を請求した事案。	【X1～X4→Y】 ①地位確認 ②賃金請求 ③損害賠償請求	【X1～X4】 各200万円	【X1～X4】 0円
【27】	東芝ライテック事件 横浜地裁 H25.4.25 労判1075-5	A社との間で3か月の有期労働契約の契約更新を繰り返して勤務していたXが，A社においてXとの労働契約を平成23年10月1日以降更新しなかったことが雇止めに当たり，同雇止めは解雇権濫用法理の類推適用により許されないと主張して，A社を消滅会社として吸収合併したY1に対し，労働契約に基づき，労働契約上の権利を有する地位にあることの確認と平成23年11月支払分以降の各月の賃金の支払を求めるとともに，A社においてXを通算19年間にわたり全く昇給もさせず，日給8600円という低賃金で3か月ごとの不安定雇用を継続してきた挙げ句に，労働契約の更新を拒絶したことが，A社及び同社の代表取締役であったY2の共同不法行為に該当すると主張して，Yらに対し，連帯して慰謝料の支払を求めた事案。	【X→Y1】 地位確認請求 【X→Y1・Y2】 損害賠償請求	【Y1・Y2】 連帯して100万円	【Y1・Y2】 0円

第10章　雇止め

・昭和53年から平成22年3月まで正社員として勤務後、定年満60歳到達前に再雇用契約を締結（更新1年毎） ・再雇用契約は事件当時未更新	医療法人		・本件再雇用契約は、単に、簡易な採用手続により、1年間の有期雇用契約に基づいて補助的業務を行う従業員を新規に採用するような場合とは全く異なり、長年にわたって期間の定めのない雇用契約に基づいて基幹業務を担当していたXとYとの間で、双方の事情から、期間の定めのない雇用契約を一旦終了させ、引き続き1年毎の有期雇用契約を締結したものであり、契約更新が行われることを前提とする文言が入った契約書を交わしていることからすれば、Xの契約更新への期待は、客観的にみて合理的な期待であるといえるから、本件再雇用契約を雇止めにより終了させる場合には、解雇権濫用法理が類推適用される。 ・Yの主張する本件雇止めの理由（Xの業務量の減少、Xの賃金が他の従業員と比較して高額に過ぎる）は、客観的に合理的とはいい難いものであって、本件雇止めは、社会通念上相当とはいえないから無効。 ・雇止めを理由とする不法行為に基づく損害賠償請求が認められる場合とは、当該雇止めについて、雇止めの違法性を根拠付ける事情があり、かつ、雇止め後の賃金の支払いによって填補しきれない特段の損害が生じた場合であるが、証拠上、本件雇止めについて違法性を帯びるような事情は見当たらない。
【X1～X4】 ・元々Yを派遣先とする派遣労働者であったが、Yに期間を定めて期間雇用された ・更新回数3回 ・雇用期間2年6ヶ月	空調機、空気清浄機および大型冷凍機の製造等を業とする株式会社		・本件労働契約における期間の定めは有効であり、原告らの主張は理由がない。 ・Yは、従前労働契約関係になかったXら支援従業員との間で新たに労働契約を締結するに当たり、生産量の増減に合わせた人員数の調整の必要性や、景気の先行きが不透明な当時の経済情勢を踏まえ、明確な意思をもって、2年6か月を更新の限度とすることとし、本件直用化の前後を通じ書面等も配付しつつそのことを一貫して説明し、就業規則にもその旨の規定を設け、その代わり無期の正社員として登用するための試験を実施していたことに照らすと、Xらにおいて、本件労働契約が2年6か月を超えて更新されることに対する合理的期待を有する余地はなかった。 ・本件雇止めに至る一連の経過において、Yに違法な行為は認められず、その過程でXらに生じた精神的苦痛について賠償すべき責任はない。
・平成4年にY1に3ヶ月の有期社員として入社 ・平成12年10月にAに勤務 ・Y1に入社以後、平成23年9月30日まで3ヵ月毎に契約更新 ・更新回数76回	【A】 ・光源並びに電気機器具の製造、販売等を目的とする株式会社 ・平成23年9月30日に閉鎖 【Y1】 ・電球、放電灯、照明器具、配線器具、配電・制御機器、通信音響機器及びこれらの関連商品並びに応用装置の製造・販売等を目的とする株式会社 ・平成24年10月1日にAを吸収合併 【Y2】 ・Aの代表取締役であった者		・更新回数の多さや雇用継続期間、Xの従事していた作業が臨時的なものではなく、むしろ基幹的なものであったことから、Xの雇用継続に対する期待利益には合理性があり、本件雇止めに解雇権濫用法理が類推適用される。 ・Xは、大幅な人員削減や事業所の廃止などを内容とする事業構造改革についての説明を受けており、事業所の閉鎖時期が決まった後は契約更新の都度、Xの労働契約が平成23年9月末日までとなる見込みであると告げられ、最終の労働契約締結時、今回が最終契約となるのでそれ以降の契約の更新はしない旨を告げられた上で「今回をもって最終契約とする」旨記載された契約書に署名、押印したことなどに鑑みると、Xの雇用継続に対する期待利益の合理性の程度は高くない。 ・Yの人員削減の必要性が高かったこと、正社員からも退職や転籍を求めざるを得ない状況の下で、期間雇用従業員であるXにつき、出向や転籍などにより雇用を維持することは困難であったこと、説明会を開催してXを含む従業員に対し説明を行ったこと、Xに対し、契約更新の際、再三にわたり事業所の閉鎖に伴い、労働契約を終了させる旨を伝えていること、Xが加入した組合からの団体交渉の申入れに応じ、3回にわたり団体交渉を持ち、合意には至らなかったものの、Xの退職に際して慰労金の支払や派遣会社への就職のあっせんを提案するなどしており、手続的に著しく相当性を欠いているとはいえないことを総合するならば、本件雇止めが解雇権の濫用に当たるということはできない ・A社のXに対する労働条件の設定等についても違法ということはできない。

＜解説＞

1 慰謝料請求が認容された割合

　本調査の対象となった平成15年1月～平成25年12月の労判において，雇止めに関連して慰謝料請求がなされた事例は，別紙一覧表のとおり，27件であった。うち，慰謝料が認容された事例は9件である。

2 慰謝料請求が認容された事例・認容されなかった事例の傾向

　本調査の対象とした裁判例の中で，解雇事案においては，解雇自体が有効とされた場合に慰謝料請求が認容された事例はなかったが，雇止め事案においては，雇止めその他の有期労働契約の解消措置（以下，あわせて「雇止め等」という）が有効であると認められた場合であっても，慰謝料請求が認容される事例が複数あった。

(1)　認容された事例

　ア　雇止め等が有効であると判断された事例（【14】【15】）

　　雇止め等が有効と判断された事例は，①雇止め等に解雇権濫用法理の類推適用または労働契約法19条による適用（以下，あわせて「解雇権濫用法理の（類推）適用」という）がなく，雇止めが有効であると判断された事例（【14】【15】）はあったが，②雇止めに解雇権濫用法理の（類推）適用はあるが，雇止めに合理的理由があり有効であると判断された事例は存在しなかった（ただし【14】では，解雇権濫用法理の類推適用はないと判断しつつも，仮に解雇権濫用法理の類推適用があるとしても雇用契約終了につき合理的な理由があるとも判断している）。

　　雇止め等が有効である場合は，有期雇用契約は期間の満了により終了するのが原則であるから，雇止め等自体による慰謝料としてではなく，雇止め等に至るまでの協議における使用者側の不誠実な対応や（【14】），雇止め等に至る目的の不当性等（【15】），により，使用者側の違法性が基礎づけられているように思われる。

　イ　雇止め等が無効であると判断された事例（【4】【24】）

雇止め等が無効であると判断された事例は，いずれも雇止めに解雇権濫用法理の（類推）適用があり解雇に合理的理由がなく，雇止めが無効であると判断された事例である。

雇止め等が無効であると判断されれば，労働契約上の地位確認請求及び賃金請求が認められるから，これらによっては慰謝されない精神的損害がある場合にのみ，慰謝料請求が認められることになる。

【4】では，会社が，人員削減の必要性はあったものの，合理性のない解雇対象者の選定基準に基づき，かつ，その適用を恣意的に行い，パート労働者を雇止めしたこと，【24】では，私立大学を経営する学校法人が，無効な降格処分や降給処分等を繰り返した後に客観的に合理的な理由なく，任期満了を理由に大学教員を不再任としたことを理由に慰謝料請求が認容されており，使用者の雇止め等の態様に慰謝料請求を認めるだけの違法性があったことが理由とされているように思われる。

ウ　その他（【8】【11】【16】【18】【22】）

雇止め等が有効か無効かという判断枠組みではなく，慰謝料請求を認容した事案としては，①労働者が行政の公務員・嘱託員である事例（【8】【11】【16】），②派遣労働者らが，派遣元に対してではなく，派遣先に対してだけ，有期雇用契約の締結と雇止め無効の主張をした事例（【18】【22】）がある。

①　労働者が地方公共団体の嘱託職員等である事例（【8】【11】【16】）

労働者が地方公共団体の嘱託職員・非常勤職員，あるいは地方公共団体が財産全額を寄付し毎年1億円規模の補助金を受けている財団の非常勤嘱託職員である事例では，労働者と地方公共団体との任用契約や同財団との雇用契約等に解雇権濫用法理を類推適用することはできないとしながらも，各事例の具体的事情の下において，労働者に，【8】では，合理的理由なしに再任用について差別的な取扱いを受けないという人格的利益を，【11】では，再任用に対する法的保護に値する期待を，【16】では男女共同参画推進センターの館長の地位にある人格的利益を認定し，これらを侵害することが違法であるとの判断により，慰謝料請求を認容している。

②　派遣労働者らが，派遣元に対してではなく，派遣先に対してだけ，有期雇

用契約の締結と雇止め無効の主張をした事例（【18】【22】）

　派遣労働者らが，派遣元に対してではなく，派遣先に対してだけ，有期雇用契約の締結と雇止め無効の主張をした事例では，派遣労働者らと派遣先との間に，有期雇用契約の成立が認められないとしながらも，【18】では，派遣先の上司が派遣労働者に派遣契約が終了してから3か月後に派遣労働者として就労することができるとの法的保護に値する期待を抱かせたのに就労させなかったことについて，【22】では，継続していた違法派遣状態の解消のために，騙すような形で代替人員を育成させ，十分な説明もなく突然に派遣切りしたことを派遣先としての信義則違反として，それぞれ不法行為が成立するとの判断により，慰謝料請求を認容している。

(2) 認容されなかった事例

ア　雇止め等が有効であると判断された事例（【1】【2】【3】【7】【9】【12】【20】【21】【23】【26】【27】）

　雇止め等が有効と判断された事例は，①雇止め等に解雇権濫用法理の（類推）適用がなく，雇止めが有効であると判断された事例（【2】【3】【9】【12】【23】【26】），②雇止めに解雇権濫用法理の（類推）適用はあるが，雇止めに理由があり有効であると判断された事例（【1】【7】【20】【21】【27】）がある。

　雇止めが有効である場合は，有期雇用契約は期間の満了により終了するのが原則であるから，(1)アで述べたような，雇止め等に至るまでの協議における使用者側の不誠実な対応や，雇止め等に至る目的の不当性等があり，使用者側の違法性が基礎づけられない限り，慰謝料の請求は認められないことになる。

イ　雇止め等が無効であると判断された事例（【5】【6】【10】【25】）

　雇止め等が無効であると判断された事例は，いずれも雇止めに解雇権濫用法理の（類推）適用があり，これに合理的理由がなく，雇止めが無効であると判断された事例である。

　これらの事例においては，雇止めが無効となる結果，労働者の労働契約上の地位確認請求や賃金請求が認められた上で，慰謝料請求が棄却されており，慰謝料請求が棄却された理由として，①雇止め自体に慰謝料請求を認めるだけの違法性がないこと（【10】【25】），②労働契約上の地位確認や賃金請求が認めら

れることにより雇止めによる精神的苦痛は慰謝されること（【5】【6】【25】）が挙げられている。

ウ　その他（【13】【17】【19】）

雇止め等が有効か無効かという判断枠組みではなく，慰謝料請求を棄却した事案として，下記の3つがあった。

【13】は，労働者が使用者との間で雇用期間1年の労働契約を計13回更新した事案であるが，労働者側が自分は正社員であるとの主張をし，雇止めが解雇権濫用法理により制限されるとの主張をしなかったこと，労働者と使用者との間の最後の労働契約に，再度の更新をしないという不更新条項が入っていたことをもって，いわゆる合意による契約の終了というべきと判断されている。

【17】は，大手受験予備校の講師として，期間1年間の出講契約を25年間更新してきた予備校の非常勤講師が，新年度の出講契約締結をめぐって，会社と紛争となり，同契約が締結されなかったことが違法な雇止めにあたるなどと主張をしたが，会社が非常勤講師の担当コマ数を削減するという判断はやむを得なかったものであり，交渉過程における非常勤講師からの提案に応じなかったことも特段非難されるべきものではなく，交渉過程で不適切な説明をしたり，不当な手段を用いたり等の事情もないから，会社の対応は不法行為にあたらないと判断されている。

【19】は，派遣労働者として派遣先会社での就業を経た後に，派遣先会社の期間雇用契約の社員として雇用された労働者らが，派遣就業期間も通算して考慮すれば会社との間で有期雇用契約の更新が繰り返されたことにより，雇止めに解雇権濫用法理が類推適用され雇止めが無効であると主張をしたが，派遣労働者らと派遣先との間に，有期雇用契約の成立が認められないと判断されている。

3　認容額の傾向

(1)　認容額の分布

慰謝料請求が認容された事例における認容額の最低額は1万円（【14】）であり，最高額は200万円（【11】）であった。分布は次頁のとおりであるが，150超〜200の

3件と50超～100のうちの1件（100万円）は，【11】の事例であり，それ以外の事例では，認容額は100万円以下となっている。

(単位：万円)

認容額	30以下	30超50以下	50超100以下	100超150以下	150超200以下
件数	4	3	5	0	3

(2) 高額事案の傾向

ア 【11】は，1年毎に中野区から非常勤保育士として任用され，再任用を9回～11回繰り返していた事案であり，生活設計に与えた影響の大きさ，再任用拒否手続にあたっての使用者側の怠慢や不誠実な態度，労働者らが地位の確認を求めることができないという私法上の契約関係との差異などを考慮し，報酬の1年間分に相当する程度の慰謝料額を認めるのが相当とされ，4名の保育士のうち，2名に各200万円，1名に180万円，1名に100万円の慰謝料が認められた。なお，100万円の慰謝料が認容された保育士については，保育士としては再任用されなかったが，その後，中野区の臨時職員として1年間従事していた事情が減額要素として考慮されている。

イ 【11】よりは低額にとどまるものの，100万円が認容された事案が2件ある。

【16】では，労働者が豊中市から男女共同参加推進センターの館長職で非常勤嘱託員として雇用され，更新を3回繰り返していた事案で，使用者側が反動勢力の動きに屈して，労働者に説明のないまま常勤館長職体制への移行に向けて動き，労働者本人の考えとは異なる事実を新館長候補者に伝えて候補者となることを承諾させたという態様，労働者が雇用されるまでの経歴，専門的知見と雇用されるに至った経緯，その後3年間の館長としての実績などが斟酌されている。

【22】では，労働者Ｘ1が派遣先と派遣元との有期雇用契約の更新を繰り返し，通算して約4年半勤務していた事案で，労働者が代替人材がいないまでに業務に習熟しており派遣が近い将来に打ち切りになるとは予想もしていなかったこと，派遣先が期間雇用を含め直接雇用を検討してもおかしくないものであったこと，労働者を騙すような形で代替人材を育成させた上で突然派遣切りをしたことにより，派遣労働者としての勤労生活を著しく脅かされたことが考慮

されている。

ウ 以上より，雇用契約等締結に至る経緯，雇用契約等の期間，業務自体の恒常性及び労働者の当該業務への習熟度等からすると，使用者と労働者との雇用契約等が一定の安定性をもって継続すると思われる事情があったにもかかわらず，使用者側の一方的な都合により，十分な説明や協議もないまま，雇用契約等を終了した事案では，高額の慰謝料が認容される傾向にあるといえる。

(3) **低額事案の傾向**

低額事案では，派遣労働者で雇用契約等が継続すると思われる事情に乏しく，雇止め自体が有効であり，使用者の雇止め等に至る対応等の違法性が軽微なもの（【14】【18】【22】のＸ２），不再任が無効となり賃金請求が認められたことが考慮されたものと（【24】）がある。

低額事案には，派遣労働者が６か月の有期雇用契約の更新を繰り返し，約13年間，派遣先で就労したものの，雇止めが無効との主張，及び，労働者が主張する雇止めに至る使用者の不当な対応のうち，慰労金明細に「不要では？」と書いた付箋が付着したまま労働者に渡したという行為のみが不法行為として認定され，１万円が認容されるに留まった事案（【14】）がある。

4 聴き取りのポイント

雇止め等に関して慰謝料請求が認容されるためには，①雇止め等自体が有効である場合には，雇止め等に至るまでの協議における使用者の不誠実な対応や，雇止め等に至る目的の不当性等，使用者の違法性が必要であり，②雇止め等が無効である場合には，使用者の雇止め等の態様に慰謝料請求を認めるだけの違法性があり，労働者に賃金請求によっては慰謝されない精神的損害が生じていることが必要と思われる。

これらに関連する事情として，以下の事情を聴き取りすべきである。

(1) **ある程度の継続が期待される雇用契約等であるか否か**

ア 業務の内容，当該業務の臨時性・常用性

イ 雇用契約等の更新の回数，雇用の通算期間

ウ 契約更新の状況（契約期間満了前に次期の契約締結についての意思確認がさ

れていたか否か，次期の契約書等が作成され交付されていたか否か等）
　エ　雇用契約等締結時，あるいは，更新時における，使用者による雇用継続等の期待をもたせる言動や制度の有無
(2)　雇止め等に至る経緯における使用者の態度に違法性があるか否か
　ア　雇止め等の理由（使用者の雇止めに不当な目的がないか）
　イ　雇止め等の態様
　ウ　使用者から労働者への説明，協議の有無，当該説明，協議の程度

第11章 差別的取扱い

<判例紹介>

No	事件名 裁判所 判決年月日 出典 審級関係	事案の概要	請求 （訴訟物）	慰謝料 請求額	慰謝料 認容額
【1】	倉敷紡績（思想差別）事件 大阪地裁 H15.5.14 労判859-69	Xらが，Yに対し，YはXらが日本共産党員であることを理由に，Xらを昇進昇給などにおいて違法に差別するとともに，数々の嫌がらせを行ってきたとして，同期同学歴者との差額賃金相当額損害金及び差額一時金・賞与相当額損害金，慰謝料並びに弁護士費用の支払をそれぞれ求めた事案。	【X1・X2→Y】 損害賠償請求	【X1】 約3572万円 【X2】 約2709万円	【X1】 150万円 【X2】 80万円
【2】	イセキ開発工機（賃金減額）事件 東京地裁 H15.12.12 労判869-35	Yの関連会社に入社した後，同社の吸収合併によりYに転籍し，その後，人員削減を理由にYから解雇されたX（女性）が，(1)H11.10末までの資格等級（主事）において女性であるがゆえに不利益取扱いを受けたこと，および，H11.11.1実施の就業規則の変更ないしその下での一般職2級への格付け（降格）の無効を主張し，就業規則変更時から解雇までの差別的取扱いがなかった場合ないし就業規則の変更ないし格付けが無効である場合の差額賃金と遅延損害金の支払い，(2)給就業規則に基づく資格等級格付け（降格）には，女性であるがゆえの不利益取扱いがあるとして，不法行為による慰謝料と遅延損害金の支払を求めた事案。	①賃金請求 ②損害賠償請求	1000万円	50万円
【3】	竹中工務店（賃金等差別）事件 東京地裁 H16.5.19 労判879-61	実務職であるXがYを定年退職する半年前に総合職（広範囲の業務に対応すべく義務付けられ社命により国内各地はもとより海外への異動が前提とされる社員）であることの確認と，2年間の総合職と実務職の間の給料差額の賠償，労働協約による資格・給与制度改訂による給与減額分の損害賠償，賞与減額分の損害賠償	①総合職であることの地位確認 ②損害賠償請求	110万円	0円

236

第11章　差別的取扱い

労働者等の属性（性別・ポジション・収入等）	使用者等の属性（会社規模等）	算定の理由
【X1】 ・日本共産党員 ・月収約37万円 【X2】 ・日本共産党員 ・月収約34万円	繊維工業品の製造販売会社	X1については，差別的処遇の内容　嫌がらせ行為（昭和50年4月以来全く昇進しておらず被告から低い評価を受けており，また，目的も不明のまま国内留学を命じられ，さらに，業務上の必要性もなく総務課に配属され，X1のスペースのみがパーテーションで仕切られるなどの状況に置かれたこと），慰謝料請求権の基礎となる期間（判決まで約30年近くもの間，昇進もできず，そのような扱いを受けてきたこと）などが考慮された。 X2については，差別的処遇の内容（昭和51年4月以来全く昇進しておらず，事前の意向確認もなく配転の必要性もないままに岡山の工場から大阪本社へ異動となり，さらに大阪本社以外の勤務地で勤務させることを目的の一つとして浜松駐在勤務を命じられた後，他社へ出向となったこと）などが考慮された。
・女性 ・H14.1.7以降関連会社に出向 ・H14.7.22解雇	掘削工事機械の製造販売・レンタル・工事施工を目的とする会社	・Xは主事に昇格してからの能力考課において総合評価は毎年Bであり，考課者からの推薦も得られなかった。H7.4の能力考課において調整者がXを参事に推薦しようとした際には，もう一人の調整者が反対意見を述べたため，推薦がされなかった。現存するH9，H10年度の考課表の記載では，Xはほとんどの査定項目でBであり，Aと評価された項目はC評価の項目よりも少なかった。したがって，Xが参事に昇格しなかったことは，女性である故の不利益取扱いであるとはいえない。 ・XがH3.4実施分からH10.4実施分に至るまでB評価を受けていたことから，Xが新規則下における資格制度上2級10号と評価され，旧規則において支給されていた基準給，資格給及び住宅手当の合計から約31％，金額にして11万2300円の減額がされることは，本件同意書の趣旨に著しく反するものである。したがって，本件格付けは，労働契約上付与された降格権限を逸脱するものとして合理性を欠き，権利の濫用として無効である。 ・そのうえで，月収の約31％の賃金を減額され生活の平穏を脅かされ，本件訴訟提起を余儀なくされたことから，差額賃金の支払いのみでは精神的苦痛は慰謝されたとはいえないが，他方，Yは，賃金減額を受けるXに調整金（192万5200円）の支払いをしたこと，本件訴訟提起前に本件格付けについて一定程度の説明を行ったこと等を考慮して慰謝料は50万円と認める。
・実務職（本・支店をまたがる異動は原則として行われない社員） ・本人訴訟	総合建設業を営業目的とする会社	人権侵害であるとした低査定や出入り口の正面に座席が与えられたことについて，Yらの裁量権逸脱を根拠づける具体的事実の主張がないとして，慰謝料は認められなかった。

237

		およびY・上司等による人格権侵害に基づく慰謝料を求めた事案。			
【4】	名糖健康保険組合（男女差別）事件 東京地裁 H16.12.27 労判887-22	女性であることのみを理由に賃金、昇格において差別されたとして、X1ないしX3がYに対し、それぞれ主位的に各労働契約に基づく各入社時からの差額賃金を、予備的に不法行為に基づく同差額賃金相当額の損害賠償等の支払を求めるとともに、X3がYに対し労働契約に基づく地位の確認を求めた事案。	【X1〜X3→Y】・主位的請求 未払賃金請求・予備的請求 損害賠償請求【X3→Y】地位確認	【X1】500万円【X2】500万円【X3】300万円	各100万円
【5】	岡谷鋼機〔男女差別〕事件 名古屋地裁 H16.12.22 労判888-28	【X1】 同標準年齢男性従業員は総合職に配置され職能資格又は役割等級が付与されたのに、X1が事務職に配置され担当職1級という職能資格しか付与されていないのは、Yによる違法な男女差別に基づくためであるとして、Yに対し、主位的に、Yとの雇用契約上、平成7年4月1日から総合職管理職2級に配置され昇格したものとして取り扱われる地位にあること、平成10年4月1日から総合職管理職1級に配置され昇格したものとして取り扱われる地位にあること、並びに平成15年6月1日から総合職S4等級の役割等級及びマネジメントコース認定者の種類を付与されたものとして取り扱われる地位にあることを、予備的に、Yとの雇用契約上、平成7年4月1日から総合職指導職1級に配置され昇格したものとして取り扱われる地位にあること及び平成15年6月1日から総合職S3等級の役割等級を付与されたものとして取り扱われる地位にあることの各確認を求めた。 また、同標準年齢男性従業員との間に賃金格差及び退職金格差があるのは、Yによる違法な男女差別に基づくためであるとして、主位的に、雇用契約に基づく同標準年齢で平均的に昇格した男性従業員との差額賃金若しくは債務不履行又は不法行為に基づく差額賃金相当額の損害賠償金等の支払を求め、予備的に、雇用契約に基づく同標準年齢で昇格が最下位である男性従業員との差額賃金相当額の損害賠償金等の支払を求めた事案。 【X2】 主位的に、雇用契約に基づく同標準年齢で平均的に昇格した男性従業員との差額賃金及び差額退職金若しくは債務不履行又は不法行為に基づく差額賃金相当額及び差額退職金相当額の損害賠償金等の支払を求め、予備的に、雇用契約に基づく同標準年齢で昇格が最下位である男性従業員との差額賃金及び差額退職金若しくは債務不履行又は不法行為に基づく差額賃金相当額及び差額退職金相当額の損害賠償金等の支払を求めた事案。	【X1→Y】・主位的請求 ①地位確認 ②損害賠償請求（同標準年齢で平均的に昇格した男性従業員との差額賃金相当額）・予備的請求 ①地位確認 ②損害賠償請求（同標準年齢で昇格が最下位である男性従業員との差額賃金相当額）【X2→Y】・主位的請求 損害賠償請求（同標準年齢で平均的に昇格した男性従業員との差額賃金等相当額）・予備的請求 損害賠償請求（同標準年齢で昇格が最下位である男性従業員との差額賃金賃金等相当額）	【X1→Y】主位的請求、予備的請求ともに500万円【X2→Y】主位的請求、予備的請求ともに500万円	【X1】500万円【X2】0円
【6】	住友金属工業（男女差別）事件 大阪地裁 H17.3.28	Yの事務技術職掌（事務職）に属する従業員又は元従業員であるXらが、Yから、女性であることを理由として昇格及び昇級において差別的取扱いを受けたとして、(1)主位的に、本件差別的取扱いがなかった場合の得べかりし賃金との差額	【X1・X2→Y】・主位的請求 損害賠償請求（事務技術職掌に属する男	・主位的請求不明（別紙請求金一覧表が省略されている）	【X1】300万円【X2】250万円

第11章　差別的取扱い

【X1】 庶務課等主任女性 【X2】 ・庶務課等に配属 ・主任女性 【X3】 ・庶務課等に配属 ・主任女性	・健康保険組合 ・事務所職員はXを含めて6名，他に派遣社員2名		Xらの基本給等を，年齢・採用年次ともより若い者の基本給等より相当程度低い金額に留め置き，抜本的格差是正の措置をとろうとしなかったYの違法行為の継続により，はるかに年下で勤続年数も短く，しかも同じ仕事に従事する者より低い基本給に長く甘んじることを余儀なくされ，精神的苦痛を受けたと推認されたこと及びXらのうべかりし賃金相当額として試算した額は必ずしも十分でないことを考慮した。 ただし，平成10年6月14日以前に発生した損害に関する損害賠償請求権は，時効により消滅したとされた。
【X1】 ・女性 ・入社時に書記見習の資格を付与され，書記3級，2級，事務職に配置されるとともに主事，担当職1級に順次昇格。 ・労働組合員 【X2】 ・女性 ・入社時に書記見習の資格を付与され，書記3級，2級，事務職に配置されるとともに主事に順次昇格。 ・退職済み ・元労働組合員	・鉄鋼，特殊鋼，非鉄金属，これらの原料・製品等の売買，輸出入等を業とする株式会社 ・資本金91億2809万円 ・従業員総数930人 ・男性733人，女性197人 ・総合職703人，事務職197人，その他30人（平成9年2月時点）		【X1】 Yのした違法な男女差別に関して，男女差別の態様（男性従業員は将来幹部社員に昇進することが予定されているものとして，他方，女性従業員についてはそのような処遇をすることを予定しないものとして男女をコース別に採用し，入社後の昇格，賃金についても男女のコース別に行われていたもので，男女で昇格時期，昇格内容及びこれに伴って賃金にも格差が生じており，何度も職掌変更の申請をしたが上長の推薦を得ることができなかったこと），期間，当該期間におけるX1と比較対象の同標準年齢男性従業員との賃金の格差の額（11年間で原告が実際得ていた賃金は合計6250万円であり，男性従業員との格差は少なくとも合計約4800万円，平均すると合計約6120万円）の額），算定困難な損害（差額賃金等相当額については，違法とはいえない男女コース別処遇の影響で具体的損害額を確定できないこと）等の事情を総合考慮した。 【X2】 X2は均等法施行前にYを退職しており，違法な男女差別があったとはいえない。
【X1】 ・女性 ・昭和37年にY入社，平成11年定年退職 【X2】	・鉄鋼及び非鉄金属等の製造販売を主な事業内容とする株式会社 ・住友グループの中核に位置する ・資本金約2106億円		・同等の能力を有する者であっても，男女間で能力評価区分に差をつけるとともに，仮に同じ能力評価区分に該当するとしても，男女間において評価区分および査定区分において明らかに差別的取扱いをし，それに基づき，昇級・昇進等の運用をしていたことは，本件コース別取扱いと合理的関連性を有するとは到底認めがたいとして差別の存在を認定した。

239

	事件名・裁判所・判決年月日・出典	事案概要	請求内容	請求額	認容額
	労判898-40	（具体的には事務技術職掌に属する男性従業員で同期同学歴の者との昭和61年以降の賃金の差額）相当の損害及び精神的損害、(2)予備的に、技能職掌に属する従業員として採用された後、事務技術職掌に転換した男性従業員（LC転換者）で同期同学歴の者との賃金差額を考慮した額相当の精神的損害、(3)弁護士費用相当の損害を被ったとして、不法行為に基づき損害賠償を請求した事案。	性従業員で同期同学歴の者との昭和61年以降の賃金差額）・予備的請求損害賠償請求（技能職掌に属する従業員として採用された後、事務技術職掌に転換した男性従業員（LC転換者）で同期同学歴の者との賃金差額）	・予備的請求【X1】3500万円【X2】2700万円【X3】1800万円【X4】1800万円	【X3】200万円【X4】150万円
【7】	愛知学院（愛知高校）事件 名古屋地裁 H17.12.16 労判915-118	・Xは病気により休職して両目が弱視となり身体障害者手帳の交付を受ける状況に陥ったところ、Yから事務職員への職種変更があったものとして扱われ、校務分掌の剥奪、賃金不払、愛知高校AV学習センター指導員という職務の剥奪などの不平等取扱いを受けたが、実際には職種変更の事実はないものであり、Yの行為は労働契約上の平等取扱義務に違反する債務不履行ないし不法行為を構成するとして、高校教諭の地位にあることの確認と損害賠償の支払を求めた事案。・教諭として復職したXに対し、一切の校務を分掌させず、部活動顧問も割り当てず、職員会議への出席も認めず、校務分掌がないことを理由に出勤不要とした上、Xが法廷闘争を望む以上給与も支給できないとして、一方的に8割の給与カットをした事案。	①地位確認②損害賠償請求	500万円	200万円
【8】	日本曹達（退職勧奨）事件 東京地裁 H18.4.25 労判924-112	Xが、Yから、合理的な理由もなく、障害者であることのみを理由に差別的な取扱いをされた上、違法な退職勧奨により退職を強要されたとして、損害賠償を請求した事案。	損害賠償請求	500万円	0円
【9】	日本オートマチックマシン事件 横浜地裁 H19.1.23 労判938-54	Yの元従業員であったXが、Yにおいて就労中、Yから女性であることを理由に賃金について差別的取扱いを受けたとして（労基法4条違反の不法行為）、男性従業員の賃金の平均額との差額相当の賃金相当損害金、差額賞与相当損害金、差額退職金相当損害金等及び慰謝料を請求した事案。・平均賃金格差50代男性：約39万7000円、50代女性：約25万3000円40代男性：約33万2000円、40代女性：約24万2000円30代男性：約25万6000円、30代女性：約21万9000円20代男性：約19万4000円、20代女性：約18万6000円	損害賠償請求	500万円	0円
【10】	昭和シェル石油（賃金差別）事件 東京高裁 H19.6.28 労判946-76頁	Yを退職したXが、Yから、女性であることを理由に、Xの在職期間中、職能資格、昇給及び賃金額について集団的差別を受けたとして、Yに対し、不法行為に基づく損害賠償（差額賃金相当額、差額退職金相当額、差額公的年金相当額、慰謝料及び弁護士費用）の支払を求めた事案。	損害賠償請求	500万円	200万円

第11章　差別的取扱い

・女性 ・昭和44年にY入社 【X3】 ・女性 ・昭和48年にY入社 【X4】 ・女性 ・昭和50年にY入社	・全従業員数2万1097名	・慰謝料の算定にあたっては、XらはYに対し、差額賃金相当損害金等の支払を求めることができるから、これにより基本的には被告会社による本件人事資料に基づく差別的取扱いにより受けた経済的損害（LCとの差額賃金相当損害金等）は填補されていること、Xらは、Yから幹部要員であるBH登用に関する差別的取扱いを受け、BHに登用される機会を喪失していること、本件人事資料に基づくBHとLC間の年収の格差（最大約15.8%）、勤続年数等諸般の事情を考慮した。
・高校社会科教諭 ・54歳 ・両球後視神経炎にり患し、弱視のため、障害者手帳（視力障害3級）の交付あり	学校法人	・Yが、教諭として復職したXに対し、AV学習センター指導員の職を解いた後、一切の校務を分掌せず、部活動顧問も割り当てず、職員会議への出席も認めず、校務分掌がないことを理由に出勤不要としたうえ、Xが法廷闘争を望む以上給与も支給できないとして、一方的に8割もの給与カットをしたのは、それ自体が、合理的理由ないし法的根拠を欠いたもので、違法評価を受けるものといわざるを得ず、その直後にX解雇の方針を明らかにしていることに照らせば、それらの違法行為は、Xを退職に追い込むためのものであったと推認することができ、Xの人格権を侵害する違法行為であったというべきであるとした。 ・Xに対する校務分掌が行われず、部活動顧問の割当てもなく、職員会議への出席も認められていない状況が継続している期間の長さ（判決時まで約2年間）を考慮。 ・YがXのAV学習センター指導員の職を解いたこと自体は違法とはいえない。 ・違法な給与カットをされた額の全額が原告に支払われていることを考慮。
・男性 ・身体障害等級で肢体不自由4級の認定 ・6ヶ月間の嘱託契約期間後、障害者枠で正社員採用	塩素製品や農業用薬品等の各種化学工業製品の製造、加工、販売を目的とする株式会社	・Yの採用する障害者枠制度には合理性があり、障害者であることとみを理由に障害者を差別的に取り扱うものとは認められない。 ・課長らが、Xに対し、障害者枠制度の趣旨を説明し、その退職を思いとどまらせるために話し合いを続けていたものと認められるのであって、Xに対する差別的発言によって退職を勧奨ないし強要したとみるには疑問が残る。
・女性 ・37歳で総務部に中途採用され57歳で退職	・電子部品の製造販売等を業とする株式会社 ・従業員412人（男性349人、女性63人）	・本件賃金等格差はYがXが女性であることを理由とした差別的取扱いを行ったことを疑わせるものであると認定。 ・Xは、Yに対し、差額賃金、差額賞与、差額退職金、差額家族手当等で合計1900万円以上の損害金の支払を求めることができ、特段の事情が認められない限り、これらの損害金をもって経済的損害は填補される。 ・本件において、これと別に金員支払をもって慰謝すべき損害の発生を認めるまでの特段の事情は認められない。
・女性 ・19歳でYに正社員採用、60歳で定年退職 ・25歳から60歳まで、昭和四日市石油株式会社に出向 ・Yがシェル石油株式会社を合併した当時、	・石油類等の採掘、製造、加工、貯蔵、売買並びに輸出入等を目的とした株式会社 ・昭和60年1月1日、シェル石油株式会社を合併、昭和シェル石油株式会社に商号変更	・合併（昭和60年1月1日）以前の処遇は不法行為に不該当。 ・合併に伴って職能資格等級を移行する際、従来の処遇上の差異をさらに拡大し、その後、かかる違法状態を、男女雇用機会均等法施行後も維持継続したことによってXが受けた被害感情及び不利益感は大きい。 ・本件の一切の事情を総合考慮すれば、財産の損害の賠償で償うことのできない精神的苦痛に対する慰謝料の額は200万円が相当。

	東京地裁 H15.1.29 労判846-10頁	・退職時賃金は月額30万7970円（同年代の男性従業員平均賃金は41万1742円）			
【11】	兼松（男女差別）事件 東京高裁 H20.1.31 労判959-85頁 東京地裁 H15.11.5 労判867-19頁	Yに対し，Xらが，Xらと同期の一般職の男性社員との間に賃金格差があるのは違法な男女差別によるものである。Yは，平成元年8月から定年を57歳から60歳に延長するのと併せて55歳に達した事務職を専任職に転換させその賃金を引き下げたが，これは違法な年齢及び男女差別であると主張して，①一般職の男性社員に適用されている一般職標準本俸表の適用を受ける地位にあることの確認，②Xらと同年齢の一般職の標準本俸（月例賃金，一時金）及び退職金とXらが現に受領した本俸（月例賃金，一時金）との差額及び退職金との差額の支払，③定年延長に伴う55歳からの月例賃金の引き下げについて引き下げ前との差額の支払，④55歳からの調整給及び付加給引き下げについて，引き下げ前との差額の支払，⑤慰謝料（差額賃金と同程度の金額になると評価）及び弁護士費用の支払を求めた事案。	【X1～X6→Y】 ①地位確認請求 ②賃金請求 ③損害賠償請求	【X1】 1707万5280円 【X2】 1388万2495円 【X3】 1414万4735円 【X4】 1411万7295円 【X5】 1139万2315円 【X6】 857万6890円	【X1】 120万円 【X3・X4】 各自180万円 【X5】 140万円 【X2・X6】 0円
【12】	阪急交通社（男女差別）事件 東京地裁 H19.11.30 労判960-63	Yに勤めていたXが，在勤中に職能資格等級につき女性であることを理由として，33年の長きにわたる実績と努力について入社16年以下の評価を与えられたこと，仕事をとりあげられるといういじめにあったこと，それによって早期退職を余儀なくされたこと等，差別的な取扱を受けたと主張し，YによるXに対する不法行為を理由とした損害賠償として，差別がなければ格付けされ支給を受けることのできた賃金等と既払い賃金等との差額分の支払い及び慰謝料を請求した事案。 ・Xの入社当時（昭和42年9月1日時点）の職能等級 ①5職級係長 ②4職級 ③3職級 ④2職級2格 ⑤2職級1格 ⑥1職級3格 ⑦1職級2格 ・平成2年以降の職能等級（①～⑦は上記職能等級と対応） ①監督職1級 ②監督職2級 ③監督職3級 ④一般職1級 ⑤一般職2級 ⑥一般職3級 ⑦一般職4級	損害賠償請求	600万円	100万円
【13】	昭和シェル石油（男女差別）事件 東京地裁 H21.6.29 労判992-39	Xらが，Xら（X3及びX4を除く）並びにX3及びX4の被相続人Aが資格及び賃金について女性であることを理由に差別的取扱いを受けたとして，(1)Xらのうち，Yに在職中の9名（X5～X13）が，昇格地位（Yの人事制度におけるF1の資格）とそれに相応する賃金の支給を受ける労働契約上の地位にあることの確認，(2)Xらが，労働契約に基づく賃金又は不法行為に基づく損害賠償請求として差額賃金又は差額賃金相当損害金の支払い及び不法行為に基づく損害賠償請求として慰謝料，(3)Xらのうち定年退職し	【X1～X4→Y】 ①損害賠償請求 【X5～X13】 ①地位確認・選択的請求 ②-1（差額）賃金請求 ②-2 損害賠償請求	不明	【X1・X2】 各600万円 【X3・X4】 400万円 【X5～X13】 各300万円

第11章　差別的取扱い

52歳			・なお，慰謝料の金額を決める際，本訴が提起された平成6年3月8日から遡って3年より前の損害賠償請求権（民709）が時効消滅していることを斟酌。
【X1～X6】 ・女性 ・事務職 ・昭和12年～昭和36年生	・総合商社 ・従業員数608名（平成15年3月末時点：総合職男子354名，女子6名，一般職男子87名，女子13名，事務職男子1名，女子147名）		【X1・X3～X5】 Yが行った男女差別の態様，不法行為の期間（X1：58ヶ月，X3：179ヶ月，X4：179ヶ月，X5：143ヶ月），X1らが受けた個別的な被害，その他本件記録に顕れた一切の事情を総合考慮した上，財産的損害が賠償されたことによって償うことのできない精神的苦痛に対する慰謝料の額として，X1に120万円，X3に180万円，X4に180万円，X5に140万円の慰謝料を認めた。 【X2・X6】 X2については専門性が必要となる職務を担当しておらず，34歳（勤続約14年3ヶ月）で退職したX6についても担当職務の内容に照らし給与の格差を違法ということはできないとして棄却。
・女性 ・Yに採用後，国内旅行部に配属，以降，配属各部署における業務に従事 ・早期退職優遇制度の適用を受けて退職 ・退職時において勤続34年	旅行代理店業を営む株式会社		・Xは平成2年4月1日以降平成13年12月28日の退職日まで本来であれば監督職に職能等級が昇格することができていたはずのところをYの不当な査定により一般職1級に据え置かれた。 ・その間，Xは，上司なりYに直接あるいは組合を通じてどうして自分が昇格しないのかを繰り返し問い続け，昇格しないことがXにとって相当程度のストレスなり精神的負担となっていたことが認められる。 ・本件は，違法行為が継続して行われ，損害も継続して発生する事案であり，消滅時効は各損害について別個に進行するところ，本件では，平成13年12月15日以前の不法行為債権については，時効が完成している。消滅時効との関係で，Xの上記精神的な負担なり重みについて，年度毎に分断して金額を算定することは困難。 ・また，平成2年以降で考えたとしても，年次を追うごとにその精神的な負担は増大するものと考えることができるから，最後の年の平成13年12月16日以降の分として捉えることもまた困難。 ・上記のような事情に加えて，YがX以外にも女性を上位の職能等級に登用しない傾向を有し，会社の上層部を含む組織的な不当な対応をしていること，X自身も昇格しないことへの苛立ちと苦痛から会社へ嫌気がさして早期退職を選択するに至っている面が見受けられることなど，結局のところ，一切の事情を斟酌したとして，積年のXの精神的な苦痛を慰謝するためには100万円を慰謝料として定めるのが相当。
【X1・X2・A・X5～X13】 ・女性 ・高卒ないし短大卒で，昭和40年代にYに入社 ・X5～X13は在職中，X1は定年退職後，再雇用中，X2は定年退職，Aは死亡退職（X3，X4がAを相続）	・石油類，石油代替エネルギー及びそれらの副産物の採掘，製造，加工，貯蔵，売買及び輸出入等を目的とした株式会社 ・平成15年12月当時，社員数1,031名（出向者を除く。男性841名，女性190名）		Yのした男女差別の態様（高校卒及び短大卒の女性社員については上位の資格への昇格をより困難にする別の基準で管理されていた），男女間の格差の程度（男女別の分布を見ると平均基本給額においても著しい格差（最大約22%）がある），従前の経緯，Xら12人の勤務状況，算定困難な損害について慰謝料で考慮すべきこと，不法行為に基づく損害賠償請求権の一部は時効消滅したこと，退職したX1，X2及びAは，賃金を不当に低くされたため，退職金についても現に不利益を受けていること，Aは，自らの体調不良等のため，相当長期間にわたり，休暇，欠勤，休職を繰り返していたこと等の本件に現れた諸般の事情を総合考慮

243

		た2名（X1・X2）及び死亡退職したAの相続人2名（X3・X4）が，不法行為に基づく損害賠償請求として，差額退職金相当損害金の支払いを求めた事案。			
【14】	京都市女性協会事件 大阪高裁 H21.7.16 労判1001-77頁 京都地裁 H20.7.9 労判973-52頁	Yとの間で，嘱託職員として雇用契約を締結し，Yの業務に従事していたXが，Yに対し，Xの労働はYの一般職員の労働と同一であるのに，Yが，Xに平成16年4月から平成19年3月までの間，一般職員の賃金より低い嘱託職員の賃金を支給したこと（以下「本件賃金処遇」という。）は憲法13条及び14条，労働基準法3条及び4条，同一（価値）労働同一賃金の原則並びに民法90条に違反するから，違法無効であり，Xについて一般職員としてのYの給与規定及び退職手当支給規定にあてはめた賃金と実際に受領した差額相当の損害を被ったとして，不法行為に基づき，損害賠償の支払を求めた事案。	損害賠償請求	100万円	0円
【15】	大阪府板金工業組合事件 大阪地裁 H22.5.21 労判1015-48	Yの従業員であるXらが，Yに対して，(1)違法に賞与，賃金を減額されたとして，賞与及び賃金の支給額との差額の支払，(2)X1が，Yの事務局長代理の地位から経理主任に降格されたことが無効であることを理由とする事務局長代理の地位確認及び降格された地位に係る手当との差額の支払，(3)Xらに対する配転命令が違法であることを理由とする地位確認，(4)YのXらに対する不利益取扱いが女性従業員に対する差別的取扱であることを理由とする不法行為に基づく損害賠償をそれぞれ求めた事案。	【X1・X2→Y】 ①賃金請求 ②地位確認請求 ③損害賠償請求	【X1・X2】 各100万円	【X1・X2】 0円
【16】	コナミデジタルエンタテインメント事件 東京高裁 H23.12.27 労判1042-15頁 東京地裁 H23.3.17 労判1027-27頁	産休，育児休業後に復職したところ，担当職務を変更された上，減給されるなどの不当な不利益を受けたとして，Yに対し，Yの一連の人事措置は妊娠・出産をして育児休業等を取得した女性に対する差別ないし偏見に基づくもので人事権の濫用に当たるほか，女性差別撤廃条約，憲法，労基法，育児・介護休業法，雇用機会均等法，民法90条に違反する無効なものであるとして，①雇用契約に基づく賃金請求として，降格・減給後の給与額と降格・減給前の給与額との差額，②不法行為に基づく損害賠償，③Xの人格権に基づく侵害回復措置としてのYの謝罪及び④育児・介護休業法の趣旨等に基づくYの就業規則の改訂を求めた事案。 ・担当業務の変更に伴う報酬額の変化 役割報酬550万円，成果報酬90万円，調整報酬0円の合計640万円→役割報酬500万円，成果報酬0円，調整報酬20万円の合計520万円	①賃金請求（降格・減給前後の差額） ②損害賠償請求 ③謝罪 ④就業規則の改訂	3000万円	30万円

第11章　差別的取扱い

・女性 ・Yの嘱託職員（契約期間1年） ・平成6年2月1日～同12年3月末日まで嘱託雇用された後退職，同16年4月1日に再度嘱託雇用され，2回更新した後，同19年3月末日退職	・女性の自立と広範な社会参加を支援する事業を展開する京都市設立の財団法人 ・職員数21名（一般11名，嘱託7名，非常勤1名，アルバイト2名）	・本件賃金処遇は，憲法13条及び14条に直接反するものではなく，また，労働基準法3条及び4条にも違反しない。 ・Xの労働が一般職員の労働と比較して，同一又は同一価値であるとは認めることができない。 ・同一（価値）労働と認められるに至らない場合においても，契約自由の原則を排除して，賃金に格差があれば，直ちに賃上げを求めることができる権利については，実定法上の根拠を認めがたいというべきであり，賃金に格差がある場合に常に公序違反と扱い，不法行為に該当すると断定することもできない。	
【X1・X2】 ・女性 ・正社員 ・産休及び育休を取得	経営方針の確立のための活動，指導教育情報事業，建設雇用改善事業の実施，福利厚生事業，共同購買事業，共同受注事業を主たる事業とする組合	・YのXらに対する賃金減額は，その一部が無効であり，X1に対する降格は，人事権の濫用と認められる。 ・しかし由，Yは，Xらの出産育児期に新たな職員の雇い入れ，派遣社員の受け入れをしたり，育児・介護休業規程を制定したり，Xらが雇用保険の育児休業給付金を受給できるための計画書を作成したりした。 ・また，配転命令には，業務上の必要性があり，他方，不当な動機目的があったとは認めらない。 ・Y事務局にはXらのほかにも女性従業員が在籍しているが，特に，同様の苦情がでているとはうかがえない。 ・以上より，YのXらに対する賃金減額等の不利益取扱いが，育児をしながら，働き続けている女性従業員を嫌悪し，その報復としてなされた，既婚女性従業員への差別であるとまで認めることはできない。 ・Yが妊娠中のX2の通勤方法として，自動車通勤を許可しなかったことをもって損害賠償請求権が発生する違法な行為であるとまでは解し難い。	
・女性 ・約10ヶ月の産休・育休取得し復職 ・復職後の担当業務が従前の海外ライセンス業務から国内ライセンス業務に変更 ・平成22年2月退職	・コナミ株式会社から営業部門の事業全てを譲り受けて設立 ・電子応用機器関連のソフトウェア，ハードウェア及び電子部品の研究，制作，製造，販売等を目的とする会社	・Yが，Xの復職後の役割グレードを引き下げ，それに伴い役割報酬を年額50万円減額したこと，成果報酬0円と査定したことは，人事権の濫用であり無効。 ・役割報酬は変更がないものとし賃金支払請求権に基づき差額の支払請求が認められる。成果報酬は，金額が具体的に決定されておらず，賃金支払請求権として具体化していないから差額の支払請求は認められず，慰謝料で斟酌するのが相当。 ・Xの前年度における海外ライセンス業務に係る勤務評価の点数（平均値3に対し3.1），妊娠判明後も海外出張してライセンス取得交渉をしたこと，当初は約2か月早い復職を希望していたこと，復職に際しベビーシッターを確保し業務に支障が出ないようにすると伝えていたことなど，育児短時間制度の適用を申請したとはいえ，仕事への熱意や意欲は十分あり復職後一定の成果を上げるものと考えられること，平成20年度のXの成果報酬はBクラスの平均値の1.5倍であったことなどから，復職後のXの成果報酬は，Bクラスの平均値60万円を下回るものではないと評価するのが相当。ここからYが支給するとしていた調整報酬20万円を控除した40万円とすべきだが，Xは年度途中に退職し，成果報酬が支給されたと考えられる期間が8.5か月間であること等を考慮し，30万円。	

<解説>

1 慰謝料請求が認容された割合

　本調査の対象となった平成15年1月～平成25年12月の労判において，差別的取扱いに関連して慰謝料請求がなされた例は，別紙一覧表のとおりであり，16件であった。うち，慰謝料請求が認容された事例は11件である。

2 慰謝料請求が認容された事例・認容されなかった事例の傾向

　労働基準法は，使用者が労働者の国籍，信条又は社会的身分を理由として，賃金，労働時間その他の労働条件について差別的取扱をしてはならないと定める（労基法3条）。さらに，同法は，労働者が女性であることを理由として，賃金について，男性と差別的取扱をしてはならないと定め（労基法4条），雇用機会均等法において，募集及び採用，労働者の配置，昇進，降格，教育訓練，福利厚生の措置，職種及び雇用形態の変更，退職勧奨，定年，解雇，労働契約の更新においても，性別を理由とした差別的取扱いをすることが禁止されている（雇用機会均等法5条，6条）。

　そのため，使用者がこれら均等待遇の原則に違反する差別的取扱いを行った場合には，不法行為として，損害賠償責任が発生する可能性がある。

　以下，使用者の取扱の区別が，違法な差別的取扱と認定された場合とされない場合とに分けて，慰謝料請求が認容された事例，認容されなかった事例の傾向を分析する。

(1) 違法な差別的取扱が認定された事例

　ア　慰謝料請求が認容された事例

　　　差別的取扱いが違法であると認定されたもののうち，慰謝料請求を認容した事例には，大きく分けて，①性別による差別的取扱を違法とするもの（昇進・昇格・降格に関する差別およびこれらに伴う賃金格差を違法な差別的取扱とするもの（【2】【4】【5】【6】【10】【11】【13】【16】），昇格に関する差別，暗黙の退職勧奨を違法な差別的取扱とするもの（【12】）），②政治の信条による昇進・昇格の差別的取扱を違法とするもの（【1】），③障害による職務・賃金に関

する差別的取扱を違法とするのもの（【7】）がある。

　イ　慰謝料請求が認容されなかった事例

　　他方，差別の取扱いが違法であると認定しながら，慰謝料請求を認容しない事例も存在する。

　　具体的には，性別による違法な賃金差別を認めながら，差額賃金，差額賞与，差額退職金，差額家族手当等で合計1900万円以上の損害金の支払義務を認め，同損害額をもって経済的損害は填補され，これと別に金員支払をもって慰謝すべき損害の発生を認めるまでの特段の事情はないとして慰謝料請求を認容しなかった事例（【9】）がある。

(2) **違法な差別的取扱が認定されなかった事例**

　違法な差別的取扱が認められなかった事例では，慰謝料請求が認容されていない。

　大別して，①使用者の取扱の区別に裁量権の逸脱等がなく，または合理性があり，違法といえないとする事例（【8】【14】【15】），②人格権侵害であるとした査定や違法な取扱についての具体的事実の主張がないとする事例（【3】）がある。

　なお，【3】及び【14】の事案は，いずれも労働者が自らの雇用形態に基づく取扱の区別を違法な差別的取扱いであると主張する事案であるところ，雇用形態は，国籍，信条，社会的身分，性別などと異なり，自らの意思により逃れることができない属性ではないため，本章で取扱うべき典型的な「差別的取扱い」が争点となる事案とはいえない。これらの裁判例は，同一価値労働同一賃金の原則がわが国の法規範あるいは公序であると認めるに至っていない現状においては，このような雇用形態に基づく取扱いの区別が憲法14条等に違反して違法であると判断されることは難しいものといえる傾向を示しているものと考える。

(3) 　小括

　本調査の対象となった事例について，違法な差別的取扱が認定される場合には，不法行為に基づく損害賠償として，慰謝料請求が認容され，他方，差別的取扱の存在が認定されない，あるいは取扱の区別が違法ではないと認定される場合には，慰謝料請求は認容されないという傾向が見受けられる。

　差別的取扱いを違法とすべき事案の場合，差額賃金請求，損害賠償（逸失利益）

請求,損害賠償(慰謝料)請求をすることが考えられるが,「差別的取扱いをしてはならない」という規定は抽象的内容であり,そのままでは労働契約の具体的基準となりえない。さらに,賃金は使用者の具体的な意思表示によって決定または変更されるものであるため,たとえ差別的取扱いがあったとしても,使用者の意思表示にかかわらず,当然に,差別がなかった場合の基準に基づいて算出した金額と現実に支給された賃金との差額について賃金請求権を有するものではない(日ソ図書事件(東京地判平成4年8月27日労判611号30頁)。また,差額賃金請求には,2年の消滅時効の問題がある。そこで,労働者としては,差別的取扱いが違法であると主張する場合,差額賃金請求や損害賠償(逸失利益)請求ではなく,あるいは,これらに加えて,慰謝料請求を選択する場合が多い。

　そのような中,慰謝料請求と同時に,差額賃金等経済的損害の賠償を請求し,差額賃金等経済的損害賠償の請求が認容される事例も存在するところ,この場合には,差額賃金等とは別にさらに慰謝料請求が認められるためには,経済的損害が填補されてもなお慰謝されない精神的損害があることを主張立証しなければならないものであることに注意を要する。

3 認容額の傾向

(1) 認容額の分布

　認容額の最低額は30万円,最高額は600万円であった。分布は以下のとおりである。

　認容額で最も多かったのは200万円超～300万円以下である。ただし,特に200万円超～300万円以下が多くなっているのは,【13】の事例において,同一の会社に在職中の9名の労働者につき,一律の事実認定のもとに慰謝料額が各300万円とされており,9件分が,300万円以下として算入されているためである。

　なお,死亡した労働者に関する差別的取扱に対する慰謝料として400万円の損害賠償が認められた事例については,相続人2名がこれを相続しているため,2名で400万円が認容された事例1件として算入した。

(単位：万円)

認容額	100以下	100超～200以下	200超～300以下	300超～600以下
件　数	7	9	11	4

イ　高額事案の傾向

　高額事案では，差別的取扱の態様，期間，格差の内容・程度，算定困難な損害（差額賃金・差額退職金相当額について明確な基準がないなどの理由により具体的に算定できないこと）などを考慮したうえで，認容額が算定されている（【5】【6】【13】）。

　【5】は，男性従業員は将来幹部社員に昇進することが予定されているものとして，他方，女性従業員についてはそのような処遇をすることを予定しないものとして男女をコース別に採用し，入社後の昇格，賃金についても男女のコース別に行われていたことを違法な差別的取扱であるとする事案で，男女で昇格時期，昇格内容及びこれに伴う賃金にも格差が生じており，何度も職掌変更の申請をしたが上長の推薦を得ることができなかったこと（差別的取扱の態様），賃金の格差（11年間で原告が実際得ていた賃金は合計約6250万円であり，男性従業員との格差は少なくとも合計約4800万円，平均すると合計約6120万円）の額（期間，格差の内容・程度），差額賃金等相当額については，違法とはいえない男女コース別処遇の影響で具体的損害額を確定できないこと（算定困難な損害）などが考慮され，500万円の慰謝料が認容されている。

　【6】は，事務職に属する従業員または元従業員である女性らが受けた昇格及び昇級における差別的取扱を違法であるとする事案で，差別的取扱いによってより上位の職位であるＢＨへの登用の機会を喪失しており，ＢＨとの年収の格差が生じていること（最大約15.8％）（格差の内容・程度），勤続年数（期間）などが考慮され，勤続年数が37年の女性につき300万円，30年の女性につき250万円，26年の女性につき200万円，24年の女性につき150万円の慰謝料が認容されている。

　【13】は，高校卒及び短大卒の女性社員について上位の資格への昇格をより困難にする別の基準で管理されていたことを違法な差別的取扱であるとする事案で，少なくとも平成5年前後には存在したそのような差別的取扱いは，改善

されつつあるとはいえ，現在まで（平成21年の判決時まで約16年間）継続していること（差別的取扱の態様，期間），男女別の分布を見ると平均本給額についても著しい格差（最大約22％）があること（格差の内容・程度），差額賃金・差額退職金相当額については明確な基準がなく具体的に算定できないこと（算定困難な損害）に加えて，差別的取扱いの程度が強かった時代の損害についての賠償請求権は時効消滅していることを考慮し，在職中の原告9名については各300万円の，定年退職した原告2名については各600万円の，体調不良等のため，相当長期間にわたり休暇，欠勤，休職を繰り返した後死亡退職した原告については400万円の慰謝料が認容されている。

　このように，差別的取扱により生じた格差の程度が大きく，その期間が長期にわたるほど認容される慰謝料は高額となる。また，差額賃金等について明確な基準がないなどの理由により，経済的損害が具体的に算定できないとされる場合には，慰謝料請求によって差額賃金等経済的損害の賠償を請求せざるを得ないことから，慰謝料額が高額となる傾向がある。

ウ　低額事案の傾向

　低額事案では，使用者から調整金等による損害の填補があったこと，差別的取扱について一定程度の説明があったことなどを考慮したうえで，認容額が算定されている（【2】【16】）。

　【2】は，女性である原告が降格処分とされたことが違法な差別的取扱であると認定する事案であるが，被告が就業規則の変更により降格となり賃金減額をうける原告の生活に配慮し，調整金（192万5200円）の支払をしたことや，新規則下における格付けについて一定程度の説明を行ったこと等を算定根拠として挙げ，50万円の慰謝料が認容されている。

　【16】は，女性である原告が産休，育児休業後に復職したところ，担当職務を変更されて減給されたことを違法な差別的取扱であると認定する事案であるが，差別がなければ本来得られたはずである成果報酬額は60万円であるところ，使用者が調整金20万円の支給を約束していることや，年度途中に退職し，成果報酬が支給されたと考えられる期間が8．5ヶ月間である(12ヶ月に満たない)ことを考慮し，30万円の慰謝料が認容されている。

このように，差別的取扱により生じた格差の程度が小さく，さらに，同格差について，使用者により一定の経済的填補や説明が行われている場合には，慰謝料額は少額となる傾向がある。

4 その他

差別的取扱いが長期にわたる事例においては，消滅時効の成立を認めて損害賠償請求権を否定する，あるいは，消滅時効の成立を慰謝料額の認定において考慮する事例が多数である（【1】【4】【10】【12】【13】）。しかしながら，「性により差別されないという人格権侵害を理由とする損害賠償請求権は，差額賃金の支払いがなかったこと自体を損害とするものではなく，差額賃金請求権とは別個の保護法益というべきであるから，後者について消滅時効が成立しているからといって，前者についても当然に消滅時効が成立しているとはいえない。」として，慰謝料請求についての消滅時効の成立を認めなかったもの（【5】）もあった。

また，性別による差別の事案では，「男女の社員間で相当な格差がある場合には，合理的な理由が認められない限り，性の違いによって生じたものと推認することができる」（【11】）などとして，労働者側の立証責任を緩和している事案が多く見られる。

5 聴き取りのポイント

(1) 差別的取扱いの内容
 ・差別的取扱いの態様
 ・格差の内容及び程度
 ・差別的取扱がなされた期間
 ・使用者の人事考課制度（差額賃金等についての明確な基準の有無）

(2) 使用者側の差別的意図
 ・使用者の取扱における合理性の有無
 ・労働者の属性に着目した差別といえるか否か
 ・同じ職場の他の労働者との比較
 ・労働者の側に帰責事由があるか

(3) 差別的取扱いによって労働者が被った不利益の内容・程度
  ・差額賃金額
  ・疾病，入通院，休職，退職
  ・名誉権・人格権の侵害
(4) 差別的取扱い時及び同取扱い以降の使用者側の対応
  ・金銭的給付の有無・金額
  ・協議・説明の有無・内容

第12章 不当労働行為

<判例紹介>

No	事件名 裁判所 判決年月日 出典 審級関係	事案の概要	請求 (訴訟物)	慰謝料 請求額	慰謝料 認容額
【1】	杉本石油ガス (退職金)事件 東京地裁 H14.10.18 労判837-11	XがYを退職した際、YがXの退職金を不支給としたため、Xが①退職金の支払いと、②退職金の不支給は、Xが労働組合の支部組合員として、組合がYの取引先にYの米販売方法を告発するダイレクトメールを送る際に宛名書きをしたり、Y代表者の自宅前、Y本社前及び取引銀行前における、Y代表者を非難する旨の集会に参加した等の組合活動に対する嫌がらせ、不当労働行為として行ったものであるとして退職金と同額の慰謝料を請求した事案。	①退職金請求 ②損害賠償請求	279万円	0円
【2】	渡島信用金庫 (降格・降職・配転)事件 函館地裁 H14.9.26 労判841-58	Y1に勤務するXが、Y1から降格、配置換え、減給等の処遇(以下「本件処遇」という。)を受けたものの、同処遇は人事権行使の濫用だから無効であるなどと主張して、Y1に対し、本件処遇前における人事上の各地位を有することの確認を求めるとともに、従前賃金との差額(未払賃金)の支払を求め、さらに本件処遇それ自体及びその際のY1の対応はその代表者であるY2及びY3によりなされた違法行為であり、Xはこれにより精神的な苦痛を受けたとして、Yらに対し、不法行為に基づく慰謝料の支払を求めた事案。	【X→Y1】 ①地位確認 ②賃金請求 ③損害賠償請求 【X→Y1～Y3】 損害賠償請求	【X→Y1～Y3】 連帯して200万円	【X→Y1～Y3】 連帯して20万円 (内訳) ・降格降職：0円 ・配転：0円 ・不当労働行為：0円 ・業務命令権・労務指揮権の濫用：20万円
【3】	京王電鉄(新労組賃金等請求)事件 東京地裁 H15.4.28 労判851-35	Yの既存の労働組合である京王電鉄労働組合(以下「京王電鉄労組」という。)の対応に不満を持ち、同労働組合を脱退し新たな労働組合X29組合を結成したX1～X28について、YがX29組合との間では賞与に関する労働協約ができていないことを理由に、京王電鉄労組所属の組合員の8割しか賞与を支払わなかったため、X1～X28が、Yに対し、Yと京王電鉄労組との間で締結された労働協約、又は、Yの旧就業規則79条及びY作成の「お知らせ」に基づき、賞与差額分の支	【X1～X28→Y】 未払賞与請求 【X29→Y】 損害賠償請求	【X29→Y】 300万円	【X29→Y】 0円

第12章　不当労働行為

労働者等の属性（性別・ポジション・収入等）	使用者等の属性（会社規模等）	算定の理由
・Yの元従業員 ・東京東部労働組合Y支部組合員	石油ガスの配送・充填，米の販売等を業とする株式会社	・退職金規定に退職金不支給条項がある場合に，当該条項に基づき退職金を不支給にできるのは，退職者に所定事由に該当する行為があったことに加え，これが永年の勤続の功を抹消するほどの背信行為であることを要する。 ・Xの組合活動は，永年の勤続の功を抹消するほどの背信行為にあたらず，Xは退職金支給を求める権利を有する。 ・退職金請求が認められたことに照らすと，仮にX主張のような事情が認められるとしても，この認容額に加えて金銭をもって償うべき非財産上の損害が存するとまで認めることはできない。
・信用金庫職員 ・組合員	【Y1】 信用金庫 【Y2】 代表理事（理事長） 【Y3】 代表理事（常務理事）	・本件降格，本件降職には人事権の濫用はなく有効。 ・XをN支店に配転した行為は，Y1による不当労働行為であると推認するのが相当であり，無効。 ・配転については無効であると確認され，経済的な填補がなされる以上，慰謝料の算定にあたって考慮しない。 ・Xが，客観的には比較的些細な出来事について叱責されたこと，Y2・Y3の指示に基づき，通常業務から外され，就業規則やその他諸規程を読む作業に専念するよう余儀なくされたこと，その間，Y1において，Xに対する指導教育上の措置，配慮があったことを窺えないこと，Y2・Y3から身元引受人に対し連絡を取るよう指示があったこと，Xの記した反一確認事項等について職員の面前で逐一確認されたこと等の事実経過が認められるところ，これらの経過はXに対し暗に退職を強要しているものと推認されてもやむを得ない状況であると思料され，仮にそうでなくとも，Y1における，Xに対する措置は，Xにことさら屈辱感を与えるものであり，これを正当付けるに足りる客観的かつ合理的な理由があるものとは認め難いことから，上記指示等は業務命令権ないし労務指揮権の濫用として違法。 ・上記一連の経過により被ったXの精神的苦痛を慰謝すべき賠償額は，Xが通常業務より外された期間等に鑑みると，20万円をもって相当。
【X1～X28】 ・バス運転手 ・京王電鉄労働組合を脱退してX29を結成 ・X29の組合員 【X29】 X1～X28が結成した新労働組合	京王グループの中核会社で私鉄最大手の会社	・労働組合法16条は，労働協約という規範が労働契約の内容を外部から規律する効力を有する旨を定めていると解するのが相当であって，労働協約の規範的部分がそのまま労働契約の内容となるものでは。 ・労働組合方17条，18条の適用がある場合を除いては，労働協約の適用を受けるのは，当該協約当事者たる労働組合の組合員のみであり，協約当事者たる労働組合を脱退等により離脱した者には，原則として，離脱の時より協約の適用はなく，原則の適用を排除しなければならない特段の事情もない。 ・X1～X28は，Yに対し賞与を請求する法的根拠を有していなかったのであり，Yにおいて，殊更に賞与支払に関する労働協約の締結を遅らせる等の特段の事情のない限り，本件

255

		払を求めるとともに，X29組合が，Yの賞与不支給，及び，Y桜ヶ丘支所長のAがX2に対し，「新労働組合は労働協約を結んでいないので，賞与などがでません。家族のために考えなさい。」などと告げた行為により，X29組合所属の組合員約10名がX29組合から脱退するなど団結権が侵害されたとして慰謝料300万円の支払いを求めた事案。			
【4】	静岡フジカラーほか2社事件 静岡地裁 H16.5.20 労判877-24	Y1が，経営不振を理由に営業の全部をY2に譲渡して解散したことに伴い，Y1に勤務していたX1〜X15らを解雇したことから，X1〜15が，この解雇が不当労働行為または解雇権の濫用により無効であるとして，Y1，Y2に対し，労働契約上の地位確認及び未払賃金の支払いを請求し，親会社であるY3に対し，違法な営業譲渡契約を締結させたとして損害賠償を請求した事案。	■甲事件 【X1〜X15→Y1】 ①地位確認請求 ②未払賃金請求 【X1〜X15→Y3】 損害賠償請求 ■乙事件 【X1〜15→Y2】 ①地位確認請求 ②未払賃金請求	【X1〜X15→Y3】 各300万円	0円
【5】	愛集学園愛集幼稚園事件 大阪高裁 H16.3.12 労判883-71	Yが設置する愛集幼稚園の教諭であるX1が，X2組合に加入し，愛集幼稚園分会を結成したところ，Yが，X1に対して，X1がそれまで担当していたクラス担任を解き，障害児加配担当を命ずる旨の業務命令を発するなどの様々な不当労働行為を行い，それが不法行為に該当するとして，X1がYに対し，本件業務命令の無効確認及び不法行為による損害賠償を求め，X2組合がYに対し，不法行為による損害賠償を請求した事案。	【X1→Y】 ①業務命令無効確認 ②損害賠償請求 【X2→Y】 損害賠償請求	【X1→Y】 200万円	【X1→Y】 150万円
【6】	恵和会宮の森病院〔降格〕事件 札幌高裁 H16.9.17 労判886-53	X1に対する降格人事が不当労働行為及び労働条件の一方的な不利益変更により違法・無効であるとして，X1がYに対し地位確認及び未払賃金の支払を，X2組合がYに対し，YによるX1及びX2組合員資格の否定，団体交渉の拒否，X1についてのX2組合員であることを理由とする降格人事等がX2組合の弱体化，影響力低下を図る支配介入行為であり，X2組合の団結権を著しく侵害する不当労働行為として不法行為に該当するとして，慰謝料の支払を請求した事案。	【X1→Y】 ①地位確認 ②未払賃金請求 【X2→Y】 損害賠償請求	【X2→Y】 100万円	【X2→Y】 0円
【7】	東京日新学園事件	経営が破綻した学校法人法商学園（旧法人）が設置運営していた専修学校の経営を，新しく設立された学校法人であるY	（本訴請求） 地位不存在確認	110万円	0円

第12章　不当労働行為

		賞与格差は正当な行為として不法行為性を否定するのが相当。 ・Yと京王電鉄労組及びX29労組との交渉経緯に照らせば、YがX1～X28に京王電鉄労組組合員の8割を支給したことには、相当の理由があり、Yにおいて殊更に賞与支払いに関する労使協定の締結を遅らせるなどの特段の事情はない。 ・Aの言動によりX29組合の団結権が侵害されたと認めるに足りる証拠はない。
【X1～15】 ・事業譲渡を理由に整理解雇されたY1従業員 ・労働組合の組合員	【Y1】 ・事業譲渡した会社 ・清算会社 【Y2】 事業の譲受会社 【Y3】 Y1、Y3の親会社	・Y1が減収となった以降、ストライキが行われるなど労使間の緊張が高まった時期があるものの、その間にY1が労働協約や労組法違反行為を繰り返したとはいえないし、緊張発生の原因も、組合敵視にあるのではなく、減収減益となって経費削減が必要であったために労働条件切下げ提案をY1が行い、組合が当然の権利としてこれに反対したことに原因があるのであって、それ以上に特別にY1が組合を嫌悪し敵視するような状況が発生していたとは認められず、かえって、基本協定締結以後は、会社再建のために労使がともに協力していたという状況を考えれば、個々の紛争を捉えて、会社が組合を嫌忌していたなどと断定することはできない。 ・会社解散、営業譲渡、解雇はY1がその経営判断として行ったものであると認められ、親会社であるY3が子会社であるY1、Y2への影響力を不当に行使して行ったものであるなどの事情は全く認めることができない。
【X1】 ・幼稚園教諭 ・X2の分科長 【X2】 大阪府下の私立学校教員等によって構成される労働組合	・幼稚園を設置する学校法人 ・教員14名が所属	・分会結成通告の翌日午前にX1に命じられた自宅待機命令は、X1を組合に加入したため、分断と見せしめとして分会長X1の登園を制限するという不利益を課し、幼稚園における組合活動を弱体化させようとしたものであり、労組法7条1号（不利益取扱い）及び2号（支配介入）の不当労働行為に該当し、目的や態様から違法性は強い。 ・Yの支配介入によりX1が孤立することになるのは見易き道理であって、それをも見越した上で行われたものであるから、X1の人格権ないし労働基本権を侵害する不法行為をも構成する。 ・懲戒譴責処分は、労組法7条1号（不利益取扱い）の不当労働行為に該当する無効なものであり、不法の目的のためになされたものであるから、X1の人格権ないし労働基本権を侵害する不法行為を構成する。 ・組合の結成の前後を通じて、組合の中心人物であるX1を疎外し、嫌悪して、同人に対し長期間にわたって各種の違法行為を加えている。 ・クラス担任を解き、障害児加配担当を命ずる業務命令を発したなどのYによる不当労働行為の内容、原判決や地方労働委員会の救済命令が出たにもかかわらず、X1を担任に戻そうとせず、その結果、現在でも、X1が幼稚園において孤立した状態にあることが窺われること等を考慮。
【X1】 ・医局放射線科課長であったが降格人事により技師長となった者 ・X2の執行委員長 【X2】 労働組合	病院及び老人保健施設の経営を目的とする医療法人	・降格人事は、労組法7条1号が禁止する不利益取扱いであり、降格人事の後に組合から団体交渉の申入れを受けたYがX1が管理職であることを理由にX1の組合員資格を争い、団体交渉を拒んだことはX2組合の運営に著しい支障を及ぼすものであって、労組法7条2号に該当するのみならず、7条3号が禁止する支配介入に該当し、YがX1の地労委の審問における供述を捉えて降格人事の理由の一つとしたことが労組法7条4号が禁止する不利益取扱いに該当し、これら一連の不当労働行為は、それ自体がX2組合の団結権を侵害する行為である。 ・しかし、自然人とは異なるX2について、その対外的信用・名誉の失墜・毀損といったことに基づく具体的損害とは別個に慰謝料をもって賠償すべき非財産的・精神的損害又は精神的損害類似の損害を観念することは困難であり、不法行為に基づく慰謝料請求をする理由がない。
・平成10年10月1日付で解散した訴外学校法人法商学園の教員	・私立専修学校の設置を目的とする学校法人 ・訴外学校法人法商学	・雇入れの拒否は、それが従前の雇用契約関係における不利益な取扱いにほかならないとして不当労働行為の成立を肯定することができる場合に当たるなどの特段の事情がない限

257

	東京高裁 H17.7.13 労判899-19 さいたま地裁 H16.12.22 労判888-13	が引き継いだ際，旧法人に専任教員として雇用されていたXをYが雇用（採用）しなかったことが不当労働行為に該当し，不採用行為は無効であるとして，XがYに対して雇用契約関係の存在を主張したのに対し，Yがこれを争い，Xとの間に雇用契約関係が存在しないことの確認を求め（本訴請求），これに対し，Xが，反訴請求として，Yに対し，①Yにおける教職員の雇用開始の日から，教員としての給与及び賞与の支払，並びに，②不当労働行為により精神的損害を被ったとして，不法行為に基づく損害賠償の支払をそれぞれ求めた事案。	（反訴請求） ①賃金請求 ②損害賠償請求		
【8】	板山運送事件 名古屋地裁 H17.4.19 労判899-76	運送業を営む訴外有限会社Aの代表者であるY1が，新会社としてY2を設立し，従業員の多くを同社に転籍させ，その後，訴外有限会社Aを解散して同社に残っていた労働組合員であるXらを解雇したことについて，Xらが，Y2の設立と訴外有限会社Aの解散はいずれも法人格を濫用するものであり，解雇には，解雇事由がなく，不当労働行為にも当たるから無効であるとして，法人格否認の法理により新会社であるY2との間に労働契約関係が成立していると主張し，それぞれ労働契約上の権利を有する地位にあることの確認と労働契約による賃金支払請求権に基づき賃金の支払を求め，さらに，Y2とその代表者であるY1に対し，当該解雇が不当労働行為に当たり違法であるとして不法行為による損害賠償を請求した事案。	【X1・X2→Y1・Y2】 ①地位確認 ②賃金請求 【X1・X2→Y1・Y2】 損害賠償請求	【X1・X2→Y1・Y2】 連帯して各500万円	0円
【9】	ウィシュ・神戸すくすく保育園事件 神戸地裁 H17.10.12 労判906-5	Y2の保育士であったX1及びX2がX3に加入して分会を結成し，Y1に対し団体交渉の申入れをしたところ，Y1が組合加入，組合活動に対して支配介入し，X3組合及び分会との団体交渉を拒否し，若しくは不誠実な団体交渉を行ったこと，Y1がX1及びX2との契約更新に際し，Y2や副園長が面接等を行った上，雇用契約の更新を拒否する旨通告したこと，雇用拒絶通告後も不誠実な団体交渉を繰り返したこと，Y1がその後，X1及びX2を職場に復帰させる旨通知し，X1及びX2は園に出勤したが，Y1がX1及びX2を勤務に就かせず，また，副園長の監視下に置くなどし，さらに，Y2及び副園長がX1及びX2の人格や組合活動に関する誹謗中傷をするなどの行為を継続したことから，X1〜X3組合が，上記各行為が不法行為に該当すると主張し，Y1に対しては民法44条1項，及び副園長らの使用者として民法715条1項に基づき，また副園長らに対しては民法709条に基づき，損害賠償を請求した事案。	【X1〜X3→Y1・Y2】 損害賠償請求	【X1・X2→Y1・Y2】 連帯して各100万円	【X1・X2→Y1・Y2】 連帯して各70万円
【10】	神奈川県厚生農業協同組合連合会事件 横浜地裁 H18.9.21 労判926-30	X1組合が，Y1が組合員の給与からチェック・オフした組合費をX1に引き渡す義務があるにもかかわらず，チェック・オフした組合費910万円をプールした上，脱退組合員に引き渡したことによる損害金，YらがX1組合に対し脱退煽動などの攻撃を行い，組合員数を約100名にまで減少させ，組合費6090万円が納入されなくなったことによる損害金，これらの不法行為により組織的打撃を被り，名誉と信用が傷つけられたとして慰謝料を請求し，X2はYらの誹謗中傷によっ	【X1〜X3→Y1・Y2】 損害賠償請求	【X1→Y1・Y2】 連帯して1000万円 【X2→Y1・Y2】 連帯して350万円 【X3→Y1・Y2】	【X1→Y1】 600万円（Y2と300万円の範囲で連帯） 【X1→Y2】 連帯して300万円 【X2→Y1・Y2】

第12章　不当労働行為

・解散前日の平成10年9月30日付で解雇	園の経営を承継	り，労働組合法7条1号本文にいう不利益な取扱いに当たらない。 ・法商学園（旧法人）とYとの間には，X主張の実質的同一性もなく，その他Yが旧法人の教職員の雇用契約関係を承継しているとみる余地は全くない上，YによるXの不採用は，新法人の発起人会代表ら3人の面接官による面接の結果，情報系学科の応募者35名中最下位の6.5点であり，授業の面でも不採用として特に不都合はないことが考慮されたものであって，仮にXの旧法人当時の雇用契約関係をYとの関係で従前の雇用契約関係と考えるとしても，本件全証拠によっても，Xが不採用となったことが，従前の雇用契約関係における不利益な取扱いにほかならないと認めることはできないのであるから，その不採用について不当労働行為が成立すると認めることはできない。
【X1・X2】 ・訴外有限会社Aに運転手として勤務 ・Aに労働組合分会を結成 【X1】 組合の分会長 【X2】 組合の財務部長	【Y2】 ・貨物自動車運送業，配送業等を目的とする株式会社 ・Aの一部の部門を譲り受け ・解散済み 【Y1】 Y2及びAの代表者	・訴外有限会社Aが実体のない会社であるとか，両社が一体となっていたということはできない。 ・Y2の設立が，不当労働行為であると認めることはできず，訴外有限会社Aの部門の一部を同社に残していたことが組合差別をごまかすためであるとの主張認めるに足りる的確な証拠はない。 ・訴外有限会社Aの解散は，業績悪化のため，資金繰りが付かず，さらに，Xらが賃下げ等にも応じなかったため，経営を継続することが困難であると判断したことによるものであり，仮に，不当労働行為の意思によるものであったとすれば，その後約6ヶ月後にY2を解散することはなかったはずであり，不当労働行為と認めることはできない。 ・Y2の設立，訴外有限会社Aの解散，Y2の解散等は，いずれも不当労働行為に当たるということはできず，不法行為に当たるということもできないし，Y1が組合員に組合を脱退するよう勧奨したことについても，これによりXらにどのような損害が生じたか不明であり，不法行為に当たるということできない。
【X1・X2】 ・有期雇用の女性保育士 ・X3のY1分会所属 【X1】 分会執行委員長 【X2】 分会書記長 【X3】 全国福祉保育労働組合兵庫地方支部	【Y1】 認可保育園を設立・運営する株式会社 【Y2】 ・女性 ・Y1の代表取締役 ・Y1経営の保育園の園長	・Y2がX1とX2に組合活動をやめるよう圧力をかけ，職場に復帰した後にも自主退職を迫り，X3組合支部や弁護士との関係を断つよう暗に要求し，意に添わない職場復帰への手順を自ら申し出させ，X3組合支部からの離反を促した等の行為は，支配介入の不当労働行為に該当。 ・Y2が，もっぱら組合活動を理由に雇用契約の更新を拒絶し，更新拒絶理由が保育士としての能力，適格性の欠如にある旨主張し，同内容の書面を園児の保護者に配布した行為は，不利益取扱い，支配介入の不当労働行為に該当。 ・上記不当労働行為は労働基本権を侵害するとともに，人格権を侵害する不法行為に当たる。 ・副園長及び専務が，X1とX2の面接において，組合活動継続の意思を確認する質問をし，職場に復帰した後も担任クラスを示さず，園児や他の保育士との接触を禁じ，組合活動を非難し，訴訟代理人やX3組合支部との関係を断つことを要求し意に添わない職場復帰への手順を申し出させるとともに，原告組合から離反するよう促した行為は不当労働行為に該当する不法行為で，Y1は使用者責任を負う。 ・X1及びX2がこれらの不法行為によりそれぞれ多大な精神的苦痛を被ったこと，同精神的苦痛は職場復帰し賃金が遡求的に支払われることによって直ちに回復されるものではないことを考慮。
【X1】 ・Y1の2つの病院に対応する病院職員労働組合 ・平成11年当時は組合員950名，その後100名に減少 【X2】 X1書記次長（専従者） 【X3】	【Y1】 ・医療，保健，老人福祉に関する事業等を営む農業協同組合連合会 ・2つの病院等を開設 ・従業員約1200名 【Y2】 Y1の代表理事	【A1】 ・診療費不正請求問題とこれが神奈川県当局に知られたことに起因する病院の経営危機問題はX1組合に責任がある旨の院長，Y2，事務長らの発言，X1組合が病院をつぶそうとしている，億単位の和解金を要求している旨の婦長及び副看護部長の発言は，確たる根拠なくX1組合の名誉と信用を傷つけたものであり，また，院長らのこれらの発言が組合員減少の一因となり，現在では少数派の労働組合となったことにより，X1組合は相当程度の無形の損害を受けたものと認めることができ，これら諸事情とその他本件の一切の事情を考慮。 ・Y2は，Y1と連帯して支払義務を負う慰謝料は300万円が

		て名誉と信用を著しく傷つけられたとして，X3は薬剤師としての主要な業務を奪われた上，病院運営から遮断され，一人職場に隔離されたことにより名誉と信用が著しく傷つけられたとして，それぞれYらに対し慰謝料を請求した事案。		連帯して500万円	0円 【X3→Y1・Y2】 0円
【11】	JR西日本（可部鉄道部・日勤教育）事件 広島高裁 H18.10.11 労判932-63	Y3が，X1運転の列車に運行中添乗し，X1の落ち度を指導した際，X1が反抗的態度をとったとY1に報告し，これを前提事実として，Y1がX1を平均賃金の2分の1減給懲戒処分にし，69日間の日勤教育に付したところ，X1からY1に対して，懲戒処分は懲戒権の濫用として違法であるとして，懲戒処分の無効確認を求めた。また，Y1～Y3に対して，懲戒処分及び日勤教育，日勤教育期間中にY2がX1に対しX2やX3から脱退するよう働きかけたことが労組法7条3号の支配介入であるとして慰謝料を請求し，X2やX3もY1～Y3に対して，Yらの不当労働行為に対応するため，多大な労力の負担を強いられ，X2の団結，活動の障害等による無形の損害を被ったとして慰謝料を請求した事案。	【X1→Y1】懲戒処分無効確認請求 【X1～X3→Y1～Y3】損害賠償請求	【X1～X3→Y1～Y3】連帯して各500万円	【X1→Y1・Y2】連帯して20万円 （内訳） 懲戒処分：0円 不当労働行為：20万円 【X2・X3→Y1・Y2】連帯して各10万円 【X1～X3→Y3】0円
【12】	トキワ工業事件 大阪地裁 H18.10.6 労判933-42	Yの営業所長であったXの受けた①解雇通告（後に組合の要求により撤回），②降格処分に伴う所長手当の不支給，③営業社員への配置転換，④営業会議でYから受けた理不尽な個人攻撃，⑤夏季・冬季一時金の不支給について，それぞれの賃金（②⑤）ないしは慰謝料（①②③）を請求した事案。	①賃金請求 ②損害賠償請求	100万円 （解雇，懲戒処分としての降格処分，配置転換，個人攻撃を合わせて）	100万円 （解雇，懲戒処分としての降格処分，配置転換，個人攻撃を合わせて）

第12章　不当労働行為

・X1執行委員 ・Y1の薬剤師		相当。 【X2】 Y2らの発言は，不当な発言であったにせよ，X2の社会的評価や信用を低下させるとはいえない，被告の業務の執行につきなされたものとはいえない，あるいは，X1組合に対する不法行為に加えてX2に対する不法行為をも構成するものと評価することはできない。 【X3】 配転については，業務上の必要性があり，人選にも合理性が認められ，X2が組合員であることやX2の組合活動を抑圧・制限することを決定的な動機として行われたものとは認められない。
【X1】 ・運転士 ・X3の組合員 【X2】 西日本旅客鉄道労働組合に所属していた組合員らが脱退し，新たに結成した労働組合 【X3】 X2の地方支部	【Y1】 鉄道会社 【Y2】 ・鉄道部部長 ・非組合員 【Y3】 ・運輸科長 ・西日本旅客鉄道労働組合の組合員	【X1→Y1，Y2】 ・X1がY3の指示に従わず反発・反抗した非違行為は，就業規則の懲戒事由に該当し，所定の手続に従ってなされたから適法である。 ・Y3による個々の支配介入行為は，不当労働行為に該当すると同時に業務命令権を逸脱濫用するものであり，X1の人格権を侵害するものとして不法行為が成立する。 ・平成14年2月7日以後の時期におけるY3及びY1による日勤教育の再開継続もまた，不当労働行為に該当すると同時に業務命令権を逸脱濫用するものであり，X1に対する不利益取扱いであってX1の人格権を侵害すると共に経済的不利益を与えるものとして不法行為が成立する。 ・業務命令権を逸脱濫用した不利益取扱いの不当労働行為によって1か月近くにわたり日勤教育の継続を余儀なくされ，その間不安な日々を過ごした。 ・部長面談の場において現場長であるY2から平然かつ露骨に組合からの脱退慫慂等が繰り返され，不安，焦燥などの精神状態となり，高血圧傾向を示すなど体調にも影響が出た。 ・日勤教育により減額となった手当分の経済的損失の回復は別途認められていること，本件事件の発端はX1の職制を無視した反抗的な言動にあったことなどその他諸般の事情を総合考慮。 【X2・X3→Y1・Y2】 組合員であるX1が自ら招いたことであるとはいえ，X1に対するX2からの脱退慫慂が繰り返された上，X1の日勤教育が再開継続されるなどY2及びY1広島支社による業務権限を逸脱した不当労働行為によって団結権等が侵害される危険が生じたこと，本件日勤教育での部長面談等の様子を録音したテープの反訳などの煩雑な作業を行わざるを得なかったことなど諸般の事情を考慮。 【X1～X3→Y3】 X1を陥れる不法行為があったとは認められず，また，不当労働行為が成立するとも認められない。
・男性 ・大阪営業所の新規スタッフとして雇用された1年後，大阪営業所長に昇格 ・解雇後労働組合加入	紙の加工・販売会社	・降格処分についてはそもそも理由がなく，不当。 ・解雇は客観的に合理的な理由欠き不当。 ・配転は業務上の必要性を欠き，Yの方針に経営上の合理性を見出し難く，Yの措置に従わないXを追いやる目的でなされたものと推認でき，不当。 ・営業会議でのXに対するYの言動は，組合加入を契機とした嫌がらせに他ならず，不当。 ・Xは，Yから，不当な解雇を受け，従業員としての地位を失う危険にさらされたこと，また不当な降格処分により賃金カットを受け，経済的不利益を被ったこと，Xの組合加入を嫌悪するYから本件配転や本件営業会議での不当な扱いを受けたことが認められ，Xが精神的苦痛を被ったことが推測される。 ・Yは，本件解雇を撤回したのち，本件解雇と類似した事案で降格処分を行い，これに理由がない旨団体交渉で追及を受けるや，これを嫌悪して配転命令を行い，営業会議でXを非難するなどの行為に及んでおり，かかる一連の行為は報復的で悪質であることその他一切の事情を総合考慮。 ・他方，本件解雇は団体交渉を受けて約2週間後に撤回され

261

	事件名・裁判所	事案の概要	請求内容	請求額	認容額
【13】	オリエンタルモーター（賃金減額）事件 東京高裁 H19.4.26 労判940-33 東京地裁 H18.1.20 労判911-44	Yに勤務するXが，Yに対し不当に業務換えを受け，それに伴い不当な賃金減額を一方的に受けたと主張して，支給されるべき賃金と支給を受けた賃金との差額を求め，また，長期間にわたって仕事をさせず，「給料泥棒」などと罵声を浴びせ，Xの長年の経験を無視して清掃業務への従事を命じるなど精神的苦痛を与えたとして慰謝料を請求した事案。	①賃金請求 ②損害賠償請求	300万円	150万円
【14】	第一交通産業ほか（佐野第一交通）事件 大阪高裁 H19.10.26 労判975-50 大阪地裁岸和田支部 H15.9.10決定 労判861-11 大阪地裁岸和田支部 H16.3.18決定 労判896-82 大阪高裁 H17.3.30決定 労判896-64 最高裁一小 H18.5.22決定 大阪地裁堺支部 H18.5.31	Aの従業員であったX1～52が，Aの解散とそれを理由とするX1～52の解雇は，同社の親会社であるY1が，X1～52が加入していた労働組合X54を壊滅させる目的で行った不当労働行為であるなどと主張して，Y1に対し，主位的には労働契約上の地位確認及び未払賃金の支払等（予備的に賃金相当損害金の支払い）を求めるとともに，Y1および同社の代表取締役であるY2，Y3に対し，不法行為に基づく損害賠償（慰謝料）を求め，X53連体及びX54組合も，Y1～Y3に対し不法行為に基づく損害賠償（非財産的損害）を求めた事案。	【X1～X52→Y1】 ・主位的請求 ①地位確認 ②賃金請求 ・予備的請求 損害賠償請求 【X1～54→Y1～Y3】 損害賠償請求	【X1～X52→Y1】 連帯して各110万円	【X1～X52→Y1～Y3】 連帯して各60万円（ただし，Xのうち2名については30万円）
【15】	田中興業エンタープライズほか1社事件 東京地裁 H20.9.22 労判976-48	Y1の従業員であり，同社が運送契約を締結していたY2の工場に所在する車庫の車庫所長として就労し，X3分会長であったX1が，Y1による上記車庫所長を解任するとの配転命令（以下，「本件配転命令」という。）は無効であるとして，(1)Y1に対し，不法行為に基づく損害賠償等の支払いを求め，(2)X1が，Y2の工場長兼取締役であるAにより組合からの脱退勧奨を受けたとして，Y2に対し，使用者責任による不法行為に基づく損害賠償等の支払いを求め，(3)同じくY1の従業員で，組合の副分会長であるX2が，Aにより組合からの脱退勧奨を受けたとして，Y2に対し，使用者責任に	【X1→Y1】 損害賠償請求 【X1→Y2】 損害賠償請求 【X2→Y2】 損害賠償請求 【X3→Y1】 損害賠償請求 【X3→Y2】 損害賠償請求	【X1→Y1】 （配転・不当労働行為） 100万円 【X1→Y2】 （団結権侵害の不当労働行為） 30万円 【X2→Y2】 （団結権侵害の不当労働行為）	【X1→Y1】 （配転・不当労働行為） 20万円 【X1→Y2】 （団結権侵害の不当労働行為） 0円 【X2→Y2】 （団結権侵害の不当労働行為）

第12章　不当労働行為

・男性 ・Y社組合の幹部 ・モーター部品の加工等の業務に従事していたが網膜の病気後，事業所清掃の仕事に変更	・精密小型モーターの製造・販売を目的とする株式会社 ・従業員2000名	ており，降格処分に基づく損害は賃金カット分のバックペイを求めることで解消される性質のものであること，そのほか一切の事情を総合考慮すれば，100万円が相当である。 ・本件業務換え及び本件賃金減額の内容を見ると，Xが行っている清掃業務は入社以来30年以上も精密小型モーターの部品の加工等に従事してきたXの技能・経験を生かした業務といえないことが明らかであり，賃金減額幅もあまりにも大きく（基本給43％減），これまでの職歴業績昇級の経過を一切無視するもので，代替業務への就労に対する調整努力も怠っており，病気のために従前通りの仕事ができなくなったXを仕事を失うかもしれない不安な状態に追い込み，これを受け入れざるを得ない状況に追い込んだYの対応には，組合員を嫌悪して組合員を不利益に扱おうとする動機が伺われ，業務換え及び減額に対する合意は，公序良俗に反し無効。 ・本件業務換え及び本件賃金減額の合意に至るまでの期間，Xは，仕事が与えられないことや将来の就労や生活に対する不安のほか，上司によるいやがらせともいうべき言動により精神的苦痛を被ったと認めることができる。 ・上記合意により，従来の知識，経験及び技能を生かすことのできない清掃業務に就くことを余儀なくされ，経済的な困窮を来し，長女に留学を途中であきらめさせざるを得なくなるなどの事態が生じている。 ・このようなYの対応は，Xに対する関係で，組合員の不利益取扱いの不当労働行為及びXの人格権侵害の不法行為を構成する。
【X1～X52】 ・Aの元従業員 ・X54組合員 【X53】 大阪府下の自動車運輸に関係する労働組合の連合体 【X54】 ・Aの従業員らで組織される労働組合 ・X53に加盟	【Y1】 ・タクシー事業を営むAの親会社 ・創業以来，全国のタクシー会社を次々と買収して事業を拡大 【Y2，3】 Y1代表取締役	・Y1が，その支配するA及びBの法人格を利用し，新賃金体系の導入に反対している労働組合を排斥するという不当な目的を実現するために，BにAの事業とおおむね同一の事業を整えた上で，Aを偽装解散したもので，Y1は法人格を違法に濫用してXらの雇用機会を失わしめたものであり，これは不法行為に該当すると認定された（Y2，Y3の共同不法行為責任も認めた）。 ・基本的には60万円の慰謝料が認容されたが，解雇されたとはいえ現実にはほぼ間断なくAの関連会社Bのバス乗務員として勤務できた2名については30万円とされた。
【X1】 ・Y2従業員 ・Y2の工場に所在する車庫の車庫所長 ・X3分会長 【X2】 ・Y1従業員 ・X3副分会長 【X3】 建設・運送業の産業別労働組合	【Y1】 一般貨物自動車運送等を業とする株式会社 【Y2】 ・生コンの製造販売等を業とする株式会社。 ・Y1と運送契約を締結	・Y1は，X1が組合の構成員であることを重視して，そのことの故をもって本件配転命令を発したと推認でき，本件配転命令は労組法7条1号，3号に該当する不当労働行為と認められるから無効であるとされた上，不法行為上も違法とされ，X1のY1に対する慰謝料請求が一部認容された。 ・慰謝料額算定に当たっては，労働者に飲酒運転で帰宅したことがある等の車庫所長としての適格性に疑問を抱く事情があることが考慮された。 ・X1及びX2のY2に対する請求は，Aが脱退勧奨をした事実が認定できないとして棄却された。

		よる不法行為に基づく損害賠償等の支払いを求め，X3が，(4)Y1によるX1への配転命令は不当労働行為に該当し無効であり団結権を侵害するとして，(5)AによるX1及びX2への脱退勧奨につき，それぞれ不法行為に基づく損害賠償（無形的損害）を請求した事案。		40万円	0円
【16】	奥道後温泉（配車差別等）事件 松山地裁 H21.3.25 労判983-5	Yが，(1)貸切バスの配車において，諸手当がつく長時間，長距離のバス業務をX10組合の組合員であるバス運転手よりも，Yから事業を一部承継した新会社所属の非組合員に優先的に配車したこと，(2)Y事務室に監視カメラ，音声モニター装置を設置して組合員を威圧・監視したことが，いずれも不当労働行為に当たり，Xらは団結権を侵害され，職場におけるプライバシーや人間関係形成の自由という人格権を侵害されて精神的苦痛を被るとともに，賃金の減少という財産の損害を負っているから，各不当労働行為は不法行為に該当するとして，X1～X9が慰謝料，弁護士費用及び平等に配車された場合の賃金との差額を，X10組合が弁護士費用を請求した事案。	【X1～X10→Y】 損害賠償請求	【X1～X9】 各200万円	【X1～X9】 各50万円
【17】	鉄道建設・運輸施設整備支援機構事件 東京高裁 H21.3.25 労判984-48 東京地裁 H17.9.15 労判903-36	国鉄分割民営化の過程において，国鉄労働組合（以下「国労」という）に所属するXらが，国鉄による不当労働行為があったために，分割民営化後にJR各社により採用されず，清算事業団の職員となった後そこで解雇されるに至ったとして，国鉄がXらをJRの採用候補者名簿に記載しなかったのは国労を嫌悪した差別的取り扱いで不当労働行為にあたり解雇は無効であると主張し，主位的に雇用関係存在確認，未払賃金請求，及び慰謝料請求等を，予備的に不法行為に基づく損害賠償を求めた事案。 ※本件訴訟の原告には，解雇された労働者自身が死亡しているため，その相続人が含まれるが，慰謝料調査との関係で，原告数は，相続人を含む原告数ではなく，解雇された労働者を基準に記載した。	【X1～X290→Y】 ・主位的請求 ①地位確認 ②賃金請求 ③損害賠償請求（慰謝料） ④謝罪文の交付請求 ⑤JR各社に対する採用要請 ・予備的請求 損害賠償請求	【X1～X290】 ・主位的請求 （解雇） 各1000万円 ・予備的請求 （不当労働行為） 【X1～X4】 各1000万円 【X5～X290】 各2000万円 （採用予定年までの賃金，退職金，年金相当額，弁護士費用を含む）	【X1～X290】 ・主位的請求 （解雇） 0円 ・予備的請求 （不当労働行為） 【X1～X271】 各500万円 【X272～X277】 各250万円 【X278～X287】 0円 【X288～X290】 取下げ
【18】	南海大阪ゴルフクラブほか事件	■1事件 本件クラブからY1への事業譲渡後に，Y1に採用されなかったX1ら（なお，	■1事件 【X1～X7→Y1】	■1事件 【X1～X7→Y1～Y	■1事件 【X1～X7→Y1～Y

第12章 不当労働行為

【X1～X9】 ・Yのバス運転手者 ・X10組合員 【X10】 ・Y勤務のバス運転手らの労働組合 ・組合員はX1～X9と新会社のタクシー運転者1名	・旅客自動車運送事業等を業とする会社 ・貸切バス事業の一部とタクシー事業の全部を新会社に承継		・本件配車方針は、X1～X9が組合員である故と認められ、労働組合法7条1号に該当する不当労働行為であり、新会社の開業により組合員を孤立させて心理的圧力を加え、また、継続勤務者等の賃金を低く抑えることにより経済的不利益を与えて、組合活動を弱体化させるもので、X10に対する支配介入として労働組合法7条3号の不当労働行為となる。 ・本件監視カメラ等の設置等は、X10組合に対し心理的圧力を加えて組合活動を弱体化させるものとしてX10組合に対する支配介入として労働組合法7条3号の不当労働行為となる。 ・Xらは、本件配車方針の継続により不利益な扱いを受けることによって屈辱感を受け、精神的苦痛を被ったと推認。 ・また、本件配車方針の継続及び監視カメラ等の設置により心理的圧力を受け、自由に組合活動をできないことにより精神的苦痛を受けたと認定。 ・新会社開業後も長期にわたり監視カメラ等の設置が継続され、本件配車方針は現在に至るまで実施し続けられていることも考慮。
【X1～X290】 ・元国鉄職員 ・国鉄労働組合所属 【X1～X271】 JR不採用 【X272～X277】 追加的広域採用で採用されながら辞退 【X278～X283】 国鉄時代、停職6か月以上の処分を受けた者5名、民営化当時57歳であった者1名 【X284～X287】 第一希望以外のJRに採用され辞退 【X288～X290】 控訴審までに訴えを取下げた者	国鉄、清算事業団、鉄建公団より順次権利義務を承継した法人		（解雇について） ・本件解雇は、再就職促進法の執行に伴い、事業団就業規則に基づき行われたものであって、憲法、労働組合法、改革法、再就職促進法等に違反する点もなく有効。 （不当労働行為について） ・採用基準自体は、組合差別を目的、容認したものと認められず、合理的なものであり、同基準を適正かつ公平に適用する限りでは合理的。 ・各組合毎の採用比率の違いには、職員の成績だけではなく、国労所属自体が不利益に扱われていたことが背景にあり、これもまた名簿記載者の選考に影響していたものと推認することができる。 【X1～X271】 採用候補者名簿作成に際し、勤務評定を恣意的に低く行われるという違法な不利益取扱いを受けたことで正当な評価を受けるという期待権（正当な評価の結果、JR各社の採用候補者名簿に記載される可能性があったとの期待も含む。）を侵害され、また、国労に加入していることによりかかる差別を受け精神的損害を被ったという違法行為の態様、被害の重大性等を総合考慮。 【X272～X277】 追加的広域採用に応募して採用されつつ辞退しており、いったん確保した地位を自ら放棄したことによる不利益を引き受けるべき側面があるが、採用候補者名簿に記載されなかったことから損害を回避するため追加的広域採用に応じたものであり、不公正な選考に基づく採用候補者名簿不記載が背景にあるから、精神的損害が全くないとするのも相当でない。 【X278～X283】 採用基準自体を充たしていなかったのであるから、採用候補者名簿不記載とした国鉄の行為は相当。 【X284～X287】 第一希望以外のJR会社での採用でも応じる姿勢を示しながら、採用の段になって結局自らの意思で採用を断ったのであるから、不採用の不利益は自ら引き受けるのもやむを得ず、第一希望以外のJR会社に採用となったことが所属組合に着目した不利益取扱いであるとまで認められない。
【X1～X7】 ・法人格なき社団である大阪ゴルフクラブ	【Y1】 本件クラブより事業譲渡を受けた会社		■1事件 Y1による雇用関係承継は認められず、本件クラブとY1は法的に一体のものととらえることもできず、Y1における不

265

	大阪地裁 H21.1.15 労判985-72	本件クラブは事業譲渡後に全従業員を解雇し解散している。が，Y1による雇用関係の承継はないしY1と本件クラブの実質的一体性を前提に，X8組合の組合員たるX1らを嫌悪する意思で事業譲渡を通じて雇用を解消したことが解雇に該当するところ，同解雇が解雇権の濫用に当たり無効であるとして，X1〜X7がY1に対して地位確認及び賃金請求をするとともに，違法なX1らの排除行為（解雇）に関与したY1らに対し，X1〜X8組合が損害賠償請求等を請求した事案。 ■2事件 本件クラブとY1を支配するY6が，X1らの使用者というべき立場で，組合員たるX1らを嫌悪して事業譲渡契約という手法を使って本件クラブないしY1からX1らを排除しようとしたものであって，不当労働行為に該当するとして，不法行為に基づいて慰謝料等の請求をした事案。	①地位確認 ②賃金請求 【X1〜X8 →Y1〜Y5】 損害賠償請求 ■2事件 【X1〜X8 →Y6】 損害賠償請求	5】 連帯して各100万円 ■2事件 【X1〜X7 →Y6】 各100万円	5】 0円 ■2事件 【X1〜X7 →Y6】 0円
[19]	日本メール・オーダー事件 東京地裁 H21.4.13 労判986-52	・X1及びX2がYに対し，YがX1及びX2を昇進・昇給において不平等・不利益な取扱いをしてきたこと等が労働組合の組合員であることを理由とするものであって信義則上の平等取扱義務に違反するとして，債務不履行（主位的）又は不法行為（予備的）に基づく損害賠償請求として，平成12年1月から平成19年3月までの差額賃金（役職手当，職能給賞与）相当額の損害金（X1：1123万5200円，X2：1240万5372円）及び同期間中の賃金差別等によって被った精神的苦痛についての慰謝料の支払を求めた事案。 ・X1，X2が加入していた労働組合は分会であり，会員はX1及びX2のみ。	【X1・X2 →Y】 ・主位的請求 損害賠償請求 （民415） ・予備的請求 損害賠償請求 （民709）	【X1・X2】 各1070万円	【X1・X2】 各120万円
[20]	JR西日本（森ノ宮電車区・日勤教育等）事件 大阪高裁 H21.5.28 労判987-5 大阪地裁 H19.9.19 労判959-120	(1)X1〜X3が，Y2及びY3から，必要性のない日勤教育を指定され，いじめや嫌がらせというほかない業務指示を受け，過酷で屈辱的な扱いを受けるなどしたとして，またこれらはX1〜X3が組合（X5）に所属し，組合活動を行っていることを嫌悪してなされたものであるから不当労働行為に該当するとして，Y1〜Y3に対しては，共同不法行為責任に基づく損害賠償，Y1に対しては，選択的に労働契約上の安全配慮義務違反に基づく損害賠償，慰謝料等を請求し，(2)X4〜X6が，Y2及びY3によって，配管工事を理由に組合（X5）の掲示板が移設され，工事終了後も元の位置に戻されないこと及び掲示板に貼り出した掲示物が強制的に撤去されたことは，いずれも不当労働行為に該当し，団結権に基づく組合活動の侵害に当たるとして，Y1〜Y3に対し，共同不法行為責任に基づく損害賠償の連帯支払を請求した事案。	・選択的請求 【X1〜X3 →Y1〜Y3】 損害賠償請求 （共同不法行為） 【X1〜X3 →Y1】 損害賠償請求 （債務不履行） 【X4〜X6 →Y1〜Y3】 損害賠償請求	選択的請求 【X1〜X3 →Y1〜Y3】 連帯して各200万円 【X1〜X3 →Y1】 各200万円	【X1→Y1〜Y3】 連帯して30万円 （内訳） ・不当労働行為：0円 ・違法な職務命令：30万円 【X2→Y1〜Y3】 連帯して40万円 （内訳） ・不当労働行為：0円 ・違法な職務命令：40万円 【X3→Y1

第12章　不当労働行為

（本件クラブ）の元従業員 ・X8の組合員 【X8】 キャディを除く本件クラブの従業員の労働組合	【Y2～Y5】 本件クラブ解散時の理事等 【Y6】 100％出資でY1を設立した会社	採用をもってXらの雇用契約の解消（解雇）と評価できない。 ■2事件 Y6がX1ら従業員の労働条件，退職について現実的かつ具体的な支配力を有しておりそれを行使したとはいえないため，Y6に使用者性は認められない。 ■1・2事件共通 労使関係の経緯や事業譲渡に至った理由，キャディー職の採用状況に加え，承継内容が事業契約者の自由な意思に任されていることを総合すると，一連の行為が不当労働行為であったとは認められない。
【X1・X2】 ・Yの従業員 ・労働組合の分会所属	スポーツ器具の卸販売・消費者金融等目的とする株式会社	・Yが昇進・賃金差別をしたことは否定し，これを理由とする請求については，理由がない。 ・労働基準法3条，労働組合法7条により，使用者は，労働者に対して，労働契約上，労働組合員（分会員）であることを理由として役職の付与等関して不平等・不利益に扱ってはならない信義則上の義務を負い，この義務には，役職の付与や賃金等の不平等の取扱い等の禁止のみならず，その前提となる賃金制度等の労働条件を検討する機会の提供についての不利益取扱い禁止も含まれている。 ・Yは，昭和62年以降，職能給を従前の職能給表に基づかず，調整給としての意味合いを持つように制度変更していたにもかかわらず，平成5年には，昇格しなければ職能給は変動しないなど述べ，職能給制度の変更を本件訴訟まで，Xらには明らかにしていなかったのであるから，前記義務に違反した債務不履行責任を負う。 ・Yの行為は，Xらに対する重大な精神的苦痛を与える対応であり，交渉対応の態様や，Yが説明すべきであった職能給制度は賃金制度の一部であって，労働契約の重要な要素であること，Yが役職と連動しているような積極的な発言をしていること，職能給制度の変更から20年以上，職能給表を参考にすることをやめて職能給についての労使協定をしなくなって12年以上経過していること等を考慮。
【X1】 ・Y1の電車運転士 ・X5組合員 【X2・X3】 ・Y1の車両管理係 ・X5組合員 【X4】 ・Y1の車両技術係 ・X5組合員 ・分会書記長 【X5】 Y1の労働組合 【X6】 X5組合の関西地方本部	【Y1】 旅客鉄道輸送を業とする株式会社 【Y2】 Y1の電車区の首席助役 【Y3】 Y1の電車区区長	【X1】 ・X1に対する措置等が不当労働行為に該当することを認めるに足りる証拠はない。 ・X1に対する措置等のうち，平成15年6月23日からの日勤教育は，日勤教育に指定すること自体は必要性及び相当性が認められ，その間の教育内容も是認できるものが多いが，期間において不安定なまま長期に過ぎることにより，必要性及び相当性を欠き，違法。 ・日勤教育が指定された期間，その間の指示された業務の内容及び程度のほか，給与や賞与に対する影響や，心身への影響等，本件に現れた一切の事情を総合考慮。 【X2】 ・X2に対する措置等が不当労働行為に該当することを認めるに足りる証拠はない。 ・X2に対する措置等は，平成16年4月30日からの日勤教育について，必要性がないのに日勤教育の指定を受け，日勤教育として不必要な業務に従事させられたという点で違法。 ・日勤教育が指定された期間，その業務の内容及び程度，日勤教育期間中に得られなかった徹夜勤務手当額（9万5605円）やその他給与や賞与に対する影響等，本件に現れた一切の事情を総合考慮。

					～Y3】0円
【21】	ワイケーサービス（九州定温輸送）事件 福岡地裁小倉支部 H21.6.11 労判989-20	Yの孫会社であるK社と雇用契約関係にあったX1～X5が，Yに対し，K社の解散及びこれに伴うX1～X5の解雇が無効であり，法人格否認の法理により，Yも雇用者としての責任を負っていると主張して，労働契約上の権利を有する地位にあることの確認及び解雇後の賃金の支払を請求するとともに，上記雇用は被告とK社の共同不法行為であると主張して，損害賠償を請求した事案。	【X1～X5→Y】①地位確認②賃金請求③損害賠償請求	【X1～X5】各100万円	【X1～X5】各100万円
【22】	オオシマニットほか事件 和歌山地裁田辺支部 H21.7.17 労判991-29	本訴として，(1)Y各社に就労していたXらがそれぞれ，(ア)Y各社に対し，(a)その各就労期間中の時間外，休日，深夜労働の手当や賃金の一部（以下「本件時間外手当等」という。）が支払われていないとして，未払の本件時間外手当等，(b)Y各社がXらから「管理費」を違法に徴収したとして，不法行為に基づく損害賠償金を請求し，(イ)Y1，Y3，Y5の各代表取締役（以上3名を総称して「Y2ら」という。）に対し，前記(ア)のY各社の本件時間外手当等の未払や「管理費」の徴収は，いずれも，Y2らが，代表取締役としての職務執行上，故意又は重大な過失に基づき行ったものであるとして，旧有限会社法30条の3第1項若しくは旧商法266条の3第1項又は民法709条に基づく損害賠償金を請求し，(2)X3，X7～X10(以下併せて「2年生Xら」という。)が，(ア)Y各社に対し，Y各社との間で締結されていた有期雇用契約を更新せず，違法に解除されたとして（以下「本件各解除」という。），不法行為による損害賠償金を請求し，(イ)Y2らに対し，旧有限会社法30条の3ないし旧商法266条の3又は民法709条に基づく損害賠償金を請求し，反訴として，Y各社がそれぞれ，(3)Xらに対し，Xらが所定時間外の作業量を不当に水増しして残業手当を受け取ったとして，不当利得に基づく不当利得金を請求し，(4)2年生Xらに対し，Y各社に対する背信行為により，Y各社は本件各解除を余儀なくされ，この解除により労働力を失って縫製業等ができず，得べかりし利益を失い損害を被ったとして，不法行為による損害賠償金を請求した事案。	(本訴請求)【X1～X3→Y1・Y2】①(未払)賃金請求②損害賠償請求 【X4～X9→Y3・Y4】①(未払)賃金請求②損害賠償請求 【X10→Y5・Y6】①(未払)賃金請求②損害賠償請求	【X3→Y1・Y2】連帯して50万円 【X7～X9→Y3・Y4】連帯して各50万円 【X10→Y5・Y6】連帯して50万円	【X3→Y1・Y2】連帯して20万円 【X7～X9→Y3・Y4】連帯して各20万円 【X10→Y5・Y6】連帯して20万円
【23】	東京都自動車整備振興会事件 東京高裁 H21.11.4 労判996-13 東京地裁 H21.1.19 労判996-25	Yから，Y足立支所業務副課長から同業務係長に任ずるとの命令を受けたXが，本件降格処分は不当労働行為であって無効であると主張して，本件降格処分の無効確認，Y足立支所業務課副課長たる雇用契約上の地位にあることの確認，本件降格処分により減額された役職手当の差額の支払，不法行為による損害賠償として慰謝料の支払を求めた事案。	①降格処分無効確認②地位確認③(差額)賃金請求④損害賠償請求	300万円	0円

第12章　不当労働行為

【X1〜X4】 Yの孫会社K社の元トラック運転手 【X5】 K社の事務員	・冷凍機付きトラックによる生鮮食品等の輸送・保管事業 ・YはN社の、N社はK社の全株式をそれぞれ保有（K社はYの孫会社）	【X3】 X3に対する措置等（反省文の作成、除草作業への従事、注意・指導、日勤教育や訓告処分、決定通知書の読み上げ等）は違法とはいえない。 ・Yは、N社の全株式を、N社はK社の全株式をそれぞれ保有し、役員構成の共通するところも多く、K社の業務を完全に支配できる立場にあったから、Yが、分会所属の組合員であるXらに対する関係で労組法7条所定の使用者に該当し、支配介入等を禁止される立場にあった。 ・N社によるK社の解散決議はYの意思決定によることが明らかに推認でき、本件解散及び本件解雇の実質の主体がYにあった。 ・Yは、K社の経営不振を、あえて業績改善措置をとらないまま放置し、経営不振に藉口してK社を解散し、分会を排除する意図であった。 ・Yは、組合の分会排除の意図でK社を解散させたものと認められ、本件解散及び本件解雇は不当労働行為に該当し、Xらに対する関係では故意による不法行為を構成するものとして、損害賠償責任を肯定。 ・Xらが、本件解散及び解雇によって労働者としての地位を喪失したことを考慮。
【X1〜X10】 ・中国人女性 ・外国人研修・技能実習生 （研修期間1年と1年毎の有期雇用契約締結により合わせて最長3年） ・X1、X2、X4〜X6は、上記制度により3年間勤務した3年生、X3、X7〜X10は、3年目の雇用契約を締結した2年生 ・労働組合加入 ・賃金：月額13万円	【Y1・Y3・Y5】 ・縫製受託加工、布帛製品の製造・販売、婦人服の製造、加工及び販売を行う会社 ・外国人研修・技能実習制度の下で、Xらと有期雇用契約を締結した 【Y2・Y4・Y6】 Y1・Y3・Y5の各代表者	・Y1・Y3・Y5各社は、平成17年2月15日にユニオン執行部から、Xらが、分会を結成した旨通告されるとともに、未払時間外手当等の支払や労働時間等の労働環境改善を要求され、Xらがその2日後から午後7時以降の残業をしないとY各社の設定するノルマを達成できない状況にあったこと、Y各社がXらに解雇の意思表示をしたのは、上記通告を受けて1か月後、団体交渉でY4がXらとの団体交渉を断固拒否してから10日後ほどのことであったことからすると、Y各社は、Xらの要求や組合活動としての就労態度が正当なものであったにもかかわらず、これを嫌って不当労働行為意思が決定的動機となって本件各解除をしたと認めるべき。 ・Y各社は、不当労働行為として、Xらに解除の意思表示をし、2年生Xらの就労の機会を失わせ、賃金を得る機会を失わせるという不利益を課したのであるから、本件各解雇は不当労働行為として違法。 ・2年生Xらは、本件各解除により、中国に帰国せざるを得ない状況に追い込まれたもので、2年生Xらは、得べかりし利益を失ったほかに本件各解除により技能を習得できず、しかるべき収入を得て中国に帰国するという夢が絶たれたものというべきであり、2年生Xらにはそれぞれ相当の精神的苦痛があったと認めるべきであり、他方で、2年生Xらにおいても、Y各社の指示の不順守といった落ち度があったこと等を考慮。
・支所の副課長（支所長に次ぐ管理職ポストで窓口の責任者的立場） ・個人加盟の労働組合の副中央執行委員長	・国土交通省関東運輸局管轄の公益社団法人 ・会員（自動車分解整備事業者）に事業運営改善相談、技術向上の研修・講習会、整備士の養成・技能登録試験等を実施	会員の会費によって活動がまかなわれ、会員に対するサービスを業務とするYにとっては、Xの窓口対応、電話対応の悪さに対する会員の不満、苦情に対処して何らかの対応措置をとるべき業務上の必要性が大きいこと、足立支所のナンバー2で、他の職員を指導したり、仕事の上で模範となるべきポストに会員から苦情が続出している者を就けておくことが組織上の観点からふさわしくなく、また、Xは、副課長（窓口対応の責任者であり、他の職員を指導し、他の職員の模範になるべき立場にある）としての能力・適性に欠けると判断したことが、合理性を欠く判断であるとはいえないこと、本件降格処分は、副課長から1ランク下の係長に降格するだ

【24】	ライジングサンセキュリティーサービス事件 東京地裁 H21.9.15 労判996-42	Yの従業員であるXらが，Yに対し，労働契約に基づき，割増賃金の支払を求め，また，Yによる羽田空港から他の場所へ勤務場所の変更を命ずる異動命令は，Xらが労働組合を結成したことを理由とするもので，不法行為であるとして，主位的には異動の前後における賃金差額相当分を基礎とした損害賠償請求を，予備的には精神的苦痛ならびに団結権侵害に対する慰謝料の支払を求めた事案。	【X1・X2→Y】 ①（未払）賃金請求 ②損害賠償請求	【X1・X2】 相当額	【X1・X2】 各50万円
【25】	全国一般労働組合長崎地本・支部（光仁会・組合旗）事件 福岡高裁 H20.6.25 労判1004-134 長崎地裁 H18.11.16 労判932-24	労働組合Nの下部組織であるX1組合の，さらに下部組織であるY病院分会のX2ら組合員が，平成16年度夏季一時金に関する労使交渉に際して組合旗を病院施設に設置したので，YがX2を停職3か月の懲戒処分に付した。 (1)Yは，上記組合旗の設置とこれを継続した行為は違法であると主張して，N及びXらに対し，不法行為に基づく損害賠償として，602万5000円を連帯して支払うよう求め（第1事件，第3事件）， (2)X2は，上記懲戒処分は不当労働行為等により違法・無効なものであると主張して，Yを相手に，懲戒処分の無効確認，停職期間中の賃金91万9425円の支払，不法行為に基づく損害賠償として，慰謝料50万円の支払を求め，さらに，X1組合は，X2と同様の主張をして，Yに対し，不法行為に基づく損害賠償として，団結権を侵害したことによる慰謝料100万円の支払を求めた（第2事件），という事案。	■第2事件 【X2→Y】 ①懲戒処分無効確認 ②賃金請求 ③損害賠償請求 【X1→Y】 損害賠償請求	【X2】 50万円 【X1】 100万円	【X2】 30万円 【X1】 20万円
【26】	佐賀ゴルフガーデンほか事件 佐賀地裁 H22.3.26 労判1005-31	Y1に雇用され，取締役を兼任していたXが，(1)Y1及びY3に対し，Y1がなした，不正会計処理，横領・背任を理由としたXに対する普通解雇は，解雇理由が存在せず，かつ，不当労働行為に該当するから無効であり，さらに，法人格否認の法理により，Y1だけでなく，Y3も雇用者としての責任を負っていると主張して，①労働契約上の権利を有する地位にあることの確認を求めるとともに，②雇用契約に基づき，上記解雇後の賃金の支払を求め，(2)Yらに対し，上記解雇は，Y1及びY3，Y3の役員であるY4及びY5，Y2の共同不法行為（民法719条前段）であると主張して，連帯して，賃金相当額の損害金の支払を求め（Y1及びY3に対しては，上記(1)2の請求との予備的な主張），上記共同不法行為に基づき，連帯して，Xが違法な解雇によって被った精神的苦痛に対する慰謝料の支払を求め，それぞれ請求した事案。	【X→Y1・Y3】 ①地位確認 ②賃金請求 【X→Y1～Y5】 損害賠償請求 ※このうち，Y1，Y3に対する賃金相当額の請求は，②との関係で予備的請求	【Y1～Y5】 連帯して100万円	【Y1～Y5】 連帯して30万円
【27】	ソクハイ事件 東京地裁	Yと「運送請負契約」と題する契約を締結してバイシクルメッセンジャー（以下「メッセンジャー」という。）として稼働	①地位確認 ②賃金請求 ③損害賠償請求	200万円（弁護士費用を含む）	0円

第12章　不当労働行為

		けのもので，役職手当上の不利益もわずか本給額の1％の違いにすぎないこと等を総合すると，本件降格処分に裁量権の逸脱又は濫用があるとは認め難い。なお，上記に照らすと，本件降格処分には十分な根拠があると認められるから，本件降格処分が，Xの組合活動を嫌悪して，不当労働行為意思からされたものであるとは認め難い。
【X1・X2】 ・羽田空港で保安検査警備業務に従事していたが，東京税関へ異動 ・異動命令の直前に，労働組合を設立 ・X1が執行委員長 ・X2が執行委員	警備業務等の請負を業とする株式会社	・本件異動は異動の必要性が皆無ではないが，従業員に対する経済的影響性も少なくない以上，相応の必要性が必要であると解されるところ，Yは組合員であることを理由として異動の打診をしたと推認されることからすると，Yは組合をつぶすために，Xらに対して本件異動命令をしたというべきで，本件異動命令は不法行為となる。 ・Yではシフトごとに賃金が決められており，従業員の希望も踏まえてYがシフトを決定していたことから，本件異動命令がなかったとしても，本件異動命令前と同額の賃金が確実に支給されたであろうとはいえず，また，実労働時間が減ったことにより，長時間勤務が解消され，他でアルバイトもできる状況になったこと等から，Xらの損害は，賃料差額相当分としては認められず，組合つぶしという目的による本件異動命令により受けた精神的損害に対する慰謝料として評価するのが相当としたうえで，本件異動命令の経緯等本件に現れた一切の事情を勘案。
【N】 労働組合（長崎地方本部） 【X1】 Nの一構成単位労働組合 【X2】 ・X1の下部組織であるY病院分会の分会長 ・Yの看護助手	【Y】 精神科を主な診療科とする光仁会病院を設置運営する医療法人	・本件懲戒処分は裁量権を濫用したものであるから，無効かつ違法というべきであるが，さらに，本件懲戒処分は不当労働行為意思に基づくものであって，労組法7条3号に該当するということができるから，X1組合は本件懲戒処分により団結権を侵害されたというべきである。 ・認定した諸事情（※X1組合は，正当な組合活動とはいえない組合旗設置行為に及び，Yから撤去を求められた後も設置を継続したもので，その情状は決して軽くはないこと，他方，X1組合が組合旗を設置したのはYのX1組合に対する敵対的な行動等に反発したことに起因したものであり，また，Yは十分な検討をすることなく，ただ，組合旗の設置期間が108日間であったから3ヶ月の停職にするという薄弱な理由で本件懲戒処分を決定していること，本件懲戒処分はYのX1組合やその組合活動に対する敵意の発現であったとも考えられること等）その他諸般の事情を斟酌するに，X2及びX1組合に対する慰謝料は，X2につき30万円，X1組合につき20万円をもって相当。
・Y1の経営するゴルフ練習場の経理・フロント業務を担当 ・取締役 ・労働組合（建交労）加入	【Y1】 ゴルフ練習場経営会社 【Y2】 Y1代表取締役 【Y3】 Y1設立会社 【Y4】 Y3代表取締役，Y1取締役 【Y5】 Y3専務取締役，Y1取締役	・Xが不適切な経理処理を行っていたことは，それ自体解雇理由とするに十分であるとしながらも，本件解雇処分は，もっぱら，Xの建交労への加入や団体交渉等の組合活動に対する嫌悪の意図に基づいて行われたものであるから，不当労働行為に該当し無効であり，不法行為を構成する。 ・Y2～Y5も，本件解雇処分について決定ないし関与していたとして，共同不法行為責任を認めた。 ・Xは，Yらによる建交労の組織や組合活動に打撃を与えるという違法な目的により解雇され，就労の機会を奪われたものであり，Xが被った精神的苦痛は相当なものと認められるが，その精神的苦痛は，労働契約上の地位確認及び未払賃金の支払請求の認容によって，相当程度に慰謝されると考えられること，不適切な経理処理という解雇理由となるべき事実が認められること，その他本件に顕れた一切の事情を総合考慮。
・Yと「運送請負契約」を締結してバイシクルメッセンジャーとして	自転車，自動二輪車及び軽四輪自動車により荷物等を配送する運送	X本件所長解任通告及び本件稼動停止通告が，メッセンジャーが労働組合を結成し，Xがその委員長に就任したことを理由によりされたことを認めるに足りる証拠はなく，これら

271

	H22.4.28 労判1010-25	し，Yが設置する営業所の所長でもあったXが，Yに対し，Xは，労働基準法上の労働者に当たる者であり，YによるXの所長職の解任及びバイシクルメッセンジャーにかかる解雇通知としての性質を有する無期限の稼動停止通告は，メッセンジャーが労働組合を結成し，Xがその委員長に就任したことを理由とするものであるから，権利の濫用として無効であると主張して，①労働契約上の地位確認等を求めるとともに，②所長職の解任による賃金の減収分及び稼動停止通告以降の賃金の支払を求め，③上記解任及び稼動停止通告が不法行為に該当するとして損害賠償の支払を求めた事案。	求		
【28】	日光産業ほか1社事件 大阪地裁堺支部 H22.5.14 労判1013-127	(1)Yらの従業員であるX1〜X18，X20〜X33が，Yらが行った懲戒処分が無効であると主張して，Yらに対し，懲戒処分の無効の確認及び懲戒処分により減額された賃金の支払を，(2)Y1の従業員X19が，Y1が行った懲戒解雇が無効であると主張して，Y1に対し，雇用契約上の権利を有することの確認及び未払賃金の支払を，(3)X1〜X33が，Yらが行ったロックアウトが不当であると主張して，Yらに対し，ロックアウトにより減額された賃金の支払を，(4)X34組合が，Yらの不当労働行為により損害を被ったと主張して，Yらに対し，共同不法行為に基づいて，慰謝料の支払を，それぞれ請求した事案。	【X1〜X18 →Y1・Y2】 ①懲戒処分無効確認 ②賃金請求 【X19→Y1】 ①地位確認 ②賃金請求 ③損害賠償請求 【X1〜X33 →Y1・Y2】 損害賠償請求 【X34】 損害賠償請求	【X34→Y1・Y2】 連帯して100万円	【X34→Y1・Y2】 0円
【29】	大阪京阪タクシー事件 大阪地裁 H22.2.3 労判1014-47	■1事件 X1〜X79が，(1)就業規則の改定による賃金体系の変更が無効であるとして，Yに対し，変更前の就業規則上の賃金体系による賃金相当額と同改定後の賃金体系による実際の支払額との差額の支払を求めるとともに，(2)X80が，Yに対し，Yが労働協約に基づいて一定の賃金体系を制定すべき義務を負っていたところ，これを怠った又はX80への支配介入行為があったとして債務不履行又は不法行為に基づいて損害賠償の支払を求めた事案。 ■2事件 X81〜X85が，就業規則の改定による賃金体系の変更が無効であるとして，Yに対し，変更前の就業規則上の賃金相当額と同改定後の賃金体系による実際の支払額との差額の支払を求めた事案。	■1事件 【X1〜X79 →Y】 賃金請求 【X80→Y】 損害賠償請求 ■2事件 【X81〜X85 →Y】 賃金請求	■1事件 【X80】 500万円	■1事件 【X80】 0円
【30】	学校法人森教育学園事件 広島高裁岡山支部 H23.3.10 労判1028-33 岡山地裁 H22.3.30 労判1028-43	Xらが，Yに対し，就業規則及び給与規定の改正は違法であり，XらはYが設置運営する高等学校の教職員で組織された労働組合の執行委員長及び書記長であるところ，Yが差別的に校務分掌からはずし，違法，不当に低い人事評価に基づき賞与を低く査定する不利益に扱ったや不当労働行為をしたと主張して，不法行為に基づく損害賠償を請求した事案。	【X1・X2 →Y】 損害賠償請求	【X1・X2】 各200万円	【X1・X2】 各100万円

稼動 ・Y営業所所長 ・労働組合委員長	業務等を目的とする株式会社	が不法行為に当たるものとはいえない。
【X1～X21】 ・Y1の従業員 ・X34の組合員 【X22～X33】 ・Y2の従業員 ・X34の組合員 【X34】 Xらが結成した労働組合	【Y1】 堺市の委託を受けてゴミ収集運搬業務を行う会社 【Y2】 大阪狭山市の委託を受けてゴミ収集運搬業務を行う会社	・Yらの組合員に対する懲戒処分には理由があり不当労働行為と推認することはできないか，無効な懲戒処分についても，懲戒該当事由性の法律的判断を誤ったものにすぎないから，これらの処分が不当労働行為であると推認・準認することはできない。 ・懲戒処分及び解雇の対象者が，X34組合の組合員33名のうち6名にすぎない。 ・Yらが，X34組合の順法闘争及び争議行為等の労働組合活動を嫌悪し抑圧するために，懲戒処分及び解雇を行ったとは認められず，不当労働行為であるとは認められない。
■1事件 【X1～X79】 Yタクシー乗務員 【X80】 Yの旧労働組合の方針に反対したX1～X79らが離脱して結成した労働組合 ■2事件 【X81～X85】 Yのタクシー乗務員	タクシー会社	・X80・Y間で締結された労働協約自体から，Yに特定の賃金体系を導入すべき具体的義務まで認めることはできないし，また，新賃金規程が法令に違反し，その制定が労働協約に反しているということもいえない。 ・Yは，X80との交渉においても，何ら不誠実な態度は認められず，旧労働組合とX80との間で，格別，差別した取扱をしたことも証拠上認められない以上，新賃金規程の導入をもってX80に対する不当労働行為とは認められない。
【X1・X2】 ・Y勤務の教員 ・教職員の労働組合の組合員 【X1】 執行委員長 【X2】 書記長	私立高校を設置する学校法人	・Xらの校務分掌，席の割り当て及び授業の持ち時間は，いずれもXらないし組合の組合活動とYとの紛争の激化と沈静化に即応していることは明らかであり，Xらの勤務実態とその組合活動との間には相関性があるといわざるを得ない。 ・これに加えて，Y代表者尋問において，平成13年の組合による組合活動が違法不当であると考え，Xらを校務分掌からはずした旨を供述している。 ・X2に対する平成10年度，11年度の校務分掌はずし等とXら両名に対する平成14年度以降の校務分掌はずし等は，いずれもYがXらの組合における活動を嫌悪してした不利益取扱いであり，不当労働行為であったことが強く推認される。 ・平成16年9月10日以降，平成18年度末までの加害期間を併せて考慮する。

[31]	エコスタッフ（エムズワーカース）事件 東京地裁 H23.5.30 労判1033-5	■第一事件 公社のプラントで産業廃棄物分別業務等を請け負っていたY1を唯一の取引先とするY3が、公社とY1社との業務委託契約が終了する見通しとなったため、委託契約の終了に合わせてY3の全従業員を解雇する旨をX1を含む全従業員に通知し、その団体交渉を拒否して、従業員を解雇したところ、X1～X7、X8、X9が、(1)Y1に対しては民法709条、(2)Y2に対しては会社法429条により、Y1はY3と一体であり、Y1の法人格は否認されるべきであるから、Y3が解雇回避努力義務を怠り、突然解雇して賃金を払わず、さらには本件仮処分の申立てに至らしめたこと、(3)X8及びX9に対しては、組合の存在を嫌悪、否認して分科長を不利益取扱いしたり、団体交渉等を拒否し、本件救済命令の申立てに至らしめたことに対する慰謝料を請求した事案。 ■第二事件 X1及びX3ないしX7が、(1)Y1とY3に対して、解雇無効であるとして賃金支払いと(2)Y4に対して、会社法429条に基づき損害賠償を請求した事案。	■第一事件 【X1・X7→Y1・Y2】 損害賠償請求 【X8→Y1・Y2】 損害賠償請求 【X9→Y1・Y3】 損害賠償請求 ■第二事件 【X1・X3～X7→Y1】 賃金支払請求 【X1・X3～X7→Y4】 損害賠償請求	■第一事件 【X1～X7→Y1・Y2】 連帯して各50万円 【X8→Y1・Y2】 連帯して100万円 【X9→Y1・Y2】 連帯して50万円 ■第二事件 【X1・X3～X7→Y4】 各50万円	■第一事件 0円 ■第二事件 【X1・X4～X7→Y4】 各20万円 【X3→Y4】 40万円
[32]	学校法人明泉学園（S高校）事件 東京地裁立川支部 H24.10.3 労判1071-63 東京高裁 H25.6.27 労判1077-81	学校法人Y1が開設する高等学校の教員ないし元教員であるXらが、Y1ないしY1理事長Y2による立ち番の指示が、指揮命令権の違法な行使ないし濫用であり、Xらの人格権及び団結権を侵害する共同不法行為であると主張し、Yらに対して慰謝料等の支払を求めた事案。	【X1～X10→Y1・Y2】 損害賠償請求	【X1→Y1・Y2】 連帯して242万3333円 【X2→Y1・Y2】 連帯して270万4999円 【X3→Y1・Y2】 連帯して220万7500円 【X4→Y1・Y2】 連帯して241万3333円 【X5→Y1・Y2】 連帯して248万1665円 【X6→Y1・Y2】 連帯して205万2499円 【X7→Y1・Y2】 連帯して218万1665円 【X8→Y1・Y2】 連帯して236万0833円 【X9→Y1・Y2】	【X1→Y1・Y2】 連帯して120万円 【X2→Y1・Y2】 連帯して150万円 【X3→Y1・Y2】 連帯して120万円 【X4→Y1・Y2】 連帯して120万円 【X5→Y1・Y2】 連帯して120万円 【X6→Y1・Y2】 連帯して120万円 【X7→Y1・Y2】 連帯して120万円 【X8→Y1・Y2】 連帯して120万円 【X9→Y1・Y2】

第12章　不当労働行為

【X1～X7】 ・Y3に雇用されていた者 ・X3は、X8の分科長 【X8】 X1～X7の所属組合の支部 【X9】 X1～X7の所属組合の分科会	【Y1】 産業廃棄物及び一般廃棄物の分別作業業務の元請株式会社（清算手続中） 【Y2】 Y1代表取締役 【Y3】 産業廃棄物分別作業委託元会社 【Y4】 ・元Y1業務部長 ・出資してY3を設立し、代表取締役	■第一事件 ・組合つぶしのためにあえて公社と再契約を締結せずX1～X7を解雇したという話は推測の域を出ないもので、解雇は不当労働行為にはあたらない。 ・Y1とY3の関係が、互いに唯一の業務委託関係にあり、一種の協力企業関係にあったとみることができる程度を超えて、Y3の法人格の形骸化や、Y1によるY3の法人格の濫用を認めるに足りず、両者の一体性を認めるに足りない。 ■第二事件 ・Y4は、代表者としてY3が不当労働行為に及ばないよう注意すべき義務に反して、X1及びX3ないしX7に損害を生ぜしめたものというべきから、団体交渉不応諾型の不当労働行為を、本件解雇に至る経緯の違法性と捉え、X1及びX3ないしX7に対する不法行為と構成することはできる。 ・本件解雇には実体的に見てやむを得ないと思われる事情（唯一の取引先との間の契約が打ち切られ、事業の継続が困難となったこと）も認められること、解雇回避努力を十全に果たすことは困難であったと認められることに加え、団体交渉不応諾型の不当労働行為救済命令の過料決定に関する傾向に照らして、X1及びX4ないしX7それぞれに20万円。 ・分科長であったX3には受診同意書を提出するまでは就労させず賃金も一切支払わないという事情も認められるから、40万円。	
【X1～X10】 ・教員ないし元教員 ・いずれも労組の組合員	【Y1】 高校、幼稚園、専門学校、短期大学を設置する学校法人 【Y2】 Y1の理事長	・登下校の際のマナー指導及び安全指導の限度を超えて本件立ち番を実施すべき必要性及び合理性が乏しく、その指示が不公平なものであったこと、本件立ち番の内容及び態様から、Xらが被った肉体的負担及び精神的苦痛、本件立ち番の指示が不当労働行為を構成するものであること、本件立ち番の指示の拒否は訓告など懲戒処分の対象とされ、Xらは昇給等において不利益な取扱いを受けていること、Y2は、本件訴え係属後もXらに対する敵意を隠そうとしなかったことなどを総合すると、Yらの共同不法行為の違法性の程度は著しいものというべき。 ・各Xが違法な本件立ち番の指示により余儀なくされた立ち番の従事回数ないし時間、クラス担任、部活動顧問などに係るXらについての処遇その他一切の事情を考慮し、Xらの慰謝料額を算定。 ・X2については交通立ち番の回数が最も多いほか退職後まで訓告書を送りつけているという事情があり、X10については交通立番の担当がなく行事立番の時間ももっとも少なかったことのほか他の原告のように手当支給のある業務から外されていないことという事情がある。	

				連帯して232万3333円 【X10→Y1・Y2】 連帯して103万円	連帯して120万円 【X10→Y1・Y2】 連帯して25万円
【33】	北港観光バス（賃金減額）事件 大阪地裁 H25.4.19 労判1076-37	XがYに対し，XとYとの間には少なくとも賃金月額が30万円を下らない金額となるよう仕事を与える合意があったにもかかわらず，原告が被告の意に反した組合活動を行ったことから，Xに対する仕事を減らしたことが，債務不履行及び不法行為に当たるとして，労働契約又は不法行為に基づき，月額30万円と平成22年7月以降にXに支払われた賃金との差額賃金，慰謝料，弁護士費用の支払を求めるとともに，Xは時間外労働をおこなったがYは労働基準法37条所定の割増賃金を支払っていないとして，労働契約に基づき，法定割増賃金並びに同額の付加金の支払を求めた事案。	①差額賃金請求 ②損害賠償請求 ③割増賃金請求	200万円	0円
【34】	オリエンタルモーター（第二次賃金差別事件） 東京地裁 H25.4.15 労判1077-35	Xらが，YのX1組合員らに対する仕事上及び賃金上の差別的取扱いを一部認めた東京高等裁判所の判決を受けたにもかかわらず（同判決の判断の対象となった期間は，昭和61年度から平成2年度である。），平成3年度以降についても，引き続きYのX1組合員らに対する仕事上及び賃金上の差別的取扱いが存在すると主張し，主位的に，労働契約に基づく賃金請求権として差額賃金分の支払を求めるとともに，予備的に，労働契約に付随する均等待遇義務違反に基づく損害賠償請求及び不法行為に基づく損害賠償請求をそれぞれ求めた事案。 ・X2～X9は，各々，被った差別的取扱いの態様が異なり，これに応じて，各人の慰謝料額も異なっている。最も慰謝料額が高いX9は帯状疱疹に罹患し，自己都合退職している。	【X1→Y】 ①損害賠償請求 ②謝罪文の掲示 【X2～X9→Y】 ・主位的請求 ①差額賃金請求 ②謝罪文の掲示 ・予備的請求 ③損害賠償請求 ④謝罪文の掲示	【X1】 1000万円 【X2～X9】 各300万円	【X1】 50万円 【X2】 10万円 【X3・X4】 15万円 【X5・X6】 20万円 【X7・X8】 25万円 【X9】 30万円

<解説>

1　慰謝料請求が認容された割合

　本調査の対象となった平成15年1月～平成25年12月の労判において，不当労働行為に関連して慰謝料請求がなされた事例は，別紙一覧表のとおり，34件であった。

第12章　不当労働行為

・Yバス運転手 ・企業内労働組合を結成し，副委員長に就任	路線バス，観光バス，送迎バス等の旅客自動車運送業等を業とする株式会社		・XY間の労働契約において，Xの労働時間は予め定められていないから，一般的には，Xに対し一定時間以上の労働を命じることがYの義務であるということはできないが，Yのバス従業員の給与は時給制であり，労働時間の多寡が各従業員の収入の多寡に直結するという事情の下においては，Yが合理的な理由なく特定の従業員の業務の割り当てを減らすことによって労働時間を削減することは不法行為に当たりうる。 ・Xは，配車の減少が，組合幹部に対する嫌悪の情に基づくとまでは認めることはできないが，合理的な理由があるとは認められず，配車の減少は，不法行為にあたる。 ・慰謝料については，差額賃金が支払われることによってXの精神的損害も慰謝されるものと認めるのが相当。
【X1】 ・X2らの所属する労働組合 ・組合員はXらのみ8名 【X2～X9】 X1の組合員	精密小型モーターの製造・販売会社		・Yは，昭和58年から一貫して，X1組合員らに対し，平社員のままで留め置き，単純作業を命じ続け，仕事上の指示を与えず，職場内での会議や冠婚葬祭から排除し，表彰の内容で他の社員と差をつける等しており，また，非組合員から暴行や暴言があり，この状況は，X1組合員らが退職するまでの間変わることはなかった。X1組合員らに命じた仕事内容は，X1組合員らの職歴や経験年数に照らして明らかに不合理で，差別的動機による指示であった。 ・Yは，組合活動に対する賃金カットについての団体交渉に応じることや，組合員に対する仕事上の差別的取扱いの禁止について，地労委，中労委での救済命令や，地方裁判所等での判決，更には第一次賃金差別事件東京高裁判決確定という形で複数回にわたり判断が示され，Yとしては，何度も規範に直面し，自ら改善する機会が与えられていたにもかかわらず，Xらに対する処遇等について再検討をし，仕事差別を改善するなどしたことはうかがわれず，裁判所の判断を軽視しているといわざるを得ない客観的状況からすれば，その違法性は強い。 ・X1組合員ら各人について，各人の退職時期，退職時の状況等の諸事情を考慮し，慰謝料額を算定。 ・X1は自然人ではないから，精神的損害を観念する余地はなく，慰謝料請求は成り立たないとも主張するがX1固有の名誉・信用毀損による無形の損害が発生したものというべきであり，X1組合固有の慰謝料を認めることが相当。 ・Xらの提訴時に3年を経過したXらに対する仕事上の差別的取扱いに対する損害賠償請求権は，時効により消滅したものとした。 ※なお，本件は，前訴で差別的取扱いを理由として損害賠償等請求が認容された後，引き続き賃金差別があったと主張する原告らによる差額賃金等請求事件という特殊性がある。

　労働者個人により慰謝料請求がなされた事例が25件であり，そのうち，慰謝料請求が認容された事例は19件，労働組合により慰謝料請求がなされた事例が8件であり，そのうち，慰謝料請求が認容された事例は4件である。

　なお，本リサーチの対象は，慰謝料であるので，労働組合による損害賠償請求のうち，当事者の主張あるいは判決において「慰謝料」「精神的損害」に対する損害賠償等の記載があり明らかに慰謝料と認められるもののみがリサーチの対象とされて

おり,「非財産的損害」「無形損害」に対する損害賠償等については,リサーチの対象外とした。

2 慰謝料請求が認容された事例・認容されなかった事例の傾向

労働組合法7条は,不当労働行為として,使用者による労働組合の加入,結成,労働組合の正当な行為をしたこと,労働委員会に対し申立てをしたこと等を理由とする労働者の不利益取扱い(1号,4号),労働者の代表者との正当な理由なき団体交渉拒否(2号),労働組合の結成,運営への支配介入(3号)を禁止している。

労働組合法7条は,不当労働行為として労働委員会による救済手続きの対象となる使用者の行為を定めたものであるから,不当労働行為にあたれば直ちに不法行為となるのではなく,不当労働行為を理由とする慰謝料請求が認められるためには,①労働者または労働組合の主張する不当労働行為の存在が認められ,②当該行為が違法性を有し不法行為に該当すると評価されることが必要である。

(1) 労働者について

ア 認容された事例(【5】【9】【11】【12】【13】【14】【15】【16】【17】【19】【21】【22】【24】【25】【26】【30】【31】【32】【34】)

労働者による慰謝料請求が認容された事例には,労働者が不当労働行為であると主張した使用者の行為について,不法行為の成立を認めた事例(【5】【9】【11】【12】【13】【14】【15】【16】【17】【21】【22】【24】【25】【26】【30】【31】【32】【34】)が大半であった。なお,慰謝料請求が認容された事例の中には,使用者が,労働契約上,労働組合員(分会員)であることを理由として役職の付与等に関して不平等・不利益に扱ってはならない信義則上の義務に違反するとして債務不履行にあたると認められた事例(【19】)が1件あった。

本調査の対象となった事例の中で,不法行為として認定された使用者の不当労働行為には,支配介入(【14】)と不利益取扱いがあり,不利益取扱いの対象となる行為としては,解雇(【12】【17】【21】【22】【26】【31】),配転・降格・降職等(【5】【9】【12】【13】【15】【24】),懲戒処分(【11】【25】),不当な業務命令(【5】【9】【11】【32】),労働条件における差別的取扱い(【16】【19】【30】【34】)があった。

イ　認容されなかった事例（【1】【2】【4】【7】【8】【10】【18】【20】【23】【27】【33】）

　　労働者による慰謝料請求が認容されなかった事例には，労働者が不当労働行為であると主張した使用者の行為について，①そもそも不当労働行為と認められず，不法行為の成立自体が認められなかった事例（【1】【4】【7】【8】【10】【18】【20】【23】【27】【33】）と，②不当労働行為とは認められるが，使用者の当該行為が無効と判断されることで経済的損害が填補されることを理由に慰謝料を認めないとした事例（【2】）とがある。

(2) 労働組合について

　ア　認容された事例（【10】【11】【25】【34】）

　　労働組合による慰謝料請求が認容された事例は，いずれも使用者の行為が不当労働行為にあたることが認定された事例である。

　　いずれの裁判例も，使用者の不法行為により，労働組合に無形の損害（【10】【34】），団結権等が侵害される危険，録音テープの反訳などの煩瑣な作業の負担（【11】），団結権侵害（【25】）が生じたことを認定した上で，自然人ではない労働組合について，慰謝料請求を認容している。

　　【34】では，使用者側から，労働組合は自然人ではないから，精神的損害を観念する余地はなく，慰謝料請求は成り立たないとの主張があったのに対し，労働組合固有の名誉・信用毀損による無形の損害が発生したものというべきであり，労働組合固有の慰謝料を認めることが相当との判断がなされている。

　イ　認容されなかった事例（【3】【6】【28】【29】）

　　労働組合による慰謝料請求が認容されなかった事例には，労働組合が不当労働行為であると主張した使用者の行為について，①そもそも不当労働行為と認められず，不法行為の成立自体が認められなかった事例（【3】【6】【29】）と，②不当労働行為とは認められるが，自然人と異なる労働組合には，慰謝料を観念できないとして慰謝料請求が認められなかった事例（【28】）とがある。

3　認容額の傾向

(1)　労働者について

ア　認容額の分布

　労働者について慰謝料請求が認容された事例における認容額の最低額は10万円，最高額は500万円であった。

　50万円超～100万円以下及び200万円超～500万円以下の件数が多くなっているが，50万円超～100万円以下については，使用者が，労働組合排斥のため，タクシー会社を解散し労働者を解雇した事例（【14】）において，50人に60万円が認容された件数が含まれており，また，200万円超～500万円以下については，国労に所属していた国鉄の労働者が，分割民営化の際に採用されず解雇となった事例（【17】）において，271人に各500万円，6人に各250万円が認容されている点にご留意いただきたい。

（単位：万円）

認容額	20以下	20超～50以下	50超～100以下	100超～200以下	200超～500以下
件　数	19	21	60	13	277

イ　高額事案の分析

　高額事案では，使用者による労働者への不当労働行為の態様の違法性が強いという事情（【5】【13】【32】），労働者が使用者の行為により被った損害あるいは精神的苦痛が一過性のものではなく重大であるという事情（【17】【5】【13】【32】），等の事情が考慮されているものと思われる。

　【17】では，国労所属の国鉄職員について，国鉄がＪＲへの採用候補者名簿作成に際し，勤務評定を恣意的に低く行われるという違法な不利益取扱いを受けたことで正当な評価を受けるという期待権（正当な評価の結果，ＪＲ各社の採用候補者名簿に記載される可能性があったとの期待も含む。）を侵害され，また，国労に加入していることによりかかる差別を受け精神的損害を被ったという違法行為の態様，被害の重大性等が考慮され，500万円ないし250万円が認容されている。

　【5】では，幼稚園教諭について，クラス担任を解き，障害児加配担当を命ずる業務命令を発したなどの使用者による不当労働行為の内容，使用者が組合の結成の中心的人物である同人を疎外し，嫌悪して，長期間にわたる各種の違

法行為をしていること，原審判決や救済命令が出た後も同人を担任に戻そうとしなかったこと，同人が使用者においてなお孤立した状態にあることが窺われること等が考慮され150万円が認容されている。

【13】では，モーター部の加工業務等に従事していた労働者について，業務換え及び賃金減額の合意に至るまでの間，仕事が与えられないことや将来の就労や生活に対する不安のほか，上司によるいやがらせともいうべき言動により精神的苦痛を被ったこと，上記合意により，従来の知識，経験及び技能を生かすことのできない清掃業務に就くことを余儀なくされ，経済的困窮を来したこと等が考慮され，150万円が認容されている。

【32】では，高校教諭について，登下校の際のマナー指導及び安全指導の限度を超えて立ち番を実施すべき必要性や合理性が乏しく，その指示が不公平なものであったこと，立ち番の内容及び態様，立ち番の指示の拒否は訓告など懲戒処分の対象とされ，労働者らが昇給等において不利益な取扱いを受けていること，法人代表者が，訴え係属後も労働者らに対する敵意を隠そうとしなかったこと等が考慮され，150万円が認容されている。

ウ　低額事案の分析（【11】【15】【22】【31】【34】）

(ｱ)低額事案では，不当労働行為は違法としつつも，不当労働行為がなされた経緯において労働者側にも一定の落度があったという事情（【11】【15】【22】），不当労働行為とされた解雇について実体的にやむを得ないと思われるものであったという事情（【31】）が考慮されているものと思われる。

【11】では，組合員である列車運転士について，同人が，列車の運行中，添乗していた運輸課長に落ち度を指導された際，反抗的態度をとったことを理由とする減給の懲戒処分と日勤教育の一部が不当労働行為として違法とされたが，日勤教育により減額となった手当分の経済的損害の回復が別途認められていること，事件の発端は労働者の職制を無視した反抗的言動にあったことなどが考慮され，慰謝料額が20万円にとどまっている。

【15】では，労働組合の分会長について，車庫所長を解任する配転命令は，不当労働行為として無効かつ不法行為上も違法とされたが，労働者に飲酒運転で帰宅したことがある等の車庫所長としての適格性に疑問を抱く事情があるこ

とが考慮され，慰謝料額が20万円にとどまっている。

【22】では，ユニオン分会を結成した技能実習制度による外国人研修生について，解雇は不当労働行為として違法とされたが，外国人研修生らにおいても，使用者の指示の不順守といった落ち度があったこと等が考慮され，慰謝料額が20万円にとどまっている。

【31】では，産業廃棄物処理会社を解雇された組合員たる労働者らについて，団体交渉不応諾型の不当労働行為を解雇に至る経緯の違法性と構成するとしたが，解雇について，唯一の取引先との間の契約が打ち切られ，事業の継続が困難となったという実体的に見てやむを得ないと思われる事情が認められること，解雇回避努力を十全に果たすことは困難であったと認められることが考慮され，慰謝料額が20万円にとどまっている。

(イ) また，【34】は，組合員らに対する差別的取扱いを一部認めた東京高等裁判所の判決を受けたにもかかわらず，その後も組合員らに対し仕事上及び賃金上の差別的取扱いが行われたことが違法であると認定した事案であるが，前訴によって損害が一定程度回復されたことも実質的に考慮されたためか，原告8名の慰謝料額は，10万円～30万円の低額にとどまっている。

(2) 労働組合について

ア　認容額の分布

労働組合について慰謝料請求が認容された事例における認容額の最低額は10万円，最高額は600万円であった。

(単位：万円)

認容額	10	20	50	600
件数	2	1	1	1

イ　高額事案の分析

【10】では，確たる根拠無く，使用者である病院の院長，理事，事務長らが，病院の診療費不正請求問題とこれが神奈川県当局に知られたことに起因する病院の経営危機問題は労働組合に責任がある旨発言したり，婦長及び副看護部長が，労働組合が病院をつぶそうとしている，億単位の和解金を要求している旨発言したことが，労働組合の名誉と信用を傷つけたものであり，また，これら

の発言が労働組合員減少（約950名から約100名）の一因となり，現在では少数派の労働組合となったことにより，労働組合が相当程度の無形の損害を受けたとして，労働組合に600万円という高額の慰謝料が認容されている。

確たる根拠のない使用者側の発言により，労働組合の組合員数が激減するという労働組合の存続，根幹にかかわる損害が生じた点が，高額の慰謝料が認められた要因となっているものと思われる。

　ウ　低額事案の分析

【11】では，組合員である列車運転士について，同人が，列車の運行中，添乗していた運輸課長に落ち度を指導された際，反抗的態度をとったことを理由とする減給の懲戒処分と日勤教育の一部が不当労働行為として違法とされ，労働組合や労働組合地方支部が，不当労働行為によって団結権等が侵害される危険が生じたこと，日勤教育での面談の録音テープの反訳などの煩雑な作業を行わざるを得なかったことを理由に，労働組合とその地方支部に各10万円の慰謝料が認容されている。

【25】では，労働組合の分会長について，労使交渉に際して組合旗を病院施設に設置したことを理由に停職3か月の懲戒処分にしたことに裁量権濫用があり，懲戒処分は無効かつ違法であり，不当労働行為意思に基づくもので，労働組合は団結権を侵害されたとしたが，組合旗の設置行為は正当な組合活動とはいえないこと，使用者から撤去を求められた後も設置を継続しており，その情状は軽くはないこと等が考慮され，認容額が20万円にとどまっている。

これらの事例では，労働組合側が被った負担や損害が軽微である点，不当労働行為がなされた経緯において労働組合側にも落ち度があった点が，慰謝料が低額にとどまった要因となっているものと思われる。

4　聴き取りのポイント

(1)　当事者について

・不当労働行為の主体に使用者性が認められるか

・労働者が組合員であるか，あるいは，労働組合が労働組合法の要件を充たす労働組合であるか

- 労働者の労働組合における地位
(2) **不当労働行為の概要について**
   （不利益取扱い）
   - 不利益取扱いの種類，態様
   - 不利益取扱いが行われていた期間，回数
   - 不利益取扱いを受けるに至った経緯
   （団体交渉拒否）
   - 団体交渉拒否の理由
   - 団体交渉拒否に至る経緯
(3) **使用者側の不当労働行為の意思**
   - 使用者の取扱における合理性の有無
   - 同じ職場の非組合員との比較
(4) **労働者あるいは労働組合が被った不利益の内容・程度**
   （労働者）
   - 不利益取扱いを原因とする経済的損失，精神疾患の有無，有りの場合は具体的内容
   - 団結権，人格権，名誉権侵害の有無
   （労働組合）
   - 労働組合の団結権，人格権，名誉・信用毀損の有無，有りの場合は具体的内容
   - 労働組合からの組合員脱退の有勤，有りの場合は組合活動への影響

第13章—1
労災（死亡事案）

<判例紹介>

No	事件名 裁判所 判決年月日 出典 審級関係	事案の概要	請求 （訴訟物）	慰謝料 請求額	慰謝料 認容額
【1】	川崎市水道局（いじめ自殺）事件 東京高裁 H15.3.25 労判849-87 横浜地裁川崎支部 H14.6.27 労判833-61	Xらの長男であるAがY1の水道局工業用水課に勤務中，Y2～Y4のいじめ，嫌がらせなどにより精神的に追い詰められて自殺したとして，Xらが，Y1に対し，国家賠償法又は民法715条に基づき損害賠償を，Y2～Y4に対し，同法709条，719条に基づき損害賠償を求めた事案。	【X1・X2 →Y1～Y4】 損害賠償請求	【Y1～Y4】 連帯して3000万円	【Y1】 2400万円 ※ただし，素因減額により70%減額 【Y2～Y4】 0円
【2】	日赤益田赤十字病院事件 広島地裁 H15.3.25 労判850-64	自殺したAの妻及び子であるXらが，Aが自殺したのは，同人の勤務していた病院の不法行為又は債務不履行（安全配慮義務違反）によるとして，同病院を開設・経営しているYに対し，損害賠償を請求した事案。	【X1～X3 →Y】 損害賠償請求	3000万円	0円
【3】	三洋電機サービス事件 東京高裁 H14.7.23	自殺したAの妻であるX1及びAの子であるX2が，Aの自殺の原因は同人の勤務していたY1及びAの上司であったY2にあるとして，Y1に対しては不法行為および安全配慮義務違反に基づき，Y2に対しては不法行為に基づき損害賠償	【X1・X2 →Y1・Y2】 損害賠償請求	【Y1・Y2】 連帯して3000万円	【Y1・Y2】 連帯して2200万円 ※ただし，過失相殺により

286

第13章—1　労災（死亡事案）

労働者等の属性（性別・ポジション・収入等）	使用者等の属性（会社規模等）	算定の理由
【A】 ・男性（死亡時29歳） ・Y1の水道局工業用水課職員 【X1・X2】 Aの両親	【Y1】川崎市 【Y2～Y4】 Y1の水道局工業用水課長、同課係長及び同課主査	【Y1】 ・Y2～Y4のいじめ、Y1の安全配慮義務違反により唯一の子であるAを失ったものであり、その無念さは想像に余りある。 ・Aは、平成7年5月1日付けで工業用水課に配転されたが、それまでは欠勤するようなことはなく、真面目に仕事に取り組んでいた。 ・Aが工業用水課に配属になっておよそ1か月ぐらい経過したころから、内気で無口な性格であり、しかも、本件工事に関するX1とY1とのトラブルが原因で職場に歓迎されていない上、負い目を感じており、職場にも溶け込めないAに対し、上司であるY2～Y4が嫌がらせを執拗に繰り返し行ってきたものであり、挙げ句の果てに厄介者であるかのように扱っていた。さらに、精神的に追い詰められて欠勤しがちになっていたAが、同課における初めての合同旅行会に出席した際、Y2が、ナイフを振り回しながら脅すようなことを言い、Y3及びY4も、大声で笑ってY2が嘲笑したときには、大声で笑って同調していたものであり、これにより、Aが精神的、肉体的に苦痛を被ったことは推測し得え、これらの言動は、Aに対するいじめにあたる。 【Y2～Y4】 ・公権力の行使に当たる公務員が、その職務を行うについて、故意又は過失によって違法に他人に損害を与えた場合には、国又は地方公共団体がその被害者に対して賠償の責任を負うべきであり、公務員個人はその責を負わない。 ・本件では、Y2～Y4はその職務を行うについてAに加害行為を行った場合であるから、その責任を負担しない。
【A】 ・男性（死亡時42歳） ・Yに派遣された勤務医 【X1】 Aの妻 【X2・X3】 Aの子	病院を開設・経営している者	使用者は業務遂行に伴う疲労や心理的負荷等が過度に蓄積して労働者の心身を損なうことがないよう注意する義務を負うが、Aは過剰な負担を伴う業務を割り当てられていたわけではなく、患者の様態悪化後も通常業務を支障なく遂行しており、異常な点は見受けられなかったことから、Aがうつ病に罹り患していたことをYが認めることは到底困難であったし、家庭生活における変化や自ら薬を処方していたことも知り得なかったのであり、Yは強制的に同人に休ませる措置を取る正当な理由は見出し難く、かかる措置を取ることも困難であったし、赴任直後のAの家族と面談して生活状況全般について事情を聴取すべきであったとまでいうこともできないから、Yに注意義務違反があったということは出来ない。
【A】 ・男性（死亡時46歳） ・勤続20年 ・死亡時の年収731万5908円	【Y1】 三洋電機株式会社の子会社である三洋電機サービス 【Y2】	・本件不法行為によりAが被った精神的損害に対する慰謝料は2200万円と認めるのが相当。 ・Aが自殺する原因には様々な事情が競合し、Aの自由な意思が介在している面も否定できず、性格や素因から来る心因的要因が寄与しているため、Yらに全額を賠償させるのは公平を失する。また、Aの勤務継続や休暇願の撤回については

287

	事件名	事案の概要	請求	請求額	認容額
	労判852-73 浦和地裁 H13.2.2 労判800-5	を請求し，また，Aの死亡が業務上の死亡であるとして，業務上の死亡の場合に支給されるAの退職金および弔慰金から実際に支払われた金額を控除した残金を請求した事案。			80％減額
【4】	南大阪マイホームサービス（急性心臓死損害賠償）事件 大阪地裁堺支部 H15.4.4 労判854-64	Y1で稼働していたAの妻ないしは子であるXらが，AがY1での勤務中に発作を起こして急性心臓死したのは，Y1及びその代表取締役であるY2が安全配慮義務ないし注意義務に違反したためであるとして，Y1に対しては不法行為ないしは労働契約の債務不履行（民法415条）に基づき，Y2に対しては商法266条の3ないしは不法行為（民法709条）に基づき，損害の賠償を求めるとともに，Y1に対して，労働契約に基づく未払の時間外割増賃金の支払と労基法に基づく付加金の支払をそれぞれ求めた事案。 ・労災請求あり（申請取下げ）	【X1・X2→Y1】 ①損害賠償請求 ②未払賃金請求 【X1・X2→Y2】 損害賠償請求	【Y1・Y2】連帯して3000万円	【Y1・Y2】連帯して2700万円 ※ただし，過失相殺により50％減額
【5】	榎並工務店（脳梗塞死損害賠償）事件 大阪高裁 H15.5.29 労判858-93	Yの従業員であったAが現場作業中に脳梗塞を発症して死亡したことに関し，Aの相続人であるX1～X3が，Yに対し，Xの死亡は安全配慮義務違反による過労死が原因であるとして，損害賠償を請求した事案。 ・労災請求あり（不支給）	【X1～X3→Y】損害賠償請求	不明	2600万円 ※ただし，過失相殺により40％減額
【6】	御船運輸事件 大阪高裁 H15.11.27 労判865-13	Aがトラック運転中の交通事故によって死亡したことから，Aの妻であるXは，Aの使用者はYであるとして，Yに対し，YがAを被保険者とする交通事故傷害保険契約に基づいて取得した保険金に相当する額の弔慰金を，①主位的にはYの制定した災害補償規程に基づき，②予備的には，第三者のためにする契約に基づき災害補償金の支払を求めるとともに，③YがAに過重労働をさせたという安全配慮義務違反に基づく損害賠償金を支払う義務があると主張して損害賠償を求めた（ただし，死亡慰謝料については一部請求）事案。 ・労災請求あり（結果等不明）	①災害補償金支払請求 ②損害賠償請求	500万円	500万円 ※ただし，過失相殺により20％減額
【7】	Aサプライ（知的障害者死亡事故）事件 東京地裁八王子支判 H15.12.10 労判870-50	Aが機械トラブルの対応中に，機械内に巻き込まれ死亡したため，XらがY2，Y3に対し，職責上負っている安全配慮義務に違反したとして不法行為に基づき損害賠償を請求し，さらにY1に対し，商法261条3項・同法78条2項・民法44条1項に基づいて損害賠償を請求した事案。 ・労災申請あり（認定）	【X1・X2→Y1～Y3】損害賠償請求	【Y1～Y3】（A本人並びにX1及びX2固有の慰謝料合わせて）連帯して3000万円	【Y1～Y3】（A本人並びにX1及びX2固有の慰謝料合わせて）連帯して2600万円 ※ただし，過失相殺により20％減額
【8】	関西医科大学研修医（過労死損害賠償）事件 大阪高裁 H16.7.15 労判879-22	Aが自宅で急死したため，その両親であるX1，X2が，Aの死亡は，Yで研修医として研修を開始したAの研修業務は医療見学のほか，点滴，採血，指導医師不在の場合の患者措置であり，研修時間は午前7時半から午後11時頃まで勤務，休日も頻繁に呼び出されるなど平均して月300時間を超えていたことから，Yの安全配慮義務違反による過労が原因であったとして損害賠償を求めた事案。	【X1・X2→Y】損害賠償請求	2500万円	2000万円 ※ただし素因減額15％，過失相殺により20％減額
【9】	ジェイ・シー・エム（アルバイ	Yの従業員であったAが突然死したことについて，XらがYに対し，AはYにお	【X1・X2→Y】	5000万円	2400万円

第13章—1　労災（死亡事案）

	【X1】 Aの妻 【X2】 Aの子	Aの上司（部品部管理課長）	Y2による説得もあったがAやXらが強く申し出れば退職・休職は可能であり，試験の受験もAの任意であるうえ，AやXらが主治医にAが自殺未遂をしたことを伝えていれば自殺防止措置を取り得たものであるから，8割を控除するのが相当。
	【A】 ・死亡時52歳 ・Y1の資材業務課長 ・死亡年度の税引前の給与総額710万1846円 【X1】 Aの妻 【X2・X3】 Aの子	【Y1】 ・建物のリフォーム工事会社 ・従業員40名 【Y2】 Y1の代表取締役	Aの就労状況（死亡前で約10か月の総残業時間がタイムカードで把握される時間だけで約600時間23分，96日あった休日のうち完全に休んだ日は48日，深夜労働月平均約3，5日，クレーム処理案件，肉体労働の業務等も担当），発症に至る経過，Aが一家の支柱であったこと，その他本件に現れた一切の事情を考慮。
	【A】 ・死亡時55歳 ・ガス管溶接工 ・年収700万弱 【X1】 Aの妻 【X2・X3】 Aの子	土木工事建設設計施工，ガス配管工事請負等を目的とする会社	溶接作業は肉体的精神的負荷が高いこと，深夜作業が多かったこと，勤務が連続していたこと，長時間労働があったこと，死亡直前に目に鉄粉が入る事故があり，激痛で眠れなかったことが考慮された。
	【A】 ・死亡時44歳 ・Yの親方制度のもと子方のトラック運転手として勤務 【X】 Aの妻	・貨物自動車運送事業等を営む株式会社 ・仕事を発注ないし依頼する親方，親方の元で運転手として働く子方，純粋の従業員とに区分する親方制度あり	・YにはAに対し過労運転をさせないよう配慮する労働契約上の義務があったにもかかわらずAの勤務状態をかなり過重なまま放置したと認めざるを得ないとして安全配慮義務違反の過失を認めた。 ・死亡慰謝料2600万円と認定したが，一部請求のため500万円の限度で認容
	【A】 ・男性（死亡時42歳） ・障害等級2級程度の知的障害 ・Y1のI事業所で勤務 【X1・X2】 Aの父母。その後父が死亡し，母（X1）が訴訟承継	【Y1】 ・リネンサプライ業を営んでいる会社 ・クリーニング工場であるI事業所が存在 【Y2・Y3】 Y1の代表取締役	知的障害者の自立を目指す会を立ち上げる等社会的な活動を行い，意欲的に生活していたこと，交際している女性との結婚を念頭においてまじめに勤務していたこと，事故態様，受傷状況及び内容，勤務態度，X1，X2の生活を支える一家の支柱であったことを考慮し，A並びに両親であるX1及びX2の受けた精神的な苦痛を2600万円と認定した。
	【A】 ・男性（死亡時26歳） ・研修医 【X1・X2】 Aの両親	大学病院	Aが少年のころから医師になることを目指していたことが認められ，夢かなって医師国家試験に合格した直後の臨床医研修において死亡した無念は大きいと認められるなどとして，死亡慰謝料は2000万円が相当とした。
	【A】 ・男性アルバイト（死	中古車情報雑誌の営業，制作，編集等の会	Aが死亡するに至った経緯（死亡前4週間の労働時間が約232時間であったこと，休日がほとんどなかったこと，かなり

	事件	事案の概要	請求内容	請求額	認容額
	ト過労死）事件 大阪地裁 H16.8.30 労判881-39	ける過重な業務が原因で死亡したものであり、Yには安全配慮義務違反があるとして、債務不履行に基づき損害賠償を請求した事案。 ・入通院なし ・労災申請あり（認定）	損害賠償請求		※ただし、寄与度減額により20％減額
【10】	喜楽鉱業（有機溶剤中毒死）事件 大阪地裁 H16.3.22 労判883-58	Yの従業員であったAが、Yの本社工場の廃溶剤タンクの清掃作業に従事した際、同タンク内で有機溶剤中毒により死亡したため、Xが、Yに対し、安全配慮義務違反に基づき、損害賠償を請求した事案。 ・入通院なし ・労災申請あり（認定）	損害賠償請求	2500万円	2300万円 ※ただし、過失相殺により30％減額
【11】	エージーフーズ事件 京都地裁 H17.3.25 労判893-18	Yの従業員であったAの相続人であるX1～X3が、AはYの業務遂行にかかる長時間労働（死亡直前の約1年1ヶ月の間、1日平均時間は約12時間、休日は月2日程度）、過重な業務内容（売上の回復を要求され、店長として従業員の指揮監督のみならず、花番及びレジ等の会計管理等の現場仕事を行う等）及び不本意な異動の内示等に起因するうつ病を発症し自殺したとして、雇用契約上の安全配慮義務違反に基づき、Aの死亡による損害賠償金を求めた事案。 ・労災申請あり(認定)	【X1～X3→Y】 損害賠償請求	5000万円	2600万円
【12】	中の島（ホテル料理長）事件 和歌山地裁 H17.4.12 労判896-28	ホテルの料理長であるAが会議中にくも膜下出血を発症してその後死亡したことにつき、相続人のX1～3が、Aの死因となったくも膜下出血は、過重な労働その他業務上の負担を課されたことにより生じたものであり、さらに、くも膜下出血を発症した際にも救護が行われず放置されたために手遅れとなったものであると主張して、ホテルを経営しているY1及びその取締役であるY2及びY3に対し、Y1に対しては労働契約上の安全配慮義務違反及び不法行為に基づき、Y2及びY3に対しては商法266条の3及び不法行為に基づき、逸失利益、慰謝料等の損害賠償を請求した事案。 ・労災申請あり（認定）	【X1～X3→Y1～Y3】 損害賠償請求	【A】 連帯して3480万円 （内訳） ・入通院慰謝料：480万円 ・死亡慰謝料：3000万円 【X1～X3固有】 連帯して各500万円	【A】 連帯して2400万円 【X1固有】 連帯して200万円 【X2～X3固有】 連帯して各100万円 ただし、いずれも過失相殺により30％減額
【13】	関西保温工業事件 東京高裁 H17.4.27 労判897-19 東京地裁 H16.9.16 労判882-29	Aは、Y1に就職して勤務した後Y1を退職し、Y2に就職して勤務したが、悪性中皮腫によって死亡し、Y2を死亡退職した。X1～X3は、Y1及びY2に対し、Aは、Yらに勤務中に、石油コンビナートの加熱炉の補修、保温工事等の現場において、石綿（アスベスト）粉じんを吸入したため、悪性中皮腫に罹患して死亡したのであり、Yらは、労働者が石綿粉じんを吸入した場合にはその生命・健康を害する危険性を予見することができたにもかかわらず、十分な安全教育を行い、防じんマスクを支給してそれを装着させるなどの措置を講じないまま、Aを石綿粉じんを吸入する危険性のある業務に従事させた点において安全配慮義務違反があるとして、損害賠償を請	【X1～X3→Y1】 損害賠償請求 【X1～X3→Y2】 損害賠償請求	3000万円	1500万円

第13章―1　労災（死亡事案）

亡時21歳） ・広告事業部所属 【X1】 Aの母 【X2】 Aの姉（Aの父の死亡によりAの権利義務を相続）	社		痩せてきて疲れた様子であったこと，死亡直前は口数が減り，顔つきもきつくなり，食欲も減ってきていたこと等）やAの年齢等を考慮した。
【A】 ・男性（死亡時29歳） ・勤続6年 ・年収645万1098円 ・扶養家族無し ・廃油処理，保管等の業務に従事 【X】 Aの父	廃油の収集，運搬，処理，再生等を業とする会社		事故の態様（廃溶剤タンクの清掃手順や作業に当たっての注意事項・禁止事項，特に，送気マスク等の保護具を装着せずにタンク内に立ち入ることは厳に禁じられていることが十分に周知徹底されていなかったこと，抜き取り作業を命じた際に，Aの上司がAに対して作業手順及び注意事項を明確に指示又は確認し，特に，本件タンク内に立ち入ってはいけない旨を十分に指導していなかったこと）やAの年齢，家族関係，Yが契約していた傷害保険から保険金700万円が支払われていること等を考慮した。
【A】 ・死亡時49歳 ・正社員・店長として勤務 【X1】 Aの妻 【X2・X3】 Aの子	・レストランの経営，飲食及び喫茶営業等を目的とする株式会社 ・経営する店舗は7店舗		・Aの業務遂行については，過重な長時間労働が持続し，店長としての業務内容は過重であるとともに，売上減少の回復のため種々努力を重ねることを要求されたが，その効果が十分に出ていない状況にあり，これに対してYの社長がAを他店への異動を決めてAの意に反して実行すべく強く説得するなど，職場におけるストレス要因が積み重なっていたことから，これがきっかけになってうつ病によって，衝動的に自殺を図ったと認めるのが相当である。 ・使用者は，業務の遂行に伴う疲労や心理的負荷等が過度に蓄積して労働者の心身の健康を損なうことのないよう注意する義務を負う。 ・Aの異常な精神状態を知りえたはずであるのに何らこれに対する措置をとらなかったとしてYの責任を認定した。
【A】 ・死亡時60代前半 ・Y1の調理課課長・副支配人，料理長 【X1】 Aの妻 【X2・X3】 Aの子	【Y1】 ・「ホテル中の島」を経営する会社 ・客室数225室，収容人員約1000名の大規模な政府登録国際観光ホテル 【Y2】 ・A死亡時のY1代表取締役 【Y3】 ・A死亡時のY1常務取締役		（入通院慰謝料・死亡慰謝料） ・料理長として，調理課員である調理師に対する指導及び監督をする立場に加え，また献立の作成を一手に任され，調理課員である調理師に対して料理を実際に作ってみせていたこと，食材の発注や料理の原価計算なども行っていたことなど業務上の負担による肉体的疲労の蓄積及び精神的ストレスは相当大きかった。 ・2年を超える長期間にわたって回復の見込みが立たないまま入院生活を強いられた末に，家族に対して別れの言葉を残すこともできないまま死亡したことを考慮した。 【X1～X3固有の慰謝料】 X1ないしX3にとっても，突然の本件発症により，最も身近な存在の一人であったAが，植物状態のまま長期間にわたって入院を強いられた末に死亡したものであるところ，その精神的苦痛は，Aの精神的苦痛が慰謝されることを考慮してもなお，更に個別に慰謝されるべきものであるとした。
【A】 ・死亡時50代前半 ・Y1に入社後，主として石油精製会社の石油コンビナートの加熱炉の補修，保温工事等の現場において，15年間現場監督に従事 ・Y1を退職後Y2に就職 【X1】 Aの妻 【X2・X3】 Aの子	【Y1】 保温・保冷工事等を業務内容とする会社 【Y2】 各種船舶の冷凍艙，冷蔵庫及びタンクの保冷工事の設計・施工等を業務内容とする株式会社		・Aの死亡時の年齢（昭和19年生まれ，平成8年死亡） ・家族構成 ・Y1の安全配慮義務違反の内容（職人に対しては，防じんマスクを支給していたものの，同じ作業場で工事の進行管理，職人に対する指示等を行うため，職人にそれに近い程度に粉じんを吸入する可能性もあるAら現場監督にはマスクを支給せず，石綿の人の健康・生命に対する危険性についての教育や，マスク着用のための安全教育を全く実施せず，補修工事の対象となる建造物について，石綿等が使用されている箇所及び使用状況を事前に把握するなどの措置を全く講じず，散水などの対策も講じていなかった）。 ・Y1が予見可能性に従って安全教育等を施し，前記の各注意義務を尽くすことは，当時の石綿に対する企業の認識等からすれば必ずしも容易でなかった面もあることなど本件に顕れたすべての事情を総合考慮した。

		求した事案。 ・Y２に対する請求は一審で棄却されたがＸらが控訴せず，確定。 ・労災申請あり（認定）			
【14】	社会保険庁（うつ病自殺）事件 甲府地裁 H17.9.27 労判904-41	・社会保険庁に勤務していたＡが自殺したのは，連日の過重な時間外労働等による反応性うつ病への罹患が原因であるとして，Ｘ１・Ｘ２が，Ｙに対し，損害賠償を求めた事案。 ・Ａは，平成８年４月１日から電話相談係に配属され雑務全般を処理（平成９年１月基礎年金番号制実施により業務量増加）していた。平成９年４月１日から人事係に配置換え（４月初めの業務量多）になり，平成９年４月５日，自殺した。 ・公務災害申請あり（認定）	【Ｘ１・Ｘ２→Ｙ】 損害賠償請求	5000万円	2000万円
【15】	富士電機Ｅ＆Ｃ事件 名古屋地裁 H18.1.18 労判918-65	Ｙの従業員であったＡが，同社における業務の心理的負荷によりうつ病にり患したため，一時休職した後，職場復帰したところ，ＹがＡを転勤させたうえ，過重な業務に従事させ，うつ病を再発させ，結果，Ａを自殺に至らしめたとして，Ａの遺族である妻Ｘ１，子Ｘ２〜Ｘ４がＹに対し，安全配慮義務違反に基づく損害賠償を請求した事案。 ・うつ病り患による休職後職場復帰，課長職として転勤，単身赴任した約４か月後に自殺 ・労災申請あり（不支給）	【Ｘ１〜Ｘ４→Ｙ】 損害賠償請求	3000万円	0円
【16】	ＫＹＯＷＡ（心臓性突然死）事件 大分地裁 H18.6.15 労判921-21	Ｙの従業員であったＡが業務に従事中，急性心不全で死亡したことについて，Ａの相続人である妻Ｘ１，子Ｘ２，Ｘ３がＹに対し，ＹがＡに対して長時間労働を改善するための措置を採らず長時間労働を強いた結果，Ａが死亡したとして，安全配慮義務違反及び不法行為責任に基づき，損害賠償を請求した事案。 ・労災申請あり(認定)	【Ｘ１〜Ｘ３→Ｙ】 損害賠償請求	2800万円 （内訳） 【Ａ本人】 2000万円 【Ｘ１固有】 400万円 【Ｘ２，Ｘ３固有】 各200万円	2800万円 （内訳） 【Ａ本人】 2000万円 【Ｘ１固有】 400万円 【Ｘ２，Ｘ３固有】 各200万円
【17】	国・陸上自衛隊（和歌山駐屯地）事件 和歌山地裁 H18.7.18 労判922-21	陸上自衛隊和歌山駐屯地の事務室において，Ｚにより自衛官Ａが殺害されたことにつき，Ａの相続人であるＸ１・Ｘ２が，Ｚの使用者であるＹに対し，不法行為（民法715条）に基づき損害賠償を求めた事案。	【Ｘ１・Ｘ２→Ｙ】 損害賠償請求	5000万円 （内訳） 【Ａ本人】 3000万円 【Ｘ１，Ｘ２固有】 各1000万円	3000万円 （内訳） 【Ａ本人】 2600万円 【Ｘ１，Ｘ２固有】 各200万円
【18】	スズキ（うつ病自殺）事件 静岡地裁浜松支部 H18.10.30 労判927-5	Ｙに勤務していたＸらの長男であるＡが平成14年４月15日に自殺したことについて，Ｙには，契約上，Ａの労働時間を適切に管理し，心身の健康が害されないように配慮すべき義務があるのに，これを怠り，出勤簿すら設けず，Ａの長時間労働の管理を放棄して，Ａの長時間労働を放置し，労働時間を軽減したり，休ませたり，精神科を受診させるなどの措置を採らず，うつ病を発症させて，自殺に至らしめるという安全配慮義務違反があったとして，Ａの相続人であるＸらが損害賠償請求をした事案。	【Ｘ１・Ｘ２→Ｙ】 損害賠償請求	4000万円	2500万円 ※ただし，損益相殺（既払いの労災保険料を控除）による減額あり

第13章―1　労災（死亡事案）

【A】 ・男性（死亡時23歳） ・平成5年高卒で社会保険庁入庁，社会保険業務センター勤務 【X1・X2】 Aの両親	国		・Yの安全配慮義務違反，過重労働と自殺との間の因果関係を認定。 ・Aは，死亡当時いまだ23歳の青年であり，業務に真摯に従事した結果，うつ病に罹患して自殺するに至ったことなどの事情を考慮。
【A】 ・死亡時40代半ば ・Yに25年勤務 【X1】 Aの妻 【X2～X4】 Aの子	・富士電機株式会社のグループ企業（株式会社） ・公共事業，富士電機関連の各種プラント，建物・高速道路等の設備・電気工事等を業とする ・資本金19億7000万円		・職場復帰後，転勤してAが従事していた業務によりAが受けた心理的負荷が大きかったと認めることはできず，Aにとって業務が過重であると認めることはできない。 ・職場復帰に関して内部的な協議をしたり，医師等の専門家に相談することがなかった点はいささか慎重さを欠いた不適切な対応であるものの，YはAの職場復帰に際し，心身の状態に相応の配慮をしたと認められる。 ・Yの安全配慮義務違反を認定せず。
【A】 ・死亡時26歳 ・Yに勤務してから3か月後に急性心不全で突然倒れ，死亡。 【X1】 Aの妻 【X2・X3】 Aの子	金属の加工及び販売や工作機械等の販売を目的とする会社		・Aが死亡するに至った経緯（7月～8月9日までの暑い環境の中，長時間労働が続き，休日も少なく，死亡前日には深夜まで勤務し，睡眠も十分確保できず，その疲労がピーク又はそれに近い状態に達し，肉体・精神的負荷がかかり，職業性ストレスの結果，心筋梗塞を発症した），年齢（26歳），妻と結婚後わずか半年で，幼い子供及びこれから生まれてくる子供を残して死亡したことを考慮。 ・X1～X3の固有の慰謝料に関しても，死亡するに至った経緯，AとXらの親族関係等に照らせば，Aを失ったXらの精神的苦痛は大きいことを考慮。
【A】 ・死亡時37歳 ・昭和61年入隊の陸上自衛隊自衛官 ・平成14年3月和歌山駐屯地に配属 ・平成14年7月頃から一等陸曹の地位 【X1】 Aの妻 【X2】 Aの子	国		・加害者の行為は，攻撃を予期しないAの背後から近づき，いきなり金槌で頭部等を執拗に殴った上，釘金で首を絞めつけるという残忍なものであり，Aに何らの落ち度もないこと，37歳の若さで妻子を残して生命を絶たれたAの肉体的，身体的苦痛は筆舌に尽くしがたいことを考慮。 ・固有の慰謝料に関しては，一家の柱であったAを理不尽にも奪われたX1・X2の悲嘆や怒りがきわめて深いことを考慮。
【A】 ・男性（死亡時41歳） ・四輪車体設計グループ内の「ヨコ2」の責任者 ・年収790万円弱 【X1・X2】 Aの両親	・自動車製造・販売を主たる業務とする株式会社		・長時間労働によりAがうつ病にかかり，上司もうつ病をうかがわせる事情を認識しながら，Aの業務の軽減措置をなんらとらず，Aにうつ病を発症させ，自殺に至らしめたものであるから，Yに安全配慮義務違反が認められるとされた。 ・その他，Aの業務内容や労働時間等，本件に現れた一切の事情を総合考慮すると，慰謝料額は，2500万円が相当とされた。

		・労災申請あり（認定）		
【19】	ギオン（日本流通企画）事件 千葉地裁 H17.9.21 労判927-54	Yの社員であったAが肺炎で死亡したのは，Yの雇用契約上の安全配慮義務の違反によるものであるとして，Aの相続人であるXらが，Yに対し，債務不履行による損害賠償請求として，法定相続分に応じた損害金の支払を請求した事案。 ・労災申請あり（不支給）	【X1～X4→Y】 損害賠償請求	4000万円	2600万円 ※ただし，素因減額により20％減額。また損益相殺により減額
【20】	協和エンタープライズほか事件 東京地裁 H18.4.26 労判930-79	AはY1の大型貨物自動車の運転手として同社の運送業務に従事していた者であるが，Aの運転する大型貨物自動車が，高速道路を走行中，前方を走行していた車輌に追突し，これによりAが死亡した。Aが上記事故により死亡したのは，YらがAを超過勤務させる安全配慮義務違反行為をしたことにより，大型貨物自動車の運転中も注意力散漫になったことによるものであるとして，Aの父であるXが，Yらに対し，安全配慮義務違反の債務不履行又は不法行為を理由とする損害賠償を請求した事案。 ・労災申請あり（認定）	【X→Y1～Y4】 損害賠償請求	【Y1～Y4】 連帯して2200万円	【Y1・Y3・Y4】 連帯して2000万円 ※ただし損益相殺による減額あり 【Y2】 0円
【21】	JR西日本尼崎電車区事件 大阪高裁 H18.11.24 労判931-51 大阪地裁H17.2.21 労判892-59	Y1の運転士Aが，いわゆる日勤教育を受けてうつ病状態に陥り自殺したところ，その遺族であるXが，上司らY2～Y4にはAの自殺について過失が，Y1には雇用契約上の安全配慮義務違反があったとして損害賠償請求した事案。 ・労災申請あり（不支給）	【X→Y1～Y4】 損害賠償請求	【A本人】 3000万円 【X固有】 3000万円	0円
【22】	ボーダフォン（ジェイフォン）事件 名古屋地裁 H19.1.24 労判939-61	Aが自殺したのは，YがAに対し長時間労働等の過重労働を課し，また，同人を新規事業等に従事させたために，Aが心理的負荷を受けてうつ病を発症し，その後の異動の強行等によりうつ病を悪化させたことによるものであるなどとして，Aの相続人であるXらが，Yに対し，安全配慮義務違反に基づき，損害賠償を求めた事案。	【X1～X3→Y】 損害賠償請求	不明（損害総額は1億655万3245円）	0円
【23】	おかざき事件 大阪高裁 H19.1.18（変更判決H19.1.23）	Aが出張時の投宿先で就寝中に死亡したのは，勤務先であるY1及びY2の安全配慮義務違反等によるとして，その法定相続人であるXらがYらに対して損害賠償を請求した事案。 ・労災申請あり（認定）	【X1～X3→Y1・Y2】 損害賠償請求	【Y1・Y2】 連帯して3000万円	【Y1・Y2】 連帯して2500万円 ただし，過失相殺により

294

第13章—1　労災（死亡事案）

【A】 ・死亡時54歳 ・日本流通企画の社員 ・骨髄異形成症候群（MDS）に罹患 ・所長に次ぐ地位 ・年収608万4517円 【X1】 ・Aの妻 【X2～X4】 ・Aの子	・日本流通企画の親会社 ・平成13年1月，日本流通企画を吸収合併 ・日本流通企画は冷凍食品等の商品を倉庫で保管し，小売店へ配送する会社		・過重労働とAの既往症であるMDS（骨髄異形成症候群）によって黄色ブドウ球菌性肺炎に罹患し，それが重症化して死亡に至ったと認定し，その他の一切の事情を考慮して慰謝料額は2600万円とされた。 ・ただし，Aが従前からMDSに罹患しており，MDSの死亡への寄与を認め素因減額により2割減額された。
【A】 ・男性（死亡時31歳） ・大型貨物自動車の運転手 【X】 ・Aの父親 ・遺産分割協議により，Aの母の相続分も取得	【Y1】 ・自動車運送取扱業等を目的とする会社 ・Aが事故時に所属 ・Y2とは同一企業グループ 【Y2】 ・自動車運送取扱業等を目的とする会社 ・Aが当初入社 【Y3】 ・Y1とY2の代表取締役 【Y4】 ・Y2の常務取締役 ・Y1の常務取締役としても行動（未登記），Y1のトラック運行管理の責任者		・Y1，Y4には，Aの労働時間を遵守し，労働時間を管理してAの健康ないし安全に対する配慮をすべき義務に違反した過失があり，Y3には，Y4を適切に指揮監督するなどして従業員であるトラック運転手の運行管理を適正化し，その健康に配慮すべきであったのにこれを怠った過失がある。 ・本件事故はAが事故発生前からの過重労働により重度の疲労状態となり，注意力散漫，緊張低下状態に至り，これにより前方の車両を認識することが不可能となったことにより発生した。 ・Y1，Y3，Y4の過失（安全配慮義務違反行為）と，本件事故が発生し，Aが死亡するに至ったこととの間には因果関係がある。 ・その他，本件事故に至る経緯，本件事故の態様，結果等の事実を考慮し慰謝料額を2000万円とした。 ・Y2については，事故当時においてAと指揮監督関係にあったとはいえないとして，Y2に対する請求は棄却。
【A】 ・男性（死亡時53歳） ・運転士 【X】 ・Aの父	【Y1】 ・鉄道会社 【Y2～Y4】 ・運転士Aの上司		・日勤教育と自殺との間に条件的因果関係が認められるが，日勤教育を原因とする自殺は，いわゆる特別損害であるから，日勤教育と自殺との間に相当因果関係があるというためには，自殺について予見可能性を要する。 ・本件では，予見可能性が認められない。
【A】 ・死亡時50代半ば ・Yに平成6年4月1日在籍出向後，平成13年4月1日転籍 ・平成6年11月17日以降，精神科に断続的に通院し投薬 【X1】 ・Aの妻 【X2・X3】 ・Aの子	通信サービス会社		Xのうつ病り患に関するYの認識及び認識可能性を認めることができない本件においては，Xの自殺について，Yの安全配慮義務違反を問うことはできない。
【A】 ・死亡時60代前半 ・従業員兼務取締役 ・営業及び出荷作業を担当 ・基本給48万円	【Y1】 ・個人商店を前身とし，袋物鞄の卸売を業とする株式会社 ・役員3名，従業員3名		・Xの年齢，家族の支柱としての立場等を総合勘案。 ・変更判決では，労災保険による損益相殺については，既支給の労災保険金は，人的損害のうち財産的損害（消極損害）に対応する損害を填補し，これと性質を同じくしない精神的損害（慰謝料）を填補するものではなく，労災保険給付が同財産的損害を填補して余りある場合にも，この超過額で慰謝

	労判940-58 大阪地裁 H18.4.17 労判940-72			30%減額
【24】	積善会（十全総合病院）事件 大阪地裁 H19.5.28 労判942-25	Y病院において勤務していたAが自殺したことにつき，同人の両親であるXらがYに対し，自殺の原因は，Y病院における過重な業務によってうつ病が発生し，これを増悪させ，さらにうつ病発症後も被告が適切な処置をとらなかったことにあるとして，不法行為又は債務不履行に基づく損害賠償を請求した事案。	【X1・X2→Y】 損害賠償請求	3000万円	2500万円 ただし，過失相殺により30%減額
【25】	O技術（労災損害賠償）事件 福岡高裁那覇支部 H19.5.17 労判945-24 那覇地裁沖縄支部 H18.8.31 労判945-33	元請業社であるYが受注した工事の孫請け業者C産業に雇用されていた亡Aの相続人であるXらが，当該工事の作業中の事故によってAが死亡したことについてYに安全配慮義務違反があったと主張して民法709条又は同法715条に基づく損害賠償請求をした事案。 なお，Xらは，原審において，下請業者A土木に対しても損害賠償を請求していたが，原審審理中に，訴訟外において，B土木がXらに1000万円を支払うことで和解が成立し，訴えを取り下げている。	【X1・X2→Y】 損害賠償請求	3500万円	2800万円 ただし，過失相殺により30%減額
【26】	テクノアシスト相模（大和製罐）事件 東京地裁 H20.2.13 労判955-13	平成15年8月2日に発生した事故（Y2の東京工場のライン検蓋職場において，高さ90cm足場面積40cm四方の作業台の上に立ってライン上を流れる缶の蓋を検査する作業に従事していたAが，検蓋業務に従事中，作業台から転落して工場床面で頭部を強打し，脳挫傷・頭蓋骨骨折・急性硬膜下血腫等の傷害を負った事故。Aは，平成15年11月8日に死亡。）について，Aの両親であるXらが，Y1，Y2，Y2の代表取締役Y3，同監査役Y4に対し，各々の安全配慮義務違反または不法行為責任等を理由として，損害賠償を請求した事案。 ・労災申請あり（認定）。	（第1事件） 【X1・X2→Y1・Y2】 損害賠償請求 （第2事件） 【X1・X2→Y3・Y4】 損害賠償請求	【Y1・Y2】 連帯して3000万円 （内訳） 【A本人】 2000万円 【X1固有】 500万円 【X2固有】 500万円 【Y3・Y4】 不明	【Y1・Y2】 連帯して2500万円 （内訳） 【A本人】 2000万円 【X1固有】 250万円 【X2固有】 250万円 ※ただし，いずれも過失相殺により20%減額 【Y3・Y4】 0円
【27】	山田製作所（うつ病自殺）事件 福岡高裁 H19.10.25 労判955-59	Aの相続人であるXらが，Yに勤務していたAが平成14年5月14日に自殺したのは，それ以前に連日，肉体的・心理的に過重な負荷のかかる長時間労働を余儀なくされたことによってうつ病に罹患したことが原因であり，YにはAに対する安全配慮義務に違反した過失があると主張して，Yに対し，債務不履行又は不法行	【X1〜X3→Y】 損害賠償請求	3000万円	2800万円

第13章—1　労災（死亡事案）

【X1】 Aの妻 【X2・X3】 Aの子	【Y2】 Y社代表取締役		料額を填補するものとして慰謝料額を減額することができないことは，すでに確立した最高裁判例であるとして，慰謝料を棄却した部分について変更した。
【A】 ・女性（死亡時28歳） ・Y病院に平成14年1月から麻酔科の研修医として勤務 ・てんかんの既往症があったが，当初Yへは秘匿 ・平成15年3月末ころからうつ病が疑われた 【X1・X2】 Aの両親		・病床数350床を有する総合病院を開設する財団法人	・Y病院における業務状況（死亡6か月前の所定時間外労働時間（ただし必ずしも実働時間を示すものではない。）：1か月前105時間32分，2か月前121時間45分，3か月前123時間04分，4か月前104時間45分，5か月前37時間55分，6か月前84時間06分），死亡時の状況（うつ病が悪化し，てんかん発作も出現するなどして，自分の思うように業務ができなかったところ，将来に対する絶望感から自殺に至ったものと推認できること）など，一切の事情を考慮。 ・うつ病に罹患し，悪化するに至ったことにつき，Aのてんかんの既往症が影響していることは否定しがたいところである。また，AはK医師から再三勧められたにもかかわらず，精神科医の診察を受けなかったことがうつ病を悪化させ自殺に至らせたものと考えられ，損害賠償額を算定するにあたっては，民法722条2項を類推適用して損害額の30％を減額。
【A】 ・死亡時28歳 ・Yが工事発注をしたB土木からその工事発注を受けたC産業に日当の支払いを受けて雇用 【X1】 Aの妻 【X2】 Aの子		・土木工事等を営む有限会社 ・Aが雇用されていたC産業の元請業者	Aが一家の支柱であったことからして2800万円を相当とした。
【A】 ・男性（死亡時22歳） ・平成15年7月29日，Y1と雇用契約締結 ・Y1によりY2の工場に派遣 【X1・X2】 Aの両親	【Y1】 ・製造業務請負業務及び労働者派遣業務等を業とする会社 ・事故当時は専ら製造業務請負事業等 【Y2】 ・各種缶詰用空き缶，化粧品食品用プラスチック容器など各種容器の製造や製造システム及びプラントの研究・開発・設計を行うことを業とする会社 ・日本全国に工場を持つ 【Y3】 事故日当時，登記簿上Y1の代表取締役 【Y4】 ・事故当時，登記簿上Y1の監査役（弁護士） ・Y1のグループ会社の代表取締役を兼任		【Y1・Y2】 Aの年齢や事故の態様などに加え，事故後，Y1やY2の調査が不十分だったため，AがXらに対し，Aが発見された場所を平成17年2月ころまで誤って説明していたことなど不適切な対応があったこと，その他本件に顕れた諸事情を考慮すると，Aの慰謝料は2000万円が相当であり，また，Xら固有の慰謝料は，250万円ずつが相当。 【Y3・Y4】 ・設備の使用態様に関する安全配慮義務を履行すべき責任を負っている使用者は，作業場における従業員の労務管理について実質的な権限を有している者であるが，Y3，Y4はこれに該当しない。 ・また，Y3，Y4に悪意又は重過失があると認めることはできない。
【A】 ・死亡時24歳 ・自殺に至るまでYの熊本事業部で製造第2課組立2係2班の一般作業員（平成14年4月1日以降は塗装班のリーダー）として稼働		オートバイの部品を含め自動車部品，農業用機械部品等の製造・販売を目的とする株式会社	・Aの時間外労働及び休日労働は，自殺から1か月前は110時間06分，同1か月前は118時間06分，同2か月前から3か月前は84時間48分であった。また，上記期間内におけるAの連続勤務は最高13日間であり，深夜10時を超えて勤務したのは12日間であった。 ・Yは，使用者としてAを従事させていたのであり，Aの自殺前には，Aの時間外労働・休日労働時間が極めて長時間に及んでいることに加え，Aの業務内容，Aがリーダーへ昇格

297

	熊本地裁 H19.1.22 労判937-109	為に基づく損害賠償として逸失利益，慰謝料等の支払を求めた事案。 ・労災申請あり（認定）。			
【28】	ハヤシ（くも膜下出血死）事件 福岡地裁 H19.10.24 労判956-44	Aの遺族であるXらが，平成16年2月26日にAがくも膜下出血により死亡したのは，Yの安全配慮義務違反及び不法行為に基づくものであると主張して，Yに対し，債務不履行及び不法行為に基づき，損害賠償を請求した事案。 ・労災申請あり（認定）。	【X1～X4→Y】 損害賠償請求	3000万円	2800万円 ※ただし，寄与度減額（Xの喫煙）により，20％減額
【29】	みずほトラストシステムズ（うつ病自殺）事件 東京高裁 H20.7.1 労判969-20 東京地裁八王子支部 H18.10.30 労判934-46	Yにシステムエンジニア（SE）として入社したAが飛び降り自殺したことから，Aの両親であるX1とX2（訴訟係属中にX1が死亡し，X2及びX3が訴訟承継）が，Aの自殺は，Aが同年8月下旬ころまでにうつ病に罹患したことによるものであり，Aがうつ病に罹患した原因は，過重な業務の遂行のために長時間労働を強いられ，疲労と心理的負荷等を過度に蓄積させて多大なストレスにさらされたこと等にあるとして，Yの安全配慮義務違反を理由として，慰謝料や逸失利益等の支払を求めた事案。	【X1～X3→Y】 損害賠償請求	3000万円	0円
【30】	スギヤマ薬品事件 名古屋高裁 H20.9.17 労判970-5 名古屋地裁 H19.10.5 労判947-5	Yに雇用されて，Yの関連会社が経営するドラッグストアに薬剤師として勤務していたAが，同店における過重労働により致死性不整脈を発症して死亡したとして，Aの両親であり相続人であるX1・X2が，Yに対し，主位的に雇用契約上の安全配慮義務の不履行に基づき，予備的に不法行為に基づき，慰謝料や逸失利益等を請求した事案。	【X1・X2→Y】 損害賠償請求	【A本人並びにX1及びX2固有の慰謝料合わせて】 3000万円	2600万円 （内訳） 【A本人】 2200万円 【X1固有】 200万円 【X2固有】 200万円
【31】	札幌国際観光（石綿曝露）事件 札幌高裁 H20.8.29 労判972-19	Yが経営するホテルの機械室・ボイラー室等で業務に従事していたAが悪性胸膜中皮腫で死亡したのは，Yが作業場の排気等の（石綿）粉じん対策を怠ったためであるとして，Aの相続人であるX1及びX2が，安全配慮義務違反を理由とする損害賠償請求をした事案。 ・入院182日，通院は8か月弱の間に実通	【X1・X2→Y】 損害賠償請求	3350万円 （内訳） ・入通院慰謝料：350万円 ・死亡慰謝料：3000万円	3320万円 （内訳） ・入通院慰謝料：320万円 ・死亡慰謝料：3000万円

第13章—1　労災（死亡事案）

【X1】 Aの妻 【X2・X3】 Aの両親			したことなどの事態が生じていたのであるから，適宜，現場の状況や時間外労働・休日労働などAの勤務時間のチェックをし，さらには，Aの健康状態に留意するなどして，Aが作業の遅れ・不具合などにより過剰な時間外勤務や休日出勤をすることを余儀なくされ心身に変調を来すことがないように注意すべき義務があった。 ・しかし，Yは，労働者の心身の健康に悪影響を与えることが明らかな限度時間をはるかに超える時間外労働の状況を是正することすらなく，Aの実際の業務の負担量や職場環境などに何らの配慮もすることなく，Aを漫然と放置していた。 ・本件におけるYの過失の程度，及びその他諸般の事情を考慮すると，死亡慰謝料としては2800万円が相当。
【A】 ・死亡時43歳 ・平成11年ころに課長となる ・平成14年4月に製造部部長になる ・平成16年2月26日に死亡 【X1】 Aの妻 【X2～X4】 Aの子	・産業用ロボットの製作等を目的とする資本金2000万円の株式会社 ・本社の事務所及び工場以外に，筑後工場，吉塚工場を有している		・Aのくも膜下出血発症前1か月から12か月の週40時間の法定労働時間を超える時間外労働時間は，以下のとおり。 　発症前1か月　　79時間02分 　発症前2か月　　74時間15分 　発症前3か月　　95時間40分 　発症前4か月　　92時間30分 　発症前5か月　　82時間30分 　発症前6か月　126時間38分 　発症前7か月　127時間40分 　発症前8か月　　79時間05分 　発症前9か月　168時間26分 　発症前10か月　101時間10分 　発症前11か月　108時間16分 　発症前12か月　104時間35分 ・Aの地位は責任が重く，納期や予算等を気にしながら生産工程を管理していくという精神的に負担のかかる業務に長時間従事し，盆休みや正月休みといった休養期間もほとんど取れなかったと認められるのであり，その業務は，精神的肉体的に疲労を蓄積させる過重なものであった。 ・Aが死亡するに至った経緯，AのXらの扶養状況等，諸般の事情を総合的に考慮すると，Aの死亡慰謝料としては，2800万円が相当。
【A】 ・男性（死亡時24歳） ・SE ・大学を卒業して入社した約半年後に自殺 【X1】 Aの父（第一審係属中に死亡） 【X2】 Aの母 【X3】 Aの弟	コンピュータのシステム及びプログラムの開発販売等を業とする株式会社		Aの集合研修，営業第4部のベストグループへの配属，部内研修，日銀与信明細票プログラムの保守等の作業，日銀与信明細票プラグロムの保守等の作業以外の業務のいずれについても，客観的にみて過重なものであったとはいえないこと，これらを総合しかつ資料の廃棄ミス及びこれに対するYの措置を併せ考慮しても，これらが客観的にみてAに過度の心理的負荷を与えるものであったとはいい難いこと等から安全配慮義務違反を否定。
【A】 ・男性（死亡時24歳） ・Yの経営するドラッグストアに勤務する薬剤師 ・就寝中に死亡 【X1・X2】 Aの両親	薬局の経営等を目的とする会社		【A本人】 Aを過重な長時間労働の環境に置き，これに加え，質的にも精神的負荷の高い業務が増加していたにもかかわらず，Aの業務の負担量に何らの配慮もすることなく，その状態を漫然と放置していたこと等を考慮。 【X1・X2】 子であるAを，24歳という若年で亡くしたこと等を考慮。
【A】 ・死亡時60歳 ・ホテルの設備係として機械室・ボイラー室等で業務に従事 【X1】 Aの妻	ホテル経営等を目的とする株式会社であり，札幌ロイヤルホテルを経営		（入通院慰謝料） 入通院期間及び実通院日数を考慮。 （死亡慰謝料） Aが一家の支柱であったことを考慮。

事件名	事案の概要	請求	請求額	認容額
札幌地裁 H19.3.2 労判948-70	院日数13日。 ・労災申請あり（認定）			
【32】大阪府立病院（医師・急性心不全死）事件 大阪高裁 H20.3.27 労判972-63	Yが開設していた病院に医師として勤務していたAが急性心不全により死亡したのは病院における長時間かつ過重な業務が原因であるとして、Aの唯一の相続人（母）であるXが、Yに対し、安全配慮義務違反を理由とする債務不履行に基づく損害賠償を求めた事案。 ・公務災害認定請求あり（不支給）	損害賠償請求	3000万円	2200万円 ※ただし、過失相殺により35％減額
【33】NTT東日本北海道支店（差戻審）事件 札幌高裁 H21.1.30 労判976-5 札幌地裁 H17.3.9 労判893-93 札幌高裁 H18.7.20 労判922-5 最高裁 H20.3.27 労判958-5	・Yの従業員であったAが急性心筋虚血で死亡したのは、Yにおいて安全配慮義務に違反して時間外労働をさせ、かつ宿泊を伴う研修等に従事させたことが原因であるとして、Aの相続人であるX1（妻）及びX2（子）が、不法行為又は債務不履行に基づく損害賠償請求権に基づき、慰謝料等の支払いを求めた事案。 ・労災申請あり（不支給決定され、審査請求も棄却）	【X1・X2→Y】 損害賠償請求	3000万円	540万円 ただし、過失相殺の規定の類推適用により7割減額された額
【34】ヤマトロジスティックス事件 東京地裁 H20.9.30 労判977-59	Aが知的障害を伴う自閉症で死亡したことにつき、Yにおいて、職場での指導や雇用形態の変更等においてAに過度の心理的負担をかけないように特別な配慮をすべきであったのにこれを怠ったとして、XがYに対して雇用契約上の安全配慮義務違反を理由とする損害賠償請求をした事案。	損害賠償請求	2500万円 （内訳） 【A本人】 2000万円 【X固有】 500万円	0円
【35】JFEスチール（JFEシステムズ）事件 東京地裁 H20.12.8 労判981-76	AがY2に在籍中、Y1に出向していたところ、Y1らの安全配慮義務違反により過重な長時間労働を強いられた結果、うつ病により自殺したとして、相続人X1～X3がY1らに対して、不法行為責任又は債務不履行責任に基づき連帯して逸失利益及び慰謝料の損害賠償を請求した事案。	【X1～X3→Y1・Y2】 損害賠償請求	【Y1・Y2】 連帯して2800万円	【Y1】 2800万円 ※ただし、過失相殺により30％減額 【Y2】 0円
【36】日本土建事件 津地裁 H21.2.19	・違法な時間外労働及び上司からのパワーハラスメントを受けたA（なお、Aは、終業後に上司と飲酒した後、上司らを自宅へ送り届ける際に起こした交通事故により、入社約1年9か月後に死亡	【X1・X2→Y】 損害賠償請求	【A本人】 200万円 （3000万円の一部請求）	【A本人】 150万円（労災部分については0円）

第13章—1　労災（死亡事案）

【X2】 Aの子		
【A】 ・男性（死亡時33歳） ・Yが開設する病院に麻酔科医として勤務 【X】 Aの母	・大阪府 ・Aが勤務していた大阪府立病院の開設者	死亡時33歳で，医師としての資質に恵まれ，責任感が強く，将来を嘱望される医師であったことなど，本件に現れた一切の事情を考慮。
【A】 ・死亡時58歳 ・急性心筋虚血により死亡 【X1】 Aの妻 【X2】 Aの子	東日本地域における地域電気通信業務，地域電気通信業務に附帯する業務等の業務をその事業として行う株式会社	・Yの注意義務違反の内容，程度（Aの疲労回復が不十分になりやすい日程で宿泊を伴う出張が連続する形の研修を受けさせたこと），Aの年齢（58歳。心筋梗塞の好発年齢），生活状況（約30年間，1日に約25本のタバコを吸っていたこと等の事実を認定）その他本件に現れた一切の事情を考慮し，Aの責任割合を加味。 ・Aは基礎疾患（家族性高コレステロール血症を合併した陳旧性心筋梗塞の患者で冠状動脈の2枝に障害があった）を有していたところ，YはAの基礎疾患が自然的経過を超えて増悪する要因に応じて責任を負うべきとされ，Yの不法行為によって基礎疾患を自然的経過を超えて増悪させたことはAの死亡原因のうち30％を占めるとされた。
【A】 ・男性（死亡時50代半ば） ・知的障害を伴う自閉症 ・時給840円 【X】 Aの母	貨物自動車運送事業の会社	・雇用時間の短縮等の雇用形態の変化が，自閉症を有するAにとって一定の負担となりうるものであるとしても，それが一定の負担となることを超えて，それに起因してAがその精神状態を著しく害して自殺に至ることまでは，通常生ずべき結果であると解することはできず，むしろ特異な結果というべきであることを考慮。 ・本件においては，あくまで自殺という結果に対する予見可能性がなければ安全配慮義務違反及び注意義務違反を問うことはできないと解され，具体的な予見可能性が必要であるところ，Aの自殺についてYが具体的に予見可能であったとはいえないと認定。
【A】 ・死亡時40代半ば ・システム開発のプロジェクトマネージャー ・Y2に在籍のまま，Y1に出向 【X1】 Aの妻 【X2・X3】 Aの子	【Y1】 Y1の関連会社，システム開発会社 【Y2】 製鉄会社	【Y1】 ・Aが過酷な長時間労働及び過大な精神的負担によりうつ病に罹患し，その後も肉体的，精神的負担を蓄積させるなど重篤な症状になったことを認定。 ・Aの上司は，システム開発の進捗状況，緊急性を熟知しており，担当者が過重な長時間労働を強いられて疲労が蓄積していること，Aに過大な心理的負荷がかかっていることを認識，または認識することが可能であり，うつ病罹患について予見可能であったにも関わらず，長時間労働を是正し，心理的負荷を軽減させるために必要かつ充分な措置を講じなかったと認定。 ・慰謝料の算定にあたっては，Y1の安全配慮義務違反の態様，Aが自殺するに至った経緯等一切の事情を考慮。 【Y2】 ・Y2が，Aの過酷な長時間労働及び過大な精神的負担等を認識，または認識し得た事情は認められないから，Y2がAに対して安全配慮義務を負っていたということはできないとして，Y2の責任は否定。
【A】 ・男性（死亡時22歳） 【X1】 ・Yの下請会社の社長	土木建築工事請負及び設計施工等の総合建設業を営む株式会社	【A本人】 ・Aは入社2か月足らずから長時間に及ぶ時間外労働や休日出勤を強いられ，体重を十数キロも激減させ，絶えず睡眠不足の状態になりながら仕事に専念してきた一方，Yは時間外労働の上限50時間を超える残業に対しては何ら賃金を支払わ

	労判982-66	している。）が被った肉体的精神的苦痛に対する慰謝料請求として，Yに対し，X1とX2が，YとAとの雇用契約上の付随義務として信義則に基づく勤務管理義務及びパワーハラスメント防止義務としての安全配慮義務違反による請求，または不法行為に基づく請求を行った事案。 ・X1は，YとX1との準委任契約の付随義務として信義則に基づく勤務管理義務及びパワーハラスメント防止義務としての安全配慮義務違反による慰謝料請求も行っている。 ・Aは，養成社員（Yの関連子会社（個人企業）の建設業者の子を一定期間預かってYの社員として就労させ，関連子会社の事業承継者としての技術的・経営的ノウハウを身につけさせ，それが完了した時点で雇用契約を解消し，預り元に戻す制度）としてYに入社していた。		【X1固有】100万円 （3000万円の一部請求）	【X1固有】0円
【37】	アテスト（ニコン熊谷製作所）事件 東京高裁 H21.7.28 労判990-50 東京地裁 H17.3.31判決 労判894-21	Y1に雇用されて，Y2の熊谷製作所において就労していたAが過重な労働等によりうつ病を発症しこれを原因として自殺したとして，Aの母であるXがYらに対し，Aから相続したとする損害賠償請求権を主張して損害金の支払を求めた事案。	【X→Y1・Y2】 損害賠償請求	【Y1・Y2】連帯して3000万円 （内訳） 不明	【Y1・Y2】連帯して2000万円 （内訳） 【A本人】2000万円 【X】0円
【38】	オーク建設（ホームテック）事件 広島高裁松江支部 H21.6.5 労判990-100	・H社で就労していた亡Aの妻ないしは子であるX1～X4が，Yが注意義務ないしは安全配慮義務に違反してAに過重な労働をさせたため，Aが急性心不全により死亡したとして，H社の承継会社であるYに対し，不法行為ないしは労働契約の債務不履行に基づき，X1～X4のAからの相続分及び固有の損害の支払を求めた事案。 ・労災申請あり（認定）。	【X1～X4→Y】 損害賠償請求	3800万円 （内訳） 【A本人】3000万円 【X1固有】500万円 【X2～X4固有】各100万円	2800万円 （内訳） 【A本人】2400万円 【X1～X4固有】各100万円 ※ただし，いずれも過失相殺により30％減額
【39】	前田道路事件 高松高裁 H21.4.23 労判990-134 松山地裁 H20.7.1 労判968-37	・Yの従業員であったAが自殺したのは，上司から，社会通念上正当と認められる職務上の業務命令の限界を著しく超えた過剰なノルマ達成の強要や執拗な叱責を受けたことなどにより，心理的負荷を受けてうつ病を発症又は増悪させたからであるなどとして，Aの相続人であるX1・X2が，Yに対し，主位的に不法行為ないし債務不履行（安全配慮義務違反）に基づき，慰謝料等の支払いを請求した事案。 ・労災申請あり（認定）。	【X1・X2→Y】 ・主位的請求 損害賠償請求（民709） ・予備的請求 損害賠償請求（民415）	3300万円 （内訳） 【A本人】2800万円 【X1固有】300万円 【X2固有】200万円	0円
【40】	音更町農業協同組合事件 釧路地裁帯広支部 H21.2.2	・Aの相続人であるX1らが，業務量の増大や異物混入事件の発生，上司による長時間の叱責等によりAをして精神病に罹患させ，自殺に至らしめたとして，Yには安全配慮義務違反があると主張し，逸失利益や慰謝料等の損害賠償を請求した事案。	【X1・X2→Y】 損害賠償請求	5000万円	3000万円

第13章—1　労災（死亡事案）

・Aの父 【X2】 Aの母			ず、それどころかAがどれほど残業をしていたか把握することさえ怠っていたことを考慮。 ・関連子会社の代表の息子であることについて嫌味を言われたり、終わっていない仕事を押し付けられたり、物を投げつけられて足をけがするなど、上司からさまざまな嫌がらせを受け、肉体的にも精神的にも追いつめられていた中で本件交通事故が発生しており、違法性が高い。 ・ただし飲酒運転による交通事故それ自体については、Aが上司らとの飲食や飲酒後の送迎を、先輩後輩の関係から断りきれなかったもので、職務の一環とはいえず、Yに責任はないと認定。 【X1固有】 YはX1との間で準委任契約を締結したとは認められない。
【A】 ・男性（死亡時20代半ば） ・Y1に雇用され、Y2の熊谷製作所においてステッパーの完成品検査の作業に従事 【X】 Aの母親	【Y1】 電子計算機のソフトウェアー、機能システム開発等の労務の請負を業とする会社 【Y2】 精密機器・器具等の製造販売業		【A本人】 AはクリーンルームY2作業に従事しY2の寮に単身で居住していたこと、Y1がY2にAを派遣し業務に従事させたことは労働者供給業務に当たり、劣悪な条件の下、過酷な労働が強制されたことによって、うつ病発症・自殺に業務起因性が認められること、Y2社員がAの過重労働を認識していたにもかかわらず放置したと推認できること、Y1がAの就業状況を把握しておらず注意義務違反があること、近親者の精神的苦痛などその他一切の事情を考慮。 【X】 X固有の慰謝料は、高裁で初めて主張されるに至ったという訴訟の経過、及びA本人の慰謝料額の算出において、一切の事情の1つとして、近親者の精神的苦痛の点も考慮したことを考慮。
【A】 ・死亡時25歳 ・H社で就労していた者 【X1】 Aの妻 【X2〜X4】 Aの子	・一般住宅の設計・建築を業とする会社 ・H社の承継会社		【A本人】 日常業務に比較して特に過重な精神的、身体的負荷が生じたこと、YはAの労働時間を減らす措置を講じず、Aの死亡と業務の間に因果関係が認められること、Aは25歳と若く一家の支柱であったこと、3人の子があり2人は亡太郎の死亡当時胎児であったこと等を考慮。 【X1固有】 若くして夫を失うことになったことを考慮。 【X2〜X4固有】 幼くしてあるいは胎児のうちに父を失うことになったものであることを考慮。
【A】 ・男性（死亡時43歳） ・年収約1000万円 ・Yの四国支店東予営業所長 【X1】 Aの妻 【X2】 Aの子	土木建築工事の請負等を業とする会社		Aの上司らがAに対して行った指導や叱責は、社会通念上許容される業務上の指導の範囲を超えた過剰なノルマ達成の強要や執拗な叱責に該当するとは認められず、Aの上司らの行為は不法行為に当たらないというべきであること、架空出来高の計上の解消を求めることによりAが強度の心理的負荷を受け、精神的疾患を発症するなどして自殺に至るということについて、Aの上司らに予見可能性はなかったこと等を考慮。
【A】 ・死亡時33歳 ・正職員 ・Yの販売部青果課係長 【X1】	・農業協同組合法に基づき設立された農業に関する組合員支援等を目的とした法人 ・従業員約170名		Aが増大する業務負担に耐えながらも結局精神病に罹患し、妻と当時末だ1歳の娘を残し、33歳という若さで自ら命を絶つという非業の死を遂げたこと、YがAが心身に変調を来していることを現に認識し、あるいは認識し得るべきであったにもかかわらず、特段の措置を講じず、ほとんど何の配慮のないまま係長へと昇格させるという無謀な人事を断行したこと、異物混入事件というAにとっても衝撃の大きかったと思

	労判990-196	・労災申請あり（認定）。			
【41】	三井倉庫（石綿曝露）事件 神戸地裁 H21.11.20 労判997-27	①倉庫会社であるYの被用者として，神戸港でのトラクター運転業務に従事していたAが，長期にわたり石綿粉じんに曝露し，退職後中皮腫に罹患して死亡したのは，Yの石綿粉じんに対する安全対策が不十分であったためであるとして，Aの相続人であるXらが，Yに対し，安全配慮義務違反及び不法行為に基づく損害賠償金の支払いを求め，②X1が，Yの就業規則に基づく特別弔慰金の支払を求めた（一部請求）事案。 ・入通院期間（入院230日，通院22日）。 ・労災申請あり（認定）。	【X1・X2→Y】 ①損害賠償請求 【X1→Y】 ②弔慰金請求	不明 （損害総額は4750万3070円）	2710万円 （内訳） ・入通院慰謝料：410万円 ・死亡慰謝料：2300万円
【42】	鳥取大学附属病院事件 鳥取地裁 H21.10.16 労判997-79	医師でありYの設置するT大学の大学院生であったAの両親であるXらが，Aが自動車を運転中に交通事故を起こして死亡したことにつき，事故の原因は，AがYの設置するT大学医学部附属病院（T大病院）において演習名目で過重な勤務に従事させられ過労状態で自動車を運転することを余儀なくされたことにあり，Yは安全配慮義務違反又は不法行為に基づく損害賠償責任を負うと主張して，Yに対し支払いを求めた事案。 ・労災申請あり（認定）。	【X1・X2→Y】 損害賠償請求	3000万円	2000万円 ※ただし，過失相殺により60％減額
【43】	九電工事件 福岡地裁 H21.12.2 労判999-14	X1の夫で，X2及びX3の子であるAが，Yの安全配慮義務違反により長時間労働等の過重な業務に従事させられた結果，うつ病を発症して自殺したと主張して，①Xらが，Yに対し，不法行為及び安全配慮義務違反に基づき損害賠償，②X1が，Yに対し，Yの就業規則に基づき，弔慰金の支払を求めた事案。 ・労災申請あり（認定）。	■第1事件 【X1～X3→Y】 損害賠償請求 ■第2事件 【X1→Y】 弔慰金請求	不明 （損害総額は8935万1944円）	2400万円
【44】	グルメ杵屋事件 大阪地裁 H21.12.21 労判1003-16	Y及びY被承継人Z（平成21年7月1日付けでYに吸収合併されて消滅し，Zの訴訟承継した。YとZとを併せて「Yら」という。）の設置する飲食店の店長として業務に従事していたAが，急性心筋梗塞により死亡したことについて，同人の両親であるXらが，Yらに対し，不法行為又は労働契約の債務不履行に基づく損害賠償請求（両者は，選択的に請求する。）として，Xらにつきそれぞれ3986万1558円の支払を求めた事案。 ・労災申請あり（認定）。	【X1・X2→Y】 損害賠償請求	3000万円	2400万円 ※ただし，過失相殺により20％減額
【45】	国（じん肺・北海道）事件 札幌地裁 H22.3.26 労判1009-49	じん肺に罹患した元炭鉱労働者及びじん肺によって死亡した者の相続人であるXらが，Yに対し，じん肺の発生又は増悪を防止するために鉱山保安法に基づく規制権限を行使することを怠ったこと等が違法であるとして，国家賠償法1条1項に基づき損害賠償を求めた事案。 ・X2～X4，X6，X10，X15はじん肺管理区分2，Aはじん肺管理区分3イ，X1，X7，X11はじん肺管理区分3ロ，X9，X13，B～Dはじん肺管理区分4。 ・労災申請あり（認定）。※ただし，A～	【X1～X15→Y】 損害賠償請求	【X1～X15】 各1000万円	【X1・X7・X11】 600万円 【X2～X4・X6・X10・X15】 433万3333円 【X5・X8・X12・X14】 833万3333円

第13章―1　労災（死亡事案）

Aの妻 【X2】 Aの子			われる事件の2日後に上司が長時間にわたって叱責を行った結果，Aを首つり自殺という惨い死に方へと追いやったものであること等を考慮。
【A】 ・死亡時77歳 ・トラクター運転手としてYに勤務（昭和52年3月31日退職） ・中皮腫で2年以上の長期間にわたり闘病生活 【X1】 Aの妻 【X2】 Aの子	倉庫業，港湾運送業等を業務内容とする株式会社		・（入通院慰謝料） 通院期間及び入院期間に加えて，Aの症状の内容及びその経過によれば，Aは，2年以上の長期間にわたり闘病生活を続けたのであり，その精神的・肉体的苦痛は極めて大きいものであったと考えられることなどを考慮。 ・（死亡慰謝料） Yの安全配慮義務違反の内容（※昭和40年以降，労働者が石綿の粉じんをできるだけ吸入しないようにするための措置をとらなかった），Aが死亡するに至った経緯，Aの家族構成など本件にあらわれた一切の事情を考慮。
【A】 ・男性（死亡時33歳） ・T大学の大学院生，医師免許取得済 ・T大学附属病院にて無報酬で診療行為等に従事 ・外部の病院でアルバイトをし，月額30万円程度の報酬を得ていた 【X1・X2】 Aの両親	・国立大学法人 ・T大学を設置 ・T大学附属病院を設置		・AとYとの関係，Yの安全配慮義務違反の内容及び程度（※Y，業務の軽減を図るなどの適切な措置を講じることなく漫然と放置し，Aを相当の長期間にわたり継続して過重な業務に従事させ，とりわけ本件事故の直前1週間には極度の睡眠不足を来す態様で業務に従事させ，さらに本件事故の前日には，アルバイト当直が予定されていたAを徹夜の手術に従事させた）。 ・本件事故の発生については亡Aにも帰責性が認められること（※極度の過労状態，睡眠不足の状態で自動車を運転することの危険性を認識し得たこと，自家用車以外の交通手段を選択する余地は十分にあったのに，自らの判断で自動車を運転してD病院に赴いたこと，自らの希望によりアルバイト当直を続けていたこと）。 ・Aの家族関係その他本件に顕れた一切の事情を考慮。
【A】 ・死亡時30歳 ・空調衛生工事等の現場監督業務に従事 【X1】 Aの妻 【X2・X3】 Aの父母	・電気通信工事等を業務とする株式会社 ・本社のほか九州各県と沖縄県，東京都，大阪に支店を設置		・労働者の心身の健康に悪影響を与えることが明らかで極めて長時間に及ぶ時間外労働の状況を何ら是正しないで放置していたとして，Yに不法行為を構成する注意義務違反を認定。 ・Aが死亡するに至った経緯，AとX1の生活状況等，諸般の事情を総合考慮。
【A】 ・男性（死亡時29歳） ・飲食店店長 ・年収417万6026円 【X1・X2】 Aの両親	・【Y】 ・レストランの企画・運営会社 ・Yの一部門を子会社として独立させたZを平成21年7月1日，吸収合併 ・【Z】 ・飲食店事業・加工調理食品の販売等を目的とする株式会社		・Aの労働時間を適切に管理せず，同人の労働時間，休憩時間，休日等を適正に確保することなく，長時間労働に従事させたとして，Yらに安全配慮義務違反を認定（不法行為責任については時効消滅） ・Aの本件死亡に至る経緯（※継続的な長時間労働に加え，業務内容も身体的精神的負荷のかかる過重労働），本件死亡時の年齢，身上関係，Yにおける勤務の状況等その他一切の事情を考慮。
【X1～X15（X5・X8・X12・X14を除く），A～D】 ・男性 ・炭鉱坑内の粉じん作業に従事し，じん肺に罹患 ・A～Dはじん肺により死亡 【X5・X8・X12・X14】 ・A～Dの各相続人	国		・じん肺管理区分に基づくA～Dの慰謝料額は2500万円となる。 ・Yは，使用者が労働者の危害防止及び安全衛生に関する第一次的かつ最終的な責任者であることを前提として，省令等により，使用者に対し，国家に対する義務を課し，その実効性を罰則や行政監督によって確保しようとし，また，使用者の労働者に対する危害防止及び安全衛生についての義務履行を後見的に監督するものであるから，Yの責任は，使用者の安全配慮義務違反に基づく損害賠償責任の存在を前提とし，それを一次的，最終的な責任とする二次的，補充的責任であると解するのが相当である。また，Yが負うべき損害賠償義務の具体的な範囲は，じん肺に罹患した本件被災者らにつき，それぞれその損害の3分の1を限度とするのが相当。

		D，X9，X13を除く。			【X9・X13】733万3333円
【46】	TOTO事件 大津地裁 H22.6.22 労判1012-25	・Y3の工場内で稼動していたAが製造機械に挟まれる事故により死亡したことに関して，(1)Aの父母であるX1及びX2が，Aの属する製造ラインの組の組長であったY1には作業員の安全に配慮すべき義務等があったにもかかわらず，これを怠った，又は，Y3が所有する上記工場には瑕疵があったとして，Y1に対しては民法709条に基づき，Y3に対しては同法715条又は717条に基づき，Y2に対しては同法715条に基づき，損害賠償金の連帯支払を求め，(2)X1，X2及びAの兄であるX3が，Y1には被害者の遺族に対して事故情報を提供すべき義務があったにもかかわらず，これを怠ったとして，Y1に対しては民法709条に基づき，Y2及びY3に対しては同法715条に基づき，損害賠償金の情報提供義務の連帯支払を求め，(3)Xらが，Y3には事故後被害者の遺族に対して誠実に対応すべき義務があったにもかかわらず，これを怠ったとして，Y3に対し民法709条に基づき，損害賠償金の支払を求めた事案。 ・労災申請あり（認定）。	【X1・X2→Y1~Y3】損害賠償請求 【X1~X3→Y1~Y3】損害賠償請求 【X1~X3→Y1~Y3】損害賠償請求	【X1・X2→Y1~Y3】連帯して4500万円 （内訳） 【A本人】4000万円 【X1固有】250万円 【X2固有】250万円 【X1~X3→Y1~Y3】情報提供義務違反：連帯して各50万円 【X1~X3→Y3】誠実対応義務違反：連帯して各300万円	【X1・X2→Y1~Y3】（A本人並びにX1及びX2固有の慰謝料合わせて）連帯して2500万円 【X1~X3→Y1~Y3】0円 【X1~X3→Y3】0円
【47】	国（護衛艦たちかぜ〔海上自衛隊員暴行・恐喝〕）事件 横浜地裁 H23.1.26 労判1023-5	海上自衛隊員として護衛艦たちかぜに配属され，自殺をした亡Aの相続人であるXらが，Aの自殺の原因は，同隊の先輩隊員であったY2のAに対する暴行及び恐喝であったと主張して，Y2に対しては，民法709条に基づき，Y1に対しては，国家賠償法1条1項又は同法2条1項に基づき，損害賠償を求めた事案。	【X1・X2→Y1・Y2】損害賠償請求	【A本人】連帯して5000万円 【X1・X2固有】連帯して1000万円	【A本人】連帯して400万円 （労災部分については0円） 【X1・X2固有】0円
【48】	メディスコーポレーション事件 前橋地裁 H22.10.29 労判1024-61	Xらが，Aの自殺は，自殺前に連日，肉体的，心理的に負荷の高い長時間労働等をしたことによりうつ病に罹患したことが原因であり，Y1に対して，安全配慮義務違反による債務不履行又は民法709条及び715条に基づく不法行為により，Y2に対して，民法709条に基づく不法行為による損害賠償請求をした事案。	【X→Y1・Y2】損害賠償請求	【Y1・Y2】連帯して3000万円	【Y1・Y2】連帯して2600万円
【49】	マツダ（うつ病自殺）事件 神戸地裁姫路支部 H23.2.28 労判1026-64	Yの従業員であったAが，Yの安全配慮義務違反により長時間労働等の過重な業務に従事させられた結果，鬱病を発症して自殺したとして，Aを相続したXらがYに対し，債務不履行又は不法行為に基づき損害賠償を請求した事案。 労災申請あり（認定）。	【X1・X2→Y】損害賠償請求	4000万円（内訳） 【A本人】3000万円 【X1固有】500万円 【X2固有】500万円	3000万円（内訳） 【A本人】2500万円 【X1固有】250万円 【X2固有】250万円

第13章—1　労災（死亡事案）

【A】 ・男性（死亡時39歳） ・人材派遣会社S社に雇用され、N社へ派遣されて、Y3滋賀工場内での作業に従事 【X1・X2】 Aの両親 【X3】 Aの兄	【Y1】 ・Y2の従業員で、Aの属する製造ラインの組の組長 ・Y3滋賀工場内での作業に従事 【Y2】 ・衛生陶器の製造販売等を業とする株式会社 ・Y3との間で製造委託契約を締結し、従業員をY3滋賀工場内での作業に従事させていた 【Y3】 窯業・土石製品その他無機化学製品の製造、販売等を業とする株式会社	【死亡慰謝料】 健康に日々を過ごしていたのに、本件事故に遭遇し、生死の淵を彷徨った挙げ句、尊い一命を絶たれたAの苦しみ、無念さ、親思いであったAを突然失ったX1、X2の悲嘆を考慮すると、Aはもとより、X1、X2の心中は察するに余りある。加えて、本件事故後、加害者側が明らかに事実と反する説明をするなど不誠実な態度をとっていたこと、その他本件に顕れた一切の事情を考慮。 【情報提供義務違反】 本件事故後の混乱した状況の下で、Y1が直接Xらに事故情報を提供しなかったからといって、それが社会的相当性を逸脱した違法な行為であるとはいえないし、それ自体によりXらの法益が侵害されたということもできない。 【誠実対応義務違反】 本件事故後のY3の対応が、それ自体社会的相当性を逸脱した違法な行為であるとまではいえない。
【A】 ・男性（死亡時21歳） ・海上自衛隊の1等海士 ・たちかぜの船務科電測員 【X1】 ・Aの父 ※訴訟提起後に死亡し、X2とAの姉が訴訟承継 【X2】 Aの母親で相続人	【Y1】 国 【Y2】 ・男性（Aより13歳年上） ・海上自衛隊の2等海曹 ・たちかぜの船務科電測員	・Aが自殺に至るまでの間に少なくともY2の前で自殺の危険をうかがわせる兆候を見せたとは認められないし、また、Y2において、暴行等により、Aが自殺することまで予見することができたとまでは認められないから、Aの死亡によって発生した損害については、Y2の不法行為との間に相当因果関係があるとは認められない。 ・Y2のXに対する暴行（平成16年2月ないし3月頃から遅くとも9月ころまで、10回程度以上、平手で頭を殴打したり、足蹴にする、同年春頃から8月頃まで、数回以上にわたり、エアガン等を用いてBB弾を打つ）及び恐喝（同年9月頃、2回にわたり、アダルトビデオの販売名下に合計8万円ないし9万円の支払を要求して受領、同年10月頃、虚偽の事実を述べて5000円の支払を要求し受領）の態様、その他本件において認められる諸般の事情を考慮。 ・Y1も、国賠法1条1項の責任に基づき、Y2がAに対して暴行、恐喝などを加えたことによる慰謝料の賠償義務を負う。
【A】 ・死亡時43歳 ・大学卒業後、信用金庫での勤務を経て、平成14年10月Y1に入社 ・平成15年4月より財務経理部長職 【X1】 Aの妻 【X2〜X4】 Aの子	【Y1】 介護付き有料老人ホームの運営等を営む会社 【Y2】 Y1の代表取締役であった者	・平成16年4月以降、Aの業務の負担は、質および量ともに増加し、さらにY1の職場環境としては、Aを支援する体制が整えられていなかった中で、Aは、Y1の存続に必要不可欠な資金繰りの心配や、投資会社との折衝など、精神的な緊張を強いられる業務に携わった。 ・平成16年8月には、自らが折衝していた投資会社からの投資を断られたり、Y2からメールで叱責されるなど、大きな精神的負担が加わり、うつ病を発症し、それに基づく自殺衝動によって自殺に至った。 ・AとXらの家族構成（妻と16歳男子、14歳男子、12歳女子）、家計はAと看護師の資格を持ち専門学校の教員として勤務していたX1の給与で賄っていたことに照らして判断。
【A】 ・男性（死亡時25歳） ・新卒入社後約3年で自殺 ・Yの購買部でイギリスの仕入先からのエンジン用フィルターの購入業務を担当 【X1、X2】	大手自動車メーカー	【A本人】 ・Aは、上司から何ら適切なサポートを受けられない中で、質的にも量的にも過重な業務に恒常的に従事させられ、イギリスの仕入先をめぐるトラブルについても、孤軍奮闘し、一人で抱え込まざるを得ない状況に陥った結果、鬱病を患った。 ・本件自殺当時Aは25歳と若く、Yでも優秀な成績を修めており、本来将来を嘱望されるべき人物であったにもかかわらず、自ら命を絶たざるを得なかった同人の無念は察するに余りある。

【50】	大庄ほか事件 大阪高裁 H23.5.25 労判1033-24 京都地裁 H22.5.25 労判1011-35	Y1の経営する大衆割烹店で調理を担当していたが，入社後約4か月で，急性左心機能不全により死亡したAの遺族であるXらが，Y1に対しては債務不履行（安全配慮義務違反）または不法行為により，Y2に対しては，不法行為又は会社法429条1項により，損害賠償を請求した事案。 ・労災申請あり（認定）。	【X1・X2 →Y1～Y5】 損害賠償請求	【X1・X2 →Y1～Y5】 連帯して 3000万円	【X1・X2 →Y1～Y5】 連帯して 2300万円
【51】	サノヤス・ヒシノ明昌事件 大阪地裁 H23.9.16 労判1040-30	Yの下請会社の従業員として船舶の修繕作業等に従事していた亡Aの相続人であるXらが，亡Aに対する安全配慮義務違反により，石綿粉じんにばく露した結果，中皮腫等にり患して死亡したとして，Yに対し，債務不履行又は不法行為に基づき，損害賠償金の支払を求めた事案。 ・Aは，平成21年8月頃に中皮腫に罹患し，平成22年9月6日死亡した。 ・入通院日数：164日間入院，合計133日間通院 ・労災申請あり（認定）	【X1～X4 →Y】 損害賠償請求	3217万円 （内訳） ・入通院慰謝料：417万円 ・死亡慰謝料：2800万円	2861万円 （内訳） ・入通院慰謝料：361万円 ・死亡慰謝料：2500万円
【52】	フォーカスシステムズ事件 東京高裁 H24.3.22	Aが死亡したのは，長時間の時間外労働や配置転換に伴う業務内容の高度化・業務量の増大により心理的負荷が過度に蓄積したことから精神障害を発症し，正常な判断能力を欠く状態で過度の飲酒をし	【X1・X2 →Y】 損害賠償請求	3800万円 （内訳） 【A本人】 2800万円	2200万円 （内訳） 【A本人】 1800万円

第13章—1　労災（死亡事案）

Aの両親			【X1・X2固有】 ・Aの自殺により受けた精神的苦痛は甚大。 ・Aの自殺後，Aの上司である部長Dは，Aが亡くなったとの報告をうけた際，皆の前で笑いながら「Aが亡くなった一」「この忙しいのにこんなこと…いろいろあるわ」などと発言し，葬儀の際も，Yの弔文原稿に目を通しながら，冗談めいた口ぶりで「泣かすよなー」とか，会葬御礼をもらったことについて「この辺ではこうなんか？」と笑い話をしていたこと，グループマネージャーEは，Aの同僚らが，Aの机に花を用意しようとした際に許可しようとしなかったり，Aの通夜・葬儀の出席につきメールを流したことを注意したことが認められ，本件自殺後に，いわば二重に精神的苦痛を被ったといえるのであって，その度合いは，想像に余りある。
【A】 ・男性（死亡時24歳） ・新卒社員 ・Y1が運営する大衆割烹店で調理関係の業務に従事 ・入社後約4ヵ月後に急性左心機能不全により死亡 【X1，X2】 Aの両親	【Y1】 大衆割烹店を全国展開している株式会社 【Y2～Y5】 Y1の取締役		【Y1】 ・Y1では，給与体系において，本来なら基本給ともいうべき最低支給額に，80時間の時間外労働を前提として組み込んでいた。 ・三六協定においては1か月100時間を6か月を限度とする時間外労働を許容しており，実際，特段の繁忙期でもない4月から7月までの時間においても，100時間を超えるあるいはそれに近い時間外労働がなされていた。 ・AについてはY1入社以後，健康診断は行われておらず，Y1が就業規則で定めたことすら守られていなかった。 ・労働者の労働時間を把握すべき部署においても，適切に労働時間は把握されず，Aが勤務していた石山駅店では，1か月300時間を超える異常ともいえる長時間労働が常態化されており，Aも4か月にわたって毎月80時間を超える長時間の時間外労働となっており，従事していた仕事も調理場の仕事であり，立ち仕事であったことから肉体的に負担が大きかった。 【Y2～Y5】 責任感のある誠実な経営者であれば自社の労働者の至高の法益である生命・健康を損なうことがないような体制を構築し，長時間勤務による過重労働を抑制する措置を採る義務があることは自明であり，この点の義務懈怠により不幸にも労働者が死に至った場合においては悪意又は重過失が認められるのはやむを得ないところであり，不法行為責任についても同断。 【Y1～Y5】 Aは，本件死亡当時24歳と若く，これから自己の店を持つことを希望し，Y1における仕事に懸命に取り組んでいたことやY1の勤務体系・給与体系等一切の事情を考慮して，慰謝料額を算定。
【A】 ・死亡時50代後半 ・昭和42年4月10日～平成18年12月21日，Yの下請会社に勤務 ・修繕ドックなどの作業場にて船舶の修繕作業に従事 【X1】 Aの妻 【X2～X4】 Aの子	船舶の建造・修繕等を目的とする株式会社		・（入通院慰謝料） 入通院期間に加え，中皮腫には一般的な治療法がないことなどを考慮。 ・（死亡慰謝料） Aが死亡に至った経緯のほか，Yの安全配慮義務違反の内容（Yが石綿の有する危険性を認識でき，Aが製造所で勤務する際に石綿にばく露することで重大な健康被害を被るおそれがあったことを予見できたというべき昭和42年以降，作業員が石綿粉じんを吸引しないようにするための措置を執るべきところ，少なくとも，①粉じん作業と非粉じん作業の隔離を徹底せず，粉じん作業によって生じた粉じんの飛散を十分に防止しなかった点，②防じんマスクを支給せず，又はその着用を徹底させず，防護衣等を支給しなかった点，③必要な安全教育をしなかった点において，本件製造所の作業員が石綿粉じんを吸引しないようにするための措置を怠っていたこと，その結果，Aが本件製造所において石綿粉じんにばく露したというべきであることなど，本件の一切の事情を考慮。
【A】 ・男性（死亡時25歳） ・システムエンジニアとして業務に従事 ・平成18年7月通信ネ	コンピュータ，その周辺機器，関連機器，通信機器及びそのソフトウェアの開発，設計，製造，販売，賃貸，並		・Aが死亡時25歳であったこと。 ・平成18年7月15日から同年8月14日までの1か月間でも100時間を超え，同月15日から9月14日までの1か月は更に増加する長時間労働を行っていたこと。 ・Yの安全配慮義務違反ないし注意義務違反の態様（Aの上

	労判1051-40 東京地裁 H23.3.7 労判1051-50	たためであり，同人の使用者又は代理監督者は，上記心理的負荷を軽減し，心身の健康を損なうことがないようにすべき注意義務があるのにこれを怠ったとして，債務不履行（安全配慮義務違反）ないし不法行為に基づき，損害賠償の支払いを求めた事案。 ・労災申請あり（認定）		【X1固有】 500万円 【X2固有】 500万円	【X1固有】 200万円 【X2固有】 200万円 ※ ただし，いずれも過失相殺により30％減額
【53】	中部電力ほか（浜岡原発）事件 静岡地裁 H24.3.23 労判1052-42	B工業の従業員としてY1の浜岡原子力発電所（浜岡原発）においてメンテナンス業に従事していたAが腹膜原発悪性中皮腫により，約10ヶ月間入院をした後死亡したことについて，Aの妻子であるX1ないしX3が，AはY1ないしY3の安全配慮義務違反又はY1が所有する工作物である浜岡原発の瑕疵によるアスベストばく露によって死亡したと主張して，債務不履行又は不法行為による損害賠償の支払を請求した事案。 ・労災申請あり（認定） ・入院期間：約10か月	【X1〜X3→Y1〜Y3】 損害賠償請求	【Y1〜Y3】 連帯して3300万円 （内訳） ・入院慰謝料：300万円 ・死亡慰謝料：3000万円	【Y1】 0円 【Y2・Y3】 連帯して3100万円 （内訳） ・入院慰謝料：300万円 ・死亡慰謝料：2800万円
【54】	萬屋建設事件 前橋地裁 H24.9.7 労判1062-32	Yの従業員であったAが，Yの過失及び安全配慮義務違反により，長時間労働等の過重な業務を強いられた結果，うつ病を発症して自殺をしたとして，Yの遺族であるXらがYに対し，不法行為及び債務不履行に基づく損害賠償を請求した事案。	【X1〜X4→Y】 損害賠償請求	3000万円	2800万円
【55】	日本赤十字社（山梨赤十字病院）事件 甲府地裁 H24.10.2 労判1064-52	Yの運営するリハビリテーション施設で介護職に従事していたAが自殺により死亡したことについて，Xらが，Aは長時間かつ過密な業務に従事していたにもかかわらず，YがAの心身の健康を損なうことがないよう配慮する措置を何らとらなかったため，うつ病エピソードを発症し，自殺するに至ったとして，Yに対し，不法行為ないし債務不履行に基づき損害賠償請求した事案 ・労災申請あり（認定）	【X1〜X3→Y】 損害賠償請求	2800万円	2800万円

第13章—1　労災（死亡事案）

ットワーク事業部第三システム部から同部第二システム部に配置転換 ・平成18年9月16日に死亡 【X1・X2】 Aの両親	びに輸入出等を業とする会社	司は，Aの長時間の時間外労働，心理的重圧などを，現に認識していたか容易に認識し得たにもかかわらず，業務上の負担を軽減するための適切な対応をしていなかった。）等を考慮。 ・Aにおいてもブログやゲームなど自らの趣味のために睡眠不足を招いたことは，それが心身の健康を損ねる大きな要因であることから，自己の意思によって健康管理に努めるべきであったとして過失相殺。
【A】 ・死亡時30代後半 ・昭和61年9月29日，本件請負における孫請業者である訴外有限会社B工業に入社 ・平成17年6月8日，腹膜原発悪性中皮腫により死亡 【X1】 Aの妻 【X2・X3】 Aの子	【Y1】 ・中部電力 ・浜岡原発所有 ・昭和51年3月より原発の営業運転を開始 【Y2】 ・火力・原子力発電所の建設及び補修工事を業とする会社 ・Y1から浜岡原発のメンテナンス業務を請け負う 【Y3】 ・原発等各種発電所の建設及び補修工事を業とする会社 ・Y2から浜岡原発のメンテナンス業務を請け負う	【Y1】 ・Y1がY2に渡していた工事仕様書は概括的事項の記載にとどまり，Y1は，社員を現場に常駐させていないなど，B工業が雇用していたAから実質的に雇用関係に基づいて労務の提供を受けていると同視しうる状態にはないから，安全配慮義務を負わない。 ・Y1がアスベスト非含有の代替品を使用することは，当時としては不可能ないし著しく困難であったとして，工作物責任を否定。 【Y2・Y3】 ・Y2・Y3ともに，B工業の従業員であったAから実質的に雇用関係に基づいて労務の提供を受けていると同視しうる状態にあったいえAに対して安全配慮義務を負う。 ・昭和51年には石綿代替化に関する通達が出されていたことから，シール材の危険性についての予見可能性はあったが，平成11年末ころの労基署の指導をきっかけにマスク着用や湿潤化の徹底及びアスベスト教育などの対策を始めたのであり，昭和61年から平成11年までの間アスベスト対策を行ってこなかったことに安全義務違反がある。 ・入院慰謝料は，Aの入院期間を考慮。 ・死亡慰謝料は，Aが，両親，妻及び就学中の子2人を扶養しており，一家の支柱であったことを考慮。
【A】 ・死亡時50歳 ・ダム管理用通路整備工事（「本件工事」）の現場代理人（土木工事現場の工事施行責任者）兼監理技術者（現場の指揮等をする監理技術者） ・精神疾患の既往歴なし 【X1】 Aの妻 【X2〜X4】 Aの子	・土木建築工事請負や測量設計施工監督等を目的とする株式会社 ・従業員約50名 ・資本金5000万円	・Aは，本件工事について，その業務自体においても，労働時間においても過重な業務を担当しており（自殺前約4ヶ月の時間外労働時間は，1ヶ月約93時間から約155時間），少なくとも業務自体の過重性については，Yの課長が認識していたにもかかわらず，Yがとった措置では十分にAの業務負担を軽減するものではなかった。 ・Yにおいては，労働時間の自己申告制が採られていたが，Yは，従業員が申告した時間外及び休日労働時間が実際の時間外及び休日労働時間と合致しているか調査しようともせず，むしろ月24時間を超える残業時間の申告を認めておらず，労働時間把握義務を懈怠していた。 ・Yが労働時間把握義務を懈怠した上，さらなるAの業務軽減措置をとらなかった結果，Aは，業務の遂行に伴う疲労や心理的負荷等が過度に蓄積して，うつ病を発症するに至った。 ・Aが自殺するに至った経緯等，諸般の事情を総合考慮して慰謝料額を算定。
【A】 ・死亡時43歳 ・年収532万6845円 ・福祉系大学を中退後，調理師ならびに料理修行を経て，Yの運営する山梨赤十字病院の調理師として勤務 ・平成17年8月以降，同病院のリハビリテーション施設で介護職に従事 【X1】 Aの妻 【X2・X3】 Aの子	赤十字に関する諸条約及び赤十字国際会議において決議された諸原則の精神に則り，赤十字の理想とする人道的任務を達成することを目的とする認可法人	・自殺前6ヶ月間のAの時間外労働時間は月平均99時間30分に及んでおり，特に自殺前1ヶ月間の時間外労働時間は166時間を超えていたこと。 ・Aは，利用者の送迎，入浴，食事及び排泄の介助，利用者とのレクリエーションにおける一般的業務のほか，利用者送迎表の作成，車両管理等の業務を担当していたが，Aの業務量及び精神的負荷の増加をも考慮するとAの担っていた業務は過重なものであったと評価できること。 ・Yは，タイムカードを確認してAの労働時間を把握することすらしておらず，Aが適切な業務遂行をなし得るような人的基盤の整備ないし時間外労働時間の減少に向けた適切な指示等をせずに漫然と放置していたこと。 ・AがXらの生計を支えてきたこと，事案の性質等に鑑みて，Aの死亡による慰謝料額を算定。

【56】	ニューメディア総研事件 福岡地裁 H24.10.11 労判1065-51	Aの相続人であるXらが、Aが心臓性突然死により死亡したのはYにおける業務の過重負荷に起因するものである旨主張し、不法行為又は労働契約上の債務不履行に基づく損害賠償を請求した事案 ・労災申請あり（認定）	【X1・X2→Y】 損害賠償請求	3000万円 （内訳） ・主位的 【A本人】 2000万円 【X1固有】 500万円 【X2固有】 500万円 ・予備的 【A本人】 3000万円	2500万円 （内訳） 【A本人】 2200万円 【X1固有】 150万円 【X2固有】 150万円
【57】	O社事件 神戸地裁 H25.3.13 労判1076-72	Yの店舗にキッチンフロアチームリーダーとして勤務していたAが、Yにおける過重な労働によって心臓性突然死したのは、Yの安全配慮義務違反によるものであると主張して、Aの相続人であるXらが、Yに対し、債務不履行又は不法行為に基づき、損害賠償を請求した事案。 ・労災申請あり（認定）	【X1・X2→Y】 損害賠償請求	3000万円 （内訳） 【A本人】 2400万円 【X1固有】 300万円 【X2固有】 300万円	（A本人並びにX1及びX2固有の慰謝料合わせて） 2800万円

<解説>

1　慰謝料請求が認容された割合

　本調査の対象となった平成15年1月〜平成25年12月の労判において，労災死亡事案に関連して慰謝料請求がなされた事例は，別紙一覧表のとおり，57件であった。うち，慰謝料請求が認容された事例は48件（複数の被告に対しての請求で一部の被告に対してのみ請求が認容された事案を含む）である。

　なお，本章における「慰謝料」は死亡慰謝料のみを指し，入通院慰謝料を含まないものとする。

2　労災死亡事案の類型

　検討対象となった労災死亡事案57件は，①精神疾患を原因とする自殺事案，②過重な業務を原因とする病死・突然死事案，③業務作業中の事故及び危険な作業を原因とする死亡事案，④車両運転中の交通事故による死亡事案，⑤その他，に大きく分類できる。

第13章—1　労災（死亡事案）

【A】 ・女性（死亡時31歳） ・大学卒業後，承継前被告に入社し，システムエンジニアとして勤務 ・死亡前1年間の給与等の総支給額約422万円 ・不整脈と診断されたことあり 【X1・X2】 Aの両親	【Y】 情報処理システム及び電気通信に関する調査，研究，開発，相談，運営業務等を目的とする株式会社	・Aは，平成19年4月に死亡したところ，同年2月におけるAの時間外労働時間は100時間を大きく上回るものであったこと，Aの業務は日常的に精神的緊張を伴うものであったと認められることなどからして，特に同年1月以降におけるAの業務は，脳・心臓疾患の発症をもたらす過重なものであったこと。 ・Yは，Aの業務の量・内容等が過重にならないようにする具体的措置を講じなかったなど，使用者として要求される注意義務を怠ったこと。 ・本件事故に至る経緯，Aの労働時間数など諸事情を考慮して慰謝料額を算定。
【A】 ・死亡時30歳 ・Yの店舗のキッチンフロアチームリーダー 【X1】 Aの妻 【X2】 Aの子	住まいと住生活，手作り関連の製品，道具，工具，素材及び部品等の総合専門小売業を営む株式会社	Aは，Yが安全配慮義務を怠ったことにより，身体的，精神的に負担のかかる過重な労働がなされた末に，疲労が蓄積して心身の不調を来して心臓性突然死により死亡したものであって，一家の支柱であったことも考慮。

　その各々の認容事例数（一部の被告に対してのみ請求が認容された事案を含む）及び棄却事例数は次の表のとおりである。

類型	認容事例	棄却事例
①精神疾患等を原因とする自殺事案	15件 （【1】【3】【11】【14】【18】【24】【27】【35】【37】【40】【43】【48】【49】【54】【55】）	8件 （【2】【15】【21】【22】【29】【34】【39】【47】）
②過重な業務を原因とする病死・突然死事案	18件 （【4】【5】【8】【9】【12】【16】【19】【23】【28】【30】【32】【33】【38】【44】【50】【52】【56】【57】）	0件
③業務作業中の事故及び危険な作業を原因とする死亡事案	11件 （【7】【10】【13】【25】【26】【31】【41】【45】【46】【51】【53】）	0件
④車両運転中の交通事故による死亡事案	3件 （【6】【20】【42】）	1件 （【36】）
⑤その他	1件 （【17】）	0件

3 慰謝料請求が認容された事例・認容されなかった事例の傾向

(1) 認容された事例

　　慰謝料請求が認容されるためには，前提として，使用者に安全配慮義務違反あるいは注意義務違反があり，これらの義務違反と労働者に生じた損害との間に因果関係が認められることが必要である。これらの要件の充足を判断する過程において，死亡するに至った労働者の直近の勤務状況や労働環境，労働者の状況に対する使用者の認識の有無あるいは認識可能性，結果（後述のように自殺事案の場合は自殺）発生に対する使用者の予見可能性，使用者が結果回避措置を取っていたか否かあるいはその可能性といった点が考慮されることになるが，その判断結果は，同時に慰謝料請求の成否や額を決定する際の要素ともなる。

　　上記要件を満たせば，死亡という結果が生じている以上慰謝料請求が認められることになるが，慰謝料請求が認容された事例において，その慰謝料額の認定にあたっては，次の表記載の要素等が考慮される傾向にある。

慰謝料額算定にあたっての考慮要素	考慮要素とした事例
死亡にいたるまでの勤務状況	【5】【6】【9】【16】【18】【20】【24】【27】【28】【30】【35】【37】【44】【48】【49】【50】【52】【54】【55】【56】
労働者の勤務態度	【1】【7】【14】
労働者の生活態度	【33】
事故の態様及び安全配慮義務違反の内容	【10】【13】【17】【20】【26】【33】【35】【40】【41】【42】【51】【52】
死亡後の使用者の対応	【26】【46】【49】
一家の支柱であったか	【4】【7】【17】【23】【25】【31】【38】【53】【55】【57】
将来を嘱望される能力を有していたか	【8】【32】【49】
年齢	【9】【10】【13】【14】【16】【17】【23】【26】【33】【38】【40】【44】【49】【52】
家族関係	【1】【13】【16】【17】【38】【40】【41】【42】【48】

また、遺族固有の慰謝料請求が認容された事例（【7】【12】【16】【17】【26】【30】【38】【46】【49】【52】【56】【57】）においては、労働者が死亡したことにより、労働者本人が取得（遺族が相続）した慰謝料請求権をもってしてもなお遺族を慰謝するに足りない事情が生じたといえるか否か（【12】【38】）、当該労働者が死亡するに至った経緯（【12】【16】）、当該労働者死亡後の事情（【26】）、遺族の年齢（【38】）、労働者の年齢（【30】）、家族関係（【16】【30】【38】）、死亡後の使用者側の対応（【26】【46】【49】）等が検討され請求が認容されている。

なお、労災民事訴訟において、債務不履行構成（安全配慮義務違反）をとった場合、判例（鹿島建設・大石塗装事件：最高裁昭和55年12月18日判決・民集34巻7号888頁）は、遺族固有の慰謝料請求を否定しており、注意する必要がある（もとより、不法行為構成の場合は民法711条により請求可能である。）。

(2) 認容されなかった事例

慰謝料請求が認容されなかった事例（複数の被告に対する請求で一部の被告に対して請求が棄却された事例を含む）においては、予見可能性又は認識可能性が認められないことを理由とする事例（【21】【22】【34】【35】【39】【47】）、業務が過重ではなかったとして安全配慮義務違反を否定した事例（【15】【29】）、労働者の心身の状態に配慮する措置を講じていた事例（【15】）死亡労働者との指揮監督関係がないことを理由とする事例（【20】【53】）、死亡労働者に対する管理責任者としての権限を有していないことを理由とする事例（【26】）等があった。

なお、前記2の表のとおり、①精神疾患による自殺事案においては、他の類型に比べ棄却事例が多いが、これは、この類型で慰謝料請求が認容されるためには、使用者側に労働者の精神疾患及び自殺についての予見可能性が要求されるところ、これが否定された事例（【2】【21】【22】【34】【39】【47】）が多いことにある。

(3) 小括

労災死亡事案の慰謝料額は、前提となる使用者側の注意義務や安全配慮義務違反、その義務違反と死亡との因果関係判断の際に考慮された事情、さらに、労働者の属性、死亡後の使用者側の対応等の個別事情その他弁論に現れた一切の事情が考慮されて決定されることとなる。

また、遺族固有の慰謝料請求がなされた事案では、上記事情のほか、親族関係、

死亡後の使用者側の対応等の事情が考慮される例が多い。

4 認容額の傾向

(1) 認容額の分布

慰謝料請求が認容された事例における認容額の最低額は833万3333円（ただし，後記「低額事案の傾向」で述べるように本来の慰謝料額としては2500万円が認められている。），最高額は3000万円で4件あった。分布は分布表1のとおりであり，2000万円を下回った例は3件と少なく，2500～3000万円が認容されている例が最も多い。なお，判決には，遺族固有の慰謝料額を別途明示するものと，被相続人の慰謝料に遺族固有の慰謝料を合わせて総額を示すにすぎないものとがあるため，分布表1には被相続人の慰謝料額に遺族固有の慰謝料額を含めた金額を示すものとする。また，分布表は，過失相殺，素因減額等を行う前の慰謝料額である。

遺族固有の慰謝料が認められた事案は12件あり，被相続人の慰謝料に遺族固有の慰謝料を合わせて総額を示した事例が3件，遺族固有の慰謝料額を明示した事例が9件あった。なお，分布表2には遺族固有の慰謝料額が明示された事例9件のみを挙げる。

なお，慰謝料額の高低について，前記2の類型毎で特段の傾向は認められなかった。

分布表1：被相続人の慰謝料額に遺族固有の慰謝料額を含めた金額

（単位：万円）

認容額	1000未満	1000以上～2000未満	2000以上～2500未満	2500以上～3000未満	3000
件　数	1	2	15	26	4

分布表2：遺族固有の慰謝料額が明示された事例における遺族固有の慰謝料額

（単位：万円）

認容額	100	150	200	250	400
件　数	6	2	9	4	1

(2) 高額事案の傾向

死亡事案は，死亡という結果が重大であるため，慰謝料の額は基本的に高額なものとなる。概ね，交通事故の死亡慰謝料の基準と同様に2000～3000万円が損害

(3) 低額事案の傾向

　死亡事案にもかかわらず2000万円を下回る低額な慰謝料額となったものは全部で3件あった。そのうち，2件（【13】【33】）は使用者の注意義務違反の程度が小さいと認められたことが低額になった理由と考えられる。【13】は，労働者が工事現場で石綿粉じんを吸入したため，悪性中皮腫に罹患して死亡した事案で，使用者には石綿の人の生命・健康に対する危険性について予見可能性があったが，使用者がこの予見可能性に従って，安全教育等を施し注意義務を尽くすことは，当時の石綿に対する企業の認識等からすれば必ずしも容易ではなかったとして1500万円の慰謝料額を認めたものである。【33】は，労働者の基礎疾患（家族性高コレステロール血症にり患し，冠状動脈の2枝に障害があり，陳旧性心筋梗塞の合併症を有していた）があった事案で，この基礎疾患は50代の男性を死亡に至らせる確率が高い疾患であり，当該労働者の死亡原因の大半を占めていたことから，使用者の責任割合を3割と認定し（過失相殺規定の類推），また，使用者の不法行為の態様は，疲労回復が不十分になりやすい日程で宿泊を伴う出張が連続する形で研修を受けさせたことのみである等とし慰謝料540万円（使用者の責任割合3割分）を認めたものである。残りの1件【45】は，じん肺にり患した労働者らが規制権限の行使を怠った国に対し慰謝料請求した事案で，使用者が労働者の危害防止及び安全衛生に関する第一次的かつ最終的責任者であり，国は使用者の義務履行を後見的に監督するものであるから，国の責任は二次的，補充的責任であるとし，その責任の範囲を3分の1とし慰謝料833万円3333円を認めたものであるが，本来の慰謝料額としてはじん肺管理区分に基づき2500万円が認められているため，厳密には低額事案とはいえない。

5　その他

(1) 過失相殺等が認められた事例

　労災死亡事案においては，労働者側に生じた事由につき，過失相殺を行った事例が多く（【3】【4】【5】【6】【7】【8】【10】【12】【23】【24】【25】【26】【32】【35】【38】【42】【44】【52】），素因減額（【1】【8】【19】），寄与度減額（【9】

【28】【33】）を行った事例を含め損害額が減額される例が多い。

　損害の発生につき，労働者側の不注意，不適切な対応や素因，既往症等の存在を考慮し，6割ないし8割といった極めて大きい割合での過失相殺等を認めた事案もある（【1】【3】【33】【42】）。

　なお，前記2の類型のうち，②過重な業務を原因とする病死・突然死事案においては，過失相殺等のなんらかの減額がなされた事例が18件中13件と多くあったが，この類型においては，労働者の既往症や生活習慣等が相まって死に至るケースが多いことが原因と思われる。

(2)　遺族固有の慰謝料を認めた事例の分析

　前記のとおり，遺族固有の慰謝料を認めた事例は12件あったが，それらの事例では，いずれも，原告において遺族固有の慰謝料について慰謝料額を別途明示又は被相続人の慰謝料総額に含めて請求していた事案であった。

　遺族固有の慰謝料が請求されている事例で，被相続人の慰謝料が認められながら，遺族固有の慰謝料が否定された事例は存在しなかったことから，遺族固有の慰謝料を認めるか否かは，基本的には原告の請求において，遺族固有の慰謝料を主張しているか否かにかかっているように思われる。

　そして，遺族固有の慰謝料が認められた事例とその他の事例とで，慰謝料総額に特段の差異や傾向を見出すことはできないこと，また，遺族固有の慰謝料を控訴審において初めて請求した事例（【37】）において，「（一審における被相続人の慰謝料）額の算定に当たっては一切の事情のひとつとして近親者の精神的苦痛の点も考慮されている」として被相続人の慰謝料とは別に遺族固有の慰謝料が認められていないことからすれば，遺族固有の慰謝料が主張されていない場合には，審理にあらわれた事情から遺族固有の慰謝料を被相続人の慰謝料額算定において考慮し，他方，遺族固有の慰謝料の請求が主張されている場合には，被相続人の慰謝料額算定において遺族固有の慰謝料を考慮せず，別途遺族固有の慰謝料を認めているものと考えられる。

6　聴き取りのポイント

　労災死亡事案に関して法律相談を受けた際の聴き取りのポイントは，前記3(1)の

第13章―1　労災（死亡事案）

裁判例で慰謝料額算定の考慮要素とされている事項を聴き取ることにある。また，過失相殺等との可能性にも留意して事情を聴き取る必要がある。

　具体的には，以下のようなポイントを聴き取るべきである。
・死亡に至るまでの勤務状況（労働時間，業務内容，勤務態度等）
・事故の態様及び死亡の原因
・使用者の注意義務・安全配慮義務に関する事項について（労働者の健康管理状況，労働者への指揮監督，労働者と使用者側との関係，使用者側の言動等）
・労働者の生活態度（喫煙・飲酒習慣等）
・労働者の既往症，性格，素因等
・労働者の家族関係
・労働者死亡後の使用者側の対応等

第13章—2
労災（死亡以外事案）

(1) 後遺障害が認定された事案

＜判例紹介＞

No	事件名 裁判所 判決年月日 出典 審級関係	事案の概要	請求 （訴訟物）	慰謝料 請求額	慰謝料 認容額
【1】	大阪市シルバー人材センター事件 大阪地裁 H14.8.30 労判837-29	Yの会員であったXが，動物園で清掃業務に従事していた際に，所属の清掃班副班長から右眼付近を殴打され（以下「本件殴打事件」という。）失明したところ，YとX及び同副班長との間には雇用関係ないしはこれと同程度の事実上の指揮監督関係があると主張して，選択的に，使用者責任又は作業上の安全配慮義務に基づき，損害賠償を求めた事案。 ・入院日数90日（平成10年3月27日～同年6月24日まで） ・通院期間865日（平成10年3月27日～平成12年8月7日まで），実通院日数31日 ・後遺障害等級8級1号 ・労災申請なし	損害賠償請求	2416万円 （内訳） ・傷害慰謝料：235万円 ・後遺障害慰謝料：2181万円	969万円 （内訳） ・傷害慰謝料150万円 ・後遺障害慰謝料819万円 ※ただし，過失相殺により3割減額
【2】	綾瀬市シルバー人材センター（IT工業所）事件 横浜地裁 H15.5.13 労判850-12	Xが，綾瀬市さわやか事業団（以下「事業団」という。）による就業の機会の提供に応じて有限会社丙工業所（以下「丙工業所」という。）において就業中，身体に傷害を負ったことに関し，Yが事業団の地位を承継したと主張して，Yに対し，主位的に債務不履行，予備的に不法行為に基づき，損害賠償を求めた事案。 ・左手示指，中指，環指，小指の四指を基節骨基部から切断する傷害により，後遺障害等級8級 ・入院日数：106日間 ・通院日数：1ヶ月（実通院日数1日） ・労災申請あり（不支給・労働者性を否定）	【主位的】 損害賠償請求 （民415） 【予備的】 損害賠償請求 （民709）	1200万円 （内訳） ・傷害慰謝料：200万円 ・後遺障害慰謝料：1000万円	965万円 （内訳） ・傷害慰謝料：165万円 ・後遺障害慰謝料：800万円 ※ただし，過失相殺により30%減額
【3】	中島興業・中島スチール事件 名古屋地裁 H15.8.29 労判863-51	稼働中に，落下したパイル（鋼材）と作業台との間に挟まれ両足を骨折したとするXが，Yらに対し，安全配慮義務違反を理由とする損害賠償を求めるとともに，代表者Y2に対し，同人がXのために代理受領した労災保険給付のうちXに渡していない分について不当利得返還を求めた事案。 ・入院期間3か月強，通院約10か月 ・後遺障害9級 ・労災申請あり（認定）	【X→Y1】 ①損害賠償請求 【X→Y2】 ①損害賠償請求 ②不当利得返還請求	【X→Y1・Y2】 連帯して1079万円 （内訳） ・傷害慰謝料399万円 ・後遺障害慰謝料680万円	【X→Y1】 0円 【X→Y2】 950万円 （内訳） ・傷害慰謝料300万円 ・後遺障害慰謝料650万円

第13章―2　労災（死亡以外事案）

労働者等の属性（性別・ポジション・収入等）	使用者等の属性（会社規模等）	算定の理由
Yの会員	高齢者等の雇用の安定等に関する法律に基づき高齢者事業支援法人の指定を受けた社団法人	・XとYとの関係は請負契約であるとした上で，会員の提供する労務の品質の保持を図るため，班長に対しては，請負人の作業時間，作業内容などについて連絡調整や作業指導，状況報告をさせ，これをもって管理・監督を行わせていたのであるから，班長が行うべきものとされた前記業務との関係においては，Yとの間に実質的な指揮監督関係があったと評価せざるを得ないとして，Yの使用者責任を認めた。 ・傷害慰謝料につき，通院期間が2年5か月にも及ぶにも関わらず，通院回数は31回であり，相当まばらな通院であったことから，Xの傷害（入通院）慰謝料としては，150万円を相当と認める。 ・本件殴打事件と相当因果関係を有する後遺障害は，右眼のみを失明したことによる損害であり，これが後遺障害等級8級1号に相当することを併せ考慮すれば，Xの後遺障害慰謝料としては819万円を相当と認める。
・人材（高齢者）派遣を目的とする事業団の会員 ・63歳男性	人材（高齢者）派遣を目的とする事業団を承継	・Yは高齢者である会員に対して就業の機会を提供するに当たっては，社会通念上当該高齢者の健康（生命身体の安全）を害する危険が高いと認められる作業を内容とする仕事の提供を避止し，もって当該高齢者の健康を保護すべき信義則上の保護義務（健康保護義務）を負っているものと解するのが相当として，債務不履行責任を肯定。 ・本件事故により拇指を除く左手指を基節骨基部から切断して，再接着手術を受け，106日入院加療，1ヶ月通院加療し（実通院日数1日），Y加入の傷害保険金として306万円受領したことなどを考え合わせると，傷害慰謝料としては165万円とするのが相当。 ・症状固定時63歳であるが，本件事故により拇指を除く左手指の用を廃するという後遺障害を負ったこと，その結果，日常生活に多くの不便を感じ，趣味を楽しむこともできなくなり，将来に不安を抱いていることも総合考慮すると，後遺障害慰謝料は800万円とするのが相当。
・オーバーステイの不法就労状態の韓国籍男性 ・事故前3ヶ月の賃金平均月額30万円	【Y1】 鋼材加工と販売を行う会社 【Y2】 Y1の代表取締役	・Xと雇用関係にあったのはY1ではなくY2と認定し，Y1に対する請求は棄却。 ・傷害慰謝料につき入院期間12か月・通院期間1か月だが，Xがオーバーステイの韓国人であることを斟酌して300万円と認定。 ・後遺障害慰謝料についても障害等級は9級20号と認められるところ，オーバーステイの韓国人であることを斟酌して650万円と認定。

	事件	事案概要	請求	請求額	認容額
【4】	和歌の海運送事件 和歌山地裁 H16.2.9 労判874-64	XがYに対し、Yが少なくとも1年にわたってXに対して恒常的に過重な業務を行わせ、また健康管理を怠るなど、安全配慮義務に違反したことにより、Xに高血圧性脳出血及び脳梗塞を発症させ、両上下肢機能障害の後遺障害を負わせたとして損害賠償を（一部）請求した事案。 平成11年6月24日、高血圧性脳内出血を発症したために交通事故にあい、両上下肢機能障害。 ・事故直後は右顔面頬部に打撲・擦過傷もあり右上下肢不全麻痺と構語障害も認められた。 ・入院71日、通院308日 ・後遺障害等級表1級 ・身体障害者等級表1級（平成12年7月6日症状固定）	損害賠償請求	2785万9000円 （内訳） ・入通院慰謝料：85万9000円 ・後遺障害慰謝料：2700万円	2785万9000円 （内訳） ・入通院慰謝料：85万9000円 ・後遺障害慰謝料：2700万円 ※ただし、過失相殺により3割減額。
【5】	■第一事件 筑豊炭田（じん肺・国）事件 ■第二事件 筑豊炭田（じん肺・日鉄鉱業）事件 最三小判 H16.4.27 ■第一事件 労判872-5 ■第二事件 労判872-13	■第一事件 Xらが、Yに対し、Yがじん肺の発生又はその増悪を防止するために鉱山保安法に基づく規制権限を行使することを怠ったことが違法であるなど主張して、国家賠償法1条1項に基づく損害賠償を求めた事案。 第一審ではYの責任が否定されたが、原審が翻ってこれを認めたためにYが上告（上告審では、第二事件とは分離された）。 ■第二事件 Xらが、Yは、雇用者として、坑内作業場における適切な粉じん対策を講ずるなどして従業員がじん肺にり患し又は増悪させることのないように配慮すべき義務があるのにこれを怠ったと主張して、Yに対し、安全配慮義務違反を理由とする損害賠償を求めた事案。 第一審、原審ともに本判例Yに対するXらの請求を認容し、Yが上告（第一審から原審においては、国及びYのほか5社が共同被告となっていたが、そのうち上告審判決までいったのは国とYのみである）。 ※本件では、いずれも、Xら個々人の入通院期間や後遺障害の存在等は積極的に主張されておらず、右記のとおり、裁判所による慰謝料額算定においてもこれらの事情は考慮されていない。	■第一事件 損害賠償請求 ■第二事件 損害賠償請求	各3000万円	認容された従業員一人当たり1000万円～2500万円
【6】	日本メール・オーダー事件 東京地裁 H16.7.29 労判882-75	・Xは、かつてYの業務に起因して頸肩腕症候群を発症し、長期間休職した後復職したが、Yが、復職したXを、長時間電話で応対しながら筆記をするなど頸肩腕に過重な負担となる貸付確認業務に従事させたため、頸肩腕症候群が再発したとして、Xに対し、安全配慮義務違反に基づき、損害賠償を請求した事案。 ・通院日数89日 ・後遺障害等級14級 ・労災申請あり（認定、労災における後遺障害等級12級）	損害賠償請求	440万円 （内訳） ・通院慰謝料：150万円 ・後遺障害慰謝料：290万円	237万円 （内訳） ・通院慰謝料：97万円 ・後遺障害慰謝料：140万円 ※ただし過失相殺により40%減額
【7】	ジャムコ立川工場事件 東京地裁八王子	・Yに雇用され、航空機内装品の燃焼試験業務に従事したXが、労働環境の改善をしなかった等のYの過失により、慢性気管支炎、化学物質過敏症に罹患し	損害賠償請求	不明	1000万円 （内訳） ・入通院慰謝

第13章―2 労災（死亡以外事案）

・約20年間Yの指示に従い、単独で深夜から翌日にかけて運送業務に従事。	・和歌山市を中心に運送業等を営む会社。 ・貨物自動車の運転手約60人。		・Xは、本件事故前1年間だけを見ても、深夜から日中にかけて一人でトラックを運転し、1か月当たり417～540時間運送業務に従事しており、拘束時間も長く、仕事を休んだ日は1か月で2日に満たないのであって、Yにて運送業務を続けたことが脳内出血等の発症原因となったといえる。 ・Xには脳内出血等の因子の一つである高血圧が見られたが、業務の実情等に鑑みると、Yでの運送業務により通常の程度を超え著しく増悪し脳内出血等発症したのであり、Yの業務と脳内出血等との間には相当因果関係も認められる。 ・以上より、XはYでの過重な業務により脳内出血等を発症し、その結果、両上下肢機能障害の後遺障害を負ったといえる。 ・入通院慰謝料：Xが過重な業務により脳内出血等を発症したことの外、入通院期間、治療経過等をも勘案すると、Xの入通院慰謝料は左記の額を下回らない。 ・後遺障害慰謝料：後遺障害の内容及び程度に鑑みるとX主張のとおりの金額が妥当である。
■第一事件 筑豊炭田で粉じん作業に従事し、じん肺に罹患した従業員又はその承継人総計約480人のうち176人。 ■第二事件 上記の480人のうち、52人。	■第一事件 国 ■第二事件 筑豊地区に所在する二瀬炭鉱、嘉穂炭鉱等を経営していた会社。		■第一事件 Yは、遅くとも、じん肺法成立時までに、同法制定の趣旨に沿った規則内容の見直しをし、監督権限を適切に行使して、防止策等の速やかな普及、実施を図るべき状況にあったというべきであり、Yの不作為は国家賠償法上の責任を免れない。 （原審における算定理由） [基準慰謝料額] ①（改正じん肺法上の）管理2にあたり合併症がない場合1000万円 ②管理2にあたり合併症がある場合1300万円 ③管理3にあたり合併症がない場合500万円 ④管理3にあたり合併症がある場合1800万円 ⑤管理4にあたり場合2200万円 ⑥じん肺死（管理2ないし3にあたり合併症がない場合でのじん肺死及び共同原因死）2300万円 ⑦じん肺死（管理2ないし3にあたり合併症がある場合または管理4の場合でのじん肺死）2500万円 ■第二事件 YにはXらに対する安全配慮義務違反が認められる。 認定基準は第一事件と同じ。
・男性 ・63歳 ・勤続26年 ・定年退職 ・管理課タイプ係筆耕校正担当	消費者金融業等の会社		・通院慰謝料については、Xの症状及び通院日数を考慮した。 ・後遺障害慰謝料については、後遺障害の内容・程度（14級に該当すると認定した）及び後遺障害逸失利益を認めることができないもののXが症状に悩まされながら就労していたことを考慮した。
・40代前半男性 ・Yに懲戒解雇された者 ・燃焼試験業務に従事	・航空機の機内設備の製造修理等を業とする株式会社 ・航空機内の厨房製造		・安全配慮義務の具体的内容としては、労働者の職種、労務内容、労務提供場所等の具体的状況（航空機内壁材の燃焼試験業務の具体的労働状況、有毒ガス発生の危険等）を検討した。

	支部 H17.3.16 労判893-65	たと主張して、Yに対し、労働契約上の安全配慮義務違反および不法行為に基づき損害賠償を求めた事案。 ・労災申請あり（認定）			料：250万円 ・後遺症慰謝料：650万円 ・安全配慮義務違反による精神的苦痛に対する慰謝料：100万円
【8】	Y興業（アルバイト労災）事件 東京地裁 H17.11.30 労判908-26	・建物等の解体業を営むYにアルバイトとして採用されたX1が、Yが請け負った家屋の解体作業中に家屋二階から転落し、脊髄損傷、多発骨折（頸椎骨折、胸椎圧迫骨折、腰椎圧迫骨折等）の傷害を負った事故について、Yが転落防止措置を講ずるべきであるのにこれを怠ったとして、X1とその父であるX2及び母であるX3がYに対し、不法行為または安全配慮義務違反に基づき、損害賠償を請求した事案。 ・入院期間272日、通院期間81日 ・障害等級1級3号（両下肢麻痺、自排尿不可） ・労災申請あり（認定）	【X1・X2・X3→Y】 損害賠償請求	【X1】 ・3134万円 （内訳） ・入通院慰謝料：334万円 ・後遺障害：2800万円 【X2・X3】 各300万円	【X1】 ・2875万円 （内訳） ・後遺障害慰謝料：275万円 ・後遺障害慰謝料：2600万円 【X2・X3】 ・各100万円 ※ただし、過失相殺により10％減額
【9】	ヤマト運輸事件 東京地裁 H18.4.7 労判918-42	・訴外Z社の従業員であったXが、Y1の営業所内で同社の従業員である被告Y4の運転するフォークリフトがXに衝突する事故にあったこと（車両事故）による損害賠償並びにY1の上記営業所の従業員らとY1の従業員であるY2、Y3が共謀してXに暴行を加えた事件（暴行事件）につき共同不法行為に基づく損害賠償を請求した事案 ・Xは、本件車両事故により右第1中足骨骨折の傷害を負い、1年半通院、併合11級の後遺障害 ・Xは、Y2、Y3より顔面暴行を受け前歯4本がぐらつき、うち2本が折れて、外傷性歯牙脱臼、歯根破折で2週間程度の安静を要すると診断され、3年2か月通院 ・労災申請あり（認定）	【X→Y1～Y4】 損害賠償請求	■車両事故について 【Y1・Y2・Y4】 連帯して600万円 （内訳） ・傷害慰謝料：180万円 ・後遺障害慰謝料：420万円 ■暴行事件について 【Y1・Y2・Y3】 連帯して260万円 （内訳） ・傷害慰謝料：150万円 ・後遺障害慰謝料：110万円（確定次第追加）	■車両事故について 【Y1・Y2・Y4】 連帯して490万円 ・傷害慰謝料：100万円 ・後遺障害慰謝料：390万円 ※ただし、過失相殺により1割減額 ■暴行事件について 0円
【10】	おおぎんビジネスサービス事件 那覇地裁沖縄支部 H18.4.20 労判921-75	X が、Y1に勤務中に重量物を持ち運ぶなどする労働に従事したことにより、腰椎椎間板症等の傷害及び後遺障害を負うに至り、そのために治療費・逸失利益・慰謝料等損害を被ったとして、Y1に対し、安全配慮義務違反の債務不履行責任に基づき、当時のXの上司であったY2～Y5に対し、信義則上、部下であるXの身体及び健康の安全に留意すべき義務があったのに、これを怠った不法行為責任に基づき、さらに、当時Y1の取締役であったY2、Y3に対し、取締役の職務を行うについて重大な過失があった	【X→Y1～Y5】 損害賠償請求	不明	【Y1・Y2】 連帯して700万円 【Y3～Y5】 0円

第13章―2　労災（死亡以外事案）

	・で世界的シェア有，世界規模で営業展開 ・従業員約1300人	・入通院慰謝料については，通院期間（約103か月），入院日数（約2か月）及び今後も長期にわたる治療を要することを考慮した。 ・後遺症慰謝料については，Xの現在の症状（慢性気管支炎，中枢神経機能障害等）を考慮した。 ・安全配慮義務違反による精神的苦痛に対する慰謝料については，Yが，Xが慢性気管支炎等の症状が出ているにもかかわらず，療養上不適切な職場に異動させたこと，その他職場におけるYの対応には種々問題があったことを考慮した。	
【X1】 ・男性アルバイト ・建物等の解体工事の作業員 【X2】 X1の父 【X3】 X1の母	【Y】 ・個人事業主 ・作業員としてアルバイトを数名雇用 ・請け負った解体作業を自ら，かつ，アルバイトを指揮して行う。	【X1】 （傷害慰謝料） X1の受傷の程度及び入通院経過（実通院日数55日，入院日数272日）を考慮。 （後遺障害慰謝料） X1が後遺障害等級1級3号の認定を受けたこと，症状固定後のX1の生活状況（概ね一人で生活できる状態にあり，時間がかかるものの，排泄，シャワー，外出は一人ででき，高い所にある物を取ったり，車いすが倒れるなどの事態が生じたときに手助けが必要な程度），本件訴訟に至る経緯及び本件訴訟の審理経過（訴訟係属後にXらの当初の請求額5400万円をYが支払うことで当事者双方の意向が一致したものの，支払方法について折り合わなかった経緯）を考慮し，併せて，X2及びX3に対する慰謝料額を考慮。 【X2・X3】 息子であるX1が本件事故当時21歳の若年男性であること，X1に後遺障害等級1級3号の認定があること，本件訴訟に至る経緯及び本件訴訟の審理経過，交渉経過等を考慮。	
・49歳男性 ・Y1より業務委託を受けた訴外Z社の従業員	【Y1】 運輸事業等を営む東証一部上場会社 【Y2】 ・Y1の支店長 ・車両事故当時支店の中央営業所所長 ・暴行事件につき実質的首謀者 【Y3】 ・Y1の社員 ・暴行事件の加担者 【Y4】 ・Y1の社員 ・車両事故につき加害車両運転者	■車両事故について 【傷害慰謝料】 ・入院はなく通院期間はそれなりに長いが，平成14年以降月1回のペースであり，1年2か月後には本件暴行事件が起きており，約1年の通院期間である。 ・Z社から8万円の見舞金が支払われていることを考慮。 【後遺症慰謝料】 第1中足骨基部での関節は高度の変形性関節症の状態にあり後遺障害等級が11級相当であり，右足首が曲がらない状況で通常に歩行ができず，長く歩くことができないことを考慮。 ■暴行事件について 原告が被告としたY2，Y3については，暴行事件の共謀の根拠が裏付けられず，また，直接の加害者を支援・鼓舞したと認め得る的確な証拠はないとして，暴行については不法行為の成立を否定。	
・40歳女性 ・H0.1.18に文書管理センターに配属される	【Y1】 現金等の精算・整理・輸送，集配金業務，文書等の集中発送等を目的とする株式会社 【Y2】 代表取締役 【Y3】 常務取締役 【Y4】	・Y1，Y2の安全配慮義務違反を認定。 ・一般的労働能力は残存しているが，疼痛によりときには労働に従事することができなくなり，就労可能な職種の範囲が相当程度に制限されるというXの症状を考慮。 ・Y3については，Y2の指揮を受ける立場にあり，Y2の方針と異なる措置を執るべきであったとは言えないとして安全配慮義務違反を否定。 ・Y4，Y5については，Y2がXの症状等を認識していたのであるから，Y4らがXに対する配慮をしなかったことを以て信義則違反があると言えないと認定。	

325

		として，商法266条の3第1項に基づく損害賠償責任に基づき，損害賠償支払うことを請求した事案。 ・① H9.7.10～8.6，② H9.12.12～12.28，③ H10.1.6～1.31，④ H10.4.15～，腰椎椎間板症のために休職 ・文書管理センターにおける業務への従事により，①腰部痛，腰椎椎間板症，②座骨神経痛，③腰椎椎間板ヘルニアの傷害を負い(その他右肘石灰沈着性関節炎，仙椎骨髄膜嚢種，頸椎椎間板症，石灰沈着性肩関節炎などを主張したが，業務との因果関係を認めず)，労働災害補償保険法施行規則別表第1の障害等級第9級の7号の2，自賠法施行令別表9級の10号に該当する後遺障害が残った。 ・労災申請あり(認定)			
【11】日本海員掖済会（化学物質過敏症）事件 大阪地裁 H18.12.25 労判936-21	Yが設置する病院に勤務していたXが，検査器具を洗浄する際に使用する消毒液に含まれる化学物質（グルタルアルデヒド）の影響で化学物質過敏症に罹患したとして，Yに対し，雇用契約に基づく安全配慮義務を理由として損害賠償請求をした事案。 ・通院期間6年 ・労災申請あり(認定)	損賠賠償請求	900万円 （内訳） ・通院慰謝料：300万円 ・後遺障害慰謝料：600万円	430万円 （内訳） ・通院慰謝料：150万円 ・後遺障害慰謝料：280万円
【12】矢崎部品ほか1社事件 静岡地裁 H19.1.24 労判939-50	Xが，訴外有限会社人材開発センターに雇用され，Y1工場内で就労中，射出形成機械に左手を挟まれるという労災事故によって負傷し，後遺障害(14級9号)が残ったなどと主張して，Y1及び人材開発センターからXとの雇用関係及び本件事故に基づく一切の債務を承継したY2に対し，債務不履行（安全配慮義務違反）に基づき損害賠償を求めた事案。 ・実通院日数39日（通院期間約11か月） ・後遺障害等級14級9号 ・労災申請あり(認定)	【X→Y1・Y2】 損害賠償請求	【Y1・Y2】連帯して240万円 （内訳） ・傷害慰謝料：150万円 ・後遺障害慰謝料：90万円	【Y1・Y2】連帯して210万円 （内訳） ・傷害慰謝料：120万円 ・後遺障害慰謝料：90万円 ただし，過失相殺により30%減額
【13】ミヤショウプロダクツ事件 大阪高裁 H19.1.24 労判952-77 大阪地裁 H18.5.15 労判952-81頁	Yの社屋の改装工事(地上7階建ての社屋への改装工事)で使用された内装材料からホルムアルデヒドが発生し，これによって後遺障害を負ったXが，Yに対し，雇用契約に基づく安全配慮義務（従業員のためにホルムアルデヒドに対する対策をとるべき義務）違反に基づき，Xが被った損害の賠償として，1520万1648円の支払いを請求した事案。 ・Xは入社約1年後から改装後の社屋で勤務していたが，その後，体調を崩し，同年8月11日から休職 ・平成14年4月20日に退職 ・後遺障害：シックハウス症候群を経て，化学物質過敏症に罹患（後遺障害等級12級12号に該当）。 ・労災申請あり(認定)。	損害賠償請求	800万円 （内訳） ・症状固定までの慰謝料：300万円 ・後遺障害慰謝料：500万円	0円
【14】信濃輸送事件 長野地裁 H19.12.4 労判967-79	Yの従業員としてトラック運転の業務に従事していたXが，Yに対し，Yにおける労働（徹夜でのトラック運転，重量物の荷積み・荷卸し等）が過重であったために障害を負ったとして，雇用契約上の安全配慮義務を理由に損害賠償を請求した事案。 ・入院33日，治療実日数は少なくとも87日（症状固定まで約3年）。 ・後遺障害：椎間板ヘルニア，腰部脊柱狭窄の障害（後遺障害等級9級7号の2に該当）	損害賠償請求	925万円 （内訳） ・入通院慰謝料：235万円 ・後遺障害慰謝料：690万円	865万円 （内訳） ・入通院慰謝料：175万円 ・後遺障害慰謝料：690万円

第13章—2　労災（死亡以外事案）

	H9.4以前～H9.8末日頃まで，文書管理センター所長 【Y5】 Y4の後任文書管理センター所長		
・看護師 ・入社4年で，検査科に配属，検査機器の洗浄消毒等に従事 ・退職済み	医療援護等を目的とする社団法人	・Xの症状や通院期間等からすると通院慰謝料相当額は150万円である。 ・後遺障害の内容・程度等（化学物質過敏症に罹患し，医療現場での勤務が到底できない状況であり，家事一般を担当している。後遺障害等級に照らすと12級に相当。）からすると後遺障害慰謝料相当額は280万円である。	
・日本在留ブラジル国籍男性 ・事故当時27歳 ・訴外有限会社人材開発センターに雇用され，Y1工場内で勤務	【Y1】 ・自動車用部品の製造，販売等を業とする株式会社 【Y2】 ・訴外有限会社人材開発センターからXとの雇用関係及び本件事故に基づく一切の債務を承継した株式会社	【傷害慰謝料】 傷害の内容（第3指，第4指の骨折，左手甲部の腫れ，皮膚の変色等の障害），治療の内容・日数・期間（総合病院で手術を受け約11か月通院治療（実日数39日））その他本件に現れた傷害に関する一切の事情を考慮して120万円とした。 【後遺障害慰謝料】 争いなし。	
・平成11年Y入社 ・年俸契約社員	日用品雑貨の企画及び販売等を業とする株式会社	Xが，Yの新社屋移転を契機として，化学物質過敏症に罹患したものと認められるものの，この点について，YにXに対する安全配慮義務違反は認められない。	
・男性トラック運転手 ・ヘルニア等の既往症なし ・荷卸し作業中に腰に激痛 ・当時35歳前後	自動車運送事業等を業とする株式会社	・Xの入院日数は33日，治療実日数は少なくとも87日であるから，入通院慰謝料は175万円が相当。 ・Xは「神経系統の機能または精神に障害を残し，服することのできる労務が相当な程度に制限されるもの」として労災等級9級7の2労災認定を受けているから，後遺障害慰謝料は690万円が相当。	

	事件名	事案の概要	請求内容	請求額	認容額
【15】	中野運送（トラック運転手・脳出血）事件　熊本地裁　H19.12.14　労判975-39	・労災申請あり（認定）。 ・Yの従業員としてトラック運転業務に従事していたXが，業務のためトラックで走行中，脳出血を発症し，左上下肢機能全廃が残存したことは，Yに長時間労働を強いられたことによるものであり，これは不法行為ないし雇用契約に基づく安全配慮義務違反の不履行によるものであるとして，Yに対し損害賠償を求めた事案。 ・入院394日，通院21日。 ・労災申請あり（認定）。 ・労災後遺障害等級2級の2の2の認定。 ・健康診断において高血圧症を指摘されている。	損害賠償請求	3350万円 （内訳） ・傷害慰謝料：350万円 ・後遺障害慰謝料：3000万円	1600万円 （内訳） ・傷害慰謝料：200万円 ・後遺障害慰謝料：1400万円
【16】	ホテル日航大阪（脳出血）事件　神戸地裁　H20.4.10　労判974-69	・Yの従業員であったX1が，脳出血を発症し重度の後遺障害を残したのはYでの過重な業務が原因であるとして，Yに対し，安全配慮義務違反に基づき，損害賠償金のうち2億円余等の支払を求め，X1の母親X2及び妹X3が，Yに対し，不法行為責任に基づき，それぞれ損害賠償金等の支払を求めた事案。 ・入院期間300日，通院期間335日。 ・運動性失語障害及び右半身に高度の麻痺を残し，労災後遺障害等級1級3号の認定。 ・高血圧の持病あり。 ・労災申請あり（認定）。	【X1】損害賠償請求 【X2・X3】損害賠償請求	【X1】3950万円 （内訳） ・入通院慰謝料：450万円 ・後遺症慰謝料：3500万円 【X2・X3】各300万円	【X1】3400万円 （内訳） ・入通院慰謝料：400万円 ・後遺症慰謝料：3000万円 ※ただし，過失相殺・素因減額として4割減額 【X2・X3】いずれも0円
【17】	名神タクシーほか事件　神戸地裁尼崎支部　H20.7.29　労判976-74	・Y1のタクシー乗務員であったXが，Y1におけるタクシー運転業務従事中に脳梗塞を発症して右上下肢麻痺等の後遺障害が残存したのはY1における過重労働が原因であると主張して，Y1に対しては安全配慮義務違反を理由とする債務不履行または不法行為責任に基づき，Y1の代表取締役であるY2については取締役としての任務懈怠を理由とする改正前商法266条の3第1項に基づき，それぞれ損害賠償を請求した事案。 ・労災後遺障害等級2級と認定。 ・Xは，高血圧症，喫煙習慣等により何らかの基礎疾患を有する状態にあったとされている。 ・労災申請あり（認定）。	【X→Y1・Y2】損害賠償請求	【Y1・Y2】連帯して2400万円	【Y1・Y2】連帯して2000万円 ※ただし，寄与度減額として6割減額
【18】	H工務店（大工負傷）事件　大阪高裁　H20.7.30　労判980-81　神戸地裁社支部　H19.12.11　労判980-88頁	・Yの依頼により，戸建住宅の新築工事現場において作業していた一人親方大工であるXの2階部からの転落事故につき，Yは，請負工事の現場管理者として，事実上Xを指揮命令下においていたのであり，Xに対して安全配慮義務を負うとして，指導監督体制を確立していなかったことや，安全管理のための設備として足場，転落防止ネット等の設置を行わなかったことを指摘して，安全配慮義務違反に基づく損害賠償の請求をした事案。 ・頸椎脱臼骨折等の傷害。 ・入院期間126日，通院期間約3年（実通院日数151日）。 ・後遺障害等級9級7の2 ・労災申請有り（認定）。	損害賠償請求	1230万円 （内訳） ・入通院慰謝料：300万円 ・後遺障害慰謝料：930万円	990万円 （内訳） ・入通院慰謝料：300万円 ・後遺障害慰謝料：690万円 ※ただし，過失相殺により8割減額
【19】	渡辺工業（住友重機横須賀工場）事件	X1らが，Y1に雇用されていたところ，Y1から不当に解雇されたとして，Y1に対し，それぞれ①雇用契約上の権利を	【X1・X2→Y2】①地位確認	【X2→Y1・Y2】連帯して466	【X2→Y1・Y2】0円

第13章—2　労災（死亡以外事案）

・男性トラック運転手 ・発症時52歳	トラック運送会社		Xに高血圧症・肥満傾向があり，これらの健康状態はX自身の生活習慣に由来する部分もあることを考慮しつつ，傷害慰謝料については入通院日数を考慮し，後遺症関係については後遺症の内容・程度を考慮して算定。
【X1】 ・発症当時48歳男性 ・Y経営ホテルの営業部販売グループ課長 ・修学旅行生の受入れにかかる業務に従事 【X2】 X1の母 【X3】 X1の妹	ホテル（ホテル日航大阪）の運営等を目的とする株式会社		・X1の入通院慰謝料については入通院日数，後遺障害慰謝料については後遺障害の内容及び程度を考慮。 ・X2及びX3については，X1が失語症にあるとはいえ，未だ意思疎通能力を欠いているとはいえないこと，生命維持に必要な身体動作について常時介護が必要であるわけではなく，死亡した場合にも比肩すべき場合とまではいえないこと等の理由で固有の慰謝料は認めなかった。
・男性 ・Y1においてタクシー運転業務に従事 ・脳梗塞発症時71歳	【Y1】 タクシー事業等を目的とする株式会社 【Y2】 Y1代表取締役		・Xの後遺障害等級が第2級と評価すべきものであるところ，本件事案の内容等諸般の事案を考慮して2000万円と認定。 ・本件事案の内容としては，①発症前5か月間及び同6か月間の平均値において80時間を超過する時間外労働に従事していた，②発症前6か月間の拘束時間数は248時間から390時間の間で，発症前4か月目ないし6か月目において労働省告示所定の1か月あたり262時間を超過しており長時間であった，③Xは休日出勤を繰り返すことにより，各勤務間に数時間の休憩時間を挟みながら4暦日にわたって連続して勤務することもしばしばで不規則勤務であった，等過重な労働であったこと等を認定。
・一人大工 ・52歳 ・男性	工務店		XYの契約関係は典型的な雇用契約関係とはいえないにしても，請負（下請）契約関係の色彩の強い契約関係であったと評価すべきであって，その契約の類型如何にかかわらず両者間には実質的な使用従属関係があったというべきであるから，YはXに対し，使用者と同様の安全配慮義務を負う。
【X1・X2】 ・ブラジル国籍 ・Y1と3か月の期間	【Y1】 ・電気溶接工事の施工等を業とする株式会社		X2の右肩関節脱臼が業務に起因するものであるとすべき事実を認めるに足りる証拠はなく，Y1らに安全配慮義務違反があったということはできず，損害賠償は認められない。

	事件名・裁判所・出典	事案の概要	請求内容	請求額	認容額
	東京高裁 H20.8.7 労判966-13 横浜地裁 H19.12.20 労判966-21頁	有する地位にあることの確認及び②解雇後の賃金の支払を求めるとともに、③X1において、平成15年1月から同年3月までの賃金を不当に減額されたとして、その間の未払賃金（差額分）の支払を求め、④X2が、Yらに対し、「従事していた溶接作業を一時中断してゴミの入ったバケツを掲げて歩行していた際、床面のホースに躓いて転倒し、右腕を換気ファンに打ち付け、右肩を負傷した」として、安全配慮義務違反に基づき損害賠償を請求した事案。 ・後遺障害：反復性肩関節脱臼（後遺障害等級12級6号に該当）。 ・労災申請あり（認定）。	②賃金請求 【X1→Y1】 賃金請求 【X2→Y1・Y2】 損害賠償請求	万円 （内訳） ・通院慰謝料：176万円 ・後遺障害慰謝料：290万円	
【20】	岩瀬プレス工業事件 東京地裁 H20.11.13 労判981-137	・Xが、Yの工場において勤務中に、安全装置の操作を誤ってプレス機械を作動させ、右手の指を欠損する傷害を負った事故がYの安全配慮義務違反によって生じたものであり、本件事故によりXは後遺障害を負ったなどと主張して、債務不履行による損害賠償を請求した事案。 ・労災申請有り（認定）。 ・右手示指及び中指の各中手指間関節以上を欠損するなどの傷害。 ・入院期間約2ヶ月、通院期間16ヶ月。 ・後遺障害等級併合6級で症状固定。	損害賠償請求	1715万円 （内訳） ・入通院慰謝料：315万円 ・後遺症慰謝料：1400万円	0円
【21】	エム・テックほか事件 高松高裁 H21.9.15 労判993-36 高松地裁 H20.9.22 労判993-41頁	道路工事現場において、とび職人として高所作業に従事中、転落事故に遭い、左肘頭骨折、左上腕・前腕・大腿骨顆子部骨折、骨盤骨折の傷害を負ったXが、同工事元請であるY1、下請であるY2、孫請であるY3、Xを雇用し、Y4に派遣したY4、XをY3に派遣したY5に対し、安全配慮義務違反（債務不履行又は不法行為）に基づき、損害賠償を求めた事案。 ・入院64日、通院493日（実日数26日）。 ・左手関節痛及び仙骨骨折による腰痛の後遺症を残して症状が固定し、左手関節痛は「局部に頑固な神経症状を残すもの」として後遺障害別等級表第12級12号に該当し、腰痛は「局部に神経症状を残すもの」として同表14級10号に該当するので、併合して12級相当の後遺症を負った。 ・労災申請あり（認定）。	【X→Y1～Y5】 損害賠償請求	【Y1～Y5】 連帯して600万円 （内訳） ・傷害慰謝料：300万円 ・後遺症慰謝料：300万円	【Y1・Y2・Y4・Y5】 連帯して450万円 （内訳） ・傷害慰謝料：160万円 ・後遺症慰謝料：290万円 ※ただし、過失相殺により1割減額 【Y3】 0円
【22】	川島コーポレーション事件 千葉地裁木更津支部 H21.11.10 労判999-35	・Yの運営する有料老人ホームにおいてヘルパーとして稼働して、業務中、床に転倒していた入居者の介助をした際に右手関節を損傷し、後遺障害を負ったXが、介護ヘルパーが介護作業によって負傷しないよう、Yは十分な教育・訓練や困難な作業の指導を徹底する等の安全配慮義務を負っていると主張し、安全配慮義務違反（債務不履行）または不法行為に基づく損害賠償の支払を求めた事案。 ・通院実日数459日 ・右手関節捻挫、右橈尺関節靭帯損傷、RSD（反射性交感神経性ジストロフィー）と診断され、後遺障害等級9級 ・労災申請あり（認定）。	損害賠償請求	868万円 （内訳） ・傷害慰謝料：178万円 ・後遺障害慰謝料：690万円	868万円 （内訳） ・傷害慰謝料：178万円 ・後遺障害慰謝料：690万円 ※ただし、過失相殺により70%減額
【23】	康正産業事件 鹿児島地裁 H22.2.16 労判1004-77	Yの従業員であったX1が、就寝中に心室細動を発症し低酸素脳症による完全麻痺となったのは、Yが安全配慮義務に違反してX1に長時間労働を強いたためであるとして、X1並びにその両親であるX2及びX3が、Yに対し、それぞれ不法行為ないし債務不履行に基づく損害賠	【X1→Y】 ①損害賠償請求 ②賃金請求 【X2・X3→Y】	【X1】 3200万円 （内訳） ・入通院慰謝料：400万円 ・後遺障害慰	【X1】 3100万円 （内訳） ・入院慰謝料：300万円 ・後遺障害慰

第13章—2 労災（死亡以外事案）

雇用契約締結 ・Y2の横須賀造船工場で溶接工として就労 ・X1とX2は親子	・Y2から請け負い，Y2の横須賀造船工場で電気溶接作業。 【Y2】 船舶等の設計，新造，販売，修理等を業とする株式会社		
・男性 ・中国残留孤児2世として中国で出生 ・その後日本国籍取得	プレス用金属金型の製造販売等を目的とする有限会社	・過失相殺及び損害の填補後のXの損害額は合計434万余円。 ・Xは，Y退職後，債権不存在を確認する旨記載された念書に基づき，Yから示談金70万円を受領しており，これは，当示談金受領をもって，Yに対するその余の損害賠償請求権を放棄する意思表示と認定。 ・本件示談契約にかかるXの意思表示に錯誤はなく，本件示談契約が公序良俗に反して無効とも言えない。	
・17歳男性 ・とび職人 ・平均賃金：1日当たり6590円90銭	【Y1】 高速道路の建設に伴う高架橋建設工事の元請企業 【Y2】 下請企業 【Y3】 孫請企業 【Y4】 Xを雇用し，Y5に派遣した者 【Y5】 XをY3に派遣した者	【Y1・Y3・Y4・Y5】 ・いずれも安全配慮義務違反を認定。 （傷害慰謝料） 入院64日，通院493日（実日数26日）であること，Xの傷害の部位，程度等を考慮。 （後遺症慰謝料） 後遺症第12級相当の後遺症を負ったことを考慮。 【Y2】 Xら作業員を直接指揮命令するなどの関係にもなく，安全配慮義務を負う立場になかった。	
・女性（症状固定時43歳） ・介護ヘルパー（介護ヘルパー2級資格を保有）	・有料老人ホームの経営等を目的とする株式会社	・床に転倒していた被介護者を移動させる場合の対処方法や，仮に，一人で被介護者を車いすに移動させる場合，本件でXがとった方法での移乗が危険であることを教育していなかったとして，YのXに対する安全配慮義務違反を認定。 ・Xは，本件事故により，右手関節捻挫で全治6週間と診断されたこと，後に，右橈尺関節靱帯損傷，RSD（反射性交感神経性ジストロフィー）との診断が付け加えられたこと，その後，症状固定と診断されるまで実日数459日の通院をしたこと，労働基準監督署から本件事故による傷害が，業務上の災害であり，後遺障害等級9級である旨の認定を受けたことを勘酌（※各慰謝料についての個別判断はなされていない）。	
【X1】 ・男性（発症当時30歳） ・飲食店支配人 【X2・X3】 X1の父母	飲食店約50店舗を経営する株式会社	【X1】 ・X1の過酷な労働環境を漫然と放置したとして，Yの安全配慮義務違反を認め，同義務違反はX1に対する債務不履行のみならず不法行為にも該当するとした。 ・入院慰謝料 本件発症により278日間の入院を要したものと認めた上で，約9か月間の入院慰謝料として算定。	

		償を求めるとともに，X1が，Yに対し，労働契約に基づく未払の時間外割増賃金の支払と付加金の支払を求めた事案。 ・入院390日，通院156日（Xの主張）。 ・後遺障害：脳性の完全麻痺により，四肢，頸部，腰部は機能せず，音声言語による意思の疎通は全くできず，呼吸はのどの下で気管を切開し，チューブを挿入して行う自力呼吸であり，食べ物を咀嚼することはできず，栄養は流動食により摂取するというもの。 ※障害等級について記載なし ・労災申請あり（認定）。	損害賠償請求	謝料：2800万円 【X2・X3】各1000万円	謝料：2800万円 ※ただし，過失相殺により20%減額 【X2・X3】各300万円
【24】国（じん肺・北海道）事件 札幌地裁 H22.3.26 労判1009-49	じん肺に罹患した元炭鉱労働者及びじん肺によって死亡した者の相続人であるXらが，Yに対し，Yがじん肺の発生又は増悪を防止するために鉱山保安法に基づく規制権限を行使することを怠ったこと等が違法であると主張して，国家賠償法1条1項に基づき損害賠償を求めた事案。 ・X2～X4，X6，X10，X15はじん肺管理区分2，Aはじん肺管理区分3イ，X1，X7，X11はじん肺管理区分3ロ，X9，X13，B～Dはじん肺管理区分4。 ・労災申請あり（認定）。※ただし，A～D，X9，X13を除く。	【X1～X15→Y】損害賠償請求	【X1～X15】各1000万円	【X1・X7・X11】600万円 【X2・X4・X6・X10・X15】433万3333円 【X5・X8・X12・X14】833万3333円 【X9・X13】733万3333円
【25】渡辺工業（石綿曝露等）事件 大阪地裁 H22.4.21 労判1016-59	■甲事件 X1がYの従業員として，石綿製品であるクラッチフェーシング等の組み立て及び研磨作業等に従事したことにより，石綿粉じんにばく露し，石綿肺と肺結核の合併症を発症し，更に著しい肺機能障害を生ずるなどし，じん肺管理区分4の認定を受けたとして，Yに対し，雇用契約上の安全配慮義務違反又は不法行為に基づく損害賠償を請求した事案。 ・障害等級：じん肺管理区分4 ・労災申請あり（認定） ■乙事件 X1の長女であるX2が，母であるX1の上記発症により介護や各種申請手続等の負担を負い，精神的苦痛を被るなどしたと主張して，Yに対し，不法行為に基づく損害賠償を請求した事案。	■甲事件 【X1→Y】損害賠償請求 ■乙事件 【X2→Y】損害賠償請求	■甲事件 【X1】3000万円 ■乙事件 【X2】300万円	■甲事件 【X1】2200万円 ■乙事件【X2】100万円
【26】天辻鋼球製作所（小脳出血等）事件 大阪高裁 H23.2.25 労判1029-36 大阪地裁 H20.4.28 労判970-66頁	平成13年4月1日の異動でYの生産企画課に勤務していたX1が，同課で勤務中の同年4月13日午後2時15分ころに先天的な脳動静脈奇形（AVM）部分からの出血によって常時半昏睡という重篤な後遺障害が残存する状態になったことについて，X1並びにその両親であるX2及びX3が，本件発症はYがX1に過重な業務に従事させたことに原因があると主張して，不法行為又は安全配慮義務の不履行に基づきYに損害賠償を求めるとともに，X1がYを退職したのは公傷病によるものであると主張して，Yに対し退職金残金の支払を求めた事案。 ・労災申請あり（認定）。 ・発症後症状固定まで553日入院	【X1～X3→Y】損害賠償請求 【X1→Y】退職金請求	【X1】3430万円 （内訳） ・入通院慰謝料：430万円 ・後遺障害慰謝料：3000万円 【X2・X3】各1000万円	【X1】3200万円 （内訳） ・入通院慰謝料：400万円 ・後遺障害慰謝料：2800万円 【X2・X3】各500万円 ※ただし，素因減額により40%減額

第13章—2　労災（死亡以外事案）

			・後遺障害慰謝料 後遺障害の内容・程度を考慮。 【X2・X3】 本件発症の経緯，X1との親族関係，X1の後遺障害の程度・内容，X2及びX3による現在ないし将来の介護の状況等諸般の事情を考慮。
【X1～X15（X5・X8・X12・X14を除く），A～D】 ・炭鉱坑内の粉じん作業に従事し，じん肺に罹患 ・A～Dはじん肺により死亡 【X5・X8・X12・X14】 ・A～Dの各相続人	国		・Yは，使用者が労働者の危害防止及び安全衛生に関する第一次的かつ最終的責任者であることを前提として，省令等により，使用者に対し，国家に対する義務を課し，その実効性を罰則や行政監督によって確保しようとし，また，使用者の労働者に対する危害防止及び安全衛生についての義務履行を後見的に監督するものであるから，Yの責任は，使用者の安全配慮義務違反に基づく損害賠償責任の存在を前提とし，それを一次的，最終的責任とする二次的，補充的責任であると解するのが相当である。 ・Yが負うべき損害賠償義務の具体的範囲は，じん肺に罹患した本件被災者らにつき，それぞれその損害の3分の1を限度とするのが相当。
■甲事件 【X1】 ・女性 ・約21年間，Yの工場で白石綿含有の農耕用部品組立等を手作業で行うなどの業務に従事 ・石綿肺と肺結核の合併症を発症 ■乙事件 【X2】 ・X1の長女 ・X1の発症後，中心となってX1を介護	・石綿製品の製造販売並びにその他パッキングの売買等を業とする株式会社		■甲事件 【X1】 ・Yの安全配慮義務等違反により石綿肺及び肺結核の合併症に罹患し，さらに，びまん性胸膜肥厚等を発症し，じん肺管理区分4と認定されるに至った。 ・平成13年頃から，身体に異常を生じ，平成18年には石綿肺等の発症が確認され，その後の症状の悪化に伴い，現在では，24時間酸素吸入をしなければ呼吸困難を生じ，ほとんど寝たきりの状態。 ・労災補償給付を受けているものの，通院のためのタクシー代が実質的な経済的負担となっている。 ・これらのX1の発症経過や現在の症状，近親者X2に認められる損害額その他一切の事情を総合勘案。 ■乙事件 【X2】 ・X1の発症後は，自らの仕事や家庭における家事を犠牲にして，X1の毎日の介護，通院付添いや多数回にわたる労災申請手続等に当たることを余儀なくされ，仕事や健康状態に影響を及ぼした。 ・特に平成18～20年頃には，その負担が過大なものになったため精神的・肉体的に大きな負担を受けた。 ・これらの事情とX1に認められる損害額その他一切の事情を総合勘案。
【X1】 ・発症当時20代男性 ・Y生産企画課で特殊球製造の進行計画・管理等の業務に従事 【X2】 X1の父親 ※X1が訴訟中に死亡したため，X1，X3，X1の姉が訴訟承継 【X3】 X1の母親	各種金属球の製造・販売を目的とする株式会社		【X1】 ・生産企画課における業務は，経験の浅いX1にとっては，相当程度大きな負担となっており，発症前1か月間の時間外労働時間の合計が約88時間30分にのぼるところ，特にX1が精算企画課に異動してから本件発症に至るまでの12日間の合計は約61時間であり，1か月あたりの数値に換算すると約152時間30分に相当するから，同期間中のX1の労働時間は，極めて長時間わたっており，業務の負担は大きかった。 ・しかし，Yは，X1の現実の時間外労働時間の状況を正確に把握せず，しかも，X1の長時間勤務を改善するための措置を何ら講じることなくこれを放置した結果，本件発症に至った。 （入院慰謝料） X1は，発症時以降症状固定まで553日間入院を余儀なくされたものであり，この間のX1の症状の重篤さなどを考慮。 （後遺障害慰謝料）

		・後遺障害等級1級1号		
【27】	新明和工業事件 神戸地裁 H23.4.8 労判1033-56	XがAを吸収合併したYに対し，過重労働により平成11年9月に急性心筋梗塞を発症して後遺障害等級7級に相当する心臓機能障害を残し，心臓機能障害を抱えるXに対するAの差別的取扱いやパワーハラスメントにより平成17年7月に精神障害（パニック障害）を発症して後遺障害等級7級に相当する精神障害を残し，上記両障害を併合した後遺障害等級5級に相当する後遺障害を残したとして，安全配慮義務違反に基づき，損害賠償を請求した事案。 ・①平成11年9月25日から同年10月17日まで（3日），平成12年1月17日から同月21日まで（5日），平成13年7月10日から同月11日まで（2日）P5市民病院に，②平成17年5月27日から同月29日まで（3日）P1病院に，③同月30日（1日）にP8接骨院に，④同月31日から同年6月20日まで（21日）P4病院にそれぞれ入院 ・後遺障害等級9級7号 ・労災申請あり（認定）	損害賠償請求	1700万円	810万円 ※ただし，素因減額により2割減額
【28】	DNPメディアテクノ関西事件 大阪高裁 H24.6.8 労判1061-71 大阪地裁 H22.7.14 労判1061-80頁	Yの事業場において写真製版作業に従事していたXが，過重労働による疲労の蓄積等が原因で，正月休み中の自宅で失神，転倒した結果，外傷性頸髄損傷を受傷し，四肢不全麻痺を後遺したとして，Yに対し，労働契約又はこれに準ずる法律関係上の安全配慮義務違反ないし不法行為による損害賠償を請求した事案。 ・労災申請あり（認定）	損害賠償請求	4364万円 （内訳） ・傷害慰謝料：364万円 ・後遺障害慰謝料：4000万円	0円
【29】	リゾートソリューション（高松工場・石綿）事件 高松地裁 H24.9.26 労判1063-36	Yが石綿粉塵の飛散抑制，吸引防止，じん肺予防のための教育・指導，早期発見及び救護等の安全配慮義務を尽くさなかったことにより，Xらが業務中に石綿粉塵を吸引し，これによって石綿肺の疾病に罹患したとして，債務不履行又は不法行為に基づく損害賠償を請求した事案。 ・X1，X4，X6はじん肺管理区分2であること，X5はじん肺管理区分1であることは争いがない。 ・X2，X3はじん肺管理区分2の決定を受けている。 ・X1は合併症である続発性気管支炎を発症している。	損害賠償請求	【X1】2000万円 【X2】1500万円 【X3】1500万円 【X4】1500万円 【X5】1500万円 【X6】1500万円	【X1】1300万円 【X2】0円 【X3】0円 【X4】1000万円 【X5】0円 【X6】1000万円
【30】	ナルコ事件 名古屋地裁 H25.2.7 労判1070-38	中国国籍を有し，外国人研修制度の研修生の在留資格をもって来日し，Yの工場において自動車の座席の部品であるパイプの加工に従事していたXが，Yに対し，工場内においてパイプ曲げベンダーで作業中に右示指を切断するという事故が発生したことについて，Yの安全配慮義務違反（不法行為）があったと主張して，損害賠償を請求した事案。	損害賠償請求	514万円 （内訳） ・通院慰謝料：84万円 ・後遺障害慰謝料：430万円	270万円 （内訳） ・通院慰謝料：70万円 ・後遺障害慰謝料：200万円

第13章—2　労災（死亡以外事案）

		X1は，後遺障害等級1級1号に該当する重篤な後遺障害を負ったものであり，後遺障害の程度等本件に現れた全ての事情を考慮。 【X2・X3】 ・子であるX1が後遺障害を負ったことによって被った精神的苦痛は重大。 ・両名がX1の介護に当たる立場になったこと等も併せ考慮。
・50代男性 ・Aの総務部部長代理であった者 ・新入社員の採用，教育等の業務に従事	【Y】 ・航空機，輸送車両等の製造，販売，修理等を目的とする株式会社 ・平成21年Aを吸収合併 【A】 立体駐車場，ポンプ，水処理装置等の製造，据付工事，販売等を目的とする会社	・Xは，9級7号に該当する心臓機能障害と14級9号に該当する精神疾患を有しており，業務との相当因果関係も認められる。 ・Aは，人員増加や役割分担を実施するなど，Xの業務負担を軽減する措置を講じる義務を怠り，漫然とXに過重労働をさせ，Xが身体障害者等級4級に該当する心臓機能障害を残した後も，Xの雇用を継続し，Xを東京本社に転勤させるにあたり，健常者であっても通勤に70分を要し，朝のラッシュアワーの時間では満員電車での通勤を余儀なくされる西船橋社宅への入居を勧め，Xが産業医に対して通勤の負担の軽減を求めていたのに対して，フレックス通勤，勤務時間短縮，配置転換等を検討していたものの，結局これらを実現せず，平成17年度の新入社員研修の際，Xに対して長時間の立ち仕事となる現場見学の引率をさせるなど，健常人と変わらない程度の労働をさせていたものであって，Xに対して負う安全配慮義務を怠った。 ・慰謝料については，Xが平成11年から平成17年にかけて入院日数1日～21日の入院を6回していたこと，Xが残した障害の程度などを考慮。
・Yと請負契約を締結，Yの事業場において写真製版作業に従事 ・完全出来高制 ・小児麻痺による右下肢不全麻痺の既往歴・頚椎骨軟骨症の既往あり	・大日本印刷株式会社の100％子会社 ・印刷物の企画・編集・製作等を行う会社	本件においては，Xの労働時間がXが主張するような過酷なものであったとは到底認められないが，労働によりXにある程度の疲労が蓄積されていたとしても，転倒事故までの間には労働負荷から解放され，当該疲労が回復する程度に休養ができていると推認されることなどからして，転倒と業務との因果関係を認めることができない。
【X1～X6】 ・日本エタニットパイプ株式会社（Yの旧商号）に雇用 ・同社高松工場の石綿管製造作業に従事	・昭和6年「日本エタニットパイプ株式会社」として設立された法人 ・石綿管の特許を国内で独占使用，石綿管を製造販売	・石綿関連疾患の被害の特徴，重大性をも考慮すると，じん肺管理区分2（エックス線写真の像が第一型で，じん肺（石綿肺）による著しい肺機能障害がないと認められるもの）に該当するXについては，合併症がない場合であっても損害賠償を必要とする損害が発生しているというべきである。他方，管理区分1（じん肺の所見がないと認められるもの）に該当する者では，少なくとも損害賠償を請求する時点では，石綿ばく露に起因する損害が具体的に発生しているとは認められない。これらの事情及びXらの請求が逸失利益等も含めた包括一律請求であることを考慮すれば，慰謝料基準額を次のとおりとした上で，Xらの個別の症状の具体的内容・程度や石綿ばく露の状況・期間等を考慮して慰謝料を決するのが相当。 　管理区分2　合併症あり：1300万円 　管理区分2　合併症なし：1000万円 ・X3はじん肺管理区分2の決定を得ているものの，裁判所は管理区分1にとどまると判断。
・中国国籍 ・外国人研修制度の研修生の在留資格をもって来日	自動車部品の製造，販売等を業とする株式会社	・通院慰謝料 負傷の内容や通院期間・実通院日数を考慮。 ・後遺障害慰謝料 症状固定後2年以上日本に滞在していたこと，中国帰国後の年収予想等の事情を総合考慮。

335

		・平成19年6月25日から同年9月21日までの間通院（実通院日数27日） ・Xが右示指を切断して失ったことは，後遺障害等級11級の「1手の人差し指を失ったもの」に該当。			※ただし，過失相殺により20％減額
[31]	住友重機械工業（じん肺）事件 横浜地裁横須賀支部 H25.2.18 労判1073-48	Yの従業員として造船作業に従事していた亡Aの相続人であるXが，Yに対し，亡Aがじん肺に罹患し，肺がんにより死亡したのは，Yのじん肺防止対策の不備により，就労中に多量の粉じんにばく露したためであるとして，雇用契約上の安全配慮義務違反を理由とする債務不履行に基づき，慰謝料の支払を求めた事案。 ・Aはじん肺管理区分2の決定 ・法定合併症である続発性気管支炎に罹患したことにより労災申請あり（認定）	損害賠償請求	3202万円	2500万円
[32]	医療法人こうかん会（日本鋼管病院）事件 東京地裁 H25.2.19 労判1073-26	Xは，Yが経営する病院の看護師であったが，業務中に入院患者からの暴力により傷害を受けて（第1事故）休職し，復職後にも，入院患者の食事介助中に入院患者から暴力を振るわれたとして（第2事故），医師により適応障害の診断を受け，就労が困難な状況に至って休職していたところ，Yから休職期間満了による解雇通告を受けた。本件は，Xが，上記2つの事故に遭ったことにつき，いずれもYに雇用契約上の安全配慮義務違反があると主張して，Yに対し，債務不履行に基づく損害賠償を請求するとともに，Xの上記適応障害が業務上の傷病であることから，Yによる解雇は労基法19条に違反するもので無効であるとして，解雇後の賃金を請求した事案。 （第1事故） ・頚椎捻挫，左上肢拘縮，左肩拘縮で症状固定したとされ，後遺障害等級9級と認定された。 ・通院期間484日 ・労災申請あり（認定） （第2事故） ・通院期間932日 ・適応障害の罹患につき，労災申請あり（不支給）	①損害賠償請求 ②賃金請求	1054万円 （内訳） ・通院慰謝料：254万円 ・後遺障害慰謝料：800万円	750万円 （内訳） ・通院慰謝料：150万円 ・後遺障害慰謝料：600万円 ※ただし，後遺障害慰謝料については見舞金について損益相殺的調整がなされて170万円
[33]	山陽断熱ほか1社事件 岡山地裁 H25.4.16 労判1078-20	Y1の元従業員又は元従業員の相続人であるXらが，元従業員らが，Y2の工場において保温断熱工事等を行った際に，石綿粉じんにばく露したため，石綿肺や肺がん等に罹患し，精神的損害を被ったなどとして，Yらに対し，債務不履行又は不法行為に基づき，損害賠償を請求した事案。 ・亡Aはじん肺管理区分管理4の認定を，X1，亡Eはじん肺管理区分管理2の認定を受けている。 ・亡B，亡C，X16は肺がんにつき労災認定を受けている。 ・亡Eは石綿肺につき労災認定を受けている。 ・亡Dは石綿救済法による特別遺族年金の支給決定を受けている。	【X1～X16→Y1・Y2】 損害賠償請求	【X1→Y1・Y2】 連帯して4000万円 （内訳） ・A本人：3000万円 ・X1固有：1000万円 【B→Y1・Y2】 連帯して3000万円 【C→Y1・Y2】 連帯して3000万円 【D→Y1・Y2】 連帯して3000	【X1→Y1】 3500万円 （内訳） ・A本人：2500万円 ・X1固有：1000万円 【B→Y1】 2500万円 ※喫煙歴による10％減額 【C→Y1】 2500万 ※喫煙歴及び自営期間中の石綿粉塵曝露による30％減額 【D→Y1】 2500万円

第13章—2　労災（死亡以外事案）

【A】 Yが運営する工場で造船作業に従事していた従業員 【X】 Aの妻	・精密機械，環境プラント，物流システム等の製造，販売等を目的とする株式会社 ・従業員約2500名 ・資本金約300億円。		長年にわたる亡Aの肉体的，精神的苦痛の程度が大きいものであること，じん肺にり患するとじん肺の深刻な性質（肺内に起こる肺病変は専ら予防に依存するほか対策がないこと，粉じんを吸入しなくなった後もじん肺が進行した例もあることなど）自体により相応の精神的苦痛を被ること，YがAやXに対し何らかの謝意を表明した事実が認められないこと，他方でAが障害補償を受領していること，その他本件に関する一切の事情を総合考慮。
・Yが経営する病院の看護師 ・期間の定めのない雇用契約	病院及び診療所を開設する医療法人		【第1事故について】 ・通院慰謝料 Xの症状固定に至るまでの通院期間等の諸事情に鑑みて算定。 ・後遺障害慰謝料 Xの後遺障害の状況，Xの就労状況等の諸事情にかんがみて算定。 【第2事故について】 安全配慮義務違反との因果関係を否定。
【A・B・C・D・E】 ・Y1の元従業員 【X1】 ・Aの妻 ・Y1の元従業員 ・じん肺管理区分管理2 【X2〜X4】 Bの妻と子 【X5〜X9】 Cの妻と子 【X10〜X12】 Dの妻と子 【X13〜X15】 Eの妻と子 【X16】 Y1の元従業員	【Y1】 断熱工事，保温保冷工事を主たる業とする株式会社 【Y2】 化学繊維，合成樹脂の製造，加工，売買等を主たる業とする株式会社		【Y1】 Y1の元従業員らが，Y1に勤務して石綿粉じんにばく露し，そのことを原因とする石綿肺又は肺がんに罹患したこと，罹患後の経過，Y1の安全配慮義務等違反の内容等本件に現れた一切の事情を考慮。 【Y2】 Y2はXらに対し安全配慮義務を負っていたと認めることはできない。

				万円	
				【E→Y1・Y2】連帯して3000万円	【E→Y1】0円（時効消滅）
				【X16→Y1・Y2】連帯して3000万円	【X16→Y1】2000万円
					【X1, B～E, X16→Y2】0円

(2) 後遺障害が認定されなかった事案

＜判例紹介＞

No	事件名 裁判所 判決年月日 出典 審級関係	事案の概要	請求 (訴訟物)	慰謝料 請求額	慰謝料 認容額
【1】	アジア航測事件 大阪高裁 H14.8.29 労判837-47 大阪地裁 H13.11.9 労判821-45	XがY2に対し、印刷機のカートリッジの注文方法について説明をしていた際、突如激昂したY2から、右手拳骨で左顔面を1回殴打され、顔面挫創、頸部兼腰部捻挫、頭部外傷の傷害を負わされたことに対し、XからYらへの不法行為に基づく損害賠償を請求した事案。 ・上記損害賠償請求と併せて、Y1は、Xが上記暴行による傷害が関知するまで出勤扱いにして賃金全額を支払う旨を合意していたにも関わらず、Xを休業後約2ヶ月5日後、解雇したとして、本件解雇が同合意違反の解雇かつ、労基法19条違反の解雇であるとして解雇無効を主張し、地位確認と賃金請求を行った。 ・労災申請なし	【X→Y1・Y2】 ①地位確認 ②賃金請求 【X→Y1・Y2】 ③損害賠償請求	【Y1・Y2】連帯して500万円	【Y1・Y2】連帯して60万円
【2】	オンテックス事件 名古屋地裁 H16.1.20 労判880-153	・Yの営業社員であるXが、①歩合給、時間外手当及び研修期間中の賃金が未払いであるなどと主張して、これらの未払賃金等の支払を求めるとともに、②長時間労働を強いられ、過労で救急車で病院に運ばれ、3日間治療を受け、以後も精神的肉体的苦痛を被り続けて、結局退職を余儀なくされたとして安全配慮義務違反を主張して、損害賠償を請求し、さらに③宿泊費等の経費立替を主張して、不当利得の返還を請求した事案。 ・労災申請あり（認定）	①賃金請求 ②損害賠償請求 ③不当利得返還請求	67万円	5万円
【3】	A鉄道（B工場 C工場）事件 広島地裁 H16.3.9 労判875-50	・Y1に在職していたXが、Yらに対し、XがY2のC工場に出向して勤務したことによって心因性反応、精神分裂病等の精神疾患を発病し、これはYらの安全配慮義務違反ないし不法行為（※）によるものであるとして損害賠償を請求した事案。 ・平成8年12月17日以降、心因性反応等の精神疾患の治療を継続。	【X→Y1・Y2】 損害賠償請求	【X→Y1・Y2】連帯して2000万円	【X→Y1・Y2】0円

第13章―2 労災（死亡以外事案）

労働者等の属性（性別・ポジション・収入等）	使用者等の属性（会社規模等）	算定の理由
・30代女性 ・Y1の正社員 ・Y2の先輩	【Y1】 航空機による写真撮影等を目的とする会社 【Y2】 ・Xと同年齢の男性 ・Y1の正社員 ・Xと同部署に配属	・空手の経験のある者が右平手で左顔面を1回殴打したことが相当強度なものであって，悪質であること，病院からは約1週間の通院治療を要する顔面挫創，頸部捻挫と診断されたこと，実際は暴行から5年を経過した現在もなお治療中であるなど，治療期間が長期に及んでいることなど，症状の程度や治療期間が長期に及んでいること，同治療期間が長期におよんだことについては，Xの心因的な要素がかなり大きく寄与していること等，諸般の事情を考慮して，60万円を相当とする。 ・賃金支払い請求に関しては，休業期間の全期間にわたる賃金全額払いの合意を認定せず，一部棄却。 ・解雇については，Xの欠勤はY1の会社の従業員が行った暴行に原因するもので，純粋に私的な病気による欠勤ではなく，治癒を待って復職させるのが原則であって，治癒の見込みや復職の可能性を検討せず直ちに解雇することは信義に反するため，Xに解雇事由は認められないとして，解雇を無効と認定。
・新入社員 ・営業（アポインター） ・基本給13万円，その他手当約13万円 ・退職済み	・土木・建築工事業等を目的とする会社 ・一般住宅のリフォーム工事を主に扱う	Xが長時間労働に従事したことを一因として体調を崩し，8月10日病院で診察治療を受け，その後同月11日，12日と欠勤して自宅療養するとともに，医師の治療も受けたが，これら診察治療費に対し，労働基準監督署が労災保険法上の療養補償給付の支給を決定していること等を考慮。
・約10年間Y1に勤務。 ・平成8年2月から現在まで車両技術主任を担当。 ・Y1の指示でY2のC工場に出向（平成8年11月から平成9年3月まで）。	【Y1】 貨物運送事業を営む株式会社 【Y2】 鉄道車両・造船等の製作販売事業を営む株式会社	【Y2】 ・Y2でのXに対する指示・Xの残業は，通常の労働者の心身の健康を損なう程度のものではなく，Y2の指示内容等に安全配慮義務違反は認められない。 ・平成8年12月14日まで，C工場においてXの精神異常に気付くことができたといえる事情もなく，Y2がXの精神疾患の発生・進行を予見しこれを防止する義務に違反したともいえない。

	事件名	事案の概要	当事者・請求	請求額	認容額
		・平成8年12月14日まで，1日3時間程度の残業，月1日程度の休日で勤務。※Y2に対しては，使用者として，労働者の精神疾患の発生・進行を防止する義務があるところ，①十分な指導援助を行わなかった安全配慮義務違反，②Xの精神的変調に気付いて適切な対応をとるべき安全配慮義務違反を主張。Y1に対しては，使用者としてY2と同様の義務を負うべきところ，①就労条件の告知義務違反，②出向の取り止め，休暇取得や医師の受診の勧奨，Y2との協議等の措置をとるべき安全配慮義務違反を主張。			
【4】	U福祉会事件 名古屋地裁 H17.4.27 労判895-24	・Y1の職員であるXがXの職場である施設で開催された職員会議において，Y2～Y6を中心とする職員により，組織ぐるみで誹謗・非難された結果，心因反応に罹患した上，いわゆるPTSDを発症し，精神的損害を被るとともに，判決現在までの約2年半の間休職を余儀なくされたとして，Yらに対し損害賠償を求めた事案。・労災申請あり(認定)	【X→Y1～Y6】損害賠償請求	【Y1～Y6】連帯して1000万円	【Y1～Y6】連帯して500万円
【5】	高橋塗装工業所事件 東京高裁 H18.5.17 労判935-59 前橋地裁沼田支部 H17.11.28 労判935-67	Xらが，Yから注文を受けて保健センターの屋根塗装工事に従事していたところ，訴外Aが屋根から転落し，次いで，事態を確認しようとしたXらも屋根から滑り落ち，Aは死亡し，X1は全身打撲および右肋骨骨折の傷害を受け，X2は全身打撲および左足部挫傷の傷害を負ったため，Xらが，Yの安全配慮義務違反を理由として損害賠償請求をした事案。	【X1・X2→Y】損害賠償請求	【X1・X2】各40万円	【X1・X2】各10万円 ※ただし，過失相殺により50%減額
【6】	神奈中ハイヤー（受動喫煙）事件 東京高裁 H18.10.11 労判943-79 横浜地裁小田原支部 H18.5.9 労判943-79	タクシー乗務員であるXが，Yは雇主として，タクシー車内における乗客の喫煙による乗務員の受動喫煙を防止すべき措置を取るべき義務を負っていたにもかかわらず，これを怠り，これによりXは，喫煙車両での乗務により受動喫煙を強要され続け，慢性気管支炎と診断され，また，危険な業務に携わらざるを得なかった等として，労働契約に基づくXに対する安全配慮義務の不履行，または不法行為に基づく損害賠償として慰謝料の支払いを求めた事案。	損害賠償請求	50万円	0円
【7】	ファーストリテイリングほか（ユニクロ店舗）事件 名古屋高裁 H20.1.29 労判967-62	Y1の従業員であったXが，勤務中，同社の従業員であったY2から暴行を受けるとともに（頭部外傷，髄液鼻漏疑の診断），その後の労災保険法の申請手続等においてY1の従業員から不当な対応を受け（Y1の管理部長による「ぶち殺そうかお前」といった発言あり），これによってPTSDに罹患したなどと主張して，Yらに対し，不法行為による損害	【X→Y1～Y3】損害賠償請求	【Y1～Y3】連帯して1266万円 (内訳) ・入通院慰謝料：350万円 ・後遺障害慰	【Y1～Y3】連帯して500万円 ※ただし，素因減額により60%減額

第13章—2　労災（死亡以外事案）

			【Y1】 ・Y1はY2での就労条件をXに十分説明をしており，Y2における残業を拒否しにくいとの実情についても，Y1が十分伝えていたとしてXが出向を辞退したとか心理的負荷が軽減したとは認められず，就労条件の不告知と損害に因果関係はない。 ・平成8年12月15日以前においてXが極度の疲労状態にあったとか，精神的な異常を来していたといったことを示す言動をとった事情はなく，Y1がXの精神疾患の発生・進行を予見・防止する義務に違反したとはいえない。
・女性看護師 ・正社員 ・利用者に対する配薬，健康管理等および利用者の保護者等からの医療に関する相談業務を担当 ・労働組合に加入有。	【Y1】 知的障害者更生施設を営む社会福祉法人 ・職員300人 【Y2】 Y1施設長 【Y3】 Y1副施設長 【Y4】 労働組合副執行委員長 【Y5・Y6】 労働組合執行委員		Y2～Y6の不法行為の態様（Xを非難，糾弾する発言をしたばかりか，Xを非難，糾弾する発言をするよう，職員会議に参加した職員らを誘導し，扇動し，その結果，本件施設の職員の多くが，Xを非難する内容の発言をした），Y1及び労働組合の同不法行為へのかかわり方，Xが休職を余儀なくされた期間，慰謝料算定の上で，逸失利益の点も考慮するのが相当であること，（PTSDに罹患したとまでは認められないが）Xの現在の症状に照らせば，Y1への復職は困難であり，他の職場への復職についてもこれが直ちに可能と断ずることができない状況にあること等の一切の事情を考慮。
【X1】 ・塗装業者 ・Yから屋根塗装工事の注文を受けた者 【X2】 ・X1の子 ・X1と同じ工事に従事	塗装工事請負業等を目的とする有限会社		・Xらは，本件事故による傷害の治療のため，事故当日から翌日にかけて1日入院し，その後，X1においては右肋骨部の疼痛のため1日通院して投薬治療を受け，X2においては左足部痛のため1日通院していること。 ・この入通院状況のほか，Yが事故防止のための注意と配慮を怠っていた事故態様や傷害の内容も考慮。
・40代男性 ・タクシー乗務員 ・非喫煙者	・タクシー事業及び車両運行管理請負事業を営む株式会社 ・従業員1100名 ・営業車両500台		・タクシー車内における乗客の喫煙による乗務員の受動喫煙の暴露時間や暴露濃度も，種々の条件によって異なることが明らかであるから，Yにおいては，個々の従業員から受動喫煙による体調の変化を訴えられなければ，当該従業員の受動喫煙による健康への悪影響がどの程度のものであるかを具体的に知ることは困難であることを否定することができない。 ・そうすると，Yが安全配慮義務の不履行又は不法行為に基づく損害賠償義務を負うというためには，Xにおいて，Yに対しその業務の遂行における受動喫煙による体調の変化を具体的に訴え，その健康診断により，Xに受動喫煙による健康への悪影響が生じていることを認識し得たのにもかかわらず，これを漫然と放置したために，受動喫煙による健康被害の結果が生じたものと認めることができる場合であることを要する。 ・本件では，Xは体調不良を訴えることをせず，健康診断の結果にも異常はなかったのであるから安全配慮義務違反はない。
・平成9年3月1日，Y1に入社 ・平成10年10月26日から，店長代行として勤務	【Y1・Y3】 ・衣料品販売店を全国展開する株式会社 ・会社分割により，Y3がY1の権利義務を承継 【Y2】 ・X入社の2年前にY		（原審における算定理由） 本件事件及び本件発言の態様，Xの傷病の内容・程度，治療経過，通院状況等本件に現れた一切の事情を斟酌すると，Xの慰謝料は500万円が相当。 ・治癒が見込まれるため，後遺障害慰謝料は認められない。

	名古屋地裁 H18.9.29 労判926-5	賠償金5932万751円の支払いを請求した事案。 ・労災申請あり（認定）		謝料：616万円 ・慰謝料：300万円（一連の行為の悪質さに鑑み，高裁で追加請求）	
【8】	英光電設ほか事件 大阪地裁 H19.7.26 労判953-57	Xが，①Xは，平成15年12月5日の事故（Xが，○○県警察学校の屋上の電気室において，動力制御盤を取り付けようとした際，腰を痛めた事故。これにより，Xは，「急性腰痛症・腰部椎間板障害」の診断を受けた。）がY2の過失によるものであり，通院治療を余儀なくされた結果，精神的苦痛を受けたとして，Y2に対しては民法709条により，Y1に対しては民法715条（使用者責任）により，慰謝料100万円の支払を求め，②Y1によるXの解雇（Y1は，事情聴取等の結果を踏まえ，Xを生駒営業所において調査業務に引き続き従事させることは困難であり，配置転換も困難であることを考え，解雇もやむなしと判断し，平成17年1月25日，Xに対し，解雇予告をするとともに，同年1月28日付の書面で，解雇を予告した。）が，解雇権を濫用する，違法，無効なものであるとして，Y1に対しY1との労働契約上の権利を有する地位の確認を求めるとともに，上記解雇後の賃金の支払を求め，③上記解雇及びこれに至る経緯において，Y1に労働契約上の配慮義務違反があり，これにより，精神的苦痛を受けたとして，Y1に対し，慰謝料200万円の支払を求めた事案。 ・通院327日。 ・労災申請あり（認定）。	【X→Y1・Y2】 損害賠償請求 【X→Y1】 ①地位確認 ②賃金請求 ③損害賠償請求	【X→Y1・Y2】 （通院慰謝料として）連帯して100万円 【Y1】 （解雇に対して）200万円	【Y1・Y2】 （通院慰謝料として）連帯して100万円 【Y1】 （解雇に対して）0円
【9】	富士通四国システムズ（FTSE）事件 大阪地裁 H20.5.26 労判973-76	・AにおいてSEとして稼働していたXが，同社における過重労働によりうつ状態を発症したから，同社には安全配慮義務違反があったと主張し，同社の地位を承継したYに対し，債務不履行に基づき損害賠償を請求した事案。 ・うつ状態の発症について労災申請あり（認定）	損害賠償請求	700万円	300万円 ※ただし，過失相殺類推適用により3分の1減額
【10】	デンソー（トヨタ自動車）事件 名古屋地裁 H20.10.30 労判978-16	Y1の従業員であるXが，Y2への長期出張中にうつ病を発症し，休職・Y1への復帰後に一旦は寛解に至ったものの，Y1の業務に従事するようになって再びうつ病を発症し，休職を余儀なくされたとして，XがY1及びY2に対して，健康上の安全配慮義務違反を理由とする損害賠償請求をした事案。	【X→Y1・Y2】 ・主位的請求 損害賠償請求（民415） ・予備的請求 損害賠償請求（民709）	【Y1・Y2】 連帯して1000万円	【Y1・Y2】 連帯して150万円 ※ただし，素因減額により3割減額
【11】	郵便事業（連続「深夜勤」勤務）事件 東京地裁 H21.5.18	Yの設置する支店（郵便局）に勤務しているXらが，Yに対し，憲法25条等に基づき，Yの就業規則等に定める一定の深夜勤務に従事する義務のないことの確認及び深夜勤務の指定の差止め，並びに，既に同深夜勤務を指定されて就労したこ	【X1・X2→Y】 ①「深夜勤」就労義務不存在確認 ②「深夜勤」	【X1】 505万円 【X2】 250万円	【X1】 80万円 【X2】 50万円

第13章―2　労災（死亡以外事案）

	・1入社 ・Xが勤務する店舗の店長		
・電気工事士 ・19歳でY1に入社 ・Y1から解雇された当時、生駒営業所に所属	【Y1】 電気設備工事の請負を業とする株式会社 【Y2】 ・Xより2年前にY1に入社 ・Y1入社以前、10年以上の電気工事のキャリア保有 ・X入社後、Xとペアを組みXを指導	【X→Y1・Y2】 ・Y2としては、動力制御盤の裏から配線を引き出すにあたり、制御盤を支持するX一人にその荷重がかからないように、予め配線を十分に引き出しておくなどして、制御盤が寸切りから外れることのないようにすべきであったのに、これを怠り、制御盤を大きく傾けるよう指示した上、無造作に配線を引き出そうとしたため、制御盤を寸切りから外し、制御盤を支持していたXにその荷重をかけ、Xの腰に腰部椎間板変性症等の傷害を負わせたことが認められ、上記行為は不法行為に該当。 ・Y2の行為は、Y1の事業の執行につき、Xに損害を与えたというべきであり、特段の事情のない限り、Y1は、民法715条の使用者責任を負う。 ・Xは、本件事故により、平成15年12月8日から平成16年10月30日まで、通院治療を余儀なくされ、その間の精神的慰謝料は、100万円が相当。 【X→Y1】 解雇自体は有効であり、解雇に関する慰謝料請求は認められない。	
・20代後半男性 ・専門学校卒業後、Y前身のAにSEとして雇用	・ソフトウェア開発等を行う会社 ・Aを含む4つの関連会社合併により設立	Xが平成16年3月16日にうつ状態と診断を受けて以降、長期間にわたる通院治療を余儀なくされたこと等を考慮して慰謝料を300万円と認定。	
・男性 ・3ヶ月間の給与合計額約181万円 ・課長補佐	【Y1】 自動車等の輸送機器用の電気、電子部品等の製造・販売等の会社 【Y2】 自動車会社（トヨタ）	・第1回うつ病については、業務の量的・質的過剰性につき個体側の要因と相まってその危険を招来する程度に達していたことを認定。 ・予見可能性については、Xが平均的な社員よりも精神的に脆弱であった点を踏まえ、Xの言動及び業務内容から、業務の軽減その他何らかの援助を与えなければXが第1回うつを発症し、これが悪化して休職に至るおそれがあることも予見できたと認定。 ・Y2がXに行わせた業務遂行ないし負担軽減措置をとらなかったことと第1回うつとの間には条件関係が認められ、業務の過重負荷が当該発症等に相当程度寄与し、Xの性格等と共働原因となってこれを招来したといえるとして相当因果関係を認定。 ・第2回うつについては、業務の質的過剰性が認められないこと、業務内容変更から極めて短期間でうつ病発症・休職が進行しており、Y1において予見可能性を認めるのは困難であることから、安全配慮義務違反は否定。	
【X1・X2】 ・50代男性 ・一般職 ・郵政省入省後、日本郵政公社職員を経てYの従業員となった	郵便事業株式会社	・Yに安全配慮義務違反を認定。 ・Xらの病状、休職期間（※X1、X2ともに2か月間）、他の原因の関与（X1は、うつ病発症前に、重度の病気を抱えていた母の介護のため、心労を抱えていたこと）、労働能力の喪失の程度（X1・X2はいずれも職場に復帰しているが、深夜帯の勤務指定を受けず、勤務を軽減されていること）等	

343

	労判991-120	とによって精神疾患に罹患する等の損害を被ったとして，債務不履行（安全配慮義務）又は不法行為（人格権の侵害）に基づき，損害金（慰謝料）として，訴状送達の日の翌日である平成16年10月19日以降のX1，X2に対する同深夜勤務の指定1回あたり5万円（平成20年9月2日までに，X1は101回，X2は50回それぞれ指定された。）の支払を求めた事案。	勤務指定差止請求 ③損害賠償請求		
【12】	J学園（うつ病・解雇）事件 東京地裁 H22.3.24 労判1008-35	Xが，在職中にうつ病を発症して，心身の故障のため職務の遂行に支障があるなどの理由で普通解雇されたことについて，Yは，(1)進学実績至上主義による硬直的な教育方針や人権侵害的な生徒指導を押し付けるなどして強度の心理的負荷を与え，Xにうつ病を発症させた。(2)Xがうつ病を発症したと知った後も，約3年間にわたりXに過酷な勤務を続けさせて，Xを休職に追い込んだ。(3)Xの休職中，Xのうつ病は業務上の傷害であるから，3年以内の休職が認められるべきであるにもかかわらず，1年しか休職できないという誤った通知をして，無理な復職を余儀なくさせたうえ，復職後も，Xの体調に配慮せずに業務を担当させた。そして，(4)Xが円滑に復職できないと判断するや否や，主治医の意見を聴取したり回復可能性を考慮したりせずに，退職勧奨をして，これに応じなかったXを解雇した。このようなYの一連の行為は雇用契約上の安全配慮義務又は不法行為に該当する。また，この解雇は，客観的に合理的な理由を欠き，社会通念上相当であると認められず無効である。などと主張して，安全配慮義務違反又は不法行為に基づき，損害賠償（治療費，得べかりし賃金相当額，慰謝料等）を請求するとともに，解雇の無効に基づき，雇用契約上の権利を有する地位にあることの確認及び解雇後の賃金の支払を求めた事案。	①地位確認 ②賃金請求 ③損害賠償請求	不明	0円
【13】	フィット産業事件 大阪地裁 H22.9.15 労判1020-50	Yの従業員であるXが，うつ病に罹患したところ，それが業務上によるものであって，しかも，Yの安全配慮義務違反によって発症したものである等として，Yに対し，債務不履行ないし不法行為に基づき，(1)平成15年4月1日から20年3月までの休業損害，(2)休業・通院を強いられたこと，違法不当な解雇を行ったことを理由とする慰謝料等の損害賠償の支払を求めた事案。 ・労災申請あり（認定）	損害賠償請求	500万円 （内訳） ・休業・通院慰謝料：300万円 ・違法不当な解雇による慰謝料：200万円	150万円 （内訳） ・休業・通院慰謝料：150万円 ※ただし，過失相殺により20%減額 ・違法不当な解雇による慰謝料：0円
【14】	本田技研工業（SF中部・石綿曝露）事件 東京地裁 H22.12.1 労判1021-5	本田SF中部の工場において，昭和43年4月から約1年7か月の間，自動車整備工として就労したXが，合併によりSF中部の権利義務を承継したYに対し，SF中部退社後37年を経過して悪性胸膜中皮腫を発症したことについて，SF中部の安全配慮義務違反による損害賠償を請求した事案。 ・労災申請あり（認定）	損害賠償請求	4000万円	1990万円

344

第13章—2　労災（死亡以外事案）

			の事情を総合考慮 （なお，この金額には懲罰的要素を含まない。）
・40代女性 ・正社員 ・中途採用 ・国語科教員 ・賃金月額53万8490円（解雇当時）	・都内有数の大学進学実績を有する中高一貫の女子校を経営する学校法人		・本件解雇は，やや性急なものであったといわざるを得ず，無効。 ・Yは，Xに対し，無理な復職を余儀なくさせたとか，解雇無効の判断に加えて損害賠償を要するほどの違法な解雇をしたとまでいうことはできず，Xの休職以降の問題について，Yの安全配慮義務違反等は認められない。
・男性SE ・Yから大手電機メーカー工場内システム会社に派遣 ・新幹線運行制御システムの開発業務に従事 ・Y退職扱いの1年9か月後に大学院後期課程に入学，特任研究員として勤務	コンピューターシステムの受託・開発等を業とする会社		【休業・通院について】 ・Yは，勤務日報等により，Xの長時間労働については十分に把握することができた。 ・Xが担当していた本件運行制御システムは，要件定義の確定と完成納期との間の期間が短く，同システムに係る作業は，主としてXが担当していたところ，Xに対するYの支援体制が確立していなかった。 ・Xは平成15年4月以降，うつ病治療のため，Yを休業し，通院治療を行っているが，焦燥感や抑うつ気分が軽快し，抗うつ材の投与量も減量され，平成17年4月以降，大学院に入学し，特任研究員としても稼働している。 ・以上の諸般の事情を総合考慮。 【違法不当な解雇について】 ・YはXに対し，休業損害について賠償責任を負担。 ・Yは，Xに解雇の通知をしておらず，Xの退職扱は就業規則に定める休職期間（最大3か月）を適用したもので，その当否はともかく，不法行為上違法であるとまでは言い難い。
・男性 ・ホンダSF中部で約1年7か月間，自動車整備工として就労	・自動車メーカー ・本田SF中部を吸収合併した会社を吸収合併		・SF中部には，本件当時，定期的なじん肺健康診断を実施せず，労働者に対し，じん肺の予防に関する教育を行わず，エアガンの使用を黙認し，工場本屋において，水洗いによる床清掃を1週間ないし1か月に1回という頻度でしか行わず，マスクの支給もしていなかった安全配慮義務違反がある。 ・Yは合併により，これを包括的に承継。 ・Xが悪性中皮腫に罹患した経緯（1年7か月にわたる自動車整備工としての就業期間中，相当量の有害物質を含む粉じんを直接吸引），治療経過（複数回にわたる手術・入院，長期

【15】	東芝（うつ病・解雇）事件 東京高裁 H23.2.23 労判1022-5 東京地裁 H20.4.22 労判965-5	・従業員であるXが，使用者であるYによりなされた解雇は，業務上の疾病である鬱病に罹患して休業していたXに対してされた違法無効なものであるとして，雇用契約に基づき，Yとの間で，雇用契約上の権利を有する地位にあることの確認を求めるとともに，Yに対し，本件解雇後の賃金の支払のほか，Yが雇用契約上の安全配慮義務又は労働者の健康を損なわないように注意する義務を怠ったことから，Xにおいて鬱病に罹患したものであるとして，債務不履行又は不法行為に基づき，慰謝料等の支払を求めた事案。 ・鬱病により平成13年10月9日欠勤開始，平成15年1月10日休職命令，平成16年9月9日休職期間満了により解雇 ・労災申請あり（認定）。	①地位確認 ②賃金請求 ③損害賠償請求	1500万円	400万円 ※ただし，過失相殺及び素因減額により2割減額
【16】	佃運輸事件 神戸地裁姫路支部 H23.3.11 労判1024-5	Xが，Yに対し，Yの暴行により傷害を負ったとして，民法709条に基づき損害賠償の支払を求めたのに対し，YがXに対し，Xの暴行により傷害を負ったとしては，民法709条に基づき損害賠償を請求する反訴を提起し，Zについては安全配慮義務違反又は民法715条に基づき損害賠償を請求した事案。 ・Yは，頸椎捻挫，左手関節部・骨盤打撲により109日通院（実通院日数73日）。	■甲事件 （本訴請求） 【X→Y】 損害賠償請求 ■甲事件 （反訴請求） 【Y→X】 損害賠償請求 ■乙事件 【Y→Z】 損害賠償請求	■甲事件 【X→Y】 5万円 ■甲事件・乙事件 【Y→X・Z】 各150万円	■甲事件 【X→Y】 0円 ■甲事件 【Y→X】 49万円 ■乙事件 【Y→Z】 0円
【17】	ココロプロジェクト事件 東京地裁 H23.3.23 労判1029-18	Yの従業員であったXが，①Yに対し割増賃金及び未払賃金の支払を求めると共に，②Yから長時間労働を強いられ，さらに，これを拒否すると退職を強要され，人格権等を侵害されたとして，不法行為に基づき損害賠償を請求した事案。	①賃金請求 ②損害賠償請求	300万円	30万円
【18】	九九プラス事件 東京地裁立川支部 H23.5.31 労判1030-5	Xが，Yに対し，①Yにおいて店長となった平成19年5月16日以降の未払割増賃金の支払い，②長時間・加重労働によりうつ状態（うつ病）を発症したとして，債務不履行または不法行為に基づく慰謝料等の支払いを求めた事案。	①賃金請求 ②損害賠償請求	300万円	100万円

第13章—2 労災（死亡以外事案）

・女性 ・平成2年入社 ・Yの工場でプロジェクトのリーダーを務める	電気機械器具製造等を業とする株式会社	の通院・抗がん剤等の投薬治療）その他諸般の事情を考慮。 ・Xは鬱病により既に9年6か月の療養を続けている。 ・鬱病を発病するまでにYがXに従事させた業務内容（プロジェクトのリーダー業務）や，鬱病の発病後一定期間までのYによる対応内容（業務量を適切に調整して心身の健康を損なうことや更なる悪化をたどることがないように配慮しなかった）は，心因的な素因としてしん酌したような脆弱性を有するXに対して要する安全配慮を欠く過重な業務，不当な対応であった。 ・他方，解雇が無効であることにより賃金ないし賃金相当の損害金が支払われること，Yの一定期間以降の対応については安全配慮義務違反があるとはいえず，むしろ，Yは，打切補償を支払うことによる解雇（労基法81条，19条1項）をすることもなく，復職後の職場に配慮を払うなど相応の努力をしながら，Xの復職を待つ対応を取り続けるなどしていた。 ・以上の事情を総合考慮。
（甲事件本訴原告・反訴被告） ・男性 ・Zの加古川営業所に運行管理係として勤務	【Y】 （本訴被告・反訴原告，乙事件原告） ・男性 ・Zの加古川営業所にタンクローリーの運転手として勤務 【Z】 （乙事件被告） 運送会社	■甲事件 【X→Y】 ・Xの愁訴以外に診断内容を裏付ける他覚的所見等が存在しない。 ・Yの暴行とXの頸部挫傷，右拇指捻挫との間の因果関係を認めることはできない。 【Y→X】 Yの受傷は，過失行為によるものではなく，故意行為によるものではあるけれども，Xによる暴行に至る経緯についてはXにも相当の落ち度があり，また，暴行の態様についてもいずれが積極的であったのか判然としない部分が多いから，一概に過失行為による受傷の場合と比べて加重する必要性は認められない。 ■乙事件 【Y→Z】 Xの暴行が生じた原因と事業執行行為との密接関連性があるということはできないから，会社の事業の執行についてなされたものということはできない。
・Y及び株式会社ココロマネジメントとの間で雇用契約を締結 ・主にハンバーガー店店頭での接客業務等に従事	・飲食店の経営等を目的とする株式会社 ・ハンバーガー店，ラーメン店等6店舗を経営	・Yは，業務の遂行に伴う疲労や心理的負荷等が過度に蓄積して労働者の心身の健康を損なうことがないように注意する義務に違反し，Xに対し，長時間労働を強いて疲労や心理的負荷等を蓄積させた。 ・Yは，Xが長時間労働に従事していたこと及び長時間労働の危険性を認識しながら，長時間労働をしてでも利益を上げるか，職を辞すかの選択を迫るといった不合理な状況に追い込み，Xの不安感を強めさせて，うつ状態に至らしめた。 ・Xの症状はうつ状態にとどまっており，Xが通院治療を継続し，又は継続していたと認めるに足りる証拠はない。 ・長時間労働に従事したこと自体による精神的苦痛は，割増賃金や付加金の支払により慰謝されるべき性質のものである。 ・Y代表者は，最終的に，本件不信任案（Xに対する，部長として承認できない旨の不信任案）を却下するとともに，原則として店舗勤務時間を150時間とするよう指示した。 ・以上の事情を総合考慮。
・20代後半男性 ・高卒後，アルバイトを経てYに入社 ・入社約9か月後より店長職 ・店長となった約1か月後に一般社員となり公休有給取得後，休職	・24時間営業のコンビニ型店舗「SHOP99」をチェーン展開して経営する株式会社	・Yは，Xの就労状況を認識し，又は少なくとも認識可能であったのであるから，これを是正すべき義務を負っていたにもかかわらず，健康診断を年に1度実施するほかは特別な健康配慮を行わないなど，上記義務を怠り，Xの長時間労働を是正するために有効な措置を講じなかった。 ・その結果，Xは，Yにおける業務を原因として，うつ状態（うつ病）となった。 ・Yの安全配慮義務違反の内容，程度に加え，Xがうつ状態（うつ病）発症約7か月前は，100時間超の深夜労働，6か月前から1か月前までは，1か月当たり80時間超の時間外労働に従事し，発症の約1か月前は，時間外労働時間は休日労働を含めて58時間と短くなってはいるものの，勤務先変更直後

【19】	建設技術研究所事件 大阪地裁 H24.2.15 労判1048-105	Yの従業員として勤務していたXが、遅くとも平成14年12月26日までに精神疾患を発症し(本件発症)、平成17年12月8日に無断欠勤を理由に普通解雇されたことについて、精神疾患は、Yの注意義務違反又は安全配慮義務違反により、長時間労働等の過重労働に従事するために発症したものであり、本件解雇は無効であって上記各義務違反によるものであると主張して、Yに対し、以下の請求をした事案。 ■甲事件 ①労働契約上の地位確認 ②解雇前無断欠勤扱いとされた平成17年8月分以降の未払賃金の支払 ③民法415条又は709条に基づく損害賠償金として、(1)本件発症による慰謝料、弁護士費用、(2)本件解雇による慰謝料、弁護士費用 ■乙事件 未払超過勤務手当 ・精神疾患（身体表現性障害） ・通院期間：平成14年12月27日～平成17年12月（ただし、平成16年1月7日ころには寛解、平成17年1月には完治） ・自宅療養：平成15年4月2日～同年5月1日、平成15年12月1日～平成16年5月5日）	■甲事件 ①地位確認 ②賃金請求 ③損害賠償請求 ■乙事件 賃金請求	600万円 (内訳) ・本件発症：400万円 ・解雇：200万円	400万円 (内訳) ・本件発症：400万円 ・解雇：0円
【20】	医療法人健進会事件 大阪地裁 H24.4.13 労判1053-24	Yに雇用されていたXが、休職期間満了による自然退職の効力を争い、労働契約上の権利を有する地位の確認と、Xが職場の上司及び同僚からハラスメントを受けたことによりうつ病に罹患（通院日数は不明）し、休業を余儀なくされたなどとして不法行為（使用者責任）又は安全配慮義務違反に基づき損害の賠償を求めた事案。 ・労災申請あり（不支給）	①地位確認 ②損害賠償請求	300万円	150万円
【21】	エーディーディー事件 大阪高裁 H24.7.27 労判1062-63 京都地裁 H23.10.31 労判1041-49	Y1に勤務していたXが労働契約上の義務違反によりY1に損害を与えたとして、Y1がXに対し、債務不履行による損害賠償を請求した（第1事件：本訴請求）。これに対し、Xが Y1に対し、未払時間外手当等の支払と、(1)Y1はタイムカードを廃止し、また、廃止以前のものは廃棄しており、Xの労働時間立証を妨害していることなどから、時間外手当未払自体が不法行為に該当する、(2)XはY1の安全配慮義務違反により	■第1事件 【本訴請求】 【Y1→X】 損害賠償請求 （反訴請求） 【X→Y1】 ①賃金請求 ②損害賠償請求	【Y1】 250万円 (内訳) ・安全配慮義務違反：150万円 ・退職の自由の侵害及び濫訴による慰謝料100万円	【Y1・Y2】 連帯して50万円 (内訳) ・安全配慮義務違反：50万円 ・退職の自由

第13章―2　労災（死亡以外事案）

			の長時間連続業務に従事したり、午前中の遅い時間や午後に出勤し深夜まで勤務した日が散見されるという勤務実態及び時間外労働の程度、Xがうつ状態（うつ病）の症状を自覚するようになってから4年弱が経過し、本件口頭弁論終結時点においてもXのうつ状態（うつ病）が治癒していることをうかがわせる証拠はないことなど、本件に現れた一切の事情を総合考慮。
・大学院卒 ・平成13年、正社員としてYに入社 ・平成17年12月8日付解雇 ・基準内月額給与：約26万円	・建築関係の調査、計画、設計、監理等の建設コンサルタントを行う株式会社 ・東証1部上場 ・労使協定届出なしの時間外労働、長時間労働の恒常化で労基署から是正勧告		【本件発症】 ・平成14年に年間を通じて、頻繁な深夜残業及び朝までの残業を含めて、少なくとも年間3565.5時間という著しい長時間労働に従事させられたこと、それにより入社2年目にして精神疾患を発症し、平成15年4月に1か月間、同年12月からも各自宅療養を余儀なくされたほか、その後の会社員としての人生に非常に大きな影響を受けたことを考慮。 【解雇】 ・本件解雇は有効（完治後も4か月半にわたり出勤しなかったことは解雇事由に該当、解雇権濫用に非該当）。 ・平成17年1月ころにはXの精神疾患は完治しており、Xが出勤しなかった同年4月以降、Xは精神疾患にかかっていなかったことから、本件解雇に至るYのXに対する対応に注意義務違反又は安全配慮義務違反があるとはいえない。
・就業場所をBセンターとして、Yに入社 ・B1労組（Bセンター職員の3分の2が加入）の方針と相反する行動、最終的にはB1を脱退、I合同労組に加入。	・大阪府A市に主たる事務所を置く医療法人 ・Bセンター等の医療施設等を開設		・XがB1労組の活動に反する行動を取り、B1労組を脱退したことに対してB1労組の執行委員長Oを中心に行われた説得活動は、OはXが勤務するBセンターの従業員であってそれに近接する時間内に行われていること、Yの理事長、理事らもB1労組に加入しており、説得活動の場に理事も出席していたことから、説得活動に業務関連性が認められる。 ・Xに対する説得活動は、連日にわたり約45分から約2時間にわたって、X1人に対して複数の人数で行われており、Yの理事会とB1労組が実質的に一体で、Yの経営は実質的にはB1労組が行っているかのような発言がされていることから、XがB1労組から脱退し、I合同労組に加入した状態を続けた場合にはBセンターで就業し続けることが困難となる可能性も示唆され、職場での進退を迫られる状況であったといえ、不法行為に該当。 ・上記不法行為の内容、Xのうつ病が治癒したことを示す証拠が提出されていないこと、本件不法行為は労働組合内部の紛争という側面も有していることなどを考慮し150万円が相当。
・販売監理ソフトウェアのカスタマイズ、顧客からのヒアリング、システムの分析・設計、開発、プログラミング作業に従事 ・所属チームの責任者（課長）兼担当窓口 ・年収536万5000円	【Y1】 コンピュータシステム及びプログラムの企画、設計、開発、販売、受託等を主な業務とする株式会社 【Y2】 Y1の代表取締役		【Y1】 ・((1)時間外手当未払について） タイムカードの廃止・廃棄がXの労働時間の立証妨害等の不当な目的でなされたとはいえない。 ・((2)安全配慮義務違反について） XはY1での業務における過度の心理的負荷（売上げ目標の未達成、上司とのトラブル、2ヶ月間の間に1ヶ月あたり150時間を超える長期の時間外労働等）を原因としてうつ病を発症し、以降これが悪化した。この不法行為の内容、Xの病状、発症期間、通院日数・期間などの諸般の事情を考慮。 ・((3)退職の自由の侵害）

		うつ病を発症した、(3) Y 1 は X の退職の自由を侵害した、(4) Y 1 の訴え提起が違法であると主張し, 不法行為責任((1)から(4)) 又は債務不履行責任((2)及び(3))を負うとして, 損害賠償を請求した事案(第1事件：反訴請求)。 また, X が Y 1 の代表取締役である Y 2 に対して, 上記(1)から(4)を理由に, 不法行為責任及び会社法429条1項に基づく損害賠償を請求した事案（第2事件）。 ・第一審は, X の Y 1 に対する請求のうち, 未払時間外手当等の支払いを認容し, Y 1 の請求並びに X のその余の Y 1 に対する請求及び Y 2 に対する請求を棄却したため, Y 1 が控訴し, X が Y 1・Y 2 に対し控訴した。 ・X は平成20年12月中旬頃うつ病を発症し, 同21年2月までの間に悪化。平成21年2月から4月までの間, 4回通院。	■第2事件 【X→Y 2】 損害賠償請求	【Y 2】 100万円	及び濫訴による慰謝料：0円
[22] 岩手県（職員・化学物質過敏症等）事件 盛岡地裁 H24.10.5 労判1066-72		Y の職員である X が, (1)化学物質過敏症を発症したのは, Y が公用車について受動喫煙防止対策を講ずべき安全配慮義務を怠ったことによるものと主張して, Y に対し, 不法行為, 債務不履行又は国家賠償法1条1項に基づく損害賠償を求め, (2)Y の職員 A（土木センター所長）及び B（同センター総務グループ主任総務総括主査）が, X との面談時に X の人格権を違法に侵害する発言をしたと主張して, Y に対し, 国賠法1条1項又は民法715条1項に基づく損害賠償を求めるとともに, (3)症状悪化のおそれがあるとして, 人格権又は安全配慮義務の履行請求権に基づいて, Y に対し, X 勤務の建物において, ワックス床剤を掛けて清掃することの差止めを求めた事案。	①損害賠償請求 ②勤務先建物においてワックス床剤を掛けて清掃することの差止め	600万円 （内訳） ・化学物質過敏症発症による慰謝料500万円 ・A 及び B の発言による慰謝料100万円	0円
[23] 慶応義塾（シックハウス）事件 東京高裁 H24.10.18 労判1065-24 東京地裁 H21.3.27 労判1065-39		X は, 平成15年3月11日から仮設棟 A で勤務していたところ, 同年3月24日から体調不良のため欠勤し始め, 同年4月12日以降は出勤できなくなり, 同年7月に退職願を提出したが, 主位的に, X が就労できなくなったのは仮設棟 A でシックハウス症候群又は多種化学物質過敏状態に罹患したためであったのに, 当時はこのことを知らなかったため, 私傷病に罹患して就労することができず退職するしかないと思い込んで退職届を提出したのであり, 退職の意思表示は要素の錯誤により無効である, 予備的に, X に業務上の疾病が発症したとは認められないとしても, X は退職願を提出しなければ3ヶ月の長期欠勤すら認められないと誤信させられて退職届を提出したのであり, 退職の意思表示は要素の錯誤により無効であるとして, 雇用契約上の権利を有する地位にあることの確認, 雇用契約に基づく給与の支払い, 雇用契約上の安全配慮義務違反又は民法717条による損害賠償を求めた事案。 ・第一審は, 予備的請求につき慰謝料200万円の限度で認容し, その余の請求を棄却したため, X 及び Y 双方が控訴。 ・X は, 平成15年3月27日に急性咽頭・喉頭炎・急性副鼻腔炎と診断されたが, 出勤しなくなった後の同年5月31日には病院内科での診療が終了し, 同年9月には全体的に症状が軽快した。	①地位確認 ②賃金請求 ③損害賠償請求	500万円	390万円

第13章—2　労災（死亡以外事案）

		退職を慰留した経緯からすれば，不法行為又は労働契約上の債務不履行を構成するとはいえない。 ・((4)不当訴訟) Y1による訴え提起が裁判制度の趣旨・目的に照らして著しく妥当性を欠くとは認められない。 【Y2】 Y2はY1の代表取締役として，Xが長時間労働などにより心理的負荷が過度に蓄積する状況にあり，これにより心身の健康を損なう危険があることを認識していたか，容易に認識し得たのに，その負担を軽減させるための適切な措置を採ることを怠り，その結果，Xのうつ病の発症・悪化させた。
・広域振興局総合支局土木部土木センター建築指導課建築主事 ・職員公舎管理人室に居住 ・非喫煙者 ・化学物質過敏症を発症，休職1年間	地方公共団体(岩手県)	【化学物質過敏症発症について】 受働喫煙が健康へ及ぼす影響について，化学物質過敏症のような継続的かつ重篤な疾病を発症する可能性があると認識されていたとはいえないなどとして，安全配慮義務違反を否定。 【A及びBの発言について】 ・管理人の指定権限を有するAにおいて，本件公舎の維持管理の観点から，Xについて管理人の指定解除もあり得るとし，その場合にはXへの退去請求もあり得るとする客観的な事情を説明することは，違法ではない。 Xの病気療養のためによりふさわしい場所への転居を勧めたことも，それ自体が，Xの居住場所を不当に奪うものとまではいえず，その際に，転居先はXが自ら探すほかない旨を説明したとしても，Xに対する人格権の侵害等に当たらない。 ・Bは，本件建物の管理業務を職務として行っているものの，その最終的な決定権限を有している者ではなく，BがXの要望に対し，自分では対応できない旨の発言をしたことが違法となるとはいえない。
Yの国際センターに1年間の有期雇用の助手として採用	私立大学	・Yは，仮設棟Aの1階101号室をXの勤務場所として指定したのであるから，当該勤務場所及びXが勤務するにあたって通行し，出入りする場所に化学物質過敏状態を発症させるような濃度及び量の揮発性有機化合物等の化学物質が存在しないように配慮すべき義務を負うにもかかわらず，この義務に違反し，その結果，Xに化学物質過敏状態が発症し，これに伴う中枢性眼球運動障害，自律神経機能障害が生じた。 ・Xの主位的請求にかかる慰謝料請求は，業務上の疾病が発症したために，これがなければ本来勤務可能であった期間勤務することができなかったことによる精神的苦痛の損害を本体とする。 ・Xの雇用期間は平成15年4月1日から1年間とされていたが，Xは同年9月に至るまでの間全身倦怠感等の症状が現れており，就労することが困難であったこと，雇用期間は，更新されても平成17年3月末日を限度とするものであったこと，その他本件の審理に表れた一切の事情を考慮。

351

【24】	アイフル(旧ライフ)事件 大阪高裁 H24.12.13 労判1072-55 大阪地裁 H23.5.25 労判1045-53	A社の従業員Xが業務に起因して精神疾患を発症し休業を余儀なくされたにもかかわらず，A社が，就業規則に基づく休職期間満了によりXを退職したものと取り扱ったことは無効であり，かつ，Xの精神疾患発症については，安全配慮義務違反（債務不履行）・不法行為があると主張し，A社の承継人であるYに対し，雇用契約上の権利を有する地位にあることの確認とともに，未払賃金等のほか，精神疾患に対する治療費，慰謝料等の損害賠償の各支払いを求めた事案。 ・労災申請あり（認定）	①地位確認 ②賃金請求 ③損害賠償請求	500万円	200万円 ※ただし，心因的素因減額として20%減額も含めて諸般の事情を総合考慮した金額（素因減額前の金額不明）
【25】	ザ・ウィンザーホテルズインターナショナル（自然退職）事件 東京高裁 H25.2.27 労判1072-5 東京地裁 H24.3.9 労判1050-68	本件は，Y1から休職期間満了による自然退職扱いとされたXが，Y2から飲酒強要等のパワーハラスメントを受けたことにより精神疾患等を発症し，その結果，治療費の支出，休業による損害のほか多大な精神的苦痛を受けたと主張して，Yらに対し，不法行為（Y1については更に労働契約上の職場環境調整義務違反）に基づく損害賠償金の連帯支払を求めるとともに，上記精神疾患等は業務上の疾病に該当するなどとして，休職命令及びその後の自然退職扱いは無効である旨主張して，Y1に対し，労働契約上の権利を有する地位にあることの確認及び上記自然退職後の賃金の支払を求めた事案。 ・Xは控訴審において，Y1に対し，予備的請求として，安全配慮義務違反により賃金請求権を喪失したことによる損害賠償請求を追加した。	【X→Y1】 ・主位的請求 ①地位確認 ②賃金請求 ・予備的請求 損害賠償請求 【X→Y2】 損害賠償請求	【Y1・Y2】 不明 （治療費，休業損害を含めて総額で477万1996円）	【Y1・Y2】 連帯して150万円

<解説>

1　慰謝料請求が認容された割合

　本調査の対象となった平成15年1月〜平成25年12月の労判において，労災（死亡事案以外）に関連して慰謝料請求がなされた例は，別紙一覧表のとおりであり，これを後遺障害の有無により分類すると，以下のとおりである。

(1)　労働者につき後遺障害が認定された事案について

　全33件中，慰謝料請求が認容された事例は29件である。

　なお，このうち，近親者固有の慰謝料が請求された事案は5件であり，うち固有の慰謝料が認定された事案は4件である。

　なお，本稿の「後遺障害が認定された」とは，労災保険において後遺障害が認定された事案のみならず，裁判所において後遺障害が認定された事案を含む。

第13章—2　労災（死亡以外事案）

・昭和59年にA社に入社 ・コールセンター課・破産弁護士介入債権案件係	・クレジットカード事業等総合信販業を営む株式会社 ・平成23年7月1日にA社を吸収合併	Xは荷重な業務(158時間を越える時間外労働等)に起因して精神疾患を発症したが，精神疾患後長期間経過しているにもかかわらず，治癒するに至っていないことに関しては，甲状腺悪性腫瘍及びその転移の不安という心因的な事情が寄与していたと推認するのが相当であるとして2割の素因減額がなされた。
・平成20年3月，Y1との間で，期間の定めのない雇用契約締結（年俸500万円，月額賃金35万7200円） ・結婚式等の営業業務担当 ・アルコール飲用は禁忌であると診断されている	【Y1】 ・洞爺湖に所在するホテルの運営会社 ・資本金1億6500万円 ・従業員数約300名 【Y2】 営業部次長でXの上司	・飲酒強要行為は，Xが仕事上の失敗もあり上司であるY2からの飲酒要求を拒絶し難いこと，Xが酒に弱いことを知りながら飲酒を強要したものであって，これによって，Xは多大な不快感及び体調の悪化をもたらされ，Xの受けた肉体的・精神的苦痛を軽視することができない。また，Xの本件長期欠勤に間接的な影響を与えた可能性もある。 ・体調の悪いXに短時間とはいえ自動車運転を強要したことは，社会通念上も許される行為ではない。 ・「私，怒りました。明日，本部長のところへ，私，辞表を出しますんで」等の怒りをあらわした留守電への録音行為は，深夜にXを不安に駆り立てる目的で行ったものといわざるを得ず，これによってXは大きな不安にさいなまれた。もっとも，Y2は，その後，この件につきXに謝罪しており，この点を慰謝料額において斟酌。 ・「ぶっ殺すぞ」との留守電への録音行為は，社会的相当性の範囲を大きく逸脱しており，これによってXに生じさせた精神的苦痛は大きい。さらに，留守電後，Y1において，XとY2の指揮命令関係を解消させたものの，両名を隣席のまま数か月にわたり放置し，Xに精神的苦痛を増大させた。

(2)　労働者につき後遺障害が認定されなかった事案について

　　全25件中，慰謝料請求が認容された事例は21件である。

　　なお，後遺障害が認定されなかった事案において，近親者固有の慰謝料が請求された事案はない。

2　慰謝料請求が認容された事例・認容されなかった事例の傾向

(1)　労働者につき後遺障害が認定された事案について

　　ア　慰謝料請求が認容された事例

　　　慰謝料請求が認容された事案は，使用者に安全配慮義務違反等の債務不履行責任または使用者責任などの不法行為責任が認められ，かつ，これらと労働者に生じた損害の間に因果関係が認められることが前提となっている。

　　　労働者につき後遺障害が認定された事案については，傷害や後遺障害と使用者の行為との間に因果関係が認められれば，傷害慰謝料（入通院慰謝料）と後

遺障害慰謝料が認容されている。

　この場合，慰謝料額の認定においては，傷害慰謝料（入通院慰謝料）については，傷害の内容・程度，入通院期間及び実通院日数，通院頻度，治療内容，治療経過，見舞金などの支払状況（【9】）などが考慮されている。他方，後遺障害慰謝料については，労災等により認定された後遺障害等級，後遺障害の内容や程度，従事していた業務の内容，症状固定後の生活状況等が考慮され，外国人事案に関して症状固定後の日本滞在期間（【30】），本国帰国後の年収（【30】），オーバーステイか否か（【3】），といった事情が考慮されている。

　なお，このうち，近親者固有の慰謝料が認容された事例については，障害内容が重篤（後遺障害等級1級で両下肢麻痺，自排尿不可（【8】），後遺障害等級1級で運動性失語傷害及び右半身に高度麻痺（【16】），脳性の完全麻痺で四肢，頸部，腰部が機能せず，音声言語による意思疎通や自力呼吸，食べ物の咀嚼が不可（【23】），24時間酸素吸入しなければ呼吸困難を生じ，ほぼ寝たきり（【25】），後遺障害等級1級で常時半昏睡状態（【26】）），であり，将来にわたり常時介護が必要になっているという傾向がある。また，上記後遺障害内容の重篤性に加え，本人がまだ若年であったことや訴訟に至る経緯や訴訟の審理経過，交渉経過等を考慮した事案（【8】）や，介護，通院付添や複数回の労災申請手続等に当たることを余儀なくされ，仕事や健康状態に影響を及ぼしたことを考慮した事案（【25】）もある。

イ　慰謝料請求が認容されなかった事例

　労働者につき後遺障害が認定されているが，慰謝料請求が認容されなかった事例においては，被告が複数の事案で，そのうちの一部の被告につきそもそも雇用関係が否定された事情（【3】）や，安全配慮義務違反が否定された事情（【10】【13】），業務起因性が否定された事情（【19】【28】）などにより，使用者の責任そのものが否定されたものが多い。

　他方，使用者の責任を認めるものの，慰謝料請求を認容しなかった事例としては，労働者が示談金の受領により，損害賠償請求権を放棄したと認定した事例がある（【20】）。

(2) 労働者につき後遺障害が認定されなかった事案について

ア　慰謝料請求が認容された事例

　　労働者につき後遺障害が認定されなかった事案についても，慰謝料請求が認容されるには，使用者に安全配慮義務違反等の債務不履行責任または使用者責任などの不法行為責任が認められ，かつ，これらと労働者に生じた損害の間に因果関係が認められることが前提となっている。

　　慰謝料請求が認容された事例に関する慰謝料額の認定においては，使用者の行為態様，発症に至る経緯，傷害の内容・程度，入通院期間及び実通院日数，治療経過等が考慮されている。

イ　慰謝料請求が認容されなかった事例

　　労働者につき後遺障害が認定されず，なおかつ慰謝料請求が認容されなかった事例においては，使用者の予見可能性を否定して安全配慮義務違反を認めなかった事例（【6】）や，労働者の傷害を裏付ける他覚的所見が存在しないとして損害の発生を認めなかった事例（【16】）など，使用者の責任が否定されている。

3　認容額の傾向

(1)　認容額の分布

ア　労働者につき後遺障害が認定された事案について

　　慰謝料請求が認容された事例における認容額の最低額は210万円，最高額は3400万円であった。認容額の分布は次頁のとおりであり，認容額500万円超～1000万円以下が最も多いものの，事案の内容による差異と考えられ，特に認容額における傾向は見られない。

　　なお，後遺障害が認定された事案のうち，【5】【24】【33】の事例は，じん肺訴訟事案であり，被災者たる原告が多数にのぼる事案であるため，分類になじまないものとして，次頁分布表には記載していない。

　　また，次頁認容額の分布は，過失相殺，素因減額等の前の金額による分布である。

(単位：万円)

認容額	100以下	100超～500	500超～1000	1000超～2000	2000超
件　数	0	6	12	3	7

　労働者につき後遺障害が認定された事案においては，父母等近親者に固有の慰謝料が認められた事案が4件ある（【8】【23】【25】【26】）。

　原告が両下肢麻痺，自排尿不可（後遺障害等級1級3号）の障害を負った事案（【8】）については，父母それぞれにつき各100万円の固有の慰謝料を認め，原告が脳性の完全麻痺により，四肢，頸部，腰部が機能せず，音声言語による意思疎通が全くできず，呼吸はのどの下で気管を切開しチューブを挿入して行い，栄養は流動食により摂取するという後遺障害を負うという障害を負った事案（【23】）については，父母それぞれにつき各300万円の，原告が低酸素脳症による完全麻痺（後遺障害等級1級1号）の障害を負い，常時半昏睡という重篤な後遺障害が残った事案（【26】）については，父母それぞれにつき各500万円の慰謝料を認めた。また，原告たる母が石綿粉じんに曝露し，石綿肺と肺結核の合併症を発症し，さらに著しい肺機能障害を生じて（じん肺管理区分4），24時間の酸素吸入をしなければならず，ほぼ寝たきりの状態になった事案（【25】）については，自らの仕事や家事を犠牲にして介護や付添い，多数回にわたる労災申請手続等に当たることを余儀なくされた長女が別訴で慰謝料請求を行い，100万円の固有の慰謝料が認められた。

イ　労働者につき後遺障害が認定されなかった事案について

　慰謝料請求が認容された事例における認容額の最低額は5万円，最高額は1990万円であった。認容額の分布は以下のとおりであり，1件を除き，101万円～500万円及び100万円以下となっており，後遺障害が認定された事案と比較すると認容額が低額となっている。

　なお，下記認容額の分布は，過失相殺，素因減額等の前の金額による分布である。

(単位：万円)

認容額	100以下	100超～500	500超～1000	1000超～2000	2000超
件　数	10	11	0	1	0

(2) 高額事案の傾向

　ア　労働者につき後遺障害が認定された事案について

　　労働者につき後遺障害が認定された事案については，高度の後遺障害（後遺障害等級1級，身体障害者等級表1級等）が認められた事案（【4】【8】【16】【26】）では高額な慰謝料が認められている。また，じん肺訴訟事案（【5】【24】【25】【31】【33】等）でも，慰謝料が高額となる傾向にあった。

　　高額事案として，例えば，過重な業務により先天的な脳動静脈奇形（AVM）部分からの出血によって常時半昏睡という重篤な後遺障害が残存した例（【26】）が挙げられる。同事例では，経験の浅い労働者が，異動して12日後に本件発症に至っているところ，異動前にもまして，同期間の時間外労働時間が極めて長かったこと（12日で約61時間，1月に換算すると約152時間），会社が労働時間の状況を正確に把握せず，改善措置を何ら講じることなく放置していたために本件発症に至ったことを認定し，3200万円の慰謝料（後遺障害慰謝料2800万円，553日の入院に対する入院慰謝料400万円，ただし素因減額により40％減額。）のほか，既述のとおり，両親に対して，子が重篤な後遺障害を負ったことに対する精神的苦痛の重大性や介護に当たる立場になったこと等を考慮し，各500万円の固有の慰謝料を認めている。

　イ　労働者につき後遺障害が認定されなかった事案について

　　労働者につき後遺障害が認定されなかった事案については，うつ症状，PTSD等の精神疾患を発症し，治療のための通院期間等が長期にわたる事案（【7】【9】【15】【19】）では，高額な慰謝料が認められている。

　　高額事案として，例えば，衣料品販売店の店長代行を勤める原告が，勤務中，同従業員から暴行を受けて頭部外傷，髄液鼻漏疑の診断を受けた上，さらに労災申請手続において「ぶち殺そうかお前」などという暴言を吐かれるなどの不当な対応を受けて，PTSDに罹患し，治療のため長期間の通院を余儀なくされた事案（【7】）が挙げられる。同事例では，治癒が見込まれるとして後遺障害慰謝料は認められなかったものの，暴行事件の態様及び本件発言の態様等に鑑み，慰謝料として500万円を認めている。

(3) 低額事案の傾向

ア　労働者につき後遺障害が認定された事案について

　労働者につき後遺障害が認定された事案については，低い後遺障害認定にとどまった事案（後遺障害等級14級【6】，後遺障害等級11級【30】）では，慰謝料が低額となる傾向にあった。

　低額事案として，例えば，上記【30】では，外国人研修制度の研修生の在留資格で自動車部品の加工に従事していた中国国籍の原告が，作業中に右示指を切断（後遺障害等級11級）したところ，後遺障害慰謝料については，症状固定後2年以上日本に滞在していたこと，中国帰国後の年収予想等の事情が考慮されて，赤い本（公益財団法人日弁連交通事故相談センター東京支部「民事交通事故訴訟損害賠償額算定基準」。以下同じ。）によれば後遺障害等級11級の後遺障害慰謝料は420万円であるところ，200万円という低額の認定であった。

イ　労働者につき後遺障害が認定されなかった事案について

　労働者につき後遺障害が認定されなかった事案については，負傷や疾患の程度が軽く，入通院期間が短い等の事情がある事案（【2】【5】【17】【21】等）では，慰謝料が低額になる傾向にあった。

　低額事案として，例えば，上記【2】では，原告が長時間労働を強いられ，過労で救急車で病院に運び込まれ，3日間治療を受け，以後も精神的肉体的苦痛を被り続けて，結局退職を余儀なくされたとして安全配慮義務違反を主張して，損害賠償を請求したが，診察治療費に対し，労働基準監督署が労災保険法上の療養補償給付の支給を決定していること等を考慮し，5万円の慰謝料しか認めなかった。

(4)　赤い本の基準との関連性

　後遺障害が認められ，慰謝料請求が認容された事案においては，後遺障害慰謝額の認定には，労災申請において認定された後遺障害等級を考慮するものがほとんどであるところ，同等級に基づき認定される慰謝料額は，赤い本に記載される後遺障害等級ごとの後遺障害慰謝料額と同額もしくは10万円から40万円の差異の範囲に収まっている事案がほとんどであるため，後遺障害等級が認められた事案においては，赤い本は請求額を決するにあたり，参考になる。ただし，後遺障害が極めて重篤な場合には，赤い本の基準よりも200万円多い後遺障害慰謝料が認

定されている事例などもあり（【16】），赤い本の基準を請求の上限とするのではなく，慰謝料加重事由がないかどうかを十分に聴き取った上で，請求額を決する必要はあるものと考える。

他方，傷害慰謝料（入通院慰謝料）の認定については，入通院期間や実通院日数を考慮するものがほとんどである一方で，傷害の内容や程度が様々であるため，単純に比較することは困難であるが，比較ができたもののうち，赤い本に記載される入通院日数に基づく傷害慰謝料額と同額もしくは2万から70万円の差異の範囲に収まっている事案がほとんどであることから，傷害慰謝料を請求するにあたっても，赤い本を参考とすることができよう。

4 その他

労災の事案においては，過失相殺や素因減額により，損害額が減額されるものが非常に多い。

損害の発生につき，労働者側の不注意，不適切な対応に寄与する部分が多いとして，7割，8割と極めて大きい過失相殺を認めた事案もある（後遺障害が認定された事案について【18】，【22】）。

また，脳疾患や心疾患，精神疾患の事案においては，労働者自身の持病や既往症，生活習慣を2割から6割過失相殺や素因減額の理由とする事案が認められる（後遺障害が認められた事案について【16】【17】【23】【26】【27】，後遺障害が認められなかった事案について【9】【10】【13】【15】【24】）。

なお，後遺障害が認められなかった事案のうち【11】では，当該労働者が自らの精神的健康に関する情報を申告しなかったことをもって過失相殺をすることができると判断しているところ，同判断については，本調査の対象外ではあるが，同事案の上告審（最高裁平成26年3月24日第二小法廷判決）において翻されている。すなわち，最高裁では，自らの精神的健康に関する情報は労働者にとって自己のプライバシー権に属する情報であり，人事考課に影響し得る事柄として通常は職場において知られることなく就労を継続しようとすることが想定される性質の情報であって，使用者は，必ずしも労働者からの申告がなくても，その健康に関わる労働環境等に十分な注意を払うべき安全配慮義務があるとして，労働者が自らの精神的健康

に関する情報を申告しなかったとしても，当該事実を過失相殺の事情とすることはできないと判断されているため，注意を要する。

5　聴き取りのポイント

　労災の事案（死亡事案を除く）において慰謝料を請求したいという法律相談を受けた場合には，慰謝料請求額を決するにあたって，以下のようなポイントに特に留意して聴き取りを行うべきである。

- ・受傷の経緯
- ・通院期間，実通院日数，通院間隔
- ・治療経過
- ・休業期間
- ・後遺障害がある場合には，その程度，受傷後，現在及び将来に亘る仕事及び日常生活への影響，将来への不安
- ・見舞金，示談金その他の受給（上積み補償等）の有無
- ・重篤な後遺障害が残った場合には，常時介護の必要性や常時介護を行う近親者の仕事及び日常生活への影響，健康状態
- ・労働者側の帰責事由，素因の有無・程度

第14章 その他

＜判例紹介＞

No	事件名／裁判所／判決年月日／出典／審級関係	事案の概要	請求（訴訟物）	慰謝料 請求額	慰謝料 認容額
【1】	建設省中部地方建設局(準職員)事件 名古屋高裁 H14.10.25 労判838-5 名古屋地裁 H12.9.6 労判802-70	中部地方建設局長により、一般職の職員の給与等に関する法律（給与法）規定の行政職俸給表(二)（以下「行(二)表」といい、同表適用職員を「行(二)職員」という。）を適用される定員外職員たる準職員（常勤労務者）に任用され，以降，建設省愛知国道工事事務所等に勤務して行(二)表の適用を受けてきたXが、行政職俸給表(一)（以下「行(一)表」という。）を適用される定員内職員（以下，行(一)表適用職員を「行(一)職員」という。）に任用されるまでの間、恒常的に行(一)表適用職務に従事してきたとし、このような場合，(1)任命権者としては担当職務の実態に適合させるためにXを行(一)職員に任用すべき義務がある，(2)仮に、人事権の行使が裁量事項であるとしても、行(一)職員に任用することなく恒常的に行(一)表適用職務に従事させることは裁量権の著しい逸脱ないし濫用に当たるから、いずれにしても、Xを行(一)職員として任用しなかったことは違法であるとし，(3)仮に、行(一)職員に任用しなかったことが裁量権の著しい逸脱ないし濫用に当たるとはいえないとしても、行(二)職員をして恒常的に行(一)適用職務に従事させることは違法であり、このような違法行為によって損害ないし損失を受けたとして、主位的に①国家賠償法1条1項による損害賠償請求権に基づき、行(一)職員との賃金差額分及び慰謝料の支払と②建設省等の広報誌への謝罪広告の掲載を、予備的に不当利得返還請求権に基づき、右賃金差額分の支払を請求した事案。	・主位的請求 ①損害賠償請求 ②謝罪広告 ・予備的請求 不当利得返還請求	500万円	100万円
【2】	渡島信用金庫（降格・降職・配転）事件 函館地裁 H14.9.26 労判841-58	Y1に勤務するXが、Y1から降格、配置換え、減給等の処遇（以下「本件処遇」という。）を受けたものの、同処遇は人事権行使の濫用だから無効であるなどと主張して、Y1に対し、本件処遇前における人事上の各地位を有することの確認を求めるとともに、従前賃金との差額（未払賃金）の支払を求め、さらに本件処遇それ自体及びその際のY1の対応は代表者であるY2及びY3によりなされた違法行為であり、Xはこれにより精神的な苦痛を受けたとして、Yらに対し、	【X→Y1】 ①地位確認 ②賃金請求 ③損害賠償請求 【X→Y1～Y3】 損害賠償請求	【Y1～Y3】 連帯して200万円	【Y1～Y3】 連帯して20万円 (内訳) ・降格降職：0円 ・配転：0円 ・不当労働行為：0円 ・業務命令権・労務指揮

第14章　その他

労働者等の属性（性別・ポジション・収入等）	使用者等の属性（会社規模等）	算定の理由
・定員外職員（準職員） ・行政職俸給表㈡が適用される	国	【行㈠職員への任用義務】 ・国家公務員の任用行為は任命権者の高度な裁量行為であるから，任命権者において，Xに行㈠表適用職務を恒常的に遂行させていたとしても，このことから直ちにXを行㈠職員に任用すべき法的義務を生ずる理由はないというべきであり，裁量権行使の逸脱ないし濫用の有無が問題となるにとどまる。 ・中部地方建設局長がXについて行㈠職員に任用しなかったことが人事裁量権の逸脱ないし濫用に当たるものと認めることはできない。 【行㈠表適用職務を担当，従事させたこと】 ・行㈡職員に対し，職務命令により，本務として恒常的に行㈠表適用職務を担当させ，これに従事させることは，給与の根本基準に違反し，給与法等によって保障された法定の勤務条件を侵害するものであって，違法な職務命令となる。 ・XのYに対する国賠法1条に基づく損害賠償請求権は，一部消滅時効が成立しているから，損害賠償の対象となる期間は平成2年2月25日から平成4年12月15日までであること，右の期間のXの職務内容は，共済関係事務，福利厚生関係事務，健康管理関係事務，費用徴収事務等であり，単なる事務補助ではないとはいえ，行㈠職員が担当する職務の中では，定型的な業務が多く，判断，調整を必要とする場面が比較的少ないものであること，X自身，炊婦等の労務を内容とするような行㈡表適用職務を行うことは希望していなかったもので，一般事務を行うことがX本人の希望でもあったこと，Xは，2か月以内の任期を付された定員外の常勤職員であり，雇用の継続について法的保障があったわけではなく，行㈠表適用職務のみを担当するとした場合，適当な職務がなく雇用終了のおそれもあったこと，その他，本件に現われた全ての事情を斟酌すれば，Xが，違法な職務命令によって受けた精神的及び肉体的苦痛に対する慰謝料としては，100万円をもって相当。
・信用金庫職員 ・組合員	【Y1】 信用金庫 【Y2】 代表理事（理事長） 【Y3】 代表理事（常務理事）	・本件降格，本件降職には人事権の濫用はなく有効。 ・XをN支店に配転した行為は，Y1による不当労働行為であると推認するのが相当であり，無効。 ・配転については無効であると確認され，経済的な填補がなされる以上，慰謝料の算定にあたって考慮しない。 ・Xが，客観的には比較的些細な出来事について叱責されたこと，Y2・Y3の指示に基づき，通常業務から外され，就業規則やその他諸規程を読む作業に専念するよう余儀なくされたこと，その間，Y1において，Xに対する指導教育上の措置，配慮があったことを窺えないこと，Y2・Y3から身元引受人に対し連絡を取るよう指示があったこと，Xの記した反省事項等について職員の面前で逐一確認されたこと等の

363

	事件名	事案の概要	請求	請求額	認容額
		不法行為に基づく慰謝料の支払を求めた事案。			権の濫用：20万円
【3】	上野製薬事件 大阪地裁 H15.3.12 労判851-74	Xが，Y1に対し，①Y1の退職金規程に基づき，従業員としての在職期間を27年11か月として計算した退職金2687万1750円，②Y1在職中にY1の違法な業務命令（カルテル行為への関与）に従うことを余儀なくされたことにより精神的苦痛を受けたとして，不法行為による損害賠償請求権に基づき，慰謝料500万円の支払を求めるとともに，Yらに対し，Y1代表取締役であるY2が，その業務の執行の際，上記カルテル行為はXら従業員のみによって行われたとするXの名誉を毀損する発言を行ったことにより精神的苦痛を受けたとして，不法行為による損害賠償請求権に基づき，慰謝料500万円の連帯支払を求めた事案。	【X→Y1】 ①退職金請求 ②損害賠償請求 【X→Y1・Y2】 損害賠償請求	【Y1】 500万円 【Y1・Y2】 連帯して500万円	【Y1】 0円 【Y1・Y2】 連帯して60万円
【4】	日本郵政公社（深夜勤等）事件 東京地裁 H18.5.29 労判924-82	Yが設置する郵便局に勤務するXら（X1を除く。）が，Yの運用細則改定により，(1)深夜帯で勤務する時間数が増加し，また深夜帯勤務の連続指定が可能になったこと，(2)休息時間が短縮されたこと，(3)勤務時間の短縮措置が廃止されたこと，(4)夜勤明けの休息日が廃止されたこと，(5)深夜帯勤務の回数制限が廃止されたことなどが，合理性のない就業規則の不利益変更に当たると主張して，Yに対し，①旧運用細則8条（休息時間の特例），21条（勤務時間の短縮措置）の適用を受ける地位にあることの確認，②新運用細則で追加された種類の深夜帯勤務等に従事する義務のないことの確認を求めるとともに，更にYを退職したX1において違法無効な新運用細則に基づく業務命令によって精神的損害を被ったとして慰謝料の支払を求めた事案。	【X1→Y】 損害賠償請求 【X2～X13→Y】 ①地位確認 （改定前の旧運用細則の適用を受ける地位） ②深夜勤等（改定後の運用細則で追加された種類の勤務）就労義務不存在確認	【X1】 500万円	【X1】 0円
【5】	東急バス（チェック・オフ停止等）事件 東京高裁 H19.2.15 労判937-69 東京地裁 H18.6.14 労判923-68	(1)X1～X11がYに対し，YがX1～11の各賃金から労組の組合費として一定額の控除（チェック・オフ）を行ったことが不当であるとして，それぞれ控除された額の賃金の支払を求め，(2)X2がYに対し，YがX2の有給休暇取得を承認せずに欠勤扱いとしたのは不当であるとして，欠勤控除された賃金の支払を求めるとともに，YがX2に対してした停職15日の懲戒処分が無効であるとして，同処分の無効確認を求めるとともに停職により減額された賃金の支払を求め，(3)X3，X10がYに対し，YがX3，X10に	【X1・X4・X5・X7・X9・X11→Y】 賃金請求 【X2・X3→Y】 ①賃金請求 ②懲戒処分無効確認 【X6→Y】	【X8】 50万円 【X6】 10万円 【X10】 10万円	【X8】 0円 【X6】 0円 【X10】 0円

第14章　その他

		事実経過が認められるところ、これらの経過はXに対し暗に退職を強要しているものと推認されてもやむを得ない状況であると思料され、仮にそうでなくとも、YのXに対する措置は、Xにことさら屈辱感を与えるものであり、これを正当付けるに足りる客観的かつ合理的な理由があるものとは認め難いことから、上記指示等は業務命令権ないし労務指揮権の濫用として違法。 ・上記一連の経過により被ったXの精神的苦痛を慰謝すべき賠償額は、Xが通常業務より外された期間等に鑑みると、20万円をもって相当。
Y1の取締役兼従業員	【Y1】 医薬品等の製造・販売・輸出業社 【Y2】 Y1の代表取締役	【違法な業務命令】 本件カルテルは、Y1の了解のもとに行われていたものであるから、Y1の黙示の業務命令に基づくものといえる。しかし、Xは、本件カルテルの違法性を認識しつつ、責任者として本件カルテルに関与し、Y1の取締役としてその業務を執行していたのであるから、Xも本件カルテルの実行者の一人であって、仮にそのことによって何らかの精神的苦痛を受けたとしても、それは自ら招いた結果であるといわざるを得ない。 したがって、違法な業務命令を理由とするXのY1に対する慰謝料請求は排斥を免れない。 【名誉毀損発言】 本件カルテルはY1の了解のもとに行われてきたにもかかわらず、Y2は、Y1の多数の従業員の面前で、本件カルテルは青天の霹靂である、営業の者が勝手にやったことであるとの発言をし、あるいは、本件カルテルは自分の知らないところで一部の社員がしたなど、本件カルテルにY1は全く関与しておらず、Xや他の従業員のみに責任があるかのような発言を行ったのであり、これらの発言は、Xの名誉を侵害する行為であるといわなければならない。そして、Y2の上記発言により、Xが精神的苦痛を受けたことは容易に推認されるところ、上記認定にかかる発言の内容・相手方・回数のほか、X自身も本件カルテルに関与していたこと、その他本件に顕れた諸般の事情を考慮すると、Xの精神的苦痛に対する慰謝料としては60万円が相当。
【X1〜X13】 ・郵便局職員 ・X1は訴訟係属中に定年退職	日本郵政公社	・X1のYに対する慰謝料請求は、X1に対し本件運用細則改定の効力が及ばないことを前提とするものであるが、本件運用細則改定には合理性を認めることができ、当時Yの職員であったX1にもその効力が及ぶものと解するのが相当である本件にあっては、Yが新運用細則に基づいてX1に勤務指定を行ったこと、特例休息及びカット時短を実施しなかったことは、いずれも違法な措置であるということはできない。 ・なお、X1は、本件運用細則改定後も深夜帯勤務の回数は改定前と同程度であり、夜間特別勤務手当の受給金額は増加しており、本件運用細則改定により違法に損害を受けたとまではいうことができない。 ・さらに、本件全証拠を検討するも、X1が本件運用細則改定によって何らかの健康被害を受けたと認めるに足りる的確な証拠は存在しない。
【X1〜X11】 ・バスの運転手 ・X12の組合員（私鉄総連・東急バス労組を脱退後、X12に加入） 【X12】 ・労働組合	バス会社	・バスの運転手も接客を余儀なくされるのであり、そのためには乗客に良い印象を与えるべくマスクの着用を原則として禁止することは、不合理な措置とはいえず、例外として、健康上の理由でやむを得ずマスクを着用する場合には、その着用の必要性を証明するための資料として診断書の提出を求めることも、不合理なものとはいえない。 ・診断書を提出しなかったX6に対してマスクを着用したまま運転業務に従事することを許可しなかった行為は、不法行為又は債務不履行を構成するものでもない。 ・X8は、診断書を提出したものの、それのコピーを取ることも了承しなかったのであるから、これも診断書の不提出と同視することができ、少なくともマスク着用の必要性を証明したものとはいえない。営業所側の

365

		対してした停職1日の懲戒処分が無効であるとして，同処分の無効確認を求めるとともに停職により減額された賃金の支払を求め，(4)X8がYに対し，遅刻による欠勤控除の額が不当であるとしてその分の賃金の支払を求めるとともに，YがX8に対してした譴責の懲戒処分が無効であるとして，同処分の無効確認を求め，(5)X6，X8，X10がそれぞれYに対し，Yが乗務中のマスク着用を拒否したことが違法な権利侵害又は安全配慮義務違反であるとして，不法行為又は債務不履行に基づき慰謝料の支払を求め，(6)X1がYに対し，マスク着用を理由に就労を拒否され賃金を減額されたのは不当であるとして，減額された賃金の支払を求め，(7)X12がYに対し，Yの不当労働行為により組合の組織，活動が侵害されたとして，不法行為に基づき損害賠償200万円の支払を求めた事案（X9以外のXら及びYが控訴）。	①賃金請求 ②損害賠償請求 【X8・X10→Y】 ①賃金請求 ②懲戒処分無効確認 ③損害賠償請求 【X12→Y】 損害賠償請求		
【6】	相生市農協（参事・損害賠償）事件 神戸地裁姫路支部 H20.11.27 労判979-26	融資先への貸付金の回収が不能になったことや，Yが経営する社会福祉法人JAあいおい福祉会が開設準備していた特別養護老人ホームの開設責任者たるXが開設を遅滞させた等の事由を理由として，YがXに対し，減給処分・参事からの降格処分を行い，かつ降格処分に伴って役付手当を支給されなくなり，また賞与も一切支給されなくなったことについて，上記各処分等は，懲戒事由がないのになされた実体的にも無効な処分であり，また労働基準法等の法令やYの就業規則に反してなされた手続的にも無効な処分である等と主張するXが，Yにおける参事の職にあること及び役付手当の支給を受ける地位にあることの確認を求めるとともに，得べかりし給与・賞与・役付手当の支払を求め，さらに，YのXに対する上記各処分や業務命令（窓ふき，掃除，ゴミ焼却の補助等）が違法であり不法行為に該当すると主張して，慰謝料の支払を求めた事案。	①地位確認 ②賃金等請求 ③損害賠償請求	400万円 （内訳） ・懲戒処分：200万円 ・業務命令：200万円	200万円 （内訳） ・懲戒処分：100万円 ・業務命令：100万円
【7】	JR西日本（森ノ宮電車区・日勤教育等）事件 大阪高裁 H21.5.28 労判987-5 大阪地裁 H19.9.19 労判959-120	(1)X1～X3が，Y2及びY3から，必要性のない日勤教育を指定され，いじめや嫌がらせというほかない業務指示を受け，過酷で屈辱的な扱いを受けるなどしたとして，またこれらはX1～X3が組合（X5）に所属し，組合活動を行っていることを嫌悪してなされたものであるから不当労働行為に該当するとして，Y1～Y3に対しては，共同不法行為責任に基づく損害賠償，Y1に対しては，選択的に労働契約上の安全配慮義務違反に基づく損害賠償として慰謝料等を請求し，(2)X4～X6が，Y2及びY3によって，配管工事を理由に組合（X5）の掲示板が移設され，工事終了後も元の位置に戻されないこと及び掲示板に貼り出	・選択的請求 【X1～X3→Y1～Y3】 損害賠償請求（共同不法行為） 【X1～X3→Y1】 損害賠償請求（債務不履行） 【X4～X6→Y1～Y3】 損害賠償請求	選択的請求 【X1～X3→Y1～Y3】 連帯して各200万円 【X1～X3→Y1】 各200万円	【X1→Y1～Y3】 連帯して30万円 （内訳） ・不当労働行為：0円 ・違法な職務命令：30万円 【X2→Y1～Y3】 連帯して40万円

		求めに応じてそのコピーを取らせさえすれば，マスクの着用を許可されたと推認されるし，X8の症状は，点鼻薬や点眼薬を使用すれば，マスクを着用しなくとも乗務できるものであり，現にX10がそのようにして対処した事実に照らせば，O営業所副所長の行為をもって違法な権利侵害又は安全配慮義務違反ということはできない。 ・X10は，診断書を提示したが，この診断書にはマスクの着用が必要とされる期間が記載されておらず，単に「マスクの着用が望ましいと考える。」とのみ記載されていたのであるから，これをもってマスク着用の必要性が証明されたものとはいえず，少なくとも診断書の記載内容からは，その必要性は低いものと考えられ，X10自身もマスクを着用しないと運転ができなかったわけではなく，その後もマスクの着用を申し出たことはなく，マスクを着用しないままで運転していたのであるから，マスクを着用しないままで当日の運転を命じたO営業所の管理者の行為に不法行為又は債務不履行における違法性があったものということはできない。
Yの理事，参事であった者	農業協同組合	【懲戒処分】 ・本件減給処分は労基法及びYの就業規則に明白に反し，それ自体の違法性の程度が重いこと，本件賞与不支給措置についても，Xは主として給与によって生計を立てている労働者と認められるところ，従前年額200万円を超える賞与を受給していたXについて，これを4年に亙って一切支給されなかったという打撃の程度を考慮すれば，この点に関する違法性の程度も重大であって，Xには，単に減給にかかる給与及び賞与の支払いを認容されるのみでは償うことのできない精神的苦痛が生じたと明らかに認められ，Yの上記各処分ないし措置を不法行為として慰謝料の支払いを命じるのが相当である。 ・上記のような違法性の程度，Xの受けた打撃の程度その他諸般の事情を総合考慮すると，慰謝料としては100万円を下らない。 【業務命令】 ・本件職務命令にかかる職務のうち，経済課に配属されたXのなすべき業務は，1項の生産・生活購買品の配達，6項の農作業補助というべきであり，それ以外の事項は，そもそもXの業務といい難いか，これをあえて書面をもって命じるような内容のものとはいい難く，その内容自体が，業務の客観的性質にかかわらず，Xをして屈辱的感情を催すことを余儀なくさせるものであることは明らかであり，本件事案の全体像も併せ考慮すると，本件職務命令は，Xに対して屈辱感を与え，Yから不当に排除し，退職を余儀なくさせようとの主観的意図の下になされたことが容易に推認され，それ自体職務命令権の濫用として，違法であり，不法行為を構成する。 ・本件職務命令を命じられたことによるXの精神的苦痛を慰謝するためには，懲戒処分にかかる慰謝料とは別個に100万円を下回らない。
【X1】 ・Y1の電車運転士 ・X5組合員 【X2・X3】 ・Y1の車両管理係 ・X5組合員 【X4】 ・Y1の車両技術係 ・X5組合員 ・分会書記長 【X5】 Y1の労働組合	【Y1】 旅客鉄道輸送を業とする株式会社 【Y2】 Y1の電車区の首席助役 【Y3】 Y1の電車区区長	【X1】 ・X1に対する措置等が不当労働行為に該当することを認めるに足りる証拠はない。 ・X1に対する措置等のうち，平成15年6月23日からの日勤教育は，口勤教育に指定すること自体は必要性及び相当性が認められ，その間の教育内容も是認できるものが多いが，期間については，不安定なまま長期に過ぎることにより，必要性及び相当性を欠き，違法。 ・日勤教育が指定された期間，その間の指示された業務の内容及び程度のほか，給与や賞与に対する影響や，心身への影響等，本件に現れた一切の事情を総合考慮。 【X2】 ・X2に対する措置等が不当労働行為に該当することを認めるに足りる証拠はない。 ・X2に対する措置等は，平成16年4月30日からの日勤教育

	事件名	事案概要	請求	請求額	認容額
		した掲示物が強制的に撤去されたことは、いずれも不当労働行為に該当し、団結権に基づく組合活動の侵害に当たるとして、Y1〜Y3に対し、共同不法行為責任に基づく損害賠償の連帯支払を請求した事案。			（内訳） ・不当労働行為：0円 ・違法な職務命令：40万円 【X3→Y1〜Y3】 0円
【8】	パナソニックプラズマディスプレイ（パスコ）事件 最高裁第二小法廷 H21.12.18 労判993-5 大阪高裁 H20.4.25 労判960-5 大阪地裁 H19.4.26 労判941-5	プラズマディスプレイパネル（PDP）を製造するYとの間で、雇用期間を有期（平成17年8月22日から平成18年1月31日）、業務内容をPDPパネル製造－リペア作業及び準備作業などの諸業務とする雇用契約につき、雇用期間及び業務内容について異議をとどめて雇用契約書を作成したXが、Yに対して、①Xとの間で締結した雇用契約が期間の定めのない契約であり解雇は無効であると主張して、雇用契約上の権利を有することの確認を、②平成18年3月から毎月25日限り月額24万0773円の賃金の支払を、③PDPのリペア作業を命じられたことは、Xがそれまで従事していた封着工程からの配転命令であるとした上で、同命令が無効であるとしてリペア作業に就労する義務のないことの確認を、④(1)YがXを解雇、雇止めしたことが不法行為にあたるとして300万円の慰謝料の支払を、(2)Yからリペア作業を命じられたこと等が不法行為にあたるとして300万円の慰謝料の支払を、それぞれ求めた事案。	①地位確認 ②賃金請求 ③リペア作業従事義務不存在確認 ④損害賠償請求	600万円 （内訳） ・解雇又は雇止め：300万円 ・業務命令：300万円	90万円 （内訳） ・雇止め：45万円 ・業務命令：45万円
【9】	東京シーエスピー事件 東京地裁 H22.2.2 労判1005-60	駅巡回警備業務に従事するXがYに対し、雇用契約に基づく賃金請求として時間外労働手当等の支払を求めたほか、②契約外の業務（㋐イベント対応業務、㋑車内貫通業務、㋒中野駅での過重な業務負担）に就労することの強要、㋓身元保証人となることの強要、㋔昇給約束の不履行、㋕不当発言等の不法行為に基づく慰謝料の支払を求めた事案。	①（未払）賃金請求 ②損害賠償請求	不明	0円
【10】	新富自動車事件 富山地裁 H15.1.16 労判849-121	Xらが、Yに対し、就業規則の変更によって実施された新賃金体系が無効であることを理由として、雇用契約に基づく、従来の賃金体系による賃金との差額賃金及び未払賞与の支払を求めるとともに、新賃金体系が実施されたことによって精神的苦痛を被ったとして、不法行為による損害賠償請求権に基づき、それぞれ慰謝料等の支払を求めた事案。	【X1〜X3→Y】 ①賃金等請求 ②損害賠償請求	【X1〜X3】 各50万円	【X1〜X3】 0円

第14章　その他

【X6】 X5組合の関西地方本部			について，必要性がないのに日勤教育の指定を受け，日勤教育として不必要な業務に従事させられたという点で違法。 ・日勤教育が指定された期間，その業務の内容及び程度，日勤教育期間中に得られなかった徹夜勤務手当額（9万5605円）やその他給与や賞与に対する影響等，本件に現れた一切の事情を総合考慮。
			【X3】 X3に対する措置等（反省文の作成，除草作業への従事，注意・指導，日勤教育や訓告処分，決定通知書の読み上げ等）は違法とはいえない。
・男性 ・訴外P社に有期雇用（2か月ごとに更新）され，Yの工場での作業に従事していたが，その後Yとの間で直接雇用契約を締結 ・時給1600円	【Y】 パナソニックプラズマディスプレイ株式会社 【P】 ・家庭用電気機械器具の製造業務請負会社 ・取引先の要望に応じて，工場内下請け名目で人材を供給 ・Yと業務請負契約を締結		・XとYとの間の雇用契約は一度も更新されていない上，雇用契約の更新を拒絶する旨のYの意図はその締結前からXに対しても客観的に明らかにされていたということができ，期間の定めのない契約と実質的に異ならない状態で存在していたとはいえないことはもとより，Xにおいてその期間満了後も雇用関係が継続されるものと期待することに合理性が認められる場合にも当たらず，XY間の雇用契約は，平成18年1月31日をもって終了している。 ・Yは平成14年3月以降は行っていなかったリペア作業をあえてXのみに行わせたものであり，このことからすれば，大阪労働局への申告に対する報復等の動機によってXにこれを命じたものと推認するのが相当である。 ・Xの雇止めに至るYの行為も，上記申告以降の事態の推移を全体としてみれば上記申告に起因する不利益な取扱いと評価せざるを得ないから，上記行為がXに対する不法行為に当たる。 ・これらによるXの精神的苦痛に対する慰謝料は各45万円合計90万円をもって相当。
【X1〜X8】 ・男性 ・駅巡回警備業務に従事 ・パート社員	保安警備業務等を目的とする株式会社		・㋐イベント対応業務，㋑電車内の貫通業務，㋒中野駅での業務は，いずれも契約内の業務であるから，これらに従事させられたことをもって契約外の業務を命じられたということはできない，㋓X1，X2がX7の身元保証人となったことについては，Yが強要したものとはいえず，また，身元保証人になったために不利益を被った事実は認められない，㋔昇給約束の不履行については，発言者であるIには，Yを代表して昇給等を決定する権限はないから，仮に昇給の発言があったとしても，Yとの間に昇給等の合意が成立したということはできない，㋕不当発言等については，発言に根拠がないものとはいえず，これを違法行為ということは直ちにはできないものであるか，発言自体を認めるに足りる証拠がないとして，いずれも慰謝料請求を否定。
【X1〜X3】 タクシー運転手	タクシー会社		・労働者が被る不利益の程度をみると，相当な不利益といえるが，減少割合からみて大きな不利益とまではいえない。また，使用者側において，賃金総額を減少させる必要性は高かったといえる。 ・全体的な営業収入が減少している現状においては，一定の修正をすることは許されるものであり，各勤務形態の基本給歩合率の差異が比較的小幅であることを考慮すると，新賃金体系の内容自体に相当性がないとまでは言い難い。 ・Yと組合は，13回もの団体交渉を重ねており，団体交渉において，双方に柔軟な態度が不足していたとはいえるものの，Yが恫喝的な対応に終始したとは認められない。また，現在，過半数を上回る従業員が新賃金体系に異議を述べていない。 ・新賃金体系は，タクシー業界では少ない賃金体系であるといえるが，営業収入に占める乗務員の賃金総額の割合が，同業他社に比べて著しく低いとは認められないから，労働者にとって特に不利益な賃金体系であるとはいえない。 ・以上によれば，代償措置又は一時的な経過措置がとられていないことを考慮しても，新賃金体系については合理的なものであると評価することができる。したがって，新賃金体系は，Xらにも適用される。

【11】	三洋貿易事件 名古屋簡裁 H18.12.13 労判936-61	Yを退職したXが，退職する際，Yとの間で，Yの退職年金規定に基づき10年間の有期年金を受ける契約が成立したが，退職年金規定を廃止して年金基金を分配したYの行為は，債務不履行又は不法行為に当たるとして，Yに対し，損害賠償請求をした事案。	損害賠償請求	55万円	0円
【12】	東武スポーツ（宮の森カントリー倶楽部・労働条件変更）事件 東京高裁 H20.3.25 労判959-61 宇都宮地裁 H19.2.1 労判937-80	Xらは，Yが運営するゴルフ場でキャディ職（X1～X22）あるいは保育士職（X23～X25）として勤務していた者であるが，Yが，キャディ職について，期間の定めのない契約を1年単位の期間雇用に，また，基本給，役職手当，住宅手当，家族手当等の各種手当からなる賃金制度をラウンド給とアフレ手当を中心とした賃金制度に，各変更し，かつ退職金制度も廃止したことから，Yに対し，(1)X1～X17が，Yによる労働条件の不利益変更はXらの承諾を欠き無効であるとして，X1～X17とYとの間に期間の定めのない雇用契約が存在していることの確認を，(2)X1～X19が，変更前の賃金と変更後の賃金との差額分の支払を，(3)X20が，解雇は無効であり退職の意思表示もないとしてX20とYとの間に期間の定めのない雇用契約が存在していることの確認及び雇用契約に基づく賃金の支払を，(4)X21及びX22が，労働条件の不利益変更によって従業員に退職を余儀なくさせたことは違法行為に該当するとして債務不履行又は不法行為に基づく損害（逸失利益，慰謝料）の賠償を請求し，また，(5)X23～X25が，Yが託児所を廃止し，キャディ職の異動という選択肢しか与えなかったため，退職届を提出せざるを得なかったとして，Yに対し，主位的に，解雇は無効であり退職の意思表示もないと主張して，X23らとYとの間に期間の定めのない雇用契約が存在していることの確認及び雇用契約に基づく賃金の支払を，予備的に，退職について違法行為があったと主張して債務不履行又は不法行為に基づく損害賠償請求として，逸失利益，慰謝料等の支払を請求した事案。	【X1～X17→Y】 地位確認 【X1～X19→Y】 賃金請求 【X20→Y】 ①地位確認 ②賃金請求 【X21・X22→Y】 損害賠償請求 【X23～X25→Y】 ・主位的請求 ①地位確認 ②賃金請求 ・予備的請求 ③損害賠償請求	【X1～X19】 各100万円 【X23～X25】 各100万円	【X21・X22】 0円 （原審における認容額） 各100万円 【X23～X25】 0円 （原審における認容額） 各100万円
【13】	宮古島市社会福祉協議会事件 那覇地裁 H20.10.22 労判979-68	旧A社会福祉協議会の介護職員であったXらが，同社会福祉協議会が合併によってYとなった後，一方的に就業規則を不利益に変更され，給与が減額されたとして，Yに対し，従前の給与との差額分の支払並びに慰謝料を請求した事案。	【X1～X9→Y】 ①未払賃金請求 ②損害賠償請求	【X1～X9】 各200万円	【X1～X9】 各10万円

第14章　その他

・男性 ・元従業員 ・早期退職者援助制度を利用して退職後，適格退職年金を受給	ゴム，化学品，機械・生活産業，自動車用内装部品，科学機器等を扱う商社	・退職年金規定は就業規則としての性質を有するものであるから，退職者には就業規則の適用が考えられない以上，その規定の改廃の効果は当然には退職者に及ばないが，退職時に規定自体に改廃権が留保されている場合は，その規定の適用の結果，原則として，改廃の効果は退職者にも及ぶものと解されるところ，X退職時の退職年金規定には，規定の改廃についての定めがあり，Yの改廃権が留保されていたことから，原則として，改廃の効果が退職者にも及ぶ。 ・しかし，従業員でない退職者に事前に意見を述べる機会が保証されていないような場合には，退職者にとって有利不利を問わず，一律にすべての改廃の効果が及ぶとすることは相当でなく，改廃権の行使は合理的な範囲に限定されるべきところ，本件改廃等は改廃権の合理的範囲内の行使と認められる。 ・本件廃止は適法に行われており，Xに対する年金基金の分配も相当である。本件廃止等に関し，Yの債務不履行または不法行為の責任は認められない。
【X1〜X22】 ・女性 ・キャディ職として勤務 ・Xら（X20を除く）は，労働条件変更後も勤務を継続（X18，X19，X21，X22は後に退職） ・X20は，労働条件変更に係る契約書未提出のため，Yにより解職 【X23〜X25】 ・女性 ・ゴルフ場の託児所で保育士として勤務（労働条件変更に伴い退職）	ゴルフ場，スポーツクラブの経営を行う株式会社	【X21・X22】 ・新給与規程による労働条件の変更は，その全体について，Xらキャディ職従業員が受忍すべきであるとするまでの経営上の高度の必要性があるとは認めがたく，その手続を含めて合理的であるともいいがたいから，新給与規程はXらキャディ職従業員との関係において，雇用契約上の法的規範としての効力がないといわざるを得ない。 ・賃金の減額の程度が一般的に退職を余儀なくさせるほどの賃金の減額であるとは認められないこと，X21，X22には他に退職の大きな動機が認められることから，賃金の減額が退職の決定的な理由とはいえないから，賃金減額がX21らを退職に追い込んだことを前提とする債務不履行及び不法行為に基づく損害賠償は認められない。 【X23〜X25】 Yの託児所はキャディ職従業員の獲得を目的として設置されたものであるが，キャディ職従業員の子が成長する等したことからその存在意義を失ったもので，託児所の廃止は経営上の必要性があり合理性を有すること，保育士としての雇用契約を締結したX23らに事務職業への就労を求める権利が当然にあるわけではないことを考えると，キャディ職への転換のみを認めるとのYの決定は代償措置の提案として社会的相当性を欠いているとまでは認められず，Yがキャディ職への転換を受け入れないX23らに対して，退職届の提出を促したことが社会的相当性を逸脱したものと評価することはできず，Yにおいて退職を強要する意図で行った措置であると認めることもできないから，債務不履行及び不法行為に基づく損害賠償は認められない。
【X1〜X9】 ・介護職員（正規職員） ・合併により，旧A社会福祉協議会からYの職員となった	・社会福祉法人 ・市町村の合併に伴い，5つの社会福祉協議会（旧A社会福祉協議会を含む。）が合併して発足	・本件就業規則の変更は，Xら労働者に対して少なからぬ不利益を与えるものであり，かつ，Yにおける変更の必要性も十分には認められず，手続的にも極めて不十分なものであるから，変更に同意しないXらに対して，変更を法的受忍させることもやむを得ない程度の高度の必要性に基づいた合理的な内容のものであるということはできない。 ・給与の減額という財産的損害に起因する精神的苦痛については填補がなされることにより，損害が回復され，それを超えてなお精神的苦痛に対する慰謝料を認めることはできない。 ・Yの基本的姿勢は，現在に至るまで，本件就業規則変更の合理的必要性についての検討が不十分であることを棚に上げて，給与の平準化に応じないXらを組織の調和を乱す者であるかのように非難するものであって，給与の平準化との理由

	事件名・裁判所	事案の概要	請求内容	請求額	認容額
【14】	アルプス電気事件 仙台高裁 H21.6.25 労判992-70 盛岡地裁 H20.9.2 労判992-81	Yの社員で住居の変更を伴う異動に応じたXが、Yの就業規則では住居の変更を伴う異動があった場合には別居手当、単身赴任用社宅費、留守宅帰宅旅費(以下「本件手当」)を支給する定めになっているにもかかわらず、その後変更された就業規則により、異動後2年を経過した平成16年4月分以降、本件手当の支給が打ち切られたことを違法として、Yに対し、不法行為に基づく損害賠償請求権として、平成16年4月分から平成18年2月分までの本件手当相当額約231万円を経済的損害とし、これに慰謝料120万円を加えた損害の賠償を求めた事案。	損害賠償請求	120万円	0円
【15】	技術翻訳事件 東京地裁 H23.5.17 労判1033-42	XがYに対し、①平成21年6月分以降の賃金減額は無効であるとして減額分の賃金の支払を、②Xの退職は会社都合退職であるとして、自己都合として支払われた退職金との差額の支払を、③Yにより、平成21年6月以降の賃金を一方的に切り下げられ、さらに同年9月以降は更に労働条件を切り下げることを労働条件通知書で通告され、退職を余儀なくさせたことは不法行為に該当するとして慰謝料支払を請求した事案。	①賃金請求 ②退職金請求 ③損害賠償請求	200万円	0円
【16】	東京都(警察学校・警察病院HIV検査)事件 東京地裁 H15.5.28 労判852-11	警視庁警察官採用試験に合格し、警視庁警察学校への入校手続を終了して警視庁警察官に任用されたXが、Y1に対し、同警察学校が任用後Xに無断でHIV抗体検査を行い、この検査結果が陽性であったXに事実上辞職を強要した等の行為が違法であるとして、主位的には国家賠償法1条1項に基づき、予備的には民法709条、710条に基づき、1177万円(慰謝料1000万円、弁護士費用177万円)の損害賠償を求めるとともに、警察学校から依頼を受けてHIV抗体検査を実施した東京警察病院を運営するY2に対し、検査が本人の意思に基づくことを確認せず、本人の同意を得ずに検査結果を警察学校に通知した等の行為が違法であるとして、民法709条、710条に基づき、上記と同額の損害賠償を求めた事案。	【X→Y1】 ・主位的請求 損害賠償請求 (国賠1条1項) ・予備的請求 損害賠償請求 (民709・710) 【X→Y2】 損害賠償請求	【Y1】 1000万円 【Y2】 1000万円	【Y1】 300万円 【Y2】 100万円

第14章　その他

			で本件就業規則の変更を正当化することはできないことや，Xらが，これまでも，現在も介護事業に誠実に従事していると認められる点を考慮すれば，このような行き過ぎた非難及びこのような認識に基づく本件就業規則の変更は，Xらに精神的苦痛を与える不法行為といわざるを得ず，これに対する慰謝料としては，Xら1人につき10万円が相当。
・男性 ・正社員（平成18年3月15日定年退職） ・工場でのライン作業に従事（実務職） ・別居手当3万円，単身赴任用社宅費約3万円，留守宅帰宅旅費約5万円が毎月支給されていた	電子機器製造等を業とする株式会社		・変更された就業規則の規定について，Xのような住居の変更を伴う異動を命じられた実務職群に属する社員等に対して転勤を命じた場合に適用はないと限定解釈し，本件手当の支給打切りの根拠はないとした。 ・「念のため」として本件就業規則変更の合理性につき検討し，本件就業規則変更は，不利益を労働者に法的に受忍させることを許容することができるだけの高度の必要性に基づいた合理的な内容のものとはいい難いとした。 ・本件支給打切りにより，Xが平成16年4月分以降，退職までの間に得ることができるはずであった本件手当相当額合計231万3378円について損害を認定。 ・賃金・手当にかかる請求権が侵害された場合には，その経済的利益の性質にかんがみ，その相当額の賠償を認めれば，特段の事情がない限り，損害は填補されるものというべきところ，本件においては，YがXに対する退職強要を目的として本件支給打切りに及んだとまでは認め難く，他に上記特段の事情は認め難いとして，慰謝料請求につき否定。
・男性（退職時50代後半） ・Yの制作部で翻訳物の手配，編集等を担当	・翻訳，印刷及びその企画，制作等を行う株式会社 ・従業員11名		・人件費の抑制を目指した労働条件の切下げ自体は，当事者の合意に基づくなど適法な方法で行われる限りは，許容されるというべきであるし，労働条件の切下げを労働者に提案する行為についても，その方法，態様が適法なものである限り，労働者に対する不法行為に該当しない。 ・YからXに交付されたXの労働条件を不利益に変更する内容の労働条件通知書は，そこで示された労働条件のいずれにも同意しないという選択を労働者に許容しないようにも読めるという点において，いささか穏当を欠く点もないではないが，詐欺的あるいは脅迫的な言辞は格別見当たらず，労働条件切下げの申入れの方法，態様において社会通念を逸脱したものとまでは認められない。 ・実際，Xは，自ら労働法に関する知識を習得することによって，本件雇用条件通告において示された契約内容の変更に同意しなければならない義務は必ずしも存しないことを明確に理解した上で，当該雇用条件の変更に承諾できない旨をYに回答している。 ・本件雇用条件通告による労働条件変更の申込みの方法，態様が，不法行為を構成するとまでは認められない。
・警視庁警察官 ・採用試験に合格し警察学校への入校手続を完了して警察官に採用された	【Y1】 東京都 【Y2】 東京警察病院を運営する財団法人自警会		【Y1】 ・警察学校がXに対し2回にわたって実施した本件HIV抗体検査は，本人の同意なしに行われたというにとどまらず，その合理的必要性も認められないのであって，Xのプライバシーを侵害する違法な行為といわざるを得ない。 ・A本部長のXに対する辞職勧奨行為は，そもそもXに対し行われたHIV抗体検査が違法であることと相まって，違法な公権力の行使というべきである。 【Y2】 ・警察病院は，本件HIV抗体検査を行うにあたり，実施及び結果通知に関し，本人の同意の有無の確認等を一切行わず，上記医療機関に求められるべき留意事項に顧慮することもなく，警視庁に依頼されるまま漫然と検査を実施し，その結果を伝えたものであるから，この警察病院職員の行為は，故意または少なくとも重大な過失により，Xのプライバシーを侵害する違法な行為に該当し，不法行為に該当する。 ・Yらの各違法行為によりXが多大な精神的苦痛を被ったことは容易に想像することができる。とりわけ，Y1においては，Xの採用にあたってHIV抗体検査を行う客観的かつ合理的必要性も存しないのに，かつ本人の同意も得ずに検査を実施し，Xのプライバシー権を侵害したうえ，Xに退職を余儀なくさせたという点でその責任は重大であり，Xの損害を填補する慰謝料の額としては，Y1について300万円，Y2について100万円をもって相当。

【17】	B金融公庫（B型肝炎ウイルス感染検査）事件 東京地裁 H15.6.20 労判854-5	Yに雇用されるため採用選考に応募したXが，Yに対し，(1)Yによる不採用の通知は，XがB型肝炎ウイルスに感染していることのみを理由とする不合理な内定の取消又は内々定取消であり，これにより雇用契約上の権利又は雇用される期待権を侵害され精神的苦痛を被ったとして不法行為に基づく損害賠償（1000万円），(2)YがXに無断でB型肝炎ウイルス感染を判定する検査を受けさせた行為により精神的苦痛を被ったとして不法行為に基づく損害賠償（250万円），及び，(3)YがXに無断でB型肝炎ウイルス感染を判定する等の精密検査を受けさせた等により精神的苦痛を被ったとして不法行為に基づく損害賠償（250万円）の支払をそれぞれ求めた事案。	損害賠償請求	1500万円 （内訳） ・内定取消：1000万円 ・ウイルス検査：250万円 ・精密検査：250万円	150万円 （内訳） ・内定取消：0円 ・ウイルス検査：100万円 ・精密検査：50万円
【18】	JR東海大阪第一車両所事件 大阪地裁 H16.9.29 労判884-38	Y1及びその関連事業に雇用されている者により組織されたX2組合，X3地方本部，X4分会が，Y2がX1が落としたノートの内容を読み，その写しを作成してY1の関西支社管理部に届け，その記載内容についてX1を含むX4分会の構成員に対し事情聴取を行い，X2らを誹謗中傷し，脱退を迫るような発言をしたことは不当な支配介入であり不法行為に当たるとして，また，X1が，Y2による前記行為はX1のプライバシー権ないし人格権を侵害するもので不法行為に当たるとして，それぞれ損害の賠償を求めた事案。	【X1→Y1・Y2】 損害賠償請求 【X2～X4→Y1・Y2】 損害賠償請求	【X1→Y1・Y2】 連帯して500万円	【X1→Y1・Y2】 連帯して30万円
【19】	新日本交通ほか事件 大阪地裁 H21.10.16 労判1001-66	Xが，①Yが，Xに無断で，Xの個人情報（携帯電話番号）を第三者（タクシー乗客）に伝えた行為（本件情報提供行為）によって，当該第三者から直接，繰り返しクレームの電話を架けられるという嫌がらせを受け，精神的苦痛を被ったとして，民法709条に基づいて，損害賠償（慰謝料）を請求するとともに，②Xと第三者との交通事故に関し，XとYは，Yが	①損害賠償請求（民709） ・選択的請求 ②-1受領金支払請求 ②-2損害賠償請求（民415） ③（未払）賃	300万円	30万円

374

第14章　その他

・男性 ・大学生	金融機関		【内定取消】 6月1日の段階では，YはXに内定の予告をしたものの，実質的な採用選考として健康診査が残されていたこと，6月2日以降においても，再検査，再々検査，精密検査を受検させており，雇用契約の成立（採用内定）の期待が高まったとは評価できないから，6月2日以降においても，雇用契約の成立が確実であると相互に期待すべき段階に至ったということはできないことから，Yが，7月29日，Xに不採用を告げ，9月30日にもその旨告げたこと（本件不採用）は，不法行為には該当しない。
			【ウイルス検査】 ・金融機関たるYの業務では，応募者の能力や適正を判断するためにB型肝炎ウイルス感染の有無を検査する必要性は乏しく，B型肝炎ウイルスについて調査すべき特段の事情はなく，Xの同意も得られていない以上，本件ウイルス検査は，Xのプライバシー権を侵害する。 ・ただし，Xは，採用内定したとも，採用内定（雇用契約締結）に向けての合理的な期待が生じたともいえないこと，XはB型肝炎ウイルスのキャリアであることのみを理由として不採用となったとは認めることはできないことを総合考慮し，慰謝料としては，100万円が相当。
			【精密検査】 ・調査の目的や必要性について何らの説明もなく，本人の同意も得ることなく，YがXにウイルス感染，ウイルス量，感染力等についての精密検査を受検させた行為は，本人の同意なくB型肝炎ウイルスに関する病状を調査するものであるから，Xのプライバシー権を侵害するものとして違法である。 ・他方，Y職員に対する本件精密検査の結果の説明は，Xの同意を得て行われていること，Xは採用内定していたとはいえず，また，採用内定（雇用契約締結）についての合理的な期待が生じていたとはいえないことを総合考慮し，慰謝料としては，50万円が相当。
【X1】 ・男性 ・Y1の車両技術係として座席周りの清掃作業などに従事 ・X2の組合員，X4の副分会長 【X2】 労働組合 【X3】 X2の関西地方本部 【X4】 X2の分会	【Y1】 東海旅客鉄道株式会社 【Y2】 Y1の新幹線鉄道事業本部関西支社大阪第一車両所の助役兼総務科長		・本件ノートの本件怠業行為の存在やXらの関与の各可能性が看取できる記載部分に限れば，Y2が，それを証拠化するとともに事後の事実調査に用いる目的の下で，その写しを作成して関西支社に届けた行為は違法とはいえない。 ・しかし，本件ノートには，XがX2組合員らとした話の内容のほか，Xの私事や思想信条に関することなど所有者のプライバシーに関する記載がされているのであるから，前記目的が正当であるからといって，本件ノートの前記プライバシーに関する記載部分までを含めてすべてのページについて写しを作成し，関西支社に届けることが正当化されるものではないし，本件怠業による実害としては次の仕業検査を行うまでの手待時間が短くなり，その間に行える作業が少なくなるという程度にとどまることをも考慮すると，Y2の前記行為は，その方法の点で社会的にみて相当ということができず，X1のプライバシーを侵害するものとして違法である。 ・Y2の行為の目的自体には正当性があること，本件ノートにはX2らが関与して怠業行為が行われていることを疑わせる記載が認められる上，X1は，ノートを遺失直後に，作業に遅刻するのも覚悟して上司の許可を得ることなく遺失場所までシャトルバスで戻って自ら捜索しているにもかかわらず，Y1に対しては何らの問い合わせもせず，本件ノートの記載内容についての事情聴取にも一切応じていないことを併せ考慮し，X1を含めX2組合らにおいて仕業検査を故意に遅延させていた蓋然性が高いことをも勘案すると，慰謝料としては30万円が相当。
・男性 ・タクシー乗務員	タクシー会社		Yの本件情報提供行為は，違法な行為であり，同行為によって，本件女性客は，Xの携帯電話に電話を架けてきて，Xが，しつこいから止めて欲しいと言ったにもかかわらず，その後も，繰り返しXに対して電話を架け，「納得がいかない」，「謝りに来るんかい」などと言ったこと，このような本件女性客のクレームの電話によってXは，精神的な苦痛を被ったことがそれぞれ認められるが，他方で，Xは，本件女性客あるいは知人と名乗る男性からの電話に多くても3回は出て話をしたが，その後は，着信した電話番号により本件女性客等からの

		同交通事故の相手方との事故処理に関する交渉において，相手方から車両修理費等に係る損害賠償金の支払を受ければ，Xに支払う旨，同交通事故の処理内容についてXの了解を得る旨合意したにもかかわらず，Yの事故処理担当者は，Xの了解を得ることなく，相手方との間で，お互いの損害を自己負担とする旨合意したことから，民法646条に基づく受領金員支払請求権あるいは委任契約上の約定違反による損害賠償請求権に基づいて，上記損害賠償金相当額の支払を請求し，さらに，③XとYの間においては，賃金の支払に当たって，経費も含めた一括支払の方法に関する合意がなされていたにもかかわらず，Yは，平成19年10月25日支払の賃金に関し，Xの了解を得ることなく，上記合意に反して，当月分の経費を差し引いて支払ったとして，同金員の支払を請求した事案。	金請求		
【20】	JAL労組ほか（プライバシー侵害）事件 東京地裁 H22.10.28 労判1017-14	Y1の客室乗務員又は元客室乗務員であるXらが，多数派組合であるY2組合がY1と一体となってXらを含むY1の客室乗務員の職場内外にわたるプライバシーに係わる個人情報を収集してこれをデータ化した電子ファイルを作成，保管，使用したことによってプライバシー権等が侵害されたとして，Y2組合及びその客乗支部の委員長に就任していたときに本件ファイル作成等にかかわったY3～Y7に対し，不法行為に基づく損害賠償として，連帯してXら各人につき23万円（慰謝料21万円及び弁護士費用2万円）の支払を求めた事案。 ・当初の請求額は22万円（慰謝料20万円及び弁護士費用2万円）であったが，第1回口頭弁論においてY1が請求を認諾し，全額を支払ったため，Y1に関する訴訟は終了し，その後Xらは他のYらに慰謝料の請求を1万円増額する請求拡張を行った。	【X1～X193→Y1～Y7】損害賠償請求	【X1～X193→Y1～Y7】連帯して各21万円	【X1～X193→Y1～Y7】連帯して各21万円 ※Y1が当初の請求を認諾したため，主文料としては慰謝料1万円の認容。
【21】	HSBCサービシーズ・ジャパン・リミテッド（賃金等請求）事件 東京地裁 H23.12.27 労判1044-5	Yの従業員として勤務したXが，Yに対し，①未払残業代の支払，②YがXを解雇したことに伴い，Xに係る企業型確定拠出年金の個人別管理資産の口座からYが返還を受けた金員の返金，及び③YがXを相手方として，XがYに対し雇用契約上の権利を有する地位にないことの確認を求めて申し立てた，別件の労働審判申立事件においてX代理人が誤ってXの住所を記載した申立書の誤送によってXに生じた損害の賠償を求めた事案。	①（未払）賃金請求 ②企業型確定拠出年金の積立金返還請求 ③損害賠償請求	40万円	0円
【22】	東起業事件 東京地裁 H24.5.31 労判1056-19	XがYに対し，①預託金返還請求権に基づき，預託した約6284万円の支払を求めるとともに，②(ア)XがA社千葉支店の経理担当部長にY内部の会議の議事録を見せたことなどを懲戒事由とする平成18年6月28日付け月額3万円の減給の懲戒処分並びにその前後にY代表者C及びY取締役BがXに対して執拗に謝罪文の提出を要求したことが不法行為を構成するとして慰謝料，(イ)嫌がらせ目的でXの勤務場所であるY千葉支店の事務室内に監視カメラを設置し，業務用にXに貸	①預託金返還請求 ②損害賠償請求 ③賃金・賞与・手当・退職金請求 ④立替金返還請求 ⑤不当利得返還請求	1000万円 （内訳） ・懲戒（減給）処分：300万円 ・カメラによる監視，居場所確認，行動予定の入力指示：700万円	10万円 （内訳） ・懲戒（減給）処分：0円 ・居場所確認：10万円

			電話であるとわかるとすぐに電話を切り，本件女性客等と具体的なやりとりはしていないこと，Xが警察に相談をした結果，本件女性客からの連絡は止まったこと，YのD社長は，Xに対し，書面及び口頭で謝罪したこと，Y職員らは，本件女性客及び同伴した男性から執拗にXの情報を開示するように求められ，提供しなければ，その場から立ち去ることが許されない状況にあったことが窺われるなどYにも一定の事情が認められること，Xには本件情報提供行為によって特段財産的な損害が発生したと認めるに足りる証拠は認められないこと等諸般の事情を総合的に勘案。
【X1～X193】 ・Y1の現・元客室乗務員 ・Y2の組合員またはY2と合併した客乗組合の元組合員	【Y1】 JAL 【Y2】 労働組合 【Y3～Y7】 Y2の元役員		・Yらによる本件ファイル作成等により，Xらは，不快，不安，不信，驚き，嫌悪，怒り等の精神的苦痛を被った。 ・本件ファイルは，約10年間にわたって，Xらに秘密裏に作成等されているのみり，個人情報保護法の施行後も，それ以前と何ら変わることなく作成等が継続された。 ・Yらの本件Xら各情報の収集態様は，公式には収集することができないことを認識しながら，Y1の社員に依頼，要請をして，非公式に収集し，また，職場の内外を問わず，日々のXらの活動等をY2の組合員等から収集したなどというものであり，その問題性は決して小さいものではない。 ・本件ファイルは，多数の個人情報（①社員番号，氏名，生年月日，性別，住所及び電話番号等の個人識別情報に当たる情報，②人事考課に関する情報，③組合活動に関する情報，④人物評価に係る情報，⑤家族関係，病歴，思想・信条《センシティブ情報》，⑥その他の情報）を記録するものであるにもかかわらず，その保管，取扱いにおいて不適切なものであり，第三者への流出の具体的危険性が存在していた。 ・上記諸事情にかんがみると，Y2が本件発覚後にXらを含む客室乗務員に対し，謝罪文を交付し，その後，本件ファイル作成等について調査を実施して調査結果を公表するとともに，再発防止策を講じたことなどを考慮しても，Xらの精神的苦痛を慰謝するための金額としては，各21万円を下るものとはいえない。
・女性 ・正社員（3か月の試用期間満了時に本採用拒否された） ・Y入社後，HSBC東京支店に在籍出向（個人金融サービス本部に勤務） ・年俸1250万円	・バハマ国法を準拠法として設立された外国法人 ・HSBC（香港上海銀行）東京支店等の関連会社から受託した業務を行う		別件労働審判申立事件において，当初，Yが裁判所に提出した申立書には，相手方であるXの住所地について誤記があったため，普通郵便によりXに宛てて送付された同申立書はXに届かず，行方不明となってしまった事実が認められ，さらに，同申立書に係る郵便物が第三者の手によって開封された可能性も否定できないが，Yの住所に関する誤記は，Xの住所の一部が脱落するというものであって，代理人弁護士が申立書を作成する段階で過失により書き落としたものであると見られるところ，弁護士の業務の独立性からみると，依頼者であるYと受任者である代理人弁護士との間に使用従属関係を認めることはできないから，代理人弁護士の過失に基づく損害について，依頼者であるYが不法行為責任を負うと解する余地はない。
・男性 ・Y千葉支店長（定年退職済）	土木建築その他工事の調査，測量，企画，設計，施工，監理，技術指導の請負及び受託等を目的とする株式会社		【懲戒（減給）処分】 ・本件減給処分は有効。 ・本件減給処分の解除時期を検討するために，Xの反省の程度を示す反省文の提出を求めることは，もとより正当。 【カメラによる監視，居場所確認，行動予定の入力指示】 ・Y千葉支店の周囲の状況や職員構成から事務所内にカメラを設置する防犯上の必要性・合理性があったこと，事務所内のカメラは事務所内全体を俯瞰するものでXの座席を撮影するものでないことからプライバシー侵害にはならない。 ・本件ナビシステムによる居場所確認は，X以外の複数の従業員についても使用されていることに照らせば，その勤務状

		与した携帯電話を強引にナビ機能に接続させ，休日，早朝，深夜を問わずＸの居場所を確認し，パソコンに行動予定を詳細に入力するように指示するなどしたＣ又はＢの一連の行為がＸのプライバシーの侵害又はＸに対するパワーハラスメントであり不法行為を構成するとして慰謝料，③ＸＹ間の労働契約に基づき，㋐②の不当な懲戒処分によって減額された給与合計60万円，㋑不当な懲戒処分によって減額された賞与合計約211万円，㋒未払の資格手当及び役付手当の合計約242万円，㋓未払退職金約2016万円の合計2530万円，④立替金返還請求権に基づき，Ｘが立て替えた業務費用約5万円，⑤ＹのＸに対する貸付金への弁済金から約定利率以上の利率の利息を控除したとして，不当利得返還請求権に基づき約330万円の支払を求めた事案。			
【23】	京都簡易保険事務センター（嫌煙権）事件 京都地裁 H15.1.21 労判852-38	■甲事件，乙事件 Ｘらは，いずれも郵政事業庁（旧郵政省）の職員であって，京都簡易保険事務センターに勤務しているところ，同センターの庁舎内における受動喫煙によって損害を被っているとして，Ｙに対し，主位的には安全配慮義務，予備的には人格権である嫌煙権（Ｘ1は，更に予備的に不法行為）に基づいて，同センターの庁舎内部を禁煙とすることを求めるとともに，主位的には安全配慮義務違反，予備的には不法行為に基づく損害賠償請求として，損害賠償金（Ｘ1は80万円，Ｘ2は100万円）の支払をそれぞれ求めた事案。 ■丙事件 Ｘ1は，同センターの庁舎玄関前においてビラ配布を実施しようとしたところ，Ｙの管理職らによって，これを不当に妨害されたことにより精神的苦痛を被ったとして，Ｙに対し，不法行為に基づく損害賠償請求として，50万円の支払を求めた事案。	■甲事件，乙事件 【Ｘ1・Ｘ2→Ｙ】 ①禁煙措置請求 ②損害賠償請求 ■丙事件 【Ｘ1→Ｙ】 損害賠償請求	■甲事件，乙事件 【Ｘ1】 50万円 【Ｘ2】 100万円 ■丙事件 【Ｘ1】 50万円	■甲事件，乙事件 【Ｘ1】 0円 【Ｘ2】 0円 ■丙事件 【Ｘ1】 0円
【24】	江戸川区（受動喫煙損害賠償）事件 東京地裁 H16.7.12 労判878-5	Ｘ（江戸川区職員）が，Ｙ（江戸川区）に対し，Ｙが，Ｘを受動喫煙下に置かないように，職場を完全に禁煙にするか又は喫煙場所を区画して換気系統を別にする必要があったにもかかわらず，これを怠り，Ｘを受動喫煙下に置いて健康被害等を与えたとして，主位的には，安全配慮義務違反の債務不履行に基づき，予備的には，不法行為又は国家賠償法1条1項に基づき，医療費及び慰謝料の一部である31万5650円の損害賠償を求めた事案。	損害賠償請求	30万8000円	5万円
【25】	JR西日本（受動喫煙）事件 大阪地裁 H16.12.22 労判889-35	Ｙの従業員であるＸらが，Ｙの分煙対策が不十分なため，受動喫煙によってストレスを感じ，がん等重篤な疾患等に罹患する危険性にさらされているとして，人格権に基づく妨害排除・予防請求権又は雇用契約に基づく安全配慮義務履行請求権に基づき，Ｘらが指定する各施設を禁煙室とすることを求めるとともに，不法行為又は安全配慮義務違反に基づき精神的苦痛に対する慰謝料の支払を請求した事案。	【Ｘ1・Ｘ2→Ｙ】 ①禁煙室設置請求 ②損害賠償請求	【Ｘ1・Ｘ2】 各500万円	【Ｘ1・Ｘ2】 0円

第14章　その他

		況を把握し，緊急連絡や事故時の対応のために居場所を確認するためというY主張の目的が認められ，その目的には相応の合理性もあり，Xの労務提供が義務付けられる勤務時間帯及びその前後の時間帯において，Xの勤務状況を確認することは違法ではないが，それ以外の時間帯，期間において居場所を確認することは違法である。 ・行動予定をシステム管理するためにパソコンに入力するように指示することは正当であるし，Xのみならず関係従業員すべてに対する指示であるから，その回数が多数回にわたったからといって，そのことのみから直ちに違法となるものではない。 ・Bの行動態様，本件ナビシステムの使用回数（早朝，深夜の時間帯に4回，休日に4回，及び退職後に9回にわたり，Xの居場所確認をしている。）等本件に現れた全事情を総合考慮して慰謝料を算定。
【X1・X2】 ・男性 ・郵政事業庁の職員	国	■甲事件，乙事件 受動喫煙による健康被害も，一般的・統計的な危険性であって，環境中たばこ煙に暴露される者に，暴露時間・暴露量等にかかわらず現実的な危険性が生じるというものではなく，喫煙は社会的に許容されており職場以外でも暴露の可能性はあり得るし，快適職場指針やガイドラインでの受動喫煙対策の主流は空間分煙であること等を考慮すると，空間的分煙を図っているYに安全配慮義務違反は認められない。 ■丙事件 ビラの配布を中止するように求めた行為は，庁舎管理の規定に基づいたものであり，暴力を行使するなどの相当な範囲を逸脱したものではないため不法行為を構成しない。
江戸川区職員	江戸川区	Xが，平成8年1月12日に，受動喫煙による急性障害が疑われ，症状等より，今後，同様の環境下では健康状態の悪化が予想されるので，非喫煙環境下での就業が望まれることなどが記載された診断書から，配慮を求めたのであるから，Yは，Xを受動喫煙環境下に置くことによりその健康状態の悪化を招くことがないよう速やかに必要な措置を講ずるべきであったにもかかわらず，同年4月1日にXをその希望に沿って異動させるまでの間，特段の措置を講ずることなく放置し，その間，Xにおいて眼の痛み，のどの痛み，頭痛等が継続していたというのであり，かかる義務違反の態様に加え，これによりXの被った精神的肉体的苦痛の内容，程度，期間等諸般の事情にかんがみれば，慰謝料金額としては5万円をもって相当。
【X1】 ・男性 ・車掌 【X2】 ・男性 ・元車掌	西日本旅客鉄道株式会社	・YがXらとの関係で安全配慮義務の一内容として，本件各施設を禁煙室とすべき義務，すなわちXらの受動喫煙を完全に防止するに足りる分煙措置を講じるべき作為義務を負っているとはいえない。 ・YがXらとの関係で安全配慮義務の一内容として，前記のような作為義務を負っているということはできないから，YがXらの健康等の利益に対して違法な侵害行為を行っているとは認められない。 ・健康増進法25条は，その文言上，努力義務を定めたにすぎないことが明らかであって，YのXらに対する安全配慮義務の内容を判断するに当たって考慮されるべき重要な事実ではあるが，それのみで作為義務を直接根拠づけることはできない。

379

【26】	ライトスタッフ事件 東京地裁 H24.8.23 労判1061-28	試用期間中にYを解雇（勤務成績不良，社員として不適格を理由とする普通解雇）されたXが，当該解雇は無効であるとして，雇用契約に基づき，①地位確認，②未払賃金等の支払いを求めたほか，③受動喫煙に関する安全配慮義務に基づき，Y社内を禁煙又は分煙にすることを求め，あわせて，④Yが受動喫煙を放置し続けた結果，Xは受動喫煙による急性症状に苦しむようになり，「タバコ不耐症」との診断を受け，多額の治療費の出費を余儀なくされたばかりか，多大な肉体的・精神的苦痛を受けたとして，安全配慮義務違反（分煙義務違反）に基づき，賠償金の一部として100万円の支払い，及びYが職場の受動喫煙状況に苦しむXに対して，突然，退職勧奨，無給の休業命令，本件解雇を断行したことにより，Xは生活の手段を奪われ，本件解雇は不法行為にあたるとして，不法行為に基づき，Xの精神的損害及び弁護士費用について，賠償金の一部として50万円の支払いを求めた事案。	①地位確認 ②賃金請求 ③禁煙・分煙措置請求 ④損害賠償請求	150万円 （内訳） ・分煙義務違反：100万円 ・解雇：50万円（弁護士費用含む）	0円
【27】	桜花学園名古屋短大事件 名古屋地裁 H15.2.18 労判848-15	Y1経営の短期大学で非常勤講師として1年毎に契約を更新し勤務していたXらが，委嘱停止が無効であると主張して，Y1との間であるいはY1に対し，①労働契約上の地位の確認，②委嘱停止後の給与の支払，③同委嘱停止による不法行為に基づく損害賠償を請求し，X2が，仮処分事件においてY2が作成し，疎明として提出した陳述書の「学生がX2から叩かれたとも述べたという記憶がある」旨の記載は虚偽であり，少なくとも真実を確かめなかった過失があり，X2の名誉を毀損すると主張して，Y2に対し損害賠償を求めた事案。	【X1～X3→Y1】 ①地位確認 ②賃金請求 ③損害賠償請求 【X2→Y2】 損害賠償請求	【X1～X3→Y1】 各200万円 【X2→Y2】 10万円	【X1～X3→Y1】 0円 【X2→Y2】 0円
【28】	東京女子医科大学（退職強要）事件 東京地裁 H15.7.15 労判865-57	25年間にわたってY1医学部の助教授であったXが，Y1及びY2に対して，Y1の歴代の主任教授ら（Y2は平成10年以降の主任教授）による退職強要行為により退職を余儀なくされたと主張し，債務不履行（職場整備義務違反）または不法行為に基づく損害賠償請求を，並びにY1に対して，不当な差別意思によりXの教授昇格を阻んだと主張して，不法行為又は債務不履行に基づく損害賠償請求を行った事案。	【X→Y1・Y2】 損害賠償請求	【Y1・Y2】 連帯して3000万円 （名誉毀損，退職強要） 【Y1】 1000万円 （教授昇格差別）	【Y1・Y2】 連帯して400万円 （名誉毀損・退職勧奨） 【Y1】 0円（教授昇格差別）

第14章　その他

・男性（解雇当時33歳） ・正社員（中途採用） ・保険営業マン ・試用期間中に解雇 ・月給20万円	・生命保険の募集に関する業務及び損害保険の代理業等を業とする株式会社 ・資本金1160万円	【分煙義務違反】 Yの事務室はそれなりの広さがある上、天井の2か所に換気扇が付設され、室内の3か所に空気清浄機が設置されていたこと、XとY代表者は就業時間中常に一緒にY事務室にいたわけではなく、同室している時間はそれほど多くはなかったと推認されること、またYにおいてもXの体調不良を受け、できるだけ喫煙はベランダに出て行うようにするなど一定の範囲で分煙の意識が生じていたこと、Xは保険営業マンであって、勤務場所以外においても受動喫煙の危険に曝されている可能性があると考えられることなどからすると、Xの体調不良とY事務室内における受動喫煙との間には一定の関連性があることは否定し難いものの、その関連の程度、態様等のほか、Xが訴える体調不良の内容等を併せ考慮すると、Xに対して分煙措置の徹底を図らなかったことをもって、Yは、Xの生命及び健康を受動喫煙の危険性から保護するよう配慮すべき法的義務に違反したとまではいい難い。 【解雇】 拙速な解約権の行使を招来した原因の一つとしてXの対応の拙さを挙げることができ、その意味で、本件解約権行使の違法性を判断するにあたっては、Yの落ち度ばかりを強調するのは適当ではなく、Xの本件対応の拙さについてもこれを十分に斟酌する必要がある。そうだとすると、本件解約権行使は、その程度等が著しく社会的相当性に欠ける行為であったとまではいい難い。
【X1～X3】 ・Y1保育科の音楽の非常勤講師（ピアノの実技指導） ・毎年契約を更新し、約20年間勤務	【Y1】 名古屋短大等を経営する学校法人 【Y2】 Y1保育科の教授	【X1～X3→Y1】 本件委嘱停止に解雇濫用法理の適用ないし類推適用があるとは認められないし、狭義の解雇権濫用と区別される一般的な権利濫用に該当するとは認められない。 【X2→Y2】 ・仮処分における疎明の内容が名誉毀損その他の不法行為を構成するといえるには、その旨知りながら虚偽の事実を記載するなど、故意に当該行為に出たことを要すると解すべきであるところ、Y2は、本件陳述書には、その記憶のとおり、当時の聴取内容をありのまま記載したにすぎないと認められるから、本件記載をもって、直ちにY2が故意に虚偽の記載をしたと認めることはできない。 ・X2は、Y2に真実を確かめなかった過失があると主張するが、単なる過失だけで仮処分事件の疎明への記載が違法となると解するのは相当ではない。
医学部助教授	【Y1】 大学 【Y2】 医学部主任教授	【名誉毀損，退職強要】 ・Y2による、研究費を集めることができる人等の要件に該当しないスタッフは、定年までとどまる必要はなく、退職をすべきであると記載した文書の配布、スタッフの中には、学会にも出席せず、研究もせず、手術症例はほとんどないお荷物的存在がいること、死に体でこれ以上教室に残り生き恥をさらすより、自分にふさわしい場を見つけて生きていただくことの方が良いので、英断を願うというような侮辱的な表現を用いた退職勧奨文書の配布及び脳神経外科関係者の前で同内容の挨拶、医局メンバー等衆人環視の下で、Xに対し、勤務ぶりをなじった上、23年間も助教授をして教授にもなれないのはだめであるという趣旨の発言をして早期に辞職すべきであるという趣旨の発言をした行為は、古くからの知己も含む衆人環視の下で、誰にでも認識できるような状況下で、ことさらに侮辱的な表現を用いてXの名誉を毀損する態様の行為であって、退職勧奨として許容される限界を逸脱し、また、Xの医師としての、又は教育者としての評価を下げ得るものであって、多大な損害を与え得る違法性の高い行為である。Y2の行為によるXの精神的苦痛を慰謝する損害賠償額は、少なくとも400万円を下らない。 ・24年間にわたる歴代の主任教授によるXの退職強要を目的とする行為が行われたという事実を認めることはできない。 【教授昇格差別】 ・教授就任について、単に年齢のみで昇格するという規範意識がY内に存在しているとは到底考え難い。 ・昭和51年当時の主任教授との対立関係から、約24年の長き

【29】	労働政策研究・研修機構事件 東京高裁 H17.3.23 労判893-42 東京地裁 H16.9.13 労判882-50	Yの従業員であったXがYに対し、(1)労働契約に基づく退職金未払分の支払い、または不法行為に基づく退職金未払分相当額の損害賠償請求、並びに(2)(ア)内容証明郵便により退職を認めない場合もある旨の脅迫、(イ)必要書類の返却等及び退職手当支給の遅延、(ウ)退職手当の減額及びそれに伴いXが在職中職場で専用していたパソコンの無断調査によるプライバシー侵害や(エ)名誉毀損などにより精神的損害を被ったとして、不法行為に基づく損害賠償の支払いを求めた事案。	①退職金請求 ②損害賠償請求	387万6150円 (内訳) ・脅迫：30万円 ・退職手当支給、必要書類返却等の遅延：57万6150円 ・退職手当の減額：100万円 ・プライバシー侵害：100万円 ・名誉毀損：100万円	0円
【30】	A保険会社上司（損害賠償）事件 東京高裁 H17.4.20 労判914-82 東京地裁 H16.12.1 労判914-86	Xが、Yが「意欲がない、やる気がないなら、会社を辞めるべきだと思います」などと記載された電子メールをXとその職場の同僚に送信したことが、名誉毀損又はパワハラで不法行為を構成すると主張して、損害賠償を求めた事案。	損害賠償請求	100万円	5万円
【31】	学校法人A大学（医師・諭旨退職処分）事件 東京地裁 H22.8.24 労判1017-52	Xが、勤務先の研究所で発生した医療事故について、YらがXに過失があるという誤った調査報告を作成して公表したことにより、名誉を毀損され多大な精神的苦痛を被ったと主張して、Yらに対し、共同不法行為に基づき、連帯して慰謝料等の損害賠償5500万円等の支払いを求め、また、Xが上記の誤った調査報告等に基づき不当諭旨退職処分を受けたと主張して、Y1に対し、債務不履行または	【X→Y1・Y2】 損害賠償請求 【X→Y1】 ①賃金請求 ②損害賠償請求	【Y1・Y2】連帯して5000万円 【Y1】 500万円	【Y1・Y2】0円 【Y1】0円

		にわたるYの一貫した意思により，ことさらに不当な動機による教授昇格差別をしたことを窺わせる客観的証拠は存在しない。 ・Xが選に漏れた選考委員会における教授の選考過程に，Yの裁量権の濫用，逸脱を認めさせる事情は存しない。
・女性 ・元事務職員（退職済み）	独立行政法人労働政策研究・研修機構	【脅迫】 内容証明郵便の記載は，事情聴取の結果によって懲戒事由の存在が明らかになった場合には，Xを懲戒解雇（免職）処分にする可能性があることを示唆するものであり，労働者が退職を申し出てから退職日までの間に使用者が懲戒権を行使することは何ら違法とは認められないから，その可能性を示唆した上記内容証明郵便の記載は違法ではない。 【退職手当の支給遅延，必要書類の返還の遅延】 ・退職手当については，Yが，Xの退職手当を減額するか否かや減額するとした場合の減額割合について判断を下すための時間の余裕がなく，その支払が19日程度遅延したのもやむを得ず，不法行為は成立しない。 ・必要書類の返却等が遅れたのは退職手続に非協力的な態度を取っていたXにも一因があるというべきであるし，Yの方でわざと遅らせたなどの悪質な事情は窺われないから，不法行為を構成する程度の違法性があると認めることはできない。 【退職手当の減額】 退職手当を100分の10減額したことは退職手当支給規程に基づく処分として適法。 【パソコンの無断調査】 本件パソコンに関する調査は，Yが事実関係を明らかにして監督官庁への説明をするという目的は正当であり，その態様も，リース元への返却に伴いXから回収した後で，調査項目をパソコン作業の対象となった電子ファイルの保存場所，ファイル名，作業開始日時，継続期間等に限って調査するもので妥当であり，Xの被る不利益も大きくないから，プライバシー権の侵害にあたらない。 【名誉毀損】 ホームページ上にYの意見を載せた行為は，本件記事の取材源であるX自身を非難したり，その社会的評価を低下させたりするものとは認められず，また，メールはYに抗議のメールを送信した特定の個人に宛てた返事として送信されたものであり，公然すなわち不特定多数の人の目に触れる状態でXの社会的評価を低下させるような事実を摘示したものではないから，いずれもXに対する名誉毀損にはあたらない。
・男性 ・A保険会社のエリア総合職 ・課長代理（損保サービスセンター3番目の席次） ・給与総額973万8000円	・A保険会社のサービスセンター所長 ・Xの第一次人事考課査定者	・本件メールは，労働者が地位に見合った処理件数を達成できるよう叱咤督促するために送信されたものであり，その送信の目的は是認でき，パワハラの意図があったとまではいえないが，本件メールには，退職勧告とおも，会社にとって不必要な人間であるとも受け取られるおそれのある表現が盛り込まれており，これが本人のみならず同じ職場の従業員十数名にも送信されている。この表現は，人の気持ちを逆撫でする侮辱的言辞と受け取られても仕方のない記載などの他の部分ともあいまって，Xの名誉感情をいたずらに毀損するものであることは明らかであり，上記送信目的が正当であったとしても，その表現において許容限度を超え，著しく相当性を欠く。 ・本件メール送信の目的，表現方法，送信範囲等を総合考慮。
・男性 ・Y1の設置する大学附属研究所の勤務医（心臓外科医）	【Y1】 大学病院等を運営する学校法人 【Y2】 Y1大学が設置する病院の当時の副院長	【名誉毀損】 ・本件調査報告は，最も難易度の低い類型の手術において，Xの初歩的な過失に起因して，被害者の死亡という重大な結果を招いたという事実を指摘するものであるから，Xの社会的評価を低下させるものである。 ・名誉毀損に基づく損害賠償債務は3年の経過により消滅時効が完成。 【諭旨退職】 ・医師が医療記録を事後的に改竄することは，どのような理

383

		不法行為に基づき，①退職後の賃金相当額，慰謝料等の損害賠償1928万3550円等の支払い，②平成19年2月から本判決確定まで毎月25日限り，月額20万9700円の割合による賃金相当額等の損害賠償等の支払いを求めた事案。			
【32】	エス・エー・ディー情報システムズ事件 東京地裁 H23.3.9 労判1030-27	Xが，Yに対し，①未払割増賃金の支払い，②賃金未払いによりXの新婚生活が困窮する状態となったり，大阪出張中に所持金が350円となり公園で野宿せざるを得なかったこと，並びに，Y代表者がX及びXの就職先の社員宛に，XがYにおいて詐欺・横領やデータ・プログラムの無断持ち出しをした旨のメールを送信したことによりXの社会的信用が低下し，名誉が毀損されたことに対する慰謝料等の支払いを求めた事案。	①未払賃金請求 ②損害賠償請求	100万円	20万円
【33】	山口工業事件 東京地裁 H23.12.27 労判1045-25	Y1の東京支社の責任者としての地位にあったXが，Y1を退職した後に，未払となっていた平成21年3月分の給与の支払を求めるとともに，退職に際し，あるいは退職後，Y1の代表取締役であるY2から脅迫的言動を受けたり，Xの取引上の知人等に対し，Xの名誉を毀損する発言をされたなどとして，Y2に対し，不法行為に基づく損害賠償を請求した事案。	【X→Y1】 未払賃金請求 【X→Y2】 損害賠償請求	【Y2】 120万円	【Y2】 20万円
【34】	名古屋自動車学校事件 名古屋地裁 H24.1.25 労判1047-50	労働組合であるX1とその分会であるX2が，自動車教習施設等を運営するY1に対し，Y1がX1組合及びX2分会との団体交渉を留保したことは団体交渉の拒否（労組法7条2号）に該当し，また，分会員の自宅に書面を送付するなどしたことは支配介入（同条3号）に該当し，さらに，Y1がX1組合及びX2分会の代表者であるX3を誹謗中傷する旨の書面を交付したことはX3の人格権を侵害し，以上の各行為はいずれもXらに対する不法行為にあたると主張し，Yらに対し，民法709条又は会社法350条に基づき，連帯して，慰謝料等の損害賠償を求めるとともに，民法723条に基づき謝罪広告の掲示を求めた事案。	【X1・X2→Y1～Y3】 損害賠償請求 【X3→Y1～Y3】 損害賠償請求 【X2・X3→Y1～Y3】 謝罪広告	【X3→Y1～Y3】 連帯して300万	【X3→Y1～Y3】 連帯して150万
【35】	学校法人尚美学園事件 東京地裁 H24.1.27 労判1047-5	Yは，Xが，Yに対し，以前の勤務先において，パワハラ及びセクハラを行ったとして問題にされたことを採用時に告知しなかったことなどを理由に解雇（普通解雇）し，その旨を記載した書面を学生の保護者宛に送付したため，Xが，Yに対し，本件解雇が無効であるとして，①労働契約上の権利を有する地位の確認及び②賃金・賞与の支払を求めるとともに，	①地位確認 ②賃金・賞与請求 ③損害賠償請求 ④謝罪文	500万円	0円 （内訳） ・解雇：0円 ・名誉毀損：0円

		由があっても正当化されるものではない。そのうえ，Xは，被害者が手術中に脳障害を発症した疑いがあったのに，被害者の遺族に対し，死因は心不全であったというごまかしの説明をする目的で，医療記録の一部改ざんに協力したのであるから，この理由だけでかなり重い処分を受けてもやむを得ない。 ・Xは，弁明の機会の行使として，弁護士を通して意見を付した回答をしたうえで退職願を提出したことによれば，退職意思を有していた。 ・改竄を主導した医師に対する処分が懲戒解雇であったこととのバランスを考慮すると，Xの諭旨退職をただちに違法ということはできない。
・男性 ・元正社員 ・Yの受注したシステム，ソフトウェアの開発等の業務に従事	コンピューターのソフトウェア開発，販売，情報処理サービス等を業とする会社	【賃金不払】 使用者が労働者に対して賃金等を支払わない場合については，使用者が賃金等の支払義務を負担しており，労働者も賃金等を請求することができること等にかんがみると，特段の事情がない限り，賃金不払の事実自体から，直ちに使用者による不法行為が成立するということはできず，本件においても，Yが賃金不払による過酷な状況を意図的に作出したものとまでは認められず，Yの賃金不払が独立の不法行為を構成するものと解することはできない。 【名誉毀損】 Y代表者が，害意をもって，メールをX及びXの就職先の関係者に送信したこと，メールの記載内容が，再就職したXにとって，その信用ないし社会的評価を毀損するものであることは明らかであり，YがXに対し事前に事実関係を確認することもしないまま，本件メールをXの就職先関係者に転送するという行為は，不法行為（名誉毀損）としての違法評価を免れ得ないものであり，Xが被った精神的苦痛を慰謝するには，20万円が相当。
・男性 ・Y1の東京支社長 ・平成21年3月末日，退職（辞職）	【Y1】 建築工事業，とび・土木工事事業等を業とする会社 【Y2】 Y1の代表取締役	・Xが，Y1の売上の一部を自らに還元させていたり，退職後自らが立ち上げる新規事業の取引先としてY1の取引先輩を丸ごと奪う意図に出た行動を取るなど，Y1に対し背信行為を行っており，Xがそれに関してY2に真摯に説明しようとしなかったことは認められる事実ではあるものの，X及びその家族にことさら恐怖感を与える言動をすることは許されるべきではないし，仕事上の知人に対し，Xの経済的信用を損なうことを意図して，Xの金員を横領した旨流布することは社会通念上その相当性を逸脱した行為というべきであって，Xに対する不法行為に当たる。 ・Y2の言動の態様，それに対応するXの対応，それまでのXの行状，言動が流布した範囲等を総合考慮。
【X1】 愛知県内の自動車学校に勤務する労働者によって結成された労働組合 【X2】 ・X1の分会 ・Y1の労働者で構成 【X3】 ・男性 ・自動車教習指導員 ・X1の執行委員長，X2の分会長	【Y1】 自動車学校4校を運営する株式会社 【Y2】 Y1の代表取締役会長 【Y3】 Y1の代表取締役社長	・Y2及びY3は，団交不開催の責任がX3個人にあるかのように説明する文書を，1年半以上にわたり，分会，分会員自宅やY1全従業員自宅に複数回送付してX3の名誉，品性及び信用について社会から受ける客観的評価を低下させる行為を繰り返し，また，Xを嫌悪する感情や分会を弱体化させる意図からなされたと認められる不当な各業務命令（Y1の休日・休暇，基本理念や諸規則・規定などについての説明を求めるもの）によって，X3の人格権を侵害したものにより，不法行為が成立。 ・上記各不法行為により，執拗に人格権の侵害を受け，分会員やY1の従業員からの信頼を失い，分会長ないし執行委員長としての社会的名誉を大きく侵害されたことのほか，本件において表れた諸般の事情を総合考慮。
・男性（解雇当時59歳） ・Y大学の教授（専任教員）として期間の定めなく雇用された。 ・解雇当時は学科長	大学を設置する学校法人	【解雇】 ・告知すれば採用されないことが予測される事項を自発的に告知する法的義務までは認められず，Xの社会的評価の低下等は採用以前から存在した可能性が現実化したもので，採用段階で問題にするのは格別，採用時に看過し又は特に問題とせずに採用した以上，その後にこれから派生して問題が生じたとしても解雇事由には該当せず，解雇は無効。 ・解雇による精神的苦痛は，解雇無効が確認されその間の賃金が支払われることで慰謝されるのが通常であり，これによ

		③不法行為に基づく損害賠償の支払，④名誉毀損における原状回復として，謝罪文の交付，掲示及び送付を求めた事案。			
【36】	ニューロング事件 東京地裁 H24.10.11 労判1067-63	Xが，Yに対し，平成17年12月5日に，同月19日をもって退職する旨の退職届を提出したにもかかわらず，Yから同月9日付けで懲戒解雇されたことから，これが無効であり，退職届に基づく退職が有効であると主張して，①Yの退職金規定に基づく基本退職金等の支払を求めるとともに，②Yが軽率にXの横領行為を理由とする無効な懲戒解雇をしたり，ドバイ首長国の警察署に対して上記横領の件を告訴してXに同国の刑事裁判を受けることを余儀なくさせたり，XY間に雇用トラブルがあることを公にするかのような新聞広告を掲載してXの再就職等を困難にしたり，Xが告訴され旅券を取り上げられて出国できないこと等を客先に対して殊更流布したりすることによってXの名誉・信用を毀損したことが不法行為に該当し，また，Yが，新たな居住ビザ取得のために必要なビザキャンセル許可を拒否したことによって，Xが居住ビザや旅券を取得することが困難となり，IDカードの取得，アパートの賃貸や銀行口座の開設・預金の引き出し等，日常生活において困難を強いられたことが不法行為に該当すると主張して，これらの不法行為に基づく損害賠償として，財産的損害及び精神的損害の支払を求めた事案。	①退職金等請求 ②損害賠償請求	2000万円	0円
【37】	山九(起訴休職)事件 東京地裁 H15.5.23 労判854-30	電車内での痴漢行為により逮捕，勾留，起訴され，Yから休職処分を受けたXが，休職処分の効力を争い，主位的には，休職中の賃金（月ごとの賃金61万0880円，賞与減額分8万3554円）の支払を，予備的には，労働基準法26条の休業手当（36万4536円）の支払を求め，これと併合して，休職通知の無効確認並びに休職処分による不法行為に基づく損害賠償金（50万円）の支払を求めた事案。	①-1賃金請求（主位的請求） ①-2休業手当請求（予備的請求） ②休職通知無効確認 ③損害賠償請求	50万円	5万円

		っても償えない特段の精神的苦痛を生じた事実があったときに初めて慰謝料請求が認められる。Xの行為に批判されるべき点がないとはいえないこと，大学の関係者は多数に上り，Yとしては，この問題の対処につき強硬な意見も含め様々な意見・要望が出ることを慮らざるを得ない状態にあったこと，手続が不公正，処分が恣意的ということもできないこと，その他本件に現れた一切の事情を総合勘案すると，賃金の支払以上に慰謝料の支払を相当とする特段の事情はない。 【名誉毀損】 保護者宛の説明文書送付については，Yに説明責任があり，インターネットにXの氏名が挙げられ，問い合わせなどで業務執行が混乱するリスクがあったこと，文書にはXがセクハラ等を行ったとの記載がないこと，懲戒解雇でないことを明確にして記載していることから，名誉毀損の意図はなく，不法行為に当たらない。
・男性（退職当時57歳） ・海外事業部部長職（ドバイ首長国内におけるYの現地法人でDirector職を兼務）	特殊工業用ミシン等の販売等を業とする株式会社	【新聞広告の掲載，客先への流布】 Yが，Xに関し，新聞広告や顧客への通知等の対応に出たのは，X側の行動を断片的に把握したY側が，今後のXの行動によって取引上の損失を被ったり，損害賠償責任を負わされたりするおそれを防止せんとの意図に出たものと理解することができるのであって，本件については，Yの対応につき，不法行為を構成する違法性があると評価することまではできない。 【刑事告訴】 横領行為に関する告訴については，これを懲戒解雇事由とすることに難があるとしても，また，結果的にXの無罪が確定したとしても，直ちに，告訴行為自体が違法であったと評価することができるわけではなく，Yの告訴につき，不法行為を構成する違法性があると評価することまではできない。
・男性 ・Yの子会社に在籍出向していたが，起訴により出向解除されY東京本社人事部所属として休職処分（無給）とされた	物流事業等を事業内容とする株式会社（従業員1万456名）	・Xの起訴事実はいわゆる痴漢行為という性的犯罪であるから，Xを対外的な折衝を行う必要がある部門に配置することはYの対外的信用を害するし，女性従業員が少なくない部門に配置することも職場を混乱させ業務に支障を生じさせるといえるが，Yにおいては，Xの制限住居から通勤可能な範囲で，女性従業員が極めて少ない部門において，単純作業を行う要員需要があったこと，Xは，約1年半前から出向先で清掃作業等の単純作業に従事していたことから，X を前記要員として配置することは可能であり，このような配置であれば，Yの対外的信用も害しないし，職場の混乱も避けられ，Xの就労により業務に支障が生じることはない。Xは保釈されており，Xには前科はなく，比較的軽微な犯罪であって，保釈取消の可能性は低かったことから，身柄拘束による不安定な就労により，業務に支障を来すともいえない。したがって，Xは，「特別の事由があって休職させることを適当と認めたとき」には該当しないというべきであって，本件処分は無効。 ・本件処分は無効であり，かつ，就業規則に反し休職を命じたものとして違法であるということができるが，本件条例違反による公訴提起による不名誉を越えて本件処分によって独自の不名誉が生じたとはいえないこと，賃金が支払われない苦痛は，賃金請求権によって補てんされていること，Xは保釈許可書の写しを交付しない等Yの配置先の検討に協力的とはいえなかったこと等を総合考慮すると，慰謝料としては5万円が相当。

	事件名	事案の概要	請求内容	請求額	認容額
【38】	国立感染症研究所事件 東京地裁 H17.9.15 労判905-37	Xが、感染研所長がした文書による「あなたは、『週刊文春』平成12年11月2日号（平成12年10月25日発売）で掲載されたあなたの発言及びあなたの著書である『科学者として』（平成12年11月10日幻冬舎より発行）において、当研究所の研究内容や運営実態を歪曲し、幹部職員を事実に反して誹謗中傷する内容を発表したことは、当研究所の信用を著しく傷つけ、公務の円滑な遂行に支障を来すものであり、誠に遺憾である。よって、今後かかることのないよう厳重に注意する」という内容の厳重注意が無効であることの確認と、国家賠償法1条1項に基づき同厳重注意により精神的苦痛を受けたことに対する損害賠償を求めた事案。	①処分無効確認 ②損害賠償請求	500万円	0円
【39】	三井住友海上火災保険（エリア総合職考課）事件 東京地裁 H16.9.29 労判882-5	XがYに対し、①Yは、Xが取り立てて大きな問題はなく誠実に業務を遂行していたにもかかわらず、長期休業者等例外的な者にのみ行うべき劣位の評定を人事権を濫用してXに行った等と主張して、不法行為に基づき、平成13年度及び同14年度の賞与につき平均的評定との差額相当額合計140万円（各年度70万円）、慰謝料合計200万円（各年度100万円）を求めるほか、②総合考課の評定が平均的評定であることの確認を求め、③2年連続「C」考課を理由とする平成15年7月以降の等級・クラスの引き下げは前提となる考課が違法である旨主張して、雇用契約に基づき、差額給与の支払を請求した事案。	①損害賠償請求 ②地位確認 ③賃金請求	合計200万円（平成13年度及び同14年度につき各100万円ずつ）	0円
【40】	NTT西日本（D評価査定）事件 大阪地裁 H17.11.16 労判910-55	X1～X12が、平成13年4月1日から実施された新たな人事・給与制度の下で、平成14年度年末特別手当及び平成15年度夏期特別手当について、最低ランクのD評価と査定され特別手当の一部を支給されなかったことから、新しい人事評価制度は基準が不明確であるなど問題点があり、また、Xらはいずれも普通以上に仕事をしてきたのであるから、C評価と査定されるべきであり、YによるD評価の査定と特別手当の一部不支給は不法行為に当たるとして、①C評価とD評価の特別手当の差額相当額、②D評価という査定が人格権侵害に当たるとして慰謝料などの支払いを請求した事案。	【X1～X12・Y】 ①賃金請求 ②損害賠償請求	各100万円	0円
【41】	損害保険ジャパンほか（人事考課）事件 東京地裁 H18.9.13 労判931-75	約22年間勤務したY2を退社したXが、在職中に、当時の上司Y1の不当な考課により給与を減額されたなどとして、債務不履行または不法行為に基づき、給与減額分、賞与減額分、基本年金減額分、慰謝料などの損害賠償請求をした事案。	【X→Y1・Y2】 ①賃金請求 ②損害賠償請求	【X→Y1・Y2】 連帯して100万円	【X→Y1・Y2】 0円
【42】	日本レストランシステム（人事考課）事件 大阪地裁 H21.10.8 労判999-69	Yにおいて、マネージャーA職から同B職に降格された後、さらに、店長A職に降格される（本件降格処分）とともに、営業4部（東京）に配転され（本件配転命令）、その後、大阪デリバリー部門への出向を命じられたXが（本件出向命令）、本件降格処分、本件配転命令・出向命令の無効を争い、そのうち配転命令・出向命令を無効とし（本件降格処分は有効）、慰謝料100万円の支払を命じた前件高裁判決（上告不受理決定により確定）後も、Yの飲食店S店への異動を命じられ、退	・選択的請求 ①-1 賃金請求 ①-2 損害賠償請求 ②損害賠償請求	1504万1420円 （内訳） ・高裁判決後の出向命令の継続：365万円 ・人事考課における低評価等：1139万1420円	500万円 （内訳） ・高裁判決後の出向命令の継続：200万円 ・人事考課における低評価等：300万円

第14章 その他

・厚生労働省国立感染症研究所勤務 ・細菌部主任研究官	国	本件厳重注意は，必要性と理由がある中，慎重な手続きを経た後にされたものであり，制裁的行為としても事実行為に過ぎない文書による厳重注意にとどまっていることから，社会的相当性を逸脱するものということはできないとして，違法性を否定。
・男性 ・東京損害サービス部に所属し，自動車保険事故にかかる定額的な保険金支払業務を担当 ・社員区分エリア総合職，職務区分課長代理 ・年収973万8000円	損害保険会社	人事権の濫用の事実を認めることはできない。
【X1～X12】 ・Yの従業員 ・労組組合員	西日本電信電話株式会社	・評価制度の問題点が，Xらに対するD評価の違法性に直接関連するとは認められず，Xらに対するD評価が同評価制度に基づく評価であることをもって，Yの不法行為を認めることはできない。 ・Yは，本件評価制度に従い，〈1〉量的側面，質的側面及び価値創造の側面を基準として従業員の業績を評価し，一次評価，二次評価と最終調整によって，A，B，C，Dの4段階で評価するという本件評価制度を採用していたこと，〈2〉Xらについては，量的側面に関してその成績が低かったことなどから，D評価と査定され，評価を反映して支給される部分について手当を支給しなかったことが認められるが，その評価過程における具体的な評価基準の設定や，実際の評価の結果について，不合理であると窺わせる事情は見いだせない。
・男性（退社当時59歳） ・Y2の元従業員 ・損害調査専門職員	【Y1】 ・Xの上司 ・昇給賞与考課の第一次考課者 【Y2】 大手損害保険会社	平成9年度，平成10年度及び平成13年度の各考課が，考課者に付与された裁量を逸脱濫用するものとまでは認められず，これらの考課が不当であって，Xの権利・利益を侵害し，あるいは，労働契約上の債務の不履行に当たるとはいえない。
・男性 ・マネージャーから店長に降格され，業績不良店舗に出向させられた	・飲食店経営等を主たる業務とする株式会社 ・全国に約380店舗を展開	【前件高裁判決（出向【3】事件）後における出向命令の継続】 認定した事実及び前件高裁判決の認容額等本件口頭弁論に顕れた一切の事情を考慮。 【人事考課における低評価等】 出向期間中にXに対して行われた異常に低い評価は，Yの意に沿わない言動を行ったXに対する嫌がらせないし見せしめの目的をもってなされたものと認められるとしたうえで，認定した事実に加え，Yが人事権を甚だしく濫用した人事考課を行っていた期間は，Xの出向期間中の全期間にわたる概ね4年間にわたること，Yの人事システムのもとにおいては，

		職を余儀なくされたことから，Yに対し，①Yが適正な人事権の行使をせず，Xに対して差別的人事を行って，あり得べき賃金額よりも低額の賃金しか支払わなかった，あるいは合理的期間内に元のマネージャーB職に復職（昇格）できるというXの期待権を侵害したとして，雇用契約上の賃金請求権又は不法行為に基づく損害賠償請求権に基づき，復職（昇格）後の賃金と現実に支給された賃金との差額の支払を求めるとともに，②(ア)前件高裁判決が出された後も最高裁の上告不受理決定がなされるまでYが出向命令を継続したこと，(イ)出向期間中の人事考課において異常に低い評価をされ続け，また，営業部門に復帰後も業績不良店舗に配属し，最終的にXを退職に追い込んだことが違法であるとして不法行為に基づく損害賠償金の各支払を求めた事案。			
【43】	互光建物管理事件 大阪地裁 H17.3.11 労判898-77	Yの従業員であったXがYに対し，平日（月曜日から土曜日）は始業時間前の午前6時から午前9時まで，休憩時間の午後0時から午後1時まで，終業時間の午後5時から午後11時まで時間外勤務を行い，休日（日曜日および祝日）は午前6時から午後11時まで休日勤務を行っていたとして，(1)第1次的に時間外割増賃金および休日割増賃金の支払を，(2)第2次的に，所定労働時間を超えてXを就労させてはならない雇用契約上の義務の不履行に基づく損害賠償として前同額の支払を，(3)第3次的に，Xが時間外労働によってYに提供した労務についての不当利得返還請求として前同額の支払を，(4)第4次的に，所定労働時間を超えてXを就労させてはならない雇用契約上の義務の不履行に基づく損害賠償（慰謝料）として1000万円の支払を請求した事案。	①−1 未払賃金請求（第1次請求） ①−2 損害賠償請求（第2次請求） ①−3 不当利得返還請求（第3次請求） ①−4 損害賠償請求（第4次請求）	1000万円	0円
【44】	クアトロ（ガソリンスタンド）事件 東京地裁 H17.11.11 労判908-37	Yが経営するガソリンスタンドで働いていたXらが，①交代制の各勤務時間帯に休憩を取ることができない勤務実態から手待時間に当たることを理由に，一定勤務期間中の各勤務時間における当該時間分の割増賃金を請求するとともに，②YがXらに長期間（X1〜X3は約2年半，X4は約1年半）にわたって，実質的に休憩時間を取らせなかったことが休憩時間を与える債務の不履行であるとして，慰謝料を請求した事案。	【X1〜X4→Y】 ①賃金請求 ②損害賠償請求	【X1〜X3】 各60万円 【X4】 30万円	【X1〜X3】 各20万円 【X4】 10万円
【45】	ブレックス・ブレッディ事件 大阪地裁 H18.8.31 労判925-66	Y2がY1とのフランチャイズ契約に基づいて経営する店舗において，店長としで労務を提供したXが，Y1に対し，最低賃金法との差額，時間外労働等の未払い賃金を請求するとともに，求人票と採用後の実態が全く異なること，苛酷な長時間労働により体調を崩して退職に至り，退職後1ヶ月間自宅療養を余儀なくされたことなどを理由に不法行為または労働契約上の債務不履行に基づき慰謝料を，Y2の取締役であるY3，Y4に対し，旧有限会社法30条の3第1項に基づき慰謝料を，Y1に対し，Y1が実態を全く反映していない求人票により求人を行い，Xを欺いたこと，Xの勤務実態が	【X→Y2】 ①賃金請求 ②時間外・休日手当請求 【X→Y1〜Y4】 損害賠償請求	【Y1〜Y4】 連帯して300万円	【Y1〜Y4】 0円

第14章 その他

			正当な人事考課がなされなかった場合，昇格の機会すら与えられないことになり，このことによりXは強い不遇感，焦燥感を感じたであろうことは想像に難くないこと，正当な人事考課がなされなかったことにより，Xは賞与額においても不利益を被った可能性が高いこと等本件口頭弁論に顕れた一切の事情を考慮。
・男性（退職当時70代） ・マンションの住込み管理人 ・地方公務員を定年退職後，Yに入社	マンション等の建物の管理業務を受託することを目的とする会社		・YがXを，法定の上限を超えて労働させてはならない義務に違反して労働させた時間は，1日当たり1時間の休憩時間と週当たり2時間に留まる。 ・使用者が労基法32条に違反して労働者に労働をさせた行為に対しては，同法13条，37条に基づく割増賃金請求権が発生するから，それにもかかわらずなお慰謝料請求権が発生するためには，前記のような割増賃金では償えないほど，使用者による労基法32条違反の態様が悪質かつ重大であることを要する。 ・Yが労基法32条に違反してXを労働させた内容として本件で認定し得るものは，前記の程度にとどまるのであって，これによっては，慰謝料請求権を発生させるほど労基法32条違反の態様が悪質かつ重大であるとは認められない。 ・なお，本件では，割増賃金請求権が時効消滅しているが，これはXが権利の行使を怠ったことによって生じたにすぎず，それによって慰謝料請求権の発生に消長を来すものではない。
【X1〜X4】 ・パート従業員 ・ガソリンスタンドでの監視業務に従事	・販売代行業務を主な目的とする株式会社 ・訴外K社から業務委託を受けてセルフサービスのガソリンスタンドを運営		・X1〜X4は各勤務期間中労基法に照らした休憩を取ることができず，実際に食事やトイレ等の不便を被ったことによる精神的・肉体的苦痛が生じていること，Yにおいては，平成15年ころからYの勤務体系では休憩を十分な休憩を取ることができないこと，法規に照らしても違反している疑いが生じていることを認識し得たことからすると，YにはX1〜X4に対する関係で不法行為が成立するかあるいは労働契約上の休憩を与える債務の不履行が生じている。 ・Yが勤務体制の変更のために従業員らと交渉したものの，経営上の必要性を優先してトータル賃金額の増加を抑えた実質的な賃金単価の引き下げに相当する労働条件を提示したためにX1〜X4の同意を得ることができず，結局平成17年6月まで勤務状況が改善されないままX1〜X4は上記のような勤務を続けざるを得なかったことといった経緯・事情を総合して勘案。
Y2の新店舗の店長	【Y1】 ・各種菓子類の製造，販売等を目的とする株式会社 ・パンの製造，販売等のフランチャイザー 【Y2】 Y1のフランチャイジー 【Y3】 Y2の代表取締役 【Y4】		【Y2〜Y4】 ・Y1が作成した求人票の作成について，Y2において違法があったとは認められない。 ・Xの就労状況についてY2において違法行為があったとは認められない。Xに対する報酬の支払いについて違法行為があったとは認められない。 ・Y2に違法行為があったとは認められず，Y3及びY4において任務違背があったとは認められない。 【Y1】 ・Y1が作成した求人票について違法行為があったとはいえない。 ・Xが長時間にわたり継続して就労していた要因が，Y1における事業形態やXに対する指示等があったとまでは認められず，Xの就労状況について，Y1において違法行為があっ

		健康を維持できないような過酷極まりないものであることを認識しながら、これを容認又は指導するなどし、Xの健康を破壊したことなどを理由として、不法行為に基づき慰謝料を請求した事案。			
【46】	日本マクドナルド事件 東京地裁 H20.1.28 労判953-10	Yの従業員であるXが、Yに対し、①Xが、労働契約上、労働基準法36条に規定する労使協定が締結されるなどするまで、法定労働時間（同法32条）を超えて労働する義務を負っていないことの確認、②未払の時間外割増賃金及び休日割増賃金の支払、③Yから長時間労働を強いられたことにより、精神的苦痛を被ったとして、不法行為に基づく、慰謝料の支払等をそれぞれ求めた事案。	①法定労働時間を超えて労働する義務を負っていないことの確認 ②賃金請求 ③損害賠償請求	300万円	0円
【47】	プラスパアパレル協同組合（外国人研修生）事件 福岡高裁 H22.9.13 労判1013-6 熊本地裁 H22.1.29 労判1002-34	外国人研修制度の研修生として中国から来日し、後に技能実習生となったXらが、(1)同研修における第2次受入れ機関としてXらを受け入れたY1及びY2は、一体となって、Xらの旅券、預金通帳等を強制的に管理したり、最低賃金を下回る低賃金での長時間労働を強いるなどしたが、これらの行為は不法行為を構成するところ、Xらの研修における第1次受入れ機関であったY3並びに外国人研修制度及び技能実習制度に関する機関であるY4が、Y1及びY2を指導監督する義務を怠るなどしたことが不法行為を構成するとし、これらの不法行為により、Xらに逸失利益、慰謝料及び弁護士費用の損害を生じさせたとして、Yらに対し、損害賠償を求め、(2)XらとY1及びY2との間で明示又は黙示に労働契約が締結されたとし、これに基づき、Xらにおいて、Y1及びY2に対し、未払賃金等の支払を求めた事案。	【X1〜X4→Y1〜Y4】損害賠償請求 【X1〜X4→Y1・Y2】賃金請求	【Y1〜Y4】連帯して各300万円	【Y1〜Y3】連帯して各100万円 【Y4】0円
【48】	シーディーシー事件 山形地裁 H23.5.25 労判1034-47	YがXに対し、従業員であったXを含む3名を相手方として、労働契約上の債務不存在確認等の労働審判を申し立て、調停が成立しなかったXについてされた労働審判に対し異議申立てをしたため、訴えの提起があったとみなされ（本訴）、XがYに対し、時間外労働にかかる賃金、解雇予告手当、立替交通費、高速料金及び他店リサーチ費用、有給休暇保証金、賞与、及び、理由なき解雇、解雇までの劣悪な労働環境、無理な時間外労働のため、平穏な家庭生活が侵害され、離婚に至ったことに対する慰謝料を請求する反訴を提起した事案（本訴事件は取下げにより終了）。	①賃金請求 ②解雇予告手当請求 ③立替金請求 ④有給休暇保証金請求 ⑤賞与請求 ⑥損害賠償請求	100万円	0円
【49】	東栄衣料破産管財人ほか事件 福島地裁白河支部 H24.2.14 労判1049-37	外国人研修生制度の研修生として来日後、技能実習生となったX1〜X8が、(1)研修期間は第2次受入れ機関としてXらを受け入れ、技能実習期間は実習実施機関としてXらと雇用契約を締結していたAの破産管財人に対しては、①研修期間から実質労働者であったとして未払賃金支払等を請求し、②Aにおい	【X1〜X8→Y1】 ①未払賃金の破産債権確定（財団債権部分については支払請求） ②損害賠償請	【Y1・Y2】300万円の確定 【Y3〜Y5】連帯して各300万円	【X1〜X4→Y1〜Y3】100万円 【X5〜X8→Y1〜Y3】90万円

		Ｙ２の取締役	たとは認められない。 ・Ｙ１が，ＸのＹ２に対する労務提供の条件について，具体的に関与したとは認められず，具体的に関与すべき立場にあったとも認められない。
	・男性 ・店長	全国に展開する直営店等で自社ブランドのハンバーガー等の飲食物の販売を目的とする株式会社	・Ｙにおける店長は，その職務の内容，権限及び責任の観点からしても，その待遇の観点からしても，管理監督者に当たるとは認められず，Ｘに対して，時間外労働や休日労働に対する割増賃金が支払われるべき。 ・時間外割増賃金を支払わないまま時間外労働をさせたということから，使用者が，労働者に対し，直ちに不法行為責任まで負うと認めるべき理由はない。 ・また，本件で，Ｙが，Ｘに対し，労働基準法に違反した長時間労働を強いたと認めるに足る証拠はなく，他にＹに不法行為責任を生じさせるような具体的事実の主張，立証もない。 ・時間外割増賃金等が支払われないまま店長として長時間労働をしていたことによるＸの精神的苦痛は，時間外割増賃金等が支払われることで，慰謝されるべき性質のもの。
	【Ｘ１～Ｘ４】 ・20代女性 ・中国国籍 ・研修生として来日，2年目以降は技能実習生	【Ｙ１・Ｙ２】 ・衣料品縫製会社 ・第2次受入れ機関 【Ｙ３】 ・研修生の共同受入れ事業等を目的とする事業協同組合 ・第1次受入れ機関 【Ｙ４】 外国人研修制度及び技能実習制度に関する機関	【Ｙ１・Ｙ２】 Ｙ１及びＹ２による①旅券の預かり行為及びその管理行為，②預金口座の開設とその払戻し，預金通帳・印鑑の管理行為，③違法な労働状態の作出行為等の不法行為の内容等からすれば，Ｘら１名の慰謝料額は100万円とするのが相当。 【Ｙ３】 研修制度における第１次受入れ機関であるＹ３の役割の重要性や，Ｙ３が作為義務（監査・指導義務）を尽くしていれば，Ｙ１及びＹ２のＸらに対する不法行為の継続を防止できたこと等にかんがみれば，Ｙ３はＹ１及びＹ２の旅券の預かり行為に直接関与していないものの，Ｙ３の監査が不十分であったために，Ｙ１及びＹ２によるＸらの旅券の管理の継続という違法行為を結果として容認することとなり，Ｘらの人格権を侵害したことからすると，Ｙ３にＹ１及びＹ２と同額の損害賠償義務がある。 【Ｙ４】 ・Ｙ４は，Ｙ１～Ｙ３と異なり，個々の研修・技能実習の実施における当事者でない。 ・Ｙ４が行う報告，指導，援助等の業務が，強制力や法的権限を伴うものであると認めるに足る証拠は見当たらないし，研修成果の評価についても，「各研修生に係る検定・資格試験等の結果を研修成果としてとりまとめて法務省に報告する」業務であって，このことから，何らかの法的作為義務が導かれると解することは困難。
	・男性 ・正社員 ・飲食店の調理場スタッフ ・月額賃金31万6000円	居酒屋等の経営を目的とする有限会社	・作業効率の悪い職場での勤務あるいは折り合いの悪い同僚の存在が，精神的な負担となることがあることは否定できないが，その程度の強弱はあるとしても，同様のことは一般的にどの職場においても見受けられるところであり，本件店舗における労働環境が，一般的に許容される限度を超えて劣悪であったとまではいえない。 ・長時間の時間外労働については，時間外手当の支払によって解消されており，ＸがＹに対し，妻との慰謝料の支払をもって慰謝すべき程度にまで達していたことを認めることができないから，労働環境等を理由とする慰謝料の請求は理由がない。 ・Ｘが妻と別居したことは認められるが，離婚したこと及び離婚に至る具体的な経緯は不明であり，ＸがＹに対し，妻との離婚を回避することを理由として，労働条件の改善を求めたことも窺われないから，離婚を理由とする慰謝料の請求も理由がない。
	【Ｘ１～Ｘ８】 ・ベトナム国籍の女性 ・研修生として来日，2年目以降は技能実習生 ・Ａの寮に居住 ・研修生・技能実習生の活動期間　Ｘ１～Ｘ	【Ｙ１】 ・第2次受入れ機関である衣料品縫製販売を目的とするＡ社の破産管財人 【Ｙ２】 Ａ社代表取締役であ	【Ｙ１】 強制労働とはいえないが，Ｘらが制度の予定する研修・技能実習の適切な運用を受け，支払われるべき金員の処遇等に関して労基法等の遵守を受けることなく，恒常的に長時間，労基法等に違反する低賃金下での労働を余儀なくされる，研修先ないし雇用先であり，居住用の寮を提供するＡが旅券を預かることは，Ｘらの行動の自由を事実上制約し，相当性を欠くものであり，Ａの行為は，全体として見れば，Ｘらが

393

		てXらが逃亡，反抗できない環境を作り上げ，劣悪，苛酷な環境で酷使したことが不法行為（B及びY3～Y5とは共同不法行為）に該当すると主張して，損害賠償請求権（慰謝料・弁護士費用・未払賃金相当額）の破産債権の確定を求め，(2)第1次受入れ機関Y3に対しては，Aと一体となって積極的にAの不法行為に関与したこと及びAの指導，監督の不作為等が不法行為に該当すると主張して損害賠償金の支払を求め，(3)Y2に対しては，Bが代表者として上記不法行為を主導したことが不法行為に該当すると主張して損害賠償請求権の破産債権を有することの確定を求め，(4)Y4・Y5に対しては，Bと共謀して上記不法行為に加担したこと等が不法行為に該当し，また，Y3役員としての任務を懈怠したこと等が中小企業等協同組合法38条の3第1項の任務懈怠行為又は民法709条の不法行為に該当すると主張して，損害賠償金を求めた事案。	求権の破産債権確定（未払賃金相当額部分は①との関係では予備的請求） 【X1～X8→Y2】損害賠償請求権の破産債権確定 【X1～X8→Y3～Y5】損害賠償請求		【X1～X8→Y4・Y5】0円 *Y1・Y2に対しては劣後的破産債権を有することの確定，Y3に対しては支払命令
【50】	ドワンゴ事件 京都地裁 H18.5.29 労判920-57	自己には本社に勤務する従業員とYとの間で締結された専門型裁量労働制に関する労使協定は適用されないとするXが，時間外労働・休日労働・深夜労働に対する割増賃金，同付加金を請求し，また，Yが労基法に反し，労働基準監督署への届出をすることなく違法にXに裁量労働制が適用されるとして法定外労働を強いてきたことによって精神的苦痛を被ったとして，不法行為による損害賠償を請求した事案。	①時間外割増賃金請求 ②損害賠償請求	60万円	0円
【51】	杉本商事事件 広島高裁 H19.9.4 労判952-33	Yを退職したXが，Yに対し，①平成16年7月15日から平成18年4月までの時間外勤務手当金403万1749円，②Xの退職金には，Yの社員退職金規定4条1項は適用されるべきではないから，減額しない退職金額を支払うべきであるとして，支払われた退職金との差額金233万9243円，③Yは支払義務があることを知りながら時間外勤務手当を支払わずXに長時間労働させたことなどによる不法行為に基づく損害賠償合計475万2314円（時間外勤務手当請求権としては時効消滅した平成15年7月15日から平成16年7月14日までの時間外勤務手当相当損害金235万2314円，時間外勤務手当を支給しない時間外勤務を長期間にわたって強いられたこと，そして，それを原因としてYからの退職を余儀なくされたことについての慰謝料合計金200万円及び弁護士費用相当損害金40万円）の各支払いを求めた事案。	①賃金請求 ②退職金請求 ③損害賠償請求	200万円	0円
【52】	京都市（教員・勤務管理義務違反）事件 大阪高裁 H21.10.1 労判993-25 京都地裁	Yが設置する京都市立小学校もしくは中学校で勤務する教育職員であるXらが，Yに対し，(1)平成15年4月から同年12月まで（8月を除く）の間，平成15年改正前の「国立及び公立の義務教育諸学校等の教育職員の給与等に関する特別措置法」（給特法）ないし同法の条項も受けた京都府の「職員の給与等に関する条例」で設定された例外的時間外勤務以外の時間外勤務を違法な黙示の職務命令等に基	【X1～X9→Y】 ・選択的請求 ①-1 損害賠償請求 ①-2（未払）賃金請求	【X1～X9】各100万円	【X3・X8・X9】各50万円 【X1・X2・X4～X7】0円

394

第14章　その他

4：3年，X5～X8：2年8月	り，Y3の代表理事でもあるBの破産管財人 【Y3】 ・研修生受入れ等目的の事業協同組合 ・第1次受入れ機関 【Y4・Y5】 Y2の名目理事		本件制度の予定していた研修及び技能実習の適切な運用を受けず，支払われるべき金員の処遇等に関して労働基準法等の遵守を受けることなく，Xらが恒常的に長時間，労働基準法等に違反する低賃金での労働を余儀なくされたという意味において，Xらの人格権を侵害する。 【Y3】 BがY3の理事長，Y3の事務局はA内にありAの社員が仕事を兼任していたことなどから，Y3の業務は実質的にBの意向により行われていたといえ，Y3とAは実質的に同一視でき，Y3は，客観的にAの不正行為を抑止し，解消することができる立場にあったが，何もしなかったことは不法行為になる。 【Y2】 A又はY3のXらへの不法行為は，A又はY3の職務として，B自ら行ったもの又はBがその意向を受けた者を通じて行ったものといえ，Bに不法行為が成立。 【Y4・Y5】 ・Y4・Y5は選任手続を欠き役員の地位になく，不法行為を認識していたとも認められない。 ・被侵害利益の内容，Xらが研修生・技能実習生であった期間（X1～X4が約3年間，X5～X8が約2年8か月間），上記期間中にXらが支払を受けられなかった賃金額（X1～X4がそれぞれ約320万円，X5～X8がそれぞれ約300万円）等を考慮。
・男性 ・正社員 ・コンピューターソフトのプログラミング業務に従事	コンピューター及びその周辺機器，ソフトウェア製品の企画，開発，製造，販売，輸出入及び賃貸などを業務内容とする株式会社		・Xには裁量労働制の適用がないと認定，割増賃金請求を一部認容。 ・Yが本社においては裁量労働制に係る労働協定を締結し，Xとの間でも明示的に専門型裁量労働制に係る雇用契約を締結し，Xもそれを了解していたこと，Xに対して割増賃金が支払われることを考慮。 ・YがXに裁量労働制が適用されるとして対応してきたことについては，不法行為とまで認められる違法性，慰謝料まで支払われなければならない損害が認められない。
・男性 ・内勤業務（得意先・メーカーの対応，注文，見積りの処理，在庫管理，営業員との打合せ等）に従事していた（退職済み）	精密測定機器，金属工作機械，機械工具等の販売及び輸出入を業とする株式会社		・本件における時間外勤務手当の不支給は不法行為に該当。 ・時間外勤務手当を支給しない時間外勤務を長期間にわたって強いられたことに関する慰謝料については，財産的損害は，通常それが回復されれば更にそれ以上の損害はないと考えられるところ，本件において特段の事情は不存在。 ・また，時間外勤務手当の不支給を原因として退職を余儀なくされ，精神的苦痛を被ったとの主張についても，Xの退職の主な原因は，有給休暇の取得をめぐって上司と口論したことにあると認められ，Yによる時間外勤務手当の不支給にあったとは認め難い。
【X1～X9】 京都市立の小中学校の教職員9名	京都市		・X3，X8，X9の勤務する各学校の校長に，事務の分配等を適正にする等してX3，X8，X9の勤務が加重にならないように管理する義務があったにもかかわらず，必要な措置をとったとは認められないとして安全配慮義務違反を認定。 ・安全配慮義務によって保護されるべき保護法益はXらの健康ないしその保全であるから，Yらの安全配慮義務違反によってXらが被る損害が時間外手当相当分であるとのXらの主張は採用できない。 ・教育職員の職務が児童生徒との直接の人格的接触を通じて

	H20.4.23 労判961-13	づいて行なわせた。また，健康保持のための時間外勤務を防止しなければならないという安全配慮義務違反があったなどとして，国家賠償法1条に基づき損害賠償金の支払を求め，(2)もしくは，給特法が予定する範囲を超える時間外勤務をしたとして，労働基準法37条又はワークアンドペイの原則等に基づき未払賃金等の支払を求めた事案。			
【53】	東京コムウェル事件 東京地裁 H15.9.19 労判864-53	Yを退職後，Yと同じ商品取引員である証券会社に再就職したXらが，同業他社就労禁止規定への違反，退職金不支給事由の存在，退職金放棄条項の存在などを理由に退職金を支払われなかったため，それぞれの退職金の支払いを求めるとともに，退職金を速やかに支払わなかったことが不法行為にあたるとして損害賠償を求めた事案。	【X1～X5→Y】 ①退職金請求 ②損害賠償請求	【X1～X5】 各150万円	【X1～X5】 0円
【54】	御山通商ほか1社事件 大阪地裁 H19.6.21 労判947-44	Xが，Yらに対し，Y1における償却制度（Y1がトラックを購入し，特定のトラック運転手が，購入代金相当額を償却費として支払うことにより，当該トラックを実質的に保有するという制度）が労働基準法24条，民法90条などに抵触して不法行為が成立するとし，その損害として残賃金合計相当額1718万3241円（これについては，予備的に残賃金合計相当額857万2269円も請求。），車両償却費相当額2290万円（これについては，選択的に，不当利得としても請求。），償却制度によって自分の生活が安定すると信じていたにもかかわらず，Y1の不法行為により，結果としてほとんど賃金を得ることができず，このため居住していたマンションも競売に付されるなど，多大な精神的苦痛を受けたことによる慰謝料1000万円の合計5008万3241円（予備的請求の合計は4147万2269円）の支払いを求めた事案。	【X→Y1・Y2】 ①損害賠償請求（主位的請求） ②賃金請求（予備的請求） ・選択的請求 ③-1 損害賠償請求 ③-2 不当利得返還請求 ④損害賠償請求	【Y1・Y2】 連帯して1000万円	【Y1・Y2】 0円
【55】	コンドル馬込交通事件 東京地裁 H20.6.4 労判973-67	Yが元従業員Xに対し，給与の前払金および研修費用の返還を請求したのに対し，XがYの請求原因事実を否認するとともに（給与の前払金ではなく前借金である等），Yに対する慰謝料請求権（給与債権と前借金とをYが相殺したことは労基法17条に違反し，このためにXはわずかな給与しか受け取れずに生活が著しく困難になり，耐え難い精神的苦痛を被ったと主張）と未払賃金請求権をもってYの上記各債権と相殺する旨主張した事案。	【Y→X】 ①不当利得返還請求（給与の前払金） ②研修費用返還請求 【X→Y】 ①損害賠償請求権（相殺の抗弁） ②未払賃金請求権（相殺の抗弁）	50万円	0円
【56】	不二タクシー事件 東京地裁 H21.11.16 労判1001-39	Yの元従業員であったXが，在職中，内払金（賃金の一部前払い）を受領し，また，乗客より受領した運送収入の納金不足（運収未納）を発生させたほか，Yから貸付金を借り受け，これらの返済として，毎月，賃金を一部差し引かれていたことから，Yに対し，雇用契約に基づく賃金請求として，平成19年3月から平成20年4月までの未払賃金の支払を求めるとともに，弁護士からの受任通知受領後も，破産手続に協力せず，賃金からの控除を続けたため，Xの収入の不安定さが解消されず，年金担保による借入れを行い，これにより破産手続が同時廃止事件	①（未払）賃金請求 ②損害賠償請求	100万円	0円

第14章　その他

			児童生徒の人格の発展と完成を図る人間の心身の発達という基本的価値に関わるという特殊性を有するほか，児童生徒の保護者からの多様な期待に適切に応えるべき立場にも置かれていることを考慮すると，過度な時間外の勤務がなされた場合には肉体ののみならず精神的負荷が強いと推認できるところ，教育職員には時間外勤務手当は支給されないこともあってその勤務時間管理が行われにくい状況にある上に，X3，X8，X9が上記健康の保持に問題となる程度の少なくない時間外勤務をしていたことを踏まえると，それによって法的保護に値する程度の強度のストレスによる精神的苦痛を被ったことが推認されることを斟酌。
【X1〜X5】 ・外務員 ・Yを退職後，競合する証券会社に再就職	商品取引法の適用を受ける上場商品及び上場商品指数の売買，取引の取次等を業とする株式会社		退職金，弁護士費用の一部については認容されたが，Xらが就職時の誓約または退職時の誓約に反し同業他社に就職したこと，商品先物取引業界において外務員の同業他社への転職に伴う顧客の流出が経営上重要な問題とされ，Yもその防止策に苦慮していたことなどが考慮され，退職金支払いについて，単なる債務不履行を超えた違法な権利侵害行為とは評価されず，慰謝料は認容されなかった。
・トラック運転手 ・平成15年6月末日，Y1を退職	【Y1】 ・貨物自動車運送事業等を営む株式会社 ・平成16年1月26日，解散 【Y2】 ・一般貨物自動車運送事業等を営む株式会社 ・Y1の解散に際し，その営業資産を譲り受けた		本件では，償却制度をXに適用したことによる不法行為を認めることはできない。
・タクシー運転手 ・普通第2種免許取得のための研修を受講し，免許取得直後に退社	タクシー業等を営む株式会社		給与の前払金か前借金かが争点となったが，前払金と認定され，Xの主張は前提を欠くものとして認められなかった。
・タクシー乗務員（平成20年3月31日，退職） ・平成19年8月，債務整理を弁護士に委任 ・平成20年3月26日，破産手続開始決定（管財事件） ・賃金請求権につき自由財産拡張	タクシー会社		各貸付を申し込んだXにおいて，「Yよりいくら控除され残額がどれぐらいの賃金を渡されるのかが全くわからない」というような状態にあったということはできず，仮にXの予想していた控除残額と一致していなかったとしても，その額は（給与明細書等によって）予想すべき控除残額より減っていたことはなかったのであるから，XにおいてYの控除行為により「絶えず不安を覚えていた」という心理状態にあったことを肯定することは困難。

[57]	豊國工業事件 奈良地裁 H18.9.5 労判925-53	Yの元従業員であったXが，YはXが要求したにもかかわらず社会保険の加入手続をせず，その結果，Xは国民年金や国民健康保険の保険料の支払を余儀なくされ，他方，厚生年金等に加入していれば，その給付を受けることができた，また，Yが有給休暇の取得を認めず，支払うべき給与を支払わなかったとして，不法行為及び債務不履行を理由に，損害賠償(支払を免れたはずの保険料，給付を受けられたはずの年金及びその慰謝料，有給休暇を取得することができないとする扱いを受けていたためカットされた給与相当額)の支払を求めたのに対し，Yが，反訴として，YがXの厚生年金等の社会保険について遡及的加入の手続をし，Xが負担すべき保険料等を支払ったところ，そのうちXが支払っていない残金の支払を求めた事案。	(本訴) 損害賠償請求 (反訴) 保険料の本人負担金請求	100万円	20万円
[58]	テックジャパン事件 東京高裁 H21.3.25 労判1060-11 横浜地裁 H20.4.24 労判1060-17 最高裁第一小法廷 H24.3.8 労判1060-5	Yに雇用されていたXが，Yに対し，Yが，社会保険への加入は任意であるかのようにXに申し向け，加入する場合は給与が大幅に下がるなどと申し向けてXを社会保険に加入させなかったこと及びXに年次休暇は付与されないと虚偽の事実を述べてXに有給休暇を取得させなかったことは不法行為にあたると主張して，Xが被った精神的損害に対する慰謝料の支払(甲事件)並びに時間外手当及び労基法114条による付加金の支払(乙事件)を請求した事案。	■甲事件 損害賠償請求 ■乙事件 賃金請求	104万1200円 (内訳) ・社会保険への加入妨害：50万円 ・有給休暇の不付与：54万1200円	0円
[59]	広島県ほか(教員・時季変更権)事件 広島高裁 H17.2.16 労判913-59 広島地裁 H15.12.24 労判913-75	Xが，校長から年休取得の許可を得た上で広教組の定期大会に参加したところ，許可後に違法な時季変更権を行使され，これを前提として欠勤を理由とする給与・勤勉手当の減額，教務主任の命課換え，文書訓告をされるという不利益を受けたとして，損害賠償を求めた事案。	【X→Y1・Y2】 損害賠償請求	【Y1・Y2】連帯して300万円	【Y1・Y2】連帯して30万円
[60]	八千代交通事件 さいたま地裁 H23.3.23 労判1075-27 最高裁第一小法	かつてYから解雇されたが，訴訟により解雇が無効であることを確認する判決を得て職場復帰したXが，解雇の効力を争っていた期間についても年次有給休暇権(以下「年休権」という。)が発生することを前提として有給休暇届を提出したところ，Yが，有給休暇届を受理せず，Xが就業しなかった日につ	①年次有給休暇請求権存在確認 ②賃金請求 ③損害賠償請求	100万円	0円

398

第14章　その他

・男性 ・工場勤務 ・期間を1年間とする雇用契約を毎年締結 ・平成10年9月入社、平成16年11月末日定年退職	・オフィス用収容家具等の鋼鉄製事務用器具の製造を主な業務とする株式会社 ・社員数約300人		Xが被保険者資格を取得したにもかかわらず保険給付を得られなくなったことについては、Xがしばしば加入を求めていたにもかかわらず、Yの担当者が事実に反する説明をしたり、解雇や給与減額などの不利益処遇を口にしていたことが大きな原因であったというべきことなど、諸事情を考慮。
・男性 ・契約社員（派遣労働者。4回更新後、退職）	IT業界に人材を派遣する人材派遣を業とする会社		【社会保険への加入妨害】 Xは、手取収入の額の大きさを他の要素より優先して考え、最終的には自らの判断により社会保障において手厚い正社員となるよりも手取収入の多い契約社員となることを選択したのであるから、Y担当者の虚偽の説明の結果、本来的に社会保険に加入したかったという希望が妨害されたとはいえない。 【有給休暇の不付与】 Xは実質的にみると有給休暇を付与されていた場合と同じような休暇取得状況にあったということができ、加えて、もともとXの基本給が正社員として契約するよりも格段に高い月額41万円に設定されていたものであること、有給休暇を付与されなかったことにより稼働時間が所定の最低時間である140時間を下回ることとなってしまったという平成17年11月分についてみてもそれがわずか4時間にすぎず、そのための控除分が僅少であることをも併せ考えれば、Xが有給休暇を付与されなかったことによる不利益は実質的・総体的にみてなかったといえる。
・男性 ・小学校教諭 ・教務主任 ・広教組地区支部長	【Y1】 三原市 【Y2】 広島県		・給与及び勤勉手当の減額の理由は、客観的には違法な時季変更権が適法に行使されたことを前提として、Xが欠勤したものとの扱いに基づくものであって、そのような扱いをすること自体がXにとっては不名誉なことであり、相応の精神的苦痛が生じるのは否定できず、その是正のため人事委員会に対する措置要求をしなければならなかったことを考慮すると、減額分が後に支払われたことによって当然に精神的苦痛が回復されるものということはできない。 ・時季変更権の行使に伴う職務命令についても、客観的には認められないにもかかわらず、これがあるものとしてされた職務命令違反に対する本件訓告や本件訓課換え、特に、事実に相違する理由が明示された本件訓告は、Xの名誉感情を害し、屈辱感を与えるものであることは明らかである。 ・本件の事実経過、県教委、市教委及び校長の各違法行為の内容、Xが被ったであろう精神的苦痛の程度、その他本件に現れた諸事情を勘案。
・タクシー乗務員兼特命事項担当 ・正社員 ・かつてYから解雇されたが、訴訟で解雇無効を確認する判決を得て、職場復帰していた	一般乗用旅客自動車運送事業等を営む株式会社		Xの年休権の行使を認めなかったYの行為は不当であるというべきであるが、Yは、行政解釈等を参酌してXの年休権の取得を否定し、有給休暇届を受理しなかったものであり、また、Xが年休権を取得したとしても時効により消滅したとの見解に立つものと認められるから、このような立場に立って行われたYの行為が直ちに不法行為上の違法性を有するとはいえない。

399

	事件名	事案概要	請求内容	請求額	認容額
	廷 H25.6.6 労判1075-21 東京高裁 H23.7.28 労判1075-25	いて欠勤扱いとしたことから，Xが年休権を有することの確認及び未払賃金の支払並びにYがXに対し年休権の行使を認めなかったことが不法行為に当たるとして損害賠償の請求をした事案。			
【61】	日本体育会事件 東京地裁 H16.1.13 労判872-69	Yの職員であるXが，Yに対し，YがXの勤務場所や勤務時間に関する労働契約法上の配慮義務を怠ったこと（自宅近くの勤務場所への配転合意の不履行，育児休暇明けの勤務場所に関する配慮義務違反，昼間勤務のできる自宅近くの勤務場所での勤務保障義務の不履行，保育と両立可能な勤務時間についての配慮義務違反）を理由に，不法行為又は債務不履行に基づく損害賠償を請求した事案。	損害賠償請求	300万円	0円
【62】	キヤノンソフト情報システム事件 大阪地裁 H20.1.25 労判960-49	平成15年7月10日から自律神経失調症及びクッシング症候群を理由に病気休職中であったXが，平成16年8月1日からの復職の意思を表示しかつ平成16年8月1日から現実に復職可能であったにもかかわらず，Yにこれを拒否され，平成17年7月9日をもって休職期間が満了したことにより翌日から退職として扱われたのは理由のない就労拒絶であり違法であるとして，Xが，Yに対し，従業員としての地位確認，平成16年8月1日以降の毎月の賃金（月額31万1000円）と年2回の賞与（年51万9500円）の支払い，慰謝料（100万円）と弁護士費用（100万円）の各支払いを求めた事案。	①地位確認 ②賃金請求 ③損害賠償請求	100万円	50万円
【63】	学校法人専修大学事件 東京地裁 H24.9.28 労判1062-5 東京高裁 H25.7.10 労判1076-93	Yが業務上疾病（頸肩腕症候群）により療養のため休業中で労災保険給付（療養補償給付，休業補償給付）を受けているXに対し，その休業期間満了後，Yの災害補償規程に基づき労基法81条所定の打切補償を支払って行った解雇が解雇権の濫用に当たらず有効であるとして，地位不存在確認を求めて本訴を提起した（本訴）のに対し，Xにおいて，①Xは労基法81条所定の「第75条の規定によって補償を受ける労働者」に該当せず，本件解雇は同法19条1項本文に違反し無効であるとして，地位確認を求めるとともに，②(1)YがXの求めたリハビリ就労を拒否したこと，(2)本件解雇，及び(3)Yが本件解雇について労基署から是正勧告を受けるや本訴提起したことは，不法行為を構成するとして，損害賠償の支払いを求めた（反訴）事案（なお，本訴は取り下げられた。）。	（反訴請求） 【X→Y】 ①地位確認 ②損害賠償請求	200万円 （内訳不明）	0円 （内訳） ・リハビリ就労拒否：0円 ・解雇：0円 ・訴訟提起：0円
【64】	日欧産業協力センター事件 東京高裁	Xが第3子の育児休業申請を行ったところ，Yがこれを拒絶し，その後，雇止め通知を受けたことから，Xが，Yに対し，Yによる解雇ないし雇止めが無効である	①地位確認 ②未払賃金請求 ③損害賠償請求	600万円 （雇止め，育児休業付与拒否合わせて）	40万円 （内訳） ・雇止め：0円

第14章　その他

・女性 ・正職員	学校教育,体育・スポーツの研究,体育・スポーツ指導者の養成を目的とする学校法人	・Yは,就業規則に基づき,職員の配転を行う権限を有しており,自らの合理的裁量により職員の配転の場所と時期を設定することができる。 ・Xを日本体育大学に配転する黙示の合意があったとは認められないため,YがXを日本柔整専門学校から日本体育大学に配転させなかったこと等は,労働契約上の義務違反にあたらない。 ・YがXに対し,2年間の昼間勤務を保障すると約束した事実は認められないため,XをYが日本柔整専門学校における勤務に戻したこと等は労働契約上の義務違反にあたらない。
・コンピュータープログラマー ・平成15年7月10日から病気休職	コンピューター利用技術の開発及び販売等を業として行う会社	・Xは,Yが理由なく復職を拒否し,違法に休職期間満了をもって退職としたことにより,Yにおける従業員としての地位を奪われ,その回復に多大な時間と労力を余儀なくされたこと,この間,社会的・経済的に不安定な立場に置かれた上,コンピュータープログラマーとして現場での作業を通じてスキルアップする機会を奪われたことが認められ,これによってXが被った精神的苦痛を慰謝するには50万円が相当。 ・Xは,平成17年7月10日以降退職扱いとされたものであるが,その前後において,復職に向け,以下の手段を講じてきたものであり,その時間と労力が慰謝料額に影響している。 ①　平成16年7月9日,書面で,復職を申請したが,Yに拒否されたこと ②　平成17年3月17日,改めて書面で,復職を申請したが,Yに拒否されたこと ③　休職期間満了前に,地位保全等の仮処分を申し立て,一部認容の仮処分命令を得たこと ④　平成17年7月28日に本訴を提起し,判決まで訴訟追行したこと
・男性 ・新卒採用 ・教務部入試事務課に配属	・大学,短大等を経営する学校法人 ・専任教職員約900名	【リハビリ就労拒否】 Xが要求するリハビリ就労の内容は,職場復帰に向けた「訓練」としてのものであり,労務の提供それ自体を直接目的とする行為であるかは大いに疑問である上,その要求がされた時点では復職可能とする客観的な資料も提出されていなかったというのであるから,YがXの要求に応じるべき法的義務を負っていたものとは解されない。 【解雇】 ・労災保険法上の療養補償給付を受けている労働者は,打切補償の支払により解雇することができる労働者に該当せず,本件解雇は無効。 ・Yが本件解雇を断行した理由は,労基法81条の打切補償をめぐる法律問題に関する見解の相違に由来するものであるということができることに加え,療養補償給付を受けている労働者は労基法81条の打切補償の対象となるか否かは未だ定説がなく,本件解雇が労基法19条1項本文の解雇制限に違反するものであることを考慮しても,これをもって直ちに不法行為に当たるものと評価することはできない。 【本訴提起】 本件解雇に至るまでの経緯(平成15年3月に頸肩腕症候群と診断され,平成15年4月以降欠勤を繰り返し,15年6月から17年6月まで私傷病欠勤ないし私傷病休職,その後復職したが,18年1月から23年1月まで欠勤ないし業務災害休職,23年10月に解雇決定)等に照らすと,Yが提起した本訴が不当訴訟に当たるといえるほどの違法性を帯びたものであるとはいい難い。
・英国国籍女性 ・期間1年の有期雇用契約を締結し,その後約6年間,契約更新の	財団法人貿易研修センターの付属機関として設立された権利能力なき社団	・Xとの5回の契約更新のいずれについても更新手続をしたことがなく,本件労働契約に期間の定めがあることを確認させる等の措置を講じたことが一切なく,Xは,雇止め通知の前年及び前々年には2年連続して昇給し,仕事の能力

401

	H17.1.26 労判890-18 東京地裁 H15.10.31 労判862-24	として、①労働契約上の権利の確認、②解雇後の賃金及び遅延損害金の支払、③育児休業申請の拒絶及び違法な解雇ないし雇止めについてそれぞれ不法行為に基づく損害賠償を請求した事案。	求		・育児休業付与拒否：40万円
【65】	マンナ運輸事件 京都地裁 H24.7.13 労判1058-21	Yの従業員であるXが、アルバイト就労をすることの許可を数度にわたって申請したが、Yがいずれの申請も不許可としたのは違法であるとして、Yに対し、不法行為に基づき、損害賠償を請求した事案。	損害賠償請求	100万円	30万円
【66】	東京都・都労委（教員・再雇用制度等）事件 東京地裁 H21.1.19 労判979-5 東京高判 H21.10.15 労判995-60	卒業式の国家斉唱時に職務命令に違反して起立せず戒告処分を受けたXが定年退職後になした再雇用職員及び再任用職員の採用選考申請に対し、都教委が不合格とした件につき、Xが上記不合格処分取消又は無効確認等の請求、再雇用職員又は再任用職員として採用せよとの義務づけ及び期待権侵害に基づいて国家賠償請求をした事案。	①処分取消請求（主位的請求） ②処分無効確認（予備的請求） ③採用義務付け請求 ④損害賠償請求	100万円	0円
【67】	日本ニューホランド（再雇用拒否）事件 札幌地裁 H22.3.30 労判1007-26	Yを定年退職後、Yから再雇用を拒否されたXが、再雇用拒否は少数派従業員組合（労働組合）を敵視していたYがXに報復するために行なったもので権利濫用または不当労働行為に該当して無効であって当然に再雇用契約が成立したというべきであり、仮に再雇用契約が成立したとは認められないとしても、再雇用拒否は債務不履行または不法行為に該当するなどと主張して、Yに対して、第1次的請求として雇用契約上の権利を有することの確認と未払賃金の支払いを、第2次的請求として損害賠償の支払いを、それぞれ求めた事案。	・第1次的請求（主位的請求） ①地位確認 ②賃金請求 ・第2次的請求（予備的請求） ③損害賠償請求	50万円 （損害額合計1430万3907円）	不明 （財産的損害と併せて500万円）
【68】	学校法人大谷学園事件 横浜地裁 H22.10.28 労判1019-24	■第1事件 X1の生徒に対する不適切な言動を理由としてなされたYによる懲戒減給処分（就業規則の「懲戒を受けたにもかかわらず改悛の見込みのないとき」に該当）が違法、無効であるとして、Xらに対し、賃金請求権に基づく減給相当額の支払いと、不法行為による損害賠償を求め	■第1事件 【X1→Y】 ①賃金請求 ②損害賠償請求 【X2→Y】 損害賠償請求	■第1事件 【X1】 100万円 ■第2事件 【X1】 300万円	■第1事件 【X1】 0円 ■第2事件 【X1】 0円

第14章 その他

手続は一切なし			を高める意欲をもって自ら米国で研修を受けていること，雇止め通知がXからの育児休業の請求をYが拒絶したことに端を発するものであることに照らせば，雇止め通知の当時，Xが雇用期間終了後もYに雇用され続けると期待したことには合理性があり，Yの雇止めは無効。 ・雇止めによる精神的苦痛による損害は，賃金の支払及び労働契約上の権利を有する地位の確認によって補填，慰謝されると認められるから，雇止めによる慰謝料請求は理由がない。 ・Yによる育児休業付与の拒否により，生後2か月の子を預けて出勤せざるをえなかったこと，出勤しても仕事をほとんど与えられなかったこと等による精神的苦痛は，労働契約上の権利を有する地位の確認及び賃金の支払のみによっては補填されない。
・男性 ・準社員 ・大型貨物自動車の運転手	貨物自動車運送業等を目的とする株式会社		・4回にわたって行われたXのアルバイト就労をすることの許可を求める申請のうち，第3申請及び第4申請に対するYの不許可は，執拗かつ著しく不合理なもので，単なる労働契約上の許可義務違反を超えてXに対する不法行為に当たり，また，その不許可の理由において，Yに不当労働行為意思も推認できるから，この点でもYの不許可は不法行為に該当する。 ・XはYによる不合理かつ執拗なアルバイト就労の不許可がされたことにより，本件訴訟における追加的な主張立証を含めて対応を余儀なくされ，生活の足しとすべき収入が得られなかったなどの精神的苦痛を被ったことが認められ，その精神的苦痛に対する慰謝料額は，Yの対応の不合理性の程度，許可されるべきアルバイト就労によって得られた収入の程度，それがXの収入に占める割合，XがYの不合理性の主張立証に要した労力等をはじめとする諸事情を総合的に考慮。
・男性 ・都立高校教諭（定年退職済み）	東京都		本件再雇用，本件専任制職員として採用されることについての期待権は，採用されたならば稼働して報酬を得られるということが法益の中心であるとして，逸失利益相当額（報酬月額16万円の1年分192万円）が損害額として認められる以上，本件不合格による精神的苦痛は，逸失利益相当額の填補によって慰謝されるというべきである。
・男性 ・定年退職済み ・少数派従業員組合の中央執行委員長	・農業用機械器具の販売及び輸出入業務等を目的とする株式会社 ・全国に合計51の営業所等を有し，従業員数577名		・本件再雇用拒否は，Xに対して不利益を与えることを目的としてなされたものと認められ，権利の濫用に該当し，かつ，不法行為に該当。 ・Xは，本件再雇用拒否によってYとの間で再雇用契約を締結する機会を奪われたと認められるから，Xにはその機会を奪われたことによる財産的及び精神的損害が発生したというべきであり，その損害額を算定するに当たっては，本件に顕れた一切の事情を総合考慮して決めるほかない（民訴法248条参照）。本件再雇用拒否の違法性の程度（本件再雇用拒否は，Xほか少数派組合の従業員の合理的意思並びに高年法9条及び本件再雇用制度の趣旨に明らかに反しており，違法性の程度は高いというべきである。），XとYとの間で再雇用契約が締結された可能性の程度（その可能性は低かったと推認されるが，可能性がなかったとはいえない。），XとYとの間で再雇用契約が締結された場合にXが取得することができたと推認される経済的利益の額（ただし，その額は正確に認定することができない。）及びその額を取得することができなくなったことによるXの精神的苦痛の程度等，本件に顕れた一切の事情を総合考慮。
【X1】 ・Yの教職員 ・X2に加入 【X2】 K県を中心とした中小企業の労働者が加入する労働組合	高等学校，中学校，幼稚園，専門学校を設置する学校法人		■第1事件 ・X1は，いじめを理由に30日間の停学処分を受けている担任生徒が「自分たちを辞めさせたいんでしょう」と聞いたのに対し，「おお，よくわかったな」と答えた。 ・上記発言は，教職員としてあるまじき発言，当該生徒及び保護者に不信感を与える発言というべきであり，本件では最終的に神奈川県に苦情を申し出られるという事態にまで発展した。

403

		るとともに，X2とX3がYの団体交渉拒否及び組合否認行為は違法であるとして，不法行為による損害賠償を請求した事案。 ■第2事件 定年退職後の再雇用の申し出を拒否されたX1が，Yが導入した継続雇用制度が高齢者等の雇用の安定等に関する法律9条2項等に反し違法，無効であるとして，Yに対し，主位的に，雇用契約に基づき，定年退職後の雇用契約上の権利を有する地位にあることの確認を求めるとともに，賃金の支払を求め，予備的に，違法，無効な前記制度に基づく再雇用拒否によって損害を被ったとして，債務不履行ないし不法行為に基づく損害賠償を請求した事案。	【X3→Y】 損害賠償請求 ■第2事件 【X1→Y】 ・主位的請求 ①地位確認 ②賃金請求 ・予備的請求 ①損害賠償請求		
【69】	ユタカ精工事件 大阪地裁 H17.9.9 労判906-60	営業不振が続いていたYが再建策を模索するため，銀行支店長等を歴任したXに対し，Yへの入社と再建の協力を要請し，Xもこれに応じて勤務先銀行を中途退職の手続をとり，Yの銀行との融資依頼交渉にY顧問という名刺をもって同席したり，Yの本社をしばしば訪問するようになったが，その間XとYの間で勤務条件等について話すことがなかったところ，Xの入社予定日の1週間前になって初めてXの給与について話がなされたが合意に至らず，Xが出社した日にYから採用することはできないと告げられたため，XがYに対し，主位的に雇用契約上の地位を有することの確認を求めるとともに賃金の支払いを求め，予備的にYに契約締結上の過失があるとして損害賠償を求めた事案。	・主位的請求 ①地位確認 ②賃金請求 ・予備的請求 損害賠償請求	200万円	120万円 ※ただし，過失相殺により20%減額
【70】	日本ポラロイド（サイニングボーナス等）事件 東京地裁 H15.3.31 労判849-75	（本訴事件） YがXに対し，雇用契約に基づく債務の履行として，サイニングボーナス（雇用契約により，1年間，Yに拘束されることに対する対価として支払われるもの）200万円及び不法行為に基づく損害賠償（弁護士費用）125万4300円の支払を求めた事案。 （反訴事件） Xが，Yに対し，雇用契約に基づく債務の履行としてインセンティブボーナス123万7500円，雇用契約に基づくストックオプション支給債務が履行されていないとして債務不履行に基づく損害賠償100万円，Yの欺罔的就職勧誘と就職後の重要事項の秘匿という不法行為および債務不履行及び不当な本訴提起に基づく損害賠償（慰謝料200万円，弁護士費用122万0160円の合計から209万5200円については相殺を主張して減額請求）112万4960円の支払を求めた事案。	（本訴） 【Y→X】 ①契約履行請求 ②損害賠償請求 （反訴） 【X→Y】 損害賠償請求	200万円	0円
【71】	富士通（退職金特別加算金）事件 東京地裁 H17.10.3 労判907-16	Yを退職して転職したXがYに対し，主位的にXには早期退職優遇制度が適用されるべきであると主張して，同制度に基づく特別加算金の支払を請求し，予備的に，仮に同制度が適用されないとしても，YがXの退職手続きに協力せず，退職するまでに同制度が適用されない合理的な理由を正式に知らせなかったことが信義に反する不当な行為であると主張して，慰謝料を請求した事案。	・主位的請求 退職金特別加算金請求 ・予備的請求 損害賠償請求	50万円	0円

【X3】 X2のY支部			・X3は過去に生徒に対する体罰を理由として譴責処分を受けていることからすれば，本件発言は，就業規則所定の懲戒事由のうち「懲戒を受けたにもかかわらず改悛の見込みのないとき」に該当する。 ・減給処分の内容及び程度は，わずか9365円の減給1か月という比較的軽微なものにとどまり，処分は有効。

■第2事件
高年齢者雇用安定法9条1項の規定自体からも，同条の全体構造からも，X1が主張するような同項の私法的強行性を肯定する解釈は成立せず，同条項違反を理由とする各請求は認められない。

	・男性 ・銀行支店長を歴任後，銀行の経営管理部上席専任役就任 ・Y入社のため自己都合退職	産業用専用機及び自動機の考案設計並びに販売を営むことを目的とする会社	・Yは，Xが想定しているであろう給与に比べると，著しく低額である金額の給与でしか雇用契約を締結することはできないと判断するに至ったにもかかわらず，これをXに告げず，Xから給与について協議の申入れを受けるまで放置し，これによりXは，早期に再就職先を探すことになる機会を逸せられ，勤務先を退職後，自己の想定する程度の給与の支給を受けることができるであろうとの期待を抱いていたにもかかわらず，明確な理由の告知なしに，低額の給与額を提示された上，結局，雇用契約を締結することができなくなったとの経緯を考慮。 ・当初，YがXに対し，Yへの入社を依頼した際の態度や，その後，Yの求めに応じ，Xが金融機関との交渉の場に同席するなどしたことを考えると，その後のYの対応は，不誠実。
	・男性（退職時34歳） ・ヘッドハンティングによる中途採用 ・Y入社後，5か月半で退職	・写真機，写真材料サングラスその他の光学製品等の製造，組立，売買及び輸出入等を主たる目的とする株式会社 ・米国ポラロイド社の100％子会社	Yが採用の際の説明義務に違反して，欺罔的な就職勧誘をしたということはできないし，使用者としての誠実義務に違反して就職後の重要事項を秘匿したということはできず，これによりXに不利益な再就職活動を強いたということもできない。
	・男性（退職時45歳） ・コンピュータのソフトウェア開発に従事	通信機器，装置，システムの製造及び販売等を業とする株式会社	・Yが本件退職の承認に時間を要したのはやむを得ず，Yが，Xの最終出社日の前日に退職手続書類を交付したとしても，Xの退職手続に協力しなかったということはできない。 ・Xはもともと本件プログラムの適用を前提とせずに早期退職して転職するという意思を決定していた。 ・Xは，申請後6回にわたり，担当部長等から本件プログラムが適用されない可能性が高い旨を伝えられており，Xに本件プログラムの適用がなければ退職願を撤回する意思を有していたとは認められず，同適用があると客観的に期待し得る状況にもない。 ・Xの退職願提出後最終出社日までの3週間足らずの間に4

【72】	EMIミュージック・ジャパン事件 静岡地裁 H22.1.15 労判999-5	Yの従業員として雇用されていたXらが、Yの会社分割に伴い、T社に転籍したものであるところ、この際、間もなくT社から賃金の引下げの提案があることが確実であることを説明しなかったことは労働契約に基づいて生じた説明義務に違反するものであるとして、それぞれ、債務不履行に基づく慰謝料の支払を求めた事案。	【X1・X2→Y】 損害賠償請求	【X1・X2】 各300万円	【X1・X2】 各15万円
【73】	東亜交通事件 大阪高裁 H22.4.22 労判1008-15 大阪地裁 H21.9.3 労判994-41	Yは、Xらをタクシー乗務員として雇用するに当たり、それぞれ50万円を貸し付ける内容の金銭消費貸借契約を締結し、同契約に基づいて、(ｱ)第2種免許取得のための自動車教習所における授業料、及び教習所への交通費、(ｲ)教習費（日額1万円）、(ｳ)就職支度金（4回に分けて合計20万円）を、それぞれ貸し渡すこととする合意（本件契約）をした。 Xらは、本件契約による貸金について、消費貸借契約は要物性を満たしていないから成立しておらず、また本件契約が労働基準法に違反することから、法的に返済の義務がないことを前提に、Yが、(ｱ)タクシー乗務員を募集する新聞や看板において第2種免許の取得費用や教習費、就職支度金を支給するとの虚偽の広告を行ったこと、(ｲ)800日乗務日数完了を返還免除の条件とする本件契約は労働関係の維持を強制するものであり、労働基準法16条に違反すること、(ｳ)法的知識のないXらに対し「何時解雇されても解雇手当やその他の要求は一切致しません」と記載のある雇用契約書を作成させたことを不法行為とし、Yに対し、(1)X1において、損害賠償請求権に基づき慰謝料の支払を求めるとともに、(2)X2において、①不当利得返還請求権に基づき、借入金の返済としてYに交付した金銭の返還、並びに②不法行為による損害賠償請求権に基づき慰謝料の支払を求めたところ、(3)Yは、Xらの請求を争うとともに、反訴として、X1に対し、上記貸金の返済を求めた事案。	（本訴請求） 【X1→Y】 損害賠償請求 【X2→Y】 ①不当利得返還請求 ②損害賠償請求	【X1】 170万円 【X2】 80万円	【X1】 0円 【X2】 0円
【74】	TOTO事件 大津地裁 H22.6.22 労判1012-25	・Y3の工場内で稼動していたAが製造機械に挟まれる事故により死亡したことに関して、(1)Aの父母であるX1及びX2が、Aの属する製造ラインの組の組長であったY1には作業員の安全に配慮すべき義務等があったにもかかわらず、これを怠った、又は、Y3が所有する上記工場には瑕疵があったとして、Y1に対しては民法709条に基づき、Y3に対しては同法715条又は717条に基づき、Y2に対しては同法715条に基づき、損害賠償金の連帯支払を求め、(2)X1、X2及びAの兄であるX3が、Y1には被害者の遺族に対して事故情報を提供すべき義務があるにもかかわらず、これ	【X1・X2→Y1～Y3】 損害賠償請求 【X1～X3→Y1～Y3】 損害賠償請求 【X1～X3→Y1～Y3】 損害賠償請求	【X1・X2→Y1～Y3】 連帯して4500万円 （内訳） 【X1～X3→Y1～Y3】 4000万円 【A本人】 【X1固有】 250万円 【X2固有】 250万円 【X1～X3→Y1～Y3】 情報提供義務	【X1・X2→Y1～Y3】 （A本人並びにX1及びX2固有の慰謝料合わせて）連帯して2500万円 【X1～X3→Y1～Y3】 0円 【X1～X3→Y3】

第14章 その他

			回にわたり担当部長がXと面談したことからすれば，直ちにYが信義に反したと認めることはできない。
【X1・X2】 ・Yの御殿場工場に勤務していた元従業員 ・Yの会社分割によりT社に転籍	【Y】 ・音楽ソフト，映像ソフト，コンピュータソフトの制作，製造，販売等を目的とする株式会社 ・会社分割によりT社設立後，その株式をU社に売却 【T】 ・Yが会社分割により新たに設立した会社 ・Yの御殿場工場等の営業を承継		Yの説明義務違反（※T社においては，会社分割後早期に労使交渉が行われることが予想されることの説明）により，Xらは十分な説明を受けて5条協議（商法等の一部を改正する法律附則5条）に臨むことができなくなったものであり，5条協議が労働者にとって重要なものであることをも踏まえれば，これにより生じた精神的苦痛は金銭による賠償をもって慰謝するのが相当であること，もっとも，5条協議は，協議の成立まで義務付けられるものではなく，仮に労働契約の承継の有無に関して合意に達しないとしても，分割計画に承継されるべきものと定められれば，結局，設立会社に労働契約は承継されることとなるものである上，実際に設立会社において労働条件の変更がされるためには労働関係法規の定めるところに従うことが必要であること，また，事業譲渡のために会社分割が行われる場合において，仮にその当事会社間に給与等についての格差があるとすれば，早晩，その是正が問題となり得ることについては，労働者も一般的に予想し得ること等の諸事情を含め本件に現れたその他の事情を考慮。
【X1】 ・50代男性 ・タクシー乗務員 ・実働乗務日数784日で退社 【X2】 ・40代男性 ・タクシー乗務員 ・実働乗務日数363日で退社	タクシー会社		【虚偽広告】 Yが教習費及び就職支度金の支給について虚偽の広告をしたということはできるが，Yはその返還をXらに請求できないから，Xらに損害はない。また，自動車教習所の授業料等については虚偽であるとは認められない。 【労基法16条違反】 自動車教習所の授業料及び交通費を金銭消費貸借の目的とすることは許されるもので，その返還合意はXらに不利益を及ぼすものではないから，労基法16条違反の事実は認められない。 【違法な労働契約】 ・「本期間中何時解雇されても雇用手当やその他の要求は一切致しません」との雇用契約書の記載内容は違法であると認められるが，この記載によりXらが劣悪な労働環境の下で勤務せざるをえなくなったとまでは認められない。 ・慰謝料請求を理由づけるような内容の違法行為があったとは認められない。
【A】 ・男性（死亡時39歳） ・人材派遣会社S社に雇用され，N社へ派遣されて，Y3滋賀工場内での作業に従事 【X1・X2】 Aの両親 【X3】 Aの兄	【Y1】 ・Y2の従業員で，Aの属する製造ラインの組の組長 【Y2】 ・Y3滋賀工場内での作業に従事 【Y3】 ・衛生陶器の製造販売等を業とする株式会社 ・Y2との間で製造委託契約を締結し，従業員をY3滋賀工場内での作業に従事させていた		【死亡慰謝料】 健康に日々を過ごしていたのに，本件事故に遭遇し，生死の淵を彷徨った挙げ句，尊い一命を絶たれたAの苦しみ，無念さ，親思いであったAを突然失ったX1，X2の悲嘆を考慮すると，Aはもとより，X1，X2らの心中は察するに余りある。加えて，本件事故後，加害者側が明らかに事実と反する説明をするなど不誠実な態度をとっていたこと，その他本件に顕れた一切の事情を考慮。 【情報提供義務違反】 本件事故後の混乱した状況の下で，Y1が直接Xらに事故情報を提供しなかったからといって，それが社会的相当性を逸脱した違法な行為であるとはいえないし，それ自体によりXらの法益が侵害されたということもできない。

407

		を怠ったとして，Y1に対しては民法709条に基づき，Y2及びY3に対しては同法715条に基づき，損害賠償金の連帯支払を求め，(3)Xらが，Y3には事故後被害者の遺族に対して誠実に対応すべき義務があったにもかかわらず，これを怠ったとして民法709条に基づき，損害賠償金の支払を求めた事案。・労災申請あり（認定）。		違反：連帯して各50万円【X1～X3→Y3】誠実対応義務違反：連帯して各300万円	0円
【75】	日本アイ・ビー・エム（会社分割）事件 最高裁第二小法廷 H22.7.12 労判1010-5 ・東京高裁 H20.6.26 労判963-16 ・横浜地裁 H19.5.29 労判942-5	Yが事業部門の一部につき新設分割を行った際，設立する会社に承継される営業に含まれるとして分割計画書に記載された労働契約の相手方であるXら15名が，(1)会社分割による労働契約の承継を拒否する権利があり，これを行使した，(2)Yの行った会社分割は手続に違法な瑕疵がある，また，(3)上記会社分割は権利濫用・脱法行為に当たるため労働契約が設立会社に承継されるとの部分については無効であるなどと主張し，Yに対し，労働契約上の権利を有する地位にあることの確認を求めるとともに，会社分割手続の違法や権利濫用・脱法行為等が不法行為に当たるとして，慰謝料を請求した事案（なお，第一審がXらの請求を棄却したのに対し，Xらのうち12名が控訴。控訴審が棄却したことから，上記12名のうち6名が上告）。	【X1～X6→Y】①地位確認②損害賠償請求	【X1～X6】各300万円	【X1～X6】0円
【76】	大誠電機工業事件 大阪高裁 H15.1.28 労判869-68 大阪地裁 H13.3.23 労判806-30	Yの従業員であったXが，Yからの整理解雇を無効として地位確認等を請求するとともに，本来は株式会社JR西日本に雇用されるべきであるのに，形式上Yに雇用されることによって職安法あるいは労働者派遣法違反の就業を強いられたとして，人格権侵害による精神的苦痛を受けたと主張して慰謝料の支払いを求めた事案。	①地位確認②損害賠償請求	800万円	0円
【77】	日本化薬事件 神戸地裁姫路支部 H23.1.19 労判1029-72	訴外T社に雇用されたXが，訴外T社・Y間の業務委託契約に基づきY姫路工場での稼働を開始したが，同契約は偽装請負であるから無効であり，X・Y間には労働契約が成立しているうえ，その後のYによる解雇は無効である等として，Yに対し，雇用契約上の地位の確認，解雇後の毎月の賃金の支払，及び，解雇ないし雇止めにより精神的苦痛を受けた，また，直接雇用の申込みをすべき信義則上の義務があり，契約社員を応募しておきながら，Xに声を掛けることさえしなかったYの対応は，直接雇用を期待していたXに対する不法行為を構成するとして慰謝料の支払いを求めた事案。	①地位確認②賃金請求③損害賠償請求	400万円 （内訳） ・派遣可能期間を超えた役務の提供，派遣切り：200万円 ・直接雇用の期待権侵害：200万円	0円

第14章　その他

		【Y3】 窯業・土石製品その他無機化学製品の製造, 販売等を業とする株式会社	【誠実対応義務違反】 本件事故後のY3の対応が, それ自体社会的相当性を逸脱した違法な行為であるとまではいえない。
【X1～X6】 ・Yのハードディスク事業に主として従事 ・Yの会社分割により, A社に承継される従業員リストに記載された ・全日本金属情報機器労働組合のY支部の組合員		・コンピューター製造・販売, システム開発等を目的とする株式会社 ・会社分割（新設分割）によりハードディスク事業部門をA社に承継させた	・Yは, 本件会社分割の目的と背景及び承継される労働契約の判断基準等について従業員代表者に説明を行い, 承継会社の中核となることが予定される事業所の従業員代表者と別途協議を行うなどしていることから, Yが行った7条措置（労働契約承継法7条）が不十分であったとはいえない。 ・Yの5条協議（商法等の一部を改正する法律附則5条1項）が不十分であるとはいえ, Xらの労働契約承継の効力が生じないということはできないし, また, 5条協議等の不十分を理由とする不法行為が成立するともいえない。
・男性 ・JR西日本吹田工場で電車車両の誘導業務に従事		・車両及び各種電機機械器具の製造, 修理販売等を業とする会社 ・主要取引先であるJR西日本との請負契約終了に伴い, Xら6名を解雇（整理解雇）	①JR西日本としては, Yとの本件請負契約の履行として, Xの本件業務の遂行を受け入れてきたのであって, JR西日本がXとの間で雇用契約を締結する意思がなかったことは明らかである。XとしてもYに採用されてからは, Yに雇用されているものと認識していたのであって平成10年に労働組合を結成して賃金についてYとの団体交渉をしたが, 交渉が進まなかったことから, 実質的にはJR西日本が雇主であると思うようになったというのであり, これはXの一方的な思い込みである。XとJR西日本との間に雇用契約に向けた意思の合致はなく, 同契約の成立は認められない。 ②本件業務の基本的な部分においてはJR西日本から独立して業務を遂行しているものと認められ, また, YとJR西日本が別個の企業であること, さらに, Yが吹田工場で, 本件業務従事者をして, JR西日本とは関係ない業務に当たらせていたことから, 本件請負契約を労働者派遣契約ないし労働供給行為に該当するものと解することはできない。 ③Xの労働権, 平等権等を侵害するとの主張は, XがJR西日本に雇用された労働者であることを前提とするもので理由がない。 ④Xの労務提供契約が継続されるという期待権は, 事実上のものであり, 法的に保護されるべき権利としての性質をもつものとは認めることができない。 以上のように判断し, Xの不法行為を理由とする慰謝料請求権がないと判断。
・男性 ・T社の契約社員, 後に派遣労働者として, Yの姫路工場で就労 ・平成21年1月31日, T社との雇用契約を打ち切られた		【Y】 火薬類及び発火装置の応用製品の製造及び販売, 労働者派遣事業等を業とする株式会社 【T社】 電子機器, 自動車部品等の各種製造会社のライン請負業務, 一般労働者派遣事業, 民営職業紹介業等を業とする株式会社	【派遣可能期間を超えた役務の提供, 派遣切り】 Xは, 自己が派遣可能期間を超えた役務の提供という違法行為を継続させられた上で, 最終的に解雇ないし雇止めされたことにより, 精神的苦痛を受けた旨を主張するが, X・Y間に労働契約は成立していないから, 当該主張には理由がない。 【直接雇用の期待権侵害】 ・Yは, 平成21年4月16日に, 兵庫労働局から労働者派遣可能期間の制限を超過している点について是正指導を受け, これに沿う措置を一応取ったといえるのであって, 是正指導の段階で, 既に姫路工場での派遣労働を終了していたXについてまで, 直接雇用の申込みをすべき信義則上の義務があったとはいえない。 ・Yは, 平成21年6月以降平成22年8月29日までの間に, 求人広告を用いて, 少なくとも7回の契約社員の公募をしていたのであるから, XがもしYに直接雇用されることを望むの

【78】	国（神戸刑務所・管理栄養士）事件 神戸地裁 H24.1.18 労判1048-140	管理栄養士の資格を有するＸ１が，Ａ社に雇用され，Ｙが設置する神戸刑務所の所長とＡ社との間で締結された管理栄養士業務委託契約（本件業務委託契約）に基づき，神戸刑務所において勤務していたことにつき，本件業務委託契約はいわゆる偽装請負に当たるとして，偽装請負の下で労働させられたこと並びに神戸刑務所長が，Ｘ１に対する不当な交代要請又は退職強要を行い，炊場への立入の要否について用度課と処遇部の間で板挟みになっていた点等について職場環境調整義務を怠ったことにより，就労の機会を奪われた等と主張し，また，Ｘ２組合が，神戸刑務所長に対してした３回目の団体交渉の申入れを，同所長が正当な理由なく拒否したことが不当労働行為に該当すると主張して，それぞれＹに対し，国賠法１条１項に基づく損害賠償を求めた事案。	【Ｘ１→Ｙ】 損害賠償請求 【Ｘ２→Ｙ】 損害賠償請求	【Ｘ１】 500万円 （経済的損害・精神的損害合計だが内訳不明）	【Ｘ１】 ０円
【79】	日本精工（外国人派遣労働者）事件 東京地裁 H24.8.31 労判1059-5	派遣元会社に雇用され，Ｙに対し，労働者派遣の派遣労働者として（元々は，業務処理請負の従事者として），Ｙの工場等において就業していたＸら（12名）が，Ｙと派遣元会社との間の労働者派遣契約の終了に伴ってＹの工場における就業を拒否されたことについて，ＸらとＹとの間で直接の労働関係が成立しているなどと主張して，Ｙに対し，労働契約上の権利を有する地位にあることの確認及び賃金等の支払いを求め，また，Ｙには，Ｘらに対する条理上の信義則違反等の不法行為が成立するとして，慰謝料等を求めた事案。	【Ｘ１～Ｘ12】 ①地位確認 ②賃金請求 ③損害賠償請求	【Ｘ１～12】 各200万円	【Ｘ１～Ｘ５】 各90万円 【Ｘ６・Ｘ７】 各70万円 【Ｘ８～Ｘ12】 各50万円
【80】	マツダ防府工場事件 山口地裁 H25.3.13 労判1070-6	派遣労働者として自動車製造業を営むＹの防府工場の各職場に派遣されて自動車製造業務に従事していたＸらは，労働者派遣法が定める派遣可能期間を超えてＹが労働者派遣の役務の提供を受けていたことや，Ｘらの就業実態等の事情によれば，Ｘらが派遣元事業主との間で締結した派遣労働契約は無効というべきであり，かつ，Ｘらの就業実態等によれば，ＸらとＹとの間には黙示の労働契約が成立しているなどと主張して，Ｙに対し，ＸらがＹ正社員としての労働契約上の地位を有することの確認，賃金の支払，不法行為（Ｙの違法行為に基づくＸらの雇用継続に対する期待権侵害）に基づく損害賠償を請求した事案。	【Ｘ１～Ｘ15】 →Ｙ ①地位確認 ②賃金請求 ③損害賠償請求	【Ｘ１～Ｘ15】 各110万円	【Ｘ１～Ｘ15】 各０円
【81】	全日本建設運輸連帯労組近畿地本（支部役員統制処分等）事件	【第１事件】 労働組合であるＹの組合員であり，Ｙの近畿セメント支部の執行委員会に所属する役員であるＸ３～Ｘ９がＹに対し，(1)Ｙからされた権利停止処分が無効である	（第１事件） 【Ｘ３～Ｘ９→Ｙ】 ①組合員としての権利停止	【Ｘ１～Ｘ５】 各100万円	【Ｘ１～Ｘ５】 各15万円

第14章 その他

			であれば、上記公募に応募すればよかったのであって、Xが同応募をしたにもかかわらず、Xが兵庫労働局に対し申告をしたがゆえにYから不利益な取扱いを受け、採用されなかったというのであれば格別、Xは、上記公募に応募せず、かえって平成22年5月1日以降、Yとは別の会社において契約社員として稼働しているのであるから、何らXに対する不法行為を構成するものではない。
【X1】 ・女性 ・A社の有期契約社員（期間1年間） ・神戸刑務所長・A社間の業務委託契約に基づき同刑務所で管理栄養士として就労 ・X2の組合員 【X2】 非正規労働者や有期雇用契約の労働者によって組織された労働組合	【Y】 国 （処分庁：神戸刑務所長） 【A社】 一般競争入札により落札し、神戸刑務所長との間で管理栄養士業務委託契約を締結		・派遣法の趣旨及び取締法規としての性質、派遣労働者保護の必要性等にかんがみれば、派遣法違反の労働者派遣が行われたとしても、特段の事情のない限り、そのことだけで派遣労働者と派遣元との間の雇用契約が無効にはならないため、刑務所長が偽装請負によりXを受け入れたとしてもXの権利は侵害されていない。 ・本件刑務所にて業務を行う管理栄養士の重要な職務内容である炊場への立入りにつき、Xが、刑務所職員らが立入を制限した旨の事実と異なる言動をしたような発言を行い、X自らも炊場に立ち入ることについて消極的な考えを示したことは、本件刑務所の用度課及び処遇部の職員らに混乱を生じさせ、業務の円滑な遂行を妨げるとともに、本件業務委託契約において業務担当管理栄養士が行うべき業務の遂行状況として不十分な状態に該当するものであり、刑務所長が、Xが業務遂行を不適当と判断し、契約に基づき交代要請をしたことには合理性がある。 ・Xが炊事場に立ち入り拒否された事実はなく、職場環境調整義務違反の主張は前提を欠く。 ・刑務所長の交代要請は正当な理由に基づく。またA社に対しなされたものであるから、その後X自ら退職を願い出たとしても退職強要には該当しない。
【X1～X12】 ・ブラジル国籍 ・派遣労働者（当初は、業務処理請負の従事者） ・Yの工場等で就業	・ベアリング等の製造販売等を業とする株式会社 ・Xらの派遣先		・Yは、偽装請負又は派遣法違反の労働者派遣の法律関係の下、長期間にわたってXらの労務提供の利益を享受してきたにもかかわらず、突如として、何らの落ち度のない派遣労働者であるXらの就労を拒否し、Xらに一方的不利益を負担させるものである上、Xらの派遣就労について、日本人派遣労働者の正社員登用の事実があるにもかかわらず、その選別基準について合理的な説明をしたり、再就職先をあっせんしたりするのしかるべき道義的責任も果たしていない。 ・上記不法行為によって、Xらは、派遣労働者としての就労の機会を突然奪われ、将来にわたっての雇用不安から精神的苦痛を受けたことが認められるところ、XらのYにおける就労期間（4年～13年4か月）及び派遣法が製造業につき未解禁であった時代からの勤務の有無、正社員への登用についての勧誘の有無、就労継続のための帰化の有無等の諸般の事情を考慮し、Xらの精神的苦痛を慰謝するための金額を算定。
【X1～X15】 派遣労働者としてYの防府工場で就労	乗用車等の製造、販売を主な事業内容とする株式会社		【X9及びX13を除くXら】 ・Yが、X9及びX13を除くXらを直接指揮、命令監督して防府工場の各職場において作業させ、その就業条件の決定、賃金の決定等を実質的に行い、派遣元がこれに対応して上記職場での労務提供をしていたということができるから、X9及びX13を除くXらとYとの間には黙示の労働契約の成立が認められる。 ・X9及びX13を除くXらがYに対し労働契約上の権利を有していると認められることに照らせば、期待権侵害を理由とする不法行為が成立する余地はない。 【X9・X13】 ・YとX9及びX13との間に黙示の労働契約が成立していたとは認められない。 ・派遣先であるYに労働者派遣法40条の2違反の事実が認められたとしても、このことのみを理由に個々の派遣労働者において派遣先であるYに対する継続雇用の期待が生じることもないというべきであり、X9、X13は雇用継続に対する期待を有していたとは認められないため、期待権侵害を理由とする不法行為の成立は認められない。
【X1～X9】 Y労働組合近畿セメント支部所属の組合員	・全日本建設運輸連帯労働組合の近畿地方本部 ・関西地区生コン支部、近畿セメント支部、近		【第2事件】 ・本件各除名処分は、除名処分の理由につき相当性を欠き、重大な手続上の瑕疵があり無効である。 ・セメント支部組合員が生コン支部やその委員長の意向に反するような言動をとったことから、生コン支部等の幹部が中

	大阪地裁 H19.1.31 労判942-67	として，Yの組合員としての権利が停止されていないことの確認を求めるとともに，(2)Yの統制委員会からされた執行権停止処分が無効であるとしてその確認を求めた事案。【第2事件】Yの近畿セメント支部に所属していたX1～X5が，Yに対し，(3)Yの近畿セメント支部再建委員会からされた除名処分が無効であるとして，Yの組合員としての地位を有することの確認を求めるとともに，(4)この除名処分が不法行為にあたるとして慰謝料請求した事案。	処分無効確認 ②役員としての執行権停止処分無効確認 (第2事件) 【X1～X5→Y】 ①組合員たる地位確認 ②損害賠償請求		
[82]	エヌ・ティ・ティ労働組合（組合脱退妨害）事件 仙台地裁 H19.12.11 労判954-17	(1)Yの組合員であったXらが，Yに対し，Yは，XらがYを脱退する旨の届出をしたにもかかわらず，Xらの脱退を認めずにXらを組合員として扱い，Xらに対する不当な干渉や嫌がらせ行為（不法行為）を行い，これにより，Xらの組合脱退の自由を侵害して著しい精神的苦痛を与えたとして，それぞれ100万円の慰謝料の支払いを求めるとともに，(2)X2が，Yに対し，Yは，X2がYを脱退したにもかかわらず，X2がYの組合員であるとしてYの除名処分に係らせたままにしているとして，X2がYの組合員でないことの確認を求めた事案。	【X1・X2→Y】損害賠償請求 【X2→Y】組合員でないことの確認	【X1・X2】各100万円	【X1】30万円 【X2】40万円
[83]	全日通労働組合事件 大阪地裁 H21.9.25 労判995-70	Xが，Y大阪支部執行委員に大阪中央協議会を選挙区として立候補し，その後，Y大阪中央協議会書記長選挙に立候補したところ，Yは，各選挙におけるXの所信表明等を記載したビラ1，2の当該所信表明部分を削除した。本件は，XがYに対し，上記ビラの削除によって精神的苦痛を被ったと主張して，損害賠償を求めた事案。	損害賠償請求	150万円 （内訳） ・ビラ1：50万円 ・ビラ2：100万円	50万円 （内訳） ・ビラ1：10万円 ・ビラ2：40万円
[84]	全日本海員組合（組合長選挙無効確認）事件	労働組合であるY1の定期全国大会で実施された組合長選挙において，全国大会へのXの入場を拒絶したまま選挙を行ったことが違法であるなどとして，Xが，	【X→Y1・Y2】 ・主位的請求 ①当選無効確	【Y2・Y3】連帯して1000万	【Y2・Y3】連帯して100万

412

	畿地区トラック支部がある		心となってセメント支部及びその執行部を弱体化しようと図ったこと、この目的に基づいて本件除名処分をしたこと、Xらが本件除名処分によってセメント支部組合員としての名誉、信用を少なからず害されたと認められること等の事情を考慮。
【X1】 Y組合員（エヌ・ティ・ティファシリティーズ本部東北分会青森部会に所属） 【X2】 Y組合員（エヌ・ティ・ティ労働組合青森分会松原部会に所属）	エヌ・ティ・ティグループの会社に勤務する労働者により組織された労働組合		【X1】 ・X1は脱退の自由を有しており、平成17年2月4日にはYを脱退済み。 ・Yの委員が、「脱退届には承認を要し、承認には数ヶ月かかることもある」などと法的根拠のない話をし、平成17年2月4日に脱退の効果が生じているにもかかわらず、平成17年3月24日委員がX1の職場を訪問し、調査委員会としての調査であることも知らせずにX1から事情を聴取したり、生協からの脱退を要請するという行為に及んだことやその態様、X1に対して法的根拠のない除名処分に付したこと等のYのX1に対する一連の対応からして、X1が被った精神的苦痛を慰謝するための慰謝料の額は、金30万円が相当。 【X2】 ・X2は、平成17年2月8日にYを脱退済み。 ・Yは、X2が他の組合に加入する権利、自由を有しているにもかかわらず、X2の行為がYに対する反組合的活動であって、他の組合員に対する背信的活動であるとの見解に依拠して、X2の脱退後の他労組での活動を問題視し、本来Yの組合員を対象すべき調査委員会を設置してX2に出頭を要請し、X2を権利停止及び除名処分の対象としたばかりか、本訴提起後に至るまでX2をいわゆる宙ぶらりんの状態に置いたことや、Yの事務局長らにおいて、平成17年2月9日時点でX2には生協から脱退する意思がないことを確認できたにもかかわらず、調査委員会からの通知書と一緒に社内便という前例のない方法を用いて生協からの脱退届出書類を送付したことが、X2をして精神的動揺をもたらし、これ以上生協からの脱退勧告につき合わされたくないという心理に陥らせ、生協をやめざるを得ないという決意をさせることになったことが認められるところからすれば、Yの一連の対応によってX2が精神的苦痛を受けたことは容易に推認でき、X2の被った精神的苦痛を癒すための慰謝料の額は金40万円が相当。
・男性 ・運送業 ・Y大阪支部の中央協議会A班に所属 ・Y大阪支部の青年部長、関西地区本部の青年部長等を歴任	・訴外N社に雇用された労働者で組織されたユニオンショップ制下の労働組合 ・中央本部、全国13の総支部、都道府県単位の支部で構成		・ビラ1に関する削除行為は、違法であると評価され、これによって、本来自由であることが保障されているXの選挙運動ひいてはXの人格的利益が損なわれたこと、他方、ビラ1に関する削除行為は、表明事項が7行にわたって記載されているうちの最後の1行が削除されたものであり、他の6項目に関しては、削除されておらず、選挙ビラの体裁としても特に違和感はないこと、本件削除によって、ビラ1におけるXの所信表明の主要な点が損なわれたとまでは言い難いこと、削除された項目は、Y大阪支部の組合員に直接関係する事項とは認められないこと等の諸般の事情を総合的に勘案。 ・ビラ2に関する削除行為によって、Xの人格的利益が損なわれたこと、ビラ2の削除は、Xの所信表明部分全体にわたっており、ビラの約半分から下の部分が空白になっているなど選挙ビラとしての体裁を著しく欠いていると認められること、他方、Y（Y選挙管理委員会）は、本件削除に当たって、Xに対し、再考を促していること等諸般の事情を総合的に勘案。
・Y1の専従従業員（執行部員） ・Y1の組合長立候補者	【Y1】 海運、水産、港湾業務に従事する船員及び水際労働者で組織する労		・Xは、仮処分命令により、本件全国大会に出席する仮の地位を得ていたといえ、Y1らの本件入場拒絶は、民事保全制度の基本構造を無視し、法治社会における当然のルールに従わなかったものであり、本件仮処分命令によって保護される

	東京高裁 H24.9.27 労判1062-22 東京地裁 H24.1.24 労判1046-5	主位的に，同選挙におけるY2の当選の無効確認を求め，予備的に，会社法831条1項，一般社団法人及び一般財団法人に関する法律266条1項の類推適用により同当選の取消を求めるとともに，上記入場拒絶がXに対する不法行為に当たる（Xは，Y1を債務者として，Xの全国大会への出席を拒絶してはならない旨の仮処分命令を得ており，Y2らは，本件仮処分命令の発令により，Xによる入場を受容すべき法的義務を負っていたにもかかわらず，これを無視してXの入場を拒絶し，その権利行使を故意に妨害し，また，Y2らは本件仮処分命令を受けて，Y1をしてXの入場を妨害させないよう適切な措置をとるべき作為義務を負っていたにもかかわらず同義務に違反し，Xの入場拒絶という事態を生じさせた）などとして，Y2及びY3に対し，不法行為に基づく損害賠償を求めた事案。	認 ・予備的請求 ②当選取消請求 【X→Y2・Y3】 損害賠償請求		
【85】	株式会社T（引受債務請求等）事件 東京地裁 H17.7.12 労判899-47	（本訴請求） Yが，Yの元社員であるXに対し，主位的に，各顧客からXが融資を受けたことによる借入金債務について，Xが債務引受をしたとして，上記引受債務のうちの融資残高を請求し，予備的に，XがYの定める内規に違反して，いわゆる紹介屋であるCから多数の借主の紹介を受け，Cと共謀の上，融資申込者に収入証明及び在籍証明について虚偽の申告をさせながら，これらの事実をYに秘匿してYをして貸付をなさしめたとして，YとXとの間の雇用契約上の債務不履行又は不法行為に基づき未収の貸付先に対する貸出額から回収額を差し引いた金額に相当する損害の賠償を請求した事案。 （反訴請求） Xが，Yに対し，本件貸付に関する取調べにおいて，Yの営業統括部長らがXをY本社などにおいて長時間監禁し，供述書等を書くことを強要した行為は不法行為に当たるとして，慰謝料の支払を請求した事案。	（本訴請求） 【Y→X】 ・主位的請求 引受債務請求 ・予備的請求 損害賠償請求 （反訴請求） 【X→Y】 損害賠償請求	500万円	0円
【86】	郵便事業（身だしなみ基準）事件 神戸地裁 H22.3.26 労判1006-49	Xが，Y及びYの前身である日本郵政公社が，ひげ・長髪で勤務していたXについて，Yの身だしなみ基準（「長髪を避ける」「ひげは不可」）に違反するとして，(1)マイナスの人事評価に基づく賃金カット，(2)職務担当に関する差別を行ない，(3)Yの職員である上司において，ひげを剃るように執拗に求めたが，これらの行為はいずれも違法であるとして，Yに対して，国家賠償法1条1項又は人事権を濫用した不法行為に基づき，(1)につき職能給相当額の，(2)(3)につき慰謝料の各損害賠償を請求した事案。	損害賠償請求	150万円	30万円
【87】	医療法人大生会事件 大阪地裁 H22.7.15 労判1014-35	Yと雇用関係にあったXが，Yに対し，①未払の基本給及び時間外労働の割増賃金，②解雇予告手当，並びに，③理由のない解雇，タイムカードの取り上げ及びタイムカードの引渡し拒絶の不法行為に基づく損害賠償の支払を求めた事案。	①賃金請求 ②解雇予告手当請求 ③損害賠償請求	50万5476円	40万円 （内訳） ・解雇：30万円 ・タイムカードの取り上げ及び引き渡し拒絶：10万円

第14章 その他

・Y1に対する定期全国大会への出席拒絶禁止の仮処分命令を得ていた	働組合 【Y2】 Y1の組合長 【Y3】 Y1の副組合長		べきXの本件全国大会に出席するという民事保全手続上認められた法的利益を奪った違法なものといえる。 ・Y2及びY3は，本件仮処分命令が発令されたことにより，Xが本件全国大会に出席することが法的に保護されるべきであることを知っていたのであるから，Xが本件全国大会に出席することを拒絶してはならないことを周知しなければならなかったにもかかわらず，これをせず，Xの民事保全手続上認められた法的利益を侵害した。 ・Xは，全国大会への出席に向けて仮処分命令申立てを行い，それに関して費用や労力をかけてきたにもかかわらず，入場拒絶によってその努力が水泡に帰したこと，その他諸般の事情を勘案して，慰謝料額を算定。
・男性 ・Yの各支店長等を歴任後，一般社員に降格 ・退職済み	消費者金融業を主たる目的とする株式会社		・本件貸付に関してXの貸付基準違反の事実が発覚した状況において，YがXに対し詳細に事情を聴取し，Xから書面による報告を求めることやXが責任を認める場合にはそれを書面の形で表明することを求めること自体は，Yにとって事案を解明し，善後策等を検討するために必要な行為であり直ちに不法行為を構成するとはいえない。しかし，たとえXに雇用関係上の義務違反が認められ，その事実について事情を聴取する場合であっても，Xを監禁し，あるいは脅迫する等，Xの人格権を侵害する手段をもってなされた場合には，Yのそのような行為は社会的相当性を逸脱した行為として不法行為となる。 ・Xが外出の自由及び外部との連絡を完全に奪われ，監禁されていたとまでは直ちにいえない。 ・Xが供述書及び誓約書を，強要と認めるほどに自由意思を抑圧された上で書いたとは認めるに足らない。 ・Xが供述書や誓約書を作成するに当たり，Yによる監禁行為や書面作成の強要等社会的相当性を逸脱する行為があったとまでは認められず，Yの不法行為責任は成立しない。
・男性 ・支店郵便課主任	郵便事業株式会社		・Xのひげ及び長髪は，身だしなみ基準に違反するものとはいえない。 ・担務の広がりがないことは，Yの人事評価項目でマイナスに評価されるものであるから，YがXのひげ及び長髪を理由として，他の郵便課職員の通常のローテーションとは異なり，Xに「特殊」業務のみを担当させて，他の業務を担当させないことは，Xが職務経験を広げ，業務知識を増やす機会を喪失させるものといえ，これによりXは一定の精神的損害を受けたものと認められ，また，Xは，上司らからひげをそり，髪を切るよう繰り返し求められたことにより，一定程度の精神的損害を受けたものと認められるところ，これらによりXが受けた精神的損害を慰藉するには30万円が相当。
・男性 ・正社員 ・病院の総務経理事務を担当 ・基本給月額18万円	病院の経営を業とする医療法人		【解雇】 YによるXの解雇は，権利の濫用に当たり，解雇予告を行うに際して何ら解雇理由についての説明をせず，その後においても業務命令違反と称して基本給の半分に当たる金員を一方的に給与から控除するなどの嫌がらせを行うなどしたというYの態様に照らすと，Yの行った解雇は，Xの雇用契約上の権利を不当に奪い，精神的苦痛を与えたものとして，不法行為法上も違法性を有し，YはXに対して慰謝料の支払義務を負う。 【タイムカードの取り上げ及び引き渡し拒絶】

【88】	ヒューマントラスト(懲戒解雇)事件 東京地裁 H24.3.13 労判1050-48	■第1事件 XはY1から，無断で競業会社の情報システム構築等の支援を行い，Y1の機密情報等を不正に社外に持ち出したなどの理由で懲戒解雇処分を受けたため，懲戒事由不存在・懲戒権濫用・手続違反で懲戒解雇無効と主張して，①労働契約上の地位確認，②賃金，③不法行為(不当な懲戒解雇)に基づく慰謝料の支払を求めた事案。 ■第2事件 Y1の実質的経営者であるY2が，何の根拠もないのにXが横領をしたなどと疑い，Y1の社員らと共謀して，Xから携帯電話を取り上げるため肘打ちする暴行を加えたり，X自宅に不法侵入してパソコンを脅し取ったり，ファミレスにXを監禁したりしたなどと主張して，Y1・Y2に対し，不法行為に基づき，連帯して慰謝料等の支払を求めた事案。	■第1事件 【X→Y1】 ①地位確認 ②賃金請求 ③損害賠償請求 ■第2事件 【X→Y1・Y2】 損害賠償請求	■第1事件 【Y1】 100万円 ■第2事件 【Y1・Y2】 連帯して200万円	■第1事件 【Y1】 0円 ■第2事件 【Y1・Y2】 0円
【89】	霞アカウンティング事件 東京地裁 H24.3.27 労判1053-64	Xが，YがXに対して行った，協調性に欠けた言動，Yの評価を貶める言動，女性職員に対するセクハラ，Yに対する種々の反抗的言動，労働基準監督署に対する虚偽の説明などを理由とする懲戒解雇は無効であるとして，雇用契約上の地位確認と解雇後の賃金を請求するとともに，Xに対し理由のない懲戒解雇を行ったこと，及び，Yの代表者BのXに対する夜間の訪問等が不法行為にあたるとして，損害の賠償を請求した事案。	①地位確認 ②賃金請求 ③損害賠償請求	300万円	30万円 (内訳) ・懲戒解雇：0円 ・その他：30万円
【90】	アデコ(雇止め)事件 大阪地裁 H19.6.29 労判962-70	労働者派遣事業を営むYに雇用されていたXが，Yが派遣先にXの経歴を偽って告げた結果，派遣先で高い業務遂行能力を要求され，精神的苦痛を被り，更に，Yにより不合理な解雇ないし雇止めをされたことにより精神的苦痛等を被ったとして，Yに対し，不法行為に基づく損害(慰謝料，治療費，弁護士費用)の賠償	①損害賠償請求 ②地位確認 ③賃金請求	400万円 (雇止め，虚偽記載を合わせて)	0円

416

第14章　その他

		・使用者は，労働契約の付随義務として，信義則上，労働者にタイムカード等の打刻を適正に行わせる義務を負っているだけでなく，労働者からタイムカード等の開示を求められた場合には，その開示要求が濫用にわたると認められる等特段の事情のない限り，保存しているタイムカード等を開示すべき義務を負う。 ・使用者が上記義務に違反して，タイムカード等の機械的手段によって労働時間の管理をしているのに，正当な理由なく労働者にタイムカード等の打刻をさせなかったり，特段の事情なくタイムカード等の開示を拒絶したときは，その行為は，違法性を有し不法行為を構成する。 ・Xは，タイムカードの打刻ができなかった期間については，客観的データのないまま割増賃金請求をせざるを得なかったこと，Xは所持していた一部のデータをもとに一部の期間の割増賃金の請求を行う形で本訴を提起したものの，本訴提起後にYからタイムカード等の開示を受けるまでは請求内容を確定させることができなかったことからすれば，Yのタイムカード取り上げ行為及びタイムカード開示拒絶行為により，一定の精神的苦痛を受けたと認められる。
・男性（37歳） ・D社の取締役兼従業員だったが，解雇3か月前に従業員の籍をY1に転じた（D社取締役の任期も解雇前に満了） ・解雇前の月給130万円	【Y1】 ・人材派遣会社 ・持株会社（親会社）やD社とともに企業グループを形成 【Y2】 ・Y1営業本部長 ・Y1代表者の夫	■第1事件 Xは，Y1に無断で，半年間にわたって継続的に競業他社であるC社のシステム構築を支援していたのであり，Xが本件懲戒解雇の直前にY1の取締役であったことも合わせ考えれば，その背信性は著しい。加えて，本件システムの導入及びシステム構築の支援により，Y1に多大な損害を与えた本件違反を容易にしたこと，Y1による調査になかなか協力しようとせず，警察に複数回通報して妨害していること等にかんがみれば，Xが転籍間もなく，他に懲戒歴などもないこと等の事情を勘案しても，懲戒の手段として解雇を選択することもやむを得ず，本件懲戒解雇は有効。 ■第2事件 ・Y2がXに暴行をふるった，Y2の指示により社員らがXを監禁して脅迫したとの事実は認められない。 ・社員がX宅に入ったことが不法侵入と評価される理由はなく，Y1がパソコンを預かったのも，Xが任意に了承したためである。 ・不法行為は成立しない。
・正社員（中途採用） ・業務第三課課長だったが課長職を解かれ第一課に異動。翌年懲戒解雇	経理事務代行業及びこれに附帯関連する一切の業務を目的とする会社	【懲戒解雇】 ・本件懲戒解雇は無効。 ・Yの代表者Bは，当初，Xのセクハラに関し相当程度の疑いを抱きつつも，表面化させることを回避してきたが，平成22年に入り，Xから時間外手当等を請求されたことに立腹し，この点を再度問題として採り上げたのみならず，適法行為であるXの時間外手当等請求を理由として，報復的に本件懲戒解雇を行ったという経過に照らすと，Bは，本件懲戒解雇により違法にXの権利を侵害したといえるが，本件懲戒解雇は無効と認められ，解雇後の賃金請求権も認められているから，これによりXの経済的損失は填補されており，それ以上に，本件懲戒解雇を不法行為として認めなければならない特段の事情はない。 【その他】 本件懲戒解雇に至る過程で，Bは，2度にわたり，夜間，予告なくXの自宅を訪問したのみならず，予告なくXの実父を訪問するという常軌を逸した行為に出ているもので，これらがXの時間外手当等請求の阻止という目的に出た違法な行為であることは明らかであり，慰謝料としては30万円が相当。
・有期雇用 ・派遣先で，スーパーバイザー（SV）職に従事したが，うまくこなせず就労中止となった	一般労働者派遣業，有料職業紹介業を業とする株式会社	・本件契約は期間満了により終了しており，Xの労働契約上の権利を有する地位はないのであるから，これが継続することを前提とする解雇ないし雇止めに関する損害賠償請求は理由がない。 ・Xが派遣先におけるSV業務遂行中に精神的負荷ないしストレスを感じていたとしても，これは社会生活上受忍限度内のものであり，不法行為責任における損害はない。 ・また，仮に，Xが，社会生活上受忍限度を超える精神的負

		を求めるとともに、YによるXの解雇ないし雇止めは効力を有しない旨主張して、Yに対し、雇用契約上の権利を有する地位にあることの確認及び賃金の支払を請求した事案。			
【91】	農林漁業金融公庫事件 東京地裁 H18.2.6 労判911-5	Y在職中に、自宅において心肺停止し、低酸素脳症により、高次脳機能障害を負ったXが、意思無能力であるにもかかわらず、Yの勧めにより退職したが、この退職は無効であり、Xが倒れた平成5年5月5日以降、休職などにより、少なくとも同7年5月26日までは在職できたはずであるとして、その間の賃金の支払いと、無効な退職により、Yに在職できた期待利益を失い、精神的損害を被ったとして、損害賠償を請求した事案。	①賃金請求 ②損害賠償請求	500万円	0円
【92】	日本言語研究所ほか事件 東京地裁 H21.12.10 労判1000-35	Aから不当解雇されたXは、Aに対し、雇用契約上の地位の確認、解雇後の賃金及び未払の時間外割増賃金等の支払を求めて訴訟を提起し、一部認容判決（前訴判決）を得たが、その間、Aが事実上倒産し、Xは上記判決内容を実現することが不可能となった。 本件は、A、Xその他の債権者に対してAが負担する未払賃金等の債務を免れる目的で、Aを事実上倒産させ、経営実態がほとんど同一のY1及びY2に営業等の大半を譲渡するなどして、Y1・Y2は法人格を濫用したものであるとして、法人格否認の法理に基づき、Xから、Y1に対し、(1)雇用契約上の権利を有する地位にあることの確認、(2)解雇後本訴提起までの間の未払賃金、未払の時間外割増賃金の支払、(3)本訴提起後の賃金の支払を求めるとともに、(4)Y2～Y6に対し、Y2～Y6らが共謀してXが直ちに職場復帰する権利を侵害したとして、不法行為による損害賠償請求権に基づき、慰謝料及び弁護士費用の連帯支払を求め、さらに、(5)仮にXのY1に対する雇用契約上の地位の確認、未払賃金及び未払の時間外割増賃金等の支払の請求が認められなかった場合の予備的請求として、不法行為による損害賠償請求権に基づき、Yらに対し、解雇後の未払賃金相当額、慰謝料及び弁護士費用の連帯支払を求めた事案。	・主位的請求 【X→Y1】 ①地位確認 ②（未払）賃金請求 ③賃金請求 【X→Y2～Y6】 損害賠償請求 ・予備的請求 【X→Y1～Y6】 損害賠償請求	・主位的請求 【Y2～Y6】 連帯して400万円 ・予備的請求 【Y1～Y6】 連帯して400万円	・主位的請求 【Y2～Y6】 0円
【93】	神奈川都市交通事件 東京高裁 H18.3.22 労判919-59 横浜地裁 H15.6.5 労判919-69 最高裁第一小法廷 H20.1.24 労判953-5	タクシー乗務員としての業務に従事中、交通事故にあって傷害を負ったXが、Yに対し、(1)タクシー乗務員に復帰するまでの間の賃金、休業手当又は休業補償金、(2)YがXの就労の申出を違法に拒否して年次有給休暇（年休）の取得を余儀なくさせ、年休の権利を消滅させたとして、不法行為に基づく損害賠償と、(3)Yが交通事故の相手方に対する示談交渉をせずに放置し、相手方に対する損害賠償請求権を時効により消滅させたとして、雇用契約又は委任契約の債務不履行に基づく損害賠償（慰謝料）の支払を求めた事案。	①賃金（又は休業補償金）請求 ②損害賠償請求	100万円	0円
【94】	福岡地労委（労働者委員任命取消等請求）事件 福岡地裁	X1～X7らが、Y1において、福岡地労委の第33期労働者委員として、X2に加盟する労働組合の推薦にかかる候補者であるX1を任命せず、他の労組が推薦した候補者を任命した処分は、著しく裁	【X1～X7→Y1】 任命処分取消請求	【X2→Y2】 500万円 【X1・X3～X7→Y2】	【X1～7→Y2】 0円

418

第14章　その他

			荷ないしストレスを負ったとしても，本件虚偽記載との因果関係は認められない。
・男性（発症時30歳前後） ・Yの支店業務課職員 ・月給26万600円	農林漁業金融公庫法に基づき設立された農林水産漁業及び関連産業に対して融資等を行う政策金融機関		・Xは退職当時，精神的能力が4歳～5歳に固定して現在も続いており，退職時に意思無能力の状態にあったから，退職の意思表示は無効。 ・しかし，退職当時，客観的に就労能力のないと認められるXについて，客観的なXの病状，就労能力とも一致する資料に基づいて，Xに就労能力はないと判断し，Yが休職命令を発しなかったことは相当でないとはいえない。 ・Xが本件退職により，何らかの精神的苦痛を受けたとしても，本件退職に係るYの行為に違法性はなく，Xの法的に保護されるべき利益を侵害したものでもなく，本件退職に係るYの行為はXに対する不法行為とはならない。
・女性 ・Aの元正社員 ・Aから解雇された後，訴訟でAにおける雇用契約上の地位確認判決を得たが，職場復帰を拒絶された ・Aでの賃金：月額21万円	【A】 ・語学教室の経営等を目的とする株式会社 ・平成19年1月，事実上倒産 【Y1・Y2】 ・Y1はAの一部門が，Y2はY1の一部門が，各独立して設立された有限会社 ・A倒産後，Aから営業権を譲り受けた 【Y3】 Aの代表取締役（Y1・Y2の元代表取締役） 【Y4～Y6】 A，Y1，Y2の現・元役員		・主位的請求 【Y1】 法人格否認の法理により，Y1は，Xに対してAが前訴判決で命じられた内容について，Aと並んで責任を負わなければならないとして，Xの Y1に対する地位確認，未払賃金請求につき認容（本判決確定後の賃金請求については将来請求として却下）。 【Y2～Y6】 Xは，前訴判決を得たものの，Aがその債務を免れる目的で事実上倒産したことから前訴判決による執行が不能となったため，本件訴訟を提起せざるを得なくなったものであり，これにより相当程度の精神的苦痛を受けたことが推認されるが，かかる精神的苦痛については，法人格否認の法理を適用してY1に対し前訴判決と同一内容の請求を認めることによって慰謝されるものと認めるのが相当であるから，XのY2～Y6に対する慰謝料請求はいずれも理由がない。
・男性 ・タクシー乗務員	一般旅客自動車運送業等を営む株式会社		・Yが従業員本人による示談交渉を禁じ，当該従業員から委任を受けて相手方あるいは保険会社との交渉を行うことを，会社の制度として従業員との間の雇用契約の内容としている事実は認められない。 ・本件事故に関しては，X自身が人損についてYに対して示談交渉を委任した事実はない。 ・相手方に対する損害賠償請求権が消滅したことに対するYの債務不履行責任を否定。
【X1】 X2の前副議長 【X2】 福岡県労連	【Y1】 福岡県知事 【Y2】 福岡県		X1がX2に加盟しているという理由のみで，Y1が労働者委員に任命しなかったことは任命の裁量権を逸脱したものであるものの，個々の推薦組合が労働委員の推薦に対して有する利益は，事実上の利益に過ぎず，法律上保護された個別的利益とはいえない。

419

	H15.7.18 労判859-5	量権を逸脱濫用した違法な処分である旨主張して，Y1のした同処分の取消しを求めるとともに，Y2に対し，Y1の不法行為によりXらが損害を受けたと主張して，損害賠償を求めた事案。	【X1〜X7→Y2】 損害賠償請求	各50万円	
【95】	中央労基署長（大島町診療所）事件 東京地裁 H15.2.21 労判847-45	Xが，中央労働基準監督署長において，Xの勤務する診療所が労働基準法施行規則23条及びこれに関する通達の定める許可基準を満たしていないにもかかわらず，十分な調査を行わないまま，断続的な宿直又は日直勤務の許可をし，許可後も，Xが再三にわたり調査を要求したにもかかわらず，十分な調査を行わず，許可を迅速に取り消さなかったことが，同署長の過失ある公権力の行使又は不行使に該当し，これによって精神的損害を被ったとして，Yに対し，国家賠償法1条1項に基づき，損害賠償を求めた事案。	損害賠償請求	100万円	50万円

<解説>

1 業務命令（【1】〜【9】）

(1) 慰謝料請求が認容された割合

　本調査の対象となった平成15年1月〜平成25年12月の労判において，業務命令（公務員の場合は職務命令。以下省略。）に関連して慰謝料請求がなされた事例は9件であり，このうち，慰謝料請求が認容された事例は5件である。

(2) 慰謝料請求が認容された事例・認容されなかった事例の傾向

　ア 認容された事例

　　業務命令が違法とされた事例は6件あったが，うち1件（【3】）を除き，すべての事例で慰謝料請求が認容されている（【1】【2】【6】〜【8】）。

　　なお，これらの事例において業務命令が違法と評価されたのは，労働契約（公務員の場合は法令。以下省略。）上の根拠を欠く場合（【1】【6】），違法行為を命じた場合（【3】），使用者の不当な目的（労働者を退職に追い込む目的，労働者に報復する目的等）が認められた場合（【2】【6】【8】），必要性・相当性を欠く場合（【7】）であった。

　イ 認容されなかった事例

　　業務命令が適法とされた事例（【4】【5】【9】）では，すべて慰謝料請求は棄却されている。

【X3～X7】X2に加盟する組合		
・看護師 ・診療所で昼勤，宿日直勤務を担当	国	・Xは，違法な本件許可によって，本件診療所の看護婦として，勤務時間に当たらない宿日直勤務を余儀なくされただけでなく，労働基準監督署に3回くらい赴いて大島町が法違反を犯している旨を指摘して，その申告をしたり，また本件申請がなされた後，自己のプライベートな時間を利用して，資料を作成するなど，家庭のことを犠牲にして，Xら看護婦に対する事情聴取等の調査があるものとして，取り組んできたものであり，また違法な本件許可がなされた後は，その違法の是正のために申告及び資料提出等の種々の行為を行わざるを得なかったものであって，Xにおいては，本件申請に対し本来行うべき調査が行われず，しかも違法な本件許可に至ったことにより，精神的苦痛を受けたことが認められる。 ・Xのこのような精神的苦痛を慰謝するためには，金50万円をもってするのが相当。

業務命令が違法とされながら，慰謝料請求が認容されなかった事例として【3】がある。同事例において慰謝料請求が棄却されたのは，業務命令（カルテル）は違法であったものの，労働者が取締役を兼任しており，責任者として当該カルテルに関与していたという事情が存在したため，仮に何らかの精神的苦痛を受けたとしても，それは当該労働者が自ら招いた結果であるといわざるを得ないとの理由によるもので，やや特殊な事例といえる。

(3) 認容額の傾向

ア　認容額の分布

業務命令に関する慰謝料認容額の分布は下記表のとおりである。認容事例は5件あり，それぞれの認容額は，20万円（【2】），30万円（【7】のX1），40万円（【7】のX2），45万円（【8】），100万円（【1】【6】）であった。【7】については，X1とX2の慰謝料が個別に認められているため，2件として計上した。

(単位：万円)

認容額	50以下	100
件　数	4	2

イ　高額事案の傾向

業務命令に関して労働契約上の根拠を欠いているという事情が見られた事例（【1】【6】）では，高額な慰謝料が認容される傾向にあった。

【6】では，経済課に配属されていた労働者の職務とはいい難い，窓ふき，

掃除，さつき等の剪定，ゴミ焼却の補助等を内容とする職務命令がなされた事案について，職務命令の内容自体が，労働者に屈辱的感情を催すことを余儀なくさせるものであること，また，労働者に屈辱感を与え，勤務先から不当に排除し，退職を余儀なくさせようとする使用者の主観的意図が認められることを理由に，100万円の慰謝料が認容されている。

【1】では，行政職俸給表㈡が適用される職員（国会公務員）に，行政職俸給表㈠の適用される職務を10年以上にわたり恒常的に担当，従事させた事案について，給与法等によって保障された法定の勤務条件を侵害する違法な職務命令であるとし，上記期間の職務内容は，共済関係事務，福利厚生関係事務，健康管理関係事務，費用徴収事務等の定型的な業務が多く，判断，調整を必要とする場面が比較的少ないものであること，一般事務を行うことが本人の希望でもあったこと，本来の職務のみを担当するとした場合には適当な職務がなく雇用終了のおそれもあったこと等の減額要素を考慮しても，なお100万円という高額な慰謝料が認容されている。

これらの事例から，労働契約の内容を蔑ろにする使用者の態度については，特に否定的に評価される傾向にあることが窺え，これに使用者が不当な目的で行ったという事情や業務命令に従事した期間が長期間にわたるという事情などが合わさった場合には，高額な慰謝料が認容される傾向がある。

ウ　低額事案の傾向

業務命令が労働契約上の根拠に基づいてなされている場合には，使用者が違法ないし不当な目的を有していた場合や当該業務が必要性・相当性に欠ける場合であっても，低額な慰謝料が認容される傾向にあった（【2】【7】【8】）。

(4)　聴き取りのポイント

ア　業務命令が労働契約上の根拠に基づくものかどうか

イ　業務命令の具体的内容，性質

ウ　使用者が業務命令を発した目的を推認できる事情

・使用者が業務命令を発するに至った経緯

・業務命令を発した前後の使用者の言動

・業務命令の対象者の数及び対象者に共通する事情

エ　業務命令が労働者に与える精神的苦痛の内容及び程度

オ　労働者が業務命令に従事した期間

2　労働条件の不利益変更（【4】【10】～【15】）

(1) 慰謝料請求が認容された割合

　本調査の対象となった平成15年1月～平成25年12月の労判において，労働条件の不利益変更に関連して慰謝料請求がなされた事例は7件であり，このうち，慰謝料請求が認容された事例は1件である。

(2) 慰謝料請求が認容された事例・認容されなかった事例の傾向

　労働条件の変更は，就業規則の変更によってなされることが多い。就業規則の不利益変更が有効となるためには当該変更が合理的なものであることが必要である（労契法10条）。就業規則の不利益変更に合理性が認められない場合，当該就業規則上の労働条件は労働者との関係で効力が認められないことになるが，合理性が認められないからといって直ちに慰謝料請求が認められることにはならず，慰謝料請求が認容されるためには，当該変更が違法と評価されることが必要である。そして，不利益変更の合理性が否定されれば，低下した労働条件の回復（差額賃金の支払い等）が図られることから，かかる回復によってもなお慰謝されない精神的損害がある場合にのみ，当該変更が違法と評価され，慰謝料請求が認められることになる。

ア　認容された事例

　就業規則の不利益変更に関して慰謝料請求が認容された事例は1件（【13】）のみであった。

　【13】では，合併に伴い，一方的に就業規則（給与規程）が不利益に変更され，給与が減額された事案について，当該就業規則の変更につき合理性が否定され，その上で，就業規則を変更するにあたって，当該変更の合理的必要性についての検討が不十分であることを棚に上げて，変更に応じない労働者を組織の調和を乱す者であるかのように非難するなど，使用者の基本的姿勢に問題があり，当該変更を正当化することができない等の理由により，当該変更は労働者に精神的苦痛を与える不法行為と言わざるを得ないとして，慰謝料請求が認

容されている。
 イ 認容されなかった事例（【4】【10】【12】【14】）
  (ｱ) 就業規則の不利益変更に合理性が認められない場合
    就業規則の不利益変更に合理性が認められない場合で，慰謝料請求が認容されなかった事例は2件（【12】【14】）あった。
    【12】では，労働者（X21及びX22）が，新給与規程によって賃金を減額され，退職を余儀なくされたとして慰謝料を請求した事案について，当該賃金減額が退職の理由であるとは認められないとして，慰謝料請求が棄却されている。
    【14】では，従前の就業規則で支給されるものとされていた手当について，就業規則の変更により支給打切りとされた事案について，その相当額の賠償を認めれば，特段の事情がない限り，損害は填補されるものであり，また，退職強要を目的として本件支給打切りに及んだとまでは言い難く，特段の事情は認められないとして，慰謝料請求が棄却されている。
  (ｲ) 就業規則の不利益変更に合理性が認められる場合
    就業規則の不利益変更に合理性が認められた事例は2件（【4】【10】）であったが，いずれも慰謝料請求が棄却されている。
 ウ その他（【11】【15】）
  (ｱ) 退職年金規定の廃止
    【11】は，退職時に退職者と会社との間で退職年金規定に基づき10年間の有期年金を受ける契約が成立していたが，会社が退職年金規定を廃止して年金基金を分配したことから，退職者が慰謝料請求をした事案について，当該退職年金規定には，会社の改廃権が留保されており，また，本件廃止は適法に行われ，Xに対する年金基金の分配も相当であるから，会社の退職年金規定の廃止は改廃権の合理的範囲内の行使であるとして，債務不履行または不法行為の責任を否定している。
  (ｲ) 労働条件の不利益変更の申込み（雇用条件通告）
    【15】は，労働者が，会社から一方的に賃金を減額され，その後，さらに，労働条件を切り下げられることを労働条件通知書によって通告（雇用条件通

告）され，退職を余儀なくされたとして慰謝料請求した事案について，賃金減額については，労働者の承諾ないし追認の事実を認めることはできず無効とし，また，労働条件通知書による労働条件引下げの通告については，人件費の抑制を目指した労働条件の切下げ自体は，当事者の合意に基づくなど適法な方法で行われる限りは，許容されるというべきであるし，労働条件の切下げを労働者に提案する行為についても，その方法，態様が適法なものである限り，労働者に対する不法行為に該当しないとした上で，当該労働条件通知書には，詐欺的あるいは脅迫的な言辞は格別見当たらず，労働条件切下げの申入れの方法，態様において社会通念を逸脱したものとまでは認められないこと，労働者が当該雇用条件通告において示された契約内容の変更に同意しなければならない義務は必ずしも存しないことを明確に理解した上で，当該雇用条件の変更に承諾できない旨を回答していることなどから，当該雇用条件通告による労働条件変更の申込みの方法，態様が，不法行為を構成するとまでは認められないとしている。

(3) 認容額の傾向

労働条件の不利益変更につき慰謝料請求が認容された【13】では，財産的損害の填補では慰謝されない精神的苦痛のみが慰謝料の対象とされ，認容額はわずか10万円にとどまっている。

もっとも，他の分野（例えば，配転やパワハラ等）と同様，使用者の行為の違法性の強弱に応じて，慰謝料額は変動するものと考えられる。

(4) 聴き取りのポイント

ア 変更前と変更後の労働条件の内容・差異
イ 労働条件の不利益変更に付随する不法行為の存在・内容
ウ 労働条件の不利益変更が不当な目的でなされたものか否か
エ 財産的損害の填補によって回復されない精神的損害の有無

3 プライバシー侵害（【16】～【22】【29】）

(1) 慰謝料請求が認容された割合

本調査の対象となった平成15年1月～平成25年12月の労判において，プライバ

シー侵害に関連して慰謝料請求がなされた事例は8件であり、このうち、慰謝料請求が認容された事例は6件である。

(2) 慰謝料請求が認容された事例・認容されなかった事例の傾向

　使用者による労働者の個人情報に対するプライバシー侵害が問題となりうる場面は、①個人情報を収集する場面、取得後における、②保管・管理する場面、③使用する場面に大別できることから、以下では、各事例において、①〜③のどの場面が問題となったものであるかについて示しながら記載する。

ア　認容された事例

　プライバシー侵害について慰謝料が認容された事例6件のうち、①に関して問題となったものが5件（【16】【17】【18】【20】【22】）、②に関して問題となったものが2件（【18】【20】）、③に関して問題となったものが4件（【16】【18】【19】【20】）あった。

　【16】は、警察学校が警察官に採用した者に対し2回にわたって無断でHIV抗体検査を行ったこと（上記①）、警察病院が本人の同意の有無の確認等を一切行わず、警視庁から依頼されるままに上記検査を実施し、その結果を警察学校に通知したこと（上記①③）が問題となった事案に関し、「HIV感染に関する個人情報は保護されるべきものであって、事業者が労働者に対して行うHIV検査は、本人の同意があり、かつ実施について合理的必要性がある場合に限り許される」とした上で、警察病院による当該検査の実施については、本人の同意なしに行われたというにとどまらず、検査の合理的必要性も認められないとして、また、警察病院による検査の実施及び結果通知については、本人の同意の有無の確認等を一切行わず、警視庁から依頼されるまま、漫然と検査を実施し、その結果を伝えたものであるとして、ともにプライバシーを侵害する違法な行為であるとして、慰謝料請求を認容している。また、【17】は、会社が採用選考応募者に対し無断でB型肝炎ウイルス感染を判定する検査（ウイルス検査）を受けさせ、その後、同検査を含む精密検査を受けさせたこと（上記①）が問題となった事案に関し、「企業は、特段の事情がない限り、採用に当たり、応募者に対し、B型肝炎ウイルス感染の血液検査を実施して感染の有無についての情報を取得するための調査を行ってはならず、調査の必要性が存在する場合でも、

応募者本人に対し，その目的や必要性について告知し，同意を得た場合でなければ，B型肝炎ウイルス感染についての情報を取得することは，できない」とした上で，ウイルス検査も精密検査も，検査を行う目的や必要性について何ら説明することなく，本人の同意を得ないで行われたものであるから，プライバシー権を侵害し違法であるとして，慰謝料請求を認容している。

【18】は，労働者が遺失したノート（怠業行為の存在及び組合らの関与の各可能性が看取される記載のほか，労働者が他の組合員らとした会話内容，冠婚葬祭，交友関係などの私事，思想信条について記載されていた。）の全ページについて写しを作成し（上記①），会社の上部組織（関西支社）に届けたこと（上記③）が問題となった事案について，怠業行為の存在や労働組合の関与の各可能性が看取できる記載を発見した場合に，それを証拠化するとともに事後の事実調査に用いるために，当該記載部分につき写しを作成して会社が保管するという目的は正当であっても，労働者の私事や思想信条等に関して記載された部分を含めた全ページについて写しを作成し，関西支社に届けることが正当化されるものではないし，その方法の点でも社会的にみて相当とはいえないからプライバシーを侵害し違法であるとして，慰謝料請求を認容している。

【20】は，多数派労働組合が会社と一体となって，労働者の職場内外にわたる個人情報（ⅰ社員番号，氏名，生年月日，性別，住所及び電話番号等の個人識別情報に当たる情報，ⅱ人事考課に関する情報，ⅲ組合活動に関する情報，ⅳ人物評価に係る情報，ⅴ家族関係，病歴，思想・信条《センシティブ情報》，ⅵその他の情報）を収集して，これをデータ化した電子ファイルを作成し（上記①），労働組合の共用パソコンや役員個人のパソコン等に保存し（上記②），当該ファイルを役員以外の組合員数名に閲覧させ，同ファイル中の一部を共用パソコンに保存し組合員であれば誰でも見ることができる状態にしていたこと（上記③）が問題となった事案について，上記情報のうち会社から労働組合に対して公式に提供された情報及び労組役員らの労働者に対する印象等以外の情報収集行為については，労働者の同意がなく，かつ，正当な目的なく収集したものであるとし，パソコンでの保存については，第三者への流出防止措置のなされていない保管方法は，収集に労働者の同意があるものについても，同意の

範囲を超えた態様のものであり，また，保管に正当な目的もないとし，情報を閲覧させたことについては，労働者の同意がないあるいは推定的同意の範囲を超えるとし，共用パソコンへの保存については，流出防止措置もなされておらず労働者の推定的同意の範囲を超える使用であるとし，これらの行為はプライバシーを侵害するとして，慰謝料請求を認容している。

【22】は，会社が業務用に労働者に貸与した携帯電話を強引にナビ機能に接続させ，休日，早朝，深夜を問わず，その居場所を確認したこと（上記①）が問題となった事案について，勤務状況の把握，緊急連絡や事故時の対応のために当該労働者の居場所を確認するという目的の合理性を認め，勤務時間帯やその前後の時間帯において居場所を確認することは違法ではないとしたものの，それ以外の時間帯，期間において居場所を確認したことについては，その間の居場所の確認の必要性が認められず違法であるとして，慰謝料請求を認容している。

【19】は，会社が労働者の携帯電話番号を本人の承諾を得ることなく第三者に提供したこと（上記①）が問題となった事案について，「会社は，原則として，業務上知り得た従業員の個人情報について，これをみだりに第三者に提供することは許されないのであって，従業員の個人情報を第三者に開示・提供するに当たっては，少なくとも当該従業員の同意を得る必要がある」とした上で，当該労働者の同意を得ていたとは認められず，また，同意を得ることが不可能であったとも認め難いから，プライバシーを侵害し違法であるとして，慰謝料請求を認容している。

イ　認容されなかった事例

プライバシー侵害について慰謝料が認容されなかった事例は3件であり，上記の①に関して問題となったもの（【22】【29】）と③に関して問題となったもの（【21】）があった。

前掲【22】は，会社が事務室内の労働者の座席の頭上に監視カメラを設置したこと（上記①）も問題となった事案であるが，会社の周囲の状況，職員構成に照らし，セキュリティー向上のために監視システムを設置する必要性が認められること，ネットワークカメラの設置場所についても，防犯上，建物外側の

正面玄関，裏通用口のほかに，事務室内を俯瞰する位置とすることに合理性があり，当該労働者の座席のみを撮影するものではなかったこと等から，プライバシー侵害は認められないとして，慰謝料請求を認めなかった。

【29】は，会社が，労働者が在職中に職場で専用していたパソコンの使用履歴を無断で調査したこと（上記①）が問題となった事案について，「私人である使用者の行為が労働者に対するプライバシー権の侵害にあたるか否かについては，行為の目的，態様等と労働者の被る不利益とを比較衡量した上で，社会通念上相当な範囲を逸脱したと認められる場合に限り，公序に反するものとしてプライバシー権の侵害となる」とした上で，調査の目的が，当該会社の実態を内部告発する趣旨の記事に関する事実関係を明らかにして監督官庁に説明するためという正当なものであり，また，その態様も，リース元への返却に伴い労働者から回収した後で，調査項目をパソコン作業の対象となった電子ファイルの保存場所，ファイル名，作業開始日時，継続期間等に限って調査するという妥当なものであり，労働者の被る不利益も大きくないから，プライバシー権の侵害にはあたらないとして，慰謝料請求を棄却している。

【21】は，使用者が労働者を相手方として労働審判を申し立てた際，使用者の代理人弁護士が申立書に記載した相手方の住所地に誤記があったため，相手方に送達される過程で申立書等が行方不明となったこと（上記③）について，労働者が使用者に対して慰謝料を請求した事案であるが，当該申立書が第三者によって開封された可能性は否定できないとしつつ，使用者と当該弁護士との間に使用従属関係が認められないから，弁護士の過失に基づく責任について依頼者である使用者は不法行為責任を負わないとして，使用者に対する慰謝料請求を棄却している。

(3) 認容額の傾向

　ア　認容額の分布

　　プライバシー侵害の慰謝料認容額の分布は次頁の表のとおりである。なお，【16】については，Y1に対する慰謝料として300万円，Y2に対する慰謝料として100万円が個別の判断に基づき認容されているので，これらを独立のものとして計上し，【20】については，X1～X193それぞれについて，慰謝料21万

円が認められた事例であるが，算定の理由がすべて共通であるため，1件として計上した。

(単位：万円)

認容額	50以下	50超～100以下	100超～200以下	200超～300以下
件　数	4	1	1	1

イ　高額事案の傾向

　　労働者に無断で検査を行い，健康情報を収集等した事例の慰謝料額は，【16】では300万円（Y1）及び100万円（Y2），【17】では150万円と，いずれも他の事例と比較して相当高額であった。このことから，健康情報は，個人情報の中でも特に要保護性が高いものと考えられる。なお，【16】は，HIV感染が認められた事例であり，【17】は，B型肝炎ウイルス感染が認められた事例であった。このことから，病気に罹患している情報を収集等した場合のほうが健康である情報の場合よりも，また，重大な病気に罹患している情報のほうがそうでない場合よりも，慰謝料が高額化するものと考えられる。

　　また，【16】では2回のHIV抗体検査が行われ，【17】ではウイルス検査1回，精密検査1回の合計2回の検査が行われているが，【17】において，ウイルス検査について100万円の慰謝料，精密検査について50万円の慰謝料がそれぞれ認められていることからすれば，検査回数も慰謝料額に影響を及ぼすものと考えられる。

　　さらに，【16】【17】とも，後述する低額事案にみられるような，情報収集行為自体には必要性が認められるが，その許容される限度を逸脱してしまったにすぎない場合ではなく，そもそも検査を行う必要性が認められない場合であったことも高額な慰謝料が認められた理由と考えられる。なお，【16】において300万円（Y1）もの高額な慰謝料が認容されているのは，HIV抗体検査で陽性反応を示したことを理由に辞職勧奨行為がなされ，労働者が辞職したという事情も相俟って評価されたものであることに留意されたい。

ウ　低額事案の傾向

　　労働者の健康情報以外のプライバシー情報に関して問題となった事例では，慰謝料の認容額はすべて低額で，【18】は，労働者の組合活動，私事，思想信条

に関する情報について30万円，【19】は，携帯電話番号について30万円，【22】は，居場所の確認について10万円であった。

　もっとも，このような健康情報以外のプライバシー情報であることから，当然に慰謝料額が低額となるというわけではない。

　【18】では，労組が関与して怠業行為が行われていることを疑わせる記載があり，かつ，労働者のノート遺失後の態度から，労組が故意に怠業行為を行っていた蓋然性が高いことから，ノートの写しを作成して，関西支社に届けたことにも理由があることを考慮して，慰謝料額が30万円とされ，また，【19】では，携帯電話番号の提供がなされた後，第三者からの電話に3回程度は出て話をしたが，その後は，着信後すぐに電話を切り，第三者と具体的なやりとりはしておらず，また，警察に相談をした結果，第三者からの連絡は止まったこと，社長から謝罪がなされたこと，本件情報提供行為にはやむを得ない面もあったこと，本件情報提供行為によって特段財産的な損害が発生していないこと等が考慮された上で，慰謝料額が30万円とされている。したがって，使用者による情報の収集，保管，使用行為に一定の理由がある場合，労働者の受けた実害（不利益）が少ない場合や被害の回復が一定程度図られている場合などは，慰謝料額は低額とされる傾向にある。

　また，【18】では，ノートの記載事項のうち，怠業行為が行われていることを疑わせる記載部分について証拠資料として収集することは違法ではなく，当該記載部分を超えた記載部分についてまで写しを作成し，関西支社に届けた点が違法とされ，また，【22】では，勤務時間帯やその前後の時間帯において居場所を確認することは違法ではなく，それ以外の時間帯，期間において居場所を確認した点が違法とされており，これらはいずれも，情報収集行為自体には必要性が認められるものの，その許容される限度を逸脱してしまったにすぎないという事案であった。それゆえ，情報収集行為自体に全く必要性が認められない場合ほど違法性の度合が高くなく，慰謝料額が低額となったものと考えられる。

　なお，【20】は，病歴等のセンシティブ情報に関する事案であったにもかかわらず，認容された慰謝料額は21万円と低額であるが，この事案は，労働者らの請求額が満額認容されたものであり，これは，おそらく集団訴訟を行うにあた

り，労働者らの足並みを揃えるために請求額を一律に低額に設定したものと思われるし，判旨で「センシティブ情報の記録がなく，情報量も少ない原告（注：労働者。以下同じ。）らについても各21万円を下るものとはいえず，その余の原告らについては当然に同額を下らないというべきである」とされていることからすれば，本来の慰謝料額は，認容額よりも高額であった可能性があることに留意する必要がある。

(4) 聴き取りのポイント

 ア　労働者の個人情報を収集する場面

  (ア)　収集した個人情報の具体的内容

  (イ)　収集の必要性（正当性）

   ・収集する目的は何か

  (ウ)　収集の相当性

   ・収集する必要性を労働者に説明したか

   ・収集するにあたり，労働者の同意を得たか

   ・収集の具体的態様

 イ　労働者の個人情報を保管・管理する場面

  (ア)　保管・管理された個人情報の具体的内容

  (イ)　保管・管理の必要性（正当性）

   ・保管・管理する目的は何か

  (ウ)　保管・管理の相当性

   ・保管・管理する必要性を労働者に説明したか

   ・保管・管理するにあたり，労働者の同意を得たか（推定的同意が認められるか）

   ・保管・管理の具体的態様

   ・収集後の情報管理が適切であったか（流出・漏洩防止措置を講じていたか）

 ウ　労働者の個人情報を使用する場面

  (ア)　使用された個人情報の具体的内容

  (イ)　使用する必要性（正当性）

   ・使用する目的は何か

(ｳ)　使用の相当性
　　・使用者がオプトアウト（あらかじめ，①第三者への提供を利用目的とすること，②第三者に提供される個人情報の項目，③第三者への提供の手段又は方法，④求めに応じて提供を停止することの全てを労働者に通知し，又は労働者が容易に知り得る状態に置くとともに，労働者の求めに応じて第三者への提供を停止すること）を行っていたか否か
　　・使用する際に，労働者の同意を得たか（推定的同意が認められるか）
　　・使用を正当化する法令上の根拠や緊急性等があるか
　　・使用の具体的態様
　　・流出・漏洩防止措置を講じていたか
　エ　労働者の個人情報が漏洩した場合
　　(ｱ)　漏洩した個人情報の具体的内容
　　(ｲ)　個人情報が漏洩した経緯
　　(ｳ)　個人情報が漏洩した原因（使用者の情報管理体制に問題はなかったか）
　オ　個人情報の収集，保管・管理，使用により労働者が被った不利益
　　(ｱ)　不利益の内容・程度
　　(ｲ)　不利益の回復が図られたか

4　受動喫煙（【23】～【26】）

(1)　慰謝料請求が認容された割合

　本調査の対象となった平成15年1月～平成25年12月の労判において，受動喫煙に関連して慰謝料請求がなされた事例は4件であり，このうち，慰謝料請求が認容された事例は1件である。

(2)　慰謝料請求が認容された事例・認容されなかった事例の傾向
　ア　認容された事例

　　【24】は，労働者（江戸川区職員）が，使用者（江戸川区）に対し，労働者を受動喫煙下に置かないように配慮してほしい旨を申し入れたが，使用者が特段の措置を講ずることなく放置したという事案について，労働者が，受動喫煙による急性障害が疑われ，症状等より，今後，同様の環境下では健康状態の悪

化が予想されるので，非喫煙環境下での就業が望まれることなどが記載された診断書を示して配慮を求めた時期以降については，使用者としては，労働者が，執務室内においてなお受動喫煙環境下に置かれる可能性があることを認識し得たものと認められるから，上記診断書に記載された医師の指摘を踏まえた上で，速やかに必要な措置を講ずるべきであったにもかかわらず，特段の措置を講ずることなく，これを放置していたのであるから，使用者は，労働者の生命及び健康を受動喫煙の危険性から保護するよう配慮すべき義務に違反したものといわざるを得ないとし，このような義務違反の態様に加え，これにより労働者の被った精神的肉体的苦痛の内容（眼の痛み，のどの痛み，頭痛等の継続），程度，期間等を考慮し，5万円の慰謝料を認めている。

　この事例と認容されなかった他の事例を比較してみると，労働者にある程度具体的な健康被害が発生し，使用者が当該被害を認識しながら，その悪化を阻止する措置を取らなかったという場合であれば，慰謝料請求が認容される余地があるといえる。もっとも，その場合でも，健康被害の症状が重大なものといえない限り，認容額が高額になる可能性は低いと思われる。

イ　認容されなかった事例

　【23】では，労働者ら（郵政事業庁職員）が，勤務先の庁舎内を禁煙とすることを求めるとともに，庁舎内における受動喫煙によって健康被害を被っているとして，慰謝料を請求した事案について，労働者らには現実に受動喫煙による健康被害が認められないとし，また，「受動喫煙による健康被害も，一般的，統計的な危険性であって，ETS（注：環境中たばこ煙）に暴露される者に，暴露時間，暴露量等にかかわらず現実的な危険が生じるというものでもないこと，喫煙は単なるし好であるとしても，現時点においては，社会的には許容されている行為であって，職場以外でETSに暴露されることもあり得ること，快適職場指針やガイドラインにみられるように，職場における受動喫煙対策の主流は空間分煙であること等を考慮すると，被用者をETSに少しでも暴露される環境の下におくことが安全配慮義務に反するものであり，違法であるとはいうことができない」とした上で，庁舎内には各階に換気装置を設けた喫煙室が設置され，空間的な分煙が図られていること等から，安全配慮義務違反は認めら

れないとし，慰謝料請求を棄却している。

　【25】は，労働者らが，会社に対し，労働者らが利用している特定の施設を禁煙室とすべきことを要求するとともに，受動喫煙によって急性又は慢性の様々な健康に対する影響を受け続けているとして慰謝料を請求した事案について，（1）労働者らに，受動喫煙による健康被害が認められないこと，（2）本件各施設は，常時そこで業務を処理することが義務付けられている場所ではないこと，（3）労働者らの本件各施設での滞留時間は短時間であること，（4）本件各施設に滞留中，常に受動喫煙にさらされているわけでもないこと，（5）我が国の現時点の喫煙対策において，事業場内のすべての場所において禁煙措置又は完全分煙措置までが義務付けられているわけではないことなどを考慮して，会社は，安全配慮義務の一内容として，本件各施設を禁煙室とすべき作為義務を負っておらず，したがってまた，会社が労働者らの健康等の利益に対して違法な侵害行為を行っているとは認められないとして，慰謝料請求を棄却している。

　【26】は，労働者が，使用者に対し，禁煙・分煙措置をとることを求めるとともに，受動喫煙による急性症状（動悸，咳，不眠，頭痛，めまい，吐き気）に苦しむようになり，「タバコ不耐症」との診断を受け，肉体的・精神的苦痛を受けたとして慰謝料を請求した事案について，労働者の安全への配慮を規定する労契法5条に健康増進法25条，労働安全衛生法71条の2の趣旨・目的等を併せ考慮すると，使用者は，労働者に対し，その業務の遂行場所の状況等に応じて，一定の範囲内で，受動喫煙の危険性から労働者の生命及び健康を保護するよう配慮すべき義務を負っており，この安全配慮義務違反の有無は，「（1）受動喫煙の危険性の態様，程度，分煙措置の内容等の具体的状況，（2）労働者が訴える健康被害の内容等及び（3）上記（1）と（2）の関連性の程度等を総合考慮することにより，これを決すべき」であるとした上で，事務室内はそれなりに広さがある上，換気扇が2か所，空気清浄機が3か所設置されていたこと，労働者と喫煙者である会社代表者は就業時間中常に一緒に事務室内にいたわけではなく，同室している時間はそれほど多くはなかったと推認されること，会社代表者もベランダに出て喫煙するなど分煙意識が生じていたこと，労働者は営業

マンで勤務場所以外でも受動喫煙の危険性に曝されている可能性があること，労働者が最も事務室内で受動喫煙に曝されていたと思われる時期に数回にわたり受診した病院では受動喫煙の影響を肯定する診断書が作成されなかったことなどから，労働者の体調不良と業務遂行場所における受動喫煙との間には一定の関連性があることは否定し難いものの，その関連の程度，態様等のほか，労働者が訴える体調不良の内容等を併せ考慮すると，本件雇用契約の締結時はもとより，労働者が体調不良を訴えた後においても分煙措置の徹底を図らなかったことをもって，上記安全配慮義務に違反したとまではいい難いとして，慰謝料請求を棄却している。

　ウ　小括

　　以上の事例からすれば，主として，受動喫煙による具体的な健康被害が生じていること，当該健康被害が一定程度の症状のものであること，当該健康被害が勤務場所での受動喫煙により生じたものであること，労働者に受動喫煙による健康被害が生じていることについて使用者が認識していること等の事実が認められなければ，受動喫煙に関する慰謝料請求は認められにくいものと考えられる。

　　また，慰謝料額については，【24】では，僅か5万円という低額であった。しかし，同事例は，健康被害の程度もそれほど大きいものではなく，また，受動喫煙期間も僅か2か月半という短期間であったことが影響しているものと思われる。それゆえ，健康被害の内容・程度，受動喫煙期間によっては慰謝料額が高くなる可能性はある。

　　なお，現在，我が国においては，益々，健康意識や受動喫煙防止に対する意識が高まっており，また，受動喫煙と健康被害との関連性についての医学的解明がなされることにより，今後，受動喫煙に関する慰謝料請求が認められる基準が低くなる可能性はあり，また，それに伴い慰謝料額が高額化する可能性は多分に存する。この点についての分析は，裁判例の集積も待ちながら今後の検討課題としたい。

(3)　**聴き取りのポイント**

　ア　勤務場所における受動喫煙の具体的状況

イ　使用者が受動喫煙対策の内容，程度
ウ　労働者の健康被害の発生の有無，内容，程度
エ　労働者の健康被害と就業場所における受動喫煙との関連性
・労働者の就業場所に拘束される時間
・労働者が当該就業場所の使用を回避することの可能性（義務づけられているか）
・他の場所，家族・知人等の交流関係における受動喫煙の可能性
・健康被害と受動喫煙の関連性についての医学的見解（診断書等）
オ　労働者に受動喫煙による健康被害が生じていることについての使用者の認識（勤務場所における受動喫煙に関する使用者と労働者の交渉経緯等）
カ　使用者が，労働者の健康被害を悪化させないために講じた措置

5　名誉毀損（【3】【27】～【36】）

(1)　慰謝料請求が認容された割合

　本調査の対象となった平成15年1月～平成25年12月の労判において，名誉毀損に関連して慰謝料請求がなされた事例は11件であり，このうち，慰謝料請求が認容された事例は6件であった（【3】【28】【30】【32】～【34】）。

(2)　慰謝料請求が認容された事例・認容されなかった事例の傾向

ア　認容された事例

　【30】は，労働者の上司が，「意欲がない，やる気がないなら，会社を辞めるべきだと思います。」などと記載された電子メールを，当該労働者とその同僚十数名に送信した事案について，当該メールが，労働者が地位に見合った処理件数を達成できるよう叱咤督促するために送信されたものであり，その送信目的は正当であるものの，本件メール中には，「やる気がないなら，会社を辞めるべきだと思います。当SCにとっても，会社にとっても損失そのものです。」という，退職勧告とも，会社にとって不必要な人間であるとも受け取られるおそれのある表現が盛り込まれており，この表現は，「あなたの給料で業務職が何人雇えると思いますか。あなたの仕事なら業務職でも数倍の実績を挙げますよ。……これ以上，当SCに迷惑をかけないで下さい。」という，それ自体は正鵠を

得ている面がないではないにしても，人の気持ちを逆撫でする侮辱的言辞と受け取られても仕方のない記載などの他の部分ともあいまって，労働者の名誉感情をいたずらに毀損するものであり，その表現において許容限度を超え，著しく相当性を欠くとして，5万円の慰謝料を認めている。

【32】は，会社代表者が，（夏季賞与の一部として支払ったにもかかわらず）「平成21年1月21日に，貴方殿が会社から騙し取った仮払現金30万円は，至急返金してください。平成21年3月11日まで，返金が確認されない場合は，詐欺・横領として警察に被害届けを出します。」「平成21年2月9日午後，K電鉄ダイヤ作成システム開発業務（以下本業務と称す）用のデータとプログラムを個人USBメモリに無断複製し，無許可で持ち出したことは，本業務のメンバー全員が証明しています。当社が確認できる形で返却消去するようにしてください。」などと，労働者が詐欺，横領，データ等の無断持出しを行った旨を記載したメールを，当該労働者のほか再就職先の従業員宛てに送信した事案について，会社代表者が害意をもって本件メールを送信したこと，また，メールの記載内容が，再就職した労働者の信用ないし社会的評価を毀損するものであることは，いずれも明らかであり，また，両者の間で，本件30万円に対する認識の齟齬があった可能性は否定できないこと，会社代表者が，元従業員である労働者がその取引先に再就職したことにより，会社の成果物が利用されているのかなどに関心（疑問）を抱くこと自体は至極自然であるが，会社代表者が，労働者に対し，事前に事実関係を確認することもしないまま，上記内容を含む本件メールを労働者の再就職先の関係者に転送するという行為は，不法行為（名誉毀損）としての違法評価を免れ得ないとして，20万円の慰謝料を認めている。

【33】は，会社（Y1）の代表者（Y2）が，労働者Xが退職する前後において，労働者に電話をかけて，「お前は1000万円の使い込みをしたんだ。告訴する。警察にも言っている。お前の家庭をがたがたにしてやる。出て来い。こら。」などと怒鳴ったり，留守番電話に，「警察にも行った。出て来い。これから労働基準監督署にも行くことになっている。給料を払わない理由を説明してくる。」と吹き込み，さらに，留守番電話で「奥さんもいないのか。出られないのか。資料は全部揃っているんだぞ。」と述べ，また，労働者の仕事上の知人に

対し,「Xについては在籍中,横領の事実が明らかになったため解雇した。横領金額は1700万円である。警察に告訴する。このような人とは一緒に仕事はしない方が良い。」,「Xは会社資金1000万円以上を横領したので,告訴する準備をしている。XがY1に在籍時の関係各社にXと関係しないように連絡した。今後はXと関わらないようにした方がいい。Xが業務上交わした契約等については,Y2は一切認識していないものである。」などと発言した事案について,Xが,Y1に対し背信行為を行っており,Xがそれに関して真摯に説明しようとしなかったことは,その限度において事実ではあるものの,X及びその家族にことさら恐怖感を与える言動をすることは許されるべきではないし,仕事上の知人に対し,Xの経済的信用を損なうことを意図して,Y1の金員を横領した旨流布することは社会通念上その相当性を逸脱した行為というべきであって,不法行為に当たるとして,20万円の慰謝料を認めている。

【28】は,上司(大学主任教授)が,労働者(大学助教授)について,職員会議において,研究費を集めることができる人等の要件に該当しないスタッフは,定年までとどまる必要はなく,退職をすべきであると記載した文書を配布し,また,大学病院脳神経センター忘年会において,スタッフの中には,学会にも出席せず,研究もせず,手術症例もほとんどないお荷物的存在がいること,死に体でこれ以上教室に残り生き恥をさらすより,自分にふさわしい場を見つけて生きていただくことの方が良いので,英断を願うというような侮辱的な表現を用いた文書の配布及び同内容の挨拶をし,さらに,脳神経センター医局室における職員会議において,労働者に対し,勤務ぶりをなじったり,23年間も助教授をして教授にもなれないのはだめである,早期に辞職すべきであるという趣旨の発言をした事案について,上司の行為は,古くからの知己も含む衆人環視の下で,誰にでも認識できるような状況下で,ことさらに侮辱的な表現を用いて労働者の名誉を毀損する態様の行為であって,退職勧奨として許容される限界を逸脱したものであるなどとし,このような上司の行為は,労働者に対して精神的苦痛を与えるだけでなく,労働者の医師としての,又は教育者としての評価を下げ得るものであって,多大な損害を与え得る違法性の高い行為であるとして,400万円の慰謝料を認めている。

【3】は，会社代表者が，会社の多数の従業員の面前で，本件カルテルは青天の霹靂である，営業の者が勝手にやったことであるとの発言をし，あるいは，本件カルテルは自分の知らないところで一部の社員がしたなど，本件カルテルに会社は全く関与しておらず，労働者や他の従業員のみに責任があるかのような発言を行った事案について，本件カルテルは会社の了解の下に行われてきたにもかかわらず，これらの発言をしたことは，労働者の名誉を侵害する行為であるとして，60万円の慰謝料を認めている。

【34】は，団体交渉を拒否した使用者が，「聞知するところによれば，最近の貴君の言動は，分会員の意見さえ聴取していない独善的なものであると思考される」，「会社としては，貴分会長のこのような法の定めや和解協定の約束事まで無視する言動によりこれ以上分会の代表者として容認して各種の折衝を続けることは正常な労使関係を構築するにも百害あって一利なしと判断し」た，「分会長を自認する特定個人の基礎認識の欠如が原因であることを自覚されない限り，状況の打開若しくは改善は至難である」など，労働者を誹謗中傷し，自らが団体交渉に応じないことを正当化し，団交不開催の全ての責任が労働者X個人にあるかのように説明する文書を，1年半以上にわたり，組合員の自宅や，会社の全従業員の自宅に複数回送付した事案について，これらの行為は，労組分会の分会長であるXの名誉，品性及び信用について社会から受ける客観的評価を低下させる行為を繰り返したものであり，Xを嫌悪する感情や労組分会を弱体化させる意図からなされたと認められる不当な業務命令による人格権侵害と併せて，150万円の慰謝料を認めている。

イ 認容されなかった事例

【27】は，雇止め（委嘱停止）をされた労働者X（短大非常勤講師）が，委嘱停止の効力を争って地位保全等の仮処分を申し立てたところ，短大を経営する学校法人（Y1）が疎明として提出した同短大教授（Y2）の陳述書に，「学生がXから叩かれたとも述べたという記憶がある」旨の記載（以下「本件記載」という。）があったことから，この記載が名誉毀損に当たるかが争われた事案について，仮処分や訴訟その他の裁判分野においては，当事者双方に自由な疎明や立証活動を尽くさせることによって，いわゆる訴訟的真実の適切な形成を図

る高度の必要性があると認められるから，仮処分における疎明の内容が名誉毀損その他の不法行為を構成するといえるためには，その旨知りながら虚偽の事実を記載するなど，故意に当該行為に出たことを要すると解すべきであるとした上で，当該陳述書には，Ｙ２が，その記憶のとおり，当時の聴取内容をありのまま記載したにすぎないと認められるから，本件記載をもって，直ちに故意に虚偽の記載をしたと認めることはできないとして，慰謝料請求を棄却している。

　【29】は，週刊誌に掲載された会社に関する現場職員の内部告発による批判記事に対して，会社が，①そのホームページ上に，「本件記事は，週刊朝日取材班による『独自取材』による記事（以下『独自取材記事』という。）と当機構Ｓ理事長のインタビューによって構成されています。当機構は週刊朝日取材班から取材の要請を受け，理事長がインタビューに対応し，その際，質問に対して誠実に回答を行ったものと考えております。しかしながら，独自取材記事ではこのインタビューでの質疑応答の際には全く触れられなかった内容が，しかも匿名の一人の人物からとみられる情報のみに基づいて構成されており，これは十分な裏付け取材もないままに書かれたものとみなさざるを得ません。当機構では，独自取材記事の内容について調査を行いましたが，事実とは思えない話や歪曲，誇張した話を断片的に羅列して，当機構のことを一方的に『お気楽』特殊法人と決めつけているのは，当機構の実態とかけはなれたものであると考えております。」との意見を載せ，また，②一般市民から寄せられた抗議のメールに対する返事として，「元職員がこれまでに記述したり週刊誌等に提供するなどした情報の内容は，いずれも事実に反するか，もとにある事実を著しく歪曲・誇張している。」旨記載されたメールを送信した事案について，上記①については，記載を素直に読めば，これは，出版社が本件記事の一部を労働者からの情報にのみ依拠して執筆し掲載したことを批判し，会社としてはその内容が真実ではないと考えている旨表明したものというべきであって，本件記事の取材源である原告（※労働者）自身を非難したり，その社会的評価を低下させたりするものとは認められないとし，また，上記②については，当該メールは会社に抗議のメールを送信した特定の個人に宛てた返事として送信されたもので

あり，公然すなわち不特定多数の人の目に触れる状態で原告（※労働者）の社会的評価を低下させるような事実を摘示したものではないとし，いずれも労働者に対する名誉毀損にはあたらないとして，慰謝料請求を棄却している。

【35】は，労働者X（大学教授）が，以前の勤務先においてパワハラやセクハラ等に該当する問題行為があるとして問題になっていたことが，当該問題に関連して解雇された者の地位確認訴訟の中で触れられたため，新聞各紙，雑誌等で報道され公となり，学校法人Yが，当該問題を告知しなかったことを理由にXを解雇したが，Yが①「後援会の皆さまへ」等と題する書面を学生の保護者である後援会会員に送付し，Xの氏名と処分内容等を伝えたことが，上記訴訟の判決や報道ではXの氏名等について推測させるような情報は指摘されていないのに，不用意にXと上記訴訟を結びつける記載であって名誉毀損に当たり，また，②インターネット上の大学同窓会のウェブログにおいて，Xと上記訴訟判決の報道記事を結びつける記事が掲載され，Xの名誉や社会的信用が損なわれたにもかかわらず，何ら是正，名誉の回復を図る措置をとることなく放置したことは名誉毀損に当たるとして，慰謝料等の請求を行った事案について，上記①については，学生や保護者に対する説明責任があること，送付した書面の内容は判決の内容や新聞報道等の記載内容の説明に事実と異なる点はなく，大学としてXがパワハラ・セクハラ行為を行ったと認識していることなどは記載されていないし，処分内容についても「解職（普通解雇）」と，懲戒解雇でないことを明確にして記載されていることから，これらの文書の送付によるXの社会的評価の低下も，YにXの名誉を毀損する意図があったことも認められないとし，また，上記②については，大学同窓会のウェブログの記事は，雇用契約締結前のセクハラ・パワハラに係るものであって，Xの労働者としての労務提供と関係がなく，大学同窓会もYとは異なる第三者であって，雇用契約とは関係がないから，名誉回復措置をとる信義則上の義務はないとして，慰謝料請求を棄却した。

【36】は，会社が，海外事業部（ドバイ首長国）に勤務する労働者について，軽率に横領行為を理由とする無効な懲戒解雇を行い，また，刑事告訴も行い，さらに労働者の顔写真入りで「彼は，他のいかなる会社においても働くことを

認められていない」といった内容の新聞広告を掲載したり，労働者を告訴したことや，労働者のパスポートが取り上げられて出国できないこと等を客先に対して流布した事案について，会社が，新聞広告や顧客への通知等の対応に出たのは，労働者の言動から，今後の労働者の行動によって取引上の損失を被ったり，損害賠償責任を負わされたりするおそれを防止せんとの意図に出たもので，そのような背景事情があったことも併せ考えると，違法性が認められないとして，慰謝料請求を棄却している。

【31】は，A大学附属W研究所で発生した医療事故について，使用者である学校法人A大学が，労働者（医師）に過失があるという誤った調査報告書を作成して公表した事案について，本件調査報告は，もっとも難易度の低い類型の手術において，労働者の初歩的な過失に起因して，被害者の死亡という重大な結果を招いたという事実を指摘するものであるから，労働者の社会的評価を低下させるものであることを認めたが，名誉毀損の損害賠償債務は3年が経過したことにより時効消滅したとして，慰謝料請求を棄却している。

(3) 認容額の傾向

ア 認容額の分布

労働者に対する名誉毀損の慰謝料額の分布は下記表のとおりである。認容額は，5万円が1件（【30】），20万円が2件（【32】【33】），60万円が1件（【3】），150万円が1件（【34】），400万円が1件【28】である。

(単位：万円)

認容額	50以下	50超～100以下	100超～200以下	200超～400以下
件　数	3	1	1	1

イ 高額事案の傾向

認容額が100万円を超える高額事案は，【28】（400万円），【34】（150万円）の2件であったが，ここでは，傾向を分析するために，次に慰謝料額の高かった【3】（60万円）とも比較しながら検討することにする。

【28】は，労働者（大学助教授）が上司（大学主任教授）の出身大学の1年先輩であり，歳も1つしか違わないため，もし仮に労働者が定年まで勤務すれば，一緒に仕事をしていくのはかなりつらいことから，早く退職してほしいと

いう心情から出たものであったこと（不当な目的），労働者に対して，ことさらに侮辱的表現を用いて退職を勧奨するものであったこと（表現内容の悪質性），古くからの知己を含む衆人環視の下でなされたものであったこと（多数の受信者），上司としての立場を利用した行為であったこと（加害者と被害者の関係），当該行為は，労働者の医師又は教育者としての社会的評価を下げ得るものであったこと（被害者の社会的地位，不利益の程度）などが高額化に影響しているものと考えられる。なお，同事例は，名誉毀損的表現を用いたことのほか，上司が降格を匂わせる発言をするなどの点も含めて，許容限度を逸脱した退職勧奨であったと評価して慰謝料が算定されたものであることに留意する必要がある。

　【34】は，労組分会を弱体化させる意図で，自らが団体交渉に応じないことを正当化し，団交不開催の責任がX個人にあるかのように説明する文書を送付したものであること（悪質な目的，虚偽かつ悪質な表現内容），文書は，1年半を超える長期間にわたり執拗に繰り返し行われていたこと（多数回かつ長期間にわたる表現），文書の送付によって，分会長であるXは四面楚歌の状況とされ，分会員11名中7名の組合員が脱退し，わずか4名（口頭弁論終結時は3名）にまで減少するなど，分会の存続すら危ぶまれる状態に追い込まれたほか，分会長ないし執行委員長としての社会的名誉を大きく侵害されたこと（不利益の程度）などが慰謝料額の高額化に影響しているものと考えられる。なお，同事例では，数回にわたって説明を求める不当な業務命令がなされた点も含めて慰謝料が算定されていることに留意を要する。

　【3】は，会社の了解の下に行ってきたカルテル行為であるにもかかわらず，労働者らにのみ責任があるかのような発言をしたこと（悪質な目的，虚偽かつ悪質な表現内容），発言は，数回にわたり，会社行事の際，管理職や従業員数十名という多数の面前でなされたこと（多数の受信者）などから慰謝料額が高額化したものと考えられる。

　なお，【34】も【3】も，いずれも，表現内容が虚偽のものであり，かつ，表現の目的が，労働者に責任を転嫁させるという非常に悪質なものであった。このように，表現内容が虚偽であり，かつ，表現の目的が悪質なものであった場

第14章　その他

合には，それだけで慰謝料額は高めに設定されるものと考えられる。

ウ　低額事案の傾向

【30】で認められた慰謝料額は僅か5万円とされ，調査した事例の中で認容された最低額であった。同事案では，メールの送信は，労働者が地位に見合った処理件数を達成できるよう叱咤督促するためになされたものであったこと（正当な目的），「やる気がないなら，会社を辞めるべきだと思います。当SCにとっても，会社にとっても損失そのものです。」という，退職勧告とも，会社にとって不必要な人間であるとも受け取られるおそれのある表現と，「あなたの給料で業務職が何人雇えると思いますか。あなたの仕事なら業務職でも数倍の実績を挙げますよ。……これ以上，当SCに迷惑をかけないで下さい。」という侮辱的言辞と受け取られても仕方のない記載などの他の部分と相俟って，表現内容が相当性を欠くに至るものであること（不適切な表現），メールを送信した相手方は同じ職場のユニットに所属する十数名程度であったこと（少数の受信者），メールは1回送信されたにすぎないこと（少ない表現回数）などから，上記金額にとどまったものと考えられる。

【32】で認められた慰謝料額は20万円であった。同事案は，本件メールは，会社代表者が害意をもって送信したものであること（不当な目的），メールの内容は，労働者の再就職先での信用ないし社会的評価を低下させるものであること（悪質な内容）が認められるが，他方で，メールの送信相手は再就職先の関係者2名であったこと（少数の受信者），送信された回数は1回であったこと（少ない表現回数），労働者と会社代表者との間で，本件30万円に対する認識の齟齬があった可能性は否定できず，また，会社代表者が，労働者が再就職先で，会社の成果物を利用していないか確認する必要性もあったこと（加害者側の事情）などから，慰謝料が低額化したものと考えられる。

【33】で認められた慰謝料額は20万円であるが，同事案は，労働者の経済的信用を損なうことを意図したものであったこと（不当な目的）が認められるものの，他方で，労働者の会社に対する背信行為があったことは真実であり（表現内容の真実性），労働者がそれに関して真摯に説明しようとしない態度をとったことから，会社代表者が激高してなされたものであること（労働者の不誠実

な態度），発言の相手方は，労働者の知人1名と職場の同僚4名であったこと（少数の受信者）などから，慰謝料額が低額化したものと考えられる。なお，同事例は，労働者及びその家族に対して，4回にわたり，電話ないし留守番電話で，脅迫的言動がなされた点も含めて算定された慰謝料であることに留意する必要がある。

(4) 聴き取りのポイント

ア 表現の具体的内容

イ 表現内容の真実性・虚偽性

ウ 表現内容の悪質性の程度
- 不適切にとどまるものか，不当なものか，悪質なものか

エ 表現行為の意図・目的
- 正当なものか，一応合理的なものか，不当なものか，悪質なものか

オ 表現の方法，態様
- 表現手段（新聞等による報道，公共の場所での掲示，手紙，メール等）
- 顔写真等の使用の有無
- 表現の回数，頻度，期間等

カ 表現によって生じた不利益の内容，程度
- 被害者の社会的地位
- 表現を受けた相手方の人数，範囲（社会的構成単位），属性
- 表現を受けた相手方の表現内容に対する反応，認識の変化の有無
- 表現によって派生的に受けた不利益の有無，内容，程度

キ 表現がなされた経緯
- 加害者と被害者の関係
- 被害者の加害者に対する態度

6 その他

その他の分類については，事例数が少なく，傾向を分析することが困難であるため，以下では，慰謝料請求が認容された事例について紹介するにとどめる。

(1) 休職処分（【37】），厳重注意（【38】）

第14章　その他

【37】は，労働者が，電車内での痴漢行為により起訴されたことを理由に休職処分とされたことによって精神的苦痛を被ったとして，使用者に対し慰謝料を請求した事案について，比較的軽微な犯罪であることに加え，当該労働者には前科はなく，保釈取消の可能性は低かったことから，単純作業の需要がある部門に当該労働者を配置することが可能であったとして，休職処分を無効とした上で，5万円の慰謝料を認めている。

迷惑防止条例違反による公訴提起による不名誉を越えて休職処分によって独自の不名誉が生じたとはいえないこと，休職中に無給とされたことによる精神的苦痛は，賃金請求権によって補填されていること，当該労働者は保釈許可書の写しを交付しない等，使用者の配置先の検討に協力的とはいえなかったことなどが考慮され，認容額が低額なものとなっている。

(2) 人事評価（【39】～【42】）

【42】は，労働者が，在籍出向期間中の人事考課において異常に低い評価をされ続けたとして，使用者に対し慰謝料を請求した事案について，この異常な低評価は，使用者の意に沿わない言動を行った当該労働者に対する嫌がらせないし見せしめの目的をもってなされたと認められること，低評価が行われた期間は出向期間中の全期間（概ね4年間）にわたること，正当な人事考課がなされなかった場合，昇格の機会すら与えられないことになること，賞与額においても不利益を被った可能性が高いこと等を理由として，300万円の慰謝料を認めている。

(3) 劣悪，過酷な労働環境（長時間労働，休憩時間の不付与等）（【43】～【49】）

【44】は，労働者らが，約2年半ないし1年半にわたって実質的に休憩時間のない就労を強いられたことを理由として，使用者に対し慰謝料を請求した事案について，当該行為が債務不履行であることを前提として，労働者らが，実際に食事やトイレ等の際の不便によって精神的・肉体的苦痛を被ったこと，使用者は労働者らが十分な休憩を取ることができない状況を認識し得たこと，かかる状況が2年以上継続したこと等を理由として，労働者4名のうち3名について各20万円，1名について10万円の慰謝料を認めている。

【47】は，外国人研修制度の研修生として中国から来日した労働者らが，旅券，預金通帳等を強制的に管理され，最低賃金を下回る低賃金での長時間労働を強い

られたとして，慰謝料を請求した事案について，旅券，預金通帳・印鑑の管理行為は，低額な対価しか支払わずに，ノルマを課する等して強い指揮命令下に置き，縫製作業に従事させるという違法な労働状態を継続させるための手段としての側面も有している等，相互に密接に関連しているものと認められ，これらの違法行為全体として労働者らの人格権を侵害するとした上で，不法行為の内容，態様，侵害された権利の内容等を考慮して，100万円の慰謝料を認めている。

【49】は，外国人研修制度の研修生としてベトナムから来日した労働者らが，使用者によって逃亡，反抗できない環境を作り上げられ，劣悪，苛酷な環境で酷使させられたとして，慰謝料請求をした事案について，使用者の行為は，個別に見れば不適切，不相当であり，労働基準法等に違反する行為が含まれ，賃金請求権が発生するものであるが，全体として見れば，労働者らが本件制度の予定していた研修及び技能実習の適切な運用を受け，支払われるべき金員の処遇等に関して労働基準法等の遵守を受けることなく，労働者らが恒常的に長時間，労働基準法等に違反する低賃金での労働を余儀なくされたという意味において，人格権を侵害するとした上で，被侵害利益の内容，労働者らが研修生・技能実習生であった期間（4人が約3年間，4人が約2年8か月間），上記期間中に労働者らが支払を受けられなかった賃金額（4人がそれぞれ約320万円，4人がそれぞれ約300万円）等を考慮して，各100万円ないし各90万円の慰謝料を認めている。

(4) サービス残業（【50】～【52】）

【52】は，公立小中学校の教員らが，法ないし条例で設定された例外的時間外勤務以外の時間外勤務を違法な黙示の職務命令等により行われ，また，市には健康保持のための時間外勤務を防止しなければならない安全配慮義務違反があったなどとして，市に対し慰謝料を請求した事案について，教育職員は，その職務の特殊性（児童生徒との直接の人格的接触を通じて児童生徒の人格の発展と完成を図る人間の心身の発達という基本的価値に関わるもの），置かれている立場（保護者からの多様な期待に適切に応えるべき立場）から，過度な時間外の勤務がなされた場合には肉体的のみならず精神的負荷が強いと推認できるところ，教育職員には時間外勤務手当は支給されないこともあってその勤務時間管理が行われにくい状況にある上に，当該労働者ら（X3，X8，X9）が上記健康の保持に問題

となる程度の少なくない時間外勤務をしていたことを踏まえると，それによって法的保護に値する程度の強度のストレスによる精神的苦痛を被ったことが推認されるとして，各50万円の慰謝料を認容している。

(5) 賃金，退職金の不払い（【53】～【56】）

この分類において，慰謝料請求が認容された事例はなかった。

(6) 社会保険への未加入（【57】【58】）

【57】は，労働者が，社会保険の加入手続を行うように求めていたにもかかわらず，使用者が加入手続をせず，抗議をしてもかえって解雇をちらつかされ脅されたり，事情を調査するために関係機関への問い合わせに走り回ったりするなど，多大な精神的な苦痛を被ったとして，使用者に対し慰謝料を請求した事案について，労働者が被保険者資格を取得したにもかかわらず保険給付を得られなくなったことについては，労働者が使用者に対してしばしば加入を求めていたにもかかわらず，担当者が事実に反する説明をしたり，解雇や給与の減額などの不利益処遇を口にしていたことが大きな原因であったというべきであるとして，20万円の慰謝料を認めている。

(7) 年休権侵害（【58】～【60】）

【59】は，公立小学校教員が，校長から年次有給休暇取得の許可を得た上で県教職員組合の定期大会に参加したところ，許可後に，違法な時季変更権を行使され，これを前提として，欠勤を理由とする給与・勤勉手当の減額，教務主任の命課換え，文書訓告をされるという不利益を受け，精神的苦痛を被ったとして，市と県に対し慰謝料を請求した事案について，給与，勤勉手当の減額は，客観的には違法な時季変更権が適法に行使されたことを前提として，労働者が欠勤したものとの扱いをされたことに基づくものであって，そのような扱いをすること自体が労働者にとっては不名誉なことであり，相応の精神的苦痛が生じるのは否定できず，その是正のために人事委員会に対する措置要求までしなければならなかったことを考慮すると，減額分が後に支払われたことによって当然に精神的苦痛が回復されるものということはできないこと，また，時季変更権の行使に伴う職務命令も，客観的には認められないにもかかわらず，これがあるものとしてされた職務命令違反に対する本件訓告や本件命課換え，特に，事実に相違する理由が明

示された本件訓告は，労働者の名誉感情を害し，屈辱感を与えるものであること，本件の事実経過，県教委，市教委及び校長の各違法行為の内容，労働者が被ったであろう精神的苦痛の程度，その他本件に現れた諸事情を勘案して，30万円の慰謝料を認めている。

(8) 復職に伴う配慮（【61】～【63】）

【62】は，病気休職中であった労働者が，復職可能となり，復職の意思を表示していたにもかかわらず，使用者に復職を拒否され，休職期間が満了したことにより退職扱いとされたことが理由なき就労拒絶であって違法であるとして，使用者に対し慰謝料を請求した事案について，使用者から理由なく就労拒否され，休職期間満了をもって退職とされたことにより，従業員としての地位を奪われ，その回復に多大な時間と労力を余儀なくされたこと，また，この間，社会的・経済的に不安定な立場に置かれた上，コンピュータープログラマーとして現場での作業を通じてスキルアップする機会を奪われたことを考慮して，50万円の慰謝料を認めている。

(9) 申請の拒否（【64】【65】）

【64】は，イギリス国籍の女性労働者が，第3子の育児休業申請を行ったところ，これを拒絶されたため精神的苦痛を被ったとして，使用者に対し慰謝料を請求した事案について，育児休業拒否によって，当該労働者は，生後2ヶ月の子を預けて出勤せざるを得なかったこと，また，出勤しても仕事をほとんど与えられなかったこと等を考慮して，40万円の慰謝料を認めている。

【65】は，労働者が，アルバイト就労をすることの許可を4回にわたって申請したがいずれも拒絶されたことから，使用者に対し慰謝料を請求した事案について，第3申請及び第4申請に対する使用者の不許可は，執拗かつ著しく不合理なものであり，その不許可の理由において不当労働行為意思も推認できるから不法行為に該当するとした上で，労働者が使用者による不合理かつ執拗なアルバイト就労不許可により被った精神的苦痛に対する慰謝料額は，使用者の対応の不合理性の程度，許可されるべきアルバイト就労によって得られた収入の程度，それが労働者の収入に占める割合，XがYの不合理性の主張立証に要した労力等をはじめとする諸事情を総合考慮して，30万円の慰謝料を認めている。

⑽　再雇用拒否（【66】～【68】）

　【67】は，定年退職後，再雇用を拒否された労働者が，当該拒否は権利濫用ないし不当労働行為に該当し無効であり，当然に再雇用契約が成立したというべきであり，仮に再雇用契約が成立していないとしても，債務不履行又は不法行為に該当するとして，主位的に雇用契約上の地位確認及び賃金請求を，予備的に，財産的損害と併せて慰謝料を請求した事案について，再雇用拒否が不法行為に該当するとした上で，財産的損害と併せて500万円の損害賠償請求を認容している（慰謝料に対応する具体的金額は不明。）。

　なお，損害額を算定するにあたっては，再雇用拒否が，少数派組合の従業員の合理的意思，高年法9条及び再雇用制度の趣旨に反しており，違法性の程度が高いこと，再雇用契約が締結された可能性がなかったとはいえないこと，再雇用契約が締結された場合に労働者が得ることができたであろう経済的利益の額，当該経済的利益を得られなくなったことによる労働者の精神的苦痛の程度等一切の事情が考慮されている。

⑾　説明義務違反，虚偽説明等（【69】～【75】）

　【69】は，営業不振が続いていたY社から，同社への入社と再建への協力要請を受けたXが，これを承諾して，当時の勤務先の退職手続をとり，また，Y社顧問という名刺をもって銀行との融資交渉に同席するなどしていたところ，入社予定日の1週間前になって初めて給与の話がなされたが合意に至らず，Xが出社した日にYから採用することはできないと告げられたため，XがY社に対し，主位的に雇用契約上の地位確認等を求め，予備的に契約締結上の過失があるとして損害賠償を求めた事案について，Yは，Xが想定するより著しく低額な給与でしか雇用契約を締結することはできないと判断するに至ったにもかかわらず，これをXに告げず放置し，このため，Xは，早期に再就職先を探すことになる機会を遅らせ，また，勤務先を退職した後ではあるものの，自分の想定する程度の給与の支給を受けることができるであろうとの期待を抱いていたにもかかわらず，明確な理由を告げられることなく，低額の給与額を提示された上，結局，雇用契約を締結することができなくなったことを考えると，Xの被った精神的損害は小さくなく，特に，当初，Yが入社を依頼した際の態度や，その後，Yの求めに応じ，

金融機関との交渉の場に同席するなどしたことを考えると，その後のYの対応は，不誠実といわれてもやむを得ないとして，120万円の慰謝料を認めている。

【72】は，勤務先会社（Y社）の会社分割に伴ってT社に転籍した労働者ら2名が，会社分割の際，Y社が，T社から賃金の引下げの提案が間もなく確実になされることを説明しなかったことが説明義務違反であるとして，Y社に対し慰謝料を請求した事案について，Y社の説明義務違反により，労働者が，十分な説明を受けて5条協議（商法等の一部を改正する法律附則5条）に臨むことができなくなったものであるから，労働者らが受けた精神的苦痛について賠償すべきであるとした上で，5条協議は，協議の成立まで義務付けられたものではないこと，事業譲渡のために会社分割が行われ，当事会社間に賃金格差がある場合には，その是正が早晩に問題となり得ることは一般的に予想し得ること等も考慮して，各15万円の慰謝料を認めている。

(12) **偽装請負，労働者派遣（【76】〜【80】）**

【79】は，ブラジル国籍の派遣労働者ら12名が，派遣先会社が派遣元会社との労働者派遣契約を終了させ，労働者らの就業を拒否したことから，派遣先会社に対し，慰謝料請求した事案について，派遣先会社の対応は，偽装請負又は派遣法違反の労働者派遣の法律関係の下，長期間（4年〜13年4か月）にわたって労働者らの労務提供の利益を享受してきたにもかかわらず，突如として，何ら落ち度のない労働者らの就労を拒否し，労働者らに一方的に不利益を負担させるものであること，日本人派遣労働者を正社員として登用した事実があるにもかかわらず，ブラジル国籍の労働者らを正社員として登用しないことについて，その選別基準の合理的な説明をしたり，正社員登用に代えて再就職先をあっせんしたりするなどの道義的責任も果たしていないことから，条理上の信義則に違反し不法行為を構成するとした上で，労働者らの派遣先会社における就労期間及び派遣法が製造業につき未解禁であった時代からの勤務の有無，正社員への登用についての勧誘の有無，就労継続のための帰化の有無等を考慮し，労働者らのうち，5名については各90万円，2名については各70万円，5名については各50万円の慰謝料を認めている。

(13) **労働組合関係（【81】〜【84】）**

ア　除名処分

【81】は，労働組合が組合員ら5名（C支部所属）に対して行った除名処分が不法行為に該当するとして，労働組合に対し慰謝料を請求した事案について，除名処分は，その理由につき相当性を欠き，重大な手続上の瑕疵があり無効であるとした上で，本件除名処分が，C支部組合員がR支部やその委員長の意向に反するような言動をとったことから，R支部等の幹部が中心となってC支部及びその執行部を弱体化しようと図ったこと，この目的に基づいて本件除名処分等を行ったこと，組合員らが本件除名処分によってC支部組合員としての名誉，信用を少なからず害されたと認められること等の事情を考慮して，それぞれ15万円の慰謝料を認めている。

イ　脱退妨害

【82】は，A労組の組合員ら2名（X1，X2。脱退後，B労組に加入。）が，A労組を脱退する旨の届出をしたにもかかわらず，脱退を認められず，その後も組合員として扱われ，不当な干渉や嫌がらせをされたとして，A労組に対し慰謝料を請求した事案について，組合員らの脱退の効果が生じていることを確認した上で，X1については，A労組の委員が，「脱退届には承認を要し，承認には数ヶ月かかることもある。」などと法的根拠のない話をし，脱退の効果が発生しているにもかかわらず，A労組の敵対組合であるB労組に加入することがA労組への裏切り行為であるとの見解に依拠して，X1の脱退の決意が強固であり，A労組との接触を避けていることを熟知しながら，X1の職場を訪問し，調査委員会の調査であることを知らせずにX1から事情を聴取したり，A労組とは別途の組織であり，加入も脱退も連動していないC生協からの脱退を要請するという行為に及んだことやその態様，法的根拠なくX1を除名処分に付したこと等の一連の対応を考慮して，30万円の慰謝料を認めている。

また，X2については，A労組は，X2の脱退後のB労組での活動を問題視してX2に調査委員会への出頭を要請し，X2を権利停止及び除名処分の対象とする等あたかもA労組の組合員の地位が続いているかの取扱いの対象としたばかりか，本訴提起後に至るまでX2をいわゆる宙ぶらりんの状態に置いたことや，A労組事務局長らにおいて，X2にC生協を脱退する意思がない

ことを確認できたにもかかわらず，調査委員会からの通知書と一緒にC生協からの脱退届出書類を送付したことが，X2を精神的に動揺させ，C生協をやめざるを得ないという決意をさせることになったこと等，A労組の一連の対応を考慮して，40万円の慰謝料を認めている。

ウ　選挙運動妨害（ビラ削除）

【83】は，組合員が，所属する労働組合の支部執行委員選挙に立候補し，また，その後，書記長選挙に立候補したところ，当該労働組合から，各選挙におけるXの所信表明等を記載したビラ1，2の当該所信表明部分を削除されたとして，当該労働組合に対し慰謝料を請求した事案について，いずれの削除行為も，組合員の人格的利益を侵害するもので不法行為に該当するとした上で，ビラ1については，表明事項が7行にわたって記載されているうちの最後の1行が削除されたもので，他の6項目に関しては，削除されておらず，選挙ビラの体裁としても特に違和感はないこと，Xの所信表明の主要な点が損なわれたとまでは言い難いこと，削除された項目は大阪支部の組合員に直接関係する事項とは認められないこと等を考慮し，10万円の慰謝料を認め，また，ビラ2については，削除がXの所信表明部分全体にわたっており，ビラの約半分から下の部分が空白になっているなど選挙ビラとしての体裁を著しく欠いていると認められること，他方で，選挙管理委員会が，削除に当たって，組合員に再考を促したが組合員がこれを拒否したこと等を考慮し，40万円の慰謝料を認めている。

エ　入場拒絶

【84】は，組合員が，労働組合は当該組合員の定期全国大会への出席を拒絶してはならないという内容の仮処分命令を得ていたにもかかわらず，労働組合がこれを無視して，当該組合員の入場を拒絶したまま定期全国大会において組合長選挙を実施したことが違法であるとして，労働組合に対し慰謝料を請求した事案について，労働組合の本件入場拒絶は，仮処分命令によって保護されるべき当該組合員の本件全国大会に出席するという民事保全手続上認められた法的利益を奪った違法なものであるとした上で，当該組合員が，全国大会への出席に向けて仮処分命令申立てを行い，それに関して費用や労力をかけてきたに

もかかわらず、入場拒絶によってその努力が水泡に帰したこと等を考慮して、100万円の慰謝料を認めている。

⒁ 労働者に対する犯罪行為や嫌がらせ行為（【85】～【89】）

【86】は、当該労働者のひげ及び長髪が、「身だしなみ基準」に違反することを理由に、使用者が、職務担当に関する差別を行い、また、ひげを剃り、髪を切るよう求めたことが違法であるとして、使用者に対し慰謝料を請求した事案について、当該「身だしなみ基準」において禁止されているひげ及び長髪につき「顧客に不快感を与えるようなひげ及び長髪」と限定解釈し、当該労働者のひげ及び長髪は基準に違反しないとした上で、基準違反でないのに、労働者に「特殊」業務のみを担当させて、他の業務を担当させたことは違法であり、かかる担務限定は、労働者が職務経験を広げ、業務知識を増やす機会を喪失させるものといえ、これにより、労働者が一定程度の精神的損害を受けたものと認められること、また、基準違反でないのに、上司らが繰り返しひげを剃り、髪を切るよう求めたことは違法であり、これにより、労働者が一定程度の精神的損害を受けたものと認められるとして、30万円の慰謝料を認めている。

【87】は、労働者が、退勤後の深夜、上司から会社に戻るよう指示を受けたのに対し、「帰りの電車がないので行けません」と述べて指示を拒んだところ、使用者が、翌日、タイムカードを撤去し、打刻できない状態にした上、労働者を解雇し、さらに、その後も、労働者からのタイムカードの引渡し要求を拒絶したことが違法であるとして、使用者に対し慰謝料請求をした事案について、使用者は、労働契約の付随義務として、信義則上、労働者にタイムカード等の打刻を適正に行わせる義務を負っているだけでなく、労働者からタイムカード等の開示を求められた場合には、その開示要求が濫用にわたると認められるなど特段の事情のない限り、保存しているタイムカード等を開示すべき義務を負い、正当な理由なく労働者にタイムカード等の打刻をさせなかったり、特段の事情なくタイムカード等の開示を拒絶したときは、その行為は、違法性を有し不法行為を構成するとした上で、労働者は、タイムカードの打刻ができなかった期間について、客観的データのないまま割増賃金請求をせざるを得なかったこと、労働者は所持していた一部のデータをもとに一部の期間の割増賃金の請求を行う形で本訴を提起したもの

の，本訴提起後にタイムカードの開示を受けるまでは請求内容を確定させることができなかったことからすれば，使用者のタイムカード取り上げ行為及びタイムカード開示拒絶行為により，一定の精神的苦痛を受けたと認められるとして，10万円の慰謝料を認めている。

【89】は，労働者が，会社から懲戒解雇をされたが，その過程で，会社代表者が，2度にわたり，夜間，予告なく労働者の自宅を訪問し，また，予告なく労働者の実父を訪問したことが不法行為に該当するとして，使用者に対し慰謝料を請求した事案について，会社代表者の上記行為は常軌を逸したものであること，これらが労働者の時間外手当等請求の阻止という目的に出た違法な行為であること等を考慮し，30万円の慰謝料を認めている。

(15) 労働基準監督署の調査懈怠（【95】）

【95】は，労働者（看護師）が，労働基準監督署長において，労働者の勤務する診療所が労働基準法施行規則23条及びこれに関する通達の定める許可基準を満たしていないにもかかわらず，十分な調査を行わないまま，断続的な宿直又は日直勤務の許可をし，また，許可後も，再三にわたり調査を要求したにもかかわらず，十分な調査を行わず，許可を迅速に取り消さなかったことが違法であるとして，国家賠償法1条1項に基づき，慰謝料請求をした事案について，労働者が，違法な許可によって，勤務時間に当たらない宿日直勤務を余儀なくされただけでなく，労働基準監督署に3回ほど申告をしたり，申請後は，プライベートな時間を利用して，資料を作成するなどし，また違法な許可がなされた後は，その違法の是正のために申告及び資料提出等の種々の行為を行わざるを得なかったのであり，申請に対し本来行うべき調査が行われず，しかも違法な本件許可に至ったことにより，精神的苦痛を受けたことが認められるとして，50万円の慰謝料を認めている。

あとがき

　労働訴訟において，慰謝料請求が可能か否か，可能として，その額はどの程度かについて深慮することなく，依頼者である労働者の感情をそのまま反映させ，高額な慰謝料額を設定して請求する例が多く見られる。訴訟戦略としては，そのような請求の立て方にも意味がないわけではないが，その裏で，弁護士としては，ある程度客観的な相場を依頼者に説明しておく必要がある。特に労働者側代理人となる場合には，認容額が予想を下回り，依頼者に失望されることのないようにしなければならない。本書は，いかなる事情があれば，慰謝料請求が認容され，また，どの程度の慰謝料が認容されるのか，その客観的な相場を知るための一助となろう。

　本書の出版にあたっては，東京弁護士会労働法制特別委員会の若手委員46名がリサーチ，分析の各作業にあたったが，11年分もの労働判例に掲載された裁判例の中から慰謝料請求を行ったもののみを取り上げ，分野ごとに分析する作業は，予想以上に時間と労力を要し，リサーチ開始から出版までに，実に1年半以上もかかってしまった。必ずしも十分な量の裁判例の集まらなかった分野があるなど不十分な点もあるが，機を逸すれば，いつまでも本書が日の目を見ないことになってしまうため，その点は今後の改訂作業の際の課題とさせていただくとして，取り敢えず「第一弾」ということで出版させていただき，少しでも早く皆様のお役に立つ機会に恵まれれば幸いである。

　最後に，この1年半超もの長期にわたり，多忙な業務の合間の時間を割いてリサーチ作業を担当いただいた委員の方々をはじめ，貴重な助言をくださった委員長，ベテラン委員の先生方，そして，本書の出版に当たりご尽力くださった株式会社産労総合研究所出版部経営書院の編集者の皆様に厚く御礼申し上げます。

2015年2月

労働法制特別委員会委員
平　木　憲　明

労働事件における慰謝料

2015年 2月23日	第1版	第1刷発行
2015年 8月18日	第1版	第2刷発行
2021年11月24日	第1版	第3刷発行

定価はカバーに表示してあります。

編　著　東京弁護士会
　　　　労働法制特別委員会

発行者　平　盛之

㈱産労総合研究所
発行所　出版部　経営書院

〒100-0014
東京都千代田区永田町1―11―1　三宅坂ビル
電話03(5860)9799　振替00180-0-11361

落丁・乱丁本はお取り替えいたします。　　印刷・製本　中和印刷株式会社
本書の一部または全部を著作権法で定める範囲を超えて，無断で複写，複製，転載すること，および磁気媒体等に入力することを禁じます。

ISBN978-4-86326-192-1